周易義疏

鄧秉元 ○ 撰

上海古籍出版社

圖書在版編目(CIP)數據

周易義疏 / 鄧秉元撰. —上海：上海古籍出版社，
2024.1
　ISBN 978-7-5732-0953-5

Ⅰ.①周… Ⅱ.①鄧… Ⅲ.①《周易》—研究　Ⅳ.
①B221.5

中國國家版本館 CIP 數據核字(2023)第 216597 號

周 易 義 疏

鄧秉元　撰

上海古籍出版社出版發行

（上海市閔行區號景路 159 弄 1-5 號 A 座 5F　郵政編碼 201101）

（1）網址：www.guji.com.cn

（2）E-mail：guji1@guji.com.cn

（3）易文網網址：www.ewen.co

上海顥輝印刷有限公司印刷

開本 890×1240　1/32　印張 15.875　插頁 2　字數 384,000

2024 年 1 月第 1 版　2024 年 1 月第 1 次印刷

印數：1—2,050

ISBN 978-7-5732-0953-5

B·1359　定價：68.00 元

如有質量問題,請與承印公司聯繫

自　序

　　自孔子序《易》以來，解《易》者蜂起，無慮百千之眾，然其大宗則為義理、象數、圖書、考據四家，雖門徑各別，所見亦異，高下難齊，要能以十翼為宗，觀其統體，以默識其廣大精微之境。故雖相反而實相成，如百川之宗海、殊途而同歸者也。惟近世以來一種新學，其為學則但憑依傍，其立論則專事橫通：其以之考史者，如族庖解牛，斫削紛披，而昧於析理；其以之研經者，如王婆賣瓜，自我作故，而未明其宗；其以之論理者，如矮人觀場，從人歌哭，而不探其本。以是而言學，宜乎斯學之不振矣。雖三數大儒，起而救正，然以時厄，未能大顯，惟以議論稍示門徑而已，尚未能盡返之於經。以故世人但知有儒，不悟儒亦九流之一家耳，必當會歸於經，溯源於孔子，以求其宗極也。

　　雖然，《易》者冒天下之道，大《易》乃群經之首，孔子之學亦於茲而見其全，為之義解，豈不難哉！顧築室有基，操舟有楫，斯學之所當依，即孔子之所傳耳。歷代諸家雖尚不失其本，然亦未盡虛己以求，遂不能無弊，各存其一得之偏。故今作義解，但宗孔子而已，所為義例，皆綜會十翼而來，於後起諸家雖有同而實不同也，是所當知。其爻辭所釋，雖或於前此疏家有同，非真同也，必於義例根源相異處切己體察，方能有見。所謂毫厘千里者，此也。惜時當叔

1

世，人不知本，為示學有本源，乃另作疏證於後，凡前人有一名一義可採者，為之稍加審擇，筆之於內，以折衷其得失。惟學力所限，漏略甚多，博雅君子，不吝是正，亦予之幸也。

孔子二五五七年夏，歲在丙戌，登州寧海鄧秉元識於漢城。庚寅歲杪，改定於滬上

目　錄

內　篇

外 篇

凡　例

一、本書以孔子易為正鵠，孔子易依《序卦》而成系統，故首解卦
　　序，系之彖辭之下。此經學易之統宗也。言孔子，所以別世俗
　　所謂儒家之經學，二者固有本末源流之別。蓋自夫子下視，百
　　家諸子皆可會通為一；自後儒上溯，則九流三教紛然而不可
　　合矣。

二、《彖傳》以陰陽消息之理釋彖辭，其所措意與彖辭有小大之別，
　　故分別另釋。然義據宏深，與彖辭實相得益彰，非有異也，學
　　者不可不知。

三、十翼皆孔子作，然成書則或為其門人。所謂孔子作，非言其必
　　由孔子筆之成書，乃謂其義理系統必源出孔子，此先秦諸子著
　　書之通例也，昔章實齋已備言之。自歐陽永叔以降，疑十翼者
　　漸眾，然理據以淺率者居多，本不足深論。為息眾喙，乃隨文
　　駁議，詳讀本書，自可見之。

四、自昔通儒，凡假《易》以明理者，皆自成義例，章法謹嚴。以之
　　為一家之說固是，惟為解本經，其所為義例既與孔子不盡合，
　　乃不得不輾轉求通，以曲成其說。故一例不足則新生一例，一
　　例雖可偶通數卦，及其不盡通處，乃遂云變例。於是，一部思
　　致謹嚴之大《易》，乃日淪為穿鑿汗漫之場。故本書之作，於漢

1

儒以來引為《易》例者，重為審訂，其傅會不經者，一切屏而絕之；其雖為大《易》之蘊，而非可視為通例者，則示其所以致誤之由。

五、夫子之學，原來一貫。《易》準天道，亦復如之。自理象合一之旨失傳，學者或附會穿鑿，或望文生義，故學分漢宋，象理交爭，歧路亡羊，其失正等。茲篇因數求理，由理顯象，期理絕鑿空，象非懸擬，三者如如，密合無間。而其要則在定例。其犖犖大者，曰三才、曰剛柔、曰時位，曰卦德，皆見諸乾、坤、屯三卦，為一經之凡例；另如消息、往來、相應、四德諸例，隨文系於諸卦，亦例也。凡曰"下準知"、"後仿此"者皆是。得此義例，則不惟六十四卦可通，即三百八十四爻無不畢通，章炳麟所云汗漫之譏似已可逃，吾夫子一以貫之之旨因之朗現。

六、朱子云："《易》爻辭如籤解。"誠探本之論。夫籤文皆表其象者也，而所以顯此象者，數也，理也。故籤文可變，而數理象不可變。聖人數理既明，為之繫辭擬象，而有經文之作。《周易》所以成其為經者，因其數理象，非止因其文也。雖聖人繫辭，文約旨豐，意在言外，非後世數理未明而徑欲擬經者比；然既得此例，則象亦可求，乃見經文之言，文從字順，非湯誥殷盤、詰屈聱牙者，可與並論。昔儒不明此理，惟知因文求義，稍覺窒礙難通，遂以經文為西周人所作。今即出土及傳世之西周文獻比而觀之，則知《周易》經文與東周近，而與西周遠。其所以難解者，皆因未明其象耳。經傳一體之義既已證成，乃知傳世本經文即早有淵源於文王與巫史之處，亦必經孔子改定，是以能絲絲入扣，一體渾然。然則《易經》《易傳》，孰為先耶？即云經為孔子作，亦無不可。

七、自王弼掃象，遂開後世義理一脈。然掃之而未能盡，仍以乘承
　　比應為言，為觀象之資，後世因之而罕異辭。本書則並乘承比
　　應之說亦掃之，用杜穿鑿之源。然雖掃而有不可掃者在，是本
　　書之觀象也。及義理一路，其高者固可直探本原，得意忘象，
　　然既以言語為荃蹄，遂欲捨筏登岸以為高。不知易道本徹上
　　徹下，小德川流，大德敦化，曲成萬物，旁行不流，舒之固彌綸
　　六合，卷之則不盈一握，不必以高為尚也。至於以儒道分宗為
　　高下，本書尤所不取。蓋孔孟老莊諸師之學，皆可由易道相
　　通，惟老氏之學本巫史易，取向則或有與大《易》不盡合者，當
　　以孔孟為正，然亦非後世儒家所謂孔孟也。此經學與儒學之
　　辨。明乎此，則清儒以圖書之學源出道家，而為屏之之由，誠
　　淺見耳。必欲以人事說大《易》，亦猶夫專以大《易》為修煉之
　　書，皆非探本之論。

八、《義解》既成，因有《疏證》之作。此非欲炫博也，實所以表彰前
　　人。惟諸家學理既異，而驅譴自我，難逃變亂師法之譏。顧師
　　法之說，出文學之儒，必歷世相傳，皆如聖智，始能克紹箕裘，
　　達其微旨，一燈不繼，則其明頓失。此所以夫子一貫之學，必
　　有待於顏、孟之自得也。且《易》本觀象之作，容有數理迥異而
　　象旨可通者。其有大儒，神解脫爾，單微直湊，雖義例偶歧，名
　　實分屬，亦能默契冥符，超然入道；或有師儒，敬持法脈，學統
　　未失，雖分張奕葉，派衍枝繁，亦能傳達綸旨，如是我聞；或有
　　學人，博學精思，躬行自省，故精誠所至，金石為開，亦能得其
　　大意，嘉惠後昆。其下者，雖或因億偶中，既用力於斯而有獲，
　　亦當不沒其人。故本書於漢宋以降直至今人，凡目力所及者，
　　皆一視同仁，各取所需。於象數諸儒，取其文義淵古，而擯其

附會；於義理諸家，取其意與神會，而破其穿鑿；於圖書之學，取其通天人之大體，而避其枝蔓；於清儒及近人，取其發明古義，而去其好奇。雖然，此非可一概而論，然大旨在是矣。

九、本書引文，於訓詁文義，以古說為尚，不厭其早；後儒析理徵實而有得，足破古說者，亦不憚擇善而從。其發為議論，足與經旨相印證者，則存其說以廣規模。諸說有相互因襲者，則考求其先，先若不足，則酌取其備。所以擇之者，良由象既已成，則文義隨定。或有兩可之說，斯已與大義無關。故清儒言由字以通其詞，尚無可厚非；言由詞以通其道，則義有未諦。夫所謂詞者，指句法而言也。顧字意孳乳繁多，句義模棱者眾，孰定其是？此所以後世考據家好奇鶩新，輾轉立說，而經義因之日晦也。本書由數理以求其象，觀象知文，正與孟子先立乎大之旨相合。所謂經文文從字順者，基於此也。

十、本書所用《易經》本文一依阮元所校王弼《周易正義》，孔穎達疏從今人郭彧等考證，用日本所藏全本《周易注疏》，或有缺文，依阮本補足。異文則參酌諸書。《疏證》引文凡出前人《易》注同卦者，皆徑題撰者之名，另加云字。出他書或同書異卦者，酌引書名及卷次章節，以便檢尋。就中惟唐李鼎祚《周易集解》乃漢唐《易》說淵藪，清儒雖有輯佚之作，然亦當不沒本書。故凡引漢唐諸家之說而用曰字者，皆出此書。其直引其說而未加曰字者，出清人輯本。

筮儀

擇地潔處為蓍室，南戶置牀室中央。

牀大約長五尺，廣三尺，勿太近壁。

蓍五十莖，韜以纁帛，貯以皂囊，納之櫝中，置於牀北。

櫝以竹筒或堅木或布漆為之，圓徑三寸，如蓍草之長。半為底，半為蓋，下別為臺函之，使不偃仆。

設木格於櫝南，居牀二分之北。

格以橫木板為之，高一尺，長竟牀，當中為兩大刻，相距一尺。大刻之西為三小刻，相距各五寸許，下施橫足，側立案上。

置香爐一於格南，香盒一於爐南，日炷香致敬。將筮，則灑掃拂拭，滌硯一注水，及筆一，墨一，黃漆板一，於爐東，東上。筮者齊，潔衣冠北面，盥手焚香致敬。齊，側皆反。

筮者北面，見《儀禮》。若使人筮，則主人焚香畢，少退，北面立，筮者進立於牀前少西，南向受命。主人直述所占之事，筮者許諾，主人右還，西向立，筮者右還，北向立。

兩手奉櫝蓋，置於格南爐北，出蓍於櫝，去囊解韜，置於櫝東。合五十策，兩手執之，熏於爐上。

此後所用蓍策之數，其說並見《啓蒙》。

命之曰："假爾泰筮有常，假爾泰筮有常，某官姓名，今以某事云云，未知可否。爰質所疑於神於靈，吉凶得失，悔吝憂虞，惟爾有神，尚明告之。"乃以右手取其一策，反於櫝中，而以左右手中分四十九策，置格之左右兩大刻。

此第一營，所謂分而為二以象兩者也。

1

次以左手取左大刻之策執之，而以右手取左大刻之一策，掛於左手之小指間。

此第二營，所謂掛一以象三者也。

次以右手四揲左手之策。揲，食列反。

此第三營之半，所謂揲之以四以象四時者也。

次歸其所餘之策，或一、或二、或三、或四，而扐之左手無名指間。

此第四營之半，所謂歸奇於扐以象閏者也。

次以右手反過揲之策於左大刻，遂取右大刻之策執之，而以左手四揲之。

此第三營之半。

次歸其所餘之策如前，而扐之左手中指之間。

此第四營之半，所謂再扐以象再閏者也。一變所餘之策，左一則右必三，左二則右亦二，左三則右必一，左四則右亦四。通掛一之策，不五則九。五以一其四而為奇，九以兩其四而為耦，奇者三而耦者一也。

次以右手反過揲之策於右大刻，而合左手一掛二扐之策，置於格上第一小刻。

以東為上，後放此。

是為一變，再以兩手取左右大刻之著合之。

或四十四策或四十策。

復四營如第一變之儀，而置其掛扐之策於格上第二小刻，是為二變。復，扶又反。營，於平反，下同。

二變所餘之策，左一則右必二，左二則右必一，左三則右必四，左四則右必三。通掛一之策，不四則八。四以一其四而為奇，八以

2

两其四而為耦,奇耦各得四之二焉。

又再取左右大刻之著合之。

或四十策,或三十六策,或三十二策。

復四營如第二變之儀,而置其掛扐之策於格上第三小刻,是為三變。

三變餘策,與二變同。

三變既畢,乃視其三變所得掛扐過揲之策,而畫其爻於版。

掛扐之數,五四為奇,九八為耦。掛扐三奇合十三策,則過揲三十六策而為老陽,其畫為"□",所謂重也。掛扐兩奇一耦合十七策,則過揲三十二策而為少陰,其畫為"--",所謂拆也。掛扐兩耦一奇,合二十一策,則過揲二十八策而為少陽,其畫為"—",所謂單也。掛扐三耦合二十五策,則過揲二十四策而為老陰,其畫為"×",所謂交也。

如是每三變而成爻。

第一,第四,第七,第十,第十三,第十六,凡六變並同,但第三變以下不命,而但用四十九著耳。第二,第五,第八,第十一,第十四,第十七,凡六變亦同。第三,第六,第九,第十二,第十五,第十八,凡六變亦同。

凡十有八變而成卦,乃考其卦之變,而占其事之吉凶。

卦變別有圖,說見《啓蒙》。

禮畢,韜著襲之以囊,入櫝加蓋,斂筆硯墨版,再焚香致敬而退。

如使人筮,則主人焚香,揖筮者而退。

——朱熹《周易本義》

《周易》卦名次序歌

乾坤屯蒙需訟師，比小畜兮履泰否，
同人大有謙豫隨，蠱臨觀兮噬嗑賁，
剝復无妄大畜頤，大過坎離三十備。
咸恒遯兮及大壯，晉與明夷家人睽，
蹇解損益夬姤萃，升困井革鼎震繼，
艮漸歸妹豐旅巽，兌渙節兮中孚至，
小過既濟兼未濟，是為下經三十四。

——朱熹《周易本義》

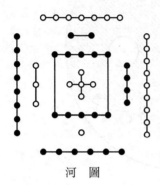

河　圖

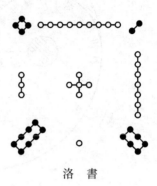

洛　書

邵氏先天圖

邵氏後天圖

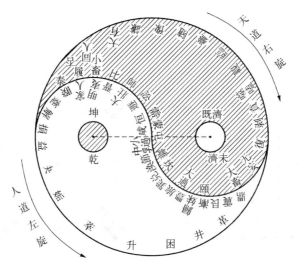

六十四卦兩儀圖（序卦圖一）

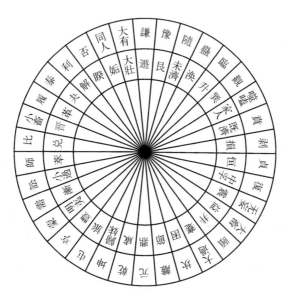

生成顯化圖（序卦圖二）

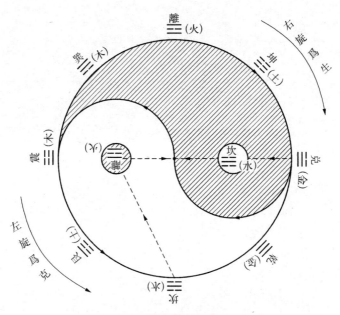

八卦五行圖（說卦圖）

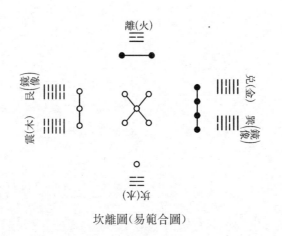

坎離圖（易範合圖）

内　篇

周易上經

序卦上[1]

【義解】昔古《易》有三，夏曰《連山》，首以艮；殷曰《歸藏》，首以坤；周曰《周易》，首以乾。據《周禮》，周時太卜尚掌三《易》之遺法，[2]雖不詳實情，要之，不同卦序即相應不同時代之天人整體觀，此無可疑者。《周易》之序，雖自漢儒京房《易傳》、北周衛元嵩《元包》已分八宮，及帛書本出，人知至晚於戰國之世，即有八宮卦序，始於乾而終於益，則其來亦久矣。然則兩種卦序，何者為先？竊以為，依義理之難易推之，自六畫卦出，六十四卦成一系統，則以直觀之方式排而比之實非難事，故八宮卦序實易；至若今本卦序之迂曲難明，非義理昌明之時通人所為，實難想像。[3]此一點雖無史料實證，然依大《易》傳承之跡以考之，則八宮卦序為巫史易，[4]今本卦序為經學易，其差別似不容泯。依予所見，此序蓋自文王以降，經歷代瞽史精研所得，終為孔子所定，並傳《序卦》之義以明之。[5]蓋此序實代表經學義理之整體觀，倘非孔子所為，又安得別尋一人，其思想能與孔子全同乎？如僅言辭相同，是則不難，因襲之可耳；如義理系統之相同，是則難之難者也，知義理一途之甘苦者，當深釐吾言也。

《序卦》分上下者，經分上下也。所謂經者，常也，言常道也。經自孔子而成，上古三代華夏文化皆隱括其間，誠所謂具體而微者也。《周易》之成，世歷三古，人更三聖。自伏羲氏仰觀俯察，陰陽之義始明；[6]經五帝二王，五行之德、八卦之理始見；[7]及文王拘而演《周易》，六十四卦之象始備，易道因之小成。然此固皆以趨吉

3

避凶為蘄向，以无咎自存為旨歸耳，是故"小心翼翼，昭事上帝。聿懷多福，厥德不回"，為周道始基。[8]顧文王之時，《易》理雖明，其辭未備。其後歷代史巫續有增益，至孔子而大定。所以云大定者，自夫子作十翼，易道乃由趨吉避凶、謹慎自保之人道，一變為剛健篤實、新新不已之天德，[9]"先天而天弗違，後天而奉天時"，"《易》與天地准"，"《易》者冒天下之道"，易道成矣。故夫子之於易道，非止傳承而已，乃所以成之也。夫子論樂，云："始作，翕如也；從之，純如也，皦如也，繹如也，以成。"以易道況之，則伏羲所謂翕如也，箕子蓋純如也，文王猶皦如也，至孔子則繹如也，以成矣。此義孟子猶能識之，故獨傳集大成之義："孔子之謂集大成。集大成也者，金聲而玉振之也。金聲也者，始條理也；玉振也者，終條理也。始條理者，智之事也；終條理者，聖之事也。"蓋以道言，固如孟子所謂"先聖後聖，其揆一也"；[10]以學言，則孔子後來居上，此有子所謂"自生民以來，未有盛於孔子也"。予故云文王易與孔子易之別，實即巫史易與經學易之別，亦即智與聖之別耳。以佛學況之，前者猶小乘也，後者則大乘也。此義通讀本書者，自能明之，惜"軻之死，不得其傳"矣。參豫、未濟諸卦義解。

上經三十，首乾而終離，言乾坤闔辟之諸種態勢。按宇宙系統本乎五行陰陽之道，其時間系統則有元亨利貞之別，天道之生生亦以此為序，故上經可依此分為四部，本書釐為四卷，其義並參諸卦。

【疏證】[1] 孔穎達云："《序卦》者，文王既繇六十四卦，分為上下二篇，其先後之次其理不見，故孔子就上下二經各序其相次之義，故謂之《序卦》焉。其周氏就《序卦》以六門主攝：第一天道門，第二人事門，第三相因門，第四相反門，第五相須門，第六相病門。"又云："韓康伯云：'《序卦》之所明非《易》之縕也，蓋因卦之次託象以明義。'不取深縕之義，故云非《易》之縕，故以取其義理也。今驗六十四卦二二相耦，非覆即變：覆者，表裏視之，遂成兩卦，屯蒙、需訟、師比之類是也；變者，反覆惟成一卦,則變以對之,乾坤、坎離、大過頤、中孚小過之類是也。且聖人本定先後,若元用孔子《序卦》之意,則不應非覆即變,然則康伯所云'因卦之次託象以明義',蓋不虛矣,故不用周氏之義。"《朱子語類‧易十三‧序卦》:"問:'《序卦》,或以為非聖人之書,信乎?'曰:'此沙隨程氏之說也。先儒以為非聖人之蘊,某以為非聖人之精則可,謂非聖人之蘊則不可。周子分精與蘊字甚分明。《序卦》卻正是《易》之蘊,事事夾雜,都有在裏面。"○元按:《繫辭上》:"是故君子所居而安者,《易》之序也;所樂而玩者,爻之辭也。"先儒讀《序卦》,多未得本旨,故每輕視之。惟李鼎祚《周易集解》、程頤《伊川易傳》首解《序卦》,以領起全書,可謂得其大體,合孟子"先立乎大"之義,惜所論尚可商耳。[2]《周禮‧春官》:"筮人掌三易,以辨九筮之名,一曰《連山》,二曰《歸藏》,三曰《周易》。九筮之名,一曰巫更,二曰巫咸,三曰巫式,四曰巫目,五曰巫易,六曰巫比,七曰巫祠,八曰巫參,九曰巫環,以辨吉凶。凡國之大事,先筮而後卜。春,相筮。凡國事共筮。"顧炎武云:"夫子言包羲氏始畫八卦,不言作《易》,而曰'《易》之興也,其於中古乎?'又曰:'《易》之興也,其當殷之末世,周之盛德邪?當文王與紂之事邪?'是文王所作之辭始名為《易》。而《周官》太卜掌三易之法,一曰《連山》,二曰《歸藏》,三曰《周易》。《連山》《歸藏》非《易》也,而云三易者,後人因《易》之名以名之也。"(《日知錄‧三易》)[3] 李學勤云:"(于豪亮、饒宗頤、張政烺等)論述帛書《周易》的幾篇論文,都指出帛書卦序具有明顯的規律性。易卦由陰陽兩爻構成,本來蘊涵着陰陽說的哲理,故《繫辭》云'一陰一陽之謂道'。但傳世本經文的卦序,卻很難找出合於陰陽說的規律性。在體現陰陽規律這一點上,帛書本顯然勝於傳世本。"又云:"帛書卦序不會早於傳世本卦序,理由很簡單,如果《周易》經文本來就有像帛書這樣有嚴整規律的卦序,誰也不會打亂它,再改編為傳世本那樣沒有規律的次第,而《序卦》傳也用不着撰寫了。事實衹能是,傳世本是淵源久遠的經文原貌,帛書本則是學者出於對規律性的愛好改編經文的結果。"(《周易溯源》第五章第一節,馬王堆帛書《周易》的卦序卦位)○元按:此論無理。姑不云韓康伯所言通行本卦序本有"二二相耦,非覆即變"之義蘊涵其間,已為傳統易學之常識;即以帛書卦序論,此種規律既簡且明,一望即知,其與通行卦序義理之淵微相去何啻天壤。蓋何種卦序在先原無確證,因二者本非同一系統,定帛書卦序者未必真明《序卦》之義也。張政烺云:"漢唐石經和通行本《周易》六十四卦次序一樣,從十翼和一些古書的引文看,知是舊本如此。帛書《六十四卦》大不相同,乃經人改動。這種改動是怎麼發生的呢?經過長期思考,試作一些推測。《周易》曾經歷過一個用竹簡書寫的時代,這是筮家經常使用之書,翻檢頻繁,不免'韋編三絕',簡策散亂。……筮人一般文化程度不高,為了實用,不求甚解,按照當時通行的八卦次序機械地編造出帛書《六十四卦》這樣一個呆板的形式,自然會便於檢查,卻把《易》學上的一些微言奧義置之不顧了。"(《張政烺論易叢稿·帛書〈六十四卦〉跋》)似稍近理。《序卦》之義不明於世久矣,學者初尚勉力求之,惟淺嘗輒止,乃遂云了無深義,"非聖人之精、蘊"。此種論調,古已有之,於今為烈。近世有疑古派出,於經學義理既無所會,且必欲貶東周以前國人之智力以為不足道,舉凡陰陽五行等傳統文獻所明指為淵源甚古者,皆以為不足信,動輒疑其文獻乃戰國後人偽造,以是而言學,宜乎橫生攪擾,武斷紛出矣。[4]《抱朴子·雜應》:"或祭致八史,八史者,八卦之精也。"〇元按:《帛書周易》與京氏《易》卦序雖有不同,皆八宮也。八宮自京氏傳出,而京氏亦為後世術家奉為《易》占之宗,則八宮與巫史《易》之關聯當非偶然。八史乃八宮之神格化,可知八宮固為道教徒所重,而道教本即脫胎於巫史者也。[5]《史記·孔子世家》:"孔子晚而喜《易》,《序》《彖》《繫》《象》《說卦》《文言》。"〇元按:近世以來,學者多以《序卦》成書甚晚,其極端者乃系之西漢,此皆疑古過勇所致,不足道也。史公所述,因斷句之法各異,其所言之"序",是否即指《序卦》,尚未可知。或云《說卦》本三篇,今本析為《說卦》《序卦》《雜卦》,亦或然也。參《說卦義解》。豐坊云:"蒙泉何氏曰:《史記·孔子世家》朱子取附《論語》卷端,曰'序《易·象》《繫》《象》《說卦》《文言》'。'序《易》'者,今《序卦傳》二篇是也。"(《古易世學》卷十二上,《說卦》)通行卦序,傳統以為文王所排,然以大義觀之,通《序卦》者必已有見於天德，其學傳之瞽史，亦當有能承之者，何以至孔子之世，乃必欲一反其所為，言其"不達於德"？參本節注九。卦序起源既乏實證，依理推之，自文王演《易》，以六十四卦相應天道之蘄向已立，經歷代巫史之實踐精思，此一天道之繫統性，即上文所謂天人整體觀者，其理漸明，至孔子乃終大定也。辛巳（西曆 2001 年），陝西長安西仁村出土西周有字陶拍，其中一件（編號 CHX 採集 1），自右迄左有二行筮數，為六一六一六一、一六一六一六；另一件（編號 CHX 採集 2），有四組筮數，依次為八八六八一八、八一六六六六、一一六一一一、一一一六一一，依數字卦例，分別為既濟、未濟及師、比、小畜、履諸卦。李學勤云："由師至履、既濟至未濟兩處局部卦序，不難推想當時所用《周易》的卦序大同於今本卦序。換句話說，傳本《周易》那時業已存在。"（《周易溯源》第三章第七節，新發現西周筮數的研究）此論雖似，尚難稱實證。蓋此陶拍之存在惟可言其時已有序卦之意，完整之卦序是否已定，尚屬未知。而卦爻之辭在傳承中是否有更動，尤不可知。然則徑云"傳本《周易》那時業已存在"，亦未可必。以此為西周占筮家求索卦序之實錄，或當不謬。另如《左傳》《國語》所載周人占筮甚多，其繇辭與今本或同或否。疑巫史占筮雖漸定其例，然初無本經，每次占筮，可自定繇辭。及聖人作《易》，乃於卦爻自行繫辭，其中有取於前人者自不待言，然非雜采而無系統，此斷可知者。張敘云："左氏所紀占法，乃在孔子未作十翼以前耳，其時《周易》猶未成經，僅與《連山》《歸藏》並行，而掌於太卜之官，為卜筮家所用。"（《易貫》卷首下附錄，《爻變辨上》）今人陸侃如《論卦爻辭的年代》一文亦舉三證，明《周易》卦爻辭成文不能早於東周中葉以前，其一曰"《易》卦爻辭與八世紀的詩句相襲"，二曰"《易》卦爻辭在前六世紀初年尚無定本"，三曰"《易》卦爻辭更含有前五世紀的語法"，如"屯如，邅如"、"晋如，摧如"所用如字之例，"在先秦古籍中祇有《論語》有相同的例"。此說實可作孔子改定易卦之旁證。此改定即先儒所謂作，學者不必津津於詞句瑣屑之間也。[6]《漢書·藝文志》："易道深矣，人更三聖，世歷三古。"○元按：三聖之說，昔人聚訟不已。孔穎達《周易正義·卷首》雜引諸說，多無實據。皮錫瑞《易經通論》乃推倒眾說,以經文亦為孔子所作。依《易傳》及漢人所傳,惟文王、孔子無異辭,孔子視文王為中古,故後人有上古、中古、下古之說。所云伏羲,乃古人上推而言之者也。蓋《周易》之作,其最要者為陰陽五行之說,五行之理至晚於殷商之世已然大明,故箕子《洪範》引為九疇之本。而陰陽之分又早於五行,乃人類文明最初之領悟,《說卦義解》言之備矣。其發於何人何地固不可知,遂徑以歷世所傳文明之始祖伏羲當之,蓋所謂俯仰即寓陰陽也。所云伏羲畫卦者,大旨不外如是,不必膠執也。[7] ○元按:五帝參《繫辭下》義解,二王指夏、商。《史記·曆書》:"黃帝考定星曆,建立五行。"未詳確否。《尚書·甘誓》:"有扈氏威侮五行,怠棄三正。"相沿以為夏啟之言。五行之詳本出《尚書·洪範》,由箕子傳出,然亦自云本於禹者也。八卦與五行之關係可參《說卦義解》。[8] 司馬遷《報任安書》:"文王拘而演《周易》,仲尼厄而作《春秋》。"孔穎達《周易正義·卷首》引皇甫謐云:"文王在羑里演六十四卦,著七八九六之爻。"《帛書周易·要》:"文王仁,不得亓(其)志以成亓(其)慮,紂乃無道,文王作,諱而避咎,然後《易》始興也。"○元按:"小心"以下,《詩·大雅·大明》之文。[9]《帛書周易·要》:"子曰:《易》,我後亓(其)祝卜矣,我觀亓德義耳。幽贊而達乎數,明數而達乎德,又仁守者而義行之耳。贊而不達乎數,則亓為之巫;數而不達於德,則亓為之史。史巫之筮,鄉之而未也,好之而非也。後世之士疑丘者,或以《易》乎?吾求亓德而已,吾與史巫同塗而殊歸者也。君子德行焉求福,故祭祀而寡也;仁義焉求吉,故卜筮而希也。祝巫卜筮亓後乎!"李光地云:"三代學校之教,《詩》《書》禮樂四術而已,《易》掌於太卜,國史掌於史官,乃專官之學,未嘗施於學校也。故韓宣子至魯,乃見《易象》及魯《春秋》,則知《詩》《書》禮樂,列國有傳,而二書者獨閟,自夫子贊修之後,稍見於世矣。"(《周易通論》卷一,《易教》)沈善登云:"成周太學之法,正以《詩》《書》禮樂四術教士(《戴記·文王世子篇》),《易象》《春秋》則別掌於太史氏,不與也。六藝並稱,實始孔氏。"又云:"《史記·孔子世家》其稱孔子以《詩》《書》教弟子,而先序《詩》、禮,次以《書》、樂,明樂正春夏秋冬四術之教,分陰分陽,為成周先王之舊制,故遂結言'備王道,成六藝'。上句束前文,見聖人之從周;下句起後文贊修之事,見聖人增四為六,所以垂教後世之大經大法也。新舊界際,聖人志業劃然分明如此。"(《需時眇言》卷二,《原易》)熊十力云:"孔子作《易》,其辭及象,必多採用夏、殷、西周以來諸術數家之卜辭及筮法等記載,而有所修正,乃另賦新義。《論語》'溫故而知新',此孔子所以自況也。"(《讀經示要·略說六經大義·易經》)○元按:由《要篇》可知,易道之興,始則為巫,幽贊於神明而不知其數;次則為史,其數已明而未達乎德;次則孔子,既通巫史,而又能進乎天德,所以為集大成也。以歷史言,則巫者伏羲易之遺也,史者文王易之遺也,由巫史而孔子,正合"《易》歷三聖"之義。然則伏羲仰觀俯察者,通其兆也;文王拘而演《周易》者,演其數也;孔子定《易經》,成其德也。[10]《朱子語類·易二·綱領上之下·卜筮》:"文王之心,已自不如伏羲寬闊,急要說出來。孔子之心,不如文王之心寬大,又急要說出道理來。所以本意浸失,都不顧元初聖人畫卦之意。"○元按:此老氏之言也,與孟子不合。先聖所同者,心也,道也;其所以不同者,跡也,學也。必以伏羲之所為當本意,安用學為? 道豈在是乎!

卷一　元

序卦:有天地,然後萬物生焉。

☰(乾下乾上)

【義解】☰者卦也,中具六爻,[1]以成時位。卦時為一卦之總態,即卦象;卦位為一卦之別態,即爻位也。卦爻體同而用別,理一而分殊,以時空喻之,則卦時而爻空,故一曰時,一曰位也。[2]凡卦爻皆用以象時空之狀,故曰象;此狀非如空間物態可以形求,亦非如時間物勢可以間得,[3]蓋大易本生命體,其時空不可分割而言,[4]如體與心,渾融為一,故渾言曰態勢。此狀不可度量,惟可理即，即者就也；然其理如環無端，所謂神無方而易無體，為簡別故，即其理而摹其狀，名之曰象。[5]故凡卦之起曰數，蓋宇宙之有態勢者，起於三才、兩儀、五行大衍之數，即此態勢而觀其通塞者曰理，即其理而狀之者曰象。狀之必以言，故所謂象者有二，其以言喻之者，如乾如坤，皆意象也，又名形象，意象可變，故乾可為天圓君父也；[6]其不可以言喻之者，惟可以時位剛柔見之，即數之衍生，與理合一，皆不可名言，是謂大象，大象無形也。數理者著之德圓而神，象數者卦之德方以智。有象則有方所可求，物無遯形，即象以求理，因理而通變，知其吉凶，明其泰否，[7]退可以守身密藏，進可以開物成務，《易》之能事畢矣。觀其時位，是名觀象，言象而數在其中也。觀象之序有二，首曰三才，三才者天地人也。傳統以六爻自上而下為天人地三分，其道膠固，難於知遠。蓋天者卦時也，地者六位也，人者剛柔也，由天故有數，由地故有象，由人故有理，天圓而地方，圓神方智惟人能一之。參《說卦義解》。次曰兩儀六位，兩儀者剛柔迭運，六位者潛、現（柔中）、躁、或（慎）、飛（剛中）、亢。三才合之，總十三維，[8]此時空之總相也。卦義即卦德，爻則效此德者，其義隨時位而定，因合德與否而見其吉凶。初位者，潛位也，自下而上以數之。昔儒以一三五為奇故為剛位，二四六為偶故為柔位，凡陽爻居剛位，陰爻居柔位，是名當位，亦名得位，否則不當位。其道膠固。蓋當位與否，必合時位剛柔而參觀之乃可。[9]以上一經之凡例。

【疏證】[1]孔穎達《正義》云："乾者，此卦之名。謂之卦者，《易緯》云：'卦者掛也，言懸掛物象以示於人，故謂之卦。'"朱子云："本注乾字，三畫卦之名也。下者，內卦也；上者，外卦也。經文乾字，六畫卦之名也。"○元按："乾下乾上"之乾，為本注乾字；"元亨利貞"之乾，為經文乾字，見下。[2]王弼《周易略例·明卦適變通爻》："夫卦者時也，爻者適時之變者也。"潘雨廷云："合而言之，卦辭明卦時而及空，爻辭明爻位而及時;分而言之,卦爻辭亦各分時位。這一卦時爻位的結構,是讀《周易》卦爻辭的基礎。"(《周易表解‧乾卦》)[3] 元按:形求如幾何學,如牛頓力學;間即劃分時刻,如牛頓物理學上求物體之速度之類必劃分時刻而為之,另如普通生物學。[4] ○元按:此理不可與牛頓物理學言,可與愛因斯坦後物理學言,蓋前者小乘也,不知一體之理,後者大乘也,能究大同之故。[5] 司馬光云:"《易》有七八九六,謂之四象;《玄》有一二三,謂之三摹。"(《太玄集注‧說玄》)[6] ○元按:形非僅今人所言具體形狀,凡可名言者皆謂之形,如金山;此即形上形下之形也,故可名意象。倘細以求之,凡作《易》者所本之象,可姑名之曰本象;後之人引物連類,隨遇設譬,可名之曰喻象,二者實無別,然以前者本經所用,故名本象也。象原無本,本亦非本,喻亦名本,是名喻本。[7] ○元按:位有吉凶,時有泰否。[8] ○元按:傳統附會物理學,言四維,然四維之中時間可當三才之天,其空間惟長寬高,數皆有定,兩儀則尚無定,必待十二周遍乃各有定也。故各為一維。[9] 錢一本云:"易道屢遷,變動不居,周流六虛,上下無常,剛柔相易,不可為典要,惟變所適。乾上曰'貴而無位',今輒泥上爻為無位。三、五同功異位,二、四同功異位,今輒泥初上俱無位。需上曰'雖不當位,未大失',今輒泥剛居剛位,柔居柔位,當;柔居剛位,剛居柔位,不當。是遷之不能,況於屢;是居之有定,何以變,何以動?六虛板為六實,上下既宜有常,剛柔更不可易,其為典要無變可適,甚矣!惡乎易,惡乎易?"(《像象管見‧例略》)程廷祚云:"爻位無陰陽之分,舊說非也。"(《易通‧易學要論‧論舊說爻位分陰陽》)又云:"知舊說爻位分陰陽之誤,則知其言當位不當位之誤矣。"(《易學要論‧論舊說當位不當位》)焦循云:"《素問‧五運行大論》:'岐伯曰:從其氣則和,違其氣則病,不當其位則病,迭移其位則病,失守其位者危,尺寸反者死。'此當位以脈言。《六微旨大論》:'岐伯曰:非其位則邪,當其位則正。帝曰:何謂當位?岐伯曰:木運臨卯,火運臨午,土運臨四季,金運臨酉,水運臨子。'此當位以運言。子午卯酉四正也,亦剛中也。然則惟中正乃當位,《易》以五為中,陽剛位五則中正。說者以柔爻居二四上,剛爻在初三五為當位,非其義也。"(《易話・說當位》)〇元按：言初上無位者，王弼之說也。以一三五為陽、二四六為陰，宋儒之說也。諸家所疑甚是。錢氏另疑承乘比應之說，雖尚未能破的，亦足發千載之矇。蓋明人之學，務求一貫，不以成說為是非，所以能有此疑也。參屯六二。程說疑當位固是，然必以爻位無陰陽之分，似亦未安。蓋所謂剛柔之分不於六爻分，而但可於二五得中而一柔一剛見之，《繫辭下》所謂"柔中"是也。三四則或剛或柔，故有過、不及之失。先儒既知二三四五當分剛柔，遂致膠柱鼓瑟，故一三五為剛、二四六為柔之論生矣。清儒葉佩蓀《學易慎餘錄・卦位說》乃謂初上皆陽位，以調和其說，然亦非破的之論也。諸爻之例參乾卦諸爻義解。至焦氏引《素問》此言以證當位之說，發前人所未發，然云剛居中正乃為當位，則未免隘矣。通觀全經，言當位、未當位（位不當者），凡二十三卦。除需上六一言"不當位"外，凡言不當位者，非六三則九四；言當位者三，賁、蹇六四及兌九五，然詳其文義，亦非溺於當位則吉之義，皆泛言之耳，不必膠執。

乾：元，亨，利，貞。

【義解】乾者卦名，[1] "元亨利貞"者，卦辭也，亦名彖辭，下准此。彖者，斷也，斷一卦之卦時、卦德。諸爻合乎卦德者，先儒視為卦主，[2] 然未必作《易》聖人之本意也。卦時、卦德，二者微有差別。易道往來，循環無端，皆乾元一氣之周流，無始無終，無毀無成，無名無象，上下玄同。以人之故，始生分別，始有名言，始形上下，命之曰德。德者，得也。天道本無可分別，以人之指謂，強而名之，曰乾曰坤，曰屯曰蒙，是為卦德。[3] 因名而制義，故又名卦義。自有卦德，天人之道始分，于戲盛矣。故同一指謂，自其天道而命之，曰卦時；自其人道而名之，曰卦德。自其天道言之，無平無陂，無染無淨，故卦時徑言否泰；[4] 自其人道言之，有尊有卑，有善有惡，故卦德趨吉避凶。然卦德實即天德，蓋天即以此德而濟時，遂生生不息，無有壞缺也。

乾彖辭不言別義，但言乾之四德。此所謂四德乃易道根本之四時，義為元始、會通、順性、固本。貞下起元，循環無端。以人道之分位言，故有四德之異；[5]以天道之渾淪言，固統體為一也。[6]參《說卦義解》。諸卦皆居四德，或一或二，或三或四，乾元貫通宇宙，故備具四德，即其時而總括諸位。[7]下准知。

乾卦純陽，為萬物元始。天地之大德曰生，此德即乾德也，無此則宇宙了無生機，乾坤或幾乎息矣。然何謂生？吾人能見生物，而生則不可見，所謂生者，因生物而知其有也。宇宙蒼茫，上下寥廓，安知有生生者在？以春花爛漫，魚躍鳶飛，江南草長，岸芷青青也。"等間識得東風面，萬紫千紅總是春"，春者，可以太陽軌率度則，然軌度非春也，萬紫千紅者是。倘無此萬紫千紅，焉得名之為春？然何故有此萬紫千紅？曰生者是。宇宙之有，因於生生，否則一團死寂，渾然莫名，亦不知其為宇宙。故乾知太始，因乾而有知，因乾而有主也。如鴻蒙中一點鑿破，應幾而動，得坤之成，翕辟成變，因生萬物也。[8]然何以指別其生？曰氣者是。氣者生機之周流，生物有此則支節畢通，宇宙有此，則萬物一體，識宇宙元氣之周流，則知生生之本矣。由生生，則時間相現，參坤卦義解。所以必言四德者，由四象也，四象乃五行之坎陷。參《說卦義解》第二章。故所謂易者，即其首言，則乾元性海；即其頸言，則一體周流；即其身言，則支節畢通；即其尾言，則歸根復命。成始而成終，源源而不絕也。[9]故曰元亨利貞。

【疏證】[1] 李鼎祚云："案《說卦》：'乾，健也。'言天之體，以健為用，運行不息，應化無窮，故聖人則之。欲使人法天之用，不法天之體，故名乾，不名天也。"李道平云："體，形也。穹隆者，天之形。剛健者，天之用。李氏云云，蓋本孔穎達《正義》文也。"〇元按：孔、李所言實可為《周易》一經本旨，不獨為乾卦發也。蓋易卦所論非萬物之形質，乃時空之象狀耳，此天德之用也。既以用而非質言，故不隨萬物之形遷化流轉，而能執其道樞，冒天下之道，是《易》之所以為《易》也。[2] 劉瓛曰："象者斷也,斷一卦之才也。"孔穎達云:"夫子所作彖辭,統論一卦之義,或說其卦之德,或說其卦之義,或說其卦之名。故(王弼)《略例》云:'彖者何也?統論一卦之體,明其所由之主。'案褚氏、莊氏並云'彖,斷也,斷定一卦之義,所以名為彖也。'"○元按:孔氏所言卦德乃指四德,故與卦義分言,與本書不同。卦主之說,清李光地《周易折中·義例》論之最詳:"凡所謂卦主者,有成卦之主焉,有主卦之主焉。成卦之主,則卦之所由以成者。無論位之高下,德之善惡,若卦義因之而起,則皆得為卦主也。主卦之主,必皆德之善,而得時得位者為之。"惟卦主之義但《易》之蘊耳,未必作《易》聖人之本旨也,故不必膠執。[3]《朱子語類·易三·綱領下·總論卦象爻》:"卦德,如乾健坤順之類。"俞琰云:"卦德,八卦之德也。乃健順動入險麗止說之八德,非謂元亨利貞也。元亨利貞乃占辭耳,在乾為乾之四德,非八卦之德也。陰陽小大,卦之才也;九六剛柔,爻之才也。"(《讀易舉要》卷二)○元按:卦德之義,諸說不同,孔疏以四德言,朱子以卦義言,皆於義有合者也,然亦未能盡之。蓋德者得也,德對道言,乃道之為人所得者也。《易》與天道准,渾淪而言,則為太極;開而為二,則為陰陽,為兩儀;開而為四,為元亨利貞,為四象;開而為八,為八卦;開而為六十四,則為六十四卦。皆卦德也。參《說卦》義解。[4]○元按:卦時之義,孔穎達疏《豫·象》云:"夫立卦之體,各象其時,時有屯夷,事非一揆。故爻來適時,有凶有吉,人之生世,亦復如斯。"已頗見及此。[5]程頤云:"元者萬物之始,亨者萬物之長,利者萬物之遂,貞者萬物之成。"朱子云:"蓋嘗統而論之,元者物之始生,亨者物之暢茂,利則向於實也,貞則實之成也。實之既成,則其根蒂脫落,可復種而生矣。此四德之所以循環而無端也。"王夫之云:"亨,古與烹、享通。烹飪之事,氣徹而成熟;薦享之禮,情達而交合。故以為通焉。"朱駿聲云:"利,和也。如刀刈禾,順而使之也。"○元按:《文言》"利物足以合義",何妥曰:"利者,裁成也,君子體此利以利物,足以合於五常之義。"與朱駿聲說實通。[6]楊萬里云:"德之名四,其實一,一者何? 元而已。元出而亨,物始而通也。……利入而貞,物成則復也。……故周子曰:'元亨,誠之通;利貞,誠之復。'

復者何？復其元而已。元者貞之初，貞者元之終，元貞異名而同體；亨者物之生，利者物之成，亨利異功而同用。渾然而一之謂元，熙然而散之謂亨，充然而成之謂利，肅然而收之謂貞。”浦龍淵云：“是萬善之所統也，故名為元；萬善之所會也，故又名為亨；萬義之所和也，故又名為利；萬事之所由正固也，故又名為貞。此四德者，分言之，若截然有四；合言之，則亨利貞三者，實統於一元。”〇元按：四德之義，《文言》備矣。[7] 程頤云：“惟乾坤有此四德，在他卦則隨事而變焉。”魏了翁云：“諸卦之中亦有四德，但餘卦四德有劣於乾，故乾卦直云四德，更無所言，欲見乾之四德無所不包。其餘卦四德之下更有餘事，以四德狹劣，故以餘事系之。即坤卦之類是也。（下略）”(《周易要義》卷一上，《諸卦有四德三德二德一德無德》)〇元按：此乃卦辭言四德之例，參《序卦》義解可知。魏氏此節全文抄錄孔穎達《周易正義·文言》疏，茲引之以見唐宋諸儒通義。另，無德之說，孔氏原指豫、觀諸卦之不言四德者。實則諸卦非無德也，蓋四德猶四時，四時安可逃之？所以不言四德者，或四德不顯，如訟；或處諸德之交，如否。故略之耳。[8] 程頤云：“夫天，專言之則道也，天且弗違是也。分而言之，則以形體謂之天，以主宰謂之帝，以功用謂之鬼神，以妙用謂之神，以性情謂之乾。”[9] 〇元按：此擬形以狀四德耳，非實有物若首若頸若身若尾也。自天道言，固渾淪為一；自人道言，始有四時之別。大《易》以人合天，然微人道，《易》亦無以見矣。予嘗云，此人道，非即人世之理言，蓋此渾然一體之天，必待人而始現其分別相也。參拙撰《孟子章句講疏》卷一第一章。《莊子·大宗師》：“孰能以無為首，以生為脊，以死為尻，孰知生死存亡之一體者，吾與之友矣。”頗可與此相發。《莊子·庚桑楚》：“古之人，其知有所至矣。惡乎至？有以為未始有物者。”此雖與《大宗師》所言為“公族”，然於後者則云“至矣盡矣，弗可以加矣”，蓋亦寓高下之別。此與《成唯識論》卷一駁勝論之說，所謂“勝論所執實等句義多實有性，現量所得。彼執非理，所以者何？諸句義中且常住者若能生果，應是無常，有作用故，如所生果。若不生果，應非離識實有自性，如兔角等”，斯皆破此執者也。以天道論，其破之固是，得其體也；然不可絕之,失其用矣。必知不破之破斯為妙,始可與言《易》也。

初九,潛龍勿用。

【義解】初者指位,曰潛位,自下而上數之,故曰初。[1]九者陽也,卦以動為占,陽九則變,故言九也,[2]下准此。潛龍勿用,所謂爻辭也。所謂潛者,有在下、不顯、不發、不用、自守、固執諸義,因時而異,然實不異也。蓋凡剛健有為者皆不欲其用,凡柔順無為者皆能固執也。故總言之,曰不用乃至不欲用也,自甘處下而不起。陽者動,以陽而居潛,象如蟄龍,[3]潛藏不起,固本待時,貞下起元之義也。勿用者,不用也。此亦遯世隱者之象,如長沮、桀溺、老聃等皆是,人莫測其所以,故夫子之贊老聃,有猶龍之歎。[4]

【疏證】[1]《易乾鑿度》:“易氣從下生。”鄭玄注:“易本無形,自微及著,故氣從下生,以下爻為始也。”俞琰云:“卦體有上有下,下為內為先,上為外為後,伏羲畫卦,蓋自下而始。朱子曰:‘《易》要分內外看,如巽而止,則成蠱,止而巽便不同。蓋先止而後巽,卻是有根株了,方巽將去,故為漸。’”○元按:朱子“有根株”一語最為得之。卦所以有內外者,《大學》所謂“物有本末,事有終始,知所先後,則近道矣。”鄭氏所言,亦當以此為本。[2]○元按:九、六之義見《繫辭》義解。[3]《子夏易傳》曰:“龍所以象陽也。”陸德明云:“龍,喻陽氣及聖人。”程頤云:“龍之為物,靈變不測,故以象乾道變化,陽氣消息,聖人進退。初九在一卦之下,為始物之端,陽氣方萌。聖人側微,若龍之潛隱,未可自用,當晦養以待時。”○元按:崔憬、沈驎士等皆以龍象君子,非是。蓋君子言必及義,行必有方,未可以遽稱龍德也。[4]干寶曰:“聖德在愚俗之中,此文王在羑里之爻也。”胡瑗云:“聖人之戒後世,不可用潛龍為德,誠無疑矣。故孔子目長沮、桀溺曰‘鳥獸不可與同群,吾非斯人之徒與而誰與。’”張浚云:“說之築巖,尹之耕野,望之釣渭,顏子之陋巷,大舜之深山,皆勿用也。”曾朝節云:“周之末世,荷蕢、沮、溺之流正是用‘潛龍勿用’一爻。”馬振彪云:“老子云‘善建者不拔’,孔子贊為猶龍,史稱其為隱君子,著書言道德之意五千言而去,莫知所終。蓋深得潛龍之義,而能勿用者也。”○元按:

胡氏固以長沮輩為潛龍也，然所云戒後世不可用潛龍為德則非，與《象》《文言》皆不合故也。勿用所以釋為不用者，猶《尚書·堯典》"九載，績用弗成"之勿亦訓為不也。

九二，見龍在田，利見大人。

【義解】以陽居二，二，柔而處中也，故曰柔中，亦名見位、下中。柔有陰柔、順守、迂迴、不進取、不顯揚諸義，其要在於不能致遠，《繫辭下》所謂"柔之為道不利遠者，其要无咎，其用柔中"是也。中即所行得宜、不違其則之義。下準此。陽故健，合於乾德，而能柔順，素其位而行也。大《易》秉中庸之道，於陽不欲過健，以剛柔相濟為極則，故此爻實最合易道之理想，九五雖佳，然剛中亦不如柔中，天德不可為首也。故九二雖未及遠，而許之以"龍德中正"。居中而健，則德施普博，如龍現於田，[1]舒展自由之象也。故其占利以大人示現，陽而行中即大人也。[2]昔儒以孔子素王，以師道教化天下當此爻，甚合其義。[3]

【疏證】[1] 王弼云："出潛離隱，故曰見龍。處於地上，故曰在田。"鄭玄曰："二於三才為地道，地上即田，故稱田也。"○元按：鄭說非是。六畫卦者，兼三才而兩之，然非自下至上而數之也，故二非地道。蓋二、五皆人道，執天地之中者也。然言田者，龍以飛為得位，二既處柔，柔之為道不利遠者，是雖未得飛之大用，而亦如龍之在田，優遊有餘也。[2] 李道平云："《乾鑿度》曰：'大人者，聖人德備也。'孟喜云：'大人者，聖人德備也。'二為在下之聖人。"陸德明引王肅云："大人，聖人在位之目。"○元按：程子以為"大德之人"，蓋從孔說，見下。王肅說非是。張載《橫渠易說·乾文言》云："聖猶天也，故不可階而升。聖人之教，未嘗以性化責人，若大人則可學而至也。"又云："故嘗謂大可為也，大而化不可為也，在熟而已。蓋大人之事，修而可至，化則不可加功，加功則是助長也，要在乎仁熟而已。然而至於大以上自是住不得，言在熟極有意。大與聖難於分別，大以上之事，如禹、稷、皋陶輩猶未必能知，然須當皆謂之聖人，蓋為所以接人者與聖同，但己自知不足，不肯自以為聖。"此析聖人、大人之別,極有味。[3] 何妥曰:"此夫子洙泗之日,開張業藝,教授門徒,自非通舍,孰能如此。"孔穎達云:"先儒云:'若夫子教於洙泗,利益天下,有人君之德,故稱大人。"程頤云:"以聖人言之,舜之田漁時也。"○元按:程說蓋本諸孔穎達《文言》疏。何妥釋《文言》"潛龍勿用,下也"曰:"當帝舜耕漁之日,卑賤處下,未為時用,故云'下也。'"李道平引《史記》云:"舜耕歷山,歷山之人皆讓畔;漁雷澤,雷澤之人皆讓居。"然觀史公所記,所謂讓畔、讓居,正大舜之所以化民也,是雖無位而能因時行中,孔氏、程子繫之九二,得之矣。

九三,君子終日乾乾,夕惕若,厲无咎。

【義解】以陽居三,三,剛爻也,剛而不中,健而又健,進取不已,[1]現躁相,故曰躁位。按躁位當名乾位、健位,因與卦名、卦德相重,故易之。蓋所謂躁者,不安過動,不能順守之義,[2]過猶不及故也。若健動之爻處此,則益其健;若柔順之爻處此,或益其順,參坤六三。然以中道視之,則皆躁動不安也。下准知。以陽居躁,危道也,故當健而有止,有以自反。然乾性精純,其躁乃所以自修也,知其必能自反也。其象如君子終日乾乾,奮發有為,既能清夜自省,[3]是雖危而无咎矣。[4]曾子吾日三省吾身,孟子存夜氣諸說,皆與此爻義合。[5]

【疏證】[1] 王夫之云:"乾乾,乾而又乾,健之篤也。"[2]《繫辭下》:"吉人之辭寡,躁人之辭多。"《說卦》:"震為決躁。"又云:"巽,……其究為躁卦。"元按:躁位之躁,取義於此。[3] 陸德明云:"惕,怵惕也。鄭玄云:'懼也。'《廣雅》同。"郭京云:"若字宜為語辭。"王應麟:"《淮南·人間訓》云:'《易》曰"潛龍勿用"者,言時之不行也,故"君子終日乾乾,夕惕若厲,无咎。""終日乾乾",以陽動也。"夕惕若厲",以陰息也。因日以動,因夜以息,惟有道者能行之。'以陰陽言日夕,《易》說所未及。"○元按:今人廖名春亦引《帛書周易·二三子》及《衷》篇所記,以申《淮南子》之說,(《〈周易〉乾坤兩卦卦爻辭五考》)然釋"夕惕若"為休息,雖可通,在義理上實不如此經所改之"惕"字為佳,蓋乾本健,即其休止亦不當暗默無為，而當即止而健也。與天台止觀之法亦通。《淮南》本道家言，以養生為務，故所釋如此。其與《帛書周易》，蓋皆出巫史易者也。錢澄之云："一部《老子》，全旨在柔，大《易》全旨在剛。此《老》《易》之分。"（《田間易學·乾·大象》）言君子者，九三精進自修，大人之德未成，故不以龍喻之也。朱子釋《文言》云"大抵乾卦六爻，《文言》皆以聖人明之，有隱顯而無淺深也"，未是。參《象傳》義解。[4] 陸德明云："厲，危也。"〇元按：李本固《周易古本全書彙編·誤異》："乾九三'厲无咎'，漢許慎《說文》厲作
夤：'敬惕也，《易》曰"夕惕若夤"。'"夤本有惕義，倘如許書，則經文未免重複，作厲是。[5] 耿南仲云："自朝至夕皆君子所有事也，至於夜則君子不以憂勤故撓焉。何則？以夜氣近本故也。孟子謂'夜氣不足以存'，惡喪本也，故於惕若稱夕而已。"李士鉁云："夫至夕猶惕，則乾乾不息，無時不在戒懼之中，此宋儒常惺惺之法也。"

九四，或躍在淵，无咎。

【義解】以陽居四，四，柔爻也。柔不居中，不及於中也，有不立、無主、有疑、自省、謹慎諸義，故曰或位，或之者，疑之也，依《文言》，則或實為惑義。有疑、自省稍有辨，若君子處此則為自省；若小人處此則多有疑也。然亦不可膠執，蓋皆隨文起義，以見易道之變動不居。以能謹慎戒懼，[1] 故亦可名慎位。以陽居或，當健之時，似有不及。二五居中，三過而四不及，[2] 過猶不及也。蓋雖有其能，尚乏自信，不敢擔當也。[3] 倘能自我淬礪，則義亦无咎，如九三之自惕也。然乾體精剛，知其必能自勉也。象如龍已出蟄，因自疑惑，未敢飛現，而於淵中自試跳躍也。武王觀兵或當此爻。[4]

【疏證】[1] 劉宗周云："疑之也者，惕之也。"[2] 毛錫齡、毛奇齡云："初三四上，或隱或亢，或過或不及。"〇元按：毛氏兄弟所見已及此，惟未知是乃《易》例也，惜哉！[3] 〇元按：大人之德已顯，故喻之以龍；未能自信，是尚未成也，故《文言》猶以君子稱之。此魚躍龍門之時也。[4] 干寶曰："此武王舉兵孟津，觀釁而退之爻也。"何妥曰："欲進其道，猶復疑惑，此當武王觀兵之日，欲以試觀物情也。"

九五，飛龍在天，利見大人。

【義解】以陽居五，剛中當位，曰飛位，亦曰上中。剛（上）有剛斷、進取、顯揚、居上、有為、鋪張諸義，與二柔相較，是能致遠也。中而有剛柔之別者，以位有尊卑，事有大小，行有健順也，下准此。當健之時為圓滿之象，如飛龍在天，雲行雨施，天下安平，故利以大人示現。三代聖王正當此爻。[1]

【疏證】[1] 虞翻曰：“謂若庖犧觀象於天，造作八卦，備物致用，以利天下。”何妥曰：“此當堯舜冕旒之日，以聖德而居高位，在上而治民也。”干寶曰：“此武王克紂正位之爻也。”○元按：干說是也。九五以剛居上中，天德而為首，與三皇五帝之道不類，不可以庖犧、堯、舜象也。參坤六五。

上九，亢龍有悔。

【義解】以陽居六，曰上者，六位之極也。最上而失中，有反動，[1]過亢、自大、不屑、極而不止諸義，故名亢爻。[2]反動為亢爻核心之義，諸義皆依此而成。以六爻之義例之，初者未發，餘爻已發；二五得中而分剛柔，三過而四不及，六則物極必反。[3]此例通諸六十四卦，故云周流六虛；具體意義及吉凶皆視卦爻而定，此所謂變動不居也。下准知。當健之時，以陽居亢，象如龍飛過高而不止，無以行雲布雨，必有悔也。既悔而能虧其滿盈，斯合天道矣。[4]參《象傳》。其不悔者必有凶也。[5]

【疏證】[1] ○元按：即物極必反。[2] 陸德明云：“亢，《子夏傳》云：‘極也。’《廣雅》云：‘高也。’”[3] 揚雄《法言·先知》云：“龍之潛、亢，不獲其中矣。是以過中則惕，不及中則躍。”李軌注：“二五得中，故有利見之吉。”○元按：此爻例也，惟昔儒未能一貫耳。孔子云“過猶不及”，殆亦本此為言也。[4] 熊禾云：“上處滿極，亢龍之象。有悔悟，不終於亢。”魏濬云：“亢亦聖人所乘之位，此悔是必不可免者。因其悔而處之有道，如伊尹之罔以寵利居成功，周公之孫於碩膚，善用其悔者也。”[5] 李鼎祚曰：“此當桀紂失位之時，亢極驕盈，故致悔恨。”李杞云：“堯舜之末年皆有亢龍之象，惟堯之授舜，舜之受禹，功成不居而退藏於密，故當亢而不亢，宜有悔而不悔，此聖人反禍為福之道也。”舒芬云：“上九之悔，非龍之悔，亢之悔也，故曰‘有悔’。有者，緩辭；悔者，自凶而趨吉也。”季本云：“悔非不善之道，人心反正之幾也。”○元按：李鼎祚所言非也，李杞說是。蓋桀紂已非龍德，不足當之。此皆因昔儒惟知龍德象君，不知此君當指大人言也，若桀紂者，乃《孟子》所謂“一夫”者也，安得云君？《論語·子罕》：“子謂顏淵，曰：‘惜乎！吾見其進也，未見其止也。’”亦知進而不知退之義，是顏子跡雖潛龍，其力學之勤則可以當亢龍也。

用九，見群龍，无首，吉。

【義解】爻以九、六為用，故言用九、用六，九、六乃天地之大用也。[1]何以无首方吉？蓋“維天之命，於穆不已”，“易者冒天下之道”，易道循環無端，周而復始，雖首以乾，乾非首也；雖欲成務，而以未濟終。其始則不知何所來，其終則不知何所往。若有始有終，則萬物一成不變，天道亦為之凝矣，有違大易生生之旨。故乾之健也，必剛而能柔，健而有止，雖能始物，不自居首；[2]進而言之，有此德，故能因時育物，六龍御天，執天行之樞紐，斡造物之化機，物物而不物於物，是則元吉而無弊矣。由此知九二之柔中在九五剛中之上，自有生民以來，未有如孔子者也。[3]○元按：用九見群龍无首，寓後世卦主之義。自屯以下，諸卦之中，皆有與卦德相合之爻，以為之首，是為卦主。乾卦六爻皆合卦德，是皆可為卦主矣。皆可為卦主，則無有後先，是為群龍无首。

【疏證】[1]《朱子語類·易四·乾上》：“問：‘乾坤獨言用九、用六，何也？’曰：‘此惟歐公說得是。此二卦純陽純陰而居諸卦之首，故於此發一例。凡占法，皆用變爻占。故凡占得陽爻者，皆用九而不用七；占得陰爻者，皆用六而不用八。蓋七為少陽，九為老陽，六為老陰，八為少陰，老變而少不變。凡占用九、用六者，用其變爻占也。遇乾而六爻皆變，則為陰,故有群龍无首之象,即坤"利牝馬之貞"也。'"項安世云:"用九為乾之坤,見《春秋左氏傳》。乾惟用九,故可變為坤,使用七,則終於乾矣;坤惟用六,故可變為乾,使用八,則終於坤矣。"蔡清云:"此爻《本義》,愚竊有疑。蓋據周公於六爻之後方著出'用九'二字,似當指六爻皆九者言。況其辭云'見群龍,无首,吉',則分明是說六爻皆用九者道理矣。又據孔子《象傳》及《文言傳》,節節皆是指六爻用九者言。"顧憲成云:"用九无首,是以乾入坤,坤者乾之藏也。用六永貞,是以坤承乾,乾者坤之君也。"馬振彪云:"乾元入坤,坤元入乾,此即天地之大用。六十四卦陰陽變化,莫非九與六之妙用為之,即皆乾坤之元氣為之也。顧氏所說,即根據《說卦》乾以君之、坤以藏之而推其義。"(《周易學說·坤用六》,顧說亦轉引於此)○元按:蔡說是,《語類》已悟《本義》之失。歐陽修、朱子、項氏著眼於占卜之用,顧、馬二氏則著眼於天地之用,二者雖異,然可並存,蓋卜筮固可以上通天道也。顧說馬氏已引。用之字,《帛書周易》作迵,今人廖名春釋為通(《〈周易〉乾坤兩卦卦爻辭五考》),雖亦可通,然大義盡失。
[2] 程頤云:"見群龍,謂觀諸陽之義,無為首則吉也。以剛為天下先,凶之道也。"○元按:王世貞云:"亢龍有悔,其聖人閱世之言乎!不可為首,其聖人處世之言乎!老氏得《易》之偏用而深者也。"(張汝霖《易經澹窩因指·乾象》引)《老子》"不敢為天下先",蓋本乾元用九之義,然必以清虛自守持之,則固矣。王夫之云:"王弼附老氏'不敢為天下先'之說,謂'无首'為藏頭縮頸之術,則是孤龍而喪其元也。《本義》因之,所不敢從。"《帛書周易·易之義》:"鍵之至德,剛而能讓",得其旨矣。鍵即乾。《易》終未濟,參未濟卦。[3]《論語·子罕》:"達巷黨人曰:'大哉孔子,博學而無所成名!'子聞之,謂門弟子曰:'吾何執?執御乎?執射乎?吾執御矣。'"李鼎祚曰:"此當三皇五帝禮讓之時,垂拱無為而天下治矣。"張根云:"堯舜之事。"又云:"所以常治而不亂,蓋功成名遂身退,天之道。"朱駿聲云:"舜既受禪,禹、稷、契、咎繇之屬並在朝,見聖人無自尊之意,則可以統御群才矣。"○元按:射尊而御卑,故孔子執御,是无首之義也。(參拙作《孟子章句講疏》卷六,第一章。)

　　《彖》曰：大哉乾元，萬物資始，乃統天。雲行雨施，品物流形。大明終始，六位時成，時乘六龍以御天。乾道變化，各正性命。保合大和，乃利貞。首出庶物，萬國咸寧。

　　【義解】此《彖傳》也。傳者，傳也，此孔子傳經文所彖諸辭之義，故云彖傳。下准知。其法先以陰陽變化之總象言一卦之時，此廣義之卦德，即卦名也，如乾、坤、屯、蒙者是。次言所以成此卦名之德，如屯之'動乎險中'，蒙之'險而止'是也，此狹義之卦德，為簡別故，本書徑名之曰卦德，而以前者為卦名。凡卦德必自內而外言之。詳下《大象》義解。後逐句分釋彖辭，以別卦主，及天道所以能亨之故。[1]其所釋之次序或有前後之殊，然三義必備，此觀象所以能思過半也。要之，《彖傳》雖非必孔子筆之成書，然由孔子所傳則無疑也。夫經自孔子始備，十二《易》乃經學之統宗，[2]若合符節，惟孔子得其全也。

　　乾之卦時居首，無乾則萬物無以開顯，故萬物資之以始，乃為宇宙之統宗。[3]如人以頭為首，乾元者，宇宙之首也。如龍既行雲布雨，萬物各從其類，各得其形，所謂品物流形；使萬物各遂其性，故云乾道變化，各正性命。[4]其道剛健，貫穿始終，隨時顯化，現其卦德，故言大明終始，六位時成，如上帝時乘六龍以行天上也。[5]欲保任此太和元氣之氤氳生化，必當如精剛之乾元，守其貞一也。乾元一出，天下太平，言各率其性。以彖辭言，則"大哉乾元，萬物資始，乃統天"者，元也；"雲行雨施，品物流形"者，亨也；[6]"乾道變化，各正性命"者，利也；"保合大和，乃利貞"者，貞也。惟以利貞合言者，此利乃利益之利，言當此之時，以貞定為利，即利居此而有定也。[7]所以不明言卦德者，八宮之首卦皆兩象卦，[8]其卦德之例與餘卦有別。蓋乾之卦德健而能健，健者健也，所以御物者也；健健則御物而得其中，因時而有恆也。此法通於八純卦，如坤之順而能順，首一順字乃順義，次一順字則為有守、合道之義，震艮、坎離、巽兌皆仿此，斯所以為八純也。乾德健而有恆，此即"大明終始，六位時成，時乘六龍以御天"之義。大明、御天，健也；終始，有恆也；時成而且時乘者，因時也。[9]因時者，變易也；有恆者，不易也；健者，易簡也。易有三義，[10]合健、有恆、因時三義者，乃可稱統天也。然則統天者，乾卦之卦德也。

按："保合大和，乃利貞"，非四德之"利貞"也，學者於此頗有異議。蓋《文言》明言四德，不可誣也；然《彖傳》常不言利，且每以正釋貞，似與《文言》不合。歐陽永叔始疑十翼非孔子親撰，朱子則進而以《彖傳》所言含文王易，《文言》則孔子易，遂直以彖辭為占辭。其以巫史易當文王易，可謂得其本旨，然於文王、孔子精神之異，尚未能破其藩籬。[11]近世有疑古者出，承殷墟卜辭之例，遂以卜釋貞，而以彖辭為占卜記錄之彙編。是以十翼非孔子一人所撰，經傳非一體之說，甚囂塵上，傳統所云文王易與孔子易乃判然而不可合。其勇者至舍十翼以求經，於是隱括此上古華夏文明之大《易》，遂了無生趣，日淪為穿鑿附會之場，解《易》者言人人殊，猜謎射覆，靡所不為，其高者固以為得其本旨，其下者乃以無根之談作邀名之具。其所以敢爾者，不過以既為占辭之彙編，則本義無從質正而已。

然則《彖傳》與《文言》果不可合乎？依上文所解，《彖傳》所言皆與四德相應，與《文言》未嘗不合也。蓋卦辭既依天時言四德，復以人事而言利貞，則乾彖辭當作"元亨利貞，利貞"，為避冗雜，乃止云"元亨利貞"耳。蓋惟以人道之"利於貞"，始合天時之"利貞"也。此亦卦辭之例，諸卦言利貞者多仿此。夫子作《彖傳》，既釋四德，又合言利貞，言當居此而有定。懼人不識四德之義，故於《文言》表而出之。必合兩篇而一之，始得孔子之旨。然則近世以"利貞"為"有利於占問"者，亦不為無見，惟不識《彖傳》以正釋貞之精義，與夫經傳雖分而不可分之大旨，遂至謬以千里之失也。[12]予故云，傳世本《周易》必十翼既出之後，經孔門通盤改定者，故能經傳一體，渾淪如一也。

【疏證】[1] 王申子云："夫子《彖傳》之例，先釋文王所重六畫之象，及所以名是卦之義，如蒙'山下有險，險而止，蒙'是也。既舉卦象以釋卦名，然後逐句舉文王彖辭而釋之。"吳桂森云："夫子於《彖傳》中必詳說卦名，把兩卦相推蕩妙理細細分剖，每卦必先從上卦連下說一句，又從下卦連上說一句。如蒙則曰'山下有險'，需則曰'險在前'，皆就上卦說起也。蒙又曰'險而止'，需又曰'剛健而不陷'，從下卦說上也。"（《周易像象述·金針題辭》）〇元按：吳說出錢氏一本。[2] 〇元按：十二《易》指上、下經及十翼，翼者，輔翼之義。[3] 陸德明云："鄭云：'統，本也。'"程頤云："四德之元，猶五常之仁，偏言則一事，專言則包四者。"[4] 耿南仲云："且比夫天下之物，擾而正之，則各安其地，莫知正處；各安其時，莫知正味。將以孰為正哉？用各隨分，則物物有正處，物物有正味，長短小大，各遂其宜，所謂'各正性命'也。各正性命，則物殊稟，然而一陶乎太和之中，無外是者焉。"[5] 胡炳文云："六位時成，泛指《易》六虛言；時乘六龍，專指乾六畫言。三百八十四爻祇是一時字，故夫子首於《乾·彖》發之。"〇元按：以天道言，不惟六爻，三百八十四爻皆龍德，皆乾元一氣之所貫；以人道言，亢必有悔，始能虧其滿盈，遂能合其天道也。鼎九三"方雨虧悔"，言悔而能虧其盈溢，是其證也。上帝時乘云云，乃喻象也。[6] 程頤云："雲行雨施，品物流形，言亨也。"俞琰云："前言萬物，此言品物，萬與品，同歟異歟？曰：元為稟氣之始，未可區別，故總謂之萬；亨則流動形見，而洪纖高下，各有區別，故特謂之品。"[7] 孔穎達云："此彖釋乾與元亨利貞之德，但諸儒所說，此彖分解四德，意各不同，今案莊氏之說於理稍密，依而用之。'大哉乾元，萬物資始，乃統天'者，此三句總釋乾與元也；……'雲行雨施，品物流形'者，此二句釋亨之德也；……'大明終始，六位時成'者，此二句總結乾卦之德也；……'時乘六龍，以御天'者，此二句申明乾元'乃統天'之義；……'乾道變化，各正性命'者，此二句更申明乾元資始之義；……'保合大和，乃利貞'者，此二句釋利貞也。"〇元按：

貞之義，《彖傳》後文釋為正，先儒多未明其義，以正當之正釋之，每多曲說。蓋所謂正者，止於一之謂也，當訓為定，其正當與否，皆隨文起義，不可膠執也。貞所以訓定者，以其字上卜下鼎，皆有定之義蘊涵其間。宋儒李衡《周易義海撮要》卷十三《字例》云："貞者皆專固之稱，不可獨訓以正。或專一固守而獲吉，或不知通變，不當固守之，則凶也。"《朱子語類·易四·乾上》亦云："《易》言貞字，程子謂'正'字盡他未得，有'貞固'之意。"其說甚是。至於近代以貞卜之義釋貞，雖朱子已稍發此義，然於經傳一體之孔子易而言，則甚為武斷，不足為定論。[8] ○元按：虞翻釋坎、離皆曰"兩象"，釋巽則曰"重象"，即同象疊加也。[9]《禮記·哀公問》："公曰：'敢問君子何貴乎天道也？'孔子對曰：'貴其不已。如日月東西相從而不已也，是天道也；不閉其久，是天道也；無為而物成，是天道也；已成而明，是天道也。'"元按：不已言其健，久言其有恒。"已成而明"，"無為而物成"，即"大明終始，六位時成。"[10] 孔穎達《周易正義》卷首："《易緯乾鑿度》云：'易一名而含三義，所謂易也，變易也，不易也。'又云：'易者，其德也，光明四通，簡易立節，天以爛明，日月星辰佈設張列，通精無門，藏神無冗，不煩不擾，澹泊不失，此其易也；變易者，其氣也，天地不變不能通氣，五行迭終，四時更廢，君臣取象，變節相移，能消者息，必專者敗，此其變易也；不易者，其位也，天在上、地在下，君南面、臣北面，父坐子伏，此其不易也。'鄭玄依此義作《易贊》及《易論》云：'易一名而含三義：易簡，一也；不易，二也；變易，三也。"沈善登云："夫《易》有三義，不易、變易如環無端。……太易一含三（氣形質）而形上者也，不易者也；氣形質三即一而形下者也，變易者也。形上者渾同太空而一含三，則真空不空矣；形下者紛綸萬有而三則一，則妙有不有矣。空有相資，無方無盡，本斯立教則知天下之至賾有至一者存，至動有至常者存，而圓融無際，此所以體用一原，顯微不二，而遂名為易也。"（《需時眇言》卷二，《原易》）○元按：沈說得之。漢儒言不易之義甚淺，蓋不易者有恆也，恒乃所以為變之本，老子所謂"靜為躁根"也。然老子不知健動之義，仍得其一偏。所謂"天地定位"云云，天地亦一象也，安得真能不易？[11] 朱子釋

《屯·彖》"動乎險中,大亨貞"云:"自此以下,釋'元亨利貞',乃用文王本意。"《朱子語類·易二·綱領上之下·卜筮》:"聖人恐人一向祇把做占筮看,便以義理說出來。'元亨利貞',在文王之辭,祇作二事,止是'大亨以正',至孔子方分作四件。""故學《易》者須將《易》各自看,伏羲《易》,自作伏羲《易》看,是時未有一辭也;文王《易》,自作文王《易》;周公《易》,自作周公《易》;孔子《易》,自作孔子《易》看。必欲牽合作一意看,不得。"又云:"如說田獵祭祀,侵伐疾病,皆是古人有此事去卜筮,故爻中出此。""凡爻中言人者,必是其人嘗占得此卦。"《朱子語類·易三·綱領下·三聖易》:"自伏羲而文王、周公,雖自略而詳,所謂占筮之用則一。"《朱子語類·易三·綱領下·讀易之法》:"蓋《易》祇是個卜筮書,藏於太史太卜,以占吉凶,亦未有許多說話。及孔子始取而敷繹為十翼《彖》《象》《繫辭》《文言》《雜卦》之類,方說出道理來。"○元按:朱說大旨如是。所云伏羲、文王、孔子各有其《易》,不必牽合,誠千載破的之論。以孔子之前為巫史易,亦合史實。然以伏羲本意為尚,以為文王、孔子每況愈下,則與孟子所謂"源泉混混"、孔子集大成諸論相違,乃老氏之言也。所云"朱子道"者以此。[12]吳汝綸云:"《師·彖》云:'貞,正也。'說者專據以解經,於大貞、小貞、可貞、不可貞、貞凶、貞吝,義皆不可通。元余芑云:'《周禮》有"祈永貞",又"天府季冬陳玉以貞來歲之媺惡",鄭司農云:"貞,問也。"《易》曰"貞,丈人吉",問於丈人。《國語》曰"貞於陽卜",禮中又有所謂大貞,謂卜遷國立君也。'余氏此說最是。"又云:"貞又為定,《周禮·太祝》所云'求永貞',謂永定也。《釋名》:'貞,定也。'凡《易》言永貞、居貞、安貞,皆宜從定訓,故與征對文。"又云:"《左傳》《文言》'貞固幹事'之語,足明貞有固訓。《戴記·曲禮》'求無固',鄭注:'固猶常也。'貞既訓固,亦可訓常。"(《易說》卷一)尚秉和云:"至於'貞吝'、'貞凶'、'不利君子貞',其義與'乾元亨利貞'之貞絕不相同。案《周禮·春官》'天府季冬陳玉,貞來歲之媺惡',注貞謂'問於龜卜'。鄭司農曰:'貞,問也。《易》曰"師貞,丈人吉。"'又《左傳》哀十七年,'衛侯貞卜',《國語》'貞於陽卜',皆以貞為卜問。而'師貞丈人吉',前鄭引以解《周禮》,是以貞為卜問,已有先例。愚以為'大貞'、小貞'、'貞吝'、'貞凶'、'不利君子貞',皆宜詁作卜問,與'乾元亨利貞'之貞,判然為二義,不得混同。五經字同而義異者多矣,不獨此也。蓋貞有正義,又有貞固、貞定二義,朱子兼采之,曰'貞,正而固也。'豈知兼二義仍不能盡通。近儒王陶廬先生又以全《易》貞字皆釋作卜問,於文理可通矣,然若乾之利貞亦釋作卜問,則乾德不全矣。似不盡協也。"李鏡池云:"《說文》:'貞,卜問也。'卜辭、《周易》的貞都訓貞卜、卜問。"○元按:吳說頗精,然於諸說可通處尚未明言。貞之字從卜從鼎,鼎三足為定,故貞之訓定、訓固、訓正、訓卜,皆由此通,學者不可膠執也。尚氏說雖不確,仍有分寸,至李氏,則武斷極矣。

《象》曰:天行,健。君子以自強不息。"潛龍勿用",陽在下也。"見龍在田",德施普也。"終日乾乾",反復道也。"或躍在淵",進无咎也。"飛龍在天",大人造也。"亢龍有悔",盈不可久也。"用九",天德不可為首也。

【義解】象之名已如上釋,其首句為一卦之總象,先儒以為大象;後六句乃各爻之象,先儒以為小象。大象首半句為卦時,其法以兩三畫卦相疊加,因之取象,後半句乃言君子、聖王取法卦時而守身治平之道。其取象多自外而內,如屯曰雲雷,而非雷雲,其卦德則皆自內而外,如屯曰"動乎險中"是也。[1]自外而內者,猶天命之謂性,其勢順;自內而外者,猶盡性而致於命,其勢逆。"山下有險"者卦時也,"險而止"則卦德也,所以一順一逆者,蓋天即以此卦德濟其卦時也。八純卦內外無別,故此法不顯,然此實象象之凡例也,故揭之於此。小象則作《易》聖人所取各爻之喻象。下准知。

乾卦以天行取象,兩天相並,有似天行,故曰"天行健"。[2]凡坤以下,大象所定名皆與卦時相合,而乾獨不合者,非作卦之疏漏,亦非傳抄之訛,蓋經學易本自巫史易而作,非僅述之而已,故留此異以見其本原。[3]天行健健,健而有恆也,故君子法之,亦自強不息也。自強法其健,不息法其恒。[4]初九潛龍者,蟄龍也,陽在下伏之象。九二見龍在田,則為德施溥博之象。[5]九三終日乾乾,言其自惕以歸根復命之象,參復卦之義。[6]九四或躍在淵,勉其進取,蓋稍有不及之象。九五飛龍在天,言大人畢至之象。[7]上九亢龍有悔,言盈不可久之象。[8]用九之義,言乾元當戒過健,天德不可居首,否則無以因時育物,天道凝矣。[9]

【疏證】[1] 陳夢雷《周易淺述·蒙·象》:“《彖》言雷雨,《象》言雲雷,《彖》言其動,《象》著其體也。”李道平疏《蒙·象》云:“‘山下有險’,先言山后言險,卦象自上而下也。‘險而止’,先言險後言止,易氣皆自下生也。餘卦仿此。”[2] 朱子云:“凡重卦皆取重義,此獨不然者,天一而已,但言天行,則見其一日一周,而明日又一周,若重複之象,非至健不能也。”項安世云:“乾之象為天,重乾是二天也。世無二天之理,故以天行象之。天一日一周,周而復始,有如二天,天而又天,不見其息,此乾之所以為健也。”(《周易玩辭》卷一,《地勢坤》)[3] ○元按:《帛書周易》乾作鍵,即健也。何楷云:“以卦德易卦名者,以其居六十四卦之首,故特異其辭,以別於他卦。如《春秋》首年不曰一年,而曰元年;首月不曰一月,而曰正月。”[4]《溫公易說·坤象》:“強者,勉之謂也。”蘇軾云:“夫天豈以剛故能健哉? 以不息,故健也。”俞琰云:“不息者,不間斷也。自強,象乾之健;不息,象乾而又乾。”張立文引《易緯·乾坤鑿度》云:“乾訓健,壯健不息。”[5] 陸希聲云:“陽氣見於田,則生植利於民;聖人見於世,則教化漸於物。故曰‘德施普’也。”[6] 虞翻:“至三體復,故‘反復道’,謂‘否泰反其類也。’”季本云:“反,如‘反求諸己’之反。”○元按:虞氏固以復卦之義釋此爻也,其例則不必從。[7] 陸德明云:“造,鄭祖早反,為也;王肅七到反,就也,至也;劉歆父子作聚。”《漢書·劉向傳》:“向上封事云:故賢人在上位,則引其類而聚之於朝。《易》曰:‘飛龍在天,大人聚也。’”楊樹達云:“按《音義》云:‘造,劉歆父子作聚’,此文正合。”李光云:“造者,至也。聲氣之同,不約而會,故曰造也。”○元按:大人畢至,即大人聚也。劉氏及王肅之說可通,與《文言》亦合。[8] 張汝霖云:“盈即亢,不可久即悔。”[9] 管志道云:“六龍之不可分首尾,猶天行之不可分旦暮也。人心一毫未化,即非天德。從其中之執而未化者,遂見以為首、為不見其首,而以時乘之,獨處皆可以為首。時潛而潛即為首,時見而見即為首。人見以為首,群龍實未嘗有首也。无首無不首,止乎分之所當然,形乎時之不得不然。此之為天則,聖人亦不知其然而然。"(錢澄之《田間易學》引)王夫之云:"天無自體,盡出其用以行四時、生百物,無體不用,無用非其體。……天之德,無大不屆,無小不察,周流六虛,肇造萬有,皆其神化,未嘗以一時一物為首而餘為從。以朔旦、冬至為首者,人所據以起算也;以春為首者,就草木之始見端而言也。生殺互用而無端,晦明相循而無間,普物無心,運動而不息,何首之有? 天无首,人不可據一端以為之首。"李道平云:"乾坤之妙,存乎二用。惟天道變化,莫測其端,故'不可為首也'。"

《文言》曰:"元"者,善之長也;"亨"者,嘉之會也;"利"者,義之和也;"貞"者,事之幹也。君子體仁,足以長人;嘉會,足以合禮;利物,足以和義;貞固,足以幹事。君子行此四德者,故曰"乾,元、亨、利、貞"。

【義解】《彖》《象》皆通諸卦,《文言》則惟乾坤有之。蓋《彖》言天道,《象》言人道,《文言》則天人合一,交錯而言也。交錯成文,故名。[1]聖人觀天文以察時變,觀人文以化成天下,其義備於乾坤二卦,故獨於此言之也。所謂四德,[2]自天言之則曰元亨利貞,自人言之則為仁禮義信,自地言之則曰春夏秋冬。嘉者,美也,善也。[3]幹者,物之根幹,即本也。[4]仁者眾善之始,[5]生生之源;禮者美物具備,以通神人;義者順物之性,各安其分;信者貞定於一,守其本根。有此本根,故可幹濟萬物,[6]使各正性命,各得其成。故元亨利貞實為一生命過程完滿之示現,而貫通為一者則為易,易於五常,智也。孟子所言四端,與此稍有異,然亦可通。蓋四端於五行實配木火金水,而以土貫之。所謂土王四季是也。[7]土者信也,誠也,水者智也,明也。大《易》言天道,故由上貫下,自明而誠,以天而教人也；孟子言人道，故擴而充之，自誠而明，盡性而知天也。《中庸》"自誠明謂之性，自明誠謂之教，誠則明矣，明則誠矣"，盡之矣，是之謂中庸也。

【疏證】[1] 陸德明云："《文言》，文飾卦下之言也，夫子之十翼。梁武帝云：'《文言》是文王所制。'"莊氏《易義》："文謂文飾，以乾坤德大，故特文飾以為《文言》。"劉瓛《乾坤義》："依文而言其理，故曰《文言》。"朱震《周易叢說》："《文言》者，文其言也，猶《序》《象》《說卦》之類，古有是言，或文王、或周公之辭。孔子因其言以文之，以垂後世。《傳》曰：'言之不文，行之不遠'，故以《文言》名其篇。"阮元云："古人以簡冊傳事者少，以口舌傳事者多，以目治事者少，以口耳治事者多。故同為一言，轉相告語，必有愆誤，是必寡其詞，協其音，以文其言，使人易於記誦，無能增改，且無方言俗語雜於其間，始能達意，始能行遠。此孔子於《易》所以著《文言》之篇也。"（《揅經室三集·文言說》）俞樾云："《文言》之文亦當訓理。……文、理義同，《繫辭傳》曰：'仰以觀於天文，俯以察於地理'，天言文，地言理，其義一也。《文言》者，謂於篇末又理其詞旨而言之，正與賦之有亂相似。"（《艮宧易說·文言曰》）杭辛齋云："孔子之《繫傳》曰：'爻有等，故曰物。物相雜，故曰文。'乃此'文'字之確詁也。蓋六十二卦之爻，無不陰陽相雜，惟乾坤為純體之卦，爻不相雜。爻不相雜，則人將疑為無文也。故特著《文言傳》以發明之。"（《學易筆談二集》卷一，文言釋義）〇元按：《文言》之義，異說紛紛，似皆可通，惟杭說尤為近理，然亦未知果是否。《義解》所言，亦依理推之耳。[2] 朱子曰："此第一節，申《象傳》之意，與《春秋傳》所載穆姜之言不異，疑古者已有此語，穆姜稱之，而夫子亦有取焉。故下文別以'子曰'表孔子之辭，蓋傳者欲以明此章之為古語也。"[3]《九家易》曰："眾善相繼，故曰'嘉之會也。'"李道平疏："《春官·大宗伯》'嘉禮'，注云：'嘉，善也。'"[4] 耿南仲云："物之生，有華藻，有質幹。質幹，譬則性也；華藻，譬則事也。華藻之本於質幹，猶事之本於性也。貞者性也，故貞者事之幹也。"《朱子語類·易四·乾上》："'貞固足以幹事'，幹如木之幹，事如木之枝葉。'貞固'者，正而固守之。貞固在事,是與做個骨子,所以為事之幹。"[5] 魏濬云:"元字訓作始,然如何是始,卻形容不得。說到'繼之者善',方可得而名矣。此理從無始來,至是落著人身,從此生去,節節總是生機,更無有不善者。有不善是日後添設,非其初也,故曰'善之長'。"[6] 荀爽曰:"陰陽正而位當,則可以幹舉萬事。"陸希聲《易傳》:"言天能以中正之氣成就萬物,使物皆得幹濟。"朱震云:"立事之謂幹。"○元按:幹舉即幹濟,陸說可從。[7] 史徵引周氏之言云:"若以五行言之,元,木也;亨,火也;利,金也;貞,水也;土則資運四事,故不言之。若以人事言,則元為仁,亨為禮,利為義,貞為信,不言智者,謂此四事因智而用。故《乾鑿度》云'水土而行,兼智兼信',是也。"胡瑗云:"貞者正也,固也,言物之既成,必歸於正,以陰陽之氣幹了於萬物,聖人法之為智。事非智不能幹固而成立,故於四時為冬,於五常為智。然則此五常不言信者何也?蓋信屬於土,土者分王四季,凡人之有仁義禮智,必有信然後能行,故於四者無所配也。"○元按:史氏所言是也。胡瑗以下,宋儒頗以四德與孟子所謂四端相配,非也。《尸子》輯本卷下亦云"冬為信",是先秦之舊說也。然所言"春為忠"則誤。

初九曰"潛龍勿用",何謂也? 子曰:"龍德而隱者也。不易乎世,不成乎名,遯世无悶,不見是而无悶。樂則行之,憂則違之,確乎其不可拔,潛龍也。"

【義解】此下六節直釋諸爻之義。不易之易,或訓為治,雖亦可通,卻不甚當。蓋易即變易之義,《中庸》"國有道不變塞焉,強哉矯,國無道不變塞焉,強哉矯",即下文"確乎其不可拔"之義。[1] 此言身具龍德而自甘隱遯,不因世而變,不以名為成,遯世無憂,人不知而不慍,[2] 率性而為,心志堅確,是名潛龍。

【疏證】[1] 李道平云:"趙岐《孟子注》云:'易,治也。'言當潛藏不治世,而行道於時也。又王弼注云'不為世俗所移易',虞氏《屯·象傳》注云'初剛難拔',即確乎不拔之義也。"[2] 孔穎達云:"不成乎名者,言自隱默,不成就於令名使人知也。"李道平云:"世人雖不己是,而自信不違乎道,故無悶,即《論語》所謂'人不知而不慍'也。"

九二曰"見龍在田，利見大人"，何謂也？子曰："龍德而正中者也。庸言之信，庸行之謹，閑邪存其誠，善世而不伐，德博而化。《易》曰'見龍在田，利見大人'，君德也。"

【義解】龍德而正中見爻義。庸者，常也，[1]與危相對。閑者門檻，用為動詞，阻攔也。[2]邪者不正之義，伐者自矜之義。不危言聳聽，不危行驚人，能於平常之言行中見其謹信，閑除邪欲，存養其誠，以善化天下而不自矜，[3]則其寬裕有容，即之也溫，可以概見矣。可謂德大而能化天下，立己而立人者也，故可以君人，蓋君者長也，體仁則足以長人矣。

【疏證】[1]朱子云："常言亦信，常行亦謹。"[2]宋衷云："閑，防也。防其邪而存其誠也。"李道平疏："《說文》：'閑，闌也。從門中有木。'以木距門，有防闌之意，故云防也。"[3]《九家易》曰："陽升居五，處中居上，始以美德利天下，不言所利，即是不伐。《老子》曰'上德不德，是以有德'，此之謂也。"

九三曰"君子終日乾乾，夕惕若，厲无咎"，何謂也？子曰："君子進德修業。忠信所以進德也。修辭立其誠，所以居業也。知至至之，可與言幾也。知終終之，可與存義也。是故居上位而不驕，在下位而不憂，故乾乾因其時而惕，雖危无咎矣。"

【義解】忠信者"為人謀而不忠乎，與人交而不信乎"，修身也；修辭者"不學《詩》無以言，不學禮無以立"、"傳不習乎"，博學也。忠信質也，修辭文也，文質彬彬，然後君子。幾者微也，至者極也，[1]見微而知著，是知幾而知至者也，故能健；義者宜也，終者止也，見宜而知止，是知義而知終者也，故能復。健而有節，是乾乾而夕惕者也。是故居上不驕，居下不憂，雖危无咎也。

【疏證】[1]李道平云："劉瓛云：'至，極也。'莊氏云：'極即至也。'"

九四曰"或躍在淵，无咎"，何謂也？子曰："上下無常，非

為邪也。進退無恒,非離群也。君子進德修業,欲及時也,故
无咎。"

【義解】九四之龍,雖具健德,尚未自信,故溫故而知新,修身
以待時,非為邪曲干進,亦非離群索居也。[1]

【疏證】[1]程頤云:"或躍或處,上下無常;或進或退,去就從宜。
非為邪枉,非離群類,進德修業,欲及時耳。"

九五曰"飛龍在天,利見大人",何謂也? 子曰:"同聲相
應,同氣相求。水流濕,火就燥,雲從龍,風從虎,聖人作而萬
物睹。本乎天者親上,本乎地者親下,則各從其類也。"

【義解】九五以剛中化下,龍虎者聖人也,風雲者賢人也,聖賢
相應相求,清輕者上浮於天,重濁者下沉於地。[1]如聖人作而萬物
之性情畢現,纖介無遺,故雲行雨施,萬物各遂其性,各從其類也。

【疏證】[1]崔憬曰:"謂動物親於天之動,植物親於地之靜。"李道
平疏:"《周禮·大宗伯》有天產地產,《大司徒》云動物植物,本受氣於天
者,是動物含靈之屬。天體運動,含靈之物亦運動,是親附於上也。本受
氣於地者,是植物無識之屬。地體凝滯,植物亦不移動,是親附於下也。"
○元按:此襲孔疏者也,可備一說。

上九曰"亢龍有悔",何謂也? 子曰:"貴而无位,高而无
民,賢人在下位而无輔,是以動而有悔也。"

【義解】雲從龍也,龍過亢則雲難從,其勢必孤,如居高而無輔
者也。所謂悔者,孤陰不生,孤陽不長,陰陽和合乃成天道。故水
至清則無魚,龍飛過高則無以行雲布雨也。[1]

【疏證】[1]《大戴禮記·子張問入官》:"水至清則無魚,人至察則
無徒。"朱子云:"無輔,以上九過高志滿,不來輔助之也。"○元按:水至清
是孤陰不生,龍飛過高是孤陽不長。

"潛龍勿用",下也。"見龍在田",時舍也。"終日乾乾",
行事也。"或躍在淵",自試也。"飛龍在天",上治也。"亢龍

有悔”,窮之災也。乾元“用九”,天下治也。

【義解】此以人事復言六爻之位。[1]潛龍勿用,言在下而未宣其用;見龍在田,言為時所棄,無位也。[2]終日乾乾,行事不已也;或躍在淵,自試跳躍也。飛龍在天,言九五在上而治;亢龍有悔,窮極之災也。乾元用九,言雖无首,而天下太平。[3]

【疏證】[1]王弼云:“此一章全以人事明之也。”○元按:其人事所象可參諸爻義疏。[2]王弼云:“龍之為德,不為妄者也。潛而勿用何乎?必窮處於下也。見而在田,必以時之通舍也。”孔疏:“經惟云‘時舍也’,注云‘必以時之通舍’者,則輔嗣以通解舍,舍是通義也。”胡瑗云:“舍,棄舍也。若仲尼有聖人之德而無其位,當衰周之世,皇皇汲汲而不得見於世,是為時之所棄舍也。”○元按:胡氏所云是也。井卦初六:“《象》曰:‘井泥不食,下也;舊井無禽,時舍也。’”與此文勢相同,義亦相當。[3]吳汝綸云:“《說苑》:‘《易》曰无首吉,此蓋人君之公也。夫以公與天下,其德大矣,推之於此,刑之於彼,萬姓之所載,後世之所則也。’按劉以(元)[无]首為公,蓋不惟不自尊而已,又有善與人同之義焉。尤非老氏‘不為天下先’之旨也。”

“潛龍勿用”,陽氣潛藏。“見龍在田”,天下文明。“終日乾乾”,與時偕行。“或躍在淵”,乾道乃革。“飛龍在天”,乃位乎天德。“亢龍有悔”,與時偕極。乾元“用九”,乃見天則。

【義解】此以時位總言六爻之果。革者,變也,九四自試,君子、大人之際也。大人虎變,是所謂乾道之革也。[1]參革卦。位乎天德者,首出庶物,大中而居上也;乃見天則者,六龍御天,大而能化矣。於佛經,是《華嚴》與《法華》之別也。極,窮極。[2]

【疏證】[1]程頤云:“離下位而升上位,上下革矣。”潘士藻云:“乾道乃革,離下體入上體,適當變革之時。龍之在淵,革潛而為躍,九四上進,亦當革卑而居尊也。”○元按:君子之變為大人,乃以德言,非以位言。故下文云“乃位乎天德”。蘇濬云:“世人以天位為位,而聖人獨以天德為位，可見吾心正位，原自有一段高明，與天合德處。"吳桂森云："曰位乎天德，比人君天位更超一層。"[2] 王弼云："與時運俱終極。"〇元按：保巴《周易原旨》以"初九曰：'潛龍勿用'，何謂也"一節為"言德"，以"潛龍勿用，下也"一節為"言位"，以"潛龍勿用，陽氣潛藏"一節為"言時"，義頗得之。

乾元者，始而亨者也。利貞者，性情也。乾始能以美利利天下，不言所利，大矣哉！大哉乾乎！剛健中正，純粹精也。六爻發揮，旁通情也。"時乘六龍"，以御天也。"雲行雨施"，天下平也。

【義解】此釋彖辭及傳。性情或釋為性其情，如自"始而亨"一句觀之自可通，實則本義未必如此。[1] 蓋性者萬物可倚之以上達，《中庸》所謂"天命之謂性"，如萬物皆有其元者是也。情者才也，萬物之自性，依其分位，自別於他物者也。萬物皆有其性情，若率情而為，雖亦天道之一理，然畢竟乃其小者，可小事不可大事，參家人卦；否則一往而不返，故必貞固其性，即再起新元之種子也。故貞者為性，利者為情。故"始而亨"、"利貞"二句乃正釋卦辭"元亨利貞"之義。

"乾始"以下釋《彖傳》。乾始者，"大哉乾元，萬物資始"也。美即嘉，以美利利天下，"品物流形"也。[2] 不言所利者，功成不居，[3] 若無與於己者，故稱其大，是所以"統天"也。乾元"首出庶物"，無善惡之分，無物情之別，以其因時育物，新新不已，故以剛健純粹視之也。[4] 是所謂"大明終始"；然則宇宙萬物皆居時位之中，皆當六爻，六爻發動正乾元所以旁通萬物之情。[5] 是所謂"六位時成"。蓋時乘六龍，所以御天；雲行雨施，故"品物流形"。是則"萬國咸寧"，天下太平矣。按，中正之義，後文屢見，皆以二、五兩爻言。二、五居中，故云中；止一為正，其合卦德者為正。惟乾元不以爻位言，蓋無時而不中，無時而不正也。下准知。

【疏證】[1] 王弼云:"不為乾元,何能通物之始? 不性其情,何能久行其正?"[2] 虞翻曰:"'美利'為'雲行雨施,品物流形',故'利天下'也。"李道平疏:"《繫上》曰'乾知大始',故稱'乾始',即'大哉乾元,萬物資始'是也。《釋詁》:'嘉,美也。''亨者嘉之會',故稱'美'也。'雲行雨施,品物流形',莊氏謂'釋亨之德'。亨,通也。'變而通之以盡利',故知'美利謂雲行雨施,品物流形,所以利天下'也。"[3] 程頤云:"不言所利者,蓋無所不利,非可指名也。故贊其利之大,曰'大矣哉'。"○元按:二說皆可通。[4] 崔覲曰:"不雜曰純,不變曰粹。言乾是純粹之精,故有剛健中正之四德也。"朱子云:"剛以體言,健兼用言,中者其行無過不及,正者其立不偏,四者乾之德也。純者不雜於陰柔,粹者不雜於邪惡,蓋剛健中正之至極,而精者又純粹之至極也。或疑'乾剛無柔,不得言中正'者,不然也。天地之間,本一氣之流行而有動靜爾,以其流行之統體而言,則但謂之乾而無所不包矣;以其動靜分之,然後有陰陽剛柔之別也。"黃宗羲云:"以義論之,此流行之體,儒者悟得,釋氏亦悟得,然悟此之後,復有大事,始究竟得流行。今觀流行之中,何以不散漫無紀? 何以萬殊而一本? 主宰歷然。釋氏更不深造,則其流行者亦歸之野馬塵埃之聚散而已,故吾謂釋氏是學焉而未至者也。其所見固未嘗有差,蓋離流行亦無所為主宰耳。"(《明儒學案・泰州學案三・羅汝芳傳》)熊十力云:"佛氏見到刹那生滅,而通觀無量刹那之相續不已,惟是滅滅不住。大《易》見到刹那生滅,而通觀無量刹那之相續不已,惟是生生不測。是故佛氏說刹那滅,大《易》惟言生生。"(《體用論》第三章,《佛法下》)○元按:黃、熊二子所論非正釋此章,然《彖傳》剛健純粹之旨實發之最力,此孔門經學之大義也。若老子,亦有得於易道者也,然惟云"動為靜根,靜為躁君"、"淵兮似萬物之宗",亦僅從靜處著眼,儒道、儒佛之所以別者在此。孔子,仁者也;老子,智者也。"仁者見之謂之仁,智者見之謂之智",於斯見矣。[5] 王引之云:"旁亦溥也。《廣雅》曰:'揮,動也。'言六爻發動,溥通乎萬物之情也。"○元按:王說雖可通,然以萬物之整體言,固所謂溥通;若以萬物之各別言,則旁通是也。作旁作溥,正未易言也。

君子以成德為行，日可見之行也。"潛"之為言也，隱而未見，行而未成，是以君子"弗用"也。君子學以聚之，問以辯之，寬以居之，仁以行之。《易》曰"見龍在田，利見大人"，君德也。九三重剛而不中，上不在天，下不在田，故乾乾因其時而惕，雖危无咎矣。九四重剛而不中，上不在天，下不在田，中不在人，故或之。或之者，疑之也，故"无咎"。夫大人者，與天地合其德，與日月合其明，與四時合其序，與鬼神合其吉凶，先天而天弗違，後天而奉天時。天且弗違，而況於人乎？況於鬼神乎？"亢"之為言也，知進而不知退，知存而不知亡，知得而不知喪。其惟聖人乎！知進退存亡而不失其正者，其惟聖人乎！

【義解】此釋君子法象潛、見、躁、或、飛、亢諸位之義。內外兩乾相接，故曰重剛。[1]於九三言天田人，傳統以三才釋之，雖似可通，然無以作三才依六位分之證，否則九四之"中不在人"不可解矣。[2]蓋以位而言，初九在土中、水下，所謂潛也；九二、九五在地、在天，皆可謂中也；九三在空中雲下，所謂在人也，必乾乾有為乃可；九四在淵，故不在天地人；上九在雲之上，是則亢矣。言君子者，勉學者以成德為行也。故於潛龍，初則云"不易乎世，不成乎名，遯世無悶"，是龍德而隱者也；繼則云"隱而未見，行而未成"，是以不用，是君子而欲出者也。蓋無位之君子，可以龍德為法，而不可以自處。九二學、問、寬、仁，故能行而有成，君德已備，學而優矣。學而優則仕，是則九三之用矣。有位者能法龍德乾乾，因時而惕，艮卦所謂"君子思不出其位"，故雖危无咎；無位者能法九四戒慎恐懼，《繫辭》所謂"震无咎"，亦惑而无咎者也。顧九三之仕僅職事耳，非官政也，有德而服官政則大人矣。夫大人者，與天地合其德，仁也；與日月合其明，禮也；與四時合其序，義也；與鬼神合其吉

38

凶，信也；[3]先天而天弗違，後天而奉天時，智也。五常齊備，是所謂成德也。其知進不知退，知存不知亡，知得不知喪者，是未智也，雖具四常，必有悔矣。其知進退存亡而不失其正者，其惟聖人乎？蓋仁禮義信即元亨利貞，乃乾之四德，成德則渾然乾體矣。故以此節繫諸乾德之末。

【疏證】[1]虞翻曰：“以乾接乾，故重剛。”李道平疏：“乾剛坤柔，以內乾接外乾，故曰重剛。”朱子云：“九四非重剛，重字疑衍。”俞琰云：“虞翻曰：‘以乾接乾，故重剛。’位非二、五，故不中。或者乃謂以剛居剛為重剛，在九三則猶可，在九四則不通矣。乃又曰九四下重自衍文，豈其然乎？不若從虞翻之說為長。”[2]侯果曰：“案《下繫》‘易有天道，有地道，有人道，兼三才而兩之’，謂兩爻為一才也。”孔穎達云：“三之與四俱為人道，但人道之中，人下近於地，上遠於天。九三近二，是下近於地，正是人道，故九三不云‘中不在人’。九四則上近於天，下遠於地，非人所處，故特云‘中不在人’。”○元按：孔氏亦曲說也。[3]高攀龍云：“大人者，天地、日月、四時、鬼神也，所謂‘乾，元亨利貞’也。”○元按：《繫辭》“天地之大德曰生”，是所謂仁也。《繫辭》“懸象著明莫大乎日月”，故日月麗天，百物現形，嘉會足以合禮。《繫辭》“變通莫大乎四時”，“變通者，趣時也”，隨時之宜，所謂義也。李鼎祚云“禍淫福善，叶鬼神之吉凶矣”，蓋鬼神之福善禍淫，信如影響，故以配信。

䷁（坤下坤上）

【義解】乾坤一宇宙，宇宙即時空也。[1]本無所謂宇宙，因乾坤而湧現；本無所謂時空，因變化而開顯。乾元乃生生之本，因生故有變，因變而有時。然變必有所承，所謂孤陽不長也，蓋陽如種子，倘無營養相繼則不長。所承則生生之具，無以名之，因其柔順，字之曰坤。坤者，順也，陽來而順承，因動而能化，因化故成形。[2]形者，空也。故乾變而坤化，乾坤闔辟而成宇宙時空。

【疏證】[1]《尸子》輯本卷下云：“天地四方曰宇，往古來今曰宙。”

《文子·自然》：“往古來今謂之宙，四方上下謂之宇。”[2]《墨子·經上》：“化，征易也。”楊葆彝云：“驗其變易也。”（譚戒甫《墨辯發微》第二編，《上經校釋》引）

坤：元亨，利牝馬之貞。君子有攸往，先迷，後得主，利。西、南得朋，東、北喪朋。安貞吉。

【義解】宇宙因坤而成，故坤元貫通四德。然坤元之貞，非如乾元即其自性，實因自性即是順承，故必有待而行。以諸象喻之，坤德有如牝馬，[1]秉性溫順而能致遠，此所謂順而能承，與大地同德，故有成務之功。惟溫順故必待駕御而後可，君子如秉坤德，亦必與此相類，其初中心無主，故“先迷失道”；及後所待已來，則必得其利，故“後順得常”。依後天圖，西、南皆陰卦，與坤同類；東、北皆陽卦，與乾同類。[2]以坤德居西、南是與同類並行，如居東、北則得其偶，故終有慶。既能隨遇而安，貞定如一，則物來順應，雖行地无疆而始終大吉。

【疏證】[1]孔穎達云：“牝對牡為柔，馬對龍為順，假借此柔順以明柔道，故云‘利牝馬之貞’。”朱子云：“牝馬，順而健行者。”蘇軾云：“龍，變化而自用者也；馬，馴服而用於人者也。為人用又牝焉，順之至也。至順而不貞，則陷於邪，故利牝馬之貞。”[2]王弼云：“西南，致養之地，與坤同道者也，故云得朋。東北反西南者也，故曰喪朋。”蘇軾云：“西與南則兌也、離也，以及於巽，吾朋也；東與北則震也、坎也，以及於乾與艮，非吾朋也。”李士鉁云：“西南陰位為陰；西兌南離，亦陰。其對東北艮位為陽；東震北坎，亦陽。”○元按：王氏雖知以後天圖釋此卦，然僅以坤方釋西南，雖尚可通，於東北艮方之喪朋，則無義可據。惟蘇氏以西、南及東、北分言，為得其旨。另參《周易折中·蹇卦》按語，本書已引及。

《象》曰：至哉坤元，萬物資生，乃順承天。坤厚載物，德合无疆。含弘光大，品物咸亨。牝馬地類，行地无疆。柔順利貞，君子攸行。先迷失道，後順得常。“西、南得朋”，乃與類行。"東、北喪朋",乃終有慶。安貞之吉,應地无疆。

【義解】坤德乃萬物資生之具,如地天相吻,成宇宙之渾淪,故云乃順承天。乾德無所不之,地既承天,[1]則其道廣大,無際无疆。德合者言其能順,厚載者言其能承。有德如此,萬物皆為其所涵容,且各從其類,故云含弘光大,品物咸亨。[2]卦德順而能順,順者柔順也;順而能順者,柔順而有守也,是所以為順承。[3]如以物喻之,則坤德亦如牝馬,柔順而貞一,[4]故"行地无疆"。君子如行坤道,未得中主之時,先迷失道,後因順而得常。坤之德與陰類為友朋,與陽類為匹偶,故前者不違,後者有慶。得安貞之吉,可以無往而不利也。

以象辭言,"至哉坤元,萬物資生"者,釋坤卦之名及元也。"乃順承天,坤厚載物,德合无疆"者,釋卦德也;"含弘光大,品物咸亨"者,釋亨也;"先迷失道"至"乃終有慶"者,釋利也;"安貞之吉,應地无疆"者,貞也。"牝馬地類"至"君子攸行"釋"利牝馬之貞,君子有攸往"。皆分釋卦辭。後仿此。

【疏證】[1]程頤云:"資生之道,可謂大矣。乾既稱大,故坤稱至。至義差緩,不若大之盛也。聖人於尊卑之辨,謹嚴如此。萬物資乾以始,資坤以生,父母之道也。"呂大臨云:"乾之體大矣,坤之效乾之法,至乾之大而後已,故'乾元'曰'大哉','坤元'曰'至哉'。"(《周易折中》引)朱子云:"始者氣之始,生者形之始。順承天施,地之道也。"[2]崔憬曰:"含育萬物為'弘',光華萬物為'大'。動植各遂其性,故言'品物咸亨'也。"焦循云:"光之義為廣,……化光猶云廣生。"(《易通釋》卷八)王引之云:"光之為言猶廣也。光大,猶廣大也。"〇元按:遂性者利也,尚非咸亨之時也。光之義,王說雖似可通,然六三象曰"含章可貞,以時發也;或從王事,知光大也",正釋此句之義,顧絕不當作廣大解。另如屯九五"施未光也",咸九四"未光大也",晉上九"道未光也",夬九五"中未光也",萃九五"志未光也",震九四"未光也",渙六四"光大也",皆《小象》文,其光之義必相同。"施未光"雖可作"施未廣"解,其咸卦之"思慮憧憧",如何言未廣? 晉、夬以下之廣又作何言? 且王氏以廣讀光,亦不過以大訓,與通行光大之義亦無大異。《大畜·象》"輝光日新",《謙·象》"謙尊而光",皆就光言也。《詩·魯頌·閟宮》"俾爾熾而昌",乃宗廟頌禱之辭,熾即其光言,昌即其大言,然則春秋之時,光大已為可期之境矣。知光大之義,晚周之時已與後世無別,不必曲說也。此清儒好奇之癖使然。[3]《帛書周易·易之義》:"川之至德,柔而反於方。"張浚云:"坤道貴順,坤所謂順,順於道,非順於事。"○元按:川即坤。反,返。[4]程頤云:"牝馬柔順而健行,故取其象曰'牝馬之貞'。君子所行,柔順而利且貞,合坤德也。"《朱子語類·易五·坤》:"問:'牝馬取其柔順健行之象,坤順而言健,何也?'曰:'守得這柔順,亦堅確,故有健象。柔順而不堅確,則不足以配乾矣。'"

《象》曰:地勢,坤。君子以厚德載物。

【義解】兩地相並,必有高下之勢,然皆能與天吻合,此順而能承之象也,故曰坤。[1]君子法地之順承天道,故行之以厚德載物,[2]厚德則順,載物則承也。

【疏證】[1]王弼云:"地形不順,其勢順。"孔疏:"地體方直,是不順也;其勢承天,是其順也。"朱子云:"地,坤之象,亦一而已,故不言重而言其勢之順,則見其高下相因之無窮,至順極厚而無所不載也。"俞琰云:"下卦坤,上卦又重之以坤,一下一上,象地勢高下之相因,故曰地勢坤。"○元按:孔疏"地體"之體,乃形體之體,非體用之體也。[2]王宗傳云:"子思曰:'地以一撮土之多,及其廣(大)[厚],載華嶽而不重,振河海而不洩',蓋言所積之厚然也。"章潢云:"'及其廣厚,載華嶽而不重,振河海而不洩,萬物載焉',是也。"李道平云:"《中庸》曰'博厚所以載物',即其義也。"

初六,履霜,堅冰至。

《象》曰:"履霜堅冰",陰始凝也,馴致其道,至堅冰也。

【義解】六者陰也,卦以動為占,陰六則變,故言六也,下准此。

以陰而居潛，陰雖能順，然中心無主，遂迷；潛者固執自守，無以遇主，故迷愈甚。其象以水為喻，蓋水性逝者如斯，智者樂水，因其變動不居也。露之成霜，雖陰氣始凝，然已失其本，乃馴致其道，而至堅冰，[1]是迷途不返之象也。按，小象原在六爻經辭之後，王弼始分繫諸爻，惟自坤始者，留乾之式，以存原貌也。[2]

【疏證】[1]《九家易》曰：“馴猶順也。”孔穎達云：“馴猶狎順也，若鳥獸馴狎然，言順其陰柔之道，習而不已，乃至堅冰也。”[2]孔穎達云：“夫子所作象辭原在六爻經辭之後，以自卑退，不敢干亂先聖正經之辭。及至輔嗣之意，以為象者本釋經文，宜相附近，其義易了，故分爻之象辭各附其當爻之下言之。猶如元凱注《左傳》，分經之年與傳相附。”〇元按：據俞正燮《癸巳類稿》卷二《春秋左傳書式考》，賈逵之本即以傳附經，蓋得之劉歆者，然則輔嗣當亦受此風氣影響。

六二，直、方、大，不習无不利。

《象》曰：六二之動，直以方也。“不習无不利”，地道光也。

【義解】以陰居柔中，陰故能順，柔則順守而行，是能承也，中則得其所承，正合卦德，坤之性乃發揮無遺，故云“地道光也”。坤之性順，故陽動而陰即動，不經曲折，此之謂直；坤之性承，所謂承非謂柔說取媚，而是隨陽得中，剛方有守；[1]其“德合无疆”，故謂之大。以此皆坤之自性，故無須修習也，物來則順應之，故無不利也。[2]

【疏證】[1]王安石云：“六二之德，動而後可見也。因物之性而生之，是其直也。”(《周易折中》引)李中正云：“中則不倚，故直；正則無邪，故方。直則不阿曲以從人，方則不詭隨以徇物。”朱震云：“直者，遂也；方者，不易其宜也。”何楷云：“以字即而字。”〇元按：小程子本此爻發“敬以直內，義以方外”之大義，其說甚精，乃程朱一系心傳指訣。顧此皆《易》之蘊耳，非六二一爻之本旨也。[2]程頤云：“‘不習’謂其自然，在坤道則莫之為而為也，在聖人則從容中道也。”沈該云：“夫‘坤至柔而動也剛’，直也；‘至靜而德方’，方也；‘含萬物而化光’，大也。坤之道，至簡也，至靜也，承天而行，順物而成，初無假於修習也，是以‘不習无不利’也。”

六三，含章，可貞，或從王事，无成有終。

《象》曰“含章可貞”，以時發也。“或從王事”，知光大也。

【義解】以陰居躁，陰故能順，躁則不安於順而益順，順而又順，有美亦不外露之象，故云含章，章者，美也。[1]君子可貞於此也。貞，定。亦如從公事之人，雖不居功，而終濟其事也。[2]“含章可貞”，言能不恃才揚己，內美之發露，視乎時機也。“或從王事”，言六三所為，知其終能光大坤德也。

【疏證】[1] 孔穎達云：“章，美也。”[2] 程頤云：“可貞謂可貞固守之，又可以常久而無悔咎也。或從上之事，不敢當其成功，惟奉事以守其終耳。守職以終其事，臣之道也。”

六四，括囊，无咎无譽。

《象》曰：“括囊无咎”，慎不害也。

【義解】括囊，以繩結袋。[1]以陰居或，能順而有疑之義，象如以繩結袋，實則緘口不言，謹慎自保之象也，蓋不得不順而中心有疑也。[2]以當坤之時，應順能順，故无咎；以中心有疑，失承之義，故亦无譽。

【疏證】[1] 虞翻曰：“括，結也。”陸德明云：“括，結也。《方言》云：‘閑也。’《廣雅》云：‘塞也。’”孔穎達云：“括，結也。囊所以貯物。以譬心藏知也，閉其知而不用，故曰括囊。”[2] 陳瓘云：“四多懼，近也。近而括，謹也慎也而已矣。”

六五，黃裳，元吉。

《象》曰：“黃裳元吉”，文在中也。

【義解】以陰居剛中，陰故能順，剛則顯揚，中則正合其宜，以柔順居剛中，剛柔相雜而成文，所謂“文在中也”。[1]《繫辭下》：“文不當，故吉凶生焉”，文而在中，則元吉矣。以黃裳象之者，蓋裳雖居下，而得其正色也。裳，下裙。黃，中正高貴之色。[2] 此言在中，例也，後文諸卦二、五兩爻凡言中者，如"中以"、"中正"者，皆准此。蓋以位言，是居其二、五；以德言，是得其中道。按此爻實大《易》於君德之理想，故《繫辭下》言黃帝、堯、舜之治取法於此。蓋能順是無所為也，顯揚是有為也，得其中，是無為而無不為也。黃帝、堯、舜垂衣裳而天下治，無為而治也。[3] 孔子曰："為政以德，譬如北辰，居其所而眾星拱之。"以此也。君處六五，而師居九二，豈不美哉！

【疏證】[1] 王肅曰："坤為文，五在中，故曰'文在中也'。"王申子云："六柔也，五剛也，剛柔雜為文，而又得中居中，故曰'文在中'。"○元按：坤為文之說本書不取。[2]《詩·邶風·綠衣》："綠衣黃裳。"《毛傳》："上曰衣，下曰裳。"王弼云："黃，中之色也。裳，下之飾也。"干寶曰："黃，中之色；裳，下之飾；元，善之長也。中美能黃，上美為元，下美為裳。"李道平疏："皆昭十二年《左傳》文。"《朱子語類·易五·坤》云："'黃裳元吉'，不過是在上之人能以柔順之道。黃，中色，裳是下體之服。"[3] 干寶曰："陰登於五，柔居尊位，若成、昭之主，周、霍之臣也。"又云："當總己之任，處疑僭之間，而能終元吉之福者，由文德在中也。"《宋史·郭雍傳》云："坤雖臣道，五實君位，雖柔德不害其為君。"（何楷《古周易訂詁》引）葉山云："昔者天根之治天下也，游心於淡，合氣於漠，順物自然而無容私焉耳。此至文之治，盛德無為之化也。故《淮南子》曰：'古有鍪而卷領，以王天下者矣。天下不非其服，同懷其德。'況服之衷而飾之盛，稱其德而民所望者乎？黃帝、堯、舜垂衣裳而天下治，有由然矣。何也？長民者衣服不貳，從容有長，以齊其民，則民德歸一矣。此正位凝命、恭己以正南面之事，非唐虞三代何足以語此？故曰'欽明文，思安安，允恭克讓'，曰'濬哲文明，溫恭允塞'，曰'克勤克儉，不矜不伐'，曰'聖敬日躋，上帝是祗'，曰'徽柔懿恭，小心翼翼'。《易》曰：'黃裳元吉。'"○元按：葉氏得之。倘依干說，則居尊位者當為周成、漢昭矣，安得云周公、霍光也？且明與《易傳》不合，此似是而非者也。

上六，龍戰於野，其血玄黃。

《象》曰："龍戰於野"，其道窮也。

【義解】以陰而居亢，坤陰本迷，得主後順，今既居亢不遜，是未得主而自作主也，迷而且亢，已入魔道，必與陽及其它坤上六而似陽者衝突，[1]象如龍戰於野，其血淋漓，蓋坤道已盡矣。玄黃者，青黃交雜也，形容其亂。[2]

【疏證】[1]《文子·上德》："陽氣盛，變為陰；陰氣盛，變為陽。"侯果曰："窮陰薄陽，所以戰也。六稱龍者，陰盛似龍，故稱龍也。"[2]李道平引《考工記》云："天謂之玄，地謂之黃。"

用六，利永貞。

《象》曰：用六"永貞"，以大終也。

【義解】永，常也。坤德至順，其弊在迷，亢亦迷也，故坤德之利在於得主而有常，[1]以其博大，順承於天。按，坤六二義合卦德，有似卦主矣，然既自性順承，亦有待而行者也。故亦以用六為卦主，欲其得主而能永貞也。

【疏證】[1]侯果曰："用六妻道也，臣道也，利在長正矣。不長正，則不能大終陽事也。"

《文言》曰：坤至柔而動也剛，至靜而德方，後得主而有常，含萬物而化光。坤道其順乎，承天而時行。

【義解】此總釋坤德，因直故動也剛，次言方，次言永貞，故能涵容萬物，以陰而化陽，即以大終也。[1]後得主而有常，即《象傳》"後順得常"。

【疏證】[1]吳澄云："剛，即六二爻辭所謂直也。"又云："方，即六二爻辭所謂方也。"王宗傳云："含萬物而化光，則申'含（洪）[弘]光大，品物咸亨'之義。"

積善之家必有餘慶，積不善之家必有餘殃。臣弒其君，子弒其父，非一朝一夕之故，其所由來者漸矣，由辯之不早辯也。《易》曰："履霜，堅冰至"，蓋言順也。

【義解】此釋初六。順即馴至，言陰順其性而不承陽，必至臣弒其君，子弒其父，故當早辯之也。[1]

【疏證】[1] 李鼎祚云："聖人設教，理貴隨宜。故夫子先論人事，則不語怪力亂神，絕四毋必。今於易象，闡揚天道，故曰'積善之家必有餘慶，積不善之家必有餘殃'者，以明陽生陰殺，天道必然，理國脩身，積善為本。故於坤爻初六陰始生時，著此微言，永為深戒。"○元按：餘慶、餘殃云云，蓋當時習語，夫子亦即其理言之耳，非佛氏果報之說也。張載云："餘慶餘殃，百祥百殃，與《中庸》'必得'之義同。善者有後，不善者無後，理當然，其不然者，亦恐遲晚中間。譬之瘠之或秀，腴之或不秀，然而不直之生也幸而免，遇外物大抵適然耳。君子則不恤，惟知有義理。""必得"者，如"大德必得其壽"云云。

"直"其正也，"方"其義也。君子敬以直內，義以方外，敬義立而德不孤。"直、方、大，不習无不利"，則不疑其所行也。

【義解】此釋六二。其，則，辭也。言直則能正，方則能義。陰隨陽動，不經曲折，故曰直，直則正。君子法其德，物來而即能不假思慮，出之以正者，由敬慎戒懼之功也，故曰敬以直內。剛方有守，故知事物之分位邊際，知其所宜，宜者義也。[1] 君子法其德，物來而即知何者為宜者，由剛方有守之功也，故曰義以方外。君子能立敬義之德，則乾德不孤，必有能承之者矣。[2] 不疑其所行者，言諸德皆坤自性，非反思所得也。

【疏證】[1] 朱長文云："直指動念，言胸中無纖毫委曲，謂之正；方指應用，言處事合宜，確然不易，謂之義。"項安世云："敬則心無私曲，故直，此六二之正也；義則事無偏頗，故方，此六二之中也。"蔡清云："正是無少邪曲，義是無少差謬。"[2] 程頤云："直言其正也，方言其義也。君子主敬以直其內，守義以方其外。敬立而內直，義形而方外。義形於外，非在外也。敬義既立，其德盛矣，不期大而大矣，德不孤也。"王陽明云："敬即是無事時義，義即是有事時敬，兩句合說一件。如孔子言修己以敬，即不須言義,孟子言集義,即不須言敬。會得功夫總是一般。"(張汝霖《易經瀹窩因指》引)劉宗周云:"正以心之體言,義以心之用言。"

陰雖有美,含之以從王事,弗敢成也。地道也,妻道也,臣道也,地道无成而代有終也。

【義解】此釋六三。[1]

【疏證】[1]宋衷曰:"臣子雖有才美,含藏以從其上,不敢有所成名也。地得終天功,臣得終君事,妻得終夫業,故曰'而代有終也'。"

天地變化,草木蕃。天地閉,賢人隱。《易》曰:"括囊,无咎无譽",蓋言謹也。

【義解】此釋六四。天行如此,賢人亦無可如何,惟有謹慎自保而已。

君子黃中通理,正位居體,美在其中而暢於四支,發於事業,美之至也。

【義解】此釋六五。黃中,有美在中也。理,萬物之絲理。由坤德而言,有美在中而萬物畢通;由君子而言,則美在其中而暢於四肢,[1]發於事業,美之至也。正位,猶孟子所謂"立天下之正位",萬物各有其分位,履其位而行者,禮也;[2]居體,猶孟子所謂"居天下之廣居",是與萬物為一體者也,仁也。仁言有美在中,禮言黃中通理。

【疏證】[1]《孟子·盡心上》:"君子所性,仁義禮智根於心。其生色也,睟然見於面,盎於背,施於四體,四體不言而喻。"○元按:此即孟子踐形之義。[2]李光地等云:"孟子曰:'立天下之正位。'正位,即禮也。"虞翻曰:"五正陽位,故曰'正位'。"李道平疏:"孟子曰'立天下之正位',趙岐注云'正位謂男子純乾,正陽之位',故以五陽為正位。"○元按:虞氏以爻變言,故云云。李疏不合虞義。趙氏所言亦未必合孟子之義也,參拙作《孟子章句講疏》卷六,《滕文公章句下》第二章。

陰疑於陽必戰,為其兼於陽也,故稱"龍"焉。猶未離其類也,故稱"血"焉。夫玄黃者,天地之雜也,天玄而地黃。

【義解】此釋上六。兼於陽,並於陽也,[1]故稱龍。古本《周易》作"嫌於无陽",雖亦可通,然與上六戰者不必皆陽,[2]它上六亦可也,故不如此本渾融。

【疏證】[1]《說文》:"兼,並也。"《九家易》曰:"陰陽合居,故曰兼陽。"○元按:《論語・先進》:"求也退,故進之;由也兼人,故退之。"朱子集注:"兼人,謂勝人也。"陰陽相並,有似角力,故亦有相勝之義蘊涵其間。[2]孟喜曰:"陰乃上薄,疑似於陽,必與陽戰也。"

序卦:盈天地之間者惟萬物,故受之以屯。屯者,盈也。屯者,物之始生也。

☳（震下坎上）

屯:元,亨,利,貞。勿用有攸往。利建侯。

【義解】屯,混沌初辟,萬物始生之時也。萬物之生生也無盡,而混沌之辟翕也無已,故四德具備。[1]以其初生根嫩,當固本培元,不可有所往也。[2]以人道言之,利封邦建國,以為藩屏,亦固本之義。[3]

【疏證】[1]王宗傳云:"元亨利貞,乾坤之四德也。乾坤,萬物之父母也,故具此四德。自乾坤而下,若屯、隨、无妄、革,能具其大體,而不能盡其全用,則閔子、顏淵之於聖人,具體而微之謂也。又其次則有具三德者,若離、咸、萃、兌、渙、小過;有具二德者,若大有、蠱、漸、大畜、升、困、中孚;有具一德者,若蒙、師、小畜、履、泰、謙、噬嗑、賁、復、大過、震、豐、節、既濟、未濟,則子游、子夏、子張,得聖人之一體之謂也。"[2]程頤云:"屯有大亨之道,而處之利在貞固。非貞固何以濟屯?"[3]歐陽修云:"居屯之世者,勿用有攸往,眾人也。治屯之時者,動乎險而經綸之,大人君子也。故曰利建侯。"○元按:此說似矣,亦有未諦。建侯者,固本也,非有所往也。

《彖》曰：屯，剛柔始交而難生。動乎險中，大亨貞。雷雨之動滿盈，天造草昧，宜建侯而不寧。

【義解】《說文·屮部》："屯，難也，象艸木之初生，屯然而難。從屮貫一，一，地也，尾曲。"剛柔即乾坤。蓋處屯之時，如種子尚在地中，[1]故須積蓄力量，方可破土而出，故屯雖難，又有聚義，[2]此囤積、屯田之義所本。《中庸》"肫肫其仁"，仁乃生之本。勾踐臥薪嘗膽，十年生聚，此生聚即屯之象。卦德動乎險中，所謂險者，以天時言所謂屯難也；以濟此天時者言，則心險而有謀；所謂動者，當難而能有為。當屯之時，所謂生聚即有為也。有此卦德，則可濟屯之難，所謂生於憂患也，故大通而至於貞。大者，元也。屯卦既萬物始生，天時未顯，故備具四德。言亨貞而不言利者，即"乾以美利利天下而不言所利"之義。其明言利貞者，多係利定之義。此《彖傳》述四德之例，後仿此。坎水在天曰雲，卦因有雲雷欲雨之象，萬物因之滿形而生。[3]天造草昧，萬物初興之時也。[4]以人道言之，利封邦建國者，如周之初定，封藩以守之，所謂建侯也。蓋建侯即建震，震長子，諸侯之伯者。伯者，長也。其餘子則諸侯也，故大《易》以震象諸侯，此培植本根、積蓄力量之義。夫屯難之時，內修德義，親親尊尊，推而之外，方得有成。故此時當努力生聚，不可有所往，惟宜建侯以守之耳。不寧者寧也，即"勿用有攸往"。[5]初九有為，正合卦德。

【疏證】[1] 馬理云："以人物言之，凡懷妊而未娩，萌芽在土而未達；以時世言之，則世難未平，賢人在下，動乎險中而未出，皆屯之象也。"[2] 張載云："雲雷皆是氣之聚處，屯，聚也。"[3] 荀爽曰："雷震雨潤，則萬物滿形而生也。"李道平疏："《說文》：'雷雨，生物者也。'故雷以震之，則伏者起，雨以潤之，則勾者達，萬物所以滿形而生也。"〇元按：諸說皆以雨已降言，朱震云："象言'雷雨之動滿盈'者，要終而言也。"見下文所引。故本書以"雲雷欲雨"言之。[4] 陸德明云："董云：草昧，微物。"

[5]孔穎達云：“于此草昧之時，王者當法此屯卦，宜建立諸侯以撫恤萬方之物，而不得安居无事。”虞翻曰：“造，造生也；草，草創物也。坤爲冥昧，故‘天造草昧’。成既濟定，故曰‘不寧’，言寧也。”干寶曰：“水運將終，木德將始，殷周際也。百姓盈盈，匪君子不寧。天下既遭屯險之難，後王宜蕩之以雷雨之政，故封諸侯以寧之也。”李道平云：“言不寧者，猶《詩》以‘不顯’爲顯也。”○元按：李說是也，不爲語詞，王引之《經傳釋詞》卷十言之甚詳。該書亦引《大雅·生民》“上帝不寧，不康禋祀”，《毛傳》云：“不寧，寧也；不康，康也。”可與此相參。孔氏以安釋寧，雖可通，然不合“勿用有攸往”之義也。虞、干則皆取其以寧釋不寧耳，亦未能盡合經義。

《象》曰：雲雷，屯。君子以經綸。

【義解】雲雷（龍）欲雨，屯難之象也。經綸即經天緯地，經言“若網在綱”，綸言“有條而不紊”。[1]君子法天之濟屯，動乎險中，故奮發有爲。法屯之能動，以作始萬物；法屯之有謀，以入事物之絲理。卦既以動而有謀爲德，凡陽則剛健有謀，其所爲者即囤積生聚也，故能囤；凡陰則柔順無謀，故待陽而動。此辨陰陽剛柔也，乾坤二卦不必辨，故自此爻，始繫於《大象》，下准此。

【疏證】[1]《尚書·盤庚上》：“若網在綱，有條而不紊。”孔穎達云：“經謂經緯，綸謂繩綸。言君子法此屯象有爲之時，以經綸天下，約束於物。”孔疏引姚信云：“綸謂緯也，以織綜經緯。”朱震云：“坎在上爲雲，雷動於下，雲蓄雨而未降，屯也。屯者，結而未解之時，雨則屯解矣。《象》言‘雷雨之動滿盈’者，要終而言也。解絲棼者經之綸之。”○元按：《說卦》“震爲雷，爲龍”，雷乃龍之聲。參《說卦》第七章疏證。

初九，磐桓，利居貞。利建侯。

《象》曰：雖磐桓，志行正也。以貴下賤，大得民也。

【義解】以陽居潛，陽故能囤，潛則固執，此如求婚之人，當備禮而行，屯難之時，禮尚未備，故有盤桓不前之象。屯難初九，本不輕動，故利居此而定，以大政占者利建侯。按初九雖盤桓，然既志在能囤，是志行矣；固執其屯，不動乃實為動，是有定矣。止一為正，凡定而有則者為正。故云志行正。[1]以陽而居下，於人道，則以貴下賤，[2]必大得民心也。君之求民，如男之求女，故同有此象。

【疏證】[1]王弼云："不可以進，故盤桓也。非為宴安，棄成務也，故雖盤桓，志行正也。"[2]荀爽曰："陽貴而陰賤。"李道平疏："《漢書·董仲舒傳》文。"

六二，屯如邅如，乘馬班如。匪寇，婚媾。女子貞不字，十年乃字。

《象》曰：六二之難，乘剛也。十年乃字，反常也。

【義解】以陰居柔中，陰故待陽，柔則順守而行，中則所行得宜，當屯之時，陽則務囤，而陰必待陽，故此乃陽雖未至而堅忍以待者也。屯者，難也；邅者，邅迴也；屯如邅如，來來往往、徘徊難進貌。乘馬班如，即大批人馬盤旋不進之義。[1]非來寇盜，乃是求婚者也。此如女子待嫁，無人來娶，雖其時甚久，仍守正而不私奔也。[2]另如女子既已許嫁，而所待牽延未至，仍能守正不遷。二義皆可通。所謂十年者，乃當時時語，言十年即指生聚濟難，非必十年也。[3]以得中故，陽如濟難，必來迎也，故十年乃字。乘剛者，堅執也，於六二言，即所謂守貞而待剛也，十年乃字，復歸常態也。反即返，與乾卦"反復道"之"反"義同。[4]按，乘剛之義，先儒多以乘承為說，且由此引為《易》例，[5]以此通經，雖或億則偶中，然以附會居多，《易》學所以日淪於汗漫，良有以也。實則乘剛即云淩駕其剛者，[6]引申為堅執、不遜諸義也。後仿此。

【疏證】[1]陸德明云："《子夏傳》云：'如，辭也。'"孔穎達云："屯是屯難，邅是邅迴，如是語辭也。"又云："乘馬班如者，《子夏傳》云：'班如者，謂相牽不進也。'馬季長云：'班，班旋不進也。'"鄭剛中云："乘馬班如，先儒讀乘作平、去兩聲，《易傳》《集傳》皆讀如'有馬借人乘之'之乘。……夫四馬為乘，古以乘計馬。又鄭康成謂馬牝為乘，則乘當讀如百乘千乘之乘。"[2]虞翻曰："匪，非也。字，妊娠也。"耿南仲云："夫婚媾者人之至情，初九以婚媾求二而已，以女子柔弱之才，能不字者，凡以正故也。"朱子云："字，許嫁也。《禮》曰：'女子許嫁，笄而字。'"王引之云："《說文》曰：'字，乳也。'《廣雅》曰：'字，乳，生也。'……《中山經》：'苦山有木，名曰黃棘，其實如蘭，食之不字。'郭璞注：'字，生也。《易》曰：女子貞不字。'然則不生謂之不字，必不孕而後不生，故不字亦兼不孕言之。……徧考經傳及唐以前書，無以字為許嫁者。而自南宋至今，相承謂許嫁為許字，甚矣，其謬也！"高亨云："其說似是而非（按指王引之）。蓋《周易》婦女二字，截然有別。……諸女字皆指未嫁者也。……惟蒙九二婦字謂子之妻，餘皆指已嫁者也。然則女子決不能言不妊娠、不生育，而字為許嫁之義，明矣。"〇元按：此爻大旨甚明，無論許嫁、生育皆可通。雖然，王說是也。不字即不生育，古人質樸，以為未求偶之證。雖無求婚者，而不自求，是能守禮而行者也。《禮記·內則》："聘則為妻，奔則為妾。"參歸妹卦。高氏所言婦、女二義有別，似矣，尚不足以駁王氏。蓋女子雖未嫁人，亦未必不可生育也；惟其不生育，乃見其貞耳。[3]〇元按：如今言"彼此半斤八兩而已"，稍加反思即知其義乃指二者相等，非言其實有何物半斤、八兩也。經書中此類語言甚多，如七日、三年等等，惟學者心通其意乃可。參復卦。[4]荀爽曰："陰出於坤，今還為坤，故曰'反常也'。"〇元按：荀氏亦讀反為返也。[5]程廷祚云："謂爻有乘者，本於傳言'乘剛'。按傳言'乘剛'者五，屯六二、豫六五、噬嗑六二、震六二皆屬震，困六三屬坎，解者謂為剛所逼，非也。夫剛為天德，乘而上之，則與之相背，故多凶咎。觀夬之乘乘五剛，為以賤加貴之象，則其義可識矣。歸妹之乘剛說微不同。又按震為陽之初起，其義最重，故乘剛多於震發之。經之所謂乘者盡於此矣，後儒乃以為爻例，豈不誤乎！"〇元按：程氏下文又破以承為例之說。其所論乘承之義雖尚未諦，然破所謂例者則是。[6]鄧夢文云："乘剛者，謂乘於剛暴之人也。……說者以剛為初，以五為正應。夫初能以貴下賤，五屯其膏，孰賢孰不肖，必有能辨之者。奈何以初為寇，以五為常耶？況初與二、三，同在難中，又可以初為寇乎？即以從人論之，若二捨初之賢，從五之不肖，亦未見其得也。說經者但論位而不論人，豈通論耶?"○元按：安成鄧氏所論雖不甚確，然能力破乘承比應之說，先儒中尚不邊多見。

六三，即鹿无虞，惟入于林中，君子幾不如舍，往吝。

《象》曰："即鹿无虞"，以從禽也。君子舍之，往吝窮也。

【義解】以陰居躁，陰故待陽而行，躁則躁動欲往，處屯之時，陽未至即躁而欲往，其往則必致悔也，故往吝。此如人逐鹿至林，[1]而無虞人為之嚮導，[2]君子至此，不如捨而不逐矣。從者，追逐也。[3]

【疏證】[1]陸德明云："鹿，王肅作麓，云山足。"虞翻曰："鹿，林也。"李道平引《穀梁傳》"林屬於山為鹿"，云："鹿與麓通也。"《風俗通·山澤篇》："《尚書》堯禪舜，'納於大麓'。麓，林屬於山者也。……《易》稱'即鹿無虞，以從禽也。'"（楊樹達《周易古義》引）○元按：以麓訓，經文可通，然與《小象》所謂"從禽"不合。且既言麓矣，何必又云"入于林中"?[2]鄧夢文云："無虞而可以即鹿乎? 然而即之者，貪於禽也。夫不與賢共天職，而惟貪於得民，未有能濟者。"○元按：此說本孟子"為巨室，則必使工師求大木"之義，其說甚精。（參拙作《孟子章句講疏》卷二，《梁惠王章句下》)[3]崔憬曰："見動之微，逆知無虞，則不如舍勿往，往必吝窮也。"陸德明云："從，鄭、黃子用反。"孔穎達云："即，就也。虞謂虞官。如人之田獵，欲從就於鹿，當有虞官助己，商度形勢可否，乃始得鹿。"魏了翁云："幾，不為事物之幾微。凡幾微者，乃從無向有，其事未見，乃為幾也。今即鹿無虞，是已成之事，事已顯著，故不得為幾微之義。"○元按：崔氏以幾為見幾而作之幾，故云"見動之微"。孔穎達云："幾，辭也。"蘇軾云："幾，殆也。"亦通。魏氏所言，亦有未諦。蓋倘以幾微解，則其所慮者，乃指林中之險言，非指即鹿無虞也。故崔說亦可通。

六四，乘馬班如，求婚媾，往吉，无不利。

《象》曰：求而往，明也。

【義解】以陰居或，陰故待陽而行，或則謹慎也，處屯而能慎，明也,故無不利。倘實有陽來,則隨之而往,必大吉也。如女子待字閨中,其擇婿也當慎而又慎,如居屯難。倘有乘馬班如,誠心盡禮而來求者則允之,[1]必往而吉也。或以"班如求婚媾"絕句,誤矣,蓋六四乃被求者,陰而待陽者也。

【疏證】[1] 俞琰云:"求而後往在我。彼求而我往,則其往也,可以為明矣。如不待其招而往,則是不知去就之義,謂之明,可乎?"

九五,屯其膏。小貞吉,大貞凶。

《象》曰:"屯其膏",施未光也。

【義解】以陽居剛中,陽故能囤,剛則顯揚,中則不違其則,顯揚者,言處屯之時,所囤已豐,當博施濟眾,經綸天下,而反一味囤積,其理甚悖。如此而言得中,蓋當屯而能囤,固未失其宜,然一意固本而不發,亦非大《易》生生本旨。為蒙卦伏筆。其象如災害之時而囤其膏粱美物,[1]其施未能光大也。居此爻者,如小事、小人而定於此則尚吉,如大事、君子則必凶也。[2]小,陰;大,陽。

【疏證】[1] 崔憬曰:"得屯難之宜,有膏澤之惠。"孔穎達云:"膏謂膏澤恩惠之類。言九五既居尊位,當恢弘博施。"○元按:崔氏大旨雖失,固以膏澤釋膏者也。[2] 何楷云:"鶴山魏氏云:'《周禮》有大貞,謂大卜,如遷國立君之事,貞不訓正也。'按《說文》:'貞,卜問也,從卜,貝[以為贄],會意。'"俞樾云:"《周官‧太卜》曰:'凡國大貞,卜立君,卜大封。'鄭司農曰:'貞,問也。國有大疑問於蓍龜。'據此則以大事問謂之大貞,以小事問謂之小貞。'小貞吉,大貞凶',言可小事,不可大事也。"(《群經平議‧周易》)

上六,乘馬班如,泣血漣如。

《象》曰:"泣血漣如",何可長也。

【義解】以陰居亢,陰故待陽而動者也,亢則不遜,其道甚悖,不可久也。如女已字人,其男乘馬班如、盡禮來迎,而反遭固拒,故泣盡而繼之以血,[1]傷心欲絕也。違禮不遜,此危道也,何可久也。

【疏證】[1] 陸德明云:"漣,《說文》云:'泣下也。'"

卷二　亨

序卦：物生必蒙，故受之以蒙。蒙者，蒙也，物之稚也。

䷃（坎下艮上）

蒙：亨。匪我求童蒙，童蒙求我。初筮告，再三瀆，瀆則不告。利貞。

【義解】混沌已開，其乾元萌蘗於中，往則必有通矣，故四德居亨。然物之始生，為外物所覆，如人蒙昧無知，是所謂"物生必蒙，故受之以蒙"也。其得以脫蒙者，必係貞定如一，厚植本根，是則內外交養，富蓄己德，終至破土而出。此道純出自然，非由外鑠，故云"匪我求童蒙，童蒙求我"，否則其中主無從而立。[1] 匪，非。故禮聞來學，不聞往教，[2] 我者，師也。然萌芽之時，中主雖立，亦不可長往，當有所節也。童蒙之求師，舉一隅不以三隅反，則不告之矣。[3] 此如問卜決疑，謀於鬼神，當虛己以聽，不可因昧反疑，如再三筮問，瀆亂神明，亦不告之矣。[4] 當蒙之時，利居此而有定，固本培元也。貞，定。

【疏證】[1] 蘇軾云："蒙者有蔽於物而已，其中固自有正也。蔽雖甚，終不能沒其正，將戰於內以求自達，因其一達而一發之，迎其正心，彼將沛然而自得焉。苟不待其欲達而強發之，一發不達，以至於再三，雖有得，非其正矣。故曰'匪我求童蒙，童蒙求我。'"張獻翼云："屯者物之初，非物之厄；蒙者人之初，非性之昧。勾而未舒曰屯，稚而未達曰蒙，故蒙有亨之理。果昧也，奚亨焉！"[2] 何其傑引《禮記·曲禮》云："禮聞來學，不聞往教。"[3] 司馬光云："'匪我求童蒙，童蒙來求我。'孔子曰：'不憤不啓，不悱不發'，夫人不求我而強教之，則志不應而言不從矣。……孔子曰：'學而不思則罔。'又曰：'舉一隅不以三隅反，則不復也。'"[4] 陸德明云："瀆，亂也。鄭云：'褻也。'"俞琰云："'瀆'，與《少儀》'毋瀆神'之'瀆'同。'不告'，與《詩經·小旻》'我龜既厭，不我告猶'之義同。初筮則其志專一，故告；再三則煩瀆，故不告。蓋童蒙之求師，與人之求神，其道一也。"○元按：《帛書周易·繆和》引作"初筮吉，再三讀，讀則不吉。"讀，瀆。吉當為告之訛。又云："讀弗敬。"義與鄭玄同。

《彖》曰：蒙，山下有險，險而止，蒙。"蒙，亨"，以亨行，時中也。"匪我求童蒙，童蒙求我"，志應也。"初筮告"，以剛中也。"再三瀆，瀆則不告"，瀆蒙也。蒙以養正，聖功也。

【義解】丘山居上，流水在下，自其上觀之，則一山覆水，亦如物之始生，種子在下，覆土於上也，有蒙之義；自其下觀之，則源泉混混，盈科後進，亦如種子發芽，欲破土而出，有萌之義。[1]坎者險也，故卦德險而能止。險者有謀，止者有節，不可妄求也。"蒙亨"者，始而漸通之候也，能通則隨時而得中矣。以諸爻言之，六五童蒙，順而能巽，如雲之從龍，風之從虎，其志與師相應，故云"匪我求童蒙，童蒙求我"。以居剛中，問而有節，故初筮即告。六四失誠瀆蒙，故"再三瀆，瀆則不告"。[2]利貞者，言蒙之時當固本培元，知其所止。元者一也，止一為正，是所謂養正。此天道生生之本，作聖之功也。按：《蒙·彖》之文，包含數例。以卦主言，六五是也。六五居上得中，所謂剛中也。以剛居柔中亦可名剛中，參師卦。言應者，順應也。或以中應外，或應乎中，或應乎乾，或上下相應，皆隨文可明，不必膠執也。昔儒多以初四、二五、三上諸爻之位言，皆刻舟求劍，無以貫通。[3]以《彖傳》後文例之，本章亦可云"'匪我求童蒙，童蒙求我。初筮告'，剛中而應也"。後准知。

【疏證】[1]鄭玄曰："蒙，幼小之貌，齊人謂萌為蒙也。"陸德明云："《方言》云：'蒙，萌也。'"王弼云："山下出泉，未知所適，蒙之象也。"梁寅云："山下之泉方出，未至於充盈而流行，此人之未學而蒙昧之象也。"○元按：曹魏康僧鎧譯《佛說無量壽經》亦言群萌，則蒙、萌之通用當更

57

晚。王氏之說雖未為無理，然不合易道生生之大義，有無善無惡之嫌。董仲舒《春秋繁露·深察名號》："民者，瞑也。"《孝經援神契》："民者，冥也。"此皆與王氏所論相通。蓋當蒙之時，以天時言，雖冥然無知，以天德言，固善根已萌。天即以卦德之萌，濟其卦時之蒙。象言天道，象言人道，故象辭雖以蒙言，象傳必論其萌乃可。王氏此說流傳甚廣，後儒多未之察也。梁說亦通。實則合三說乃合蒙之象，誠所謂言不盡意，故聖人立象以盡之也。[2] 張浚云："夫占筮至再三，則吉凶未定，適足為筮者瀆。君臣、師弟子間求不以誠，而莫之躬行，屑屑告之，於道瀆矣。孟子曰：'故將大有為之君，必有所不召之臣，欲有謀焉則就之，其尊德樂道，不如是不足與有為。'"[3] 程廷祚云："應之為言出於《象辭傳》，蓋所論乃卦之全象，非謂六爻之中某爻與某爻應也。即如'剛中而應'、'得中而應乎剛'之類，間有指二五兩爻者，亦惟卦象為然，而非謂爻辭中有是義也。故應之說惟《象辭傳》有之，而爻辭傳則初未之及焉。漢後諸儒說《易》之誤，皆以未嘗詳考耳。"（《易通·易學要論·論惟卦象有應》）○元按：無應之說，宋儒田述古已發，惜未聞其詳。陳端誠曰："田明之說《易》要說無應，《易》中上下敵應、剛柔相應之類甚多，安得云無應？特不可如王介甫輩執定耳。"（《宋元學案》卷一，《安定學案·簽判田先生述古》）蓋亦持論甚堅者也。程氏另撰《論舊說六爻取乘承比應》一文以申其說，其所駁甚是，惜所見未純耳。

《象》曰：山下出泉，蒙。君子以果行育德。

【義解】山下出泉，釋見上。君子法其處險能止，以果決其行；法其源泉混混，以養育己德。[1] 卦德險而能止，險者有謀之謂也，其陽爻則有謀，故萌動而明生；陰爻則無謀，故蒙昧而無知也。

【疏證】[1] 孔穎達云："君子當法此蒙道，以果決其行。"程頤云："觀其出而未能通行，則以果決其所行；觀其始出而未有所向，則以養育其明德也。"朱震云："育德者，養源也。"王宗傳云："泉者水之源，所謂純一而不雜者是矣。泉之始出於山下也，以況則蒙之欲亨而未亨之象。故不取山下有水之義。孟子曰：'源泉混混，不舍晝夜，盈科而後進，放乎四海，有本者如是。'混混，蒙也；不舍晝夜，則所蒙者亨矣。"李簡云："南軒曰：不謂之水而謂之泉者，泉有始達之義。"〇元按：孔、程二氏釋果行育德皆是，然何以果行育德則稍有未諦。王氏之論，得其本矣。

初六，發蒙，利用刑人，用說桎梏，以往吝。

《象》曰："利用刑人"，以正法也。

【義解】以陰居潛，陰故蒙昧而無知，潛則固執，不知來求，處蒙之時，是所謂待發之覆也，故曰發蒙。[1]當此之時，暗昧無知，不可輕動，故有往則吝。惟依法而行則有利，故利用刑人，以脫桎梏。[2]有罪之人，為惡所蔽，刑之使自反於義也，可象發蒙；桎梏之於人，亦所謂蒙也，脫此桎梏，亦發蒙之義。[3]法者，平也，刑人、脫桎，皆用以正法也。

【疏證】[1]《廣雅·釋詁三》："發，開也。"孔穎達云："發蒙者，以初近於九二，二以陽處中而明能照闇，故初六以能發去其蒙。"李光云："蒙蔽之性得以啓發。"〇元按：孔氏以初二相近為言，本書不取，然云"發去其蒙"，則已寓啓發之意矣。[2]鄭玄云："木在足曰桎，在手曰梏。"陸德明云："在足曰桎，在手曰梏。《小爾雅》云：'杻謂之梏，械謂之桎。'"干寶曰："說，解也。"李道平云："《說文》：'解，挩也。'挩亦作捝，通作脫。"[3]劉沅云："蒙者，蔽於不善，如桎梏然。用刑者覺使自新，如脫桎梏以往。"

九二，包蒙，吉。納婦吉，子克家。

《象》曰："子克家"，剛柔節也。

【義解】以陽居柔中，陽故知止能明，柔則未能致遠，而似無明，中則不違其則，當蒙之時而居此者，必外晦其明，有似蒙昧，而能容眾者也，故曰包蒙。包者，有容也。[1]象如納婦得吉，子能持家，剛柔合度，為父母者放權聽之，[2]一任子婦為之，而自甘於無為者也。以剛居柔，故剛柔節也。

【疏證】[1]虞翻曰："坤為包，應五據初，初與三四同體，包養四陰，故'包蒙吉'。"程頤云："包，含容也。"陳應潤云："包，容也。父有度量，包容其子。"〇元按:虞氏固以包容釋"包"者也。[2]程頤云:"子而克治其家者,父之信任專也。"

六三,勿用取女,見金夫,不有躬。无攸利。

《象》曰:"勿用取女",行不順也。

【義解】以陰居躁,陰故蒙昧而無知,躁則輕動,必無所利也。象如女子不知婦道守貞之義,見金夫而失自我,其行有違於道,不可娶也。[1]此無其中主而欲應外者也,與志應反。[2]

【疏證】[1]王弼云:"女之為體,正行以待命者也,見剛夫而求之,故曰不有躬也。施之於女,行在不順,故勿用娶女而無攸利。"程頤云:"女之從人,當由正禮,乃見人之多金,說而從之,不能保有其身者也,無所往而利矣。"尚秉和云:"金夫者美稱。《詩》'有匪君子,如金如錫,如圭如璧',《左傳》'思我王度,式如玉,式如金',皆以金喻人之美。"〇元按:金夫之義,諸說雖異,然此爻所重,端在"不有躬"一句,以其失自我也。即有美士,尚不可輕失己志,況以金相挑而行如秋胡者乎?[2]胡居仁云:"後世舉業之師,與凡有名位而好為人師,皆金夫也。凡務舉業而從師,與依附名位而從之以為師,皆見金夫之女也。"

六四,困蒙,吝。

《象》曰:"困蒙之吝",獨遠實也。

【義解】以陰居或,陰故蒙昧而無知,或故有疑,當蒙之時,無知而善疑,進退失據,故困,吝道也。[1]如問卜再三而瀆者也,已失其誠故也。實,誠。

【疏證】[1]王弼云:"困於蒙昧,不能比賢以發其志,亦以鄙矣。故曰吝也。"

六五,童蒙,吉。

《象》曰:"童蒙"之"吉",順以巽也。

【義解】以陰居剛中,陰故蒙昧而無知,剛則有為,中則動而中節,處蒙之時,有為即有謀來求也,來求而中節,如童蒙求師,順巽從道,巽言來求,順言中節。[1]以,而。是童蒙來求我也,故得"初筮告"之吉。師者,我也。童蒙無知,不知其自我,故虛己從師,然師所教之者,亦不過立其自我而已矣。以種子喻之,則所萌之芽即自我也。

【疏證】[1] 孔穎達云:"順謂心順,巽為貌順,故褚氏云:'順者心不違也,巽者外迹相卑下也。'"陸德明云:"鄭云當作遜。"

上九,擊蒙,不利為寇,利禦寇。

《象》曰:"利"用"禦寇",上下順也。

【義解】以陽居亢,陽故知止能明,亢則不止反動,處蒙之時,知止而不止者,如種子既已萌芽,欲破土而出也,土於芽為蒙為寇,故曰擊蒙。[1]當此之時,必破蒙而出,否則不合天道能生之義,故利禦寇。蒙之時力量尚弱,故不利為寇。蓋侵人必興訟,惟需而後乃可。蒙居萌上,蒙既可擊,是上之順下也。

【疏證】[1] 虞翻曰:"體艮為手,故擊。"○元按:虞氏固以擊打釋"擊"者也。先儒於此爻多以朴作教刑解之,言為師者以此督治其蒙,是皆望文生義者也,於爻象何與?

序卦:物稚不可不養也,故受之以需。需者,飲食之道也。

䷄(乾下坎上)

需:有孚,光亨。貞吉,利涉大川。

【義解】根芽既萌,需待外物之滋養,如人需飲食以養口體,[1]故繼蒙而成需,生生之道漸通。是謂"物稚不可不養也,故受之以需。需者,飲食之道也。"惟較蒙之時已大,故言光亨,[2]此一陽與三陽之別也。既言光亨,是四德仍居亨也。如雲在天上,雨之將至,根苗在下,當努力植根,以期本固,則時雨即至,亦堪有以承受,否則本若未固,猝然遇雨,雖滋養所需,亦難消受。故需時之坎,雖是險道,亦為三陽所需,險而非險者也,要在根深本固,則必化險而

61

成助矣。三陽之志既在固本，則必健而能須，須者止也，知止而後有定，有定者即蒙時所養之正也，故云有孚。孚者，信也。[3]如能守此不失，必至大通，所謂貞吉也，則可以長往，雖大川之險亦不難涉之矣。

【疏證】[1]胡瑗云："夫需又為濡潤之義，物在蒙稚，必得雲雨以滋潤之；人在蒙稚，必得飲食以濡潤之。"何楷云："物生之初必有蒙之者，或胎或卵，或苞或甲，為其稚而謹護之，天地之仁也。人生而蒙，亦天地之仁也，早慧非福，暴長非壽，不養不可動也。故漸為之飼食以長其體，漸為之教訓以長其智，不可一日而戒成，必以需焉。"[2]王引之云："光之為言猶廣也。《需》彖辭'有孚，光亨'，光亨猶大亨也。"[3]孔穎達云："需者，待也。物初蒙稚，待養而成，无信即不立，所待惟信。故云'需，有孚'，言需之為體惟有信也。"項安世云："需非終不進也，抱實而遇險，有待而後進也。凡待者，皆以其中有可待之實也。我實有之，但能少待，必有光亨之理，所以使之待。若其無之，何待之有？故曰'需，有孚，光亨。'"

《彖》曰：需，須也。險在前也，剛健而不陷，其義不困窮矣。"需，有孚，光亨，貞吉"，位乎天位，以正中也。"利涉大川"，往有功也。

【義解】需者，有待之謂也。內乾而外坎，故云"險在前也"。[1]乾者健也，險者有謀，健而有謀，是知幾也，故卦德健而不陷，知險能須，如此則必至光亨，其義不困窮矣。九五位乎天位，秉中正之德，正合卦德，故"有孚，光亨，貞吉"。[2]"利涉大川"，言順需道而往，必有成功也。按：以乾例之，九五飛位，故曰天位。昔儒以五、上二爻皆當三才之天，故名天位者，誤矣。

【疏證】[1]朱子云："坎水在前，乾健臨之，將涉水而不輕進之象。"[2]程頤云："需者，須待也。以二體言之，乾之剛健上進，而遇險未能進也，故為需待之義。以卦才言之，五居君位，為需之主，有剛健中正之德，而誠信充實於中，中實有孚也。"

《象》曰：雲上於天，需。君子以飲食宴樂。

【義解】雲在天上，大雨未至，根苗須其滋養也。[1]君子法天之濟需，健而知險，有待而行，故以飲食宴樂自養。其飲食者，"食不厭精，膾不厭細"，養口體也；其宴樂者，"我有嘉賓，鼓瑟吹笙"，所謂"以友輔仁"，養德者也。[2]卦既以健而有謀、知險能須為德，凡陽爻則剛健有謀，知險能須；凡陰爻則柔順無謀，不須反動也。

【疏證】[1]宋衷曰："雲上於天，須時而降也。"王宗傳云："夫雲上於天，欲雨之象也，故為萬物之所需。何須乎？須此以養故也。"○元按：宋、王觀象不同，皆可通。然宋說近本。[2]胡瑗云："君子觀此需待之象，以飲食養其身，以宴樂寧其神，居易以俟命，待時而後動也。"程頤云："雲氣蒸而上於天，必待陰陽和洽，然後成雨。雲方上於天，未成雨也，故為須待之義。陰陽之氣交感而未成雨澤，猶君子畜其才德而未施於用也。君子觀雲上於天，需而為雨之象，懷其道德，安以待時，飲食以養其氣體，宴樂以和其心志，所謂居易以俟命也。"

初九，需于郊，利用恒，无咎。

《象》曰："需于郊"，不犯難行也。"利用恒，无咎"，未失常也。

【義解】以陽居潛，陽故知險能須，潛則固執，本不欲起，不欲犯險之象也。如身處郊野，遠離水泮，則必無溺水之虞，所謂"千金之子，坐不垂堂"，知幾者也，故无咎。處需之時，利於守此常道而勿失，故曰"利用恒"。[1]

【疏證】[1]孔穎達云："郊者，是境上之地，亦去水遠也。'利用恒，无咎'者，恒，常也。遠難待時，以避其害，故宜利保守其常，所以无咎。猶不能見幾速進，但得无咎而已。"○元按：孔氏末句失之。

九二，需于沙，小有言，終吉。

《象》曰："需于沙"，衍在中也。雖"小有言"，以"終吉"也。

【義解】以陽居柔中，陽故知險能須，柔則不恒其德，為外物所牽,稍致小失,中則復其常道,所謂終吉也。象如雖未至河,乃行於泮沙,沙雖溢而旋出,未為大失也。衍者,溢也。[1]小有言,即小有不利也。[2]衍在中,言雖陷於沙,小有不利,而尚得其中也。[3]

【疏證】[1]魏潛云:"衍讀如羨,水溢也。水有餘蕩,溢則沙出。《選》詩:'潦收沙衍出。'"○元按:諸說或釋衍為水濱,或釋為寬綽,皆非,惟魏氏為近。馬瑞辰《毛詩傳箋通釋·大雅·板》:"'及爾遊衍',《傳》:'遊,行;衍,溢也。'《箋》:'遊溢相從。'《釋文》本作羨,云'本或作衍。'瑞辰按:《廣雅·釋言》:'淫,遊也。'《小爾雅》:'淫、溢,沒也。'遊衍之言與淫溢義近。《說文》:'衍,水朝宗於海兒也。'引申為盈溢之稱。訓溢者當以衍為正字,作羨者同音假借字。"則衍之訓溢,固其然也。[2]孔穎達云:"去水漸近,待時於沙,故難稍近,雖未致寇,而小有言以相責讓。"俞琰云:"小有言語之相侵。"陳言云:"有言者,有可非議之處。"連劭名云:"'有言'是古代習語,一般指口舌是非,妖言可以惑國。《國語·晋語》云:'……且懼有口,攜民,國移心焉。'(元按:此文另引卜辭'又言'及'亡口'、'多口'之例數條為證,文繁不錄。)"○元按:諸儒所解已頗近理。予幼居關外,尚習聞長輩解夢之說,如夢兆不吉,而亦非大惡,則云"犯小人語",即小有不利也。[3]王宗傳云:"沙,平衍之地,九二剛居中,故又曰'衍在中也'。"○元按:平衍之說本書不取。

九三,需于泥。致寇至。

《象》曰:"需于泥",災在外也。自我致寇,敬慎不敗也。

【義解】以陽居躁,陽故知險能須,躁則輕動,象如雖知河險,而欲進觀,故自陷泥中也,然尚未入河,故云災在外。[1]如能慎重,自得退出。又如有寇本非來犯於我,而自干之,遂致寇至,然我既非其欲寇之人,倘能敬慎有恆,則彼亦自退,[2]所謂"盜亦有道"也。致,招致。然此亦盜蹠之徒方可,若今之盜,則不濫傷無辜者鮮矣。

【疏證】[1]程頤云:"泥,逼於水也,既進逼於險,當致寇難之至也。"[2] 王弼云："其剛寇之來也,自我所招,敬慎防備,可以不敗。"楊萬里云："災在外而我逼之,是水不溺人而人狎水者也。狎水死者勿咎水,致寇敗者勿咎寇,自我致之故也。"

六四,需于血,出自穴。

《象》曰："需于血",順以聽也。

【義解】以陰居或,陰故不知須而自犯險,或則多疑,見處險中,便自退出,然能否得出,則聽天由命矣。血即洫之別字。象如陷於溝洫之中,而欲自穴而出也。[1]然需時之險本非全險,如能順道而有常,當能得出。[2]

【疏證】[1] 朱子云："血者,殺傷之地;穴者,險陷之所。"黃宗羲云："血即洫字。"(《易學象數論》卷二)尚秉和云："血,洫之省字。"[2] 程頤云："不能處則退,是順從以聽於時,所以不至於凶也。"

九五,需于酒食,貞吉。

《象》曰："酒食貞吉",以中正也。

【義解】以陽居剛中,陽故知險能須,剛則有恆,中則隨處得宜,正合卦德,君子需於酒食之象也。守此而勿失,則吉矣。[1]有恆而能需,所謂正也。

【疏證】[1] 朱子云："占者如是而貞固,則得吉也。"

上六,入于穴。有不速之客三人來,敬之終吉。

《象》曰："不速之客來,敬之終吉",雖不當位,未大失也。

【義解】以陰居亢,陰故不知須,亢則反進,故直入坎穴之中。然需時之險本非皆險,亦有滋養之用也,惟以根本未固,無以承受耳。倘能合其道,亦得逢凶而化吉。故雖居亢而不當位,亦不至大失。象如有不速之客多人來,[1]主人能敬而待之,反結為友,則皆大歡喜也。

【疏證】[1] 陸德明云："速,如字。馬云:'召也。'《釋詁》云:'疾也。'《釋言》云:'徵也,召也。'"胡炳文云："速者,主召客之辭。"

序卦：飲食必有訟，故受之以訟。

☰（坎下乾上）

訟：有孚窒，惕中吉，終凶。利見大人。不利涉大川。

【義解】坎在天上，雲行也；坎在天下，雨施也。三陽在上，如根苗已出，坎水在下，如時雨已降。根苗為求滋養，必交爭此水，交爭不已，必興訟端，[1]故云"飲食必有訟，故受之以訟。"訟若不止，必起征戰，兵者，凶事也。其德既險且健，爭奪之念，定於胸中，遏其自省，故云有孚窒。[2]此道乃萬物初生之時，勢所必至，天道之本然，無可如何者，倘不能爭，則亦不能守其分所應得，必為他物所奪，生生之機泯矣；[3]然既得爭奪之利，欲守此而不去，則萬物無以共天地之大生廣生，必至兵凶者也，所謂終凶；[4]其知所戒懼，見機而退者，則能吉也，故言惕中吉。惕者，戒懼也。訟本險道，處訟之時，利見時止時行之大人，不利涉大川之險也。以四德言之，居利之時也。[5]

【疏證】[1]鄭玄曰："訟猶爭也。言飲食之會，恒多爭也。"《誠齋易傳·泰》："有物此有養，故需以養之，養者生之原，亦爭之端。"[2]虞翻曰："窒，塞止也。惕，懼。"王弼云："窒謂窒塞也。皆惕然後可以獲中吉也。"孔穎達云："中道而止，乃得吉也。"朱子云："有有孚而見窒，能懼而得中之象。"○元按：虞、王二人皆以"窒惕"絕句，惟朱子以有孚窒、惕中吉絕句為得其解。參《象傳》。中吉之義，孔、朱二說皆可通。[3]馬王堆帛書《黃帝四經·十大經·姓爭》："天地已定，(規)[蚑](僥)[蟯]畢(掙)[爭]。作爭者凶，不爭亦毋以成功。"王應麟云："朱新仲謂：一行《易纂》引孟喜《序卦》曰：'陰陽養萬物，必訟而成之；君臣養萬民，亦訟而成之。'"程頤云："訟非善事，不得已也。"[4]胡瑗云："為訟之道，雖有理而見窒於人，然亦不可久於其事。若必欲成其事，而終竟於訟，則凶禍必及之也。"吳桂森云："訟，爭辯也，祇是個爭字之義。……訟之命義正要在違處爭，爭者謂天人之界，上達下達之界於此分，不得不爭也。若知得這個險，一味自反自爭，爭則始之，違者究竟不違，這訟便不可少；若不知這個險，同其相違，日違日遠，祇管與天背馳，但見己是，不見己非，其爭也不用於內，反用於外，究竟爭勝爭奪無所不至，這訟便不可有。"○元按：吳氏已見訟卦之所以有合於天德，先儒之中實所罕見。[5]元按：此亨之利也。義見同人義解。

《彖》曰：訟，上剛下險，險而健，訟。"訟，有孚窒，惕中吉"，剛來而得中也。"終凶"，訟不可成也。"利見大人"，尚中正也。"不利涉大川"，入于淵也。

【義解】上剛下險，如君子在上，小人在下，君子乾乾以有為，小人行險以徼幸，必起相爭也。卦以險而能健為德，處訟之時，即君子亦必知訟，不知訟無以保身也。所謂險者，有謀之謂也；所謂健者，訟而能惕也，不健則無以行中。內卦曰來，九二以剛居內得中，[1]見機而退，合訟卦惕中吉之義。終凶者，言以訟為道則物無以成也，上九之惟務奪人可以當之。利見大人者，九五以中正居上也；不利涉大川者，訟道居利而不居亨，處深淵險地，則無以通也。尚，上。尚中正即剛中正。按：《彖傳》所言剛之往來為觀象之一法，先儒頗有以卦變言之者，然是本《易》之用也，乾坤萬象無時不在卦變之中，微此則安得以卜筮通乎天道？以天道言之，卦序即卦變也；以萬物言之，六十四卦皆可互變，非必自某卦而來，膠柱以鼓瑟也。[2]所以云往來者，蓋卦有貞悔，在內曰貞，在外曰悔，貞悔合而成卦德。內者本也，外者末也，故《易》氣自下而生，天即以此德濟其卦時也。故一卦既成，以在內者視之，有似於來；以在外者視之，有似於往。此《彖傳》言往來之例也，下准知。

【疏證】[1]李道平云："卦自遯三之二，在內曰來，二位得中，故曰剛來而得中也。"○元按：漢儒卦變之說乃易道之發揮也，非經義。然以在內曰來，頗為得之。王宗傳釋《隨·彖》云："或曰：'《易》家以隨自否來，蠱自泰來，其義如何？'曰：'非也。乾坤重而為泰否，故隨蠱無自泰否

67

而來之理。世儒惑於卦變，……殊不知'八卦成列，因而重之'，而內外上下往來之義已備乎其中。自八卦既重之後，又烏有所謂內外上下往來之義乎！夫自復至乾、自姤至坤凡十二卦，當十二月，其陰與陽勝負消長均也，除乾坤之外更凡十卦，豈泰、否、臨、遯、復、姤六卦獨能生卦，而夬、剝、大壯與觀獨不能生卦乎？'"李光地、玄燁等云："《彖傳》中有言'剛柔往來上下'者，皆虛象也。先儒因此而卦變之說紛然，然觀泰、否卦下'小往大來'、'大往小來'云者，文王之辭也，果從何卦而往、何卦而來乎？亦云有其象而已耳。故依王、孔注疏作虛象者近是。"[2] 蘇軾釋《賁·彖》云："《易》有剛柔往來、上下相易之說，而其最著者，賁之象也。故學者沿是爭推其所從變，曰泰變為賁，此大惑也。一卦之變為六十三，豈獨為賁也哉！徒知泰之為賁，又烏知賁之不為泰乎？"

《象》曰：天與水違行，訟。君子以作事謀始。

【義解】水性無分於東西，而其勢則捨上而就下，[1] 故云與天相違也。君子法天之處訟，有謀而能惕，其事業興作，必當謀深而慮遠。卦德既險而健，有謀而不欲終訟，凡陽爻則剛健有謀，故訟；凡陰爻則柔順自惕，故不欲終訟，終吉之道也。終訟之終乃始終之義，終吉之終乃最終之義。

【疏證】[1]《朱子語類·易六·訟》："天自向上去，水自向下來，必是有訟。"吳澄云："水行而下，天行而上，其行兩相背戾，是違行也。"

初六，不永所事，小有言，終吉。

《象》曰："不永所事"，訟不可長也。雖"小有言"，其辯明也。

【義解】以陰居潛，陰故不欲終訟，潛則固執而不欲訟，訟而不久之象也，故云不永所事。[1] 當訟而退，或為所侵，故小有不利；然能謀深慮遠，知久訟之無益，所見甚明也。[2]

【疏證】[1] 虞翻曰："永，長也。"[2] 胡瑗云："雖小有忿爭之言，又不終竟其事，故終獲吉也。"

九二，不克訟，歸而逋。其邑人三百戶，无眚。

《象》曰："不克訟"，歸逋竄也。自下訟上，患至掇也。

【義解】以陽居柔中，陽故健訟，柔則順守而行，中則所行得宜，當訟之時，知訟道不可終成，是能見機而退也，以居中，故無眚。象如訟而不成之人，逃歸其邑，為邑人所庇，而無災眚者也。[1] 三百者言其多，法難責眾也，[2] 欲責眾必以兵，訟非興兵之時也，故無眚。然如所庇非人，則成以下抗上之局，如人本無患，而自掇拾於地上也。[3] 為師卦伏筆。

【疏證】[1] 陸德明云："《子夏傳》云：'妖祥曰眚。'馬云：'災也。'鄭云：'過也。'"[2] 鄭玄云："小國之下大夫埰地方一成，其定稅三百家，故三百戶也。"[3] 陸德明云："掇，《說文》云：'拾取也。'"孔穎達云："掇，猶拾掇也。自下訟上，悖逆之道，故禍患來至，若手自拾掇其物，言患必來也。故王肅云：'若手拾掇物然。'"

六三，食舊德，貞厲，終吉。或從王事，无成。

《象》曰："食舊德"，從上吉也。

【義解】以陰居躁，陰故不欲終訟，躁則不恒其終，如人本知不可訟，而不得不訟也。此如訟師代人應訟，雖知其不可成，然亦不得不勉為其難也。不可訟而訟，當此之時，本無勝算，惟視其舊德如何耳，聽天由命之謂也。[1] 定於此道則危，然以陰故，必不終其訟，故終吉也。古人聽訟，按律之前，必先為兩造之調人，庶幾息訟而不爭，如不從則按律為之。故孔子云："聽訟，吾猶人也，必也使無訟乎？"從上吉者，言此時能從聽訟者之調解，合卦德不終訟之旨，自終其訟，則獲其吉矣。從上，即以爻之位而從卦之時，卦對爻曰上。後仿此。亦如王事本不可成，從王事者，終於無成也。王事者，公事也，所受命於人者也。

【疏證】[1] 程頤云："食舊德，謂處其素分。"陳夢雷云："食舊德，如祖宗有世德，子孫得食其報之類。"

九四，不克訟，復即命，渝。安貞吉。

《象》曰："復即命渝"，"安貞"不失也。

【義解】以陽居柔，陽故健訟，柔則有疑而自省，其所窒之孚本為天之所命者，重新得以恢復，故不恒其訟，復就其命，變而至道。安守而不失，則吉矣。渝，變。[1]

【疏證】[1]虞翻曰"渝，變也。"陸德明云："馬同。"王弼云："處上訟下，可以改變者也。故其咎不大，若能反從本理，變前之命，安貞不犯，不失其道，為仁猶已，故吉從之。"孔穎達云："'復即命，渝'者，復，反也；即，就也。"程頤云："既義不克訟，若能克其剛忿欲訟之心，復即就於命，革其心，平其氣，變而為安貞，則吉矣。命謂正理，失正理為方命，故以即命為復也。方，不順也。《書》云'方命圮族'，《孟子》曰'方命虐民'。"屈萬里云："即，就也；即命，謂就命，言就而聽命也。（下引《金璋所藏甲骨卜辭》、《尚書·大誥》、《尚書·金縢》、《左傳》定公四年語，立四證。）……以上所舉即命之語，皆謂就而聽命，東西周之文獻皆如是也。"（《說易散稿·即命》）〇元按：王注、孔疏雖大意已得，然既云"即者就也"，復云"變前之命"，則此命自何而來耶？且所云"本理"，亦無着落也。程說得之。方者，放也，放命即違命，如孟子所謂"求其放心"之放。

九五，訟，元吉。

《象》曰："訟，元吉"，以中正也。

【義解】以陽居剛中，陽故健訟，剛則有為，中則不過其則。此萬物初生，因其分位，當訟而必訟之象也，[1]天道亦以此濟難，故曰元吉。有為，言當訟之訟也。當訟而健，正也。

【疏證】[1]龔原云："此大人之訟也。大人而至於訟，有所不得已也。行不離中，居不無正，故元吉。……大人者，德足以立信，位足以有臨，無訟可也。而九五與同人交訟曲直，務直其情，已而不至於終凶，其性亦仁矣。"項安世云："人謂九五為聽訟之君，非也。爻與象皆稱訟，何謂同訟？但訟卦五爻皆不正，惟九五一爻既中且正，為可尚耳。中則我不終訟，正則人不克訟。相訟者或即中而求正，好訟者或見訟而中止，此訟中之最善者，故曰'訟，元吉，以中正也。'何與聽訟之事哉！五或為德之尊，或為位之尊，不必專指人君也。諸君為君位所惑，故謂君無訟理，遂以聽訟解之，殊不思君豈聽訟者哉！"〇元按：諸說多以此爻為聽訟而得其平之象，此皆囿於以剛中為尊位使然。不知訟雖為天道之小過，然亦不可無者也。惟龔、項之說頗得爻義，元儒龍仁夫亦本其說。

上九，或錫之鞶帶，終朝三褫之。

《象》曰：以訟受服，亦不足敬也。

【義解】以陽居亢，陽故健訟，亢則過度，以奪人為能。訟道已成，上下左右以利交徵，人能奪己，己亦奪人。此如以下爭上，故上錫之大帶以尊榮之，鞶帶者，宗廟之服也，[1]非下之所宜。然此尊不足以服人，故不終朝即為他人所奪也。[2]此如曹魏雖竊漢柄，然有其權而無其威，故不旋踵而為司馬晉所奪，其後宋齊梁陳紛起，皆此類也。

【疏證】[1]虞翻曰："鞶帶，大帶。男子鞶革。"荀爽曰："鞶帶，宗廟之服。"孔穎達引杜預云："鞶，大帶也。"[2]陸德明云："馬云：'旦至食時為終朝。'"

序卦：訟必有眾起，故受之以師。師者，眾也。

䷆（坎下坤上）

師：貞，丈人吉，无咎。

【義解】天道運行，至訟之時，萬物起而相爭，爭之不已，則以力相搏，戰事興矣。於是因其利益分合，而有聚集，是所謂眾，故云"訟必有眾起，故受之以師。師者，眾也。"[1]既能以力相搏，是有勇矣，故當持守有恆，貞定如一，是四德居貞，亨之貞也。蓋師雖起於亂世，乃適足以為王者之驅除，王者元也，師則貞下起元也。當此之時，如有大人起則吉，智仁勇三德兼備故也。當此之時，既各爭

其利，故亦無所咎也。丈人，猶大人也。^[2]

【疏證】[1] 崔憬曰："因爭必起眾相攻，故受之以師也。"[2] 王弼曰："丈人，嚴莊之稱。"陸德明云："鄭云：'能以法度長於人。'"陸績曰："丈人者，聖人也。"李鼎祚曰："《子夏傳》作大人，是也。"蘇軾云："丈人，《詩》所謂老成人也。"李道平云："愚謂卦辭之'丈人'，即爻辭之'長子'。《大戴禮·本命》曰：'丈者，長也。'互震為長子，故稱丈人，長丈同稱，又何疑焉。且《論語》'遇丈人'，注云：'丈人，老人也。'《詩·大雅》曰'維師尚父'，《小雅》曰'方叔元老'，蓋古之命帥，多擇老成，故曰'丈人吉'也。"○元按：老成之說甚辯，然觀《彖傳》"能以眾正，可以王矣"之說，則似未達一間。蓋以王道行者必出於仁人，老成者智勇或備，未必仁也。惠棟《九經古義》："棟案：彖辭言'能以眾正，可以王矣'，此有天下之稱也，謂之丈人可乎？《易緯乾鑿度》孔子曰：'《易》有君人五號：帝者天稱也，王者美行也，天子者爵號也，大君者與上行異也，大人者聖明德備也。'變文以著名，題德以別操，歷舉五號，獨不及丈人，知丈人非王者之稱也。《子夏傳》作大人，謂王者之師，斯得之矣。"是也。

《彖》曰：師，眾也。貞，正也。能以眾正，可以王矣。剛中而應，行險而順，以此毒天下，而民從之，吉又何咎矣。

【義解】貞者，正也，固其本也，亂世之候，能固其本，不以殺戮為能事，守其仁心而不失，則萬民來附，天下歸往，可以王矣。言可以者，有其德尚無其位也。九二以剛居中，順守而行，與物相應，故云剛中而應。卦德行險而順，所謂行險者，機變有謀之謂也；所謂順者，順道也。以此救治天下，^[1]而民從之，吉又何咎矣。兵者，詭道也，當師之時，必智、仁、勇三德兼備，乃可當大人。險故智，順道故仁勇。

【疏證】[1] 王弼云："毒猶役也。"陸德明云："馬云：'治也。'"龔原云："先王之於天下，其節猶醫師耳，病淺則養之，政之譬也；甚則療之，刑之譬也；其害不可療者，則以五毒攻之，師之譬也。故《易》以事為蠱，以師為蠱，治毒謂之毒，猶治亂謂之亂也。"李道平云："愚案《天官·醫師》

‘聚眾藥以供醫事’，鄭彼注云：‘毒，五毒也。藥，五藥也。’《疾醫》‘以五味五穀五藥養其病’，《瘍醫》‘以五毒攻之’。聖人之治天下，不外禮樂兵刑，世治則以禮樂養之，世亂則以兵刑攻之，是禮樂即五味五穀之屬，兵刑即五毒之屬，皆所以治世者也。馬君訓毒為治，義實基此。蓋除暴所以安良，故曰‘以此毒天下而民從之’。”

《象》曰：地中有水，師。君子以容民畜眾。

【義解】地中有水，君子法地之蓄水，以容民畜眾。[1] 即其無位，仍可使老者安之，朋友信之，少者懷之。及其有位，則遠人來附，萬邦來朝矣。卦既以行險而順為德，凡陽爻則能險，即有謀也；凡陰爻則不能險，無謀也。

【疏證】[1]朱子云：“水不外於地，兵不外於民，故能養民則可以得眾矣。”崔銑云：“地中之濕者皆水，田中之耕者皆兵，水行乎地，兵隱於農，故取為象。”李道平云：“水聚於地中而為眾，猶兵聚於民中而為師，此地中有水，所以取象於師也。”○元按：地中有水，所以為井之源；民聚為師，所以開王之先，皆貞下起元也。參井卦。

初六，師出以律，否臧凶。

《象》曰：“師出以律”，失律凶也。

【義解】以陰居潛，陰故無謀，潛則固執，當師之時，如無謀之人，不從軍律，[1]反肆意臧否，[2]故有違律之凶也。

【疏證】[1]《九家易》曰：“坎為法律也。”李心傳云：“荊公曰律如‘同律聽軍聲’之律，法律之律三代未有。《律書》曰六律為萬事根本，其於兵械尤所重。武王吹律聽聲。”吳澄云：“案《周官·春官》大師之職‘執同律，以聽軍聲而詔吉凶’，鄭注引《兵書》云：‘王者行師，出軍之日授將弓矢，大師吹律合音，宮則軍和，士卒同心；商則戰勝，軍士強；角則軍擾多變，失士心；徵則將急數怒，軍士勞；羽則兵弱，少威明。’”李道平云：“律者樂律也，非法律也。《周禮·太師》‘執同律，以聽軍聲而詔吉凶’，又‘若師有功，則左執律，右秉鉞，以先愷樂’，是古者出師，皆執律以從。《左傳》稱師曠知南風之不競，《吳越春秋》載大夫皋如之言曰‘審聲則可以戰'，皆其遺法。"〇元按：師卦下坎，《九家易》故以坎釋初六之'律'。此先儒解《易》之例，然亦非經旨。樂律之說可從，王引之已言此說乃《史記索隱》《史記正義》二書作俑，良是，然必欲反之，以為六律與師旅無關，不知軍律之義即由樂律引申者也。宋儒林栗云："或曰：諸儒言律，或以為律法之律，或以為吹律之律，二者將安折中？曰：法律本於吹律，律起於黃鐘，黃鐘坎也。古者斷竹為律，吹中聲以驗氣候輕重長短，毫厘不差，度量權衡於此而取則焉。是以後世法令通謂之律，取其無差忒也。今此言不臧之凶，直謂法律爾，非謂吹律以聽軍聲也。"清儒訓詁，於辭義固有極精者，於大義則有甚淺者，此其例也。[2]林栗云："臧之言善也，善持律之謂也。得律為臧，失律為否，……否臧之義明白如此，而古今諸儒不勝異說，惟《左氏傳》為得之，曰'執事順成為臧，逆為否'。否，遍靡反。"吳澄云："《春秋左氏傳》曰：'執事順成為臧，逆為否。'"又云："此蓋謂同吹律之聲，以占師之或否或臧也。"〇元按：林說得之。諸說多以否臧為順律之善否，然何以言失律？蓋既有律而不從，肆意臧否，是所謂失律也。

九二，在師中，吉。无咎，王三錫命。

《象》曰："在師中吉"，承天寵也。"王三錫命"，懷萬邦也。

【義解】以陽居柔中，陽故有謀，柔則順守而行，中則諸事得宜，當師之時，如良將在外而不自專，為君所寵信，故吉也。亦如"王三錫命"，[1]以柔中之道懷柔天下也，故无咎。此即《象》所謂"君子以容民畜眾"也。舊釋以"王三錫命"屬前，言受王之寵，雖可通，然不確，失无咎及懷萬邦之義故也。[2]在師中，言在師而得中也。[3]

【疏證】[1]李鼎祚曰："《周禮》云'一命受職，再命受服，三命受位'，是其義也。"李道平疏："《周禮·春官·大宗伯》：'以九儀之命，正邦國之位：壹命受職，再命受服，三命受位'，鄭注：'王之下士，與公侯伯之士、子男之大夫，皆一命受職，謂始受職事。王之中士，與公侯伯之大夫、子男之卿，皆再命受服，謂元冕之服。王之上士，與公侯伯之卿，皆三命受位，謂王朝之位。'"[2]孔穎達云："'在師而得中'者，觀注之意，以'在師中'為句，其'吉'字屬下。觀《象》之文，'在師中吉，承天寵'者，則似'吉'

字屬上。此吉之一字上下兼該,故注文屬下,《象》文屬上,但《象》略其无咎之字,故'吉'屬師中也。○元按:輔嗣以"吉无咎"連讀,言"承上之寵,為師之主,任大役重,無功則凶,故吉乃无咎也。"孔氏已見其與《小象》不合,惟疏不破注,故彌縫其間。茲以吉、无咎分屬上下,則可知《象》之於經文,真能破的者也,王氏誤矣。[3]王弼云:"以剛居中而應於上,在師而得其中者也。"○元按:王氏以二、五相應為言,本書不取,然其釋"在師中"之義固是。

六三,師或輿尸,凶。

《象》曰:"師或輿尸",大无功也。

【義解】以陰居躁,陰故無謀,躁則健動,當師之時,無謀而輕出,必至挫折之凶也,故有師或輿尸之象。[1]尸,屍。

【疏證】[1]虞翻曰:"失位乘剛,內外無應,以此帥師必大敗,故有輿尸之凶,功業大喪也。"史徵云:"若使之行師,必見喪敗,故曰輿尸而歸,凶也。"姜兆錫云:"輿尸,謂師徒撓敗,輿尸而歸。"羅登標云:"六三以柔居剛,輕躁妄動,(愼)[僭]師之將也,故有輿尸之凶。"梁錫璵云:"古者兵雖敗不忍棄死者,故載尸。"○元按:乘、應非經旨,餘可從。先儒多從《伊川易傳》釋輿為眾,釋尸為主,雖似可通,然觀下文以帥師、輿尸對言,則當從虞說為是。伊川之說本出胡瑗。

六四,師左次,无咎。

《象》曰:"左次无咎",未失常也。

【義解】以陰居或,陰故無謀,或故謹慎有疑,雖無謀而能謹慎,亦无咎也。象如師行,駐紮於旁側,不欲正面迎敵,不失兵法之常。次者,舍也。左者,偏也,非正中也。[1]

【疏證】[1]荀爽曰:"次,舍也。"崔憬曰:"偏將軍居左。左次,常備師也。"李道平疏:"《少儀》曰'軍尚左',故古者'偏將軍居左'。'師左次'者,常備不虞也。"程頤云:"師之進,以強勇也。四以柔居陰,非能進而克捷者也。知不能進而退,故左次。左次,退舍也。量宜進退,乃所當也,故无咎。見可而進，知難而退，師之常也。惟取其退之得宜，不論其才之能否也。度不能勝，而完師以退，愈於覆敗遠矣。"○元按：備不虞，即謹慎之義。然李氏引《少儀》釋崔氏之言則非。蓋軍尚左，對右言也。偏將軍居左，行軍之法也，以不居中，故云偏耳，非一軍所尚也，否則置中軍何地？蓋清儒釋經，為求所謂故訓為據，常有不顧文義者矣。

六五，田有禽，利執言，无咎。長子帥師，弟子輿尸，貞凶。

《象》曰："長子帥師"，以中行也。"弟子輿尸"，使不當也。

【義解】以陰居剛中，陰故無謀，剛則有為，中則諸事得宜。當行軍佈陣之時，以無謀之人居上發令，而能諸事得宜者，必田獵之時也，故象以田有禽，利執之也。[1]如征戰之時而有所命，則必如猜謎射覆，或可或否，其道凶也。長子喻有謀之人，弟子喻無謀之人，如命長子帥師尚可行中，如命弟子而定於此道，則必有輿尸之禍。貞，定。[2]此爻為趙括紙上談兵之象。

【疏證】[1]荀爽曰："田，獵也。"梁錫璵云："言，語辭。"○元按：楚竹書《周易》田作敗。吳辛丑已言及。[2]虞翻曰："長子謂二，弟子謂三。"荀爽曰："長子謂九二也。"宋衷曰："弟子謂六三也。"胡炳文云："長子，即象所謂丈人也。自眾尊之，則曰丈人；自君稱之，則曰長子，皆長老之稱。"○元按：諸爻各當其位，而合成一卦之時，故爻位之間常有關聯。然此關聯乃大《易》所蘊，其爻辭固非因此而繫也。先儒有見於《易》蘊，每以此為例解釋經文，雖億則屢中，然牽纏附會亦不為少，如上六，荀爽又以"大君謂二"，則自亂其例矣。先儒言乘承比應，多此類，此易學所以汗漫也。

上六，大君有命，開國承家，小人勿用。

《象》曰："大君有命"，以正功也。"小人勿用"，必亂邦也。

【義解】以陰居亢，陰故無謀，亢則自大，當眾起之時，如無謀之人，自居其功者。然功非可自居，如遇明察秋毫之長上，必當屏之不用。象如天子論功行賞，建萬國、親諸侯，使之開國承家，然自大無謀之小人亦必不用，以其如為長上，必亂邦也。[1]為比卦伏筆。

【疏證】[1] 干寶曰："開國,封諸侯也。承家,立都邑也。小人勿用,非所能也。"李光地、玄燁等云："小人二字,又似所包者廣,蓋非專論在師立功之人,乃是謂亂定之後,建官惟賢,不可復用小人,恐為它日之亂本耳。"

序卦:眾必有所比,故受之以比。比者,比也。

䷇(坤下坎上)

比:吉。原筮,元,永貞,无咎。不寧方來,後夫凶。

【義解】物之始生,為求滋養,必致訟爭,因違而有分,其同分者相聚而成眾,眾者師也。然所以成眾者,非苟而已矣,必其所以為同分者乎! 物之有分,雖違混沌玄同之道,然眾之有同,乃所以合性情利貞之德。天道開顯,物以亨利,其道大吉也。比之為義,在合其同。方以類聚,物以群分,同聲相應,同氣相求,此分非由外鑠,非因偶合,乃因天之所命,依性情而成。[1] 故依比之義,可以冒天下之道,統萬物之情,此所以為卜筮之原也。[2] 師與比為一體之兩面,眾所以能合者,乃因其物來親比之德也。使物來歸,是即仁也,故四德居元。[3] 是所謂"眾必有所比,故受之以比"。比者,親也。有比之德,能以元統天,則萬物各得其所,故永定於此亦可无咎。處比之時,下能應上,萬物來附以安,安者寧也,故不寧者方來,[4] 然終違其道者必有凶也。聖人者先天而天弗違,後天而奉天時,其後天而無以奉天時者即後夫也。[5]

【疏證】[1] 崔憬曰："'方以類聚,物以群分。'人眾,則群類必有所比矣。"[2] 胡瑗云："原,究也。筮者,決疑之物也。元,善之長也;貞,正也。言人之所相親比,不可不慎也。"李光云："君子必擇其所比,原筮者推原所比之人,可從可違而決斷之也。"○元按:原即原道之原,原筮乃所以求其本原也。[3] ○元按:亨之元也。參同人卦。[4] 孔穎達云:"不寧方來者,此是寧樂之時,若能與人親比,則不寧之方皆悉歸來。"吳澄云:"《考工記》曰'惟若寧侯,毋或若女不寧侯',不寧,蓋諸侯之不朝貢者。"孫詒讓《周禮・梓人》正義:"不寧侯,謂不安順之諸侯也。《易・比》卦辭云'不寧方來',義與此同。"王夫之云:"不寧方,謂不寧之方,猶《詩》言'幹不庭方',非未然而且然之詞。不寧,志不定也。"(《周易稗疏》卷一)高亨云:"其說(按指王夫之)甚韙。寧,安也。方猶邦也。……不寧侯為古代成語,不寧之侯謂之不寧侯,不寧之邦謂之不寧方,其意一也。不寧方或言不庭方,《詩・韓奕》'幹不庭方'是也。或言不廷方,《毛公鼎銘》'銜裏不廷方'是也。寧與庭、廷,蓋一聲之轉也。不寧方來謂不寧之邦來朝也。"〇元按:諸說皆是,然疑方來當聯讀,如困九二"朱紱方來"之謂。且不寧二字,固可括"不寧侯"、"不寧方"之義。胡瑗云:"方,將也。"焦竑云:"方來,與'朱紱方來'同。"[5]干寶曰:"後服之夫,違失天人,必災其身,故曰'後夫凶'也。"胡瑗云:"後夫凶者,言在上為比之主,能使天下之人皆悅而來親比,然天下之人既至親比,其有後至而不從者,則必為居上之人所誅戮也。是終自取其凶也。故昔夏禹會於塗山,執玉帛者萬國,獨防風氏恃強而後至,為夏禹之所戮,其後夫凶之驗也。"

《彖》曰:比,吉也;比,輔也,下順從也。"原筮,元,永貞,无咎",以剛中也。"不寧方來",上下應也。"後夫凶",其道窮也。

【義解】比卦返本故吉,比之義乃輔也,親附也,以下而順從於上。[1]然此所謂順非不得已之服從,乃心悅誠服也,上能以其同化下,則下樂以其順應上,此孟子所以津津告於齊梁者也。卦以順而能險為德,所謂順者,率性之謂道;所謂險者,有謀之謂也。師、比之時,既起兵爭,其時甚險,故萬物同心同德,以濟險難也。九五剛中,萬物遂性,故"原筮,元永貞,无咎";上以仁化下,下以比親上,所謂上下相應也,[2]故云"不寧方來"。上六驕而失比,此失道有窮之後夫也,故凶。[3]

【疏證】[1]崔憬曰:"下比於上,是下順也。"[2]程頤云:"在卦言之，上下群陰比於五，五比其眾，乃上下應也。”胡炳文云：“凡應字，多謂剛柔兩爻相應，此則為上下五陰應乎五之剛，又一例也。”〇元按：先儒言“應”者多以此為據，實蛇足耳。蓋諸卦言“剛中而應”數處，皆泛言也，無需指實而能通。或有需指實者，如小畜之“柔得位而上下應之”，亦不宜以例視之，蓋未能一以貫之也。一貫，乃孔門根本義。[3] 荀爽曰：“後夫謂上六。逆禮乘陽，不比聖王，其義當誅，故其道窮，凶也。”

《象》曰：地上有水，比。先王以建萬國，親諸侯。

【義解】水流聚而成河，行於地上，如萬物各順其性情而相類聚，比之象也。[1] 先王法萬物之比，眾建諸侯，以親親之道結之。親親者，仁也。[2] 天子以親親之道結下，則諸侯以親親之道輔上，所謂比也。卦德順而有謀，當比之時，陰陽固皆順道能比，然陽主而陰從，陽有謀而陰無謀，故凡陰爻則能順而比人，凡陽爻則能濟險受比。

【疏證】[1] 程頤云：“夫物相親比而無間者，莫如水在地上，所以為比也。”楊萬里云：“水在澤之中則聚而相忘，水在地之上則散而相求，所謂水流濕也。”[2] 〇元按：諸侯分有政權，有“不純臣”之義，故當親之也。

初六，有孚比之，无咎。有孚盈缶，終來有它吉。

《象》曰：比之初六，有它吉也。

【義解】以陰居潛，陰故比人，潛則固執不起意，固執則堅定，比而能定，故云有孚。當比之時，上下以仁相應，比上而能定者，《中庸》所謂擇善固執也，其義无咎。如能擴充己德，其浩然之氣將如水之盈缶，[1] 滿溢欲出，則不惟淬面盎背，心廣體胖，且能存神過化，是所謂它吉也。[2]

【疏證】[1] 陸德明云：“缶，瓦器也。鄭云：‘汲器也。’”[2] 程頤云：“孚，信之在中也。誠信充實於內，若物之盈滿於缶中也。”《後漢書·魯恭傳》：“和帝初立，議遣車騎將軍竇憲擊匈奴，恭上疏諫曰：‘人道義於下，則陰陽和於上，祥風時雨，覆被遠方，夷狄重譯而至矣。《易》曰：有孚盈缶,終來有它吉。'言甘雨滿我之缶,誠來有我而吉已。"楊樹達引劉攽云:"'有我而吉',我當為它。"○元按:黃奭輯《易雜家注·魯恭易義》及李道平皆引魯恭此論以釋爻義。

六二,比之自內,貞吉。

《象》曰:"比之自內",不自失也。

【義解】以陰居柔中,陰故比人,柔則不欲顯附,中則得宜,如內服人而不言者也。蓋君子之比人,乃以其合於道也故比之,非比於其人也,非行其妾婦之道也,故不欲顯言之,防言過其實而為詒也。故比之自內,實乃守身之要,所謂雖比而不失其自我也。[1]當比之時,可定於此而永合於道也,合道故吉。

【疏證】[1] 程頤云:"汲汲以求比者,非君子自重之道,乃自失也。"李光云:"自內者,不汲汲馳騖於外以求比者也。"蔡淵云:"修德以為比,自我而不失者也。"李杞云:"求比之道,莫患乎捨己而惟人之徇。捨己而惟人之徇,則物重而我輕,未有不喪失其所守者。二居中得正,安恬自守,是知以內自重者也。"張汝霖云:"內字要分曉,謂以內所素養者比之。《本義》'柔順中正'是也。不捨學以從彼,不修之家而壞之天子之庭,此比人正道也。直己可以行道,故吉。"

六三,比之匪人。

《象》曰:"比之匪人",不亦傷乎?

【義解】以陰居躁,陰故比人,躁則過比,雖當比時,而比非其人者也。[1]所謂良禽擇木而棲,擇非其木者,不亦傷乎?

【疏證】[1] 陸德明云:"馬云:'匪,非也。'"虞翻曰:"匪,非也。"張載云:"履非其正,比之必非其人,故可傷。"耿南仲云:"匪其人而比之,相推入禍門也。"龔原云:"比之非其人則傷。"林栗云:"匪人者,非所比而比焉者也。"郭雍云:"比非其人,則自失其身矣,是其所以可傷也。"○元按:匪人,王、孔、程、朱諸子多作名詞解,言匪徒也,非是。所以傷者,當以張、郭為正,耿氏入於權謀矣,非儒者之言。

六四，外比之，貞吉。

《象》曰：“外比”於賢，以從上也。

【義解】以陰居或，陰故比人，或則謹慎省察，當比之時，察人之賢而比之，是能擇木而棲者也，此亦可守之道也。故云“外比於賢，以從上也”，定於此道則吉也。[1]

【疏證】[1] 項安世云：“正己而不求於人，與割所愛而從賢，斯二者非有貞固之德，皆不足以守之。”○元按：項說稍得之。諸說多以四與五相比釋之，非是。

九五，顯比，王用三驅，失前禽，邑人不誡，吉。

《象》曰：“顯比”之吉，位正中也。舍逆取順，“失前禽”也。“邑人不誡”，上使中也。

【義解】以陽居剛中，陽故受比，剛則有為，中則所行得宜，萬物遂性，天道光明之象也，故云顯比。[1]象如王以三驅之法，中冬大閱，[2]雖失其所逐之禽，然亦不誡其邑人，蓋人失之而人得之也。古之王者仁及禽獸，凡禽之在前來者，不逆而射之，惟背己而走者乃射，是所謂捨逆而取順。[3]在上者不與民爭利，仁民愛物，是其所以使下者能得其中，所謂上使中也。[4]在下者得其利而以義奉上，故皆來親附，《大學》所謂“何以聚人曰財”，財散則民聚矣。故在上者之受比，實亦行仁道而比下也。當比之時，受比有為，即所謂正。

【疏證】[1] 虞翻曰：“顯比，謂‘顯諸仁’也。”司馬光云：“九五履至貴之位，為眾陰所歸，暢其中正以懷海內，從命者賞，違命者誅，善善惡惡而不在於私，用中正以求比者也，故曰顯比。顯者，光顯盛大之謂也。”○元按：履至貴之位云云，本書不取。[2] 陸德明云：“馬云：‘三驅者，一曰乾豆，二曰賓客，三曰君庖。’”孔穎達云：“夫三驅之禮者，先儒皆云三度驅禽而射之也，三度則已。”又云：“褚氏諸儒皆以為三面著人驅禽。”李道平云：“三驅者，中冬大閱之法。《周禮·大司馬》‘中冬教大閱，虞人萊所田之野為三表,又五十步為一表。田之日,司馬建旗於後表之中,乃沉車徒,鼓行鳴鐲,車徒皆行,及表乃止’為一驅;‘鼓進鳴鐲,車驟徒驅,及表乃止’為二驅;‘乃鼓,車馳徒走,及表乃止’,為三驅。意主教戰,不在獲禽。”○元按:諸說雖異,然皆以三驅為田獵,大義固無別也。[3] 王念孫云:“失,讀為放佚之佚。桓四年《左傳正義》引鄭注云:‘失前禽者,謂禽在前來者,不逆而射之,旁去又不射,惟背走者順而射之,用兵之法亦如之。’”(《廣雅疏證》卷九上,《釋天·王者以四時畋》)[4] 陳瓛云:“上使中者,‘民心罔中,惟爾之中’也。”○元按:“民心罔中”,語出《古文尚書·君牙》。

上六,比之无首,凶。

《象》曰:“比之无首”,无所終也。

【義解】以陰居亢,陰故比人,亢則自驕,當比之時而失其中主,失其類而無以盡性者也,萬物之分位既亂,則必不能成始而成終矣。[1]象如比人而反淩其所比,故云“比之无首”,必無所終也,其道大凶。

【疏證】[1] 程頤云:“首謂始也。凡比之道,其始善,則其終善矣。其有始而或無其終者,或有矣;未有無始而有終者也。”○元按:當比之時,能比者以受比者為首也,故受比者為元,可以開物成務。開物,所謂始也;成務,所謂終也。

序卦:比必有所畜,故受之以小畜。

☰(乾下巽上)

小畜:亨。密雲不雨,自我西郊。

【義解】處比之時,萬物復性,馴致其道,各得所亨,各遂其情,雖不無其利,然倘過速,則無以長養己德,其所利亦小矣。此如禾稼生長,不可過健,必當時日具足乃可,否則雖結其種,亦必乾癟無實。故當緩其生長,富蓄博綜,俟時日完足,則籽粒飽滿,充實而有光,是孟子所謂大。當比之時,天道上出,其勢本健,故必有所止,然此止非止息之謂也,能止其健。[1]止健非不欲其健,乃所以畜其德、成其健也,故云"比必有所畜,故受之以小畜",言小畜者,對大畜言也。能止其健者,不欲比之由亨入利過速,即止於亨也,此所以小畜於四德居亨。其象如風行天上,微雲不雨,自西郊而來,[2]若得雲行雨施,尚應有所蓄積也。密者,小也。

【疏證】[1]程頤云:"夫畜止剛健,莫如巽順,為巽所畜,故為畜也。然巽,陰也,其體柔順,惟能以巽順柔其剛健,非能力止之也,畜道之小者也。"[2]虞翻曰:"密,小也。"張獻翼云:"俗諺云:'雲往東,一場空;雲往西,馬濺泥;雲往南,水潭潭;雲往北,祇空黑。'是也。"王夫之云:"所從來曰'自'。自西郊者,自西而鄉東也。凡雲鄉東行,乃不雨之徵,諺所謂'雲向東,一場空'也。"(《周易稗疏》卷一)

《象》曰:小畜,柔得位而上下應之,曰小畜。健而巽,剛中而志行,乃亨。"密雲不雨",尚往也。"自我西郊",施未行也。

【義解】巽居乾上,六四以柔得位,而上下眾陽順而應之,[1]能以柔止健,柔者小也,故曰小畜。卦以健而能巽為德,九二以剛居柔中,與卦德相合,所謂志行也,其道乃亨。九五有孚攣如,欲博施濟眾,以畜養之路尚長,所謂"往有尚",故云"密雲不雨";以雲行雨施尚未能行,故云"自我西郊"。

【疏證】[1]程頤云:"以陰居四,又處上位,柔得位也;上下五陽皆應之,為所畜也。"

《象》曰:風行天上,小畜。君子以懿文德。

【義解】風行天上,距雲行雨施之候尚遠,乾道雖不可息,然須有所畜止,故云小畜。君子法天道之小畜,以美其文德,孟子所謂"充實之謂美"也。[1]子曰"遠人不服,則修文德以來之",所以畜也。[2]卦德健而能巽,凡陽爻則健,不欲畜;凡陰爻則不健而畜,然所畜未免稍過。

【疏證】[1]虞翻曰："懿,美也。"王弼云："未能行其施者,故可以懿文德而已。"王宗傳云："何謂懿? 曰:積小以至大,由微而至著之謂也。楊子雲曰:'浸以光大,不亦懿乎?'"[2]李簡云："君子體之以懿文德,故曰'遠人不服,則修文德以來之。'"

初九,復自道,何其咎?

《象》曰："復自道",其義吉也。

【義解】以陽居潛,陽則健不欲畜,潛則固執不起,象如人已出門欲行,見時不可,乃復折返,則安所咎? 自道而返,知時者也,故其義吉。[1]

【疏證】[1]《荀子·大略》:"'復自道,何其咎?'《春秋》賢穆公,以為能變也。"龔焕云："初九以陽剛之才,位居最下,為陰所畜,知幾不進,而自復其道焉,何咎之有?"(《周易折中》引)王引之云："道者,路也。……初九亦出無所往,自塗而復,故曰'復自道'也。《易》凡言'出自穴'、'告自邑'、'納約自牖'、'有隕自天',下一字皆實指其地,'復自道'亦然也。"○元按:王說是也,龔氏"自復其道"之說稍有未諦。

九二,牽復,吉。

《象》曰："牽復"在中,亦不自失也。

【義解】以陽居柔中,陽故健不欲畜,柔則順守而行,中則所行得宜,陽既剛健不止,則當一往直進矣,今不能直進,反巽順而行,且終得其宜,則是不能自止而為人所止也,象如人本欲出,為他人所牽而返,故云牽復。[1]因其返而得中,所謂牽復在中,知其已明畜止之宜,雖不如初九之自復,然亦可謂不自失者也,不自失亦參比卦。如以初九為生而知之,九二則學而知之者也。

【疏證】[1]王弼云："雖不能若陰之不違,可牽以獲復,是以吉也。"楊萬里云："初安於復,故為自復;二勉於復,故為牽復。牽者勉強之謂。曷為其能勉於復也? 二雖剛而猶居中,故能勉於復,雖不及初之自復,豈不愈於過剛而不受止者乎？故亦許其不自失。"李過云："二居健之中，畜之道已不如初之易，須用力牽挽而復。"〇元按：王氏例雖未是，意則得之。

九三，輿說輻。夫妻反目。

《象》曰："夫妻反目"，不能正室也。

【義解】以陽居躁，陽故健不欲畜，躁則益健，當小畜之時，不畜反躁，與卦時相違，步調不一，如輿雖行而脫其輻軸，又如夫妻反目，不能正其室家也。按李鼎祚本輻作輹，車之腹也，[1]故此釋為輻軸。[2]

【疏證】[1]陸德明云："本亦作輹，音服。馬云：'車下縛也，'鄭云伏菟。"李道平云："腹，古文輹，《說文》：'輹，車軸縛也。'"鄭玄云："輹，伏菟。謂輿下縛木，與軸相連鉤心之木是也。"[2]項安世云："輻無脫理，必輪破轂裂而後脫也。輿下之輹乃有脫時，車不行則脫之。今畜道止於不行，非有破裂之象，恐與大壯、大畜同作輹字為長。"〇元按：輻必全脫始不能行，全脫即軸脫矣，作輹是。項說所云破裂之象云云，非是。以易道言，作輹、作輻皆無關大義者也，取其動止相違而已。

六四，有孚，血去惕出，无咎。

《象》曰："有孚惕出"，上合志也。

【義解】以陰居或，陰故務畜，然所畜稍過，或則謹慎自省，能散其過多之畜，故得无咎。能謹慎自省，是知其所止者也，故云有孚。其象如醫者以放血之法為人治病，能散其血，則病亦隨之而出。所謂過猶不及，當小畜之時，能不務畜而反散其過者，故能與卦德相合，此之謂上合志也。惕通逖，憂也，病也，[1]參渙卦。

【疏證】[1]虞翻曰："惕，憂也。"沈起元云："如人身之有結滯，血去而氣通也。"張敘云："人病，或表其汗，或刺其血，皆解散鬱結意。"

九五，有孚攣如，富以其鄰。

《象》曰："有孚攣如"，不獨富也。

【義解】以陽居剛中，陽故健不欲畜，剛則有為，中則所行合宜，當小畜之時，以不欲畜而反能居剛而得中，必利他即所以畜己者也，故云不獨富，富及其鄰。[1]其象亦如不惟中心有主，知止能定，其中主乃噴薄欲出，如有一物蜷攣其中，所謂拳拳之心是也。蜷者，拳也。[2]以佛家通之，則大乘菩薩發大願心，以己功德回向諸法界是也。

【疏證】[1]《荀子·非十二子》：“古之所謂士仕者……羞獨富者也。”虞翻曰：“以，及也。”程頤云：“五以君尊位之勢，如富者推其財力與鄰比共之也。”張沐云：“以，及也。”朱升云：“象為富而能帶挾其並居之鄰家。……能以其鄰，必能以其富及其鄰者。”[2]中孚九五“有孚攣如”，陸德明引《廣雅》云：“攣，拳也。”丁易東云：“攣，拘攣也，言其相孚之甚固也。”

上九，既雨既處，尚得載。婦貞厲，月幾望，君子征凶。

《象》曰：“既雨既處”，得積載也。“君子征凶”，有所疑也。

【義解】以陽居亢，陽故健不欲畜，亢則反動，不畜之反動者，畜極不止之謂也。其象如昔密雲不雨，今畜極不止，是既雨矣；[1]昔既未雨，故以往為尚，今既雨而欲止其畜，是當處矣。處，止。[2]既雨而能既處，畜而有止，則尚能與卦德之小畜不甚相違，如輿未脫輹，而尚得其載。德，李鼎祚本作得。[3]然如月之幾望，其危欲極矣。當小畜之時，本欲止乾之健，非止乾也，然貞於此道，物極必反，乾道止息矣，故貞危而往凶也。婦人而處此，必不能相夫持家，故貞危；君子而處此，則小人道長，君子道消，將不成其為君子矣，是有所疑也，故往凶。[4]按月幾望，亦見中孚卦，此言畜將滿，彼言孚欲滿，各有攸當，不可膠執也。[5]

【疏證】[1]程頤云：“既雨，和也。……大畜畜之大，故極而散。小畜畜之小，故極而成。”[2]程頤云：“既處，止也。”項安世云：“上九居畜之極，畜道已成。昔之不雨者，今既雨矣；昔之尚往者，今既處矣。昔之脫輹者,今為載矣;昔之反目者,今為婦矣。《彖》之所謂亨,於是見之。尚者上也,載者積也。畜至於上,其德積而成載,則所畜大矣。"蔡清云:"處如處暑之處,七月立秋,然後處暑,言暑至此而止也。"○元按:後儒多本項氏之說,大義已是。惟爻象本無止義,所云既止者,假設之辭,猶云既雨而能既止,則尚得載也。故下文言貞危言往凶也。[3]程頤云:"載,積滿也。《詩》云'厥聲載路'。"李道平云:"前之'說輹'者,今'得載'矣。"○元按:得積載,先儒多釋為畜道積滿之義,非也。李說得之。龔原釋小畜九三:"輿脫輻,非'尚得載'也。"是龔氏已有此意矣。載之訓積者,大有九二《小象》:"大車以載,積中不敗也。"與此爻《小象》其義正同。[4]虞翻曰:"幾,近也。"程頤云:"月望,則與日敵矣。幾望,言其盛將敵也。……於幾望而為之戒曰:婦將敵矣,君子動則凶也。君子謂陽。征,動也。"龔原云:"夫妻雖不反目,而婦道失正矣。"楊時云:"小畜以陰畜陽為主,其極必疑陽,故戒之如此。"(《周易折中》引)項安世云:"以小畜大,非可常之事也。婦道貞此而不變,則為危;君子過此而復行,則為凶。蓋月望則昃,陰極則消,自然之理也。"又云:"'既雨既處,尚德載',此二句言畜道之成,故曰'德積載'也。'婦貞厲,月幾望,君子征凶',是三句戒畜道之過,故曰'有所疑也'。"○元按:程、楊以陰敵陽為言,非也。蓋畜陽不止,則乾道止息,無以生生,是所謂凶危,非以陰陽交戰為言也。[5]王應麟云:"小畜上九'月幾望'則凶,陰亢陽也。歸妹六五'月幾望'則吉,陰應陽也。中孚六四'月幾望'則无咎,陰從陽也。"○元按:王氏所云陰陽相應之類未必可從,然已明各有攸當之義,勝執辭求象者遠矣。

序卦:物畜然後有禮,故受之以履。履者,禮也。

☰(兑下乾上)

履虎尾,不咥人,亨。利貞。

【義解】小畜之止健,乃所以成乾之健,自天道之畜乾言之,曰小畜;自乾之雖巽而能健言之,則曰履。故小畜與履乃為一體之兩面,無小畜固無履矣,能履則自能健止得中,是即小畜也。故四德亦同小畜居亨。履虎尾者,如履薄冰之謂也,[1]皆險地也。履虎尾而能不噬人者,[2]必與虎尾不即不離乃可,如蠅附驥尾,時止時行而彼不知也。[3]後世太極拳之聽勁、之不丟不粘,亦履之義也。履之義乃說而隨乾,乾之所行,即履之所處,蓋乾元者仁也,時止時行者禮也,故云"物畜然後有禮,故受之以履"。當履之時,利居此而有定,則進乎乾德矣。倘能定之,四德亦可居利貞也。蓋乾之始元尚未有履,其亨利貞則皆有履隨之矣。貞,定。朱子《本義》以《彖傳》不言利貞,故省利貞二字,不確。按:彖辭首字與卦名相重,故原文省一履字,或云依例當補,此無關大義者也。[4]

【疏證】[1]《新序·雜事四》:"孔子謂魯哀公曰:'丘聞之:君者,舟也;庶人者,水也。水則載舟,水則覆舟。君以此思危,則危將安不至矣!夫執國之柄,履民之上,懍乎如以腐索御奔馬。《易》曰履虎尾,《詩》曰如履薄冰,不亦危乎!"(楊樹達《周易古義》引)[2]陸德明云:"咥,齧也。馬云齚。"蔡清云:"履虎尾者,大凡臣事剛君,及同僚長上之交際,有利害難處者,皆是虎也。或仕進及一切事為有危機所伏處,即是虎尾也。"[3]《朱子語類·易六·履》云:"履,上乾下兌,以陰躡陽,是隨後躡他,如踏他腳跡相似。"王宗傳云:"吉凶相遘,奚啻燕越,然皆自所履而始。故北首則燕,南轅則越,顧其所履如何耳。是以君子所履,常虞傷害,恐懼戒敬,不敢失足。《書》云'若蹈虎尾',是也。"洪鼒云:"以兌遇乾,而名為履,見人之踐履當常存敬畏,如曾子所謂'戰戰兢兢,如臨深淵,如履薄冰,至易簣而始免',舜之兢兢業業,禹之孜孜,湯之慄慄危懼,文王之小心翼翼,皆是履虎尾之意。"[4]高亨云:"履字當重。'履,履虎尾'者,上'履'字乃卦名,下'履'字乃卦辭,此全書之通例也。"○元按:履、否、同人、艮四卦皆仿此。此或然者也,為避改經,姑不從。

《象》曰:履,柔履剛也。說而應乎乾,是以"履虎尾,不咥人,亨"。剛中正,履帝位而不疚,光明也。

【義解】履卦上乾下兌,兌者和說,乾者剛健,以兌而隨乾,即以柔而履剛也。[1]九四謹慎能履，說而應乎乾，如影隨形，動止皆宜，正合卦德，故雖履虎尾而不咥人也。九五剛中而能正，不惟合履卦之德，且能於此而有進，正位乎天矣。故六通而四辟，其道光明，即履帝位而無愧也。[2]正，貞。後句即釋“利貞”也。

【疏證】[1]李光云：“虎者剛猛之物，今能履其尾而不咥人者，以說而應之也。”梁寅云：“虎咥人者也，然以和說履之，則不見咥而反至亨。以是觀之，人之踐履卑遜，何往而不亨乎？行於強暴則強暴服，行於蠻貊則蠻貊化，行於患難則患難弭，皆和說之效也。然和非阿容也，說非佞媚也，亦恭順而不失其正耳。”[2]虞翻曰：“‘剛中正’謂五。五，帝位。”程頤云：“九五以陽剛中正，尊履帝位，苟無疚病，得履道之至善，光明者也。疚謂疵病，‘夬履’是也。光明，德盛而輝光也。”蔡清云：“剛中正以履帝位，德稱其位者也。德與位稱，不疚也。既不疚，則自然光明矣。”○元按：程氏以咎釋疚，本書不從，蔡氏得之。詳下。

《象》曰：上天下澤，履。君子以辯上下，定民志。

【義解】澤者大湖，靜水無波，可以為鑒，天之光影無時而不現於其中，影之隨形，合履之義也。君子法澤之履天，因時而制禮，辨上下之分位，[1]而使兆民知所向方。履者說而能健，卦既以履為德，凡陽爻則健，故能履；凡陰爻則不健，故不知所履。

【疏證】[1]虞翻曰：“辯，別也。”程頤云：“君子觀履之象，而分辨上下，使各當其分，以定民之心志也。”

初九，素履，往无咎。

《象》曰：“素履之往”，獨行願也。

【義解】以陽居潛，陽故能履，潛則固執，如《中庸》所謂“君子素其位而行，不願乎其外。素富貴行乎富貴，素貧賤行乎貧賤，素夷狄行乎夷狄，素患難行乎患難，君子無入而不自得焉”。故云素履，故云獨行願。士君子無恆產而有恒心，守此而有往，亦无咎也。[1]

【疏證】[1]荀爽曰：“初九者潛位，‘隱而未見，行而未成。’素履者，謂布衣之士,未得居位,獨行禮義,不失其正,故无咎也。"朱子云:"以陽在下,居履之初,未為物遷,率其素履者也。"姜兆錫云:"獨行願,猶孟子'獨行其志'也。"錢士升云:"'素履之往',即素位而行;'獨行願',即不願乎外。"○ 元按:荀說非是。初之居潛倘但以無位言,則與九二之幽人無別矣。

九二,履道坦坦,幽人貞吉。

《象》曰:"幽人貞吉",中不自亂也。

【義解】以陽居柔中,陽故能履,柔則未能致遠,中則動止得宜,有大人之德而其位不稱者也,故曰幽人,[1]如柳下惠之不避卑污、吾夫子嘗為委吏是也,凡聖賢未達者皆同此象。然雖未達,亦能素其位而行,而不願乎其外,是所謂履道坦坦,中不自亂。[2]素位而行,因其居中;不願乎外,是不自亂。[3]未達之人,定於此道則吉也。

【疏證】[1] 虞翻曰:"訟時二在坎獄中,故稱幽人。"李道平疏:"幽人者,幽繫之人也。尸子曰'文王幽於羑里',荀子曰'公侯失禮則幽。'"又云:"愚案:虞說可備一解。其實此爻之義,與《儒行》'幽居而不淫',無異旨也。"朱子云:"履道平坦,幽獨守貞之象。"[2] 陳琛云:"是有德而不見用於時者也。吾知其抱道自樂,無歉於中,素位而行,不願乎外,是非不入於其耳,榮辱不加於其身,履道坦坦之象也。"張汝霖云:"有剛中之德而當居下無應之時,抱道自守,是非寵辱不為之累,而優遊自適,有不知天地間何樂可以易此者,為履道坦坦之象。此誠幽人自守之正道也。身雖隱而道亨,何吉如之! 幽人之貞,自有幽人之吉。《考槃》之詩曰:'考槃在澗,碩人之寬';《衡門》之詩曰:'衡門之下,可以棲遲',得此爻之象矣。"[3] 洪邁云:"履道平坦,是遯世無悶,不見是而無悶之意,故夫子曰'中不自亂'也。"馬理云:"蓋擇乎中庸而履之,坦坦然由之而無疑也。非明揚在朝者之所為,乃潛處幽人之所履也。"張汝霖云:"中即剛中,'不自亂'指其心也。"

六三,眇能視,跛能履,履虎尾,咥人,凶。武人為于大君。

《象》曰:"眇能視",不足以有明也。"跛能履",不足以與行也。“咥人之凶”，位不當也。“武人為于大君”，志剛也。

【義解】以陰居躁，陰故不知所履，躁則勇往直前，其象如不足以有明之眇者強而欲視，[1]不足以有行之跛者強而欲行，鮮有不失者矣。以此而履虎尾，虎必噬人，故有凶也。亦如武人無德，而志過剛，不足以履大君之位也。[2]

【疏證】[1]陸德明云：“眇，《字書》云：‘盲也。’”[2]王弼云：“居履之時，以陽處陽，猶曰不謙，而況以陰居陽、以柔乘剛者乎？故以此為明，眇目者也；以此為行，跛足者也；以此履危，見咥者也。”李光云：“古語有云‘人無害虎之心，虎無傷人之意’，‘撫我則后’，虎猶民也；‘虐我則讎’，民猶虎也。有道之士，其知此者乎！”又云：“如武人而欲為大君，徒肆其剛暴，人孰與之！”鄭剛中云：“大君，凡率眾臨下者皆是，不必謂人主也。”○元按：武人而為大君，諸說略同，然何以當履之義，惟李氏之說最得其旨。

九四，履虎尾，愬愬，終吉。

《象》曰：“愬愬終吉”，志行也。

【義解】以陽居或，陽故能履，或則謹慎，以此而履虎尾者，戰戰兢兢，如臨深淵、如履薄冰之謂也，故其志得遂，始終皆吉也。愬愬，恐懼貌。[1]

【疏證】[1]《尸子·發蒙》：“孔子曰：‘臨事而懼，希不濟？’《易》曰：‘若履虎尾，終之吉。’”陸德明云：“愬愬，《子夏傳》云：‘恐懼兒。’何休注《公羊傳》云：‘驚愕也。’馬本作虩虩，音許逆反，云：‘恐懼也。’《說文》同。《廣雅》云：‘懼也。’”虞翻曰：“四多懼，故愬愬。”王弼云：“以陽居陰，以謙為本，雖處危懼，終獲其志，故終吉也。”

九五，夬履，貞厲。

《象》曰：“夬履貞厲”，位正當也。

【義解】以陽居剛中，陽故能履，剛則有為，中則不違其則，當履之時，所謂有為，是能有定也。定，正。此即所謂剛中正，履帝位而不疚者也。履帝位,言其以乾德自居也。[1]夫天下者天下人之天下,有德者皆可居之,然帝位惟一,而有德者眾,欲履其位,必決去他人而後可,故曰夬履。夬者決也,[2]亦有抉義,決去他人乃能抉取之也。能履之人而居此位,雖其德堪居之而不必疚,然既有決抉之心,居位不去,不許他人復履,則危道也。故湯武皆有慚德,而堯則蕩蕩焉無以名之,蓋堯雖履而不執,故能禪讓;湯武則乃夬而取之,傳之子孫,此五帝三王之別也。故此所謂慚德,非謂其以臣而誅君,乃謂其以家天下之法變公天下之道也。腐儒不知此義,因識於此。

【疏證】[1]沈一貫云:"此亦與象所謂'履帝位而不咎'者互相發。使人謂己虎可也,而自虎不可也。"曹學佺《周易可說》:"此九五即'剛中正履帝位'者,但象合言之,故與其光明;爻分言之,故戒其貞厲。"姜兆錫云:"九五非恃位也,居其位而恃其德,則不啻恃位矣。一日二日萬幾,恃位固非,恃德亦危矣。"[2]王弼云:"得位處尊,以剛決正,故曰夬履貞厲也。履道惡盈,而履處尊,是以危。"孔疏:"夬者,決也。得位處尊,以剛決正,履道行正,故曰夬履也。"○元按:惡盈所以危,是也;以行正釋貞,則非。

上九,視履考祥,其旋元吉。

《象》曰:"元吉"在上,大有慶也。

【義解】以陽居亢,陽故能履,亢則反動而以道衡人,如神在上,視人所履而考量其善否也。[1]易道無所不包,以此知鬼神之情狀。[2]然視履之道,當觀合道與否,其動容周旋中禮者則大吉也。[3]此亦孔子觀人之道也。[4]

【疏證】[1]虞翻曰:"考,稽;詳,善也。"王弼云:"禍福之祥生乎所履,處履之極,履道成矣,故可視履而考祥也。"陸希聲《易傳》:"祥者,吉凶之兆未定。"蔡清云:"祥字兼休咎意為長。"[2]李過云:"上九處履之終,回視吾之所履,六爻皆得履之當則可以考祥。降祥在天,不必考之於天，即視吾之所履。‘永言配命，自求多福。’使吾之動容皆中禮，則為盛德之至，而天人之意可合矣，故曰‘其旋元吉’。至此履道亨矣，《象》曰：‘大有慶也。’夫禍福無門，惟人所召。古人不求福於天，而求福於己，盡《易》之道，則‘可以酬酢，可以侑神’矣。夫子曰‘我祭則受福’，又曰‘吾之禱久矣’。此豈可辦於臨事之頃哉！其平時陟降固與鬼神同其吉凶矣。履之有慶，當以是觀。”[3] 程頤云：“旋，謂周旋完備，無不至也。人之所履，考視其終，若終始周完无咎，善之至也，是以元吉。”梁寅云：“視其所履以考其善，若周旋無虧則其吉大矣。是爻也，豈非動容周旋中禮，而為盛德之至歟？”○元按：周旋，猶迴旋也。《左傳》僖十五年：“進退不可，周旋不能，君必悔之。”[4] 李光云：“人可欺，天不可欺也。人固有行僻而堅、言偽而辯者，聖賢於此，不能無疑。若‘視其所以，觀其所由，察其所安’，則有不可欺者，吉凶可知矣。”○元按：《論語・為政》：“子曰：視其所以，觀其所由，察其所安，人焉廋哉，人焉廋哉！”

序卦：履而泰然後安，故受之以泰。泰者，通也。

䷊（乾下坤上）

泰：小往大來，吉，亨。

【義解】屯蒙以來，萬物方生，經飲食之滋養，爭競之磨礪，始明其類而知其方。復經小畜之長養，乃能充實而有光，此萬物始生由小漸大之象也。物既已大，且得其所履，則各得其分，素其位而行，必大亨通也。[1] 履者，踐禮之謂也。《左傳》云：“禮，天之經也，地之義也。”嘉會所以合禮，是所謂通也。然通必天地交乃可，故系之以泰，陰升陽降，水乳交融，大吉之象也，故於四德居亨。乾坤自始生萬物，至天地交泰，自然而然者也。凡在外曰往，在內曰來，陰升陽降即小往大來。[2] 陰陽所以有小大之別者，天地萬物為一體，得其大者為大體，得其小者為小體，自其一體者觀之，為大為陽；自其分位者觀之，為小為陰。[3] 陽生而陰成，陽主而陰從，陽為君子而陰為小人，是其義也。

【疏證】[1] 崔憬曰："以禮導之必通，通然後安。所謂'君子以辯上下，定民志'，通而安也。"[2] 虞翻曰："坤陰詘外為小往，乾陽信內稱大來。"蜀才曰："小謂陰也，大謂陽也。天氣下，地氣上，陰陽交，萬物通，故吉亨。"[3] ○元按：小大之義，參拙作《孟子章句講疏·梁惠王章句下》第二、三章。

《彖》曰："泰，小往大來，吉，亨"，則是天地交而萬物通也，上下交而其志同也。內陽而外陰，內健而外順，內君子而外小人，君子道長、小人道消也。

【義解】陽居陰下，天地交而萬物通，[1]君民交而其志同，[2]所以同之者，生生之仁也。三陽在內，三陰在外，故卦德健而能順，內陽而外陰，內健而外順。如以陽喻君子，陰喻小人，則泰卦乃君子道長、小人道消之時也。[3]

【疏證】[1] 何妥曰："此明天道泰也。"[2] 何妥曰："此明人事泰也，上之與下，猶君之與臣相，君臣相交感，乃可以濟養民也。天地以氣通，君臣以志同也。"○元按：下當指民，蓋天上、地下皆相對待也，天如當君，則地當為民也。臣之於民，亦君也，故《大象》以后、民對言。實則君民交，即君子、小人交也。[3] 消長云云，隱陰陽消息之義，故十二辟卦《彖傳》略示其旨。此實邵氏先天圖之本。後儒不察，以此義遍觀六十四卦，遂生卦變之說。汗漫牽纏，不足為訓。參臨、剝、无妄諸卦。

《象》曰：天地交，泰。后以財成天地之道，輔相天地之宜，以左右民。

【義解】以陽而下陰，以君子而涵容小人，萬物各得其所安，故能通泰。為君者法天地之交泰，[1]居剛而能柔，處健而能順，以剛斷裁處兆民，以成上下尊卑之道；以和柔敷佑四方，以助本末重輕之宜。[2]上下尊卑者，君尊而臣卑也，為禮；本末重輕者，民貴而君輕也，為義。輔通敷，布也，《尚書·金縢》所謂敷佑四方也。凡陽爻則剛健，故能有為；陰爻則柔順，不能有為。

【疏證】[1] 虞翻曰：“后，君也。”[2] 陸德明云：“財，荀作裁。”鄭玄云：“財，節也。輔相，左右，助也。”虞翻曰：“相，贊。左右，助之。”

初九，拔茅，茹以其彙。征吉。

《象》曰：“拔茅征吉”，志在外也。

【義解】以陽居潛，陽故剛健而有為，潛則在下不起。君子天下有道則見，無道則隱。邦有道，貧且賤焉，恥也。當泰之時，天下有道，君子當思聞達，以兼善天下，故志當在外，而往則吉也。[1] 象如拔茅，不惟茹茅，且能引物連類而拔之也。拔茅象獨善其身，茹以其彙象兼善天下。以，及；彙，類也。茹，相牽引貌，亦拔也。[2]

【疏證】[1] 楊萬里云：“君子之志在天下，不在一身，故曰‘志在外也’。”張汝霖云：“外謂天下，惟其志在於為天下則獲吉，不然則亦植黨而已。”○元按：張氏未明陽爻固以君子言也。[2] 劉向云：“（賢人）在下位則思與其類俱進，《易》曰：‘拔茅，茹以其彙，征吉。’”（黃奭《漢學堂經解·易雜家注》）鄭玄、虞翻云：“彙，類也。”王弼云：“茅之為物，拔其根而相牽引者也。茹，相牽引之貌也。”孔穎達云：“茹以其彙者，彙，類也，以類相從。”王引之云：“言及其彙也。”（《經傳釋詞》卷一，《以》）

九二，包荒，用馮河，不遐遺，朋亡，得尚於中行。

《象》曰：“包荒，得尚於中行”，以光大也。

【義解】以陽居柔中，陽故剛健而有為，柔則能順，中則得宜，正合泰卦健而能順、內剛外柔之德，故能順於中行之道，以光大其時也。何謂健而能順？象如君子既有包羅宇宙之胸懷，亦有暴虎馮河之果敢，雖遠人而不遺，雖朋從而不昵，必智仁勇三德兼備乃可。包者容也；荒者，荒穢。包荒即包容一切之義。馮河者，徒涉也。[1] 遐者遠也，朋者比也，非比卦之比，孔子所謂“君子周而不比”之比也，此用朱子義。[2]

【疏證】[1] 陸德明云：“荒，鄭注《禮》云：‘穢也。’《說文》：‘水廣也。’又，‘大也。’鄭讀為康，云：‘虛也。’”翟玄曰：“荒，虛也。”虞翻曰：“馮河，涉河。遐，遠。”《爾雅》：“暴虎者，徒搏也；馮河者，徒涉也。”王弼云：“體健居中而用乎泰，能包含荒穢、受納馮河者也。”[2]朱子云：“占者能包容荒穢，而果斷剛決，不遺遐遠，而不昵朋比，則合乎此爻中行之道矣。”○元按：朱說是也。受納馮河之義本書所不取，蓋九二健而能順，馮河者勇也，乃健之象。

九三，无平不陂，无往不復。艱貞无咎。勿恤，其孚于食有福。

《象》曰：“无往不復”，天地際也。

【義解】以陽居躁，陽故剛健而有為，躁則過動，當泰之時，天行壯盛，盛極則衰，此盈虛之理，九三剛健過躁，欲及時有為，失其所養，是自促其衰也。故云無平不陂，無往不復，[1]此正天地乾坤陰陽消長之交也。[2]君子欲常泰而不衰，必能堅忍自勵乃可，故艱貞无咎。[3]然盛衰乃天道之常，君子值此，當戒慎恐懼，以誠格天，則鬼神來饗而有福矣。[4]恤者，憂也；孚者，信也，誠也。[5]

【疏證】[1]虞翻曰：“陂，傾也。”宋衷曰：“地平極則險陂，天行極則還復，故曰‘無平不陂，無往不復’也。”[2]李光地等云：“天地際，祇是言乾坤交接之際也。”[3]程頤云：“方泰之時，不敢安逸，常艱危其思慮，正固其施為，如是則可以无咎。”[4]黃宗炎云：“謂祭而百神享之，則人受天之祿矣。王引之云：‘《春官·大宗伯》曰‘以饋食享先王’，《中庸》曰‘修其祖廟，薦其時享’，鄭注曰：‘時食，四時祭也。鬼神來饗亦謂之食。’”馬其昶云：“此言泰之時可以祈天永命。”[5]虞翻曰：“艱，險；貞，正；恤，憂；孚，信也。”吳澄云：“艱，謂以艱難處之，不可忽易也。”（《易纂言外翼》卷六）王引之云：“《易》言‘勿恤’者，皆以勿恤為句，此亦當然。《易》又言‘孚於嘉’、‘孚於剝’、‘有孚於小人’、‘有孚于飲酒’，文義並與‘其孚於食’同。何（楷）氏句讀，洵長於舊讀矣。”○元按：貞者定也，止一為正。艱之義，程子以艱危釋，得之。後之言“艱貞”、“艱則吉”、“艱則无咎”者，皆同此義。吳氏已指出。

六四，翩翩，不富以其鄰，不戒以孚。

《象》曰：“翩翩，不富”，皆失實也。“不戒以孚”，中心願也。

【義解】以陰居或，陰故柔順，不能有爲，或則有疑而失自我，當泰之時，安享逸樂，既不能兼善天下，富及其鄰，亦不能以信念自戒，有以自省者也。象如飛鳥，翩翩往來，不知所止，[1]失其中主故也。實，誠。此小人處泰之象。不戒以孚，固小人中心之願也。

【疏證】[1]陸德明云：“篇篇，如字，《子夏傳》作翩翩，向本同，云：‘輕舉兒。’”○元按：《大學》：“《詩》云‘緡蠻黃鳥，止於丘隅’。子曰：‘於止，知其所止，可以人而不如鳥乎？’”然則其翩翩者，是不知所止矣。

六五，帝乙歸妹，以祉元吉。

《象》曰：“以祉元吉”，中以行願也。

【義解】以陰居剛中，陰故柔順，不能有爲，剛則顯揚，中則動止得宜。當泰之時，如人在上，雖不能主動有爲，而能謙退自戒，亦不可謂非行中之道也。象如帝乙歸妹，其君之袂不如其娣之袂良。所謂君者，帝乙所嫁之妹也；所謂娣者，陪嫁之媵也。帝乙雖居高位，乃能深自謙抑，自卑己妹而尊人之妹，雖非大有爲也，然亦可謂動止得宜，故能獲其福而元吉也。祉者，福也。[1]參歸妹卦。中以行願，言既行其願而得其中，故獲其元吉也。[2]

【疏證】[1]《白虎通·姓名篇》：“《易》曰帝乙，謂成湯；《書》曰帝乙，謂六代孫也。”（楊樹達《周易古義》引）虞翻曰：“帝乙，紂父。歸，嫁也。祉，福也。”李道平云：“《書·多士》曰‘自成湯至於帝乙’，哀九年《左傳》晉趙鞅筮得此爻，其言曰：‘微子，帝乙之元子也’，故知帝乙爲紂父也。又，《子夏傳》曰：‘帝乙歸妹，湯之嫁妹也。’《世本》‘湯名天乙’，故稱帝乙。京房《章句》載湯嫁妹之辭曰：‘無以天子之尊而乘諸侯，以天子之貴而驕諸侯。陰之從陽，女之順夫，本天地之義也。往事爾夫，必以禮義。’其辭未必傳於上世，然亦以帝乙爲湯也。又，荀爽《後漢書》本傳言

'湯有娶禮,歸其妹於諸侯也。'是先儒皆以帝乙為湯也。"[2] 孔穎達云:"止由中順行其志願,故得福而元吉也。"

上六,城復于隍,勿用師,自邑告命。貞吝。

《象》曰:"城復于隍",其命亂也。

【義解】以陰居亢,陰故柔順,不能有為,亢則不遜。當泰之時,人心佚安,其道漸久,則中心無主,不知所之,所謂死於安樂者也。小人佚安既久,乃不知其所以得此安逸者,實源於后之財成天地之道,輔相天地之宜,如野叟不知堯舜之功,而云"帝力於我何有哉!"既不知聖功,故不遜於王政,失能承之義矣。如城雖巍峨,皆在下之基土陪扶也,倘基土失扶,則城牆傾圮,復為城下之隍矣。[1]此所謂城復於隍,其命亂也。長此以往,定於此道,必有悔矣。當此之時,在上者亦不可用師,惟自邑告命以申誠之可也。[2]

【疏證】[1] 虞翻曰:"隍,城下池。無水稱隍,有水稱池。"陸德明云:"隍,城塹也。子夏作堭,姚作湟。"王弼云:"居泰上極,各反所應,泰道將滅,上下不交,卑不上承,尊不下施,是故城復於隍,卑道崩也。"孔疏:"《子夏傳》云:'隍是城下池也。'城之為體,由基土陪扶乃得為城,今下不陪扶,城則損壞,以此崩倒,反復於隍。猶君之為體,由臣之輔翼,今上不下交,臣不扶君,君道傾危,故云城復於隍。"[2]《九家易》曰:"告命者,謂下為巽,宣佈君之命令也。"

98

卷三　利

序卦：物不可以終通，故受之以否。

☷☰（坤下乾上）

否之匪人，不利君子貞，大往小來。

【義解】當泰之時，物已大通，安樂之世也。然生於憂患而死於安樂，君子知幾，故健而能順，其稍過者，亦知乾乾而有為；小人不知，獨享安逸，及其亢者，乃反亂命而不遜。順此而往，則小人道長，君子道消，是之謂否。[1]自屯至泰，亨之時也，當此之時，萬物一體，人不獨親其親，不獨子其子，天下為公，大同之世也；由泰至否，利之起也，萬物失其所命，各親其親，各子其子，天下為私，小康之世也。故由四德言之，泰極而否至，即亨利轉折之機括也。當否之時，天下熙熙，皆為利來，天下攘攘，皆為利往。萬物各利其利，各私其私，各是其是，各非其非，於是順於己者為善，違於己者為惡，臧否辯難興矣。故否之為德，務是己而非人，匪者非也。[2]君子知否，能齊其物論，泯人我之分，而不務相爭，故能和同其利而為義也。義者，利之遂也。參同人卦。否者相非、相違、相隔，小人之道也，故君子不利貞於此道。大往小來者，言陽升而陰降，陽本輕清在上，陰本重濁在下，陽往而陰來，陰陽相分則萬物無以相通矣，故成否隔。

【疏證】[1] 李道平云：“泰之反否，其機始於三，而其勢成於上。泰之否，泰之上為之也。”[2] 孔穎達云：“否之匪人者，言否閉之世非是人道交通之時，故云匪人。”胡瑗云：“匪，非也。”蔡淵云：“否者，天也，非人也。”○元按：諸說多以匪人連讀，蔡氏已有見於此說之謬。實則匪之字當讀為是己非人之非，方合臧否之義。參比六三。

99

《彖》曰："否之匪人，不利君子貞，大往小來"，則是天地不交而萬物不通也，上下不交而天下無邦也。內陰而外陽，內柔而外剛，內小人而外君子，小人道長、君子道消也。

【義解】天地相交而萬物相通，君民相交而天下成邦。否之世，自天道言之，則萬物相違，故曰不通；[1] 自人事言之，則國政紊亂，故曰無邦。[2] 三陽在上，三陰在下，故內陰而外陽，內柔而外剛，如人佯為君子而實則小人，如國以小人居中而君子聽命於外也。[3] 當此之時，小人之道熾盛，而君子之道漸消也。然卦亦以順而能健為德，所謂順者，小人居位，君子不可力敵也；所謂健者，非勇往直前之謂也，中心有主，以待天時，不與小人同流也。

【疏證】[1] 何妥曰："此明天道否也。"[2] 何妥曰："此明人事否也。"李道平疏："志為氣帥，民為邦本。泰交故民志同，而邦本以固；否則上下不交而人志不同，必致民心離散而邦國擾亂，故曰無邦。"[3] 崔憬曰："'君子在野，小人在位'之義也。"李道平云："'君子在野，小人在位'，《書·大禹謨》文。"

《象》曰：天地不交，否。君子以儉德辟難，不可榮以祿。

【義解】天地相違而不合，否隔之世。當否之時，君子法天之濟否，柔順而剛健，以儉樸之德避其時難，而不惑於利祿也。[1] 夫天下無道，富且貴焉，君子恥之。然亦非不欲人求祿，蓋君子可為貧、為孝養而祿，非利之也，故可處卑污小官，而不可求聞達。[2] 卦既以順而能健為德，凡陰爻則柔順，故溫馴而能承；凡陽爻則剛健，故有守而不能承。承，承事也，非坤德之順承也。

【疏證】[1] 王引之云："虞翻本'榮'作'營'。引之謹按：營字是也。高誘注《呂氏春秋·尊師篇》《淮南·原道篇》，並曰：'營，惑也。''不可營以祿'者，世莫能惑以祿也。云不可者，若云'匹夫不可奪志'，非不可求榮祿之謂也。凡《象傳》言'君子以'、'先王以'、'后以'，皆無作戒辭者。"

[2] 孔穎達云："言君子於此否塞之時，以節儉為德，辟其危難。不可榮華其身，以居祿位。此若據諸侯公卿言之，辟其群小之難，不可重受官賞。若據王者言之，謂節儉為德，辟其陰陽厄運之難，不可重自榮華而驕逸也。"李道平云："位既不同，義亦攸別。疏特推廣其說，以備占者之用。庶幾貴賤咸宜，而經無滯旨矣。"○元按：孔、李之說非也。孔子之前，君子乃有位者也。孔子之後，君子乃有德之稱。王者、諸侯、公卿寧非官爵乎？世既居否，以小人在位故也。有位者既處此時，其小人者固自得計，其君子者當以大人為法，謀克時艱也，惟不以榮且祿為志耳，豈遂並卻其官爵，束手以待天時乎？此因二氏以無位者視君子，遂以為經有滯旨，畫蛇而添足也。

初六，拔茅，茹以其彙。貞吉，亨。

《象》曰："拔茅貞吉"，志在君也。

【義解】以陰居潛，陰故溫馴能承，潛則不起，當否之時，如君子雖溫馴處下，而不欲起而承事小人也。有此德者，必知否時之本，而有志息其違而群其群。君者，群也，荀子所謂"人能群"之群也。[1]當否隔相違之時，能使萬物知和同之理，而復其一體之道，是所謂群。君者，所以群人者也，天下無邦之時，君道不正，君道正則能群其群矣，故初六之志在於君也。其象如人拔茅，能引物連類而拔之也，引物連類即群也。君子而定於此道，必吉而至於亨也。

【疏證】[1] 陳瓘云："志在君也，故亨。《春秋》之法，群而已。君志者群也，'《詩》可以群'，'[《詩》]亡而後《春秋》作'。"

六二，包承，小人吉，大人否，亨。

《象》曰："大人否亨"，不亂群也。

【義解】以陰居柔中，陰故溫馴能承，柔則順守以行，中則恰如其分，當否之時，小人當道，大人能以柔說之道承事小人，而亦得為小人所容之象也，故曰包承。包者，容也。小人雖當道，而未為大害，君子、小人暫時相安，所謂不亂群也，故雖否而能亨也。小人在

上，而為大人所承，因自以為君子矣，故小人吉也；大人而曲事小
人，亦以小人之象現於世，非同為大人者孰能知之？故於大人自身
則否矣。此事雖君子不能，惟大人能之，蓋君子言必及義，行必有
方，惟大人能如孟子所云"言不必信，行不必果，惟義所在"，故不言
君子而直系以大人。歷代以小人而為君主，秉衡當令，其大臣而為
聖賢者為天下計，委曲承事，以求濟時者，皆當此爻。[1]此所謂不
計萬世身名者也，於佛家則惟大乘菩薩能之。

【疏證】[1]楊時云："子見南子，包承者也。此大人處否而亨之
道。"（王應麟《困學紀聞》引）耿南仲云："小人之在下也，君子不得遯，則
包之斯可矣；小人之在上也，君子未能決，則承之斯可矣。雖然，此不免
乎亂群也。乃若大人，則足以格君心之非而否亨焉。以其上應休否之
君，足以有為故也。"李光云："當否之時，處人臣之正位，此暗君奸臣相濟
而得路者也。小人方執其權綱，上復有應，勢未能敵，為君子者當包容而
承順之，故小人吉而大人身雖否而心亨也。曰大人者，包容小人而承順
之，非大人不能。孔子恐後世疑於同小人者，故曰'大人否亨，不亂群
也'。包承小人而不亂小人之群，尤見其大。"○元按：應之義本書不取。
包承之說，耿、李皆有所見，較諸胡安定、程伊川輩必以大人處否之時當
退處自守之說差勝。蓋居易俟命，九四已足當之。耿氏深於機權，李氏
達於史事，宜其所見及此也。龜山有見於此，故晚歲一出，然亦因之而遭
物議。不亂群之群，當從初六引陳瓘之說。

六三，包羞。

《象》曰："包羞"，位不當也。

【義解】以陰居躁，陰故溫馴能承，躁則自薦求寵，小人當道之
時而自求寵倖，雖所求得獲，亦可羞矣，故曰包羞。[1]羞有薦義，亦
有恥義，系於六三可謂兩得。與六二相較，六三居躁，故雖同為能
承，而一得其中，一得其羞，蓋六二雖否，而不失為大人，六三則直
為小人矣。

【疏證】[1] 胡瑗云：“六三位既過中，履復失正，小人之道愈深，但包其羞恥，苟容其身而已，故曰包羞。”程頤云：“（六三）非能守道安命，窮斯濫矣，極小人之情狀者也。其所包畜謀慮，邪濫無所不至，可羞恥也。”

九四，有命，无咎，疇離祉？

《象》曰：“有命无咎”，志行也。

【義解】以陽居或，陽故剛健有守，不能承事，或則謹慎自省。當否之時，君子能知死生有命、窮達以時之理，[1] 故堅不與小人同流，其視不義而富且貴者如浮雲也，則安所咎？故曰有命，无咎。九四雖未獲福，然亦獨行其志者也，[2] 當天道否敝之時，何人能受其福？疇，誰。離，罹，遭受。祉，福。[3]

【疏證】[1] 趙彥肅云：“當陰盛而能安於禍福，非知命者不能。”蔡淵云：“命者，天命也，與无妄‘天命’之命同。”葉山云：“謀事在人，成事在天，古之訓也。”[2] 鄧夢文云：“吾行吾志而已，故曰‘志行’也。非必得行也。”[3]《九家易》曰：“祉，福也。”鄧夢文云：“否害之世，君子、小人其得失亦相半，誰是能專享亨嘉、獨受福祉者？故云‘疇離祉’。疇，誰也；離，麗也；祉，福也。”○元按：王弼釋“離祉”為“麗福”，孔穎達云：“離，麗也。麗謂附著也。”蔡淵云：“離祉猶受福也。”

九五，休否，大人吉。其亡其亡，繫于苞桑。

《象》曰：“大人之吉”，位正當也。

【義解】以陽居剛中，陽故剛健有守，不能承事，剛則有為，中則所行得宜。當否之時，小人當道，雖君子在上位，亦不得其柄，有能使否道休止，[1] 獨榦乾坤者，必一人定國、智仁勇兼備之大人也，故曰休否，大人則吉。[2] 然獨榦乾坤，是亦難矣，雖大人處此，亦可謂命懸一線，故云“其亡其亡”，[3] 當“繫于苞桑”也。[4] 如楚莊初政，暗默不言，然三年不飛，一飛衝天，三年不鳴，一鳴驚人者，正當此爻。當否之時，有守而且有為，是則正矣。參《繫辭下》第五章。

【疏證】[1] 胡瑗云：“休，息也。……以剛健中正之德，而履至尊之位,憂天下之所宜憂,泰天下之所未泰,消去天下之小人,而休息天下之否道者,惟九五大人行之而獲吉也。"○元按:孔疏王義,以美釋休,非也。

[2] 張汝霖云:"否而欲休之,比重熙累洽不同,故非德位兼隆不可。"

[3] 李鼎祚曰:"案:'其亡其亡',近死之嗟也。'其'與幾同,幾者,近也。"

[4] 京房曰:"桑有衣食人之功,聖人亦有天覆地載之德,故以喻。"荀爽曰:"包者,乾坤相包也。桑者,上玄下黃,以象乾坤也。乾職在上,坤體在下,雖欲消乾,係其本體,不能亡也。"陸績曰:"包,本也。言其堅固不亡,如以巽繩繫也。"鄭玄曰:"猶紂囚文王於羑里之獄,四臣獻珍異之物,而終免於難,'繫于包桑'之謂。"○元按:諸說並李鼎祚所引,陸績、王弼、李鼎祚諸人皆以'繫于苞桑'為堅固,其意若曰,當此之時,命懸一線,'其亡其亡',當'繫于苞桑'以固之也。而嗟其近亡者,必因而終於未亡也,故當以鄭玄所言為是,而荀爽所言"雖欲消乾,係其本體,不能亡也"為近之。然苞桑何以為天命之本?蓋古人以桑為神物,可以溝通天人者也,故所謂苞桑者,惟以大人承天命者方堪繫。反觀諸說,荀氏所謂桑以象乾坤、京氏所云聖人之德、陸氏言包者本也,皆於義有合者也。陸績《易述》:"苞桑則叢桑也。"胡瑗云:"桑之為物,其根幹皆相迫結而堅固者也。苞即叢生也。"張載云:"包桑,從下叢生之桑,叢生則其根牢。《書》云'厥草惟包',如竹從蘆葦之類。河朔之桑,多從根斬條取葉,其生叢然。"此釋包桑之義甚明。

上九,傾否,先否後喜。

《象》曰:否終則傾,何可長也。

【義解】以陽居亢,陽故剛健有守,不能承事,亢則不遜,當否之時,不滿小人之當道,揭竿而起,務欲傾之者也。其初小人在上,故甚難;然天道不可終否,必有聲應氣求,起而同之者,合力傾之,則有喜矣。[1]故云先否後喜,否終則傾,何可長也。

【疏證】[1] 侯果曰:"傾為覆也,否窮則傾也。傾猶否,故'先否'也;傾畢則通,故'後喜'也。"

序卦：物不可以終否，故受之以同人。

☰（離下乾上）

同人于野，亨。利涉大川。利君子貞。

【義解】泰、否之際，亨利轉折之機。然所謂利者，雖自萬物之情視之，否隔而不通；自天命之性言之，則其一體者固在也，皆為乾元一氣之所貫。故乾行自有濟否之功，物乃各遂其情而不違，是之謂義。惟義，可以和物之利，同物之情，成物之理，定物之分。當否之時，萬物各以私意相搏，不能平等相待，乾行執其道樞，齊其物論，和之以義，使知一體之本同，泯人我之對待，此之謂同人，如人眼耳口鼻雖異，而能通之以心官也。同人之同，乃萬物一體、各正性命之大同也，故四德返亨。[1]當此之時，無人無我，無凡無聖，無國野之分，[2]無物情之違，故能同人於野，利涉大川。利君子居此而有定者，蓋惟君子能合同人之德，小人則不合矣。

【疏證】[1] ○元按：此亨乃因義而返之亨，可云利之亨，其四德之時仍在利，惟利而能義，故能大通，遂以亨言之。故此亨與屯、泰之間由乾元馴至者不同，蓋亨利之時小大已別矣，前文亨而能利，下文貞之時亦有元亨利，皆准此，蓋一時之內，亦有其元亨利貞也，先儒惟邵康節最得其旨。《觀物內篇・第十》：“元之元以春行春之時也，元之會以春行夏之時也，元之運以春行秋之時也，元之世以春行冬之時也。”後文所言皇之皇、皇之帝、皇之王、皇之霸者皆仿此。蓋會運世、皇帝王霸以四德言之，亦當元亨利貞也。《朱子語類・易四・乾上》：“（道夫）問：道鄉謂‘四德之中各具四德’。竊嘗思之，謂之各具四德，如康節所謂‘春之春，春之夏，春之秋，春之冬，夏之春，夏之夏，夏之秋，夏之冬’則可。”[2] 黃奭輯《易雜家注・劉向劉歆易注》：“眾賢和於朝，萬物和於野，自朝及野，自人及物，君人之道也。”虞翻曰：“旁通師卦，巽為同，乾為野。”李道平疏：“乾居戌亥之交，故‘為野’。”陳瓘云：“野者，遠於郊邑之地也。”○元按：野之義當從虞、陳，與國對言者也。劉說大義不謬，釋野則非。

《彖》曰：同人，柔得位得中，而應乎乾，曰同人。同人曰："同人于野，亨。利涉大川"，乾行也。文明以健，中正而應，君子正也。惟君子為能通天下之志。

【義解】乾者，所以主萬物者也，為萬物之所從。六二得位居中，而順乎乾，可曰同人。然同人卦所謂"同人於野，亨。利涉大川"，則是乾行也。九五剛健中正，與物相應，故卦德文明而剛健，文指萬物之紋理性情，健即所謂乾德也。是君子之當正也。正者，止於一之謂也。一者，元也，乾也。君子所以能此者，以其有同人之德，故能委曲周至以明物性，且秉乾而行，[1] 故可與物無忤，同萬物之情，是謂能通天下之志。志者心之所之，萬物各有所之，是即物之情也。[2] "同人曰"三字，朱子以為衍文，誤矣。蓋六二之同人，乃附從者也，非卦德之同人也。[3] 夫子懼人以六二為合於卦德，故專言以別之。

【疏證】[1] 何妥曰："離為文明，乾為剛健，健非尚武，乃以文明。"
[2] 程頤云："天下之志萬殊，理則一也。君子明理，故能通天下之志。"
[3] 王弼云："'同人于野，亨，利涉大川'，非二之所能也，是乾之所行，故特曰'同人曰'。"

《象》曰：天與火，同人。君子以類族辯物。

【義解】《莊子·齊物論》："執其道樞者，莫若以明。"天上火下，如一陽麗天，百物因之現形，物情既顯，故曰同人。君子法乾行之同人，依萬物之族屬分類，擘分而理析之。[1] 卦既以文明而健、能通天下之志為德，凡陽爻則剛健，故明其健，然欲人同己；陰爻則柔順，不明其健，惟務順從。

【疏證】[1] 程頤云："各以其類族，辨物之同異也。"蘇軾云："同人與比相近而不同，不可不察也。比以無所不同為比，而同人以有所不同為同，故君子以類族辯物。"耿南仲云："火性明察，君子於是以類族辨物也。族之不類，物之不辨，皆比而同之，則何異乎墨子之尚同哉？亦不能與同矣。"李杞云："類其族而使不相雜,辨其物而使不相亂。"〇元按:諸說大義皆是,惟"類"之義耿氏尤精。王引之云："類族、辨物乃對文。……類,比類也。族,類也(此與類族之類異義)。善惡各有其類,君子法天火之高明以比類之。"

初九,同人于門,无咎。

《象》曰："出門同人",又誰咎也。

【義解】以陽居潛,陽故能明其健而欲人同己,潛則不起意而固執之,反能泯除小我,和光同塵,其象如以己同人,出門即與人無違,故曰同人於門,又誰咎也。[1]

【疏證】[1] 王弼云："心無系吝,通夫大同,出門皆同,故曰'同人於門'也。出門同人,誰與為咎?"姚舜牧云："夫子論仁,曰'出門如見大賓',是吾人第一行徑,公與私皆判於此。"

六二,同人于宗,吝。

《象》曰："同人于宗",吝道也。

【義解】以陰居柔中,陰故柔順不明,柔故未能致遠,中則不違其則,當同人之時,象如妻孥附從之人,忠信以從於長上,然不明其義者也。同人之時,在上者能使天下大同,知必為賢者也。從於賢者,是不違其則;不明其義,故知止而不知所當止,是則無以致遠,吝道也。故曰同人於宗,吝。[1]凡愚忠、愚孝、愚義而似有當者,皆當此爻,孟子所謂妾婦之道,[2]以其失自我故也。

【疏證】[1] 孔穎達云："在於宗族,不能弘闊,是鄙吝之道。"《周易集解》引許慎《五經異義》曰："《易》曰:'同人于宗,吝',言同姓相取,吝道。"李道平疏："意謂二於五為陰陽正配,以在同人家為同姓,義亦可通。"程頤云："宗,謂宗黨也。同於所系應,是有所偏與,在同人之道為私狹矣。"耿南仲云："宗者所以類族者也。《象》言類族,則使萬物各類於宗,所以群天下之物則然也。乃若所以處己,則人苟有合志同方、營道同術者,皆可與同人矣,又奚擇其宗哉! 此'同人于宗'所以為吝也。"楊萬里云："以同於宗族為同,則宗族之外,皆築而封之於同之外矣。此楚王亡弓、楚人得之之心也。"梁寅云："所同者止於宗黨,而不能及遠,吝之道也。"○元按:許、耿說是,李氏誤矣。李氏執著二五相應之例,以陰陽相應為相配,故以相娶釋許氏所謂相取。惟同姓不婚,又以"在同人家為同姓"彌縫其間,直自相攪擾矣。蓋許慎所云同姓相取者,言惟以同姓相親故與之相合耳,正合爻義。所謂同人,因其相取耳,非因其同姓也。《帛書周易・二三子》:"卦曰:'同人于宗,貞繭。'孔子曰:'此言亓所同惟亓室人而已。'"可與此相發明。《二三子》所云孔子當係假託,與孔子之大義頗不相應,然此處所論固是。程傳亦以相應為言,其說本之胡瑗,然大義不謬。[2] 侯果曰:"宗謂五也。二為同人之主,和同者之所仰也。有應在五,惟同於五。過五則否,不能同於大人,則為主之德,其吝狹可知也。所同雖吝,亦妻臣之道也。"○元按:二五相應,其失已見右。然以妻臣之道為言,是亦有見於"同人于宗"者也。惜所見不宏,故以妾婦之道當妻臣之道,則見世降德衰,魏晉以降,士大夫精神之萎靡矣。

九三,伏戎于莽,升其高陵,三歲不興。

《象》曰:"伏戎于莽",敵剛也。"三歲不興",安行也?

【義解】以陽居躁,陽故能明其健而欲人同己,躁則欲強人從己,當同人之時,是否道也。既未能如九四之困而返則,畏天明命,則必為得其中正者所逐,蓋二剛相敵,得天命者勝,故竄之草莽,升其高陵,一蹶不振,[1]其所欲強人者安能行也?[2]如舜逐四凶,禹格三苗,投之化外,為荒服之氓也。蓋國之外曰郊,郊之外曰野,荒又野之外也。[3]其為氓者惟開荒墾殖,而廛無夫里之布。[4]及所開之地,一年為菑,二年為新田,三年為畬,始編戶授田為在野之人矣,是所謂三歲不興。[5]既編戶授田,是則"同人於野",亨道也。按:三歲少於十年,然亦可稱久者,即本於古昔三年新田之制。《周易》言三歲、三年者數處,多虛指,惟此處乃指實而言。

【疏證】[1] 耿南仲云:"伏戎於莽,知其不可而不得不伏也。"鄧夢文云："有同則必有異,有君子則必有小人,世事之不齊,類如此。方大同之時,而已有戎窺伺於側矣。吾於其方伏藏也,而知其世之同也,是治之象也;吾於其有戎心也,而知同之不可以久也,是亂之兆也。君子不當以同人為樂,而當以伏戎為懼。升之高陵,睥睨之切也;三歲不興,未即發也,然而伏戎在也。"[2] 王弼云："安,辭也。"孔穎達疏："安,語辭也,猶言何也。"朱子云："言不能行。"[3]○元按:《爾雅·釋地》:"邑外謂之郊,郊外謂之牧,牧外謂之野,野外謂之林,林外謂之坰。"又云:"觚竹、北戶、西王母、日下,謂之四荒。"荒即《尚書·禹貢》"五百里荒服"之荒,遼遠之地也。[4]《孟子·公孫丑上》:"廛無夫里之布,則天下之民皆悅而願為之氓矣。"《周禮·地官·載師》:"凡宅不毛者,有里布;凡田不耕者,出屋粟;凡民無職事者,出夫家之征。"《地官·閭師》:"凡無職者出夫布。"○元按:夫布、里布,就編戶齊民言也;廛無夫里之布,即化外之民言也。參拙作《孟子章句講疏》卷三第五章。[5] 虞翻曰:"興,起也。"《爾雅·釋地》:"田一歲曰菑,二歲曰新田,三歲曰畬。"

九四,乘其墉,弗克攻,吉。

《象》曰:"乘其墉",義"弗克"也。其"吉",則困而反則也。

【義解】以陽居或,陽故能明其健而欲人同己,或則有疑而能自省,如欲人同己者,見人不來同,而有疑於同,故返否道,起而攻之。當同人之時,而興否道,是天命不在,故其義弗勝。以爻位言,是既不當位,亦不居中也。弗勝而能自省,亦不失其吉也。象如乘其墉而欲攻之,弗克,因困而反降之也,故云困而反則。[1]困而反則,即所謂困而知之。《中庸》:"有生而知之,有學而知之,有困而知之,及其知之,一也。"故吉。參九五。墉,城牆。[2]克,能。

【疏證】[1] 孔穎達云:"所以得其吉者,九四則以不克困苦而反歸其法則,故得吉也。"朱震云:"則者理之正,天地萬物之所不能違者。"○元按:王、孔二氏皆以攻克訓克,與"弗克攻"一句語法不合。[2]《釋名·釋宮室》:"墉,容也,所以蔽隱形容也。"

九五,同人,先號咷而後笑,大師克相遇。

《象》曰："同人之先"，以中直也。"大師相遇"，言相
"克"也。

【義解】以陽居剛中，陽故能明其健而欲人同己，剛則有為，中
則所行得宜。夫同人者，大同也，必同中而有異，否則否道也，不足
以言同人。故雖遇異己而能容之，是真可以通天下之志矣。其象
如大小兩軍相值，其小者不欲來同，或反來攻，故為大者所平，是所
謂號咷也。惟平之而非滅之，反禮遇之，使知天命攸歸，而不失一
體之義，故其自身亦得保全，是所謂後笑。孟子云："以大事小者，
樂天者也。以小事大者，畏天者也。樂天者得天下，畏天者保其
國。"其是之謂乎！相遇，言相禮遇也。克，能。[1] 蓋同人所以濟否，
小人之道雖否隔而不通，然其情未嘗無理，惟不知相互本可大同，
故逾越其分，而成己私，是所謂義利、理欲之辨也。故同人之濟否，
非以強力征服，惟使之返本而有得可也。九四、九五言同人於國，
惟同人、同於人有別耳。中直，猶言中正。[2] 當同人之時，健而有
為，有合於乾德也，故正。參《繫辭上》第八章。

【疏證】[1] 唐鶴徵云："克，能也；遇，合也。三四屈而從善之機，亦
有不可泯者，故曰'言相克也'，猶言相能也。……舊言用大師克勝之，乃
得相遇，甚非。天下無殺伐以求合之理。"黃宗炎云："言相克，猶言相能
也。"[2] 馬理云："中直即中正之謂。"楊時喬云："直即正，言直者取叶上
韻，與克韻。"沈一貫云："中直即中正，直其正也。"傅文兆云："守此中而
無偏倚，則曰中正；守此中而無邪曲，則曰中直。"王引之云："變正言直，
以與克為韻耳，其實一也。"○元按：諸說皆是也，所以變正言直以叶韻
者，即因直則能正也。

上九，同人于郊，無悔。

《象》曰："同人于郊"，志未得也。

【義解】以陽居亢，陽故能明其健而欲人同己，亢則自大，依卦
義，乾元必虛己臨物，始得與物大同，其陽爻本志即在使人同己，居

亢則是不屑臨物，如不能虛己同人者，人亦不來同之，遂旅遯天下而無悔也。國之外曰郊，[1]郊有關，所以通天下之旅人，故曰同人於郊，雖無悔，然志亦未得。[2]其象如世民既出，如虬髯客者，因時位非正，難以與爭，然亦不甘俯首，遂遠遯海外也。[3]

【疏證】[1]《爾雅·釋地》：“邑外謂之郊。”[2]李光云：“上九處眾陽之上，而獨無所爭，亦知其不可爭而悠然遠去，自樂於坰。非無有為之志，但知其紛紛而脫身事物之外，以遠害而已。雖可以無悔，而志未得也。”王宗傳云：“上九處不爭之地，不同乎人，而亦不異乎人者也。”鄧夢文云：“於郊，則是眾志無所與同，是同而不能同也。夫君子亦盡其在我者而已矣，寧能取必於人乎？寧人負我，勿我負人，君子不得時則然，適得我心，何悔之有！”又云：“志未得，未能遂同人之志也。志與意不同，意私也，志公也。‘老者安之，朋友信之，少者懷之’，聖人同人之志也；然而終不能者，是志未得也。”[3]陳瓘云：“郊者，不邑不野之地也。於郊，則‘不事王侯，高尚其事’矣。”

序卦：與人同者，物必歸焉，故受之以大有。

☲（乾下離上）

大有：元亨。

【義解】乾元能虛己以同人，同人者，乾也，以仁而通萬物者也，萬物因各得其利，各遂其情，故亦能樂而歸之，以成天道之盛，故同人必受之以大有。[1]以仁而能通，仁者元也，通者亨也，故四德居元亨之世。

【疏證】[1]陸德明云：“大有，包容豐富之象。”崔憬曰：“‘以欲從人’，物必歸己，所以成大有。”李道平疏：“‘以欲從人’，僖廿一年《左傳》文。以己之欲從人之欲，則天下之物皆歸於己。蓋‘君子以類族辯物’，推己及人，善與人同。由人及物，各遂其生，品物咸章，所以成大有也。”李杞云：“‘大舜有大焉，善與人同。’言舜所以有其大者，以其善與人同而已。此大有之所以繼乎同人也。"〇元按:《孟子‧公孫丑上》所謂"大舜有大焉,善與人同",其大者乃較禹之"聞善言則拜"言,李杞所言似是而實非。然引此文以釋大有之境界則是。參拙撰《孟子章句講疏》卷三第八章。

《彖》曰:大有,柔得尊位,大中而上下應之,曰大有。其德剛健而文明,應乎天而時行,是以"元亨"。

【義解】六五以柔居尊位,而能虛己以同人,故上下眾陽應之,[1]上下固以爻位言,亦以喻萬物耳。天道大亨,故曰大有。六五剛中,剛大而柔小,故又稱大中。卦德剛健而文明,剛健故有以應乎天,所謂元也;文明故因時而育物,是以亨也。[2]

【疏證】[1] 王弼云:"處尊以柔,居中以大。體無二陰,以分其應。上下應之,靡所不納,大有之義也。"司馬光云:"夫上之所以能有下者,得其心也。得其心者,能以恩信結之也。故大有以柔中為主也。"[2] 王弼云:"德應於天,則行不失時矣。'剛健'不滯,'文明'不犯,應天則大,時行無違,是以元亨。"

《象》曰:火在天上,大有。君子以遏惡揚善,順天休命。

【義解】火在天上,如一陽亙天,而為萬物所仰;亦如人能養其浩然之氣,睟面盎背,通體而有光也,故曰大有。君子法天道之大有,顧諟天之明命,奮發有為,以抑惡而揚善。卦既以健而能明為德,凡陽爻則健,故有為;陰爻則順,故無為。休,美。[1]

【疏證】[1] 虞翻曰:"遏,絕;揚,舉也。"程頤云:"君子觀大有之象,以遏絕眾惡,揚明善類,以奉順天休美之命。"

初九,無交害,匪咎。艱則无咎。

《象》曰:大有初九,無交害也。

【義解】以陽居潛,陽故剛健有為,潛則無位而不起,大有之世,非君子當隱之時也,然有剛健之德而無位者,無交之害也,無交即無友也。[1]君子以友輔仁,無友,故有道之時而世不知。然亦非可徑咎之，蓋或為君子初欲起之時也，惟堅定其志、奮發向上則自无咎。[2]

【疏證】[1]楊時曰："當盛大之時，貧且賤焉，恥也。則無交宜有害矣。"（方聞一《大易粹言》引）[2]虞翻曰："匪，非也。艱，難。"孔穎達云："能自艱難其志，則得无咎。"

九二，大車以載，有攸往，无咎。

《象》曰："大車以載"，積中不敗也。

【義解】以陽居柔中，陽故剛健有為，柔則未得大顯，中則所處得宜，當大有之時，象如物積大車之上，穩健而行，無傾覆之虞，故无咎也。車債為敗，債，傾覆義。[1]穩健而行，是得其中矣，故云積中不敗。[2]

【疏證】[1]李道平云："僖十五年《左傳》：'涉河，侯車敗。'隱三年《傳》曰：'鄭伯之車債于齊。'是車債為敗也。"《說文》："債，僵也。"[2]孔穎達云："物既積聚，身有中和，堪受所積之物聚在身上，不至於敗也。"

九三，公用亨于天子，小人弗克。

《象》曰："公用亨于天子"，"小人"害也。

【義解】以陽居躁，陽故剛健有為，躁則乾乾不已，其象如人毛遂自薦，而為公所賞，以薦之於天子，[1]然必君子乃可，如是小人則弗勝其任，且有害也。克，能。[2]

【疏證】[1]京房《易章句》："亨，獻也。"朱子云："亨，《春秋傳》作享，謂朝獻也。古者亨通之亨、享獻之享、烹飪之烹，皆作亨字。"[2]孔穎達云："小人弗克者，小人德劣，不能勝其位，必致禍害，故云小人不克也。"

九四，匪其彭，无咎。

《象》曰："匪其彭，无咎"，明辯折也。

【義解】以陽居或，陽故剛健有為，或則謹慎有疑，如人當行而稍有遲疑，非其所行不正也，欲謹慎而明辯之也，故无咎。彭，李鼎祚本作尪，一音之轉也，足尪則行不正。[1]辯折，古本作辨晰，當從。[2]

【疏證】[1]《說文·尢部》:"尢,尬也,曲脛人也。從大,象偏曲之形。"虞翻曰:"匪,非也。其位尢,足尢,體行不正。尢或為彭,作旁聲,字之誤。"李道平云:"旁、尢聲相近,故云字之誤。"[2] 荀爽《易言》:"明辨晰也。"朱子云:"晢,明貌。"丁晏云:"古晢、晰通用,皆音制。"

六五,厥孚交如,威如,吉。

《象》曰:"厥孚交如",信以發志也。"威如之吉",易而无備也。

【義解】以陰居剛中,陰故柔順無為,剛則顯揚,中則所行得宜,當大有之時,居上顯揚而能以柔行中者,必所以同人之乾元乎?惟乾元可以通天下之志,其誠足以發萬物之情。孚,信,誠。上下相通,是所謂交如也。[1]以柔行中,故和易而無備,平易而近人,然天下既歸往之,故自具威儀也。[2]大吉之道。

【疏證】[1] 胡瑗云:"孚,由中之信也。交,謂上下之道相交也。六五居大有之時,以柔順而處至尊之位,是執柔示信,以接於物,故上下皆歸向之也。夫己以柔中之信接於人,人亦以柔中之信奉於己,上下交相親信,故曰'厥孚交如'。"[2] 侯果曰:"其體文明,其德中順,信發乎志,以罩於物,物懷其德,以信應君。君物交信,'厥孚交如'也。為卦之主,有威不用。惟行簡易,無所防備,物感其德,翻更畏威,'威如之吉'也。"孔穎達云:"所以威如得吉者,以己不私於物,惟行簡易,無所防備,物自畏之,故云易而无備也。"○元按:孔疏亦脫胎於侯氏者。然侯氏以君物言,不如胡氏以上下言,蓋上下可括君物也。

上九,自天祐之,吉,无不利。

《象》曰:大有上吉,"自天祐"也。

【義解】以陽居亢,陽故剛健有為,亢則居上而不遜。當大有之時,萬物皆為乾元所通,雖其亢者,亦得遂其自性,此可見天道之廣大,無所不包,蓋亢亦本為天地之一道也,故云自天祐之,吉,無

不利。祐，佑，助。其象如聖王虛己，而能尊師、敬賓、養賢也。[1]堯
時之許由，雖不遜，而終為堯所禮敬，後世與王者坐而論道之三公，
亦稍得此爻之義。參《繫辭上》第十二章。

【疏證】[1]鄭汝諧云："說《易》者其失在於泥爻以求義，故以履信
思順，又以尚賢歸之於上九也。……《易》之所謂尚與上同也，五之履信
思順以有其下，其有未備也。惟尚上九之賢，則其有備矣。福者備也，備
者百順之名也，故自天之祐，於上九見之。"○元按：鄭氏亦泥五爻為君之
言，然大義已得。

序卦：有大者，不可以盈，故受之以謙。

☷(艮下坤上)

謙：亨。君子有終。

【義解】大有之時，天道大亨，順此以往，則必至滿盈，滿盈則
死矣。故有大者不可以盈，必當謙退，[1]以期返本，葆其亨通，俾生
生而不息，故於四德居亨。大有之繼之以謙，如比之繼之以小畜，
惟一亨一利，其時有別耳。君子知幾，欲葆任其生生之道者，當有
止於謙德也。終，止。

【疏證】[1]《韓詩外傳》卷八："孔子曰：《易》先同人，後大有，承之
以謙，不亦可乎！故天道虧盈而益謙，地道變盈而流謙，鬼神害盈而福
謙，人道惡盈而好謙。謙者，抑事而損者也。持盈之道，抑而損之。此謙
德之於行也，順之者吉，逆之者凶。"（楊樹達《周易古義》引）崔憬曰："富
貴而自遺其咎，故有大者不可盈。當須謙退，乾之道也。"李道平云："《孝
經》曰：高而不危，所以長守貴也。滿而不溢，所以長守富也。"

《彖》曰："謙，亨"，天道下濟而光明，地道卑而上行。天道
虧盈而益謙，地道變盈而流謙，鬼神害盈而福謙，人道惡盈而
好謙。謙，尊而光，卑而不可逾，君子之終也。

【義解】坤者陰也，地道也；艮者陽也，天道也。天尊地卑，坤

上而艮下，是天道下濟，地道卑而上行，能止於亨，[1]故光明也。下濟猶言來也，上行猶言往也，凡處內卦曰來，外卦曰往。謙之卦德止而能順，止者，止其健而自謙抑也；順者，謙而不逾其分，即下文"稱物"。謙之義，自天言之，日盈則昃，月滿則虧；自地言之，高岸為谷，深谷為陵；自鬼神言之，朱門之家，鬼瞰其室；自人言之，則謙受益，而滿招損。[2]尊者有謙則人來歸之，故益光大；卑者能謙則自尊而守禮，故不可犯，君子可以謙德終也。[3]

【疏證】[1]孔穎達云："天道下濟而光明，地道卑而上行者，釋亨義也。欲明天地上下交通，坤體在上，故言地道卑而上行也。其地道既上行，天地相對，則天道下濟也。且艮為陽卦，又為山，天之高明今在下體，亦是天道下濟之義也。下濟者，謂降下濟生萬物也。"[2]崔憬曰："若'日中則昃，月滿則虧'，損有餘以補不足，天之道也。'高岸為谷，深谷為陵'，是為'變盈而流謙'，地之道也。（鬼神害盈而福謙，）'朱門之家，鬼瞰其室'，'黍稷非馨，明德惟馨'，是其義也。'滿招損，謙受益'，人之道也。"程頤云："以地勢而言，盈滿者傾變而反陷，卑下者流注而益增也。"[3]劉牧云："降卑接下，名譽益隆，故其道光顯。辭貌卑遜，而志行剛正，故雖卑退而不可逾。"（《周易折中》引）朱子云："人能謙，則其居尊者，其德愈光，其居卑者，人亦莫能過，此君子所以有終也。"

《象》曰：地中有山，謙。君子以裒多益寡，稱物平施。

【義解】山高而地卑，地中有山，是山能自謙抑也。[1]君子當大有之際，法謙德之止，能自損己多，[2]益人之寡；法謙德之順，則稱物之德而公平施濟。[3]卦既以止而能順為德，凡陽爻則剛健有為，故能益寡；凡陰爻則柔順謙退，故能損多。

【疏證】[1]《九家易》曰："艮山坤地，山至高，地至卑。以至高下至卑，故曰謙也。"劉表曰："地中有山，以高下下，故曰謙。謙之為道，降己升人。山本地上，今居地中，亦降體之義，故為謙象也。"[2]虞翻曰："裒，取也。"耿南仲云："夫多者久而溢，寡者浸而亡，物之常理也。乃若用謙，則多者非徒不溢也，且可以哀焉；寡者非徒不亡也，且得以益焉。"[3] 侯果曰："哀，聚也。《彖》云'天道益謙'，則謙之大者，天益之以大福。謙之小者，天益之以小福。故君子則之，以大益施大德，以小益施小德，是'稱物平施'也。"朱震云："'物之不齊，物之情也。'所謂平者，非漫無尊卑上下差等也。稱物而施，適平而止。"章潢云："哀益在我，所以稱其物而平其施，猶權之隨物，低昂而我無與也。信乎謙非一於卑己尊人，過於諂屈之謂也，要在人我而得其平。"○元按：侯氏以"天道益謙"釋"哀多益寡"，故多寡指福之大小言也。以虧盈益謙之旨例之，過於深文矣。其言"稱物平施"固是。

初六，謙謙君子，用涉大川，吉。

《象》曰："謙謙君子"，卑以自牧也。

【義解】以陰居潛，陰故謙退能損，潛則處下不起，象如自甘處下，涵養己德，謙而益謙之君子也，故云謙謙君子，卑以自牧。[1]有如是之德，必能謹慎自戒，可以涉大川矣，故吉。

【疏證】[1] 王弼云："牧，養也。"程頤云："自處卑下之至，謙而又謙也，故曰'謙謙'。"唐鶴徵云："牧即牧牛羊之牧，兼養與閑二義。卑以自牧者，以卑自養，亦以過卑自閑。"○元按：唐說甚精，此即《彖傳》所謂"卑而不可逾"也。

六二，鳴謙，貞吉。

《象》曰："鳴謙貞吉"，中心得也。

【義解】以陰居柔中，陰故謙退能損，柔則順守而行，中則得宜，正合卦德，定於此則吉也。君子而能此，乃因六二居中，內心有得於謙也。[1]倘貞於此道，亦必有令聞，為人所仰，故曰鳴謙。[2]

【疏證】[1] 崔憬曰："言中正，心與謙相得。"[2] 王弼云："鳴者，聲名聞之謂也。"程頤云："謙德充積於中，故發於外，見於聲音顏色，故曰'鳴謙'。"《帛書周易·繆和》："禹之取天[下也]，當此卦也。"李杞云："禹之文命敷於四海,而九功被於金石,其所謂鳴謙者乎!"

九三,勞謙君子,有終吉。

《象》曰:"勞謙君子",萬民服也。

【義解】以陽居躁,陽故有為而能益寡,躁則益人不已,當謙之時,其象如博施濟眾而忘我者也,故曰勞謙君子。[1]能有此德,必萬民感戴,故云萬民服也,是所謂終吉。[2]參《繫辭上》第八章。

【疏證】[1]程頤云:"有功勞而持謙德者也,故曰'勞謙'。古之人有當之者,周公是也。"李杞云:"禹手胼足胝,八年於外,三過其門而不入,可謂勞矣。天下莫與爭能,禹豈有心於服人哉!"黃正憲云:"不但服其勞,服其勞而能謙耳。非大禹之不矜不伐,周公之孫碩膚,惡足以當之。"○元按:程說亦本之《韓詩外傳》卷八所謂"五帝既沒,三王既衰,能行謙德者,其惟周公乎!"依《繆和》,此亦大禹焦心勞形以濟眾之象。原文缺略甚多,不具引,然大意可見。[2]方實孫云:"楊氏曰:'萬民服者,非服其勞也,服其勞之謙謙而終也。"

六四,無不利,撝謙。

《象》曰:"無不利,撝謙",不違則也。

【義解】以陰居或,陰故謙退能損,或則謹慎有疑,因有疑故心常動搖,故曰撝謙。然因謹慎,亦能自省,故所行能不違其則,故無不利。撝,搖動貌,即揮也。[1]

【疏證】[1]陸德明云:"撝,指撝也,義與麾同,《書》曰'右秉白旄以麾'是也。"程頤云:"撝,施布之象,如人手之撝也。"

六五,不富以其鄰,利用侵伐,無不利。

《象》曰:"利用侵伐",征不服也。

【義解】以陰居剛中,陰故謙退能損,剛則有為,中則所為得宜。能行謙道而有為,足以致遠,則不惟自損,且能損天下之有餘,因非陽爻,故能損而不能益。由不能益,故云不富以其鄰,參否卦;[1]由能損天下之有餘,故王者可以此征伐不服而無不利。[2]

【疏證】[1] 朱升云："六五象為雖不富而能帶挾其鄰。"〇元按：朱氏釋以為及,是也。言不富而能及則非,此爻言不能富及其鄰也。[2] 倪元璐云："謙之為義非一虛己可得而盡。夫物不同量也,禮讓之亦謙,義制之亦謙,故曰鳴謙、曰勞謙、曰撝謙者,此因物之道勝或其勢微而施之也。若夫強梗之徒、昧亂之國,謙謙之君子即仁者也,必亦有勇,故有直任君師,無所顧避,不假鄰眾,殺伐用張者,六五是也。"劉沅云："征,正也。侵伐爭事,而惟謙德之君宜之,何哉？蓋君德極盛,謙而不服則頑梗太甚,且言以此見六五之謙非一味姑容,乃德盛而能謙也。"〇元按：倪氏已得謙退能損之旨,餘則不必盡從。

上六,鳴謙,利用行師,征邑國。

《象》曰："鳴謙",志未得也。"可用行師",征邑國也。

【義解】以陰居亢,陰故謙退能損,亢則不遜,其象如人雖不居其位,而欲以己力替天行道,損天下之有餘,故必有令聞,是曰鳴謙。[1] 然雖有其志而不居其位,不如六五之居中行道,故云志未得也。有此志者雖利行師,亦止可征其邑國,不可以搏大也。古之大俠,欲替天行道者,適當此爻,如郭解、朱家、梁山好漢者是也。

【疏證】[1] 鄭剛中云："物有自得而鳴者,六二是也；有不平而鳴者,上六是也。"倪元璐云："行謙之道而可以興師伐國,此亦因物之必以征誅得正,稱其暴亂而施之,以是稱平,其謙一也。"

序卦：有大而能謙必豫,故受之以豫。

䷏（坤下震上）

豫：利建侯行師。

【義解】天道至大有之時,大器免成[1],而能返本,至謙則已由利而之亨,由義而返禮,順此而往,必當復其本始,歸其本元,[2] 元者仁也。樂者心之本體,樂於五常配仁,[3] 故大有而能謙必豫,豫者,喜佚說樂之貌也。[4] 豫者謙之反,謙有退義,豫則為充滿,為發

119

抒,[5]如春陽之中,萬物欣欣以向榮也。因四德居元,故能開物,故利建侯行師。

【疏證】[1]《老子》:"大器晚成。"○元按:高明引陳柱云:"晚猶免也,免成猶无成也。"樓宇烈引《帛書老子乙本》"大器免成",云當以免為本字。(參高明《帛書老子校注》)另,黃瑞雲《老子本原》:"《說文》:'晚,莫也。''莫,日且冥也。'莫,同暮。段玉裁注'莫'字云:'引申之為有无之无。'則晚亦可引申為无。"亦通。[2]○元按:利之元也。[3]《禮記·樂記》:"樂統同,禮辨異。"《白虎通·五經·五經象五常》:"經,常也。有五常之道,故曰五經。《樂》,仁;《書》,義;《禮》,禮;《易》,智;《詩》,信也。"王陽明云:"樂是心之本體。仁人之心,以天地萬物為一體,欣合和暢,原無間隔。"(《王陽明全集》卷五,《與黃勉之(二)甲申》)[4]陸德明云:"馬云:'豫,樂。'"鄭玄曰:"言國既大而能謙,則於政事恬豫。"又云:"豫,喜佚悅樂之貌也。"郭雍云:"以謙有大,則絕盈滿之累,故優遊不迫而暇豫也。"李道平云:"《晋語》司空季子解此經曰:'豫,樂也。'故《太玄》准之以《樂》。"[5]王夫之云:"孤陽居四而失位,然而為豫者,與小畜之陽止不舒,謙之陽伏不顯,正相為反。凡此類,以錯綜之卦互觀之,義自見矣。"○元按:錯綜反對之義,可參《雜卦》義解引程廷祚說。

《彖》曰:豫,剛應而志行,順以動,豫。豫順以動,故天地如之,而況建侯行師乎? 天地以順動,故日月不過,而四時不忒。聖人以順動,則刑罰清而民服。豫之時義大矣哉!

【義解】震上而坤下,九四以剛應物,而得行其志,[1]卦德順以動,是為豫。所謂順以動者,順乎乾元而動也,天地生生乃乾元之顯化,豫於四德居元,順元而動,故天地如之,天地既如之,而況人事之建侯行師乎?[2]天地能以順動,故日月軌度有恆,四時順行而無差。[3]聖人能以順動,則刑罰清簡,兆民如沐春風,而自歸服矣。豫之時義豈不大哉!

按,《象傳》凡言某卦之時、之義、之用大矣哉者,多象辭所言甚小，而《象傳》明其天德者也。蓋卦德者，即天道所以濟此時者也。下准知。是亦文王易與孔子易之別。如豫卦卦辭惟言"利建侯行師"，《象傳》乃恢廓其道，言天地、日月、四時、聖人之豫，是進之矣。另如賁卦，彖辭惟言"小利有攸往"，《象傳》乃補出天文、人文之別。惟人道有利有不利，以天道言，則乾以美利利天下而不言所利，無所謂不利也。予故云文王易乃巫史易，以趨吉避凶為蘄向，必待孔子之經學易，始能泯人我之對待，而進乎天德矣。另參隨、剝、頤、大過、坎、遯、睽、蹇、解、姤、革、艮、歸妹、旅、未濟諸卦。

【疏證】[1] 侯果曰："四為卦主，五陰應之，剛志大行，故曰'剛應而志行'。"[2]《九家易》曰："建侯所以興利，行師所以除害。利興害除，民所豫樂也。"[3] 陸德明云："忒，鄭云：'差也。'"

《象》曰：雷出地奮，豫。先王以作樂崇德，殷薦之上帝，以配祖考。

【義解】雷（龍）奮起於地上，如二月驚蟄之時，萬物隨雷出地，皆能發抒充滿，欣欣喜樂也，是為豫。然萬物雖豫，亦皆自佚其樂而已，能泯庶物之小己，統其大同，以明天時之同樂者，其惟驚雷之音聲乎？[1] 先王法天之能豫，故作音聲以充萬民之德，是為樂。樂能統萬民之同，以昭王者之與萬民同樂，是則仁也，可為萬物之元始，故可殷薦之於上帝，而配之以祖考。上帝為萬物之統宗，祖考為兆民之本始，皆元也。殷，盛也。[2] 卦既以順以動為德，凡陽爻則能動，故起他人之豫；凡陰爻則順不欲動，自佚其豫而已。

【疏證】[1]《文子·上德》："雷之動也，萬物啟。"章潢云："雷本天地之元陽，聲即天地之元聲也。雷一聲而群陰頓除，萬類暢達，故象其聲以為樂之所由作，象其和以為德之所由崇。此所以得聲氣之元而太和滿天地間矣。後世精律呂者候氣於一陽來復之時，其亦有所自云。若區區於律管之較量而不知崇德為何事，又何怪乎古樂之不作也。"[2] 鄭玄曰："奮，動也。雷動於地上，而萬物乃豫也。以者，取其喜佚動搖。猶人至樂,則手欲鼓之,足欲舞之也。崇,充也。殷,盛也。薦,進也。上帝,天帝也。'王者功成作樂',以文得之者作籥舞,以武得之者作萬舞,各充其德而為制。祀天帝以配祖考者,使與天同饗其功也。故《孝經》云'郊祀后稷以配天,宗祀文王於明堂以配上帝',是也。"蔡清云:"或云:作樂以崇德,則人和樂矣;作樂以享神,則神和樂矣。樂所以和神人也。"

初六,鳴豫,凶。

《象》曰:"初六鳴豫",志窮"凶"也。

【義解】以陰居潛,陰故自佚其豫,潛則固執不起,人言必不入矣,故有自鳴其豫之象,必志窮而有凶也。[1]

【疏證】[1] 程頤云:"志意滿極,不勝其豫,至發於聲音。輕淺如是,必至於凶也。鳴,發於聲也。"王應麟云:"鳴者,心聲之發也。"李道平云:"鳴謙則有自下之情,故吉;鳴豫則有自矜之意,故凶。"

六二,介于石,不終日,貞吉。

《象》曰:"不終日,貞吉",以中正也。

【義解】以陰居柔中,陰故自佚其豫,柔則所執不堅,中則自返其正,其象如人耿介如石,[1] 當逸豫之時,能見機而作,不俟終日,[2] 自復其有為也,定於此道則吉。不堅其佚豫,是所謂正。參《繫辭下》第五章。

【疏證】[1] 王弼云:"辨必然之理,故不改其操,介如石焉。"[2] 李鼎祚《周易集解·繫辭下》引崔憬曰:"此爻得位居中,於豫之時,能順以動而防於豫。如石之耿介,守志不移,雖暫豫樂,以見其微,而不終日,則能貞吉,斷可知矣。"侯果曰:"得位居中,柔順正一。明豫動之可否,辯趣捨之權宜,假如堅石,不可移變,應時則改,不待終日,故曰豫之正吉。"

六三,盱豫,悔,遲有悔。

《象》曰:"盱豫有悔",位不當也。

【義解】以陰居躁,陰故自佚其豫,躁則不安其位,其象如人雖處逸樂,心神不定,睜目而四顧也,故云盱豫,悔。盱,張目也。[1]如能自逸豫而返則无咎，若遲則又有悔矣。[2]

【疏證】[1] 陸德明云："盱，睢盱也。向云：'睢盱，小人喜悅之皃。'王肅云：'盱，大也。'鄭云：'誇也。'《說文》云：'張目也。'"[2] 陳瓘云："位當則貞，'文不當，故吉凶生焉。'盱、遲皆生於怠，不疾而速，惟九二有焉。"陳夢雷云："盱豫者溺於逸豫，遲悔則又失於猶豫矣。聖人兩言悔，始則示人以致悔之端，終則勉人以悔過之勇也。"王引之云："此有字當讀為又，古字有與又通，言盱豫既悔，遲又悔也。《正義》曰：'居豫之時，若遲停不求於豫，亦有悔也。'則是讀為有無之有，失之矣。"

九四，由豫，大有得。勿疑，朋盍簪。

《象》曰："由豫，大有得"，志大行也。

【義解】以陽居或，陽故不自逸豫而能起人之豫，或則有疑而自省，故能得豫卦之本，必志大行而大有得也。由者從也，能由豫之本性，故云由豫。[1]盍者，合也；十貝曰朋；簪，李鼎祚本作戠，攢也，聚也。[2]九四謹慎有疑，故言不必疑也，當此之時，眾陰攢聚來附，如十貝而成朋也。按由豫因其有疑，故引申為猶豫，然含義已變，而以疑為主矣，是不可不知。[3]

【疏證】[1] 陸德明云："由，從也。"[2] 侯果曰："為豫之主，眾陰所宗，莫不由之，以得其豫。體剛心直，志不懷疑，故得群物依歸，朋從大合，若以簪篸之固括也。"虞翻曰："由，自從也。據有五陰，坤以眾順，故'大有得'，得群陰也。坎為疑，故'勿疑'。小畜兌為朋。盍，合也。戠，聚會也。坎為聚，坤為眾。眾陰並應，故'朋盍戠'。"崔憬曰："以一陽而眾陰從己，和簪交歡，故其志大行也。"〇元按：王弼云："簪，疾也。"陸德明云："鄭云：'速也。'古文作貸，京作攢，馬作臧，荀作宗，虞作戠。戠，叢合也。蜀才本依京，義從鄭。"王應麟云："朋盍簪。簪，疾也。至侯果始有冠簪之訓。晁景迂云：'古者禮冠，未有簪名。'李道平："簪，《說文》作先，言'笄也，象簪形'。《釋名》：'簪，兂也，連冠於髮也。'《士喪禮》'簪裳于衣'，鄭注云：'簪，連也。'"又云："古有笄而無簪，至秦漢始有之。虞作戠是也。"俞樾云："何氏楷《周易訂詁》曰：'《鹽鐵論》"神禹治水，遺簪不顧”，非簪而何?'愚謂《鹽鐵論》猶漢世書也，李斯上始皇書，已云‘宛珠之簪’，則先秦古書已有簪名。《韓詩外傳》曰:‘孔子出遊少原之野，有婦人中澤而哭，甚哀。孔子怪之，使弟子問焉。婦人對曰:“向日刈蓍而亡吾蓍簪。”'此古時有簪之明證。”(《艮宧易說·朋盍簪》)尚秉和亦云:“謂漢以前無簪名者為失考，《儀禮》‘簪衣於裳’，《韓非子》‘周主亡玉簪’，李斯《諫逐客》‘宛珠之簪’，謂漢以前無者非也。”予頗疑簪、攢因形近而訛。然則作簪、作攢，正未易言也。惟諸說雖異，除鄭、王顯誤，京、虞、崔、侯等大義已得，斯可矣。[3] 陸德明云:“馬作猶，云：猶豫，疑也。”○元按:《說文·犬部》段玉裁注:“按古有以聲不以義者，如猶豫雙聲，亦作猶與，亦作尤豫，皆遲疑之皃。”朱駿聲《說文通訓定聲·犬部》:“猶豫，此雙聲連語，故亦作尤豫，作由與，作猶與。”《義府·猶豫》:“猶豫，猶容與也。容與者，間適之貌;猶豫者，遲疑之情。字本無義，以聲取之耳。”(轉引自《故訓匯纂·犬部·猶》)諸說皆以雙聲釋，而云字本無義。予頗疑猶豫、容與之詞皆由“由豫”一詞輾轉而來，蓋由豫本義為得其所樂，與間適之義略同。既得所安而不欲起，亦可引申為遲疑之義。作猶豫、容與、尤豫、猶與者，皆與由豫聲近而轉，非本無意義，但以聲取也。否則間適、遲疑又有何聲音可言?

六五，貞疾，恒不死。

《象》曰:“六五貞疾”，乘剛也。“恒不死”，中未亡也。

【義解】以陰居剛中，陰故自佚其豫，剛則堅執，中則行不違則，堅執佚豫而不失其中，惟疾病之時乃可。其象如人雖有痼疾，能堅持調養，因合調養之道，故能恒不死也。所以恒不死者，因能居中，故未亡也。貞，定，固。貞疾即痼疾。[1]乘剛即堅執。

【疏證】[1] 胡瑗云:“疾謂疾病也。恒者，綿綿之貌。”趙汝楳云:“疾者豫之反，《書》曰‘有疾弗豫’是也。”龍仁夫云:“貞疾，貞固之疾也。”林希元云:“貞，常也。物以得正為常，故謂貞為常。常疾，言久疾而不痊癒也。然以所處得中，善道猶有存者，故又為恒不死之象。衰周之君，漢魏末世之主，皆然也。”梁寅云:“如人有沉痼之疾而不可療者，此所謂貞疾也。”洪頤云：“貞者，固也；固者，痼也。言痼疾也。”洪啟初云：“貞疾，猶云痼疾。”

上六，冥豫，成有渝，无咎。

《象》曰：“冥豫”在上，何可長也？

【義解】以陰居亢，陰故自佚其豫，亢則自大而驕，如人閉目冥然，不恤人言，而自驕逸也，是咎道也，何可長也？誠能有變其驕，而自戒懼，則亦可无咎。[1] 成，誠；渝，變。[2]

【疏證】[1] 馬融《易傳》：“冥昧耽於樂也。”虞翻曰：“應在三，坤為冥。渝，變也。”李道平疏：“應在三，三體坤。《釋言》：‘冥，晦也。’月滅於坤三十日，故為晦。”李鼎祚曰：“豫已極而猶冥於豫，是豫之終而一成不變矣。故‘有渝’則无咎。”程頤云：“耽肆於豫，昏迷不知反者也。在豫之終，故為昏冥已成也。若能有渝變，則可以无咎矣。”○元按：諸說大義已得，然詳其文意，蓋皆斷為“冥豫成，有渝，无咎。”惟《象》但言“冥豫”，則“成”字當屬下讀。龍仁夫云：“‘成有渝’與隨初‘官有渝’語勢同，宜為句。”是也。且上文既言鳴豫、盱豫、由豫，則此處作冥豫義長。明儒郝敬亦從下讀，惟釋成為終，非。[2] 于省吾云：“成、誠古通。《詩·小雅》‘我行其野，成不以富’，《論語·顏淵》‘成’作‘誠’。《禮記·經解》‘繩墨誠陳’，注：‘誠猶審也。或作成。’”（《雙劍誃易經新證》卷二）

序卦：豫必有隨，故受之以隨。

䷐（震下兌上）

隨：元，亨，利，貞，无咎。

【義解】當豫之時，天道復元，順而能動，則天地如之。如雷出地上，萬物皆豫。自其和同萬物者視之，則為豫；自其因和而同者視之，則為隨。所謂隨者，隨其能豫者也，[1] 豫之所之，隨之所之也。能豫者，乾元也，乾元貫通四德，無往而不利，故隨亦貫通四德，無往而不隨。乾始能以美利利天下，不言所利，故隨亦但言

125

无咎。

【疏證】[1] 鄭玄云："喜樂而出，人則隨從。《孟子》曰'吾王不遊，吾何以休，吾王不豫，吾何以助'，此之謂也。"李道平云："蓋豫為喜樂，喜樂出入，人必喜悅。"

《彖》曰：隨，剛來而下柔，動而說，隨。大亨貞无咎，而天下隨時，隨時之義大矣哉！

【義解】上兌下震。兌，柔卦也；震，剛卦也。以剛下柔，動而能說。說者取悅也，能取悅人必隨其所欲而之乃可，故動而說有隨之義，是即卦德也。惟此所謂說，非說人也，乃乾元耳。[1]大亨貞无咎，即四德而不言所利之意。蓋以己隨人，吝道也；然有此卦德，而能隨乾，故天下隨時，天道乃成也，隨時之義豈不大哉？[2]所謂"後天以奉天時"者，此也。參豫卦。

【疏證】[1] 沈該云："夫隨者，主於見可而知變者也。處隨之世，若守一節而不知變，則失隨時之義。知變矣，若隨而失其正，則非正道之吉。從正矣，而不能下人，則乖隨順之道。"[2] 陳瓘云："不曰隨之時義，而曰隨時之義者，隨無時，時有隨也。"馬振彪云："隨時之宜，權衡其可隨者而隨之。隨之中自有不隨者在，非以詭遇為隨也。"

《象》曰：澤中有雷，隨。君子以向晦入宴息。

【義解】雷（龍）潛於大澤，淵默無聲，[1]如萬物之隨乾，密合無間，無有摩擦也。君子法天道之隨時，時止而時行，天既嚮晚，則宴安而休息也。晦，冥。[2]卦既以動而說能隨為德，凡陽爻則剛健而能隨，凡陰爻則柔順而不得不隨。[3]

【疏證】[1] 朱升云："雷，陽氣所為；龍，陽氣之聚。靜則潛伏，動則衝破陰氣而有聲，龍之所在即雷之所在。"崔銑云："朱升……此說於象為近。"[2] 翟玄曰："晦者，冥也。雷者陽氣，春夏用事。今在澤中，秋冬時也。故君子象之，日出視事，其將晦明，退入宴寢而休息也。"孔疏引鄭玄云："晦，冥也，猶人君既夕之後，入於宴寢而止息。"張浚云："潛神至靜之

地,而後能盡動說之道於隨,《莊子》曰'淵默而雷聲,神動而天隨,從容無
為[而]萬物炊累焉。'蓋動者靜之基,潛陽之德養於至靜,動以利物,其動
乃說。君子向晦宴息,蓋隨時而養之以靜也。"蔡清云:"君子以向晦入宴
息,即所謂日入而息也。若勤作工夫的人則焚膏繼晷,亦不可大過。三
才之理俱有動有靜,靜所以養乎動之根也。如造化之氣,若冬來息的不
凝固,則來歲必是災沴,穀菜不熟,人畜不寧。如冬雷則災矣,為造化不
曾息得也。醫術教人到三更不睡則血不歸肝,而面色青黃,日間所事自
無精神矣。乃知此節亦係大理也。"章潢云:"息也者,生生之機,孟子謂
'日月之所息'。"錢澄之云:"雷在澤中,收聲之雷也。《月令》曰:'水澤
涸,雷聲收,伏而不動。'向晦宴息,即伏雷之義。道家謂希夷好睡,得
五雷蟄法,則知宴息亦大有功在。"○元按:張氏所引《莊子》之言見《在
宥》篇:"故君子不得已而臨蒞天下,莫若無為。無為也,而後安其性命之
情。故貴以身於為天下,則可以託天下;愛以身於為天下,則可以寄天
下。故君子苟能無解其五藏,無擢其聰明,尸居而龍見,淵默而雷聲,神
動而天隨,從容無為而萬物炊累焉。吾又何暇治天下哉!"此言君子倘能
無為,必能無不為。故尸居、淵默者,無為也;龍見、雷聲者,無不為也。
龍見者,"見龍在田,天下文明";雷聲者,"天下雷行,物與无妄"。"神動
而天隨"者,"先天而天弗違"也。無為而無不為,亦猶夫豫之與隨也。張
氏就隨處言,蔡氏就息處言,二義皆通。[3] 隨六二王弼注:"陰之為物以
處隨世,不能獨立,必有系也。"耿南仲云:"剛足以自(亡)[立]也,徒以隨
時,故來而下柔,則其於人也,隨之而已,非系也;柔不足以自立,而隨人,則
非徒隨之,亦且系屬之而不能違矣。故六三、六二、上六皆稱係焉。"

初九,官有渝,貞吉,出門交有功。

《象》曰:"官有渝",從正吉也。"出門交有功",不失也。

【義解】以陽居潛,陽故能隨,潛則固執而不起意,蓋隨則已非
主動,故言固執,能隨其所隨而堅貞如一者也。其象如君子能隨上
官之令而固執之。然此吝道也,蓋如其正,則當隨之;如其不守常
法,失正而有變,則當定於追隨之道,以從正為吉也,[1] 若不能從

正則吝矣。有從正之德者,出門則必交有功之人,因其能不失所當隨也。貞,定。為蠱卦伏筆。

【疏證】[1]《九家易》曰:"渝,變也。"張根云:"從道不從君之謂。"保巴云:"君子體而用之,隨時變更,貴乎從正,不正則昧經權之義矣。"○元按:《左傳》昭二十年,景公招虞人以弓,虞人不往。"仲尼曰:守道不如守官。"言守道當以守官為上也。景公不以禮招,是官有渝也;虞人非禮不進,是所謂從正而守官也。與此爻頗可相發。參中孚初九。

六二,係小子,失丈夫。

《象》曰:"係小子",弗兼與也。

【義解】以陰居柔中,陰故不得不隨,柔則順守,故不知所當隨,中則不失其宜,雖所隨不當而無大咎者也,然亦吝道也。象如隨人而行,未能與長者同列,而被置於附從之屬,故云"係小子,失丈夫"。[1]小子猶言弟子、屬下,丈夫猶言夫子、大夫。依禮,五十服官政,為大夫。[2]大夫之於丈夫,猶大人之於丈人也。參師卦。所謂丈夫,即喻乾元也。係者,言其乃附從者,亦非與小子相並者也。兼,並。

【疏證】[1] 耿南仲云:"係小子,失丈夫,失所係也。蓋以陰居陰,則不足於明,又不足於斷。不足於斷,故不能違近而趨遠。不足於明,故兩者之間不知擇所係焉。"俞琰云:"丈夫乃男子之通稱,以小子對丈夫,則小子乃幼小之稱,丈夫乃老成之稱。"(《讀易舉要》卷一)○元按:小子初乃幼小之稱,後則引申為屬下之意,《尚書·康誥》周公稱康叔"小子封",殷亦有小子侯,皆非幼小之義也。[2]《禮記·內則》:"四十始仕,方物出謀發慮,道合則服從,不可則去。五十命為大夫,服官政。"

六三,係丈夫,失小子,隨有求,得。利居貞。

《象》曰:"係丈夫",志舍下也。

【義解】以陰居躁,陰故不得不隨,躁則不甘居後,故自附於前列。當隨之時,被隨者必不拒之,故隨其有求而得也。此所謂寧為牛後、不為雞首者也。以卦言，所謂前列，即指乾元。象如隨人而行，不甘與小子同列，而自附於前列者也。[1]所謂係丈夫者，其志在於不甘居下，故云志舍下。[2]所當隨者既得，其利在守之不移，不可復躁，否則失隨之義矣。

【疏證】[1]耿南仲云：“係丈夫為得所係，故‘隨有求，得’。”[2]程頤云：“既隨於上，則是其志舍下而不從也。舍下而從上，舍卑而從高也，於隨為善矣。”

九四，隨有獲，貞凶。有孚，在道以明，何咎？

《象》曰：“隨有獲”，其義凶也。“有孚在道”，明功也。

【義解】以陽居或，陽故能隨，或則謹慎有疑，能自省其所當隨。象如隨人，由能隨，故或小子或丈夫，必有獲也，然有獲即定，此則有凶也，[1]蓋如所隨非人則凶矣；由謹慎，故必不貞於所獲，而能自省，其能自省者，即中心有主之謂也，故云有孚，孚者，誠也。在道以明者，[2]言中途而明，即經自省而明也。由有孚而能明，故“有孚在道”一句乃明孚信之功也，《中庸》所謂“自誠明”者也。

【疏證】[1]陳瓘云：“貞凶者，征吉也。‘隨有獲，貞凶’，故居貞之利不可執也。”[2]龍仁夫云：“‘在道以明’，句絕。”○元按：龍說是也。先儒多以“有孚在道”絕句者，《象》所謂“有孚在道”乃二句之省文也。如屯六四“求婚媾，往吉”，《象》云“求而往”，是其例也。

九五，孚于嘉，吉。

《象》曰：“孚于嘉吉”，位正中也。

【義解】以陽居剛中，陽故能隨，剛則堅執其隨，中則所隨得宜，位中而堅隨其所當隨，所謂正中也，正合卦德，故能信念堅定以隨於乾元，必獲大吉。嘉者善也，[1]元者善之長也，元為長，則嘉為隨矣，故孚於嘉。孚，信，定。

【疏證】[1]程頤云：“嘉，善也。”龔原云：“嘉者美之至也，天下和會之時，隨之正動。”

上六，拘係之，乃從維之，王用亨于西山。

《象》曰："拘係之"，上窮也。

【義解】以陰居亢，陰故不得不隨，亢則不遜，[1]其象如大牲或俘虜為人所拘囚捆繫，[2]而自欲掙脫，蓋王者欲以之薦享於西山也。亨，享。[3]維，繫。窮，極。上窮即亢。[4]

【疏證】[1]王弼云："隨之為體，陰順陽者也。最處上極，不從者也。"[2]程頤云："拘係之，謂隨之極，如拘持縻繫之。乃從維之，又從而維繫之也。"[3]京房《易章句》："享，祭也。"陸德明云："亨，陸云：'祭也。'"虞翻曰："有觀象，故享。"李道平《疏》："亨讀如享也。"[4]王弼云："隨道已成，而特不從，故拘繫之。"又云："處於上極，故窮也。"

序卦：以喜隨人者必有事，故受之以蠱。蠱者，事也。

☶（巽下艮上）

蠱：元亨。利涉大川，先甲三日，後甲三日。

【義解】隨之德，乾德也。天道以乾隨陽，非止能承而已，亦所以成陽也。當隨之時，陽如有弊，端賴隨德以濟之。故隨必具蠱之德，蠱者亂也，事也，[1]有事以濟陽之亂也。[2]如大君有股肱之臣，喜而起之，故曰："以喜隨人者必有事，故受之以蠱。"[3]隨者利之時也，當利之時物如有亂，必知利而不知義，天地無以相通也。隨之幹蠱，必使之能復其元亨乃止，故蠱於四德居元亨也。既能濟亂，自不避險難，雖大川亦利涉之矣。隨之幹蠱也，依乾元而行，故能叩其兩端而執其中，其有過者則致其更新之意，其不及者則反復叮嚀以促其前。甲者十干之首，以象乾元之所當居，先甲三日為辛，辛者新也；後甲三日為丁，丁者叮也。[4]先甲、後甲猶巽卦先庚、後庚，皆文字遊戲而已。

【疏證】[1]陸德明云："蠱，事也，惑也，亂也。《左傳》云：'於文，皿蟲為蠱。'又云：'女惑男，風落山，謂之蠱。'"[2]伏曼容曰："蠱，惑亂也。

萬事從惑而起，故以蠱為事也。”沈該云：“蠱，事也。因事有蠱壞而治之，故謂之蠱，猶治亂謂之亂，治荒謂之荒。”李道平云：“孔疏引褚氏云：‘蠱者，惑也。物既惑亂，終致損壞，當須有事也。蠱者，事也。謂物蠱必有事，非謂訓蠱為事。’得其義矣。”○元按：蠱者毒也，故云亂。天時雖亂，天德則固能濟此亂也，故毒、亂皆蘊治義。參師卦。[3] 李道平云：“愚案：《書·益稷》曰‘股肱喜哉，元首起哉’，而終之以‘庶事康哉’，是‘以喜隨人者必有事’也。”○元按：《益稷》古文，今文在《皋陶謨》後。偽孔傳：“股肱之臣喜樂盡忠，君之治功乃起，百官之業乃廣。”蔡沈曰：“人臣樂於趨事赴功，則人君之治為之興起，而百官之功皆廣也。”蓋《喜起》《明良》二歌，先儒皆以君臣交儆為言，是矣。元首者天子也，股肱者大臣也，百工者小臣也。元首之責股肱所以云喜者，《爾雅·釋詁》“喜，樂也”，樂其道也，望其大臣以道事君，所以幹君之蠱也。若偽孔、蔡氏所言，則皆小臣之事耳，失之遠矣。[4] 孔穎達云：“褚氏、何氏、周氏等並同鄭義，以為甲者造作新令之日，甲前三日取改過自新，故用辛也；後三日取丁寧之義，故用丁也。”

《彖》曰：蠱，剛上而柔下，巽而止，蠱。“蠱，元亨”，而天下治也。“利涉大川”，往有事也。“先甲三日，後甲三日”，終則有始，天行也。

【義解】艮者剛卦也，巽者柔卦也，剛上而柔下，故卦以巽入而能有止為德，是能幹蠱者也，[1] 故曰蠱。蓋巽則巽順，柔而能入，使事有濟；止則不違其則，使事有當。止亦有限止其巽之義，雖能隨而幹蠱，然亦不可一味巽也，當巽而有節。能幹蠱，故能復其元亨之道，天下大治矣。往而有事，有幹蠱之能，故利涉大川；先甲三日，後甲三日，言隨之幹蠱乃乾行也，惟乾行故能終則有始，復其性也。天行即乾行。

【疏證】[1] 朱子云：“幹，如木之幹，枝葉之所附而立者也。”《朱子語類·易六·蠱》：“龜山說，‘巽而止’乃治蠱之道，言當柔順而止，不可堅正必為。此說非惟不成道理，且非《易·彖》文義。‘巽而止，蠱’，猶

'順以動，豫'、'動而說，隨'，皆言卦義。"○元按：朱子言"巽而止"乃蠱卦之義，非也。以卦時言，卦義即卦名也。"巽而止"者卦德也，天即以此卦德濟其卦時也。故楊時以"巽而止"為治蠱之道，實為得之。

《象》曰：山下有風，蠱。君子以振民育德。

【義解】山下為谷，山之有谷者，物居其中，或有餒敗，其氣蔓衍而成瘴癘，是則有毒而成蠱矣，蠱，毒也。山下有風者，言風能入谷，以散其毒也，是蠱卦之象。[1]君子法天行之處蠱，作新其民而養育其德。[2]蓋天視自我民視，天聽自我民聽，民者，君子之所天也。[3]君子雖隨民而能幹其蠱，故有師之義焉。[4]卦既以巽而能止為德，凡陰爻則柔順務巽，其幹蠱也柔；凡陽爻則剛健有止，其幹蠱也剛。按上章乃言天道，故蠱之時雖亂，而著眼於有事，即幹蠱也，下凡言蠱之時者，皆指幹蠱之時，蓋陰陽爻皆知幹蠱，惟取向不同耳。

【疏證】[1]俞琰云："康節邵子曰，蠱者風之族也。蠱以風化，故風字從蟲。今夫山下有風，則木多滯淫而蠹生焉，蠱之象也。"章潢云："《小雅》云：'習習谷風，維山崔巍。無草不死，無木不萎。'觀此而蠱之義明矣。邵子曰'蠱者風之族，故風字從蟲'，是山風蠱亦是實象。然豈終於蠱哉！振其鬱而通之者風也，育其枯而榮之者山也，要在疏通山木而風氣之不鬱耳，此則飭蠱之道也。"[2]張根云："振民謂作而新之，育德謂養而成之。"王畿云："振者，鼓舞興起之意，故曰'作新民'。不徒條教之設，號令之申，蓋治其本也。譬之良醫治病，振者驅其外邪，育者養其元氣。風言振，山言育。"（李贄《九正易因》引）○元按：《孟子·滕文公章句上》："放勳曰：勞之來之，匡之直之，輔之翼之，使自得之，又從而振德之。"放勳所言振德，與象義可通。[3]《孟子·萬章上》："《太誓》曰：'天視自我民視，天聽自我民聽。'"○元按，另參《姤·象》義解所引《說苑·建本》管仲之言。[4]李中正云："振其民而使之作新，育其民而使之成就，非大有所施為拯救，則無以變蠱壞之習。放勳曰：'勞之來之，匡之直之，使自得之，又從而振德之。'"

初六，幹父之蠱，有子，考无咎。厲，終吉。

《象》曰："幹父之蠱"，意承考也。

【義解】以陰居潛，陰故柔順務巽，幹蠱以柔，潛則固執，當蠱之時，雖知幹蠱，而不欲顯幹者也。[1]象如其父有過，為子者堅執三年無改之道，不欲彰其父過也，故曰"有子考无咎"，[2]此危道也。然以蠱之時，故實能幹蠱，其三年無改者，惟以意承之耳，實不同也，故終吉。[3]

【疏證】[1] 虞翻曰："幹，正；蠱，事。"李道平疏："正父之事，故曰'幹父之蠱'。"魏了翁云："父沒稱考，若散而言之，生亦稱考。若《康誥》云'大傷厥考心'，是父在稱考。此避幹父之文，故變云考也。"龍仁夫云："考即父也，偶變文耳。"自注："考、老義同，父未沒亦稱考。（下亦引《書》文為證，略。）"[2] 刁包云："有子，如昔云'某有子矣'，如《戴記》云：'幸哉！有子如此，可謂孝矣。'考无咎，如周公告蔡仲曰：'爾尚蓋前人之愆'是也。"〇元按：陸德明云："馬、王肅以考絕句。"虞翻亦以'有子考'斷句，王弼則以'考无咎'斷句，李道平云："王注是也。"惟近世于省吾氏讀考為孝，云當以"有子孝"絕句，蓋彼固不信《象》者也。雖亦可通，於經無據，且與其信漢儒，何如信晚周之儒？[3] 楊簡云："不得已而幹父之蠱，其意未嘗不順承者也。其意則承，其事則不可得而承矣。承其事則蠱弊終不盡除，蠱不盡除，乃所以彰父之惡，非孝也。"

九二，幹母之蠱，不可貞。

《象》曰："幹母之蠱"，得中道也。

【義解】以陽居柔中，陽故幹蠱以剛，柔則柔順以行，中則所行得宜，象如其母居中饋而有過，在外則極力幹蠱，在內則示母以服從，[1]雖所行得中，然實以欺哄得之，不如為父母之諍子，可以表裏如一也。此從權者也，故不可定於此道。[2]

【疏證】[1] 王弼云："婦人之性，難可全正，宜屈己剛，既幹且順，故曰不可貞也。幹不失中，得中道也。"[2] 鄒德溥云："九二以剛居柔，能以巽權行之,任治蠱者也。……不可貞者,謂不可執一定之法以為繩,即所謂權也。孟子曰:'不可磯,亦不孝也。'蓋此之義夫。……得中道者,謂不從令亦不傷恩,此非九二有剛之實而無用剛之跡者不能也。斯義也,狄仁傑以之。"○元按:諸說多以不可貞為譎變而從權,似矣。然遍觀諸爻貞字之義,不可貞當訓為不可定於此爻,於義為長。

九三,幹父之蠱,小有悔,无大咎。

《象》曰:"幹父之蠱",終无咎也。

【義解】以陽居躁,陽故幹蠱以剛,躁則除惡務速,必有傷父母之心矣,故小有悔。[1]然終能幹父之蠱,故亦無大咎。[2]

【疏證】[1] 耿南仲云:"子道貴順,今以剛過,則父子之恩傷矣,故小有悔。然從義不從父,是乃所以義其父也,故無大咎焉。"沈該云:"當不義,則子不可不爭於父。"鄧夢文云:"以陽居陽,少一段委曲將順之意,失親之心,而己亦不慊,故小有悔。然志在幹蠱,有愛親之實,本無所失,故無大咎。"[2] 司馬光云:"親有過,下氣怡聲以諫,禮也。三以重剛幹之,故小有悔也。然不失其正,故無大咎也。"

六四,裕父之蠱,往見吝。

《象》曰:"裕父之蠱",往未得也。

【義解】以陰居或,陰故柔順務巽,幹蠱以柔,或則謹慎有疑。當蠱之時,無論剛柔,必意志堅定乃能有得,如遊移不定,則當斷不斷,[1]不惟無以幹蠱,必失其可幹之時而反裕之也,[2]故往則見吝矣。言吝者,此愚孝而有失者也,亦無以過咎其子。

【疏證】[1] 鄧夢文云:"六陰四柔,以止為體,以卦論之,乃人之無血性,不可與有為者。"[2] 虞翻曰:"裕,不能爭也。孔子曰:'父有爭子,則身不陷於不義。'"李道平疏:"柔裕,故不能爭。"蘇軾云:"裕,益也。"司馬光云:"裕之為言饒也,益也。父不義而順之,是裕之也。往而不變,斯可醜也。"劉彌邵云:"強以立事為幹,怠而委事為裕。事弊而裕之,弊益甚矣。蓋六四體艮而爻位俱柔,夫貞固足以幹事,今止者怠,柔者懦,怠且懦,皆增益其蠱者也。持是以往,吝道也,安能治蠱耶?"(《周易折中》引)○元按:李氏所疏雖得虞意,然與爻辭不合。裕者,厚之也。倘云所以裕者,因其不能爭,則是矣。司馬、蘇、劉說皆得之,惟"體艮"云云,蛇足耳。

六五,幹父之蠱,用譽。

《象》曰:"幹父用譽",承以德也。

【義解】以陰居剛中,陰故柔順務巽,幹蠱以柔,剛則可以及遠,中則所行得宜,象如其父有過,為人子者不欲顯幹之,亦不言承之,而惟務施德濟難,故眾歸之以譽。如此則必能揚名聲,顯父母,可謂大孝者也,父雖有過亦泯矣,是謂承之以德。[1]

【疏證】[1] 李中正云:"父有過而子有德,則子之德足以顯其親。舜有瞽,禹有鯀,其惡彰矣;然舜禹以大德受命,聲名洋溢乎天下,而天下不罪瞽鯀之過,皆頌舜禹之德,非用譽、承以德之義乎?"鄭維嶽云:"子有幹蠱之名,則歸過於親。幹蠱而親不失於令名,是用譽以幹之也,幹蠱之最善者。"(《周易折中》引)倪元璐云:"如禹以蓋愆而有天下,卒配鯀於天,終夏之世,皆頌鯀也。"

上九,不事王侯,高尚其事。

《象》曰:"不事王侯",志可則也。

【義解】以陽居亢,陽故幹蠱以剛,亢則不遜,由幹蠱而致不欲承之矣。象如臣之事君,君有過,諫之而不從則去,[1]所謂不事王侯,高尚其事也。此君臣相交之常道,可引以為法,故云其志可則也。按自初至五皆言父母,而此獨言君者,以父可括君也。然君則不可括父,蓋父子乃天倫也,父即有過,不可絕之,亦無以絕之也;君臣乃人倫,故以道義相交,不合則絕之矣。[2]知此義者,可與言三綱矣。

【疏證】[1] 孔子曰:"為大臣者,以道事君,不可則止。"孟子曰:"君有過則諫,反覆之而不聽則去。"○元按:孟子此亦以異姓之卿言之耳,若同姓則有父兄之道在焉,不可去矣。然則《孟子·萬章下》所謂貴戚之卿

135

"君有大過則諫，反覆之而不聽"則易位者，豈非九三"小有悔"而"無大咎"者乎？[2]楊簡云："君臣以義合，有道則見，無道則隱。蠱壞之世，故有不事王侯之義。若父子則是屬與君臣之義不同，無不事之義，故此爻不言父子。"胡炳文云："初至五皆以蠱言，不言君臣而言父子，臣於君事，猶子於父事也。上九獨以'不事王侯'言者，蓋君臣以義合也。子於父母，有不可自諉於事之外者，若王侯之事，君子有不事者矣。是故君子之出處，在事之中，盡力以幹焉而不為汙；在事之外，潔身以退焉而不為僻。"○元按：《帛書周易》此爻爻辭作"不事王侯，高尚其事，凶"，此蓋戰國以降學者所增也。可知《帛書周易》與通行本必非同一系學者所傳。予嘗辨之於《孟子章句講疏‧滕文公章句下》末章，並引趙威后欲殺於陵子仲之言為證。惠士奇云："至戰國而妾婦之道盛行於天下，於是世無高尚之人矣。其時有好事者造為太公誅狂矞之說，韓非稱之曰：'海上有賢者狂矞，太公望聞之，往詣焉，三卻焉於門而狂矞不見也。太公望誅之。周公旦曰：狂矞，天下之賢者也，夫子何為誅之？太公望曰：狂矞不臣天子，不友諸侯，吾恐其亂法易教也，故以為首誅。'"其時孔子誅少正卯之說亦漸流行，此論始倡於荀子，終成李斯焚坑之禍，韓非亦造太公誅狂矞之說，非偶然也。朱子以下，歷代學者多有辯之者。參錢穆《先秦諸子繫年‧孔子行攝相事誅魯大夫亂政者少正卯辨》。

序卦：有事而後可大，故受之以臨。臨者，大也。

䷒（兌下坤上）

臨：元，亨，利，貞。至于八月有凶。

【義解】天道至隨，四德已具，是亦乾行也。隨之從陽，若陽有弊，則幹其蠱而復其隨，蠱乃隨之一德也；若陽無弊，隨順以往，則必至亨大，大器成矣。[1]故隨、蠱必繼之以臨，臨者，大也，取其巍巍然以臨於人也。[2]天行自大有已大，由大有至隨，於物則欲其籽粒飽滿，於人則欲其內充己德，故大有之大尚虛，臨之大則已實，所謂有容乃大，故可巍巍然而無愧矣。隨具四德，臨能繼隨，故亦具四德，是以元亨利貞。所謂至於八月有凶者，依十二月卦言之也，八月為臨（觀）卦，臨（觀）之時物已成實，取其善者，饁之神明，所謂嘗祭也。於物而言，是有凶也。[3]

【疏證】[1] 崔憬曰："有蠱元亨，則可大之業成，故曰'有事然後可大也'。"[2] 李道平云："臨非大，以大相臨，故曰'臨者，大也'。又《靈樞經》'太陰之人，其狀臨臨然長大'，亦臨訓大也。"[3]《莊子·秋水》："莊子曰：'吾聞楚有神龜，死已三千歲矣，王巾笥而藏之廟堂之上。此龜者，寧其死為留骨而貴乎？寧其生而曳尾於塗中乎？'二大夫曰：'寧生而曳尾塗中。'"

《象》曰：臨，剛浸而長，說而順，剛中而應。大亨以正，天之道也。"至于八月有凶"，消不久也。

【義解】四陰居上，二陽來下，是剛浸而長、以陽臨陰之象也。[1]卦德說而能順，柔說而能順其所臨，六五剛中而與物相應。所謂說者，與物無忤；所謂順者，能依物則，《中庸》所謂"聰明睿智，足以有臨"也。臨本繼隨而出，是天之道也，備具四德，故云"大亨以正"。至於八月有凶，言臨（觀）之時陰之消陽將盡也。蓋十二月卦，人但知其自復經臨、泰、大壯、夬、乾、姤、遯、否、觀、剝而至坤，不知實祇由坤經復至乾七卦也。蓋陽升陰降，自坤（十月）起一陽生則為復（十一月），二則為臨（十二月），三則為泰（正月），四則大壯（二月），五則夬（三月），依次至乾（四月）；五月則一陰自上生，亦夬，六月則二陰，亦大壯，七月則三陰，亦泰，八月則四陰，亦臨，九月則五陰，亦復。除乾坤外，復至夬五卦皆當兩月，無以別之，故用其覆卦，非真有一陰由下而生也。知此義，則知臨、觀二卦於十二月卦中本同卦，惟臨卦耳。臨卦既可視為二陽浸長，亦可視為四陰漸息，陰息而陽消，故言消不久也，因初二消則純坤無陽矣，由天行言之，則為大過死象。有凶者，八月之時陰盛於陽矣。[2]消息之義，參泰卦。

【疏證】[1] 程頤云：“浸，漸也。二陽長於下而漸進也。”方孔炤云：“《陰符經》曰：‘天地之道浸。’”錢澄之引徐子與曰：“浸，漸也。《陰符經》云：‘天地之道浸。’”[2] 王弼云：“八月陽衰而陰長，小人道長，君子道消也。”孔穎達云：“臨為建丑之月，從建丑至於（八）[七]月建申之時，三陰既盛，三陽方退，小人道長，君子道消，故八月有凶也。”〇元按：原本作八月，誤，據阮元本改。

《象》曰：澤上有地，臨。君子以教思無窮，容保民无疆。

【義解】澤本處於地中，地上於澤，其澤深矣，由澤視地，巍巍然而有臨象。地既成澤，是有容矣，故成其大。[1]君子法地之臨澤，務欲充拓己德，以自勵其思而至於無窮，[2]以容民保民而至於无疆。[3]《中庸》：“修道之謂教。”《尚書·洪范》“思曰睿”，思無窮即所謂聰明睿智，故能有臨。[4]《中庸》：“寬裕溫柔，足以有容也。”卦以說而順、聰明睿智為德，故能容人，能容人則必虛己，是無成見也。凡陽爻則剛健，有成見；凡陰爻則柔順，無成見。

【疏證】[1] 荀爽曰：“澤卑地高，高下相臨之象也。”王畿云：“以土制水，宜若易然者，迫之以險隘，則奔潰四出，壞而後已。若居之以寬，則畜而為澤。君子於民亦然。”（李贄《九正易因》引）[2] 孔穎達云：“君子於此臨卦之時，其下莫不喜說和順，在上但須教化思念无窮已也。欲使教恒不絕也。”胡瑗云：“君子法此之象，汲汲然惟恐一物之不被其澤，故夜以思之，畫以行之，焦心極慮，施其教化以臨於民，而無有窮已也。”程頤云：“物之相臨與含容，無若水之在地，故澤上有地為臨也。君子觀親臨之象，則教思無窮。親臨於民，則有教導之意思也。”〇元按：容、睿本通。漢代今文《尚書》“思曰睿”，“睿”字即作容。參皮錫瑞《今文尚書考證》卷十一《鴻範》。諸說多以教化之意釋“教思”，非也。君子所以能大，因其虛己有容，非因其殫精竭慮，以教民為務也。況禮聞來學，不聞往教，蠱卦所以有教人之意者，乃幹君父之不足，不得不為也；觀卦所以有教化之思者，乃觀示萬民，待其取法。臨之說而能順，乃言其能容，非以教化言也。《說苑·君道》記尹文曰：“人君之事，無為而能容下。……大道容眾，大德容下，聖人寡為而天下理矣。《書》曰：'睿作聖。'"是其顯證。[3] 孔穎達云："容保民无疆者，容謂容受也。保安其民，無有疆境，象地之闊遠，故云无疆也。"[4] 程頤云："無窮，至誠無斁也。"

初九，咸臨，貞吉。

《象》曰："咸臨貞吉"，志行正也。

【義解】以陽居潛，陽故不能虛己而有成見，潛則不起意，是能泯其成見者也，合卦德之義，故云志行；既不起意，是能定矣。止一為正，是為志行而正也。能以此德臨物，則能容物，物或來歸而與之交感，感而遂通天下之故。能感亦必以虛受人乃可，故云咸臨，咸者感也，[1] 定於此而可獲吉也。參咸卦。

【疏證】[1] 虞翻曰："咸，感也。"趙采云："臨有應者為咸。咸，感之無心者也。"楊爵云："咸之義至為精約，詳遠而略近，昵親而忽疏，皆非咸也。無遠近親疏，皆以公平之道臨之，《書》所謂無偏黨反側，而惟以蕩蕩平平正直為心。孔子謂'周而不比'，程子謂'廓然大公，物來而順應'者，皆咸臨之義也。"蘇濬云："有心曰感，無心曰咸。以初之剛正，而下臨乎民，相感也，而忘其為感；相臨也，而忘其為臨。化其偏黨，歸於大公。"

九二，咸臨，吉，无不利。

《象》曰："咸臨，吉，无不利"，未順命也。

【義解】以陽居柔中，陽故不能虛己而有成見，柔則成見未深，故能消其成見，中則所消得宜，如人雖有成見而能自省，終泯其成見者也，故亦可與物交感，亦繫之以咸臨。[1] 然初九、九二稍有境界之不同，初九不起意，是其成見未發也；九二能消其成見而得中，是已發而返於不發者也。故初九貞吉，而九二則吉無不利，言其未能順天命之中而不發也。[2]

【疏證】[1] 潘士藻云："初以正，二以中，皆以至公徧感群陰，而得其大順，曰咸臨。咸，無心之感也。"[2] 蔡清云："初九以剛得正而吉，九二以剛得中而吉，其無不利，特以其勢上進也。蓋已進至二，駸駸乎有純剛之勢矣。故初僅得吉,而二則兼得無不利。"蘇濬云:"二以中道而臨民,其感無心,其應無跡。"○元按:蔡氏此論稍有未諦,然亦知辨初九、九二之別者也。

六三,甘臨,無攸利;既憂之,无咎。

《象》曰:"甘臨",位不當也。"既憂之",咎不長也。

【義解】以陰居躁,陰故能虛己而無成見,躁則起意而似有為,無成見而似有為者,則此有為非如陽爻之成見,而是憂自身之不能泯滅成見。如人已無成見,而時時顧念,欲保任不失,以防其有成見,反似欲有所為,其境界自不如初九之未發,故無所利。然以所憂在泯其成見,則有咎亦不長,故云无咎。甘者,口含一物,即時時顧念、玩味之義。參節卦。[1]

【疏證】[1]虞翻曰:"兌口銜坤,故曰甘臨。"李道平云:"甘,從口含一。"○元按:《說文》:"甘,美也,從口含一。"此所云甘,非取美義。

六四,至臨,无咎。

《象》曰:"至臨无咎",位當也。

【義解】以陰居或,陰故虛己而無成見,或則有疑而慎,雖有不及,然亦勉強至臨之境,故云至臨,[1]因居慎,故位當而无咎也。

【疏證】[1]龔原云:"至者,德性誠心足以臨也,雖不足以行中,亦无咎矣。"趙汝楳云:"至者,至乎此也。"

六五,知臨,大君之宜,吉。

《象》曰:"大君之宜",行中之謂也。

【義解】以陰居剛中,陰故虛己而無成見,剛則有為,中則所行得宜,是聰明睿智以應萬物之象也,故曰知臨,是大君之所宜也,其吉可知。[1]按初九未發,九二發而返於不發,六五則發而中節者也。[2]初九如元始之聖,空空如也,物來順應;六五則天縱之聖,守其中道,六龍御天。有位則六五,無位則初九,各有當也。初九,未發之中也;六五,已發之和也。中也者,天下之大本;和也者,天下之達道。

【疏證】[1] 張根云:"捨己從人,堯舜之事。"李中正云:"聰明睿智足以有臨,此君人之道也。"王申子云:"《中庸》曰:'惟天下至聖,為能聰明睿智,足以有臨也。'故知臨為'大君之宜'。"郝敬云:"地卑臨澤,有親下之象,虞舜察邇好問,用中於民,所以天下大悅而歸己。'聰明睿智,足以有臨',其象如此。"李道平云:"《中庸》曰:'惟天下至聖,為能聰明睿智,足以有臨也。'故曰知臨。知臨而言行中者,《中庸》言'舜之大知,用中於民',是其義也。"[2] ○元按:宋都絜《易變體義》仿《左》《國》例,以本卦之卦釋爻義,云:"此臨之節也,而爻辭云爾者,節之道貴乎中而已。"此雖非聖人設卦繫辭本意,然亦可形易道之妙,以見巫史、經學二易確乎有以相通也。

上六,敦臨,吉,无咎。

《象》曰:"敦臨之吉",志在內也。

【義解】以陰居亢,陰故虛己而無成見,亢則處極而不止,已無成見而尤無成見者也,其向內探求之功愈形深厚矣,故云敦臨,志在內也。敦者,厚也。[1] 臨本已吉,向內探求雖似有為而實無為也,故无咎。

【疏證】[1] 荀爽曰:"敦厚之意,故曰敦臨。"王弼云:"處坤之極,以剛而臨者也。志在助賢,以敦為德,雖在剛長,剛不害厚,故无咎也。"孔疏:"敦,厚也。"○元按:王氏此釋,雖未中旨,然亦微得其意矣。蓋徒知剛不害厚,而於所謂"志在內"者尚未了然也。

序卦:物大然後可觀,故受之以觀。

☷(坤下巽上)

觀:盥而不薦,有孚顒若。

【義解】當臨之時,萬物已大,故可巍巍然臨於人。自其能臨者言之,則曰臨;自其所臨者言之,則曰觀,觀者,觀其巍巍然者也,故曰物大然後可觀。[1]能臨物者，因其順乎天行而有容，可以為萬物觀仰，故觀之時與臨相同，亦具四德。能使物可觀者，即天道依其神明而妙萬物之德也，物既成器而可觀，則可薦之於神明。故人能仰觀此物，實即仰此神明之德，是即觀也。當祭之時，人能竭其精誠，中心有主而能敬順其道，所謂"有孚顒若"，則可達觀之德而與神明相通。故其禮首之以盥，蓋以苞茅置地而以酒灌之也，必有孚顒若，其神乃降，明神既降，乃可行薦之禮也。故祭祀所最重者為盥，孔子所謂"禘自既灌而往者，吾不欲觀之矣"，非真不欲觀之也，不如盥時之盛，蔚為大觀也。故彖辭以盥而不薦之時形容天道大觀之盛，又言欲得此盛，必有孚顒若乃可耳。孚，信；顒，敬；若，語辭。[2]

【疏證】[1]崔憬曰："言德業大者，可以觀政於人，故受之以觀也。"李道平云："《白虎通》：'上懸法象，其狀巍巍然高大，謂之象魏。使人觀之，謂之觀也。'此即'物大然後可觀'，臨繼以觀之義也。"[2]馬融曰："盥者，進爵灌地以降神也。此是祭祀盛時。及神降薦牲，其禮簡略不足觀也。'國之大事，在祀與戎。'王道可觀，在於祭祀。祭祀之盛，莫過於初盥降神。故孔子曰：'禘自既灌而往者，吾不欲觀之矣。'此言及薦簡略，則不足觀也。以下觀上，見其至盛之禮，萬民敬信，故云'有孚顒若'。孚，信；顒，敬也。"王弼云："王道之可觀者莫盛乎宗廟，宗廟之可觀者莫盛於盥也。至薦簡略不足復觀，故觀盥而不觀薦也。"孔穎達云："顒是嚴正之貌，若為語辭。"〇元按：馬、王言孔子所以不欲觀者，誤矣。

《象》曰：大觀在上，順而巽，中正以觀天下。"觀，盥而不薦，有孚顒若"，下觀而化也。觀天之神道，而四時不忒，聖人以神道設教，而天下服矣。

【義解】四陰仰觀二陽，故云大觀在上；九五秉觀卦之德，中正以示天下，為天下所觀。[1]卦德順而能巽，順者，順乎道也；巽者，入也。大觀在上，能順其道，"盥而不薦，有孚顒若"，而有入於下，是能風化天下，所謂下觀而化也。神者，妙萬物而不遺者也，大觀秉乾元之德，故可妙萬物而不遺，行乎四時而不違，是所謂天之神道。聖人以天之所以妙萬物者設教，則天下歸服矣。[2]

【疏證】[1] 虞翻曰：“臨者，大也。在觀上，故稱大觀。順，坤也。中正謂五。五以天神道觀示天下，咸服其化，賓於王庭。”程頤云：“凡觀視於物則為觀（自注：平聲），為觀於下則為觀（自注：去聲）。如樓觀謂之觀者，為觀於下也。人君上觀天道，下觀民俗，則為觀；修德行政，為民觀仰，則為觀。”《朱子語類·易六·觀》：“自上示下曰觀（自注：去聲），自下觀上曰觀（自注：平聲），故卦名之觀去聲，而六爻之觀皆平聲。”李道平云：“自上示下，讀去聲，義取觀示。自下仰上，讀平聲，義取觀瞻。卦、《彖》作觀示，爻、《象》作觀瞻，義各有當。”〇元按：分觀示、觀瞻者是也，言《象》作觀瞻恐不儘然。詳下。[2] 崔憬曰：“言德業大者，可以觀政於人也。”王弼云：“統說觀之為道，不以刑制使物，而以觀感化物者也。神則無形者也，不見天之使四時而四時不忒，不見聖人使百姓而百姓自服也。”程頤云：“天道至神，故曰神道。觀天之運行，四時無有差忒，則見其神妙。聖人見天道之神，體神道以設教，故天下莫不服也。”鄧夢文云：“神道設教，非假神道以愚民。……不然，聖人安能以一人之私意，而鼓舞天下耶？”錢鍾書云：“按《禮記·祭義》：‘因物之精，制為之極，明命鬼神，以為黔首則，百眾以畏，萬民以服。’可申說此二句，古人政理之要言也。……《論衡·四諱篇》亦曰：‘夫忌諱非一，必託之神怪，若設以死亡，然後世人信用。’皆可為‘神道設教’示例。”〇元按：程說是也。王氏此論甚妙，然亦所謂道家言也，而《象》之本意不若是。蓋天之使四時誠不可見，聖人之教百姓者亦不可見乎？否則無以成其大觀矣。另，神道設教之說，後世頗以愚民之術視之，錢氏至引《祭義》《淮南子》《論衡》以實其說，非也。依《祭義》：“子曰：氣也者，神之盛也；魄也者，鬼之盛也。合鬼與神，教之至也。眾生必死，死必歸土，此之謂鬼。骨肉斃於下，陰為野土。其氣發揚於上，為昭明，焄蒿悽愴，此百物之精也，神之著也。因物之精，制為之極，明命鬼神，以為黔首則，百眾以畏，萬民以則。”可知百物之精即是神,所謂"明命"者,誠如陳澔《禮記集說》引方氏所云"鬼神本無名也,其名則人命之爾。"其愚民之義安在哉?錢氏蓋亦斷章取義耳。劉安、王充皆非仁者,其不明天道,固其宜也,何足論哉!

《象》曰:風行地上,觀。先王以省方觀民設教。

【義解】風者,入物者也。風行地上,而能入四方之物,所謂風化天下也,有觀之象。[1]先王法風之行地,巡狩四方,以觀示萬民,神道設教。[2]卦既以順而巽為德,凡陰爻則順,故能觀仰;凡陽爻則入,故能觀示。

【疏證】[1]王宗傳云:"風行地上,披拂鼓舞無所不暨,有遊歷周覽之義,故為觀之象。"[2]《九家易》曰:"先王謂五。順天應民,受命之王也。風行地上,草木必偃。枯槁朽腐,獨不從風,謂應外之爻。天地氣絕,陰陽所去,象不化之民,五刑所加。故以省察四方,觀視民俗而設其教也。"李道平疏:"巽為風,風者天之教,所以觀示萬物。臨震行坤,故行地上。"趙采云:"風行地上,無所不徧,先王體之,為省方之制,如虞之巡四岳、周之巡狩。《王制》言巡狩之禮,'命太師陳詩以觀民風,命市納賈以觀民之所好惡,命典禮,考時月定日,同律禮樂制度衣服,正之。'此省方觀民設教也。"章潢云:"稽之古人,'春省耕而補不足,秋省斂而助不給',省之各以其時。"○元按:臨、觀旁通,臨互坤、震,故李氏云云。此皆合震、巽二卦之義釋觀卦也,汗漫牽纏,不足為訓。蓋風雖入物,非以強力為之也,否則與雷何別?且孔子即云"君子之德風,小人之德草,草上之風必偃",亦惟言上以德化下而下從之,非必取其風過而草盡仆也。故《毛詩序》云"上以風化下,下以風諫上",孔子云"諷字從風,其入也微",如是而已。然則上所以化下者何也?蓋即天之神道,王者之大觀耳。故觀民之義,當以觀示為主。民者固亦君之所天,固可為君之所仰,然此姤卦之義也,不必於觀卦言之。《王制》所言,未為無本,然亦後儒想像之辭耳。惟《孟子·梁惠王下》所云先王之觀,其"春省耕而補不足,秋省斂而助不給,是為"省方";其天子巡狩,諸侯述職,是為"觀民";其"一遊一豫,為諸侯度",是為"設教"。與大《易》密合(參《孟子章句講疏》卷二,第四章）。至若李道平所云“愚案：‘大司徒之職，掌建邦土地之圖’，即省方也。‘與其人民之數’，即觀民也。‘以佐王安擾邦國’，即設教也”，雖可視為《易》之用，然必非其本旨，斷可知矣。

初六，童觀，小人无咎，君子吝。

《象》曰：“初六童觀”，“小人”道也。

【義解】以陰居潛，陰故能觀仰，潛則固執不起，能觀而不知觀之象也。此如兒童不知大觀之義而不欲觀，故曰童觀。[1]君子以成德為行，兒童非成德者，亦小人也。小人本不知義，故大觀之時，雖處此而无咎；若君子而處此，則可惜矣，故曰吝。[2]

【疏證】[1] 陸德明云：“童，馬云：‘童猶獨也。’鄭云：‘稚也。’”〇元按：君子、小人之稱今人習焉不察，甚且以小人為詬詈之語。實則二者皆人格之類型也，其下各有數品。其成德者曰君子，未成者曰小人。兒童亦小人之一類，今方言尚有以小人稱兒童者。必知乎此，始可通孔孟以降論君子、小人之言。[2] 王弼云：“童觀，趣順而已，無所能為，小人之道也。故曰‘小人无咎’。君子處大觀之時而為童觀，不亦鄙乎？”項安世云：“初六為下民，故曰童觀，言其於觀也，如童子之時未有知識也。下民日用而不知，則其常也。君子而不著不察，則可羞矣。”王申子云：“卑下而無遠見，在凡民為可恕，在君子則可羞矣。”

六二，窺觀，利女貞。

《象》曰：“窺觀女貞”，亦可醜也。

【義解】以陰居柔中，陰故能觀仰，柔則居下而能順，中則所行得宜，當大觀之時，居下無位而不失其則者，必小人及女子也。其象如人不得其位而觀，故從旁窺視也，故曰窺觀。如女子未與宗廟之祭，[1]內有大觀，自門窺之則可，若君子而處此，則可醜矣，故利女貞。[2]蓋王者省方，必問其耆德；宗廟與祭，必君子執事。[3]此皆有位者也，皆可仰觀。當大觀之時而無位，如為君子，是天下有道而貧且賤者，君子之恥也。[4]

【疏證】[1]《禮記·內則》:"女子十年不出,……觀於祭祀,納酒漿、籩豆、菹醢,禮相助奠。"孔穎達疏:"謂於祭祀之時觀看,須於廟外納此酒漿、籩豆、菹醢之等,置於神坐。"○元按:女子助祭,非有位者也,故云未與。[2]侯果曰:"處大觀之時而為窺觀,女正則利,君子則醜也。"[3]《大戴禮記·禮察》:"聘射之禮廢,則諸侯之行惡,而盈溢之敗起矣。"王聘珍引鄭玄《三禮目錄》云:"名曰大射者,諸侯將有祭祖之事,與其群臣射以觀其禮,數中者得與於祭,不數中者不得與於祭。"[4]葉良佩云:"聖人在上而童觀焉,所謂'邦有道,貧且賤焉'是也,詎不為恥乎?"○元按:此義可括初、二兩爻,然初言吝,二言醜者,蓋初尚不知觀,遂以童蒙象之,無所謂醜;二則已知可觀,故可羞矣。另,此卦非言祭祀即大觀、與祭即君子也,以王者之祭言大觀之理耳。

六三,觀我生,進退。

《象》曰:"觀我生,進退",未失道也。

【義解】以陰居躁,陰故能觀仰,躁則不安其位,既能觀矣,則所謂不安非失位者也。其象如人已居與祭之位,為祭祀之便,周旋進退之象也。祭祀即觀仰也。以其進退乃為觀仰之計,非為己私也,故尚未失道。我生者,我性也,[1]當大觀之時而居位,其與所觀者皆有一體之義,故云我;所觀者乃天之神道也,是即萬物所以上通於天者,天命之性也,故曰性。

【疏證】[1]陸績《易述》:"我生即道也。"劉牧云:"自觀其道,應於時則進,不應於時則退。"(《周易折中》引)鄭剛中云:"生,性也。謂生為性,謂其與生俱生也。《中庸》曰:'天命之謂性。'"又云:"生謂性也。'觀我生進退'者,觀我性為進退,謂視天理之自然也。"

六四,觀國之光,利用賓于王。

《象》曰:"觀國之光",尚賓也。

【義解】以陰居或,陰故能觀仰,或則謹慎有疑,能觀仰而謹慎不失,其象如子入太廟,觀國之光,必每事而問,以防失禮。[1]能有此德者必為人所敬,可以為王之上賓也,故曰利用賓於王。尚,上。[2]

【疏證】[1] 惠士奇云:"《聘禮·記》'歸大禮之日,既受饔餼,請觀蚜帥之自下,門人請觀'者,觀國之光也。……《春秋傳》吳季札聘魯,而請觀於周樂……;韓宣子聘魯,而觀書於太史氏……,古者請觀之禮如此。……汲汲於請觀者,蓋以大觀在上,故急欲觀其盛焉。'孔子入太廟,每事問'者,亦以此。"李道平云:"《周語》'祭公謀父曰:甸服者祭,侯服者祀,賓服者享,要服者貢,荒服者王',韋注云皆'所以貢助祭於廟,《孝經》所謂四海之內,各以其職來祭',是助祭尚賓之事也。"○元按:所以,當依徐元誥《國語集解》作"以所"。惠氏引孔子之事證此爻義,是也,言請觀則非。李道平亦本其說。[2] 京房《易章句》:"上賓也。"陸績《易述》:"《象》曰:觀國之光,上賓也。"

九五,觀我生,君子无咎。

《象》曰:"觀我生",觀民也。

【義解】以陽居剛中,陽故能觀示,剛則有為,中則所行得宜,其象如有德者處上而為民觀仰也。觀我生者,觀示我性於民,《象》所謂設教也。[1]然惟有德之君子乃能當其位,若小人則不可,故云君子无咎。觀示而能有為,即《彖傳》所謂正也。

【疏證】[1] 王弼云:"上為觀主,將欲自觀,乃觀民也。"蘇軾云:"'觀我生',讀如'觀兵'之觀;'觀其生',讀如'觀魚'之觀。九五以其至性觀之於民,以我示民,故曰'觀我生'。"○元按:坡公此言"觀我生"之義是,言"觀其生"者非。觀兵之義見下。觀魚,用莊子、惠施濠上觀魚之義。

上九,觀其生,君子无咎。

《象》曰:"觀其生",志未平也。

【義解】以陽居亢,陽故能觀示,亢則自大,此自耀其德而欲人觀仰者也,故云"志未平"。君子耀德而不觀兵,[1]觀兵者耀威也,耀德雖有失而未為大過,然亦惟君子乃能无咎,蓋君子實能有德也。[2]凡耀德者皆失一體之義,夫能知一體義者亦不必耀,而人自來歸之矣，故云觀其性，以其人我有隔也。

【疏證】[1]《國語·周語上》：“穆王將征犬戎，祭公謀父諫曰：‘不可，先王耀德不觀兵。’”韋昭注：“觀，示也。”[2]何楷云：“上九與九五合德，岌岌乎危之，以己處具瞻之位，負達尊之望，亦當自考其所行以樹表儀於天下，果能貞守其陽剛而不變，則大剛在上，庶乎枉可化而直矣。……必君子而无咎，難乎其為无咎也。”張汝霖云：“五以君道觀天下者，此以師道觀天下者。從自家看曰我，從別人看曰其，其實一也。……上九以陽剛居尊位之上，不當事任，是為帝者師，而能以君子之道師天下者也。”○元按：何、張二氏稍得爻義，然此爻亦惟得君子之境而尚未優入聖域也，否則又何來“志未平”？

序卦：可觀而後有所合，故受之以噬嗑。嗑者，合也。

☲☳（震下離上）

噬嗑：亨。利用獄。

【義解】大觀之時，百物薦上，神明享之，是有其用矣。物之有用，是物之實也。夫神之享物，必於其可觀，所謂嘉生也，且其德與己有合者也，[1]故觀卦繼之以噬嗑，嗑者合也。噬嗑有食之義，蓋享之者，食之也。然黍稷非馨，明德惟馨，神之享物非嗜其味也，乃欲以通天人之隔，而明其賞罰也。神以精明處上，若人能竭誠以奉其可觀者，而神享之，是則天人通矣，百物亨矣，故噬嗑於四德居亨。若人不能有孚顒若，薦其可觀，則神亦知之，而降災眚。有神之精明，可以治獄矣，故“利用獄”。

【疏證】[1]《國語·楚語下》：“民神異業，敬而不瀆，故神降之嘉生，民以物享，禍災不至，求用不匱。”又云：“夫神，以精明臨民者也，故求備物，不求豐大。”《左傳》僖公十年：“神不歆非類，民不祀非族。”洪亮吉云：“賈逵《國語注》：‘歆，貪也。’按《說文》‘歆，神食氣也’，義亦與賈同。杜注：‘歆，享也。’本《詩》毛傳。”

《彖》曰：頤中有物曰噬嗑。噬嗑而亨，剛柔分，動而明，雷電合而章。柔得中而上行，雖不當位，"利用獄"也。

【義解】頤中有物，乃食之象也，故曰噬嗑。[1]噬嗑而後天人通，其卦德剛柔迭運，動而能明，如雷電相合而彰其天威。六五以柔爻得中而居上，雖不當位，利用獄也。上行，猶言往也，凡處外卦曰往。

【疏證】[1] 崔憬曰："物在頤中，隔其上下，因齧而合，乃得其亨焉。"陸德明云："噬，齧也。"

《象》曰：雷電，噬嗑。先王以明罰勑法。

【義解】上電而下雷，[1]上明而下動，如神之明察庶物，而能有食也，故曰噬嗑。先王法神明之噬嗑，以明其刑罰而整飭其法。[2]卦既以動而能明為德，凡陽爻則剛健，故噬而能嗑；凡陰爻則柔順，故噬而不嗑。

【疏證】[1] 朱子云："'雷電'當作'電雷'。"項安世引晁公武云："六十四卦大象無倒置者，當從石經。"張清子云："蔡邕石經本作'電雷'。"（《周易折中》引）錢澄之云："李鼎祚本皆作'電雷'，然按泰卦地天交，而《象傳》亦云'天地交'，與此同例。"[2] 陸德明云："勑，此俗字也，《字林》作勅。鄭云：'勅猶理也，一云整也。'"侯果曰："雷所以動物，電所以照物，雷電震照，則萬物不能懷邪，故先王則之。明罰勅法以示萬物，欲萬方一心也。"

初九，屨校滅趾，无咎。

《象》曰："屨校滅趾"，不行也。

【義解】以陽居潛，陽故噬而能嗑，潛則不起噬嗑之意，當噬嗑之時，雖嗑而未噬者也，象如人雖貫械，以致沒足，[1]然實未傷也，故曰无咎。不行者，不行其噬嗑也。參《繫辭下》第五章。

【疏證】[1] 虞翻曰："屨，貫；趾，足也。震為足，坎為校，震沒坎下，故'屨校滅趾'。"干寶曰："屨校，貫械也。"孔穎達云："在刑之初，過輕戮薄，必校之在足，足為懲誡，故不復重犯。故校之在足，已沒其趾，(桎)[懲]其小過，誡其大惡，過而能改，乃是其福，雖復滅趾，可謂无咎。"李光云："屨校滅趾，校之使沒其趾，但拘囚之，刑之至輕者也。"鄭剛中云："滅，沒也，如'滅木'之滅。"俞琰云："滅，沒而不見也。以剛物加於著屨之足而沒其趾，故曰'屨校滅趾'。"姜寶云："滅，沒也。言屨校於足而遮沒其趾，非傷滅其趾之謂也。"〇元按：虞氏以沒釋滅，語尚渾淪，李道平則以"滅趾"、"滅鼻"為刖刑、劓刑，既不合爻辭"无咎"之義，亦不合《繫辭》所云"小懲大戒"之說。上六"滅耳，凶"亦以刵刑釋之，然豈有割耳重於割足者乎？豈有割足、去鼻尚不得云凶乎？乃不得不曲為之說，云本"當服大辟之刑，以三有正應，故從末減，而予以滅耳之罰。初、二罪薄罰重，以無正應也。"另，滅趾之說，小程子已誤，當以孔、李、俞、姜之說為正。

六二，噬膚滅鼻，无咎。

《象》曰："噬膚滅鼻"，乘剛也。

【義解】以陰居柔中，陰故噬而不嗑，柔則不能剛斷，中則不失其宜，象如人噬脅革之肉，其肉本韌而不能剛斷，[1]堅執其柔，故致鼻陷於肉中也，是謂滅鼻，[2]然亦無甚咎也。所謂乘剛者，堅執也。

【疏證】[1] 陸德明云："馬云：'柔脆肥美曰膚。'"李道平云："膚為脅革肉也。《少牢饋食禮》曰'雍人倫膚九，實於一鼎'，又曰'膚九而俎，亦橫載革順'，是也。"[2] 郭雍云："噬膚之易而深噬焉，自沒其鼻，用力之過也。"趙汝楳云："噬膚，所噬者柔也。滅鼻，沒鼻也，謂噬膚而擁沒其鼻也。"俞琰云："膚，柔脆而易噬之物，何至乎滅沒其鼻？蓋用力不深，則不能及肺故也。"吳澄云："所噬之膚掩過噬者之鼻也。"

六三，噬腊肉遇毒，小吝，无咎。

《象》曰："遇毒"，位不當也。

【義解】以陰居躁，陰故噬而不嗑，躁則不安過動，如人噬腊肉過躁，[1]以致其餒敗有毒之處亦入口中也。然因但噬不嗑，不致入腹，故雖有小失，而無大咎。位不當者，言以陰而居躁位也。

【疏證】[1]《說文》：“昔，乾肉也，從殘肉，日以晞之，與俎同意。臘，籀文，從肉。”李道平云：“《周語》單子曰：‘厚味實昔毒。’臘，昔籀文。昔肉久稱昔，味厚者為毒。”○元按：徐元誥《國語集解》本《周語下》單子此句昔徑作臘，云：“高位實疾顛，厚味實臘毒。”俞樾引賈逵說：“臘，久也。言味厚者其毒久。”蓋言高位易厥，美味害身，《抱朴子・內篇・至理》：“割厚生之臘毒”，亦同此義。李氏以味厚者為毒，誤矣。故臘毒乃言久毒，非臘肉之毒也。然則臘肉可有二解，一即乾肉，一則過久之肉。所謂毒者，皆當以餒敗處言也。

九四，噬乾胏。得金矢。利艱貞，吉。

《象》曰：“利艱貞吉”，未光也。

【義解】以陽居或，陽故噬而能嗑，或則謹慎有疑，其象如斷兩造之訟，艱險頻仍，亦如人噬有骨之肉，[1]是皆危道也，不可不慎，九四能謹慎有疑，知其終獲其吉也，蓋其吉則民不終訟而入束矢。然此則以艱貞之道得之，非如文王之德能息虞芮之訟，故雖吉而云未光也。按《周禮・秋官》言“禁民訟，入束矢”，以此知得金矢乃言斷訟也。[2]斷訟即今民事案，入之以矢，蓋欲其不直者能主動賠償，兩相和解也，不能和則斷。

【疏證】[1] 陸德明云：“馬云：‘有骨謂之胏。’”[2] 張根云：“金矢，猶所謂‘束矢’。”朱子云：“《周禮》，獄訟入鈞金束矢而後聽之。”李道平云：“《秋官・大司寇》：‘禁民訟，入束矢；禁民獄，入鈞金。’矢取其直，不直者入束矢。金能見情，無情者入鈞金。”

六五，噬乾肉。得黃金。貞厲，无咎。

《象》曰：“貞厲无咎”，得當也。

【義解】以陰居剛中，陰故噬而不嗑，剛則剛斷，中則所行得宜，其象如人斷兩造之獄，斷獄則必致刑，此危道也，故不欲其嗑，然既不得不斷，亦當執中而剛斷也。斷獄雖乃危道，能執其中則得當而无咎矣。另如人噬乾肉,其肉本硬,[1]故不欲嗑之,然如不得不食,亦當以利齒齧而食之也。按《周禮·秋官》言“禁民獄,入鈞金”,以此知得黃金乃言斷獄也。斷獄即今刑事案,入之以金,[2]亦欲其失理者能主動賠償,兩相和解也,不能和則斷。

【疏證】[1]王弼云:“乾肉,堅也。”[2]張根云:“黃金,猶所謂‘鈞金’。”俞琰云:“得黃金,謂得罰贖之金,《書·舜典》‘金作贖刑’是也。”

上九,何校滅耳,凶。

《象》曰:“何校滅耳”,聰不明也。

【義解】以陽居亢,陽故噬而能嗑,亢則所嗑過度,如人荷枷於頸,[1]乃至沒其耳而失其聰,故凶也。參《繫辭下》第五章。

【疏證】[1]孔穎達云:“何謂擔何。”陸德明云:“本亦作荷。王肅云荷擔。”郭雍云:“初六滅趾,六二滅鼻,上九滅耳,或以滅為刑而疑之,獨孔氏以為滅沒也。蓋屨校、荷校則刑也,‘屨校’桎其足也,桎大而滅趾也;‘何校’械其首也,械大而沒耳也。”

序卦:物不可以苟合而已,故受之以賁。賁者,飾也。

䷕(離下艮上)

賁:亨。小利有攸往。

【義解】物既有生,則有其體矣,然所見者非其體也,乃用相耳。蓋體用相,三者如如,非能有二,其體即見於相用之中也。惟其初用相雖具,實皆未弘。至於噬嗑,則君子薦之,神明享之,其用乃大,得大器之實矣;至於賁,則乾坤變化,成乎文章,[1]其相乃備,得大器之成矣。自天道言之,用相皆大,是之謂大器;自人道言之,文質彬彬,然後云君子。故噬嗑之受之以賁,亦即用之必得其相,物不可以苟合其用而已,必發之以爛漫之相也。相用不二,噬嗑既於四德居亨,則賁亦隨之。當賁之時,萬物雖通,然成則必毀,盛極則衰,此天道之常也。故不欲有所往,其小利者,言當賁之賁也。

【疏證】[1] 陸德明云：“賁，傅氏云：‘古斑字，文章兒。’鄭云：‘變也。文飾之兒。’王肅云：‘符文反，有文飾，黃白色。’”

《彖》曰：“賁，亨”，柔來而文剛，故亨。分剛上而文柔，故“小利有攸往”，天文也。文明以止，人文也。觀乎天文，以察時變；觀乎人文，以化成天下。

【義解】上山而下火，上剛而下柔，賁之時也。自其外者視之，是柔來而文剛，內剛而外柔，合君子之道也，故亨；自其內者視之，是分剛上而文柔，內柔而外剛，小人之道也，故咎。言分者，對乾體之全言，艮、坎、震皆所謂分剛也。漢儒之言半象者本此，然不可膠執也。以其剛柔交錯，內外互文，故得其折中，小利有所往而已。有剛有柔，有亨有咎，是乃天之文也；[1] 能鑒其剛柔亨咎，明而有止，是則人文也。文明以止即卦德也。故卦時之賁雖僅小利，卦德之賁乃能文明以止，天道以之濟賁，人道則以之參天，故能生生而不息也。故觀乎天之文者，以察其時之休咎；觀乎人之文者，以之化成天下。[2] 蓋知其所止者，必能時止時行，使禮義有所錯，[3] 禮義者，聖人所以化成天下者也。

【疏證】[1] 郭京云：“‘天文’上脫‘剛柔交錯’一句。”〇元按：經文未必脫，然郭氏意則得之。[2] 虞翻曰：“日月星辰高麗於上，故稱天之文也。”程頤云：“天文謂日月星辰之錯列，寒暑陰陽之代變。觀其運行，以察四時之遷改也。人文，人理之倫序。觀人文以教化天下，天下成其禮俗，乃聖人用賁之道也。”[3] 何楷云：“止者極而不變、限而不過之謂。……一文之、一止之而文成，禮以節文為訓，即此意。”

《象》曰：山下有火，賁。君子以明庶政，无敢折獄。

【義解】山下有火，雖使草木被其光彩，然其明為山所止，不能及遠，如人雖飾其外，而內本已虧，不能及物也，故曰賁。[1]君子察天時之處賁，能具自知之明，故惟明庶政小事，不敢及斷獄之大事也。[2]蓋折獄則或致刑，稍有疏失，則陷人於刑辟，大咎也。卦既以明而能止為德，凡陽爻則剛健能明，故不過賁；凡陰爻則柔順不明，務期於賁。

【疏證】[1] 史徵云：“夫山之為體，層峰峻嶺，岩巒峭麗，被日光照耀，如以雕飾而見文章，賁之象也。”程頤云：“山者草木百物之所聚也，下有火則照見其上，草木品彙，皆被其光彩，有賁飾之象。”朱子云：“山下有火，明不及遠。”唐鶴徵云：“《書》所謂‘賁若草木’是也。”[2] 陸德明云：“折，鄭云斷也。”蔡清云：“夫山下有火，明不及遠。故君子法之，但以明庶政而無敢折獄。蓋庶政事之小者，明雖不遠，猶可能也，況其得失所系無重。至於獄訟大事，一指顧間便分人死生存亡，明苟不遠，其為害可勝言哉！故不敢。”李道平云：“愚案：動無不明，雷電之象也，故噬嗑‘利用獄’。明而忽止，山火之象也，故賁‘無敢折獄’。”

初九，賁其趾，舍車而徒。

《象》曰：“舍車而徒”，義弗乘也。

【義解】以陽居潛，陽故不過賁，潛則固執，務期於不過賁者也，其象如人雖有車可乘，固捨之而徒行也。蓋車之於人，煊赫之賁也，捨車而徒行，當賁之時，若不得不言賁，亦惟可云賁其足而已。趾者，足也。[1]

【疏證】[1] 陸德明云：“鄭云：‘趾，足。’”虞翻曰：“徒，步行也。”

六二，賁其須。

《象》曰：“賁其須”，與上興也。

【義解】以陰居柔中，陰故求賁，柔則不顯賁，中則所賁得宜，如人雖修飾，亦惟修飾其鬚而已，[1] 非大咎也。與上興者，蓋言其所為亦因心無中主所致，隨卦時之所好而興起也。爻視卦曰上。楚王好細腰，宮人多餓死，即與上興之例也，若今人則曰與時興，趨時髦也。

【疏證】[1] 王弼云：“須之為物，上附者也。”侯果曰：“自三至上，有頤之象也。二在頤下，須之象也。”○元按：此侯氏亦以鬍鬚釋須。先儒頗有以須為須待之義者，誤。

九三，賁如，濡如，永貞吉。

《象》曰："永貞之吉"，終莫之陵也。

【義解】以陽居躁，陽故不過賁，躁則躁動，不過賁而躁者，非不賁之謂也，此上九當之；是務期於完美，不足於不過賁，如人精益求精以賁物，故其象為既賁而能光美沃澤也。此恰到好處之賁，如能終莫之過，則可永定於此而無弊矣。濡，光彩潤澤。[1]

【疏證】[1] 虞翻曰："有離之文以自飾，故曰賁如也。有坎之水以自潤，故曰濡如也。"程頤云："如，辭助也。賁飾之盛，光彩潤澤，故云'濡如'。"何楷云："猶《詩》言'六轡如濡'，謂所飾之文采鮮澤也。"

六四，賁如皤如，白馬翰如。匪寇，婚媾。

《象》曰：六四，當位疑也。"匪寇婚媾"，終无尤也。

【義解】以陰居或，陰故求賁，或則謹慎有疑，雖賁而能去其不當賁者也。如人親迎，乘馬班如，此當盛飾者也，為防寇掠，反去其顯賁，返其質樸，馬白如羽翰也。因不賁，人反疑為寇盜，實非寇也，為婚媾也，然真盜亦不來掠，終無尤也。皤，翰，皆白也。[1] 當位疑者，六四雖當位，然既居或位，故有疑也。[2]

【疏證】[1]《說文》："皤，老人白也。從白，番聲。《易》曰：'賁如皤如。'"陸德明云："翰，鄭云：'白也。'"李鼎祚曰："皤亦白素之貌也。"
[2] ○元按：或云《小象》當以"六四當位"絕句，本書不從。蹇六四亦云"當位實也"，知"當位"可與下字連讀。

六五，賁于丘園，束帛戔戔，吝，終吉。

《象》曰：六五之吉，有喜也。

【義解】以陰居剛中，陰故求賁，剛則顯賁，中則所行得宜，蓋當賁而大賁也。如家有喜慶，張燈結綵，以束帛戔戔賁於丘園，[1] 雖未免浪費可惜，[2] 然亦終吉也。吝，惜。古人以束帛為聘，然則有喜者，蓋聘女之禮歟？[3]

【疏證】[1] 陸德明云："束帛，《子夏傳》云：'五匹為束，三玄二纁象陰陽。'戔戔，馬云：'委積兒。'"程頤云："戔戔，剪裁分裂之狀。"李道平云："戔戔，《子夏傳》作'殘殘'。《說文》：'戔，賊也。'《廣韻》；'傷也。'通作殘。以艮手斷巽帛，故稱戔戔，即剪裁分裂制為衣服之意也。"〇元按：戔戔猶言片片，以裂帛為飾也。[2] 俞樾云："俗解以戔戔為淺小之意，殊非古訓。《釋文》引馬云'委積貌'，薛虞云'禮之多也'，黃云'猥積也'，從無淺小之意。《正義》訓戔戔為眾多，固古說也。"(《艮宦易說·賁於丘園束帛戔戔》)尚秉和云："俗解因戔通殘，便訓戔戔為薄物，又或作殘落者，非也。《儀禮·士冠、士虞禮》、《周禮·大宗伯》注，皆以束帛為十端，每端長八尺，兩端合卷，總為五匹。皆與《子夏傳》同。然則束帛五匹者，乃先王之定制。戔戔乃形容束帛之盛，謂薄物固非，殘落尤謬也。"[3] 李中正云："丘園，賢者所居之地也。如湯幣三聘伊尹，高宗審象求說於傅巖，以賁其國家，非束帛戔戔，果何以致之乎?"何楷云："束帛者，聘幣之禮。張衡《東京賦》云'聘丘園之耿介，旅束帛之戔戔'是也。按婚禮納帛一束，束五兩。注：'十端為束。'以帛從兩頭卷至中，以十端成五兩，用聘女，因以聘士云。"〇元按：聘士之禮固以束帛，然此爻言"束帛戔戔"者其重在賁，非必指聘士也，李、何皆似過執。

上九，白賁，无咎。

《象》曰："白賁无咎"，上得志也。

【義解】以陽居亢，陽故不過賁，亢則務期於不賁，故賁之若素，是不賁也。白，素。[1]當賁之時，賁成則物成，成則反壞，如不賁，是不欲成也，不成亦不壞。上九白賁，是能得卦德不賁之志，故无咎也。

【疏證】[1] 王弼云："處飾之終，飾終反素，故在其質素，不勞文飾。"阮元云："岳本、宋本、古本、足利本在作任，是也。疏引亦當依宋本作任。"干寶曰："白，素。"李道平云："在賁家而能以素終，始終不溺於文者也。故无咎。"

序卦：致飾然後亨則盡矣，故受之以剝。剝者，剝也。

☶（坤下艮上）

剝：不利有攸往。

【義解】天道以生生為德，萬物既成，其能生者惟其實耳，其華者不與焉，天道棄之而如敝屣，是老子所謂"天地不仁，以萬物為芻狗"。故萬物既成，雖文采絢然，及不復能長，即所謂"致飾然後通則盡矣"，必當受之以剝。[1]其剝之也必先其文，蓋天道惡其華而不實也。[2]夫剝之繼賁，利貞之際也。當利之時，自天道視之，猶為亨也，至貞則其亨已盡，當歸根而復始矣。復始者，復其乾元，乾元即仁也，於物則為其種，故必先去其無用者，是之謂剝。由居利貞之際，故亦不言四德。物之當剝，自天道視之，乃功成而身退，無所謂利也；自人道視之，則兔死而狗烹，故不利有攸往。

【疏證】[1]蘇軾云："飾極則文勝而實衰，故剝。"張栻云："賁飾則貴於文，文之太過，則又滅其質而有所不通。"[2]《中庸》：《詩》曰'衣錦尚絅'，惡其文之著也。故君子之道闇然而日章，小人之道的然而日亡。"

《彖》曰：剝，剝也，柔變剛也。"不利有攸往"，小人長也。順而止之，觀象也。君子尚消息盈虛，天行也。

【義解】剝者剝落之義，[1]其卦一陽在上，五陰在下，如乾剛為柔所變而剝落也。剛柔者，有君子、小人之象，以柔變剛，是小人長也，故不利有所往。卦德順而有止，所謂順者，天時當剝即剝之也；所謂止者，天道當止即止之也。順而能止，必當觀天行之象而行，故君子當以消息盈虛為尚也。[2]彖辭言人道，故"不利有攸往"；《象傳》則進之以天德，故君子以天行為尚。此雖不言剝之時義大矣哉，而當與豫、隨諸卦合參者也。

【疏證】[1]李光云："剝如'剝棗'之剝，剝落必至於盡也。"○元按：《詩·豳風·七月》："七月剝棗。"後世頗有以撲訓剝者，雖亦可通，亦大可不必，蓋撲之使落，是即剝也。[2]李道平云："先儒據《易》曰：'伏羲作十言之教,曰乾坤震巽坎離艮兌消息。'《易緯》曰:'聖人因消息起陰陽,立乾坤以統天地。'是消息與八卦並興。《史記·曆書》謂'黃帝起消息',義或然也。消息十二卦,成於乾坤十二畫。"○元按:消息之例本《易》之所蘊,凡言往來者皆是也。參泰卦、臨卦。

《象》曰:山附於地,剝。上以厚下安宅。

【義解】山附於地,如其下已空,惟側著於地,是剝之象也。君子觀剝道之危厲,厚植其本而安其身,所謂安身立本也。宅,居。[1]卦既以順而能止為德,凡陽爻則知止,不欲剝;凡陰爻則不知止,務剝。

【疏證】[1] 虞翻曰"宅,居也。"孔穎達云:"上以厚下安宅者,剝之為義,從下而起,故在上之人當須豐厚於下,安物之居,以防於剝也。"

初六,剝牀以足,蔑貞,凶。

《象》曰:"剝牀以足",以滅下也。

【義解】以陰居潛,陰故務剝,潛則固執不起,按剝乃消極之舉,故用固執義,剝之務盡者也。其象如牀足遭蝕,[1]如剝之務盡,則牀必傾覆也,故不可貞於此,否則有凶也。蔑,無。[2]

【疏證】[1] 王弼云:"剝牀以足,猶云剝牀之足也。"郝敬云:"古者坐臥依憑共饌之具通謂之牀,即今几案也。盛饌則布筵就地,拜以行禮,常御則就牀。一曰机,即几也。"[2] 陸德明云:"馬云:'無也。'"

六二,剝牀以辨,蔑貞,凶。

《象》曰:"剝牀以辨",未有與也。

【義解】以陰居柔中,陰故務剝,柔則不顯,中則恰到好處,雖剝而不覺其剝也。其象如牀辨遭蝕,而似未蝕,須辨之乃知。按辨之於牀,在第足之間,[1]甚為隱蔽,如此處遭蝕,則不易知也,故云剝牀之辨,亦不可貞於此也,辨別之辨或當本此。與,助。未有與者,言六二雖似不剝,而實無所益,且有凶也。

【疏證】[1] 鄭玄曰:"足上稱辨,謂近膝之下。詘則相近,信則相遠,故謂之辨。辨,分也。"王弼云:"辨者,足之上也。"陸德明云:"辨,足上也。馬、鄭同。"崔憬曰:"今以牀言之,則辨當在第足之間,是牀梐也。"李道平云:"梐之為物,殆如堂之有陛也。"○元按:諸說略同,惟李道平引《爾雅》之言,訓為臥具,然亦無以考其制,茲不從。蓋諸爻以牀之遭蝕繫辭,因位置不同而分言之,倘為臥具,則六四'剝牀以膚'當之矣。

六三,剝之,无咎。

《象》曰:"剝之无咎",失上下也。

【義解】以陰居躁,陰故務剝,躁則不安其位,按剝之時亦當有恆,如蟲之蝕物,自下而上,自外而內,一力蝕之,則能有濟。若忽上忽下,不能有恆,所謂失上下也,則雖蝕跡斑斑,而其物不腐,是剝之而无咎也。[1]

【疏證】[1] 都絜云:"小人雖剝之而終不可得。"鄧夢文云:"小人之中,亦有良心,故當群剝之時,而有一人焉,能保全善類,雖與其黨為異,亦可以无咎。此等小人往往有之。然曰剝之,則亦未嘗不剝,但剝之中有生意焉。殆順而逆用者。"○元按:諸家論此爻均未安,蓋多作當剝之時剝而去之解。惟鄧氏有得於剝而尚存之理。都氏大義雖失,釋无咎之義固是也。

六四,剝牀以膚,凶。

《象》曰:"剝牀以膚",切近災也。

【義解】以陰居或,陰故務剝,或則謹慎有疑,如蟲蝕薦席,而未能為人所覺,蓋蟲能謹慎則人不覺也,此擬人之語,其終則必來噬人也,故云"剝牀以膚,切近災也"。膚,薦席。[1]

【疏證】[1] 虞翻曰:"辨上稱膚。"陸希聲《易傳》:"牀有茵席。"崔憬曰:"牀之膚謂薦席,若獸之有皮毛也。"

六五,貫魚,以宮人寵,無不利。

《象》曰:"以宮人寵",終無尤也。

【義解】以陰居剛中,陰故務剝,剛則顯剝,中則所行得宜。大張旗鼓,剥之而得宜者,其惟貫魚乎?所謂貫魚者,欲曬乾魚,必先剥其鱗,而後貫之以繩也,[1]故雖大剥而無不利。又如王者之用內侍,必宮之而後可,宮之,是剥其陽也。以宮人而受寵者,雖非吉,然亦終无咎也。[2]予撰此書,時在漢城,赴京東市場,見商販以繩貫魚而售,始悟貫魚之義。

【疏證】[1]陸德明云:“貫,穿也。”王弼云:“貫魚,謂此眾陰也,駢頭相次似貫魚也。”[2]陸希聲《易傳》:“魚在水難制,貫而持之可為鼎俎之實。宦寺之屬,剥陽之明著者也。寵以金帛,任以宮闈之事,苟不及政,何有不利。無不利之事,非無所不利也。”

上九,碩果不食,君子德車,小人剥廬。

《象》曰:“君子德車”,民所載也。“小人剥廬”,終不可用也。

【義解】以陽居亢,陽故不剥,亢則反動,不惟不剥,且能儲之也,故有碩果僅存而不可食之象。[1]君子德車者,君子之德,厚能載物,兆民賴之以安,故曰民所載也。若小人處之,則自覆其寄廬,終至無容身之所矣。[2]

【疏證】[1]程頤云:“諸陽削剥已盡,獨有上九一陽尚存,若碩大之果不見食,將見復生之理。”[2]虞翻曰:“處剥之上,有剛直之德,群小人不能傷害也,故果至碩大,不被剥食也。君子居此,萬姓賴安,若得乘其車輿。小人處之,則庶方無控,被剥其廬舍,故曰‘剥廬,終不可用矣’。”程頤云:“若小人,則當剥之極,剥其廬矣,無所容其身也。”○元按:《釋名·釋宮室》:“寄止曰廬。”畢沅疏證:“《說文》:‘廬,寄也,秋冬去,春夏居。’”廬乃耕作之時農人寄居之所。農耕雖畢,亦不必剥之,欲以待來年之用。小人不知,乃徑剥之,終至不可用矣。

卷四　貞

序卦：物不可以終盡，剝窮上反下，故受之以復。

☷（震下坤上）

復：亨。出入无疾，朋來无咎。反復其道，七日來復，利有攸往。

【義解】天道之有剝，非真欲剝之殆盡，為返其本而固其元耳，否則失生生之義矣。[1] 天下不可有無陽之時也，故剝窮乎上而反下，因受之以復。復者，貞之元也。然一陽來復，雖亦无妄而同乾德，實非乾元之能生，必當貞定而固守之，待坎離交媾，乃復乾元也。故一陽雖來而不能生，必保妊之而後可。然此元既返，則生機復通矣，故四德系之以亨。[2] 當復之時，既須保妊，則當休止不撓，出入勿疾，待其朋來，陽氣漸盛，[3] 則復生生而无咎矣。疾，速。天地四時，反復其道，以六十四卦當周歲言之，剝之來復，當在第七日，是謂"七日來復"，復過則可以有往矣。按七日來復，昔人多依漢儒，以坎、震、離、兌為四正卦，餘六十卦當周歲三百六十五日四分日之一，言自剝經坤至復為六日七分，取其成數，故云七日。[4] 或以十二辟卦言之，自姤至剝反復，亦七日也。二說皆非。[5] 陽既來復，則利有所往。

【疏證】[1] 崔憬曰："夫易窮則有變，物極則反於初，故剝之為道，不可終盡而受之於復。"[2] 程頤云："復亨，既復則亨也。陽氣復生於下，漸亨盛而生育萬物。君子之道既復，則漸以亨通。"惠士奇云："《老子》曰：'萬物並作，吾以觀其復。夫物芸芸，各歸其根，歸根曰靜，是謂復命。'陽復於初，所謂歸根復命也。"[3] 王弼云："朋謂陽也。"程頤云："若君子之道，既漸而復，豈能便勝於小人？必待其朋類漸盛，則能協力以勝

161

之也。"[4] 孔穎達云："(輔嗣)亦用《易緯》六日七分之義,同鄭康成之說,但於文省略,不復具言。案《易緯稽覽圖》云,卦氣起中孚,故離、坎、震、兌各主其一方,其餘六十卦卦有六爻,爻別主一日,凡主三百六十日,餘有五日四分日之一者,每日分為八十分,五日分為四百分四分日之一,又為二十分,是四百二十分,六十卦分之,六七四十二,卦別各得七分,是每卦得六日七分也。剝卦陽氣之盡,在於九月之末,十月當純坤用事,坤卦有六日七分,坤卦之盡則復卦陽來,是從剝盡至陽氣來復,隔坤之一卦,六日七分,舉成數言之,故輔嗣言凡七日也。"○元按:依《易緯稽覽圖》,復卦當自中孚來,孔氏所言"坤卦之盡則復卦陽來",乃十二辟卦也。倘以六十卦論,從剝盡至陽氣來復所隔亦不止坤之一卦,安得云六日七分乎? 蓋以坤為辟之五卦,惟坤為无陽之候,坤前坤後即當以剝復視之矣。孔氏之義甚精,惟囿於漢儒六日七分之說,予頗疑之。蓋坎離震兌亦六十四卦之列,必欲別為四正,亦何所據而云然? 嘗試論之,大《易》既以六十四卦與天道準,以一年為一周期,亦當與六十四卦之統體相合。以六十四除三百六十五日四分日之一,得五日二百五十六分之百八十一,取其成數為六,則無陽之坤約為六日,其來復者乃在第七日,是"七日來復"之義也。十二消息之說本易卦所蘊,六日七分乃晚周秦漢傳會之曲說耳。[5] 侯果曰:"五月天行至午,陽復而陰生也。十一月天行至子,陰復而陽生也。天地運往,陰陽升復,凡歷七月,故曰'七日來復',此天之運行也。《豳詩》曰'一之日觱發,二之日栗烈',一之日,周之正月也;二之日,周之二月也。則古人呼月為日,明矣。"胡瑗云:"四月純陽用事,其卦為乾。至於五月,則一陰剝一陽,故其卦為姤。六月則二陰剝二陽,故其卦為遯。以至於七月為否,八月為觀,九月為剝,十月為坤,是陰氣之極盛也。至十一月則一陽之氣潛復於黃鐘之宮,以再生萬物,萬物得其亨通也。……七月來復者,言陽氣消剝至於此凡歷七爻,以一爻為一日,故謂之七日。不謂月而言日者,蓋日為陽,聖人欲見其陽道來復之速,故以七日言之。"程頤云:"陽進則陰退,君子道長則小人道消,故'利有攸往'也。"王夫之云:"七者,少陽之數,數極於六,不可復減,必上生於七,而陽復萌也。"〇元按：十二辟卦之義《象傳》已明之，故侯氏之說有本，惟日字稍牽強，故王引之駁之，云："不知一之日謂一月之日，二之日謂二月之日，承上文'七月流火，九月授衣'而省日字，非謂月為日也。遍考諸書，皆無謂月為日者。"且震、既濟二卦爻辭皆言"七日得"，隱"七日來復"之意，詳其文義，其時皆未久，與七月之義不類，則當以六日之說為正，明矣。至船山所言，蓋因力反漢儒之"小術破道，以亂'惠迪吉，從逆凶'之理。"(《周易內傳·臨卦》)其大義雖是，理據則非。

《彖》曰："復，亨"，剛反。動而以順行，是以"出入无疾，朋來无咎"。"反復其道，七日來復"，天行也。"利有攸往"，剛長也。復，其見天地之心乎。

【義解】復所以亨者，蓋五陰在外，一陽在內，是剛陽已返；反者來也，凡處內卦曰來。卦德動而能順，所謂順者，言其動而未健也。故不務剛健，以待陽盛，是以出入不疾，朋來无咎。天行能反復其道，剝極而復，惟須七日也。陽氣漸長，故利有所往。由天之反復，可以見天地生物之心矣。[1]

【疏證】[1] 俞琰云："天地之心，謂天地生萬物之心也。天地生物之心，無乎不在，……聖人於剝反為復，靜極動初，見天地生物之心未嘗一日息，故曰'復其見天地之心乎？'夫天地之心在在有之，聖人則於復卦見天地之心爾，非謂惟復卦見天地之心也。或謂靜為天地之心，非也。或又謂動為天地之心，亦非也。"

《象》曰：雷在地中，復。先王以至日閉關，商旅不行，后不省方。

【義解】雷(龍)息於地中而不起，是復之象也。[1]先王法天道之能復，與民休息，故於冬至之日閉其關禁，商旅不行，君亦不出巡四方也。[2]卦既以動而能順為德，凡陽爻則剛健，故不欲復；凡陰爻則柔順，故能復。

【疏證】[1] 程頤云："雷者，陰陽相薄而成聲，當陽之微，未能發也。

雷在地中,陽始復之時也。陽始生於下而甚微,安靜而後能長。"[2]虞翻曰:"后,君也。"宋衷曰:"商旅不行,自天子至於公侯,不省四方之事。將以輔遂陽體,成致君道也。"○元按:王弼云:"方,事也。"朱駿聲云:"省,視也。方者,視事之版也。"似亦可通。然《觀·大象》之省方固以巡狩言也。

初九,不遠復,无祇悔,元吉。

《象》曰:"不遠之復",以修身也。

【義解】以陽居潛,陽故動不欲復,潛則固執不起,雖不欲復而實則復者也,故有不遠於復之象。當復之時,雖動而不離於復,[1]如君子雖有所為,而其所為亦不過修身耳,是亦復也,故能無悔而元吉也。依《繫辭下》,此爻顏回足以當之。[2]

【疏證】[1]李杞云:"元吉者,吉之善者也。"胡居仁云:"不遠復,遠(於願切),離也,遠而去之也。人所以遠復,惟有不善而不知,知而復行,其於自知復體,便蹉步千里。顏子有不善而常知,其於不善,當下覺,當下消,不到為不善。所蔽離去,自知復體,故曰'不遠復'。若云失之未遠而復之,則已進於悔之塗矣,安得謂之無祇悔而元吉乎?"聶豹云:"才離本體,便是遠復。不遠云者,猶云不離乎此也。"(《雙江聶先生文集》卷十四,《困辯錄·辯心》)[2]韓康伯云:"祇,大也。"陸德明云:"祇,辭也。"鄭剛中云:"先儒多以祇訓大,謂無大悔也。無大悔者,未免乎小悔,安得謂之元吉?蠱之九三'小有悔,無大咎。'用是觀之,小有悔者,但可無大咎而已,孰謂復之初九有是哉!殆庶之賢、知幾之神,始可以知顏子。'無大悔',非知《繫辭》者。"○元按:鄭說是也,故從陸氏。于省吾云:"祇本應作衹,衹、茁古通,……茁讀為災。無祇悔應讀作無災悔,言無災無悔也。《文言》'亢龍有悔,窮之災也。'是災、悔文固相屬也。"亦可備一說,然大義固無異也。

六二,休復,吉。

《象》曰:"休復之吉",以下仁也。

【義解】以陰居柔中,陰故順而能復,柔則順行不違,中則恰合其宜,正合復義,故云休復,休止於復也。[1]以下仁也,言當復之時,能以仁而自甘處下也。

【疏證】[1]〇元按:王弼、程、朱以美釋休,李道平以休止釋之,似皆可通。惟否卦九五亦云"休否",其時甚危者也,安得云美乎?

六三,頻復,厲,无咎。

《象》曰:"頻復之厲",義"无咎"也。

【義解】以陰居躁,陰故順而能復,躁則不安其位,雖復而動,動而又復,故云頻復。頻者,繁數也。當復之時而動,此危道也,然能知復,故其義无咎。[1]

【疏證】[1]程頤云:"復貴安固,頻復屢失,不安於復也。復善而屢失,危之道也。"胡炳文云:"以陰居陽,不中不正,又處動極,復而不固,屢失屢復之象。屢失故危,復則无咎。"趙采云:"既復而失之,既失之而又復之,此頻復也。頻復雖危,亦可以无咎者,聖人許人以改過,而不許其遂也。復而至於頻,其事豈得无咎?獨其義可免耳。"

六四,中行獨復。

《象》曰:"中行獨復",以從道也。

【義解】以陰居或,陰故順而能復,或則謹慎有疑,雖復而能謹慎自省者也,或因謹慎自省而能復者也。復而能自省,故可以行中;自省而能復,是之謂獨復。中行獨復者,不盲從者也,從道者也。[1]

【疏證】[1]繆昌期云:"獨,即《中庸》慎獨之獨。四能以中而行,而於獨知之中,憬然自覺,所謂'復以自知'也。"(《周易折中》引)

六五,敦復,无悔。

《象》曰:"敦復无悔",中以自考也。

【義解】以陰居剛中,陰故順而能復,剛則有為,中則所行得宜,既能復而有為,其有為必有為於復也,此厚於復之象,故曰敦復。敦,厚。[1]雖曰有為於復,非真有所行也,惟其心自考量,念念而不忘耳。[2]中以自考者,得中,故能復而無悔;自考,故云敦復。[3]然既能復,而又重念之,不如六二休止,斯為不撓也。故但言無悔,由能復,故無悔也。

【疏證】[1]侯果曰:"坤為厚載,故曰敦復。"程頤云:"能敦篤於復善者也,故無悔。"[2]梁寅云:"中以自考,言以其有中德,故能自考其善不善。"陳祖念云:"以中道而常自考察,則其復專矣。"[3]陸德明云:"考,向云:'察也。'"

上六,迷復,凶,有災眚。用行師,終有大敗,以其國君凶,至于十年不克征。

《象》曰:"迷復之凶",反君道也。

【義解】以陰居亢,陰故順而能復,亢則自大而不遜,蓋雖有復,力未能任大,即以大自居者也。是則朋雖未至,而出入太疾者也,故必有災眚,[1]此之謂迷復。[2]當復之時,國君當厚植根本,閉關養民,因迷之故,反以行師,則終有大敗,至於十年不復能征也。[3]十年者,昔勾踐臥薪嘗膽,十年生聚,十年教訓,一失其本,再行生聚,必當十年,蓋即新兵培養之時間也。本爻則非實指也,借十年以言甚久耳。後仿此。故迷復之凶者,由國君不知至日閉關之本,有違君道也。[4]

【疏證】[1]程頤云:"災,天災,自外來;眚,己過,由自作。"[2]《左傳》襄公二十八年,子大叔曰:"楚子將死矣。不脩其政德而貪昧於諸侯,以逞其願,欲久,得乎?《周易》有之,在復䷗之頤䷚,曰'迷復,凶',其楚子之謂乎!欲復其願,而棄其本,復歸無所,是謂迷復,能無凶乎?"[3]胡炳文云:"'迷復'與'不遠復'相反,初不遠而復,迷則遠而不復。……'十年不克征',亦'七日來復'之反。"[4]程頤云:"人君居上而治眾,當從天下之善,乃迷於復,反君之道也。非止人君,凡人迷於復者,皆反道而凶也。"呂柟云:"君道貴明也,昏迷不復,凶可知矣。"

序卦：復則不妄矣，故受之以无妄。

☰（震下乾上）

无妄：元，亨，利，貞。其匪正有眚，不利有攸往。

【義解】當復之時，乾陽已返，然尚未飽滿，此一陽與三陽之別也，故乾德雖具，而不可妄行。言乾德已具，是能具體而微，真實不虛矣，[1]故四德皆備，元亨而利貞。言不可妄行，是其所復尚淺，難以有為也，故云非正有眚，[2]不利有所往。蓋自其真實不虛言之，則曰无妄；[3]自其不可妄行言之，則曰勿妄。故无妄一名而備此二義，以是知聖人取象定義之精矣。按妄亦有望義，蓋既真實不虛，則當順而行之，不可起期望計度之心也，有所望即妄矣。[4]

【疏證】[1]崔憬曰：“物復其本，則為誠實，故言復則无妄矣。”周敦頤《通書》云：“誠心，復其不善之動而已矣。不善之動，妄也；妄復，則无妄矣；无妄，則誠矣。故无妄次復。”程頤云：“復者，反於道也。既復於道，則合正理而无妄，故復之後，受之以无妄也。”李道平云：“人之始生，心本无妄，所謂‘誠者，天之道也’。自人欲熾而天理亡，則无妄者妄矣。若能復其本然之善，歸於誠實，所謂‘誠之者，人之道也’。由是道心之微者著，則妄者復於无妄矣。復則无妄，故受之以无妄。”○元按：周、程以性體言，李氏以心體言，各有攸當，故兩存之。蓋心性本不二也。[2]焦竑云：“无妄，無不正也。其不正者如人之有眚，揑目生花，原非實事，若因有所動，是无妄之中自生妄也。故曰‘无妄之往，何之矣’。《說文》‘目病生翳，曰眚’，即空華之喻。”錢澄之云：“人心本无妄，其有妄如目有眚，眚非實有妄也。”[3]陸德明云：“无妄，無虛妄也。《說文》云：‘妄，亂也。’”[4]京房《易章句》：“大旱之卦，萬物皆死，無所復望。”陸德明云：“馬、鄭、王肅皆云‘妄猶望’，謂無所希望也。”朱子云：“无妄，實理自然之謂。《史記》作無望，謂無所期望而有得焉者，其義亦通。”李士鉁云：“惟無虛妄，故無希望也，有所希望則妄矣。”

《彖》曰：无妄，剛自外來而為主於內，動而健，剛中而應。

大亨以正，天之命也。"其匪正有眚，不利有攸往"，无妄之往，何之矣？天命不祐，行矣哉！

【義解】剝極而復，如一陽自外而來，為主於内，則无妄之德具矣。[1]卦德動而健，言健者，動而能无妄也。九五剛中而與物相應。備具四德，是能大亨而正，得天之所以命物之乾元也。[2]何以言非正有眚？蓋乾卦六爻皆陽，健而又健；无妄則二三尚陰，僅動而健，動健有別也。一陽故動，三陽故健。未健而必欲有往，剛陽不繼，則必有餒於中，是則非正有眚也。故无妄之時，往當何之？天命不祐，[3]豈可行哉！以六爻吉凶視之，與乾相較，惟二三兩爻義異。

【疏證】[1] ○元按：所謂外者，剝之上九也；為主於内者，復之初九也。言震亦可。昔儒不明此義，惟自上乾下震觀之，故附會以卦變，非也。參泰卦。此亦可證卦序當在《彖傳》之前。[2] 程頤云："天命謂天道也，所謂无妄也。"[3] 陸德明云："祐，鄭云：'助也。'本又作祐。馬作右，謂天不右行。"

《象》曰：天下雷行，物與无妄。先王以茂對時育萬物。

【義解】天下雷行，萬物從命，各正其性命，故曰无妄。[1]先王法天行之无妄，能盛養萬物，並因時而作育之。[2]卦既以動而健為德，凡陽爻則剛健，故不妄；凡陰爻則柔順，故皆有妄。

【疏證】[1]《九家易》曰："天下雷行，陽氣普徧，無物不與，故曰'物與'也。物受之以生，無有災妄，故曰物與无妄。"虞翻曰："與謂舉。"程頤云："雷行於天下，陰陽交和，相薄而成聲，於是驚蟄藏，振萌芽，發生萬物。其所賦與，洪纖高下，各正其性命，無有差妄，物與无妄也。"王申子云："雷以時行而不妄，故能發生萬物，物應之，亦以時出而不妄，是物之无妄視雷之无妄，故'物與无妄'。"魏了翁云："與，辭也，猶皆也。天下雷行，物皆不可以妄也。"趙采云："雷，天之號令，无妄發者。雷既无妄，物亦與之无妄焉。與，俱，詞也。"徐在漢云："按《曲禮》'雷同'注，雷一發聲，物無不同時應者，故謂之雷同。"○元按：雷行天下，非止驚蟄之時也，驚蟄已由豫卦當之矣。言各正性命則是。與之義當從虞、魏、趙諸人。
[2]陸德明云：“茂，盛也。對，配也。”侯果曰：“雷震天下，物不敢妄，威震
浹洽，無物不與，故先王以茂養萬物，乃對時而育矣。”張浚云：“天動以
誠，萬物敷生，不失其信。”

初九，无妄，往吉。

《象》曰：“无妄之往”，得志也。

【義解】以陽居潛，陽故不妄，潛則固執不起，正合卦德，得志
而大吉也。按无妄往有二義，一則不妄往，當止而止也；一則以无
妄之德往，雖往而能得中也。是皆无妄之義也。[1]

【疏證】[1] 程頤云：“以无妄而往，何所不吉？卦辭言‘不利有攸
往’，謂既不妄，不可復有往也，過則妄矣。爻言往吉，謂以无妄之道而行
則吉也。”

六二，不耕穫，不菑畬，則利用攸往。

《象》曰：“不耕穫”，未富也。

【義解】以陰居柔中，陰故有妄，柔則所行柔順，中則所行得
宜，當无妄之時，所行有妄而不失其則者，必於耕而望其穫，於菑而
望其畬者也。有妄者，有所期望也。種瓜得瓜，小民有此期望，亦
不為過；然乾以美利利天下而不言所利，功成而不居，是大人之德
也，大人則不可有望也，有望則無以為大人矣。乾九二以陽居之，
故利見大人；无妄六二則以陰居之，而有計度期望之心，以大人之
德衡之，高下立判，故云非正而有眚，不利有所往也。若能不於耕
而望其穫，不於菑而望其畬，[1]《中庸》所謂“居易以俟命”，則合大
人之德，而利有所往矣。不耕穫未富者，言其未富而望富也。[2]田
在初，一歲曰菑，二歲曰新田，三歲曰畬。[3]按菑為初開荒田，畬則
已為熟田矣。

【疏證】[1] 朱子云：“柔順中正，因時順理，而無私意期望之心，故
有不耕穫、不菑畬之象。言其無所為於前，無所冀於後也。”何楷云：“‘不

耕穫'者,不方耕而即望其有穫也;'不菑畬'者,不方菑而即望其畬也。正其誼不謀其利,明其道不計其成也。"李道平云:"无妄,馬、鄭皆訓無所希望。《史記》直作無望,謂無所期望而有得,即董子所謂'不謀利'、'不計功'之心也。故利有攸往。"朱駿聲云:"言不方耕之時而即期其穫,方菑之田而即期其畬,則所往自利。猶《論語》'先難後穫'、'先事後得'之旨。《呂氏春秋》曰:'武王至殷郊,不耕而穫。'"[2]郭京云:"《象》曰:'不耕穫,求富也。'求字誤作未字。"程頤云:"其始耕菑,乃設心在於求穫畬,是以其富也,心有欲而為者則妄也。"○元按:郭氏改經未必是,義則得之。[3]《爾雅·釋地》:"田一歲曰菑,二歲曰新田,三歲曰畬。"陸德明云:"菑,馬云:'田一歲也。'董云:'反草也。'畬,馬曰:'田三歲也。'董云:'悉耨曰畬。'《說文》云:'二歲治田也。'"○元按:《禮記·坊記》鄭玄注以二歲為畬,三歲為新田,與《爾雅》不同。此無關大義者也。

六三,无妄之災,或繫之牛,行人之得,邑人之災。

《象》曰:"行人得牛","邑人災"也。

【義解】以陰居躁,陰故有妄,躁則不安其分,有妄得之心而不安其分者也,[1]或有不期而至之災。其象如邑中失牛,雖實為行人得之,非邑人所竊,然人必首疑邑中平素即不安其分者,雖終明其无咎,倘遭訊問,亦不可不謂之災也。[2]人能素不妄行,則不致有无妄之災矣。

【疏證】[1]王弼云:"以陰居陽,行違謙順,是无妄之所以為災也。"[2]朱子云:"無故而有災,如行人牽牛以去,而居者反遭詰捕之擾也。"

九四,可貞,无咎。

《象》曰:"可貞无咎",固有之也。

【義解】以陽居或,陽故不妄,或則謹慎自省,既无妄而又能謹慎,故可定於此而无咎也。貞,定,固。[1]

【疏證】[1]胡瑗云:"以剛健而履以柔順之位,是尚謙也。如此則是可守其正道而得免其咎也。"程頤云:"可貞固守此,自无咎也。"尚秉和云:"貞,定也。"

九五,无妄之疾,勿藥,有喜。

《象》曰:"无妄之藥",不可試也。

【義解】以陽居剛中,陽故不妄,剛則有為,中則所行得宜,當无妄之時,不可妄為也。剛健有為則其行近妄矣,然實得中而非妄也。其象如人有無因而至之疾,非真病也,乃有喜而似病也,故不可以藥相試也。[1]

【疏證】[1] 陸德明云:"試,驗。一云用也。"虞翻曰:"'康子饋藥,丘未達,故不嘗。'此之謂也。"李道平疏:"《論語》文。"程頤云:"試,暫用也,猶曰少嘗之也。"趙采云:"有故得疾,則假藥以攻。無故得疾,少須而疾平矣。有故之疾,真疾也;無故之疾,客疾也。客疾何用攻之? 故曰'不可試也'。"李光地《榕村語錄·周易一》:"不可試,言不可吃藥,吃藥便有害。"

上九,无妄行,有眚,无攸利。

《象》曰:"无妄之行",窮之災也。

【義解】以陽居亢,陽故不妄,亢則自大不遜,自以无妄而實則妄行者也。故誡之以不可妄行,有災眚而無所利也。[1]亢本窮極之位,居亢,故有窮之災也。

【疏證】[1] 何楷云:"象所謂'匪正有眚,不利有攸往'者,正指此爻。"

序卦:有无妄,物然後可畜,故受之以大畜。

☰☶(乾下艮上)

大畜:利貞。不家食吉。利涉大川。

【義解】物既无妄而具乾德,然後可藏之以待時,[1]所謂冬藏也,故无妄必受之以畜。然畜之大者,非直畜之而已,乃欲其畜而能大也。蓋无妄之時,雖具體而微,然不利有攸往,不可往則亦不能生生也。夫欲奔者，必先自撤其足而畜其勢，其奔始速；張弛之理，天道固然。故无妄之乾德，必持之以自守，則其所不妄者，始得收而束之，待涵養交融，貞於純粹，則能起乾元之健矣，是所謂畜。如欲其往，必畜之使大，此非體相之大，乃其體用之大也。故大畜之時，務充拓己德，富有日新，而達乾體精剛之境。孟子云："充實而有光之謂大"，言其內本堅實，雖無乾之形體，而已達夫乾之健用矣。夫物能各畜己德，是不可謂不大；然萬物各畜己私，各利己利，是亦小矣。惟天地能使萬物之利，貞定於一，上通於天，則天地之畜豈不尤大哉？是則天道之大畜也，故大畜於四德居利貞。[2] 利貞者，性情也，大畜之時，萬物既復其无妄之性，而又能得其自性之情也。當大畜之時，既務充拓己德，則利有所往，其不往者反致吝矣，故云不家食吉而利涉大川也。君子既欲畜德，則當以友輔仁，所謂"無友不如己者"也，故亦有尚賢之象。[3]

【疏證】[1] 崔憬曰："有誠實則可以'中心藏之'，故言'有无妄，然後可畜也'。"[2] ○元按：貞之利也。[3] 王宗傳云："夫所畜之大者何也？曰：於己則畜德，於人則畜賢也。"

《彖》曰：大畜，剛健篤實，輝光日新。其德剛上而尚賢，能止健，大正也。"不家食吉"，養賢也。"利涉大川"，應乎天也。

【義解】大畜者，畜物且使之大也，欲其復返乾德，篤實剛健，輝光日新。[1] 上九一陽居上，故曰剛上；三陽在下雖健而亦為所畜，有似君主之禮賢，故云尚賢。[2] 卦德健而能止，所謂健者，博綜而富畜也，故大；所謂止者，時止而時行也，故正。大言其利情，正言其貞性，所謂健止者，能性其情也，大畜所以居利貞者以此。時既尚賢，有往則必得其養，故不家食吉也；[3] 能性其情，是順應天道也，故利涉大川。止健，李鼎祚本作"健止"，可從。[4]

【疏證】[1] 陸德明云："大畜剛健，絕句；篤實輝光，絕句；日新其德。鄭以'日新'絕句，'其德'連下句。"何楷云："據文氣觀，則'輝光日新'四字當自為句。"李道平云："鄭、虞皆以日新斷句，俗儒屬下，失之。"[2] 胡瑗云："夫乾為至剛，本居於上，今反居下，是猶人君有至尊之勢、至嚴之威，而能崇尚有德及禮下賢人，使之畜己之邪欲，成己之治道，所以師尚而貴寵之也。故孟子曰：'湯之於伊尹，學焉而後臣之，故不勞而王；桓公之於管仲，學焉而後臣之，故不勞而霸。'"[3] 朱子云："不家食，謂食祿於朝，不食於家也。"[4] 虞翻曰："健，乾；止，艮也。二五易位，故'大正'。舊讀言'能止健'，誤也。"○元按：健而能止，即止其健之義。然依《象傳》之例，固當先健而後止。

《象》曰：天在山中，大畜。君子以多識前言往行，以畜其德。

【義解】山高淩雲，是天在山中，反為所畜之象，故曰大畜。[1] 君子法山之畜天，故博綜而富畜，多識前言往行，以長養其德。[2] 卦既以健而能止為德，故凡陽爻則剛健，故務於富畜；凡陰爻則柔順，不畜反散。

【疏證】[1] 向秀曰："天為大器，山則極止，能止大器，故名大畜。"張清子曰："天在山中，畜其氣也。凡山中有雷雨雲風之氣，皆天也。"（《周易折中》引）俞琰云："今人以九霄之上，日月所麗處為天，遂疑天不在山中，殊不知地之上虛空處皆天也。大凡撅一尺地，則有一尺天，是故井中有井中之天，洞中有洞中之天。"崔銑云："據渾天之說，凡地上之虛空皆天也，故曰天在山中。"[2] 趙采云："惟天為大，而山包之。以無有入無間，以有有含無有。天何嘗在山中？此祇言其理氣而已。非特泰山喬嶽可見，試以一拳石觀之，方春動時，生意鬱勃，未嘗虧欠，所以為大畜。君子之心不盈方寸，而多識前言往行以畜其德，則所畜者大矣。"

初九，有厲，利已。

《象》曰："有厲利已"，不犯災也。

【義解】以陽居潛，陽故務於富畜，潛則固執不起，當大畜之時而堅執不畜，是失時者也，故有危，其固執者當已也。如能已其固執，則合於卦德，不犯災矣。已，或作己，不可從。[1]

【疏證】[1] 陸德明云："已，夷止反。"趙汝楳云："厲，危也。利，宜也。已，止也。"熊過云："利已者，受畜也。己，從陸'夷止反'讀。"張清子云："厲，災也。惟已故不犯。"（姜寶《周易傳義補遺》引）來知德云："災即厲也。止而不行，則不犯災矣。"

九二，輿說輹。

《象》曰："輿說輹"，中无尤也。

【義解】以陽居柔中，陽故務於富畜，柔則不欲進取，中則不違其則，剛柔步調不一，是輿脫輹之象也，[1]以其居中，故亦无咎。[2]

【疏證】[1] 陸德明云："或作輻，《老子》所云'三十輻共一轂'是也。"○元按：作輹是，參小畜。[2] 史徵云："輿脫輹，敗不可以行，然九二有居中之德，不妄前進，豈有過尤哉！"程頤云："動不失宜，故無過尤也。"

九三，良馬逐，利艱貞吉，日閑輿衛，利有攸往。

《象》曰："利有攸往"，上合志也。

【義解】以陽居躁，陽故務於富畜，躁則不安其位，是富畜而益能進取之象，然以其躁，故誡以利艱貞吉也。如武士以良馬相馳逐，[1]倘非章臺遊嬉，而是操練射御，欲使弓馬嫻熟，[2]則正合卦德，利有所往矣。上合志即正合卦德，參小畜。

【疏證】[1] 陸希聲《易傳》："逐，角逐也。"陸德明云："鄭本作逐逐，云：'兩馬匹也。'姚云：'逐逐，疾並驅之皃。'"[2] 陸德明云："閑，馬、鄭云習。"虞翻曰："坎為閑習，坤為車輿，乾人在上，震為驚衛，講武閑兵，故曰'日閑輿衛'也。"李道平疏："凡武備皆謂之衛。"又云："'日閑輿衛'，鄭氏謂'日習車徒'，是也。"張惠言云："《尚書大傳》曰：'戰鬥不可不習，故於搜狩以閑之。'閑輿衛，亦謂田獵也。"（《虞氏易禮》卷下）

六四，童牛之牿，元吉。

《象》曰："六四元吉"，有喜也。

【義解】以陰居或，陰故不畜反散，或則謹慎自省，當大畜之時，不畜反散而能自省无咎者，其惟殺牲以祭乎？祭祀所以畜德也。[1]故有牿其童牛之象，是則有喜而元吉也。童牛者，小牛也，祭祀所用。牿，以木束牛角，防其觸人傷角，無以備祭祀，是所謂福衡也。[2]

【疏證】[1]《論語·學而》："曾子曰：慎終追遠，民德歸厚矣。"《國語·楚語下》："（昭）王曰：'祀不可以已乎？'（觀射父）對曰：'祀所以昭孝息民，撫國家、定百姓也，不可以已。'"《禮記·祭統》："祭者，所以追養繼孝也。孝者畜也。順於道，不逆於倫，是之謂畜。"又云："君子之教也，必由其本，祭其是歟！祭者，教之本也已。"〇元按：《論語·泰伯》："子曰：禹，吾无間然矣，菲衣食而致孝乎鬼神。"致孝者，致其畜道也，祭乃畜德之大者，故六四以此為義。[2]侯果曰："童牛，無角之牛也。"陸德明云："牿，《九家》作告，《說文》同。"《說文》云："告，牛觸人，角箸橫木，所以告人也。"段玉裁注："如許說，則告即福衡也。愚謂此許因'童牛之告'而曲為之說。"虞翻曰："告，謂以木福其角。"潘士藻引季本云："牿，即《詩》所謂'福衡'，橫木於牛角，以防其觸也。"〇元按：《詩·魯頌·閟宮》："秋而載嘗，夏而福衡。"鄭玄箋："夏則養牲，福衡其牛角，為其觸牴人也。"何其傑引《周禮·地官·封人》云："凡祭祀，飾其牛牲，設其楅衡。"《國語·楚語下》："王問於觀射父曰：'祀牲何及？'對曰：'祀加於舉。天子舉以大牢，祀以會。諸侯舉以特牛，祀以大牢。卿舉以少牢，祀以特牛。大夫舉以特牲，祀以少牢。士食魚炙，祀以特牲。庶人食菜，祀以魚。上下有序，則民不慢。'王曰：'其小大若何？'對曰：'郊禘不過繭栗，烝嘗不過把握。'王曰：'何其小也？'對曰：'夫神，以精明臨民者也，故求備物，不求豐大。'"由是觀之，福衡者，非止防其觸人也，蓋防其觸人而傷角，無以備祭祀耳。高亨《詩經今注·閟宮》云："兩角間捆上橫木，以防牛角碰壞。"蓋已略識此義。

六五，豶豕之牙，吉。

《象》曰："六五之吉"，有慶也。

【義解】以陰居剛中，陰故不畜反散，剛則大事鋪張，中則所行得宜，其象如家有喜慶，殺豶豕以勞眾也。[1]勞眾亦畜德之舉也，故為大畜之一象。《繫辭下》所謂"何以聚人？曰財。"牙，杙，繫豕之木。[2]同為喜慶，六四曰元吉而此曰吉者，以六四有自省之義，[3]知是祭祀前所為，蓋祭祀則必齋戒也。如婚姻慶賞等之慶祝，則不如祭祀之隆重，此由一以牛一以豕亦可見也。古者，人君於朔望之日殺牲盛饌，其名曰舉，略與此類。[4]

【疏證】[1]《說文》："豶，羠豕也。"段玉裁注："羠，騬羊也；騬，犗馬也；犗，騬牛也，皆去勢之謂也。"虞翻曰："劇豕稱豶，令不害物。"陸希聲《易傳》："豶，謂豕之去勢者。"陸德明云："豶，劉：'豕去勢曰豶。'"趙汝楳云："豶，去其勢也。豕性決躁，稍壯則生牙，甚壯則出吻，外能害人而體瘠。及其初而豶之，則牙不生，乃可畜養。"趙采云："豕方生牙，已豶去其勢，則能制其淫而易肥腯矣。"惠士奇云："愚謂童牛、豶豕，幼小之名。按《爾雅》：'豕子豬豶豵幺幼。'注云：'俗呼小豶豬為豵子，最後生為幺豚。'然則童牛為小牛、豶豕為幼豕，信矣。……牙讀為互，互見《周禮》，張衡賦'置互擺牲'是也。陸佃謂牙者畜豕之杙，東齊海岱之間，以杙繫豕。"李道平云："'豶豕'猶'童牛'也。牙者，畜豕之杙。東齊海岱之間，以杙繫豕，防其唐突，與'童牛之告'同義也。"○元按：小豕、去勢二義可通，蓋豕之去勢必於其幼者也。豶之初義當為去勢，及既去勢，而後轉為幼豕之稱。然惠、李二氏直以此爻之豶豕當童牛之義，亦非，仍當以去勢為正解。然豕既去勢，則非祭祀之用矣。豕所以去勢者，利其速長也，趙汝楳所謂不豶則"體瘠"是也。故有慶之時常用豶豕也。[2]陸德明云："牙，鄭讀為互。"胡瑗云："牙，牙杙也，所以繫物也。"項安世云："牙，《埤雅》云'以杙繫豕'也。胡翼之《易傳》正用其說。"龍仁夫云："愚按：《說文》：'枒，木也。'《集韻》通作'牙'，與《埤雅》合。宜為繫豕之木。……牙，鄭玄音互，即柏也，樀楯之屬，義亦相近。"來知德云："牙者，《埤雅》云'以杙繫豕'也，乃杙牙，非齒牙也。"茹敦和云："互所擺者既殺之牲爾，是豈

可以畜豵豕也。惟《考工記》‘牙也者以為固抱也’，先鄭曰：‘牙讀如跛者
訝跛者之訝，謂輪輮也。世間或謂之罔。’疏則曰：‘訝，迎也。此車牙亦
輮之使兩頭相迎，故讀從之。’而古者豢豕必於圈，圈者屈木為之，又以為
梧桵之桵焉。屈則輮矣，輮則訝矣，此或牙之所由名與?”(《重訂周易小
義·牙》)○元按：牙之義當從胡、項、來之說。李氏以“豵豕之牙”與“童
牛之告”同義亦不確。蓋繫之以牙，非為防其唐突，乃欲殺之以勞眾也。
[3] 張汝霖云：“喜以己之心言。……喜與慶有廣狹者，位不同也。”程玉
潤云：“善者引其機，則此心默領自得之趣，故曰喜；惡者殺其勢，則天下
共用和平之福，故曰慶。”○元按：喜之與慶，內外有別，二氏所論，雖尚未
諦，亦不為無見。[4] ○元按：舉之義參六四疏證所引《國語》之文。韋
昭注：“加，增加也。舉，人君朔望之盛饌。”

上九，何天之衢，亨。

《象》曰：“何天之衢”，道大行也。

【義解】以陽居亢，陽故務於富畜，亢則不遜，大畜之時，雖不
能下人，然以其富畜己德，則人亦來下之，所謂尚賢也。故有當天
之通衢之象，其道光明，必大行也。何，荷，當。[1]

【疏證】[1] 虞翻曰：“何，當也。衢，四交道。”李道平疏：“何與荷
通，梁武帝讀音賀是也。訓當者，猶擔當也。”王宗傳云：“何，如‘何校’之
何，《釋文》曰‘梁武帝讀音賀’是也。言以身任天下群才之責，當畜賢之
時，為五所尚，主張賢路，賢者之得志，莫盛於斯也。”焦竑云：“何，音賀，
古荷字即前‘何校滅耳’之何。《魯靈光殿賦》引此，直作‘荷天衢以元
亨’，可證。”來知德云：“此畜極而通之義。何，胡可切，音荷，儋也，負也。
儋即擔字。”李光地等云：“天衢者，喻其通也。‘荷天之衢’者，言其遇時
之通也。”○元按：鄭玄已讀何為荷物之荷。

序卦：物畜然後可養，故受之以頤。頤者，養也。

☲(震下艮上)

頤：貞吉。觀頤，自求口實。

【義解】天道大畜，物種各遂性情，生生之德始備。顧大畜之德，雖健而有止，能性其情，然博而乏統，大而不純，未能和其光而同其塵，倘遇大過，則無以生生矣。必當涵養交融，[1]貞於純粹，所謂"物畜然後可養，故受之以頤。頤者，養也。"是則由夫貞之利而進至於貞之貞，泯其自我之情而渾然天命之性，頤養之義豈不大哉！故頤於四德居貞，萬物得其所養，而大吉也。君子觀天地之頤養萬物，能虛其心而實其腹，自求所養。實其腹而言口者，吐故而納新也。

【疏證】[1]李道平云："孟子曰：'其為氣也，至大至剛，以直養而無害，則塞乎天地之間矣。''剛健篤實'，即'至大至剛'。可以'觀其所養'，即'直養無害'。'輝光日新'，即'塞乎天地'。故曰'物畜然後可養'。"○元按：李說似是而非。孟子以氣言，故其所養乃擴充之養，是所謂直而無害；頤卦則以德言，故其所養乃內斂之養，始能韜光養晦，以濟大過之難。二者所言本非一事也。

《象》曰："頤，貞吉"，養正則吉也。"觀頤"，觀其所養也。"自求口實"，觀其自養也。天地養萬物，聖人養賢以及萬民，頤之時大矣哉！

【義解】貞者，止於一之謂也，故正。《象傳》之以正釋貞，皆本此義。一陽在上，以象丘山；一陽在下，以象蟄龍。蟄龍潛藏於山下，龜息冬眠，是能貞於一者也。頤之所養，[1]即養正者也，故吉。卦德動而止，即以靜止動之義，不欲其動也。故觀頤之道，當視其所養。其自求口實者，能自養頤也。[2]自養固為小道，至若天地以頤道涵養萬物，使終其天年，聖人以頤道養賢及萬民，使各得其成，頤之時豈不大哉！參豫卦。

【疏證】[1]鄭玄曰："頤者，口車輔之名也。震動於下，艮止於上。口車動而上，因輔嚼物以養人，故謂之頤。頤，養也，能行養則其幹事，故吉矣。"[2]鄭玄曰："觀頤，觀其養賢與不肖也。頤中有物曰口實，自二至五有二坤，坤載養物，而人所食之物皆存焉。觀其求可食之物，則貪廉之情可別也。”李道平云：“自二至五互有二坤，京氏謂‘地之氣，萃在其中’是也。”程頤云：“自求口實，謂其自求養身之道。”〇元按：鄭氏以頤卦六畫象口車輔之形，其中四畫則互二坤，如崔憬、虞翻諸人皆以噬嗑卦卦形象頤，以九四象頤中之物同例。此漢儒解經之一法，本無關經義，惟因其巧也，後世信之者眾，易學遂日淪於汗漫而無已也。

《象》曰：山下有雷，頤。君子以慎言語，節飲食。

【義解】雷（龍）藏於山下，是不出者也，如生物冬眠之候也，故有頤養之象。君子法天道之頤，自求所養，故慎其言語而節其飲食。[1]道家者流取此，[2]故煉性修命，務求其象帝之先，即由元而返貞也。君子法乎天道，當行則行，當止則止，於養頤之時亦不廢此。卦既以動而能止為德，凡陽爻則剛健，故不知止頤；凡陰爻則柔順，故知止頤。

【疏證】[1]荀爽曰：“‘言出乎身，加乎民’，故慎言語，所以養人也。飲食不節，殘賊群生，故節飲食所以養物。”真德秀云：“養道盡於天地聖人，《象》獨以言語飲食為言，何哉？蓋已得其養，然後可推以及人，未有不先成吾身，而能達之天下者也。白圭有詩，南容復之；金人有銘，孔子識之。可不慎乎！三爵之過，猶為非禮；萬錢之奉，適以賈禍。可不節乎！”（胡世安《大易則通》引）〇元按：此雖有合於頤道，然非大《象》之本旨也。[2]〇元按：廣義之道流，舉凡宗教家以解脫生死為蘄向者，如佛徒、基督徒、回教徒等皆是。佛教東來，中土多以道人相稱，是其例也。

初九，舍爾靈龜，觀我朵頤，凶。

《象》曰：“觀我朵頤”，亦不足貴也。

【義解】以陽居潛，陽故不知止頤，潛則固執，當頤之時，是雖頤而不知其道者也。如人知天時之當頤，而惟務大快朵頤，遂其口腹之欲，不知守其天道也，故亦有凶而不足貴。[1]靈龜者，善能服氣養頤，且可卜之以問天道也。[2]朵，下垂而動之貌，以形容飲食之狀也。[3]此世俗之頤。

【疏證】[1]侯果曰："舍爾靈龜之德，來觀朵頤之饌，食祿致凶，故不足貴。"[2]史徵云："靈龜，謂神靈明兆之物，喻己之明德。"李光云："龜之為物，以鼻引氣，可以不食而長生，物之至靈而無求於外者。"趙汝楳云："龜先知，故曰靈。閉息服氣，不假於食。"何其傑引《管子·水地篇》云："伏闇能存而能亡者，蓍龜與龍是也。"[3]王弼云："朵頤者，嚼也。"孔疏："朵是動義，如手之捉物，謂之朵也。"陸德明云："朵，動也。"李鼎祚曰："朵頤垂下，動之貌也。"趙汝楳云："木下垂曰朵。"李道平云："朵，下垂而動之貌。"

六二，顛頤，拂經于丘頤，征凶。

《象》曰："六二征凶"，行失類也。

【義解】以陰居柔中，陰故知頤，柔則未能及遠，中則所行得宜，當頤之時，雖知自養之道，然尚未合天者也。頤之時惟當以靜自處，不可有往，往必失其類也，[1]故征凶。其象如人居小山之巔，[2]手拂經書，[3]嘯歌林泉以自養也。以居山巔，故云顛頤。此隱者之頤。丘，小山。[4]

【疏證】[1]侯果曰："征則失養之類。"[2]熊過云："《說文》曰：顛，頂也。"季本云："顛如山之巔。"楊時喬云："艮為山上，在卦上，為山之巔。"沈紹勳云："言賢人隱居於丘，國家不能養之。"○元按：先儒多作顛倒解，皆誤。沈說稍得之，然所謂國家不能養之，是仍讀拂頤為違其所養之義，詳下。[3]《儀禮·既夕禮》："商祝拂柩，用功布。"鄭玄注："拂，去塵也。"龍仁夫云："卦有自然織紝象，初為持緯之下杼，上為受經之上軸，中四爻如布帛之經。坤有布帛象，艮手有拂象。凡織紝隨所成卷於杼，而拂動上經以續之，故求頤於上曰拂經。"黃宗炎云："拂，過擊也，從手從弗，言有過而擊止之，所以正人不正之謂。借為撫摩、拂拭之用。"○元按：諸說多以拂經作違常解，失之。惟龍氏以拂為拂動之拂，義稍近之。拂經之義，毛奇齡云："夫近頤之口，下通於吭，所謂經也。口之所食，每緣氣以為出入，《莊子》所謂'緣督為經'、'熊經鳥伸'者。"蓋亦不以違常之義為然。經書之義,始見於《墨子》,經上、經下皆其例也。《莊子·天道》言孔子"繙十二經以說",《天運》言"丘治《詩》《書》《禮》《樂》《易》《春秋》六經",《天下》所云"苦獲、己齒、鄧陵子之屬俱誦《墨經》",《荀子·勸學》亦云"學惡乎始,惡乎終? 曰:其數則始乎誦經,終乎讀禮。"《孔叢子·執節》:"(虞卿)曰:經者取其事常也,可常則為經矣。"《墨子》一書題篇不知始於何時,譚戒甫以為墨家之所謂經乃墨子弟子相里、祖夫、鄧陵所結集,且稱之為經(《墨辯發微》第一編,《墨經證義》),或當不晚於戰國中葉。 由《莊》《荀》二書所言,知戰國中期以降,道家者流已有孔子繙經之說,然則儒門之內倡孔子作經之說當更在此前,或可上推至戰國初葉。由是觀之,以經之字泛言古代書籍,當不致晚於春秋末季。故章太炎《國故論衡·原經》亦引《國語·吳語》之"挾經秉枹"為言。今既云《周易》本經成於孔子,則爻辭之拂經以手拂經書作解,似亦不為曲說。[4] 王肅曰:"丘,小山也,物之所聚以養人者也。"(朱震《漢上易傳》引)陸希聲《易傳》:"丘者,丘墟不平,非常所安。"李光云:"丘園,隱者之所盤旋也。"

六三,拂頤,貞凶,十年勿用,无攸利。

《象》曰:"十年勿用",道大悖也。

【義解】以陰居躁,陰故知頤,躁則躁動不安,雖似能頤而實未得其益者也,當頤之時,定於此道必有凶也。雖十年不用,亦無所利,以其非真頤也。其象如人手拂經書而心不在焉,[1]拂之雖久,而其理不入,亦無所利也。而大好光陰虛擲,悖道之甚者也。此偽者之頤。

【疏證】[1] 蘇軾云:"拂頤者,'拂經於丘頤'也。"趙汝楳云:"拂頤,即'拂經於丘頤',承上省文。"龍仁夫云:"拂義承六二而言。"

六四,顛頤,吉。虎視眈眈,其欲逐逐,无咎。

《象》曰:"顛頤之吉",上施光也。

【義解】以陰居或,陰故知頤,或則謹慎自省,當頤之時,以天道自守,故能懲忿而窒欲,其去欲之狀,如虎視眈眈也。[1]其象如人居丘山之巔，^[2]煉性修命，去其雜念，致虛極而守靜篤者也。當頤之時，是乃吉道也，如終得其成，則其上必粹然而有光也。施，延，綿延。^[3]此道士之頤。

【疏證】[1] 黃奭輯《易雜家注·劉向劉歆易注》："劉歆'逐逐'作'悠悠'，遠也。"陸德明云："眈眈，馬云：'虎下視兒。'"虞翻曰："眈眈，下視貌。"項安世云："其欲逐逐，《說文》作'悠悠'，式六反，遠也。"○元按：逐逐作遠解，乃欲之去也。[2] 龍仁夫云："顛義見前。"黃正憲云："如山顛之顛。"[3]《莊子·庚桑楚》："宇泰定者，發乎天光。"○元按：《孟子·盡心上》言"君子所性，仁義禮智根於心，其生色也，睟然見於面，盎於背"，與此極似，然固由養性而來，二者殊途同歸，而心法不必相同。施，即《詩經·葛覃》"施於中谷"之施，昔儒多作施予解，茲不從。

六五，拂經，居貞吉，不可涉大川。

《象》曰："居貞之吉"，順以從上也。

【義解】以陰居剛中，陰故知頤，剛則進取，中則得宜，當頤之時，進取有為而能得其中者，其惟以經書自修，孜孜以求天道之所養乎？故亦以拂經象之也。^[1]孔子曰："加我數年，五十以學《易》，可以無大過矣。"學《易》養頤，斯可以濟大過之難也。^[2]然當此之時，所謂進取有為，惟可向內求之，不可往也，故云不可涉大川。不往即所謂居。苟能定於此道，順而從於卦德，則吉矣。卦對爻曰上。此士君子之頤。

【疏證】[1] 易祓云："五之拂經與二同。"龍仁夫云："拂經義與前同。"[2] 喬中和云："孔子曰'假我數年，五十以學《易》，可以無大過'，其隱隱自負也重矣。"黃宗羲云："'養生者不可以當大事，惟送死可以當大事。'送死不嫌於大過也。孔子曰：'五十以學《易》，可以無大過矣。'言可以無死也。'原始反終，知死生之說。'故可以無死與朝聞夕死同一義矣。"（《易學象數論》卷三）戴望《論語注》："《雜卦》曰：'大過，顛也。'顛則陽息，萬物死。聖人使陽升陰降，由復出震，自臨而泰，盈謙生井，終既濟定，六位正，王度見，可不遇大過之世也。"（程樹德《論語集釋・述而下》引）○元按：據《經典釋文》："魯讀易為亦，今從古。"是也。孔子此言，後儒頗聚訟，近人則引此以疑孔子與《周易》之關係，故從魯讀者眾，然皆武斷為說，訖無實證。及帛書出，見孔子論《易》之文甚夥，嚮之甚囂塵上者，忽渺焉無聞，而紛紛撰文，論孔子之易學矣。即此可覘此派學術之陋，蓋其疑其是，皆未嘗深求也。雖然，是皆疑《易》而未嘗致思於大過者。予頗疑孔子所言之大過，即《周易》大過之卦。古人五十而死不為夭折，故孔子言，倘與我數年，至五十之時習《易》，可以無懼大過之滅頂矣，其義甚合。得黎洲此言，而益信其說。蓋大過之義，倘從俗讀，則五十以學尚不為大過乎？《論語・子罕》："四十五十而無聞焉，斯亦不足畏也已。"孔子又焉能以此自處哉！王闓運《論語訓》："四十不惑，知聖人有可成之道，但恐年促，故未至五十而皇皇也。時陽虎亂，孔子年四十三，始不欲仕，其後作《春秋》，擬《易象》為之。"（程樹德《論語集釋・述而下》引）雖無實證，先儒之中，獨得其旨。

上九，由頤，厲，吉。利涉大川。

《象》曰："由頤厲吉"，大有慶也。

【義解】以陽居亢，陽故不知頤，亢則不知止而反動，當頤之時，其象如人不務小己之養，率性而為，獨與天地精神相往來也，故曰由頤。由者，使各循其道，各率其性也。[1]有此德，故能雖危而實吉，故可以長往，利涉大川矣。天地有此，故可以養萬物，聖人有此，故可以養賢及萬民，此之謂大有慶也。此天地聖人之頤。孔子自云"不知老之將至"，與此爻合。參大過卦。

【疏證】[1] 虞翻曰："由，自從也。"《周易尚氏學・豫・九四》："《孟子》'由由然與之偕'，注：'由由，自得之貌。'"

序卦：不養則不可動，故受之以大過。

䷛（巽下兌上）

大過：棟橈，利有攸往，亨。

【義解】天地以生成為務，然有其成必有其毀，及其毀也，乾坤或幾乎息矣。天道既不欲其息，故剝極能復，貞固待時，以濟此難。物既復其无妄之性，充其自性之情，而能貞定於一，精剛不壞，則可以膺此大難矣。其象如種子剝落入土，而能自深其居，畜其蓋藏；亦如蟄龍之屬，潛隱丘山，龜息冬眠。然則乾坤之壞，必物之能頤而後可，故頤卦受之以大過，過者過錯也。[1]萬物皆受滅頂之災，是生死之交也，故有死象，雖棟樑之材，亦必毀折，故曰棟橈。[2]當此之時，萬物皆無能為也，惟頤之能貞夫一，可以濟此難也，故知其不可而為之，能有所往，其道反通，是所謂不養則不可動。[3]以頤之存，故大過之時，雖死而實未死，於四德亦居貞之亨也。

【疏證】[1]孔穎達云："王肅云'過莫大於不養'，則以為過失之過。案此《序卦》以大過次頤也，明所過在養。子雍以為過在不養，違經反義，莫此之尤。而周氏等不悟其非，兼以過失釋大過之名。"〇元按：王肅字子雍。孔氏謂所過在養，非是，蓋惟養始可以度大過之難也。本注所取在王、周以過錯之義釋大過之過。[2]向秀云："棟橈則屋壞。"陸德明云："橈，曲折也。"《雜卦》："夬，決也，剛決柔也。君子道長，小人道消也。"虞翻注："大過死象。"郝敬云："人得養而生則動，失養而不能動則死，大過者，時過養終，往而不反之名，猶所謂大行、大歸，送死之卦也。……大過自頤來，如人期頤衰老。"潘雨廷云："虞翻注'大過死象'，誠屬《雜卦》之至言。因易道生生，當研究死而復生之理。大過之死，死於中矣自強不息的乾元為初上時空所囿。"（《周易表解·雜卦下章》）張文江云："（頤）初得靈龜之氣，乃成小乘修身之功，上有涉大川之慶，乃成大乘濟世之利，此所以頤生而大過死也。"〇元按：郝氏言大過為送死之卦，是，言頤為期頤則誤。蓋期頤者，期於能頤，可以濟大過之難也。《釋名·釋長幼》："百年曰期頤。頤，養也。老昏不復知服味善惡，孝子期於盡養道而已也。"義雖稍異，亦以"期望"釋"期"也。張說似尚以頤、大過相對待，稍有未諦，蓋頤所以先大過者，大過之死有不死者存焉。夫子五十而知天命,有得於往聖所以濟大過之學,正見習《易》之功。參頤卦六五。[3] 李士鉁云:"大過陽閉於中,陽死之象。宜速往以救之,故必往乃亨也。"○元按:李氏言死象是也,然利有攸往者,非言往以救之,大過之時,惟有養者始能自救救人也。其救人者,則必證其由頤者乃可,故能於坎之時,以常德行而習教事,因有師之義焉。然所以救人者,亦惟教其能自養頤而已。以佛氏通之,養頤者猶小乘也,由頤者則大乘矣。

《彖》曰:大過,大者過也。"棟橈",本末弱也。剛過而中,巽而說,行。"利有攸往",乃亨。大過之時大矣哉!

【義解】大,剛。[1]大過之時,萬物滅頂,其木大如棟樑者,亦為所沒,危哉!惟當行之以柔,其剛者皆過也,故曰大過。當此之時,所謂棟者,雖能砥柱中流,然既遭摧折,則下無本根,上無華蓋,本末皆弱而生機漸消也。其能有一線生機者,或則始終柔順,潛伏水中而不遭摧折,或必枯楊生稊而後可。以諸爻視之,九二之雖處其剛,有所過而尚得柔中;初六則巽而能說,巽者馴順,說者柔說,合乎卦德,皆能有所往而得生,此天道所以濟大過者也。故云利有所往,乃亨。[2]大過死象也,然天地雖毀而尚留一線生機,其時豈不大哉![3]

【疏證】[1]虞翻曰:"陽稱大。"[2]朱子云:"四陽雖過,而二五得中,內巽外說,有可行之道,故利有所往而得亨也。"[3]項安世云:"人死於過而生於頤,頤受六十四卦之終氣,故頤、大過之時與解、革同其大也。"潘雨廷云:"頤生而大過死,大過處危急狀態,故其時大矣哉。"

《象》曰:澤滅木,大過。君子以獨立不懼,遯世无悶。

【義解】兌者澤也,巽者木也,澤水上漲,堤岸之木皆為所沒,是大過之象也。君子當大過之世,堅貞以自守,無所依傍而不懼,不為人知而不憂,孔子所謂人不知而不慍,孟子所謂窮則獨善其身也。[1]卦既以巽而說為德,巽說皆務於柔順也,故凡陽爻則剛健,不能巽說也;凡陰爻則柔順,能巽而說。

【疏證】[1]李鼎祚曰：“兌，澤也。巽，木。滅，漫也。凡木生近水者，楊也。遇澤太過，木則漫滅焉。二、五枯楊，是其義。”程頤云：“澤，潤養於木者也，乃至滅沒於木，則過甚矣，故為大過。君子觀大過之象，以立其大過人之行。君子所以大過人者，以其能獨立不懼，遯世無悶也。”○元按：君子之有大過人者，始能濟其時之大過也。先儒惟知以大過人釋此卦，得其一端而已，不知大過乃死象也。歷代諸家於此卦多膚泛之論，失之遠矣。

初六，藉用白茅，无咎。

《象》曰：“藉用白茅”，柔在下也。

【義解】以陰居潛，陰故柔順能伏，潛則不起，柔順在下，遇水即伏者也，其根未傷，故无咎。當大過之時，其剛者皆斷，不可力敵，君子保身亦所以存道也，故雖泯然眾人也，而人不知，惟君子能安貧樂道，小人則有終身之憂耳。其象如祭祀之時，以白茅居下縮酒也，在下曰藉。[1]茅雖居下似為人所賤，而其德實能敬神也。[2]參《繫辭上》第八章。

【疏證】[1]陸德明云：“藉，馬云：‘在下曰藉。’”《說文》：“藉，祭藉也。”李道平云：“《周禮·鄉師》曰：‘大祭祀其茅藉’，鄭興彼注云：‘祭前藉。’藉在下。”[2]侯果曰：“以柔處下，履非其正，咎也。苟能絜誠肅恭不怠，雖置羞於地，可以薦奉。況‘藉用白茅’，重慎之至，何咎之有矣。”

九二，枯楊生稊，老夫得其女妻，无不利。

《象》曰：“老夫女妻”，過以相與也。

【義解】以陽居柔中，陽故剛健不伏，柔則順守迂回，中則所行得宜，如根幹雖斷而能預留生機者也，故有“枯楊生稊”之象，枯木逢春而有新芽生出也。[1]猶如老夫艱於生育，所謂過也；[2]然女妻尚能生育，故無不利。[3]是即過以相與。以爻位言，剛則過矣，得其中，故有相與合者也。

【疏證】[1]王弼曰：“稊者，楊之秀也。”虞翻曰：“稊，稺也，楊葉未

186

舒稱稊。"[2] 魏濬云："枯楊生稊，於死中得活路；老夫女妻，從絕處遇生機。"張惠言云："大過陽死，女妻有子繼世承祀，其本義也。……禮，男子六十稱鰥，女子五十稱寡，不復嫁娶。宗子雖七十，無主婦猶得更娶。《周官·媒氏》'司男女之無夫家者而會之'，鄭注云：'謂男女之鰥寡者。'是大過之義也。"（《虞氏易禮》卷下）○元按：張說甚精，然以此為大過本義則非是。大過之時，君子之能有生機者，初、二、四是也，然所以存者各異，不必以二為本義也。先儒知此理者首推孟子，參拙作《孟子章句講疏·梁惠王章句下》第十五章。[3] 程頤云："老夫之說少女，少女之順老夫，其相與過於常分。"張惠言云："大過陽死坤中，……君子當以權濟之，過以相與是也。"（《虞氏易事》卷下）

九三，棟橈，凶。

《象》曰："棟橈之凶"，不可以有輔也。

【義解】以陽居躁，陽故剛健不伏，躁則不安妄動，有過剛之象，當大過之時必有棟橈之凶也。輔者助也，不可以有輔者，言剛既已過，大過之時無以助其濟時也。[1]

【疏證】[1] 司馬光云："大過九三'棟橈，凶'，九四'棟隆，吉，有它吝'，何也？夫大過，剛已過矣，正可濟之以柔，而不可濟之以剛也。故大過之陽皆以居陰為吉，而不以得位為義。九三居陽履剛，而在一體之上，剛恨強愎，不可輔弼者也，故曰'棟橈，凶'。"

九四，棟隆，吉。有它吝。

《象》曰："棟隆之吉"，不橈乎下也。

【義解】以陽居或，陽故剛健不伏，或則謹慎有疑，故能不恒其剛，而轉柔也，故不為所折，其根未斷，所謂不橈乎下也。然既為棟，亦不能伏也，故枝幹彎曲而有隆起之象，是為棟隆。當大過之時，君子知幾以自守，然人不知，或以之為見風轉舵矣，是所謂它吝也。[1]所謂獨立不懼者往往亦在此時，蓋人言可畏也。易道不以寧折不彎為吉，蓋君子殺身成仁惟視其時耳，其時可則死之，當大過之時，天行滅壞，仁者欲無噍類矣，當此之時也，以保身留種為合天道，否則惟守其硜硜之義，如匹夫匹婦自經於溝瀆者，同為不知道也。此忍辱負重者，惟大人能之。雖然，倘時非大過，而以明哲保身為託辭，則不足論矣。

【疏證】[1] 王弼云："以陽處陰，能拯其弱，不為下所橈者也。故棟隆吉也。"孔穎達疏："得棟隆起而獲吉也。"司馬光云："九四以陽居陰，而在一體之下，剛不違謙，能隆其棟者也。然過而失中，故云'有它吝'。"

九五，枯楊生華，老婦得其士夫，无咎无譽。

《象》曰："枯楊生華"，何可久也。"老婦士夫"，亦可醜也。

【義解】以陽居剛中，陽故剛健不伏，剛則光顯，中則得宜，當大過之時而能合此象者，其惟枯楊生華乎？華者，花也。枯楊生稊尚能生生，枯楊生華則曇花一現耳，現則死矣，故云何可久也。[1] 然時當大過，亦非其咎也，故无咎无譽。以人道言之，又如老婦得其少夫，老婦本無生之能矣，而有此舉，不惟不可久，亦可羞也。九五當位不如九二守柔，亦可見大《易》變動不居之意。故當位與否僅為普通尺度，不可一概而論。

【疏證】[1] 程頤云："枯楊下生根稊，則能復生，如大過之陽興成事功也。上生華秀，雖有所發，無益於枯也。"

上六，過涉滅頂，凶。无咎。

《象》曰："過涉之凶"，不可咎也。

【義解】以陰居亢，陰故柔順能伏，亢則不遜，當大過之時，雖可柔順自保，反欲鋌而走險，以剛相抗者也，其象如人遇大水，欲強涉之，而遭滅頂者也。於其身言之，既遭滅頂，是有凶也；[1] 於其時言之，卦本死象，亦不可咎也。昔人以比干因諫而死況之，得之矣。[2] 當大過之時，君子所為各有不同，不必譏之，不必諷之，亦不必贊之，惟以惻隱之心同之，以悲憫之心處之，以堅忍之志守之，以待其滿盈耳。[3]

【疏證】[1] 虞翻曰："頂，首也。頂沒兌水中，故'滅頂凶。'"[2] 王弼云："志在救時，故不可咎也。"孔疏："此猶龍逢、比干憂時危亂，不懼誅殺，直言深諫，以忤無道之主，遂至滅亡。其意則善而功不成，復有何咎責！"《九家易》曰："君子以禮義為法，小人以畏慎為宜。至於大過之世，不復遵常，故君子犯義，小人犯刑，而家家有誅絕之罪，不可究也。大過之世，君子遜遯，不行禮義，謂當不義則爭之，若比干諫而死是也。桀紂之民，可比屋而誅，上化致然，亦不可咎。"○元按：《九家》合君子、小人言之，尤為義長。[3]《九家易》曰："曾子曰'上失其道，民散久矣。如得其情，則哀矜而勿喜'，是其義也。"○元按：曾子此言，即小人而言也。

序卦：物不可以終過，故受之以坎。坎者，陷也。

䷜（坎下坎上）

習坎：有孚，維心亨。行有尚。

【義解】大過之時，天地圮敝，萬物滅頂，宇宙一團漆黑，復返於混沌，生命死亡之象。惟幽暗之中有靈光一點，黜其聰明，墮其輝耀，胎息其中，與元氣相浮沉，是即頤卦所貞之陽也。當此之時，韜光而養晦，有陽而未顯，無以名之，故曰無也。強而名之，則字之曰道，大《易》所謂太極也。此一點靈光，由隱而顯，漸出其明，所謂道生一也，與混沌之幽暗相形，反似身陷其中，故有坎象，此所謂"物不可以終過，故受之以坎"也。大過之時，四陽雖壯，然本末皆弱，為陰所包，是亦三畫坎也。[1]當此之時，陰陽始分，所謂兩儀也，兩儀即乾坤也。然此時之坎尚為三畫坎，故有坎之象而無坎之名。陽能生而陰能長，此一點靈光與混沌之質相摩相蕩，於氤氳之中而自然裂變，故由一而生二，其陽之二分者即坎卦也。然萬物負陰而抱陽，兩陽既生，反似二陽而附一陰，是則三畫卦之離也。惟有其象而無其體，故但名坎而不名離，坎離既生，則四象成矣，是即一生二之義也。此二陽為混沌所包，故有重坎之象。重坎者，習坎也。

坎者,陷也,險也,於此重險之中,[2]惟此二陽為天地之中主,所謂天地之心也,宇宙以此而為相通之始原,故云"有孚,維心亨"。孚者,信也,中心有主也。[3]宇宙可由此二陽以通之,故陽之能往則有功矣,故云"行有尚"。坎者,貞下而起元者也,故於四德,居貞元之交。

【疏證】[1]《朱子語類·易三·綱領下·卦體卦變》:"大過是個厚畫底坎。"[2]孔穎達云:"習有二義。一者:習,重也。謂上下俱坎,是重疊有險。"陸德明云:"習,便習也,重也。劉云:'水流行不休,故曰習。'"[3]虞翻曰:"孚,信。"程頤云:"陽實在中,為中有孚信。'維心亨',維其心誠一,故能亨通。"唐鶴徵云:"坎之有心象,本以一剛在二陰之中,猶一靈明在血肉之中也。惟一剛在二陰之中,故外有險陷之象;君子惟一剛而得中,故險能陷君子之身,不能陷君子之心也。彼其心自有不與身俱困者,其求通之機與能通之妙全在於此,安得不亨!"章潢云:"六十四卦,獨於坎卦指出心象以示之人,可見心在身中,真如一陽陷於二陰之內,果能全此一陽為主於內,則道心惟微者此也。"

《彖》曰:習坎,重險也。水流而不盈,行險而不失其信。"維心亨",乃以剛中也。"行有尚",往有功也。天險,不可升也。地險,山川丘陵也。王公設險以守其邦。險之時用大矣哉!

【義解】習者,又也,蓋鳥數飛曰習,取其飛而能又也。[1]兩坎相並,故曰習坎,重險也。坎三畫卦一陽二陰,如流水之象,坎之又坎,如水流而不盈也。九五以剛居中,剛則信念堅定,所謂有孚;以陽居中故有謀,能辟其混沌,為天地立心,故云"維心亨"。[2]故卦德行險而不失其信,行險者,有謀也。[3]行有尚,言往能有功也。[4]當大過之時,萬物蕭疏,已呈死象,臨此大難,惟信念堅定,福至心靈者方能有濟,故卦德即為有孚而維心亨,即為有謀而不失其信。孚,信。然信念堅定,非言其必暴虎馮河也,當坎之時,是則一勇之夫耳,能隱忍自期,有勇有謀者,方足以當有孚心亨也。是則有孚心亨亦即險而能險之義,險者有謀,險而又險,是謀而能忍矣。參訟卦。故坎之時雖險,然如得其濟險之德,則可成其大,此孟子所謂天將降大任於斯人,必能動其心而忍其性。動其心者,維心亨也;忍其性者,有孚也。以人道言,處險乃人所不樂;[5]以天德言,處險能通,乃成天德之大。故天善用其險,以成不可企及之高;地善用其險,以成山川丘陵之利;王公善用其險,以能設謀而守其國。險之時用豈不大哉!參豫卦。

【疏證】[1]《說文》:"習,數飛也。"[2]侯果曰:"二五剛而居中,則'心亨'也。"[3]荀爽曰:"謂陽來為險而不失中,中稱信也。"[4]趙彥肅云:"水以流為尚,險以去為通,心以運用為神。"[5]李光云:"險固君子之所惡也。"

《象》曰:水洊至,習坎。君子以常德行,習教事。

【義解】洊同薦,重也。[1]水洊至即言水而復水,是水流之象也。鳥數飛曰習,有重之義,故云習坎。逝者如斯,不舍晝夜。君子法川流之不息,能恒其德行,敦習教事。恒者法其有孚而不息,教者法其川流而有謀。[2]蓋坎之時陽始分裂為二,然尚未進至乾之純也,故不可大往,必以堅定之心,恒其德行,乃可有濟。當此之時,欲使元氣漸盛,當以先覺覺後覺,立己而立人,其功至偉者,其惟習教事乎?[3]吾夫子所以為貞下起元者以此。故坎卦者,師之卦也,師者,所以起萬世之元者也。卦既以有謀而能信為德,凡陽爻則剛健,故能有謀;凡陰爻則柔順,故皆無謀。

【疏證】[1]陸德明云:"《爾雅》云:'再也。'劉云:'仍也。'于作薦。"《國語·楚語下》"禍災薦臻",韋昭注:"薦,重也。"〇元按:于當作干。[2]陸績曰:"洊,再;習,重也。水至再而益通流,不舍晝夜,重習相隨以為常,有似於習。故君子象之,以常習教事,如水不息也。"司馬光云:"水之為德,無有方圓曲直、高下夷險而不失其平者也,故君子以常德行。水之流也，習而不止，以成大川；人之學也，習而不止，以成大賢。故君子以習教事。"俞琰云："常德行，謂德行有常而不改；習教事，謂教事練習而不輟。治己治人，必皆重習，然後熟而安之。"○元按：常德行者，即"庸言之信，庸行之謹"，此《文言》所以贊見龍者也。[3]張根云："常德行所以處險，習教事所以除險。"

初六，習坎，入于坎窞，凶。

《象》曰："習坎入坎"，失道凶也。

【義解】以陰居潛，陰故無謀，潛則固執不起，當坎之時，入於深坎，既不能有謀以濟險，而又固執己見，是尤險也，故曰習坎，坎之又坎也，[1]是乃失道之凶。

【疏證】[1]陸德明云："窞，《說文》云：'坎中更有坎。'王肅云：'窞，坎底也。'《字林》云坎中小坎。"虞翻曰："坎中小穴稱窞。"干寶曰："窞，坎之深者也。"

九二，坎有險，求小得。

《象》曰："求小得"，未出中也。

【義解】以陽居柔中，陽故有謀，柔則不能大有為，中則所行得宜，故云求小得。有險，即有謀。有謀，故能求也。所以小得者，雖未出險，尚能得中也。[1]

【疏證】[1]荀爽曰："雖求小得，未出於險中。"王弼云"處中而與初、三相得，故可以求小得也。初、三未足以為援，故曰小得也。"惠士奇云："坎二五得中，故二曰未出中，五曰中未大。"李士鉁云："二在下卦，位卑勢微，象水出於地上，猶不能施澤及遠，小得之象也。雖然，涓涓不已，流為江河，大川之源，可以濫觴，雖小而可大之勢基此矣。"馬其昶云："求小得，積細流以成大川也。"○元按：二、五皆言中，似不當泛泛視之，故不從荀說，當從王氏，惟王氏言所以小得之故則非。

六三，來之坎坎，險且枕，入于坎窞，勿用。

《象》曰："來之坎坎"，終无功也。

【義解】以陰居躁,陰故無謀,躁則不安躁動,無謀故無以濟險,不安躁動尤無益也,故有於習坎之中往來奔走之象,是之謂來之坎坎。故誡之以於險中且當高臥靜思,[1]雖欲有為終徒勞也。

【疏證】[1]陸德明云:“鄭玄云:‘木在首曰枕。’”虞翻曰:“枕,止也。”干寶曰:“枕,安也。”《朱子語類·易七·坎》:“險且枕,祇是前後皆是枕,便如枕頭之枕。”又云:“來之自是兩字,各有所指,謂下來亦坎,上往亦坎,進退險險也。”王申子云:“進退皆險,則寧於可止之地而暫息焉。且者,聊爾之辭;枕者,息而未安之義。能如此,雖未離乎險,亦不至深入於坎窞之中也。”

六四,樽酒簋貳用缶,納約自牖,終无咎。

《象》曰:“樽酒簋貳”,剛柔際也。

【義解】以陰居或,陰故無謀,或則謹慎有疑,無謀是不足以濟險矣,然能謹慎自省,則正未易量也,是所謂剛柔之際,是非難明,故終不可咎也。其象如人於囚牢之中,與敵自牖定約,[1]故獲樽酒、簋貳、用缶之遇,[2]雖似無謀,然實莫測其所以。此文王居於羑里之象。[3]另如外敵入侵,不敵而敗,是隱忍媾和,抑或激憤而族滅? 正未易言也。故但許无咎,不言有它,是非其惟天知。

【疏證】[1]《說文·片部》:“牖,穿壁以木為交窗也。”虞翻曰:“坤為戶,艮小光照戶,牖之象。”○元按:坤戶、艮光諸義本書不取,取其以窗釋牖也。[2]陸德明云:“樽酒,絕句;簋貳,絕句;用缶,絕句。舊讀樽酒簋絕句,貳用缶句。”[3]崔憬曰:“於重險之時,居多懼之地,近三而得位,比五而承陽。脩其絜誠,進其忠信,則雖祭祀省薄,明德惟馨,故曰‘尊酒簋,貳用缶。’‘內約’,文王於紂時行此道。從羑里內約,卒免於難,故曰‘自牖終无咎’也。”李道平云:“《史記·周本紀》‘帝紂乃囚西伯於羑里’,《漢書·景十三王傳》‘文王拘於牖里’,是牖、羑古字通也。”○元按:“自牖”之義,李說似亦可通,存此以待識者。然爻義固已明也。

九五,坎不盈,祇既平,无咎。

《象》曰："坎不盈"，中未大也。

【義解】以陽居剛中，陽故有謀，剛則有為，中則所行得宜，當坎之時，所謂有為即能堅忍以求者也，正合卦德。以尚處險中，陽尚未大，故云坎不盈；以居中合德，故得其平而能无咎。當坎之時，亦無吉可言也。中未大即居中而未大之義。[1] 象如水流不盈，堤岸雖平而无咎也。[2] 此即君子以常德行、習教事者也。《老子》云："道沖，而用之或不盈。"得此爻之義。[3]

【疏證】[1] 何楷云："中，在上卦之中也，與二同義。"[2] 陸德明云："祇，鄭云當為坻，小丘也。京作禔。"《說文》："禔，安福也。從示，是聲。《易》曰：'禔既平。'"虞翻曰："盈，溢也。"又曰："禔，安也。"俞琰云："坎不盈，以其流也。《象傳》云'水流而不盈'是也。"○元按：祇既平，《帛書周易》作"塩既平"，張立文云："塩為堤之誤，借為堤，當讀為坻，意謂陷下之坑雖未盈滿，而隆起之坻則已平復。"其說稍迁曲，蓋塩借為堤，祇、坻亦可借為堤也，皆音近而通。于省吾云："祇既平應讀作災既平，猶後世言患既平也。"說亦可通。[3] 趙彥肅云："坎不盈，水在中也；祇既平，已盈科也。坎不出險，平之而已；中未大者，期守中以充乾乎！"惠士奇云："《老子》曰曠兮若谷，渾兮若濁，靜之徐清，動之徐生，保此道者不欲盈。夫惟不盈，故能敝不新成。不盈者，道之沖，淵乎似萬物之宗，大盈若沖，其用不窮。是以大道可名為小，可名為大，聖人終不為大，故能成其大。言大盈乃不盈，不大故能大。"

上六，係用徽纆，寘于叢棘，三歲不得，凶。

《象》曰：上六失道，"凶三歲"也。

【義解】以陰居亢，陰故無謀，亢則不遜，既不能有謀，又且倨傲不遜，必受摧抑折辱，失其道矣，故有"係用徽纆，[1] 寘于叢棘，三歲不得"之象，叢棘者，古人處囚犯之所，[2] 凶之甚矣。

【疏證】[1] 馬融曰："徽纆，索也。"劉表曰："三股為徽，兩股為纆，皆索名。"虞翻曰："徽纆，黑索也。"[2]《九家易》曰："案《周禮》，王之外

朝，左九棘，右九棘，面三槐。司寇公卿，議獄於其下。害人者加明刑，任
之以事。上罪三年而舍，中罪二年而舍，下罪一年而舍也。”李道平疏：
“舍，釋之也。”陳夢雷云：“《周禮·司圜》：‘收教罷民，……能改者（上罪）
三年而舍，……其不能改而出圜土者殺。’三歲不得，罪大不能改者也。”
〇元按：王弼以叢棘為囚徒“思過之地”，孔疏：“謂囚執之處，以棘叢而禁
之也。”與九家微異，然大義亦通也。三歲不得者，三歲不得而去之，言
久也。

序卦：陷必有所麗，故受之以離。離者，麗也。

䷝（離下離上）

離：利貞，亨。畜牝牛吉。

【義解】易有太極，是生兩儀，兩儀生四象，四象生八卦。坎卦
方生，則四象已具，故云陷必有所麗，故受之以離。離者，離也，亦
麗也，附麗之義。[1]然當此之時，離則但有其象而未有其體耳。[2]
坎之二陽分而為四，由四陽之麗陰，而成六畫卦之離也。當坎之
時，兩陽已分，故震、艮之象皆可於中見之；至離之時，四陽已具，故
兌、巽之象亦可於中見之。聖賢為求簡便，以互體明之，用《易》者
不察，於六十四卦皆以互體衍之，遂至膠柱鼓瑟，而反失其理。[3]
蓋陰因陽而明，大過之時，陽既不顯，亦無所謂陰也，其後一陽始
形，故有陰陽之別及乾坤之異。當坎之時，二陽不可並立，如並立
則必相合，復返一陽未分之時矣，陽既不能並立，則兌、巽諸象不
生，而惟可見一陽二陰之震、艮耳。是老子所謂二生三也。當離之
時，四陽雖不可並，然既各為二陽之半，則分別取以相並，必不合
矣，故除一陽二陰之外，亦可見二陽一陰諸象。離又生三，則是六
子卦之象已具，然則至離之時，八卦之體雖未皆見，而八卦之象已
成矣。大《易》既以八卦相摩象宇宙萬物，是所謂三生萬物也。《洪
範》五行之序頗與此合，此《易》《書》《老子》之相通處。[4]當此之時，

萬物之理已備，萬物之性情皆備於其中，惟待坎離相交而生乾坤之體矣。利貞者，性情也，離既備萬物之情，故雖處貞元之交，而能現利象，故四德居利貞也。有此德則可氤氳生化，終致亨通也。亨所以系利貞後者以此。畜牝牛吉者，蓋牛者特牲，可以薦神，以喻萬物既大，可羞之神明；畜牝牛則特牲源源而出，如坎離相濟而生乾坤萬物也，[5]故以此象之。夫坎中實有孚，誠也；離中虛應物，明也。誠者天之道也，明者人之道也。天道經大過至坎離，處天人性道之交，可謂純之純者也，故可為乾坤母。[6]由坎離而復生乾坤，則貞下起元，天道辟闔一周矣。上經言天道，故至此而終。

【疏證】[1]陸德明云："離，麗也；麗，著也。"荀爽曰："陰麗於陽，相附麗也。亦為別離，以陰隔陽也。離者，火也。託於木，是其附麗也。煙燄飛升，炭灰降滯，是其別離也。"郝敬云："能離也，然又謂之麗，何也？離者兩之分，麗者兩之合。"[2]郝敬云："離者偶象也，奇實陰中則積而為坎，偶分陽中則兩兩而為離，……故地二生火，火者兩化也。"[3]朱震《漢上易傳·屯·初九》云："先儒謂坎離卦中互有震艮巽兌，在《春秋傳》見於卜筮，如周太史說'觀之否'曰：'坤土也，巽風也，乾天也，風為天於土上，山也。有山之材而照之以天光，於是乎居土上。'自三至四有艮互體也。王弼謂互體不足，遂及卦變，鍾會著論，力排互體，蓋未詳所謂易道甚大矣。"○元按：互體之法《左傳》雖有明文，非經文本旨也。蓋占卜之時，巫史可用此貪緣附會耳。孔子所以自別於巫史者，有以哉！王弼掃之雖是，不知坎離乃萬物之本，而所以能此者，即因二卦為六子之蘊，可借互體明之也。[4]陳夢雷云："按：上經終於坎離，下經終於既濟未濟。故六十四卦以乾坤為首，而坎離居其中。蓋坎離二卦，天地之心也，造化之本也。天一生水而二生火，……故先天之圖乾南坤北，後天則離南而坎北，坎離為乾坤之繼體，此上經終坎離，下經終既濟未濟之意。而道家亦以人身為小天地，以心腎分屬坎離，而其功用取於水火之既濟，蓋亦從《易》說而旁通之者也。"○元按：陳氏雖未言及《洪範》，然所引"天一生水"之說，頗可與之相通。蓋坎離既生，震艮隨現，是所謂天三為木，而震為木;由六畫離而現巽兌,是所謂地四為金,而兌為金。《洪範》五行以水火木金土為序可解矣。昔儒惟知《洪範》五行之序與河圖之數相合,得予此說,則知其所以合矣。參卷首《易範合圖》。[5]陳瑾云:"牝牛,大牲之母也。"張惠言云:"離,大人之元也,不言元何也? 利貞亨而後有元也。離不貞則不亨,不足以有元也。牛者,所以承天地宗廟社稷者也,其用犢。畜牝牛者,所以養犢也。古者有師保有四輔,然後太子可得而正也。"(《虞氏易言》卷上)李士鉁云:"牝者有生生不窮之意。"○元按:張氏之義最近。祭祀之時牛為特牲,《說文》:"牛,大牲也。"牛喻備物,故物字以牛為義符,勿為聲符。物者,萬物之總名也。《說文·牛部》:"物,萬物也。牛為大物,天地之數起於牽牛,故從牛勿聲。"王國維云:"許君說甚迂曲,古者謂雜帛為'物',蓋由'物'本雜色牛之名,後推之以名雜帛。《詩·小雅》曰'三十維物,爾牲則具',傳云:'異毛色者三十也。'"(《觀堂集林》卷六,《釋物》)王說非是,蓋未明以牛為祭實本於備物之說(參大畜六四義解所引《國語》觀射父之論)。《經典釋文》所載《九家》逸象:"離後有一,為牝牛。"惠棟注:"《春秋傳》曰:純離為牛。"(《易漢學》卷七,《荀慈明易》)是其證也。[6]《中庸》:"天命之謂性,率性之謂道,修道之謂教。"又云:"誠者,天之道也;誠之者,人之道也。"又云:"自誠明,謂之性;自明誠,謂之教。"《孟子·離婁上》:"誠者,天之道也;思誠者,人之道也。"《易緯乾鑿度》:"乾坤者陰陽之根本,坎離者陰陽之性命。"李士鉁云:"上經始於乾坤,終於坎離,坎中實,誠也;離中虛,明也。於坎離之中寓誠明之道,此聖人之心學與!"○元按:能思誠者,明也。

《象》曰:離,麗也。日月麗乎天,百穀草木麗乎土。重明以麗乎正,乃化成天下。柔麗乎中正,故亨,是以"畜牝牛吉"也。

【義解】陽辟而陰闔,混沌因陽之辟而有分,能現分相,是已明也。故陽有光之義,離有明之義。乾坤之交,物之始分,其明不顯,及二陽麗於一陰,是其明已著,[1]故能於離之時而見萬物性情之象及理也。故卦象二離相並,一內一外,一剛一柔,如日月之附麗於天;卦體諸象皆具,性情相分,如百穀草木現形於地。土,當作地。[2]卦德明而又明,故曰重明,所謂明者,知所麗也;明而又明,知麗而能定於所當麗。定者正也,故云麗乎正。然則卦德即所謂麗乎正,故云"重明以麗乎正"。能以此德應物,乃可順物之性,遂物之情,而化成天下也。遂物之情者,利也;順物之性者,貞也,是重明以麗乎正之義也。六二居柔位,而能附麗乎中正,故亨,能有此明,則是畜牝牛亦必吉也。

【疏證】[1] 郝敬云:"太虛之體,莫非明也,不麗形氣,則明無所發越。如火在空,不麗薪則不燃,薪燃而後火見,形生而後明發。"陸振奇云:"火之為物,不能自見,必麗於物而後有形,故離象為火。"〇元按:郝氏大義已得。[2] 陸德明云:"王肅本作地。"徐鼒云:"《說文・艸部》:'蘺,艸木相附,麗土而生。從艸,麗聲。《易》曰:百穀艸木麗於地。'今作'百穀草木麗乎土'。按虞氏《易》作'麗乎地',《釋文》云:'王肅本作地'。又《一切經音義》引作'麗於地'。經典皆以天地對言,則此當作地,王弼本妄改之耳。"(《讀書雜釋》卷一)

《象》曰:明兩作,離。大人以繼明照于四方。

【義解】兩明相並,明而又明,如日月之升降,故云"明兩作",[1]是離之象也。大人能法日月之繼明,故以明覺精察之智慧照臨四方。[2]卦既以重明以麗乎正為德,凡陽爻則剛健有守,故能明;凡陰爻則柔順無主,故能麗。能麗者,附從也。

【疏證】[1]《朱子語類・易七・離》:"'明兩作'猶言'水洊至'。"又云:"如日然,今日出了,明日又出,是之謂'兩作'。蓋祇是這一個明,兩番作。"梁寅云:"大人者觀重離之象,於是以明相繼而照臨四方。如人君有緝熙之敬而光明無間,固繼明也;世世以明相繼,如《書》之所謂重華重光,亦繼明也。"崔銑云:"繼明者,猶言'緝熙'也。"[2] 章潢云:"大人繼明照于四方,即《大學》'在明明德,在親民'是也。繼、照即日新又新意,何必分父子繼體言之。"(《讀易雜記》卷一)

初九,履錯然,敬之无咎。

《象》曰:"履錯之敬",以辟咎也。

【義解】以陽居潛,陽故能明,潛則不顯,當明之時,有明而不顯,是見微而知著也。其象如人欲入室,依《曲禮》,見戶外有二屨,言聞則入,言不聞則不入,蓋有所防嫌也。今履錯然,[1]是不止二屨矣,敬之慎之,始能无咎,故云"以避咎也"。[2]

【疏證】[1]陸希聲《易傳》曰:"錯,交雜之貌。"[2]司馬光云:"夫火者始於焰,焰而至於不可撲滅者也。是以明者慮於未兆,見於未萌,方事之初,而錯然矜慎,以避其咎者也。"朱謀㙔云:"戶屨交錯,賓非一人,故曰'履錯然'。賓眾則禮儀懼有所不至,故曰无咎。"李光地云:"古者賓將入室,則脫其履,故曰戶外履滿。履錯然者,喻應接煩雜也。"(《周易觀象》)○元按:履錯之說,惟朱李二氏知其所本,惜所論敬慎之義稍有未諦。溫公釋錯然雖有未諦,然大旨已得。

六二,黃離,元吉。

《象》曰:"黃離元吉",得中道也。

【義解】以陰居柔中,陰故能麗,柔則柔順,中則得其所宜,正合象辭柔麗乎中正之義,可名曰中之離。黃離者,金黃之明,太陽正中之象也,故曰元吉。[1]必以柔麗乎中正乃亨者,以離本陰卦,坤陰外附兩陽,其明者二陽也,內陰本身不明。惟有此不明,始能明暗相間,百物斯現形矣。[2]倘無此不明,亦不能明矣。離所以能分者本此。

【疏證】[1]程頤云:"黃,中之色,文之美也。文明中正,美之盛也。"黃宗炎云:"日之方中,麗乎太空,浮雲遊靄不得而點翳者,其色正黃,普天同照,雖幽巖邃宇亦得仰其光華,離之至善者也,故曰元吉。"[2]司馬光云:"夫太明則察,太昧則蔽,二以明德而用中正,是以獲元吉也。"郝敬云:"六二元吉,虛以妙實也。德以誠為體,道以明為用,德非誠不積,道非明不通。誠主於信,明生於虛,故成己曰仁,成物曰知,合內外之道。……老氏云‘當其無以為用’，六二之謂歟！”〇元按：溫公之說稍似，郝氏則大義甚精。

九三，日昃之離。不鼓缶而歌，則大耋之嗟，凶。

《象》曰：“日昃之離”，何可久也？

【義解】以陽居躁，陽故能明，躁則躁動，用明過速者也，故象以日昃之明。[1]日中則昃，須臾明傷，何可久也。亦如人至桑榆晚景，或鼓缶而歌，及時行樂，或有日薄西山之歎，[2]是有凶也。

【疏證】[1] 王弼云：“嗟，憂歎之辭也。處下離之終，明在將沒，故曰日昃之離也。”惠士奇云：“日中則昃，中前中後皆曰昃。《逸周書》曰：‘日之中也昃，日之望也食。’《周禮》：‘朝市於東，昃市於中，夕市於西。’王弼云‘日昃明將沒’，是以昃為夕也，失之矣。日中正在天心之一線，已過一線，謂之昳中，則日之正中頃刻而已。趙襄子曰‘江河之大也，不過三日，飄風暴雨不終朝，日中不須臾’，故《象》曰‘日昃之離，何可久也’。物盛則衰，樂極則悲，日中則移，月滿則虧，故曰：‘不鼓缶而歌，則大耋之嗟，凶。’物盛則衰，樂極則悲之象也。”〇元按：日中須臾之義當從惠氏，然所云物盛轉衰、樂極生悲則非。蓋不知日昃為一象，鼓缶耋嗟又一象也，一明將傷，一明將滅，其可通者，皆用明過速耳。另，惠氏以中前、中後皆曰昃，亦有未諦。陳夢家云：“卜辭云‘中日而昃’、‘昃至郭’，則昃在下午以後、郭兮以前，日已偏斜，故曰昃。昃即日側。《既夕禮》‘日側’注：‘昳也，謂將過中之時。’《無逸·正義》以為未時，即午後二時。……中日、昃、郭兮、昏是先後為序的。假定中日為正午十二時，昏為下午六時，則昃與郭兮為下午二時與四時”（《殷虛卜辭綜述》第七章“曆法天象”第三節）。惠氏所引趙襄子之言，戰國秦漢舊籍亦頗習見，詳參《文子·微明》王利器疏義。[2] 程頤云：“(人之終盡)不達者則恐，恒有將盡之悲，乃大耋之嗟。”項安世云：“‘不鼓缶而歌，則大耋之凶’，句法與‘不節若，則嗟若’同。日既昃矣，不動而求樂，則坐而待憂也。”趙汝楳云：“大耋，大老也。嗟者，日暮途遠，嗟死期之將至也。”

九四，突如，其來如，焚如，死如，棄如。

《象》曰："突如其來如"，无所容也。

【義解】以陽居或，陽故能明，或則謹慎有疑，當明之時，明而有疑，是倏忽明滅者也，故其象為日落之明。如日入崦嵫，突如其來而滅也。[1]無所容，言日落之時，無處可容也。

【疏證】[1] 陸德明引《字林》云："突，暫出。"郝敬云："突，忽出也。棄，灰燼也。"惠士奇云："其來也如疾風，其敗也如飄蓬，此之謂突。"

六五，出涕沱若，戚嗟若，吉。

《象》曰：六五之吉，離王公也。

【義解】以陰居剛中，陰故能麗，剛則剛健，中則不違其則，當離之時，柔順麗乎中正乃可元吉，六五剛而能麗，始能得乎中而不違其則，知此剛健必為有力而能明者轄以制之，得其約束，故亦不失其明也，是亦吉也。如人本不明，為王公之有力能明者所制，[1]雖涕泣憂歎，而不敢失則；亦如父母教子以正，不得不從之象。如以天象言之，當指月輪附日而生明也。[2]

【疏證】[1] 陸德明云："離，音麗。鄭作麗。"○元按：麗即依附之義。[2] 項安世云："六五，順子也。以繼父為悲，以承業為憂，不以得位為樂。凡天子諸侯之初嗣位，皆當如此。故曰'六五之吉，離王公也。'曹丕初受漢禪，抱辛毗頸曰：'君知我喜否？'識者有以知魏祚之不昌。"易袚云："六五以柔中處尊位，重明繼世之主也。人主繼世之初以代親為憂，故言出涕戚嗟，言必若是而後可以麗王公之位。在《書》，《顧命》《康王之誥》是已。若曹丕為嗣而喜見辭色，君子以是知魏祚之不昌，憂樂之間吉凶判焉。"○元按：項說馬振彪《周易學說》亦引之。先儒頗以此爻為大人世及之象，所謂"出涕沱若"與親喪之哀亦合。顧此皆囿於五爻為君位之例也，即便五可為君，君非必皆明也，則離明之義不顯，徒見附麗之義耳。然則居中之義何在？故本書不取此說。楊名時云："學有緝熙於光明，正是繼明之義，解作繼世，稍落邊際。"（《易義隨記·象上傳》）

上九，王用出征，有嘉折首，獲匪其醜，无咎。

《象》曰："王用出征"，以正邦也。

【義解】以陽居亢，陽故能明，亢則自大，此用明而稍過者也，[1] 雖或致小失，其終則无咎。如王者正邦，征伐不從，大獲成功，斬其賊酋，然所俘之人，或有不當俘者，故云獲非其類。[2] 然既能明，知亦終能釋之，否則非明矣，故无咎。

【疏證】[1] 程頤云："夫明極則無微不照，斷極則無所寬宥，不約之以中，則傷於嚴察矣。"[2] 虞翻曰："醜，類也。"

周易下經

序卦下

【義解】上經言天道之生成,然天道非止生成也,亦有其顯化,惟其生成人皆見之,而顯化則難見。如乾健而坤順,乾坤相合以生萬物,故有屯象,此態勢人皆易知;然乾坤非自能生物,必待陰陽交感而後可,故有歸妹、咸象,此則乾坤生成萬物之條件也,人未必知。前者即所謂生成,後者即所謂顯化。生成者所謂有此而必有彼者也,顯化者所謂有彼而必資於此者也,顯化為生成之條件,亦天道之不可或缺者也。有聖人出,先天而天弗違,後天而奉天時,以此因時育物,與天地參,是則其顯化者惟聖人得見之。故觀聖人之所為,是亦觀天道之顯化也。聖人亦人也,故下經三十四,但言人道,此聖人創制立法以因時育物之序也,雖言人道,實亦天道也。[1]經分天人上下,亦《老子》分道經、德經之義。下經亦可分為四部,曰義、禮、仁、信。蓋上經但言天道,故順而成之;下經既言人道,人以盡性知天為務,故逆而收之,義失則返之於禮,禮廢則濟之以仁,仁餒則貞之以信,此退藏於密者也,故可貞下而起元。義者利也,禮者亨也,仁者元也,信者貞也,上經順生,下經反成,天人之道備矣。又,下經所言人道,即今所謂社會結構也,亦可分四層次:人道以義相合者也,夫婦為人倫之始,故義之時所言皆家道;家道不振,必入於利,能正之者是為禮,禮乃國之大經,故禮之時所言皆邦國之道;君既失道,不可復治,則天命改易,仁者王之,新元出矣,故仁之時所言皆天下之道;天下之本在國,國之本在家,家之本在身,自天子以至於庶人,一是皆以修身為本。修身在正心也,故以貞信洗心，退藏於密。參卷首《序卦圖》。

【疏證】[1] 干寶曰："上經始於乾坤，有生之本也。下經始於咸恒，人道之首也。"孔穎達正義云："先儒以《易》之舊題分，自此已上三十卦為上經，已下三十四卦為下經，《序卦》至此又別起端首。先儒皆以上經明天道，下經明人事，然韓康伯注《序卦》破此義云：'夫《易》六畫成卦，三才必備，錯綜天人，以效變化，豈有天道人事偏於上下哉！'案上經之內明飲食必有訟，訟必有眾起，是兼於人事，不專天道。既不專天道，則下經不專人事，理則然矣。但孔子序卦，不以咸繫離，《繫辭》云'二篇之策'，則是六十四卦舊分上下，乾坤象天地，咸恒明夫婦，乾坤乃造化之本，夫婦實人倫之原，因而擬之，何為不可！"蕭漢中云："自八卦之本體本於乾坤而言之，則上經乃乾之陽體，下經乃坤之陰體，此又《易》之大綱領也。"（《讀易考原·原上經分卦第一》）○元按：孔氏雖未明上下經天人相別之義，然引《繫辭》以證先儒之說，則不可易。戰國以降，學者以師法相尚，雖微言絕而大義乖，然其說固可資考證，經分上下，是其例也。蕭氏之說雖未破的，然以陰陽體言，亦有堪為引申者。蓋上經言生成，所謂陽也；下經言顯化，陰也。以流行言，則上經為體，下經為用；以本體言，則下經為體，上經為用。此亦陰陽互根之義也。（參拙撰《孟子章句講疏》卷一第二章）蕭氏似尚未及此，茲引之以見古人力學之勤。

卷五　義

序卦：有天地然後有萬物，有萬物然後有男女，有男女然後有夫婦，有夫婦然後有父子，有父子然後有君臣，有君臣然後有上下，有上下然後禮義有所錯。

䷞（艮下兌上）

咸：亨，利貞。取女吉。

【義解】天地既生萬物，人為萬物之一，是有萬物然後有男女者也。男女交配，而成人道之生生。自有夫婦，然後能形父子、君臣、長幼之別。物有分別，名始生焉，聖人因名以制義，因義以出禮，[1]禮者，所以別異也。故云有夫婦然後有父子、君臣、上下，有上下，然後禮義有所錯。[2]故夫婦者，人倫之始也。[3]然夫婦之起，在於男女交感，蓋陰陽之能交感，即天地之所以生生也。以天道之生成顯化言之，天地之大德曰生，天之能生如乾元者，以陰陽交感而成咸也。所謂交感者，在虛己能受，且相互涵容耳。虛己能受者，言能相知；相互涵容者，言知而能說。人能相知而復能容受，是相互感通而皆有喜悅也，故以咸卦象陰陽、夫婦交感之義，咸者，感也。蓋咸卦上澤下山，山高而澤卑，山反處下，是山能以此取悅乎澤也；水性潤下，山高則水不易潤，今澤反臨上，是澤能以此取悅乎山也。咸亦有同、皆之義，陰陽合而為一，是則天道之咸同也。且澤本陰卦，以象女；山本陽卦，以象男。是夫婦之象也。以四德言之，咸卦者，利之時也。聖人制禮作樂，以人文化成天下，欲使人人堯舜而比屋可封，故能各遂其性，各得其情，此乃大利之時也。夫婦為人倫最小構造，匹夫匹婦而皆正，是天下皆能各遂其性也，故曰利之時也。以其本夫婦之義也，故利而能通，守此而勿失，則尤合天道矣，故於四德居利時之亨利貞。男女既屬萬物，自有其元亨利貞之四時，然萬物非可自生也，必本諸乾坤，蓋惟二者可當其元也。故咸卦於四德去其元，而居亨利貞。以本夫婦交感之卦也，合以男下女之義，故娶女吉。

【疏證】[1]《左傳》桓二年：“夫名以制義，義以出禮。”[2]虞翻曰：“錯，置也。”干寶曰：“錯，施也。”《朱子語類·易十三·序卦》曰：“祇是作措字，謂禮義有所施設耳。”[3]《荀子·大略篇》：“《易》之咸見夫婦。夫婦之道不可不正也，君臣父子之本也。咸，感也。以高下下，以男下女，柔上而剛下。聘士之義，親迎之道，重始也。”（楊樹達《周易古義》引）韓康伯云：“咸柔上而剛下，感應以相與，夫婦之象莫美乎斯。人倫之道莫大乎夫婦，故夫子殷勤深述其義，以崇人倫之始。”

《彖》曰：咸，感也。柔上而剛下，二氣感應以相與。止而說，男下女，是以“亨，利貞，取女吉”也。天地感而萬物化生，聖人感人心而天下和平。觀其所感，而天地萬物之情可見矣。

【義解】咸者，感也。[1]兌以柔卦居上，艮以剛卦居下，山澤通氣以相交感也。[2]卦象以男下女，卦德止而能說，所謂止者，虛己能受也；所謂說者，相互涵容也。[3]有如是之德，故亨利貞而取女吉也。[4]天地有此德，故相互交感而萬物化生；聖人有此德，故與人心交感而天下和平。觀聖人之所感，則天地萬物之情可見矣，此咸卦所以為利之時也。

【疏證】[1]王夫之云：“咸，皆也。物之相與皆者，必其相感者也。咸而有心則為感。咸，無心之感。動於外而即感，非出於有心熟審而不容已之情，故曰咸。”[2]陸德明云：“相與，鄭云：‘與猶親也。’”程頤云：“陰陽二氣，相感相應而和合，是相與也。”[3]王申子云：“止而說者，謂艮止不動，而意氣自相和說，乃所謂感。不止而動，則是出於作為，非感也，故六爻皆欲其靜。”[4]孔穎達云：“婚姻之義男先求女，親迎之禮御輪三周，皆是男先下於女，然後女應於男，所以娶女得吉者也。”

《象》曰：山上有澤，咸。君子以虛受人。

【義解】澤在山上，山澤能相通氣，是有交感之義也，故曰咸。君子法咸之德，致其虛極，守其靜篤，[1]夫子所謂“空空如也”，故能感而遂通天下之故，知萬物之情，以此亦能容之矣。卦既以止而能說為德，凡陽爻則剛健不止，故起意；凡陰爻則柔順能止，故不起意。能止其思慮者，是能虛也。[2]

【疏證】[1]惠士奇云：“《老子》曰‘常無欲，以觀其妙。’”○元按：老氏之學本此，非言老氏即同此說也。荀子所言“虛壹而靜”亦然。[2]孔穎達云：“君子法此咸卦下山上澤，故能空虛其懷，不自有實，受納於物，无所棄遺。以此感人，莫不皆應。”張載云：“咸之為道，以虛受為本，有意於中，則滯於方體而隘矣。”程頤云：“君子觀山澤通氣之象，而虛其中以受於人。夫人中虛則能受，實則不能入矣。虛中者，無我也。中無私主，則無感不通。以量而容之，擇合而受之，非聖人有感必通之道也。”王畿云：“咸者，無心之感，所謂‘何思何慮’也。何思何慮，非無思無慮也。真心以動，出於自然，終日思慮而未嘗有所思慮，故曰‘天下同歸而殊途，一致而百慮’。”（李贄《九正易因》引）

初六，咸其拇。

《象》曰：“咸其拇”，志在外也。

【義解】以陰居潛，陰故不起意，潛則固執不起，此堅不起其思慮者也，正合卦德，是虛壹而靜之象，故能待物來感，神感而神應也。待物來感，是所謂志在外也。以人身況之，人能感物，當以手足觸物為先，故以咸其拇象之。[1]

【疏證】[1] 陸德明云：“拇，馬、鄭、薛云：‘足大趾也。’”虞翻曰：“母，足大指也。”李道平疏：“母，古文拇，《子夏傳》作踇。”胡瑗云：“初六居艮之始，處卦之下，不能自有所動，是所感止及於趾，感之道不深而淺末者也。”俞琰云：“所感未深而足猶未移，故不言吉凶。”○元按：自王弼以下，諸家多以所感淺末未深為言。茲不取。

六二，咸其腓，凶。居吉。

《象》曰：雖“凶居吉”，順不害也。

【義解】以陰居柔中，陰故不起意，柔則持守未堅，中則所行得宜，初看似當位居中，然於咸時則當有說。蓋咸之時以不起意為極則，惟不起意方能虛也。諸位之中，惟初爻居潛，乃真不起意，餘爻皆起也。六二雖不起意，然持守不堅，故居起意之爻，以得中故不發，不起意即不發也。不發故不能明覺精察，然則其以柔當位居中，非發而中節可知矣。非發而中節而居中者，非真能得中，必以強力抑制有似得中也。以人身況之，如人全身皆靜，惟其腓以下動而欲起，[1]是不安其止而以強力抑制而止也，故曰咸其腓。既不安其止，則必不能虛以受人，故有凶，如能住其不安之心，則順而不害矣，故云居吉。[2]

【疏證】[1]陸德明云："腓，鄭云：'腨腸也。'王廙云：'腓，腓腸也。'"崔憬曰："腓，腳腨也。"李道平云："腓，腳腨，即鄭氏所云'腨腸'是也。"[2]孔穎達云："靜居則吉。"

九三，咸其股，執其隨，往吝。

《象》曰："咸其股"，亦不處也。志在隨人，所執下也。

【義解】以陽居躁，陽故起意，躁則不安躁動，當咸之時，與物交感，不能致虛守靜，所謂不處也，[1]反欲以其精察逐物，此聞見之知也，如西洋知性之學。故莊子云，"吾生也有涯，而知也無涯，以有涯隨無涯，殆矣。"蓋九三不識大體，惟務小知，故云"志在隨人"，所執下也；[2]則其往必如夸父逐日，洞中觀影，豈不殆哉？故言往吝。以人身況之，則全身躁動，乃至動其股與身，身者股之隨也。參艮卦。此必因人之所動所言而激起，其所起乃受人所動，故曰隨人也。按六二所動止腓而凶，而九三以隨而反吝，因六不起意，九能起意，其不起意者，所關注惟在自身而不入人言，人言既不入，則莫測其後，其凶者來亦不知，故有凶也；三則因人來而起意，是人言能入矣，惟不能虛耳，故往吝。處，居。入，受。

【疏證】[1]虞翻曰："巽為處女也。男已下女，以艮陽入兌陰，故'不處也'。凡士與女未用，皆稱處矣。"王弼云："股之為物，隨足者也，進不能制動，退不能靜處。"程頤云："不處，謂動也。"〇元按：輔嗣亦以靜處釋處字之義。若虞翻以處子之處釋之，開後世以交媾為交感，以解說咸卦之弊。蓋《彖傳》明言"聖人感人心而天下和平"，《大象》亦遂言"君子以虛受人"，皆就人心言之，漢儒惟就身體之相交解之，何小之也！虞氏所以言巽者，二三四爻互巽也。《說卦》巽為股，故有此象。[2]程頤云："九三不能自主，隨物而動如股然。其所執守者，隨於物也。剛陽之才，感於所說而隨之，如此而往，可羞吝也。”

九四，貞吉，悔亡。憧憧往來，朋從爾思。

《象》曰：“貞吉悔亡”，未感害也。“憧憧往來”，未光大也。

【義解】以陽居或，陽故起意，或則謹慎自省，起意是能精察，自省是能用其明覺者也。如止精察則必如九三至悔，能謹慎自省，則其悔亡矣，苟定於此，必可獲吉也。然處感之時，當虛己受人，思慮不起，九四以自省為務，是思慮紛紜，往來於中也，故曰“憧憧往來，[1]朋從爾思”；雖因自省，未感外物之害，然既起思慮，[2]是未能光大也。[3]參《繫辭下》第五章。

【疏證】[1]陸德明云：“憧憧，馬云：‘行兒。’王肅云：‘往來不絕兒。’《廣雅》云：‘往來也。’劉云：‘意未定也。’”虞翻曰：“憧憧，懷思慮也。”李道平疏：“憧憧，《說文》曰：‘意不定也。’言懷思慮而不定。”[2]楊時云：“心猶鏡也，居其所而物自以形來，則所照廣矣。若執鏡隨物以度其形，其照幾何哉！”（張汝霖《易經澹窩因指》引）李杞云：“思而無邪者，思之正者也；思而逐物者，思之妄者也。思本無悔，惟能得無邪之正，而不至乎感物之害，則亦可吉而悔亡矣。然猶未免乎有心之累也。”趙采云：“心以正為本，感以無心為正。無心者何？無思無為，寂然不動，感而遂通者也。”聶豹云：“感應而以思慮為，則入於憧憧之私，《易》曰：‘憧憧往來，未光大也。’其與以知識為良知，漫然應感者，症候不同，均之為迷失本原，不足以語歸復之竅，誠有如來諭云云也。”（《雙江聶先生文集·書·寄王龍溪二首之二》）唐鶴徵云：“心之官本思，惟心體未明，則其覺性皆發而為思。一涉於思則散亂分飛，勢所必至矣。習靜之人，每苦於此，故有隨時起照之說，終非端本澄源之道也。”[3]孔穎達云：“未光大者，非感之極，不能无思无欲，故未光大也。”

九五，咸其脢，无悔。

《象》曰：“咸其脢”，志末也。

【義解】以陽居剛中，陽故起意，剛則所執甚堅，中則所行不違其則,蓋其意雖起,而能定其意者也。以人身況之,如人為使思慮不起,乃意守其夾脊之肉,故曰"咸其脢",[1]此即後來修煉家所言艮背之法也。[2]按修煉家亦有意守丹田、病灶之法,蓋人身乃至宇宙無處不可守也,如以佛家止觀法觀之,乃以數息等法定其意者也,尚未至止之境,參艮卦。然自大易交感之義視之,此即小有止而尚不能觀,則非真能虛己,亦無以受人矣。故雖能止,亦仍屬末節,[3]不值一哂也。然既能定其思慮之心,故亦无咎。

【疏證】[1]虞翻曰:"脢,夾脊肉也。"王弼云:"脢者,心之上、口之下。"孔疏:"《子夏易傳》曰:'在脊曰脢。'馬融云:'脢,背也。'鄭玄云:'脢,脊肉也。'王肅云:'脢,在背而夾脊。'《說文》云:'脢,背肉也。'雖諸說不同,大體皆在心上。輔嗣以四為心神,上為輔頰,五在上四之間,故直云'心之上、口之下'。"[2]趙善譽云:"咸雖以相應為感,要不可以動而有心也。惟脢之在背,非有欲者也,非動而求感者,所謂'艮其背'之意也。"聶豹云:"《本義》云:'脢,背肉。'非'艮其背'之謂乎?《象傳》既取止而說,而又拈出虛寂二字以示人,可謂探月窟而躡天根矣。學者不讀《易》,讀者又不省,究聖人一點精意,卻被佛老遮瞞到今。"(《雙江聶先生文集·書·寄羅念菴太史十六首之一》)唐鶴徵云:"脊肉曰脢,蓋心之上、身之後矣。一身至靜之所,即艮所稱'艮其背'也。"○元按:聶豹之後,三一教主林兆恩於萬曆時以修艮背法知名。黃百家云:"閩林兆(思)[恩]專言艮背之學,謂'聖人以此洗心,退藏於密',即'艮其背'也。"(《宋元學案·伊川學案上》)觀聶氏此言,是已以修煉之法視此爻矣。聶氏歸寂之學本此。[3]孔穎達云:"末猶淺也。"季本云:"末,無也,謂無心於感。"唐鶴徵云:"天地聖人不容廢感,正以天地萬物之情由感而見,而吾之所以通天地萬物者,非此不可。苟能如四之貞,則雖萬感萬應而實未嘗感、未嘗應也。此操其本也。慮其有悔而一切絕其感,謂神明活物,可以執縛而定,此乃操之無要,無可奈何,而持其末流耳,何以得其本體之正,又何以通天地萬物哉!告子之不動心,其病正在此。"○元按:唐氏所謂"四之貞",非言四即貞也,乃言如四能得其貞,則可神感神應、無感無應也。

上六，咸其輔頰舌。

《象》曰："咸其輔頰舌"，滕口說也。

【義解】以陰居亢，陰故不起意，亢則自大不遜，陰本虛己受人，然由居亢，反以教人為務，所謂好為人師者也。教人必以語言，以人身況之，是其所交感惟在輔頰舌，[1]肆口宣說之象也。李鼎祚本作媵。[2]

【疏證】[1]孔穎達疏引馬融云："輔，上頷也。"[2]虞翻曰："媵，送也。"李道平疏："'媵，送也'，《釋言》文。媵，當讀為騰。"孔穎達云："'滕口說'也者，舊說字作滕，徒登反。滕，競與也。所競者口，無復心實，故云'滕口說'也。鄭玄又作媵。媵，送也。咸道極薄，徒送口舌，言語相感而已，不復有志於其間。"

序卦：夫婦之道不可以不久也，故受之以恒。恒者，久也。

☳（巽下震上）

恒：亨，无咎，利貞。利有攸往。

【義解】夫婦之道，乃人倫最小構造，夫婦而能正，是乾以美利利天下，聖人有以化成天下也。聖人所以能化成天下者，蓋因得天地之恒道矣，恒者，常也，有常則可久矣。乾坤闔辟，無時而不易也，故以易名之；然使乾坤變易而不壞者，因其有恆也。知此義，方知所謂夫婦之道不可以不久，必受之以恒也。蓋夫婦之道，即天地之所以生生也。[1]故天行於穆有常，《易》有不易之義，是皆恒道有以維繫之。上經但言乾坤闔辟之態勢，故恒道雖存而不顯，必原始要終而後能見之也。故以天道之生成顯化言之，天道雖周而復始，然四德能得其貞一者，以其有恆之德也。恒道貫通四時，本不必言四德，然生生固由乾元，非因恒也，故重言亨利貞以別之。易道本亨，故恒之亨也，但言无咎；居此而有定，是能恒其亨矣，故可周而復始,利有所往也。

【疏證】[1] 鄭玄曰:"言夫婦當有終身之義,夫婦之道,謂咸、恆也。"○元按:夫妻義合,故夫妻可離,而夫婦之道不可棄,否則無以生生矣。此儒佛相異處。所云夫婦終身者,非孔子之道。鄭氏此義乃晚周秦漢儒者新說,此由墨學闌入者,流毒後世不淺。

《彖》曰:恒,久也。剛上而柔下。雷風相與,巽而動,剛柔皆應,恒。"恒,亨,无咎,利貞",久於其道也。天地之道恒久而不已也。"利有攸往",終則有始也。日月得天而能久照,四時變化而能久成,聖人久於其道而天下化成。觀其所恒,而天地萬物之情可見矣。

【義解】易道窮變通久,能久是有恆也。[1]震剛居上,巽柔處下。震雷也,而能動物;巽風也,而能入物,動物以剛,入物以柔,雷風而能相薄,是剛在上能動柔,柔雖在下亦能入剛也,剛柔交感,通體皆應,是則可久之道也,故曰恒。其卦德巽而能動,有此德故能亨无咎而利貞,言久於其道也,如天地之道恒久而不已也。"利有所往",言能周而復始。以天道之周而復始,故日月得之而能久照,四時變化而能不已。聖人能秉恒道,則因時育物,使萬物剛柔並濟,各遂其性。觀天道、日月、四時、聖人之所恒,則天地萬物之情可見矣。[2]蓋天道之恒,太極也;日月之恒,兩儀也;四時之恒,四象也;聖人之恒,八卦也。聖人畫為八卦,以通神明之德,以類萬物之情。八卦既出,則天地萬物之情見矣。《易》者冒天下之道,以其不易而有恆也。參《繫辭上》第六章。

【疏證】[1] 唐鶴徵云:"恒以久為義,非即久以為恒,久而後見其恒也。"[2] 張載云:"觀書當不以文害辭,如云義者出於思慮忖度,《易》言'天地之大義',則天地固無思慮。'天地之情'、'天地之心'皆放此。"

《象》曰:雷風,恒。君子以立不易方。

【義解】天上雷行以出令,萬物巽順以從正,是可久之道也,故以之象恒。君子法天道之有恒，能恒其德，守其道而不以易也。[1]卦既以巽而動、剛柔相濟為德，凡陽爻則剛健進取，有外息之義；凡陰爻則柔順自守，有内消之義。

【疏證】[1] 孔穎達疏：“君子立身，得其恒久之道，故不改易其方。方猶道也。”

初六，浚恒，貞凶，無攸利。

《象》曰：“浚恒之凶”，始求深也。

【義解】以陰居潛，陰故柔順自守，潛則固執不起，當恒之時，固執而不起，似有恆矣，然柔而不剛，不能相濟，則其所恒非天道之恒可知。其象如不欲向外展拓，一意内消，如浚溝者惟務求深，[1]不知終將自陷其中也。故定於此道則必有凶而無所利也。

【疏證】[1]《詩·召南·凱風》：“爰有寒泉，在浚之下。”虞翻、侯果曰：“浚，深。”李道平疏：“‘浚，深也’，《釋言》文。浚與濬通。莊九年《公羊傳》：‘浚之者何？深之也。’是其義也。”程頤云：“浚，深之也。浚恒，謂求恒之深也。”

九二，悔亡。

《象》曰：“九二悔亡”，能久中也。

【義解】以陽居柔中，陽故剛健進取，柔則柔順，中則所行得宜，剛柔相濟，能合卦德者也，如能定於此道，是居中而有恆也，[1]則悔亡矣。按當恒之時若一味剛健，必致有悔，剛而能柔，且得其中，則悔亡矣。悔亡則已有悔生，不如无咎。

【疏證】[1] 荀爽曰：“乾為久也。能久行中和，以陽據陰，故曰‘能久中也’。”孔穎達云：“處恒故能久，位在於中，所以消悔也。”○元按：乾為久、以陽據陰諸說，本書不取。

九三，不恒其德，或承之羞，貞吝。

《象》曰：“不恒其德”，无所容也。

【義解】以陽居躁，陽故剛健進取，躁則躁動不安，雖能進取而未能有恒者也，故曰"不恒其德"，[1]若定於此道，則或致羞吝而無所容也。[2]

【疏證】[1]荀爽曰："意無所定，故'不恒其德'。"[2]程頤云："其德不恒，則羞辱或承之矣。'或承之'，謂有時而至也。"

九四，田无禽。

《象》曰：久非其位，安得禽也。

【義解】以陽居或，陽故剛健進取，或則謹慎有疑，能謹慎自省雖似无咎，然處恒之時則不可，蓋恒卦之義，無論剛柔，首當能恒其德也。九四雖欲進取，然不能自主，遊移不定，故云久非其位。久者，恒也。如田獵之時，既設檻阱，當有恆以守之，然旋設旋廢，又安能獲其獵物哉？[1]

【疏證】[1]孔穎達云："田者田獵也，以譬有事也；无禽者田獵不獲，以喻有事无功也。"○元按：楚竹書《周易》田作畋，參師六五。

六五，恒其德，貞，婦人吉，夫子凶。

《象》曰："婦人貞吉"，從一而終也。"夫子"制義，從婦"凶"也。

【義解】以陰居剛中，陰故柔順自守，剛則所執甚堅，中則不違其則，堅執其柔而不違則，是能恒其德者也，然苟定於此道，[1]若婦人則吉，若丈夫則凶也。蓋婦人本承坤德，以柔自處，從一而終其身，固其義也；若丈夫則秉乾德，當剛斷而制其家法，若以順從為德，是從於婦人者也，《尚書·牧誓》所謂"牝雞司晨，惟家之索"，故有凶也。蓋一者元也，元者仁也，陽也，從一而終即從陽而終也，非從一人而終也。後世不明其義，乃以依附一人為守貞，此妾婦之道耳，非夫妻齊體之義矣。[2]按此爻但以當時社會情狀言之，男主外而女主內，人以為常道也，故不以為異。若今世人倫關係大變，未必女子定不如男也，然一家之中，欲其家庭穩定，則亦當有其中主，其能剛斷者雖女子亦可為陽也，其不能剛斷者雖男子亦可為陰也，夫婦之角色不當以男女而定，當以陰陽定也。能剛斷者即為夫，不能剛斷者即為婦，則男為女綱可破，夫為妻綱不可破也，以夫婦即人道之陰陽也。古往今來，以男子而行其妾婦之道者多矣，以巾幗而不讓鬚眉者亦眾矣，故男子中亦頗有小人，女子中亦不乏君子也。知此義，則于男女、夫婦當有別矣。蓋男女本生物觀念，夫婦則人倫觀念，言夫婦者以生物界之男女關係為喻耳，非必男即為夫，女即為婦也。故大《易》於咸卦但言夫婦之義，非男女之義也。若生物界之男陽而女陰，男施而女受，亦無可變者也。聖人復起，亦當深韙吾言。

【疏證】[1] 李贄云：“六五以陰居陽，恒其德貞矣。而不免為夫子之凶者，蓋知恒而不知恒之不可以恒也。”[2] 胡瑗云：“貞，貞固也。”李道平云：“《郊特牲》曰：‘壹與之齊，終身不改，故夫死不嫁。’是‘從一而終’之義也，所謂恒也。”○元按：夫妻之義，先儒言之備矣，參拙作《孟子章句講疏》卷六，《滕文公章句下》。

上六，震恒，凶。

《象》曰：“震恒”在上，大无功也。

【義解】以陰居亢，陰故柔順自守，亢則自大不遜，既柔順則無剛健之德，當恒之時，反欲以剛健自顯，無知而妄作，[1] 此虛張聲勢之象也，如終日雷聲而不擊人，諺所謂“乾打雷不下雨”是也，故曰震恒。然如此則人知其無能為矣，故聲勢雖大而無實功，甚且有凶也，以失其誠故也。[2]

【疏證】[1] 李杞云：“上之振過乎其進者也。《老子》云：‘不知恒，妄作凶。’”[2] 郭雍引其父郭忠孝云：“居震之極，以動為常，窮而不知變者也。是以言其得失則凶，語其道則終無功矣。”馮椅云：“上六震恒，常久而不能安之象。”○元按：居震，以上卦為震釋之也，本文不取，取其窮而不知變也。

序卦：物不可以久居其所，故受之以遯。遯者，退也。

䷠（艮下乾上）

遯：亨。小利貞。

【義解】咸恒之世，天下大利之時也，猷歟盛哉！然天道惡盈，當恒之時，若順此而往，必將由義而入利，由泰而之否，此危道也。天道知此，故能以退為進，由利而返亨，此之謂物不可以久居其所，必受之以遯，遯者退也。[1]故恒之能遯，亦如大有之後能謙，皆以退而為進者也。然遯與謙亦稍有辨，蓋謙卦乃天道生成之態勢，以狀其生成之時也；至遯則為顯化之態勢，以狀謙卦之何以為謙者也。換言之，萬物之生成惟可見謙之時，若遯則不可見，然遯亦非無，以天道之生成顯化言之，能止大有之盛而成其為謙退，皆因天道之遯也。聖人體天道之能遯，系之以恒，以見人道法天，守義而勿利之義，微聖人，吾人何克臻此！遯既由利返亨，故四德居亨，然當此之時，惟居陽者能知時而遯，其居陰者皆不欲遯，故仍居利貞之世也，故云小利貞。小者，陰也。

【疏證】[1] 歐陽修云："遯者見之先也。陰進至於否，則不正利矣。陰浸而未盛，陽能先見而遯，猶得小利其正焉。"〇元按：不正利、小利其正云云，本書不取。

《彖》曰："遯，亨"，遯而亨也。剛當位而應，與時行也。"小利貞"，浸而長也。遯之時義大矣哉！

【義解】遯則由利退亨，故遯則亨也。九五以剛當位而應乎中，合於卦德，故云與時行。卦德止而能健，所謂止而能健，言其能健於止，急流勇退耳。小利貞者，言陰爻不知時務，仍浸而長，而不知謙退，[1]故仍居利貞之時也。當遯之時，其義豈不言深而旨遠哉！蓋卦辭重言其陰之利，彖辭則意在其陽之亨也。參豫卦。

【疏證】[1] 荀爽曰："陰稱小，浸而長，則將消陽。"

《象》曰：天下有山，遯。君子以遠小人，不惡而嚴。

【義解】天下有山，山勢愈高，則天勢愈退，故有遯象。[1]君子法天之遯山，當小人逐利之時，能自求謙退，雖未明言惡之，而拒之實嚴也。[2]卦既以止而能健為德，凡陽爻則剛健，故能遯；凡陰爻則柔順，不知遯。

【疏證】[1] 王弼云：“天下有山，陰長之象。”孔疏：“山者陰類，進在天下，即是山勢欲上逼於天。天性高遠，不受於逼，是遯避之象。”[2] 史徵云：“處小人道長之世，近之必致危害，故須遯避，不可與之為惡。又須莊敬嚴恭，自保其身也。”俞琰云：“君子觀象以遠小人，豈有他哉！不過危行言遜而已。遜其言則不惡，不使之怨也；危其行則有不可犯之嚴，不使之不遜也。此君子遠小人之道也。”

初六，遯尾，厲，勿用有攸往。

《象》曰：“遯尾之厲”，不往何災也？

【義解】以陰居潛，陰故不知遯，潛則不起，是則雖不知遯而亦不能進，是有似於遯也，如眾人皆遯，亦尾隨之而觀望，故云遯尾。[1]若不能堅守其遯，當遯之時，必有危矣，故誡以勿用有所往，蓋不往則不致有災也。

【疏證】[1] 王弼云：“遯之為義，辟內而之外者也；尾之為物，最在體後者也。處遯之時，不往何災？而為遯尾，禍所及也。”孔穎達云：“不往何災者，《象》釋當遯之時宜須出避，而勿用有攸往者，既為遯尾，出必見執，不如不往，不往即无災害。何災者猶言无災也，與何傷、何咎之義同也。”

六二，執之用黃牛之革，莫之勝說。

《象》曰：“執用黃牛”，固志也。

【義解】以陰居柔中，陰故不知遯，柔則順守，中則所行得宜，當遯之時，本懼恒道太盛，故能謙而有退，然亦非不利之時也，惟君子知幾，故退耳。小人不知，順守其進，而得其宜，自以為得其所矣，安能遯之？然所以能得中者，必為外力所執，以固小人之志也。[1]其象如用黃牛之革捆而縛之，莫之能脫也。說，脫。[2]黃牛之革以喻其固。

【疏證】[1]孔穎達云:"固志者,堅固遯者之志,使不去己也。"
[2]虞翻曰:"莫,無也。勝,能;說,解也。"李道平疏:"說讀若脫。"

九三,係遯,有疾厲,畜臣妾吉。

《象》曰:"係遯之厲",有疾憊也。"畜臣妾吉",不可大
事也。

【義解】以陽居躁,陽故能遯,躁則不安其遯,是人雖遯而心尚
未安,去利之心未盡,有所牽係故也,故云係遯。[1]君子律己以嚴,
去惡務盡,有所牽係,是仍有欲利之念也,故云有疾憊。[2]然當遯
之時,苟欲其利,亦不可求其聞達之大者,惟求其小者,如畜童僕以
貨殖可耳,是亦吉道也。[3]此陶朱公之遯也。

【疏證】[1]○元按:係,王肅釋為"係執",李道平引虞翻曰"巽繩為
係",王弼釋為"繫於所在",皆牽繫之義也。[2]虞翻曰:"厲,危也。"陸德
明云:"憊,鄭云:'困也。'"[3]荀爽曰:"大事謂與五同任天下之政,潛遯
之世,但可居家畜養臣妾,不可治國之大事。"○元按:古之貨殖多以童
僕,參《史記·貨殖列傳》,此爻之象先儒所釋多誤。

九四,好遯,君子吉,小人否。

《象》曰:"君子好遯","小人否"也。

【義解】以陽居或,陽故能遯,或則謹慎有疑,當遯之時,君子
則自省不咎,故遯世而無悶,是謂好遯;[1]若小人則雖遯而有疑,
必不堅其遯矣。故君子吉而小人否也。[2]

【疏證】[1]侯果曰:"不處其位而遯於外,好遯者也。"○元按:侯氏
以君子、小人皆為好遯,《小象》則惟言君子好遯,當從《小象》。[2]陸德
明云:"否,惡也。鄭、王肅云:'塞也。'"

九五,嘉遯,貞吉。

《象》曰:"嘉遯貞吉",以正志也。

【義解】以陽居剛中,陽故能遯,剛則堅執,中則所行得宜,是

去欲淨盡,得其大中之象,九四尚需自省,九五則所操益熟,所得益化,心志堅定,已無欲利之心矣,故其遯尚佳於好遯,是謂嘉遯。嘉者,美也。[1]堅執其遯,是所謂正也。

【疏證】[1] 李道平引《釋詁》曰:"嘉,美也。"孔穎達云:"得正之吉,為遯之美,故曰嘉遯。"李光地等云:"嘉之義,比好又優矣。"

上九,肥遯,无不利。

《象》曰:"肥遯无不利",无所疑也。

【義解】以陽居亢,陽故能遯,亢則自大不遜,當遯之時,君子遠其小人,不惡而嚴,上九稍亢,是惡之而嚴,不假辭色之象。蓋上九之亢乃因遠小人,心志堅確,絕無所疑,當遯之時,綽然有餘裕者也,雖未得中,亦無不利。肥,饒裕也,遯而稍過,有餘於遯,故曰肥遯。[1]

【疏證】[1]《說文》:"肥,多肉也。"王弼云:"最處外極,無應於內,超然絕志,心無疑顧,憂患不能累,矰繳不能及,是以肥遯,無不利也。"孔疏:"《子夏傳》曰:'肥,饒裕也。'"〇元按:輔嗣以相應為言,此例固本書所不取,然其所釋,已得肥遯之大義,不可誣也。蓋王氏於上爻多以居極為言,則其所論每與本書相合,亦有由矣。鄒德溥云:"肥字,古作蜚,與蜚字相似,後世因訛為肥字。《九師道訓》云'遯而能飛,吉孰大焉',張平子《思玄賦》云'欲飛遯以保名',曹子建《七啟》云'飛遯離俗',金陵攝山碑'緬懷飛遯'。"李贄《九正易因》引作焦竑說,考焦氏《易筌》作於萬曆壬子,尚無飛遯之說。次年鄒書成,有焦竑序。則焦說必出於鄒氏,卓吾蓋未及詳考也。李道平所言略同,可備一說。

序卦:物不可以終遯,故受之以大壯。

䷡(乾下震上)

大壯:利貞。

【義解】當恒之時,君子雖知幾而遯,然天道之大勢不可改也,必將進至盛極之境,[1]是以"物不可以終遯,故受之以大壯"。以四德言之,恒之時居亨利貞,遯則退亨,至大壯復進至利貞也。當此之時,陽氣壯盛,[2]一往直前,物雖尚通,然已至亨利之交,不言亨者,危之也。以生成顯化言之,天道有盛有衰,其能盛而成其大有者,以其有大壯之德也。

【疏證】[1] 陸德明云:"壯,威盛強猛之名。鄭云:'氣力浸強之名。'王肅云:'壯,盛也。'《廣雅》云:'健也。'"[2] 侯果曰:"陰柔消弱,剛大長壯,故曰大壯也。"

《彖》曰:大壯,大者壯也。剛以動,故壯。"大壯,利貞",大者正也。正大,而天地之情可見矣。

【義解】大者,陽也,大壯言四陽壯盛,欲進而不止也。[1]卦德剛健能動,故壯。大壯利貞者,所謂貞,言乾陽皆能正其性命也;所謂利,言萬物各得所利,然天不言利,惟成其大耳。是正大即利貞,利貞者,性情也。能正大,則天地萬物之情可見矣。

【疏證】[1] 虞翻曰:"大謂四。"李道平疏:"陽大陰小,大謂四,陽息至四也。"侯果曰:"陰柔消弱,剛大長壯,故曰大壯也。"

《象》曰:雷在天上,大壯。君子以非禮弗履。

【義解】雷行天上,威震百物,發號施令之時也,盛大之至,故曰大壯。[1]君子法天道之大壯,亦惟非禮弗履,是真所謂健而能動也。[2]參震卦。卦既以剛健能動為德,凡陽爻則躁動不止,現健象;凡陰爻則不躁反退,現順象。

【疏證】[1] 崔憬曰:"乾下震上,故曰雷在天上。一曰雷,陽氣也。陽至於上卦,能助於天威,大壯之象也。"[2] 朱子云:"自勝者強。"○元按:禮者履也,貴在隨時,大壯之時而能守禮,是自處以柔,以柔履剛也。然剛陽盛大,是時之壯也;自處以柔,是德之壯也。有此德之壯,乃能濟其時之壯也。學者當詳味之。

初九,壯于趾,征凶,有孚。

《象》曰："壯于趾"，其孚窮也。

【義解】以陽居潛，陽故躁動，潛則不起，雖心中躁動，然為外力所遏，尚未能起之象也。心中躁動，是其中主已失，故曰其孚窮也，因誡之：往則有凶，[1]當守其中主也。其象如羊雖未觸藩籬，然已躁動不安，以足刨地，故曰壯于趾。

【疏證】[1] 虞翻曰："征，行也。"

九二，貞吉。

《象》曰："九二貞吉"，以中也。

【義解】以陽居柔中，陽故躁動，柔則柔順，中則所行得宜，當大壯之時，能以柔德化其剛躁，而得其中者也，定於此則其吉可知。[1]

【疏證】[1] 王弼云："居得中位，以陽居陰，履謙不亢，是以貞吉。"李過云："剛而得中，能禮者也。以理勝氣，守中而吉。"

九三，小人用壯，君子用罔，貞厲。羝羊觸藩，羸其角。

《象》曰："小人用壯"，"君子以罔"也。

【義解】以陽居躁，陽故躁動，躁則益躁，當大壯已盛之時，盛而不知極之象也。小人處此，自以為得計矣，故小人以壯；君子處此，而無以救其失，則必惘然而有所失也，故曰君子以罔。孔子嘗言，學而不思則罔，思者自省，學者自益，學而不思，是自益而不能自省，故必惘然而無所得。[1]其象如羝羊觸藩，其角為藩籬所縲繞之象，蓋既過躁，藩尚未決，而角則不能出，是有所失也。羝羊，公羊也，性躁，故以此喻之。[2]

【疏證】[1] 陸德明云："罔，馬、王肅云無。"張獻翼云："壯，無禮之勇也；罔，無知之勇也。"[2] 陸德明云："羝羊，張云：'殺羊也。'藩，馬云：'籬落也。'羸，馬云：'大索也。'王肅作縲。"孔穎達云："羸，拘縲纏繞也。"

九四，貞吉，悔亡。藩決不羸，壯于大輿之輹。

《象》曰："藩決不羸"，尚往也。

221

【義解】以陽居或,陽故躁動,或則謹慎自省,既躁動而能自省,是能自戒其躁也,以孔子學思喻之,是學而能思者也,故无咎而悔亡矣。按无咎悔亡稍有別,大壯是有悔也,壯而能自省,是悔亡矣。當大壯之時,能定於此道,亦不可不謂之吉也,能有此德則可以有往,故曰尚往。其象如以大車觸藩,藩決而不縲也,故曰"壯於大輿之輹"。蓋大輿之壯,乃穩健之壯,故可以常往;羝羊之壯,則躁動之壯,不可以有為。[1]二者固有君子小人之別也。

【疏證】[1] 楊簡云:"大車而壯其輹,益可通而無阻。九三用壯,其害如彼;九四濟以柔,其吉如此。不特不羸而已,尚可以復往而進也。"

六五,喪羊于易,无悔。

《象》曰:"喪羊于易",位不當也。

【義解】以陰居剛中,陰故退守,剛則有為,中則所行得宜,當大盛之時,而自退守,是位不當也。若居或位,因自省而退,則无咎矣,蓋陰能當其位而慎也;既有為而退,則必有所失而退也,有失則有咎,然既能有所為而得中,則亦不必悔矣,故曰无悔,无者勿也。其象如亡羊而能補牢者也,補牢亦不可不謂之有為。易,疆埸,羊牢也。[1]

【疏證】[1] 陸德明云:"易,陸作場,謂疆埸也。"《朱子語類·易八·大壯》:"'喪羊于易',不若作'疆場'之'易'。《漢·食貨志》'疆埸'之'場'正作'易'。"吳澄云:"易,陸績作'場',疆埸也。'晁氏曰:'易,乃故疆埸字。'"(《易纂言外翼》卷二)龍仁夫云:"易、晁、朱、項氏音入聲,古易、場通。"王引之云:"家大人曰,凡《易》言'同人于野'、'同人于門'、'同人于宗'、'伏戎于莽'、'同人于郊'、'拂經于丘'、'遇主于巷',末一字皆實指其地。"

上六,羝羊觸藩,不能退,不能遂,无攸利,艱則吉。

《象》曰:"不能退,不能遂",不詳也。"艱則吉",咎不長也。

【義解】以陰居亢,陰故退守,亢則不遂,雖欲退守,而所居之位不容其退之象也，如羝羊觸藩，羊角陷於藩中，進退不能也。既進退失據，[1]則必無所利，是所謂不祥。然既有退守之志，堅忍以求，其角亦自能退出，故云咎不長，艱則吉也。[2]

【疏證】[1] 虞翻曰："遂，進也。"程頤云："如羝羊之觸藩籬，進則礙身，退則妨角，進退皆不可也。"[2] 陸德明云："鄭、王肅作祥，善也。"孔穎達云："不祥也者，祥者善也，進退不定，非為善也。"

序卦：物不可以終壯，故受之以晉。晉者，進也。

䷢（坤下離上）

晉：康侯用錫馬蕃庶，晝日三接。

【義解】大壯之時，天道盛極，然盛極而衰，如強弩之末，其勢漸緩，雖進而柔，故曰"物不可以終壯，故受之以晉，晉者，進也。"[1]以天道之生成顯化言之，則天道之健而能巽，得其小畜者，以其有晉之德也。能有此德者，如康侯朝覲天子，恭順自持，故獲路車乘馬眾多之賜，以及晝日三接之殊遇也。[2]卦雖不言四德，然以其雖衰而仍進，當亦利而能亨，亨利之際也。

【疏證】[1] 崔憬曰："不可以終壯於陽盛，自取觸藩，當宜柔進而上行，受茲錫馬。"○元按：此言似是而非，蓋不欲壯盛而自退守，此遯卦之義也。既已壯盛而欲柔進者，是因壯而傷，不得不柔也，否則何以終至明夷？大壯之壯，虞翻曰"壯，傷也"，是稍有得於此，然亦不確。蓋大壯之壯固為壯盛之義，然因大壯而傷，則傷乃大壯之時所蘊耳。陸德明引郭璞云："今淮南人呼壯為傷。"此猶泰之時乃安泰之義，然小人居泰則驕泰以失之，驕泰亦泰之時所蘊。《周易》類此者甚多。參拙撰《孟子章句講疏》卷六，《滕文公章句下》。[2] 王弼云："康，美之名也。"孔穎達云："侯謂升進之臣也。臣既柔進，天子美之，賜以車馬蕃多而眾庶，故曰'康侯用錫馬蕃庶'也，'晝日三接'者，言非惟蒙賜蕃多，又被親寵頻數，一晝之間三度接見也。"陸德明云："蕃，多也；庶，眾也。"侯果曰："康，美也。……天子至明於上，公侯謙順於下，美其治物有功，故蕃錫車馬，一晝三覲也。《采菽》刺幽王侮諸侯，《詩》曰'雖無與之，路車乘馬'。《大行人職》曰'諸公三饗三問三勞，諸侯三饗再問再勞，子男三饗一問一勞'，即天子三接諸侯之禮也。"李道平云："孔安國《曲禮》注：'奉上謂之享。'《大行人》曰'廟中將幣，三享'，臣享君也。臣享君則君接臣，三享故三接也。據此，是以三等之接為三享也。不知三享，即所謂受幣之一接，安得以當三接。"又曰："又一說：王接諸侯之禮，覲禮延升，一也；覲畢，致享，升，致命，二也；享畢，王勞之，升，成拜，三也。"○元按：李道平所言後一說本《儀禮·覲禮》，姚信《易注》已引之。《左傳》僖二十八年："（晉文）受策以出，出入三覲。"當晉之時，自下言，是所謂三覲；自上言，是所謂三接也。諸說雖異，皆不影響《周易》之大義。康不取美義者，以六二有"于其王母"之說，所以受福於祖母，必其祖母即天子之母也。則此康侯或當如近人所言，即衛康叔也。以無確證，茲不具引。

《象》曰：晉，進也。明出地上，順而麗乎大明，柔進而上行，是以"康侯用錫馬蕃庶，晝日三接"也。

【義解】晉如晉見之晉，其進也柔，卦以離明上於坤地，太陽初升之象。[1]卦德順而能明，順者柔順能承，能承是有明也。有明而益明者，必定於明者也，故云順而能麗乎大明。六五以柔居上，所謂柔進而上行，正合卦德，[2]如太陽以柔道冉冉升起，朝見於天也。故以康侯之得上寵遇象之。上行者往也，卦在外曰往。

【疏證】[1]耿南仲云："君與臣同德者也，其所異者分位耳。故日者君之象，臣亦為日，惟日中天則為君，出地上則為臣焉。明出地上，則溫厚之氣、臨照之光不足以遍天下，是其所以為臣之象也。……孟子曰'其進銳者其退速'，然則進而上行，以柔為道也。"○元按：耿氏所言似矣，然尚非探本之論。言君臣同德是也，然卦之為言，非僅以人事為象者也。以太陽初升之冉冉，及諸侯覲見於君之溫厚，象此天道之柔進上行耳。[2]程頤云："凡卦，離在上者，柔居君位，多云柔進而上行，噬嗑、睽、鼎是也。"龔煥云："晉以柔順為善，剛強則躁矣，故《象傳》曰：'順而麗乎大明,柔進而上行。'卦之得名,其亦以柔為主與?"(《周易折中》引)〇元按:以《象傳》之例言,柔進之柔固指柔爻,以晉卦言,順而能麗,是亦柔道也。故此卦之柔進,當含二義。

《象》曰:明出地上,晉。君子以自昭明德。

【義解】明出地上,旭日初升之象,如晉見上天,故曰晉。君子法天道之能晉,故以下晉上之時,難進易退,以自明明德也。昭,明之也。[1]卦既以順而能麗乎大明為德,凡陰爻則柔順自守,是能知順也;凡陽爻則剛健躁進,是不知順也。按下之晉上必以順者,蓋過躁則必有所求,是媚之也,君子不為。

【疏證】[1]孔穎達云:"昭亦明也,謂自顯明其德也。"葉良佩云:"薛河東曰:'地暗火明,明出於暗為晉。君子觀其象以去暗即明,為自昭明德。'愚曰:此即'克明俊德'也,而'作新民'之道具是矣。"

初六,晉如,摧如,貞吉。罔孚,裕无咎。

《象》曰:"晉如摧如",獨行正也。"裕无咎",未受命也。

【義解】以陰居潛,陰故柔順,潛則不起,雖順而不欲進者也,如日尚未升,居地平線下,似進似退之象,故曰晉如摧如。此時之日,如人有美在中而不欲進,蓋獨行其正而未為人所信之時也,故曰罔孚、未受命。孚,信。既獨行正,守此而不失,則終獲吉可知,如能寬裕進德、心廣體胖以待時,則自省亦无咎也。[1]摧,退也,[2]如人進一步,退一步,則其所進者似為其退所摧抑也。

【疏證】[1]王弼云:"處順之初,應明之始,明順之德,於斯將隆,進明推順,不失其正,故曰'晉如摧如,貞吉'。處卦之始,功業未著,物未之信,故曰'罔孚'。方踐卦始,未至履位,以此為足,自喪其長者也,故必裕之,然後无咎。"孔疏:"裕,寬也;如,辭也。"[2]陸德明云:"摧,退也。"孔疏:"何氏云:'摧,退也。'"

六二,晉如,愁如,貞吉。受茲介福,于其王母。

《象》曰:"受茲介福",以中正也。

【義解】以陰居柔中，陰故柔順，柔則未能致遠，中則所行得宜，蓋初六不為人知，故獨行其正；至六二則柔順得中，然尚未顯揚，未得人之大信。如日雖已升，然其升甚緩，令人憂其難進也，故有"晉如愁如"之象。[1]當此之時，如能有恆其柔，必獲吉也。以未能致遠，故吉未能大。其象如康侯初雖勉黽從事，尚不為王知，然其難進易退之德，如能有恆，王母已知之矣，故於王母之處，得受大福也。介，大。[2]正者，當晉而能定於柔也。

【疏證】[1] 陸德明云："愁，鄭云：'變色兒。'"[2] 王弼云："進而無應，其德不昭，故曰'晉如愁如'。居中得位，履順而正，不以無應回其志，處晦能致其誠者也。"又云："故其初愁如，履貞不回，則乃受茲大福於其王母也。"陸德明云："介，大也。馬同。"虞翻曰："介，大也。"孔穎達云："介者，大也。母者，處內而成德者也。"程頤云："六二在下，上無應援，以中正柔和之德，非強於進者也。故於進為可憂，謂其進之難也。然守其貞正則當得吉，故云'晉如，愁如，貞吉'。王母，祖母也。"馬理云："王母者，《爾雅》謂之祖母。"倪元璐云："父外而母內也，母親而王母尊也。"○元按：王氏、程子以無應釋所以愁如，本書不取，然大義固得之矣。言王母者，蓋康侯乃王之子也，其父雖不知，而其祖母知之。《爾雅·釋親》："父之妣為王母。"祖母之影響可及於父，故以王母言，而不以母言也。若言母，則母主中饋，不當論外事也。或如張根，以文母言之，亦無甚據。

六三，眾允，悔亡。

《象》曰："眾允"之志，上行也。

【義解】以陰居躁，陰故柔順，躁則不安其柔，蓋既柔順則必不躁矣，則其躁位之躁乃已柔而欲益其柔，是雖能進而過於巽順者也。不恆其柔而欲躁進，九四已足象之。既能巽順，故為眾所信，[1]因而有往也。過巽故有悔，人能信之，故悔亡。

【疏證】[1] 虞翻曰："允，信也。"耿南仲云："晉之六三，則君子之道既已積於中而暢於外矣，誠信達乎上心，功業著於民望，是以眾允之，而與初六之‘罔孚’者異矣。初六則在人者不能無疑，六二則在我者不能無憂，六三無疑與憂也，有上行而已。”吳曰慎云：“初‘罔孚’，未信也；三‘眾允’，見信也。”（《周易折中》引）

九四，晋如鼫鼠，貞厲。

《象》曰：“鼫鼠貞厲”，位不當也。

【義解】以陽居或，陽故躁進，或則謹慎有疑，當柔進之時，內心躁進而能謹慎遮掩，外示人以恬淡者也。故有“晋如鼫鼠”之象，蓋鼫鼠內貪而外欲惑人，然雖有五技而終窮也，[1]故定於此而有危。按或位，君子居之能自省，小人則惑己惑人而已，當晋之時而躁，知其必非君子也，故不取自省之義，此作《易》聖人義理精微之處。

【疏證】[1] 王弼云：“進如鼫鼠，無所守也。”孔疏：“蔡邕《勸學篇》云：‘鼫鼠五能，不成一伎術。’注曰：‘能飛不能過屋，能緣不能窮木，能游不能度谷，能穴不能掩身，能走不能（免）［先］人。’《本草經》云：‘螻蛄一名鼫鼠’，謂此也。鄭引《詩》云‘碩鼠碩鼠，無食我黍’，謂大鼠也。陸機以為雀鼠。王以為無所守，蓋五伎者當之。”術，通行本作王，阮元云：“宋本王作術。按盧文弨云：‘《顏氏家訓》作“不成技術”，知王字誤也。’”

六五，悔亡，失得勿恤。往吉，无不利。

《象》曰：“失得勿恤”，往有慶也。

【義解】以陰居剛中，陰故柔順，剛則進取有為，中則所行得宜，當晋之時，而有為進取，是所為稍剛者也，故有悔；然雖剛而得中，所謂當仁不讓者也，故悔亡。當仁不讓，故不恤失得，[1]自反而縮，雖千萬人吾往矣。以能行中，故知其往必獲吉而無不利也。以康侯事例之，則獲其“晝日三接”之殊遇矣。

【疏證】[1] 虞翻曰：“勿，無；恤，憂也。”耿南仲云：“失得勿恤，則直道而行，不為自安之計。”

上九，晋其角，維用伐邑，厲吉，无咎，貞吝。

《象》曰：“維用伐邑”，道未光也。

【義解】以陽居亢,陽故躁進,亢則不遜,當晉之時,不能柔順,而反躁進而不遜,如牛以角觸人之象,故曰晉其角。定於此道必有悔也,故貞吝。[1]然當柔進之時甚多,上九之道而可用者,惟伐小邑,雖危而能獲吉,不致有咎也。蓋國之大事,惟祀與戎,征伐之時,君子當慎之時也,故行軍當以柔進。至伐小邑,兵力懸殊,雖有躁進之失,然勝負固已定局,故雖危而能吉也。然惟可以伐邑耳,則其道未為光大可知。李鼎祚本維作惟。

【疏證】[1]魏了翁云:"晉其角則過亢,故云:'厲吉,貞吝。'"李光地等云:"晉其角者,是知進而不知退者也。知進而不知退者,危道也。"

序卦:進必有所傷,故受之以明夷。夷者,傷也。

䷣(離下坤上)

明夷:利艱貞。

【義解】強弩之末,其勢不能穿魯縞也。當晉之時,其勢已緩,馴至其道,終將失墜。蓋咸、恒以來,萬物之亨通至此已盡,終如紅日西沉,不復有光矣。[1]此所謂"進必有所傷,故受之以明夷,夷者,傷也"。以天道之生成顯化言之,天道晦明固有其常,使天道之明傷而至於蒙昧者,以其有明夷之德也。自四德言之,通既將盡,則是由義入利之機也,故居利。當此之時,各利其利,若正其位而凝其命,惟以堅忍之道行之乃可,故艱則可貞。

【疏證】[1]孔穎達云:"施之於人事,闇主在上,明臣在下,不敢顯其明智,亦明夷之義也。"

《象》曰:明入地中,明夷。內文明而外柔順,以蒙大難,文王以之。"利艱貞",晦其明也。內難而能正其志,箕子以之。

【義解】離明入於坤地,黑暗來臨,所謂明夷也。卦德內文明而外柔順,而蒙受大難,昔文王當之矣。[1]以,用。[2]所謂利艱貞者,利定於卦德以濟時難也。內能為人之所難能以定其志,晦其明

也。昔箕子當之矣。^[3]

【疏證】[1]陸德明云：“鄭云：‘蒙猶遭也。’一云冒也。”荀爽曰：“明在地下，為坤所蔽，大難之象。”胡瑗云：“《表記》曰：‘文王有君民之大德，有事君之小心，故雖蒙大難，而終無所傷也。’”耿南仲云：“內文明，則與物無際矣。外柔順，則與物無迕矣。若物奚為而見傷哉！然內文明乃所以成大明，外柔順乃所以開大武，故文王以之，犯難而不懼，其卒顯於西土也。”[2]虞翻曰：“以，用也。”陸德明云：“王肅云：‘惟文王能用之。’鄭、荀、向作‘似之’。”○元按：‘似之’雖可通，然未免有隔，當從王肅。[3]程頤云：“明夷之時，利於處艱厄而不失其貞正，謂能晦藏其明也。不晦其明，則被禍患；不守其正，則非賢明。”俞琰云：“晦其明，謂隱其明以自晦也。紂之時小人雖眾，皆不能窺見箕子之所為，箕子之明蓋不彰顯於外也。若使逞其智而能不文明，矜其能而外無柔順，有如後世楊修、曹子建之徒，則被害久矣，豈能蒙此大難哉！”胡炳文云：“羑里演《易》，處之甚從容，可見文王之德。佯狂受辱，處之極艱難，可見箕子之志。然此一時也，文王因而發伏羲河圖之《易》，箕子因而發大禹洛書之疇，聖賢之於患難，自係斯文之會，蓋有天意存焉。此非《象傳》本意，姑及之。”魏濬云：“明入地中，為地所掩，有似於傷，而有不傷者存。不然，則厥旦來昇者何物？故以境言為明夷，以用言為晦其明。明而顯用之，順道也，順故易；明而晦用之，逆道也，逆故艱。”

《象》曰：明入地中，明夷。君子以蒞眾，用晦而明。

【義解】明入地中，太陽落山之象，光明已傷，故曰明夷。君子法天道之處明夷，和光而同塵，自混於眾人，雖晦而實明也。^[1]卦既以明而能順、自晦其明為德，凡陰爻則柔順，能晦其明；凡陽爻則剛健，務用其明。

【疏證】[1]王弼云：“蒞眾顯明，蔽偽百姓者也。”孔疏：“君子能用此明夷之道以臨於眾，冕旒垂目，黈纊塞耳，無為清淨，民化不欺。若運其聰明，顯其智慧，民即逃其密網，奸詐愈生，豈非藏明用晦反得其明也？”程頤云：“明所以照，君子無所不照，然用明之過則傷於察，太察則盡

229

事而無含弘之度。故君子觀明入地中之象,於蒞眾也,不極其明察而用晦,然後能容物合眾,眾親而安。是用晦乃所以為明也。若自任其明,無所不察,則己不勝其忿疾,而無寬厚含容之德,人情睽疑而不安,失蒞眾之道,適所以為不明也。古之聖人設前旒屏樹者,不欲明之盡乎隱也。"〇元按:王、孔所云亦老氏之言也。如《象》旨在是,何不徑云先王、大人以蒞眾? 言君子者,通乎上下言之也。君子而皆無為,則所謂"王臣蹇蹇"者惡乎在?

初九,明夷于飛,垂其翼。君子于行,三日不食。有攸往,主人有言。

《象》曰:"君子于行",義不食也。

【義解】以陽居潛,陽故用明,潛則不起,是有明而不用者也,合明夷之德。其象如當飛之時,自垂其翼;當行之前,三日不食。[1]蓋往行之前,欲藏其健,義不當食也。故凡有所往,皆為人所卑視,所謂主人有言也,[2]此自晦其明之效。于行之于,往。主人者,對客而言也。如孔子至衛,主顏讎由,即以顏氏為主人也。[3]

【疏證】[1] 蘇軾云:"明夷者,自夷以全其明也。將飛而舉其翼,必見糜矣,故垂其翼,所以示不飛之形也。"項安世云:"'垂其翼',不言夷,未傷也。'夷于左股',加一夷字,言已傷也。說者以垂其翼為傷翼,非也。斂翼而下飛者,避禍之象也。"俞琰云:"居明夷之初,不敢高飛,遂垂斂其翼以向下,此見幾之明,不待難作而蚤避者也。"〇元按:"君子于行,三日不食",安定胡瑗以為"言君子能先幾知變,以小人得志,慮其加害於己,欲超然遠遯,心急於行,故至三日之間不遑暇食也"。東坡本之。伊川程子則以為"君子于行,謂去其祿位而退藏也。三日不食,言困窮之極也。"說皆似可通。然三氏所言乃遯象也,不必於明夷言之,且既急於遯,則人知其明矣,安得自晦其明? 與有明不用之象不合。[2] 趙以夫云:"主人指武王也。此伯夷義不食周粟之事也。離為言,主人雖有言,初之君子不暇顧也。"丘行可云:"詳玩六爻,皆合商紂時事,……初為伯夷、太公之居海濱。"(張次仲《周易玩辭困學記・明夷・上六》引)〇元按:武王

既誅紂,是已非明夷矣,焉得以不食周粟之伯夷象之?丘氏得之。[3]王
弼云:“以斯適人,人必疑之,故曰:‘有攸往,主人有言。’”王引之云:“蓋
謂往之他國,得其所主之家也。《大戴禮·曾子制言上篇》:‘曾子門弟子
或將之晋,曰:吾無知焉。曾子曰:何必然,往矣!有知焉謂之友,無知
焉謂之主。’盧注曰:‘且客之而已。’”

六二,明夷于左股,用拯馬壯,吉。

《象》曰:“六二之吉”,順以則也。

【義解】以陰居柔中,陰故能晦其明,柔則順守,中則所行得
宜,當明夷之時,隱忍自守,以晦其明者也,故曰順以則也,文王以
之。[1]其象如欲晦明,自傷馬之左股,[2]以救馬壯之失,[3]以得中,
故獲吉也。

【疏證】[1]王宗傳云:“六二之吉,順以則也,此爻非文王而當明夷
之時,其誰當之?而諸家以初爻為伯夷、太公,此爻為太顛、閎夭,夫以初
爻為伯夷、太公猶可也,何者?以其避紂也。以太顛、閎夭當此爻,此何
義哉!”丘行可云:“二為文王之羑里。”(張次仲《周易玩辭困學記·明
夷·上六》引)羅洪先云:“初為伯夷,二為文王。”(孫奇逢《讀易大旨》引)
[2]王弼云:“夷于左股,是行不能壯也。”程頤云:“手足之用,以右為便,
惟蹶張用左,蓋右立為本也。夷于左股,謂傷害其行而不甚切也。”[3]陸
德明云:“拯,拯救之。”

九三,明夷于南狩,得其大首,不可疾貞。

《象》曰:“南狩”之志,乃“大得”也。

【義解】以陽居躁,陽故用明,躁則不安其位,當明夷之時,君
子之柔順者自晦其明,其剛健者務用其明,各有攸當也。天下大
難,有大人者出,欲弔民伐罪,席不暇暖之象也,故曰“明夷于南
狩”,南狩者天子之所為也。[1]此如黑暗中忽有光明出,人皆趨而
往之,可以王矣,以此而行天子之征伐,必獲賊之酋首,[2]故云乃
大得也。然天下既暗,尤宜艱貞,九三雖明,卻居躁位,故誡以既獲

賊首,不可遽以為天下已定,而遂安之矣。疾,遽;貞,定。[3]此武王伐紂之象。

【疏證】[1]孔穎達云:"南方,文明之所;狩者,征伐之類。"[2]孔穎達云:"明夷之臣發明以征闇君,而得其大首,故曰'明夷于南狩,得其大首'也。"李鼎祚曰:"以臣伐君,故假言狩。"程頤云:"斯義也,其湯武之事乎! 南,在前而明方也;狩,畋而去害之事也。南狩謂前進而除害也,當克獲其大首,大首謂暗之魁首上六也。"李中正云:"君為无首,不曰无首而曰獲其大首者,紂獨夫不君,不足謂之元首也。"華學泉云:"明夷無君,九三將進而為君,故時至明夷,君臣之位變矣。曰南狩,以除殘禁暴與三,而非以下伐上。曰得其大首,以殲厥渠魁與三,而非以臣弒君。"(馬其昶《重定周易費氏學》引)○元按:程子以上六當大首,失之。[3]《九家易》曰:"自暗復明,當以漸次,不可卒正,故曰'不可疾貞'也。"○元按:卒,猝。

六四,入于左腹,獲明夷之心,于出門庭。

《象》曰:"入于左腹",獲心意也。

【義解】以陰居或,陰故能晦其明,或則謹慎自省,有此德者,得明夷之本旨矣,如入左腹而取明夷之心也,故能無往而不利。于,往。于出門庭,言可出門而行也。當殷周之際,微子可當此爻之象。[1]

【疏證】[1]楊時云:"獲明夷之心,所謂求仁而得仁也。于出門庭,則與慎密而不出者異矣,故自靖。人自獻於先王,我不顧行遯,此微子之明夷也。"(方聞一《大易粹言》引)鄭剛中云:"諸家皆以六四為微子之爻。"胡炳文云:"獲明夷之心者,微子之自靖;出門庭者,微子之行遯也。"○元按:《史記·殷本紀》:"紂愈淫亂不止,微子數諫不聽,乃與太師、少師謀,遂去。"

六五,箕子之明夷,利貞。

《象》曰:"箕子之貞",明不可息也。

【義解】以陰居剛中，陰故能晦其明，剛則有為，中則所行得宜，當明夷之時，其力雖不足扭轉乾坤，然不甘順守，故出之以有為，而能得其中者也。當此之時，利居中而有定也，故言不可止息。[1]蓋如不能定於中，則人知其明矣，其明反不能晦；不晦其明，而又無力除其暗，此上六危道也。此如箕子佯狂，[2]欲以狂言而警世也。然必人以之為真狂乃可，若察其佯，則危矣。[3]

【疏證】[1] 程頤云："晦藏其明，而內守其正，所謂內難而能正其志，所以謂之仁與明也。若箕子，可謂貞矣。以五陰柔，故為之戒云利貞，謂宜如箕子之貞固也。"《史記·殷本紀》："(紂)剖比干，觀其心。箕子懼，乃(詳)[佯]狂為奴，紂又囚之。"[2] 馬融曰："箕子，紂之諸父，明於天道，《洪範》之九疇，德可以王，故以當五。知紂之惡，無可奈何，同姓恩深，不忍棄去，被髮佯狂，以明為暗，故曰'箕子之明夷'。"馬其昶云："韓非子云：'紂為象箸而箕子怖，以為吾畏其卒，故怖其始。居五年，紂為肉圃，設炮烙，登糟邱，臨酒池，紂遂以亡。箕子見象箸以知天下之禍，故曰見小曰明。'又云：'紂為長夜之飲，以失日問左右，盡不知，使問箕子。箕子曰：為天下主，一國盡失日，天下其危矣！一國皆不知，我獨知之，吾其危矣！辭以醉而不知。'是皆箕子明夷之事。"[3] 程頤云："箕子晦藏，不失其貞固，雖遭患難，其明自存，不可滅息也。若逼禍患，遂失其所守，則是亡其明，乃滅息也，古之人如楊雄者是也。"逯中立云："'明入地中，明夷'，而明無所損；'利艱貞，晦其明也'，正所以全其明也。故曰：'明不可息也。'"

上六，不明晦，初登于天，後入于地。

《象》曰："初登于天"，照四國也。"後入于地"，失則也。

【義解】以陰居亢，陰故能晦其明，亢則不遜，既晦其明，是當遜矣，既不遜而又不能如箕子之得中，是不能自晦其明者也。[1]故其明初出，人以為明矣，所謂照四國也；乃徑趨之，故言初登於天。及其明不能濟暗，則為黑暗所滅，所謂失則也；人遂離之，故言後入於地。[2]按此即所謂爝火之光也，雖有德之君子，然尚未至大人之地也。此比干因諫而死之象。[3]夫濟明夷者必得天時之大人，如時當黑夜，雖太陽亦惟入於地中而晦其明也，及其時已至，則日新而又日新矣。故雖箕子尚且佯狂，雖文王亦惟自守，時未至也。時若至，則必有大人如九三者出矣。

【疏證】[1]季本云："此爻是言雖晦而明不息之意，非以為昏暗之人也，故不言吉凶。"[2]程頤云："初登於天，居高而明，則當照及四方也；乃被傷而昏暗，是後入於地，失明之道也。失則，失其道也。"[3]《史記·殷本紀》："比干曰：'為人臣者，不得不以死爭。'乃強諫紂。紂怒曰：'吾聞聖人心有九竅。'剖比干，觀其心。"唐鶴徵云："一毫之明不可復見，直使其不明為晦，晦之太甚，故曰失則。……晦之過則有之，明終在而不息也。故但言其失則而不謂其為凶為咎也。舊以此指紂，上安得為君，紂安得不言凶咎哉！"○元按：諸說頗以此爻當紂，非也。蓋紂即所以傷明者也，惟九三之大首足當之，安得云不明晦？惟比干之強諫，當明夷之時不晦其明，是所謂失則也。唐氏稍有見於舊說之非，然理據亦不甚確。明夷一卦，與殷周史事可稱密合。傳統易家，受此啓發，以史事與易理相參證，可也；蓋歷史本隨時間而生，亦《易》也。然史事雖可以顯《易》，而易道非止為史事言也。近世或有學者，務以殷周史事與卦爻比合，雖或偶中，然於其不合者，乃不得不出之於附會一途，蓋亦所謂刻舟求劍、膠柱鼓瑟者也。

序卦：傷於外者必反於家，故受之以家人。

☲☴（離下巽上）

家人：利女貞。

【義解】天道至明夷，固已由義入利矣。萬物既失其大通，乃各利所利，雖君子處此，亦無以兼善天下，故退求其次，獨齊其家而已，家乃社會系統之最小構造也。故云"傷於外者，必反於家，故受之以家人"。然君子之正家道，非僅為其家齊也，必期之以家家皆齊,如此則國治而天下平,蓋僅一家之齊,亦不足以稱大同之世也。
故家人之時四德雖居利,然君子不可貞於此,惟女子以家庭為中
心,可貞於此耳。[1]以天道之生成顯化言之,萬物各利其利,乃因
萬物皆有其自性;萬物皆得上通於天,乃因其皆有通性。然能使物
之自性、通性合於一,即利而能義者,則因天道有家人之德也。若
夫神之享物,皆即其於己有合者也,故噬嗑所以通天人之隔。

　　【疏證】[1] 王弼云:"家人之義,各自脩一家之道,不能知家外他人
之事也。統而論之,非元亨利貞君子之貞,故利女貞,其正在家內也。"

　　《象》曰:家人,女正位乎內,男正位乎外。男女正,天地
之大義也。家人有嚴君焉,父母之謂也。父父,子子,兄兄,
弟弟,夫夫,婦婦,而家道正。正家而天下定矣。

　　【義解】家人,外巽內離,內卦以柔居中,故云女正位乎內;[1]
外卦以剛居中,故云男正位乎外。[2]男女正,是人皆各遂其性,故
云天地之大義也。家人必有尊長焉,如人君恭己南面,父母之謂
也。嚴,敬。[3]故卦德明而能巽,所謂明者,明大義也;所謂巽者,出
令而人皆入也,故必有父母為之尊長乃可。有此德,則父能父,子
能子,兄能兄,弟能弟,夫能夫,婦能婦,如此則家道正矣。若由此
推之於天下,使比屋可封,則天下平矣。[4]

　　【疏證】[1] 王弼云:"謂二也。"[2] 王弼云:"謂五也。家人之義以
內為本,故先說女也。"[3] 王肅曰:"家人有嚴君,故父子夫婦各得其正。
家家咸正,而天下之治大定矣。"司馬光云:"嚴,恭也。"吳澄云:"家人之
有尊嚴者有君道,父是也。母配父,曰小君。其尊同,故皆稱嚴君。"朱升
云:"家人有尊嚴而有君道者焉,父母之謂也。"馬權奇云:"嚴君之嚴,自
嚴之也。自嚴之也者,以正自治也。"[4] 陸績曰:"聖人教先從家始,家正
天下化之,'修己以安百姓者'也。"

　　《象》曰:風自火出,家人。君子以言有物而行有恆。

　　【義解】風自火出,是有火而風自從之之象也,[1]蓋星星之火,

可以燎原,火勢蔓延,則似順風而行也。家人者,星星之火也,家齊以至天下平,則火之燎原也,是即孟子擴充之義,故風火可以象家人。君子法家人之德,故言必及義而行自有恆,[2] 蓋如此方可以齊家也。有物,言其能明;有恒,則能入矣。卦既以明而能巽為德,凡陽爻則剛健,故能明;凡陰爻則柔順,故能巽。巽,入也。

【疏證】[1] 胡瑗云:"'風自火出,家人'者,王通謂'明內而齊外,有家人之象',是也。"程頤云:"風生自火,自內而出也。自內而出,由家而及於外之象。"蔡清云:"火者風之所自出,家者風化之所自出,故風自火出為家人之象也。"[2] 李道平云:"《禮·哀公問》'敢問何謂成身',孔子對曰'不過乎物'。《詩·烝民》曰'有物有則',言物而則在其中也。"

初九,閑有家,悔亡。

《象》曰:"閑有家",志未變也。

【義解】以陽居潛,陽故剛健能明,潛則不起,當家人之時,能明如學而優也,可以仕矣,然以居潛,是不仕者也,故惟以嫻習家事為務,[1] 是謂閑有家。然既能明,是志未變也,知其必能正家矣。未能出仕,似有悔矣,然家人之時,非君子可仕之時也,且既能正家,所謂惟孝友於兄弟,是亦仕也,[2] 故悔亡。

【疏證】[1] 陸德明云:"閑,馬云:'闌也,防也。'鄭云:'習也。'"楊時喬云:"閑者,習熟之意。……或以防閑言,蓋威如之事,非初始家之事。"[2]《論語》:"或謂孔子曰:'子奚不為政?'子曰:'《書》云:"孝乎惟孝,友于兄弟,施于有政。"是亦為政,奚其為為政?'"荀爽曰:"初在潛位,未干國政,閑習家事而已,未得治官,故悔。居家理治,可移於官,守之以正,故悔亡。"○元按:馬融以下,諸儒多以防閑釋此爻義,此皆誤讀《象傳》"嚴君"之義,故必以嚴屬為治家之本,不知九三嚴矣,乃有過躁之失;上九嚴矣,終吉始吝。惟九五之交相愛,乃治家之本也。

六二,无攸遂,在中饋,貞吉。

《象》曰:"六二之吉",順以巽也。

【義解】以陰居柔中，陰故柔順能巽，柔則未能致遠，中則所行得宜。齊家較之於治國，已非致遠之道，其所為尚不至於齊家之道，而能得中者，必女子之持家也。故如女子正位乎其內，巽順而承其舅姑，以持其家之象，定於此必獲吉也。是所謂在中饋，無所專。遂，專。[1]

【疏證】[1] 虞翻曰：「坤道順從，故無所得遂。」李道平疏：「桓八年《公羊傳》：‘遂者何？生事也。大夫無遂事。’何休注：‘專事之辭。’」李杞云：「《春秋》之義，大夫無遂事，示不敢專也。」

九三，家人嗃嗃，悔厲吉；婦子嘻嘻，終吝。

《象》曰：「家人嗃嗃」，未失也。「婦子嘻嘻」，失家節也。

【義解】以陽居躁，陽故剛健能明，躁則躁進，當家人之時，此如父欲正家，而持法有過躁之失者也。其象有二：蓋其躁如失之過苛，則家人號嗃，必有悔也，然雖危而終吉，以其終能守家法也；其躁如失之苟簡，則婦子終日嘻嘻，雖似融融泄泄，實失長幼上下之節矣，故終吝。[1]

【疏證】[1] 陸德明云：「嗃嗃，馬云：‘悅樂自得兒。’鄭云：‘苦熱之意。’」又云：「嘻嘻，馬云：‘笑聲。’鄭云：‘驕佚喜笑之意。’」侯果曰：「嗃嗃，嚴也。嘻嘻，笑也。」王弼云：「行與其慢，寧過乎恭；家與其瀆，寧過乎嚴。是以家人雖嗃嗃悔厲，猶得其道；婦子嘻嘻，乃失其節也。」○元按：鄭、侯是也，王弼注得之。

六四，富家，大吉。

《象》曰：「富家大吉」，順在位也。

【義解】以陰居或，陰故柔順能巽，或則謹慎，當家人之時，是家長守其家法，婦人、執事能持其家之象也，故云富家，大吉之象也。[1]

【疏證】[1] 鄭剛中云：「九三以下治家之道也，六四保家之道也。」蔡淵云：「富者猶肥也，蓋父父、子子、兄兄、弟弟、夫夫、婦婦，而家道成矣。……順在位也,父子兄弟夫婦各正其位而無逆。”

九五,王假有家,勿恤,吉。

《象》曰:“王假有家”,交相愛也。

【義解】以陽居剛中,陽故剛健能明,剛則有為,中則所行得宜,當家人之時,象如不惟能齊己家且能風化四方,使天下之父子兄弟皆能交相愛也,故王亦親至其家,或以王命褒之,此大吉之事,故不必有憂。假,至。[1]恤,憂。所以言勿憂者,王至於家,亦可以為禍也。

【疏證】[1]王弼云:“假,至也。”項安世云:“‘王假有家’、‘王假有廟’,猶言王至於家、王至於廟也。古鼎彝之文皆以君在廟為‘假於廟’,‘舜格于藝祖’是也。”〇元按:胡瑗云:“九五以剛明中正之德,居於君位,是謂王者能假此治家之道,以治於天下者也。故先正其家,使閨門之內莫不一於正家,而天下定,是為君者以此道行則不必憂恤,而自得其吉也。《象》曰‘王假有家,交相愛也’者,言聖人能推恩於天下之家,父父子子,兄兄弟弟,夫夫婦婦,各以和順之道交相愛樂也。”此言九五以家道風化天下,意則得之。然訓假為借,雖亦可通,固不如訓至文從字順。且“交相愛”者,非“王假有家”之義也,乃言既交相愛,故王假有家也。此《小象》斷爻之法,詳參諸爻象,自可明之。

上九,有孚威如,終吉。

《象》曰:“威如之吉”,反身之謂也。

【義解】以陽居亢,陽故剛健能明,亢則自高,當家人之時,如家長剛斷能明,厚重有威,於家人不假辭色之象也。能明,是中心有主,故云有孚;有孚則自省不咎,所謂反身也,故威而不失其誠,雖未能為家人所親,此吝道也;而終為人所信,然則家道亦正矣,故終吉。[1]

【疏證】[1]王弼云:“凡物以猛為本者,則患在寡恩;以愛為本者,則患在寡威。故家人之道尚威嚴也。”蘇軾云:“凡言終者,其始未必然

238

也。婦子嘻嘻，其始可樂；威如之吉，其始苦之。"○元按：蘇說是也。王弼以下，諸說多以此爻所言為家道之正，非也。雖宋儒安定、伊川亦有此失。此所以家道日苟，婦人、子女漸成男性家長之附從，其流為近世必欲破之而後快之禮教者，亦有由哉！不知孟子明言"父子不責善"，責善乃師之職也。且嚴者，敬也。為嚴君者敬以修身，以為正家之本，故恭己能敬，以德化及人，由是則不惟夫唱婦隨，相敬如賓，且得父慈子孝，兄友弟恭，家道豈有不正者乎？

序卦：家道窮必乖，故受之以睽。睽者，乖也。

䷥（兌下離上）

睽：小事吉。

【義解】家人之時，雖已入利，然利中有義，亦未能盡去其通，惟利既當令，則不盡去之而不止。義既全消，人人逐利，雖君子亦無以正家矣，故云家道必乖，故受之以睽，睽者，乖也。[1]以天道之生成顯化言之，使萬物終致否違而不通，惟欲顯其自性者，以天道有睽之德也。以四德言之，睽之時居利，君子不可貞於此，然天道既有此一義，時至則亦不可不居。蓋萬物雖否隔不通，然其自性之理亦皆真實无妄，不可絕也。君子當睽之時，能知萬物各有其分限，於己則嚴而守之，亦不苟同於人也，所謂君子和而不同；於人則悲而憫之，亦不苟責於人也，是所謂君子之恕道也。故以睽道應物而欲獲吉者，必於一己分限之小事以守之，若大事，則不可用睽，而必用通矣。

【疏證】[1] 焦循云："《說文·目部》云：'睽，目不相聽也。'今汲古閣本如此，宋本《釋文》引《說文》如此，董真卿《周易會通》引呂東萊《音訓》中所引《釋文》引《說文》亦作'目不相聽'。惟通志堂所刻《釋文》改為'目不相視'，盧學士（名文弨）考正云：'作視乃妄人所改'，是也。……《說卦傳》云：'離也者明也，萬物皆相見，南方之卦也。'聖人南面而聽天下,向明而治,蓋取諸此也。……以目相聽則治,目不相聽則睽。……此必古經師說《易》遺文,而許氏采之以為睽字之訓,若作'目不相視'、'耳不相聽',顧耳自司聽,目自司視,何為相矣。"(《易話·目不相聽考》)

《彖》曰:睽,火動而上,澤動而下。二女同居,其志不同行。說而麗乎明,柔進而上行,得中而應乎剛,是以"小事吉"。天地睽而其事同也,男女睽而其志通也,萬物睽而其事類也,睽之時用大矣哉!

【義解】火性炎上,澤水潤下,[1]睽卦離火居上,兌澤處下,是一上一下而不交也,如人目一視其左,一視其右,乖違而不通,故曰睽。兩卦皆陰,亦如二女同居而或妻或娣,志不相同。卦德說而能明,說者柔說,一味柔說,是不明也;說而能明,言於可柔說之事能定於明也,故云說而麗乎明。一味柔說而能通者,必小事也,蓋"柔之為道不利遠者",不可行大事也。六五以柔居外,所謂"柔進而上行",得其剛中,正合卦德,是以小事吉。以人道言,睽乃小道也;[2]以天道言之,乾坤雖一體周流,亦必因時而異,是則同中有異,異中有同,無時而不在也。蓋同者體也,異者用也,微睽,則天道亦無以顯其用。故天地有睽而其欲生成萬物之事始同,男女有睽而其志始通,萬物有睽而始能各從其類,睽卦因時之用豈不大矣哉![3]參豫卦。後世言體用之義者本此,參《繫辭上》第五章。

【疏證】[1] 荀爽曰:"火性炎上,澤性潤下,故曰睽也。"[2] 程頤云:"睽者,睽乖離散之時,非吉道也。以卦才之善,雖處睽時而小事吉也。"[3] 王宗傳云:"此又廣言睽之時用,以明天下有不同之物,而無不同之理也。"

《象》曰:上火下澤,睽。君子以同而異。

【義解】上火下澤,其性相違,故有睽之象。君子觀天道之有睽,知萬物雖皆一體,然亦有其自性,所謂同中有異也。[1]卦既以說而能明為德,凡陽爻則剛健,故能明;凡陰爻則柔順,故能說。能

明是能知萬物之分限,能說是欲混萬物之分限,混者亂之也,非泯
之使通也,此不可不辨。

【疏證】[1] 荀爽曰:"大歸雖同,小事當異。百官殊職,四民異業,
文武并用,威德相反,共歸於治,故曰'君子以同而異'也。"王弼云:"同於
通理,異於職事。"張載云:"一於異則乖而不合,故和而不同。"程頤云:
"《中庸》曰'和而不流'是也。"蘇軾云:"同而異,晏平仲所謂和也。"

初九,悔亡。喪馬勿逐,自復。見惡人,无咎。

《象》曰:"見惡人",以辟咎也。

【義解】以陽居潛,陽故能明分限,潛則不用,知其分限而不
用,是能泯其分限也。[1] 如人喪馬而勿逐,是人失之而人得之
也,[2] 雖知其分限而不用,豈非大君子哉?馬雖未必復,而其大我
自復矣,雖有小失而成此大得,故悔亡也。另如惡人以禮來見,雖
知君子、小人之分限不欲見之,然既以禮而來,則徑絕之亦非禮也。
蓋小人以禮而來,君子亦待之以禮,是君子所以養小人也。小人因
自以為君子,則不至於泛濫無忌,亦君子避咎之道也,故見之而无
咎。[3] 如孔子之往見陽貨是也。[4]

【疏證】[1] 何楷云:"卦名曰睽,有目不相視之象。今我目常見之,
不與之絕,疾之不已甚,故免於咎。是其初也,去而弗追,靜以俟之;其既
也,來而弗拒,遜以接之,泊然若不見其睽者。……夫惟不見其睽,而後
睽可合。善處睽者,斯其最矣。"[2]《公孫龍子‧跡府》:"楚王張繁弱之
弓,載忘歸之矢,以射蛟兕於雲夢之圃,而喪其弓。左右請求之。王曰:
'止。楚王遺弓,楚人得之,又何求乎?'仲尼聞之,曰:'楚王仁義而未遂
也,亦曰人亡弓、人得之而已。何必楚?'"[3] 項安世云:"'喪馬勿逐自
復',往者不追也。'見惡人无咎',來者不拒也。此君子在下無應之時,
處睽之道也。見,與'迫斯可見'之見同,非往見之見也。若往見,則違
'勿逐'之戒矣。"蔡淵云:"惡人,與己乖異者也。……雖惡人亦見之,所
以能致同德而不睽也,亦可无咎。"[4] 楊萬里云:"惡人,孔子不見陽貨是

也。"李中正云:"孔子之親交有時而散,然皆心說誠服,而其道未嘗不行。見陽貨則瞰亡以免一時之咎,而其志未嘗不睽。見所不願見,敬所不足敬,以睽乖之時然也。"趙汝楳云:"所貴於聖賢者,為其識利害於幾先,而達人己之權也。昧者處此,惟務全身以遠害,不知彼方剛暴,必以不得見而怨懟,咎之招也。惟聖人知之,故姑與泛然一見,以消其暴戾之氣,斯止以辟咎,非以求福也。陽貨,惡人也。夫子不欲見之,時其亡而拜烝豚之歸。"

九二,遇主于巷,无咎。

《象》曰:"遇主于巷",未失道也。

【義解】以陽居柔中,陽故能明分限,柔則未能守其分限,中則所行不違其則,能知其分限而不得不泯其分限者也。如君臣相遇,為臣者當避於道旁,禮也,此君臣之分限也。今遇君於巷,無以為避,此事急從權者也,故云未失道。[1]另如人不欲見惡人,然遇其事主於巷,[2]所謂狹路相逢,亦無可如何者也,故雖不得不見,而不為失道者也。如孔子遇陽貨於途是也。二說皆可通。[3]按由此二爻,知或為孔子傳《易》之時,以一己所遭其義理之委曲,授之門徒,門徒因逕改其爻辭也。

【疏證】[1]程頤云:"二以剛中之德居下,上應六五之君,道合則志行,成濟睽之功矣。而居睽離之時,其交非固,二當委曲求於相遇,覬其得合也,故曰遇主於巷。……所謂委曲者,以善道宛轉將就使合而已,非枉己屈道也。"惠士奇云:"《老子》曰:'大道甚夷,而民好徑。'委曲相求,所謂徑也,豈君子所由之大道哉!"○元按:惠說是也,程氏所以致誤,皆因囿於五為君位、二五相應之例耳。其說於後世影響甚巨。[2]○元按:主有君義為先秦舊籍所習見。另有主客之主一義,王引之嘗引之以釋此爻,恐非。參明夷卦。另,豐卦屢言配主、夷主,然則主另有"事主"之義。[3]楊萬里云:"睽之諸爻皆睽之睽,惟九二、六五乃睽之合,故'遇主於巷'。曷謂巷?《詩》曰'誕寘之隘巷',傳曰'行及牛中,一與一,誰能懼我',牛亦狹道,巷者道路之隘徑也。曷謂遇?《傳》曰'不期而會曰遇',遇者,邂逅之適然也。今有二人而東西行者,適相遇於隘巷之中,趾之外無他地,路之外無他岐,雖欲逃猶將遭之,雖欲隔之猶將覯之,是其遭也孰得而並,是其覯也孰得而分乎?”黃宗炎云:“詭遇則失道,由徑則失道,不期而遇於非所當遇之地,天作之合,事理雖睽而變其睽隔,孰謂里中之道獨有失乎!”○元按:“行及弇中”,事見《左傳》襄公二十五年。

六三,見輿曳,其牛掣,其人天且劓,无初有終。

《象》曰:“見輿曳”,位不當也。“无初有終”,遇剛也。

【義解】以陰居躁,陰故能說,躁則不安其位,蓋說則媚人,因媚故混其分限,如人見車在塗,欲助之曳輿,因牛角低昂,反為之所傷,如黥如劓。[1]既傷則知當守其分限,如人碰壁而回頭,所謂遇剛也,故遠離之,此所謂無初有終。掣,李鼎祚本作觢,如牛以角刺人之狀,當從。[2]

【疏證】[1]陸德明云:“天,剕也。馬云:‘黥鑿其額曰天。’”虞翻曰:“黥額為天,割鼻為劓。”胡瑗云:“天當作而字,古文相類,後人傳寫之誤也。然謂而者,在漢法,有罪髡其鬢髮曰而。又,《周禮·梓人》‘為筍簴作而’,亦謂髡其鬢髮也。”惠棟《周易本義辨證》云:“漢令完而不髡曰耐,應劭曰:‘輕罪不至於髡,完其耏鬢。’故曰耏,古耐字,從彡,髮膚之意也。……耐音而,古衹作而,《考工記》曰‘作其鱗之而’,是也。”[2]《說文》:“觢,一角仰也,从角,㓞聲。《易》曰:‘其牛觢。’”陸德明云:“《子夏傳》作觭,傅云:‘一角仰也。’”虞翻曰:“牛角一低一仰,故稱觢。”

九四,睽孤,遇元夫,交孚,厲无咎。

《象》曰:“交孚无咎”,志行也。

【義解】以陽居或,陽故能明分限,或則有疑而自省,知萬物異中有同也。蓋物之分限甚難守之,知其分限而能有疑,是欲泯之也,當睽之時,是乃危道也,然能自省,故亦无咎。故有睽而能自反之象,孤者,顧也,[1]睽而能反顧,是自省之也。其象如棄婦遇其故夫,[2]既已離婚,是相睽矣,然能反顧,知夫妻齊體、異而能同之理,故交相孚信而終復合矣。[3]夫婦同心,是所謂其志得行也。離而能合,故雖危而无咎。

【疏證】[1]虞翻曰:"孤,顧也。"惠棟云:"'孤,顧',劉熙《釋名》文,謂顧望也。"[2]唐鶴徵云:"元夫,即今所謂元配之元也。"[3]唐鶴徵云:"合睽之志得行,終之所以无咎也。"

六五,悔亡。厥宗噬膚,往何咎?

《象》曰:"厥宗噬膚",往有慶也。

【義解】以陰居剛中,陰故能說,故混其分限,剛則以此而有為,中則混之而得宜,當睽之時,混其同而得宜者,其惟厥宗噬膚乎?蓋厥宗噬膚者,餕禮也,祭畢而食曰餕,膚言祭肉,[1]祭祀之後,以胙肉分享同族之親,人皆有份,故不必有其分限也。然此雖似混其分限,實乃存親親之義也,其混豈不宜哉?故以此而行,其又何咎?不惟无咎,且有慶也。

【疏證】[1]黃宗羲云:"膚,膚鼎。"黃宗炎云:"睽宜有悔,……其睽易通。與之共祿而噬膚鼎之所薦,彼來就我固善,即我往而就彼,自上下下,成禮賢之盛典,亦何咎哉!"李道平云:"厥宗噬膚,餕禮也,祭畢而食曰餕。特牲之餽者曰舉奠曰長,兄弟佐食,授舉各一膚。舉奠者,嗣子也。疏云'上使嗣子及兄弟餕,其惠不過親族',故曰'厥宗噬膚'。"○元按:李氏引孔疏之義,重在言"其惠不過宗族",以應睽卦之義,則於陰陽爻之義尚未有會也。

上九,睽孤,見豕負塗,載鬼一車。先張之弧,後說之壺,匪寇,婚媾。往遇雨則吉。

《象》曰:"遇雨之吉",群疑亡也。

【義解】以陽居亢,陽故能明分限,亢則不遜,蓋堅守其分限而不欲人之干犯也,故瞠目視之,嚴陣以待,是亦睽顧之象。其象如古人禁忌,見豕負泥行之於塗,則以為必有載鬼一車之凶,[1]蓋"見豕負塗,載鬼一車",必俗諺也。《左傳》中此類多有,知其意可也。[2]既畜此疑,見有車馬而來,則以為寇也,故張弓以待,所謂"先張之弧"；及其疑既釋，乃知來求婚媾者也，故樽酒以奉，所謂"後說之壺"。[3]往欲雨則吉者，如遇雨，則豕必不負其泥矣，雖見之於塗，又何疑哉？故曰"群疑亡也"。[4]

【疏證】[1]俞琰云："如豕之污穢而又背負泥塗，見其可惡之甚也。既惡之甚，猜成罪惡，如見載鬼滿一車也。"[2]盧翰云："齊襄公田於貝丘，見大豕，從者曰：'公子彭生也。'公怒曰：'彭生敢見，射之。'豕人立而啼，公懼。此亦見豕張弧之實事也。"馬振彪云："《左傳》：'齊侯田，見豕，豕人立而啼。從者曰："公子彭生也。"公怒墜車。'其幻象與此爻合。"[3]陸德明云："弧，弓也。"王宗傳云："先張之弧，始疑而惡之，欲射之也；後說之壺而弗射，則釋疑而睽解矣。"[4]耿南仲曰："物之情，睽則疑，疑斯疾之矣。"魏了翁云："自見豕至遇雨，言睽而合，殊而通。"俞琰云："有所疑則諸境見於前，疑既釋則諸境皆滅，是說惟深於道者知之，俗儒不知也。"

序卦：乖必有難，故受之以蹇。蹇者，難也。

䷦（艮下坎上）

蹇：利西、南，不利東、北。利見大人，貞吉。

【義解】物既相睽，則必乖違否隔，窒礙而難通，故云"乖必有難"，故必受之以蹇，蹇者，難也。以天道之生成顯化言之，能使萬物遭難而至於大過者，乃因天道有蹇之德也。以四德言之，則居利貞之際。以後天卦視之，當蹇難之時，西、南屬陰，是能順也，故利西南；東、北屬陽，皆欲進取，故不利東北。[1]大人者，智仁勇兼備，可以濟險者也，故利見大人。然見大人亦當隨之而有定，是則吉也。蓋天道之濟蹇難者，必以天行；人道欲濟蹇難者，必以大人也。[2]

【疏證】[1]李光地等云："《易》西南、東北之義，先儒皆以坤、艮二卦釋之，故謂西南屬地而平易，東北屬山而險阻。然以文意觀之，所謂西南者，西方、南方；所謂東北者，東方、北方。非指兩隅而言也，此義自坤卦發端，而蹇、解象辭申焉。"〇元按：《周易折中·坤卦》按語未言此義，與此條蓋出不同學者之手。[2] 張載云："蹇之世，大人乃能成功。"

《彖》曰：蹇，難也，險在前也。見險而能止，知矣哉！"蹇利西、南"，往得中也。"不利東、北"，其道窮也。"利見大人"，往有功也。當位"貞吉"，以正邦也。蹇之時用大矣哉！

【義解】蹇，難也。坎水在外，坎者險也，故云"險在前也"；艮山在內，艮者止也，是"見險而能止"。卦德止而有謀，有謀必不陷矣，可謂智矣哉！"蹇利西、南"者，西、南陰地，柔順得中；"不利東、北"者，東、北皆陽，其道終窮。利見大人，惟大人知通蹇，隨之而往，必有功也。九五當位能止，所謂剛中正也，故曰"當位貞吉"。此知蹇能通之大人也，可以濟險難而正邦國矣。[1]不有蹇難，人未必知大人之當從也，蹇道因時之用豈不大哉！參豫卦。

【疏證】[1] 荀爽曰："謂五當尊位正，居是，群陰順從，故能正邦國。"

《象》曰：山上有水，蹇。君子以反身修德。

【義解】山上有水，水流山上而四處窒礙之象，故用以象蹇。[1]君子法天道之處蹇，見險能止，盈科而後進，故遇其窒礙則反身修德以自省之矣。[2]卦既以見險能止為德，凡陽爻則剛健有謀，故知止；凡陰爻則柔順無謀，故不止。

【疏證】[1] 孔穎達引陸績云："水在山上，失流通之性，故曰蹇。"呂大臨云："山上有水，水行不利，不得其地，故蹇也。"（《周易折中》引）[2] 陸績又云："水本應山下，今在山上，終應反下，故曰反身。處難之世不可以行，祇可反自省察，脩己德，用乃除難。君子通達道暢之時，並濟天下；處窮之時，則獨善其身也。"程頤云："君子之遇艱阻，必反求諸己而益自修。孟子曰：'行有不得者，皆反求諸己。'"○元按：陸氏釋"反身"誤。

初六，往蹇，來譽。

《象》曰："往蹇來譽"，宜待時也。

【義解】以陰居潛，陰故不止，潛則不起，雖不起，然非因明其當止而不起者也,故誡之以往則有難,來則有譽,宜待時而動也。[1]

【疏證】[1] 程頤云:"來者,對往之辭,上進則為往,不進則為來。"劉沅云:"處難之始,居止之初,上進則入於險,不進則見幾而有譽。往以坎言,來以艮言。宜待,言其時當待而勿往也。"○元按:劉說甚精,然往坎來艮云云,乃一卦之象也,不必即初六言之。

六二,王臣蹇蹇,匪躬之故。

《象》曰:"王臣蹇蹇",終无尤也。

【義解】以陰居柔中,陰故不止,柔則順守以行,中則不違其則,不止而能順守且不違其則者,必知止而不能止者也,其象如王臣以公事之故,雖遇蹇難,亦不可徑止也,故曰非躬之故。[1]以能居中守柔,故終亦无咎。

【疏證】[1] 王弼云:"處難之時,履當其位,居不失中,以應於五,不以五在難中,私身遠害,執心不回,志匡王室者也。"蘇軾云:"六二有應於五,君臣之義深矣。是以不計遠近,不慮可否,無往無來,'蹇蹇'而已。君子不以為不智者,以其非身之故也。"王引之云:"故,事也。言王臣不避艱難,盡心竭力者,皆國家之事,而非其身之事也。"○元按:應之義本書不取。故之義,二說皆可通,茲兩存之。

九三,往蹇,來反。

《象》曰:"往蹇來反",內喜之也。

【義解】以陽居躁,陽故知止,躁則不安其止,是不惟能止,覺止尚不足,故反退者也,故曰往蹇來返。[1]蓋知止而不安其止,非言其躁進也,否則為不知止矣,此六四之象。來返本其所欲,[2]故云內喜之也。

【疏證】[1] 程頤云:"來,下來也;反,還歸也。"[2] 陸德明云:"喜,猶好也。"

六四,往蹇,來連。

《象》曰:"往蹇來連",當位實也。

【義解】以陰居或，陰故不止，或則謹慎有疑，不知止，則非知幾者也，故其疑乃非自省，遊移不定也，欲往則前路甚難，欲不往又流連難返，[1]此皆因所處太實，不能通脫也。此實因當位所致，知當位不必定吉也，必以爻之陰陽與位之剛柔中正合觀之乃可。

【疏證】[1] 王弼云：“往來皆難，故曰往蹇來連。”孔疏云：“馬云：‘連亦難也。’鄭云：‘遲久之意。’”虞翻曰：“連、輦、蹇、難也。”

九五，大蹇，朋來。

《象》曰：“大蹇朋來”，以中節也。

【義解】以陽居剛中，陽故知止，剛則有為，中則得宜，當蹇之時，不惟自止，且能教人之止，所行合度，此即知蹇能通之大人也，故人皆進而附之，所謂朋來也。[1]中節，言以處中，故合節也。[2]

【疏證】[1] 王弼云：“同志者集而至矣，故曰朋來也。”[2] 馬理云：“九五陽剛中正，故能以中節天下而致朋來如此。”

上六，往蹇，來碩，吉，利見大人。

《象》曰：“往蹇來碩”，志在內也。“利見大人”，以從貴也。

【義解】以陰居亢，陰故不止，亢則反動，既不知止而能反動者，必有大人教之矣，所謂“利見大人”也，故云“以從貴也”，志在內。當蹇之時既能來返，則能通而有大得，故云“往蹇來碩吉”。碩，大。[1]

【疏證】[1] 王弼云：“往則長難，來則難終，難終則眾難皆濟，志大得矣。故曰‘往蹇來碩，吉’。”孔疏：“碩，大也。”○元按：侯果亦以大釋碩。

序卦：物不可以終難，故受之以解。解者，緩也。

䷧（坎下震上）

解：利西、南。无所往，其來復吉。有攸往，夙吉。

【義解】當蹇之時，萬物窒礙難通，順此以往，乾坤息矣。乾坤如不息，是物不可以終難也，故受之以解，解者，緩也。蓋窒礙則必僵化，如寒冰凍地，萬物固結，陽氣雖潛藏其中而不能生，必待春雷驚之,雨水化之,則其凝結者漸解矣。萬物之窒礙者既得舒緩,[1]則必漸通矣,故解卦於四德居利貞與元亨之交。以天道之生成顯化言之,萬物失其一體,四德能得其利者,以其有解之德也。莊子所云庖丁解牛本此。[2]當解之時,元氣漸復,以後天卦視之,亦當順而行之,故亦利西、南陰鄉,蓋陰能承陽也。元氣初復,如不欲往,使元氣益復,固吉;如有所往,亦始終皆吉也。

【疏證】[1]《文子·上德》:“雷之動也,萬物啟;雨之潤也,萬物解;……雷動地,萬物緩。”孔穎達云:“解者,險難解釋,物情舒緩,故為解也。”[2]《莊子·養生主》:“庖丁釋刀對曰:‘臣之所好者道也,進乎技矣。始臣之解牛之時,所見無非牛者,三年之後,未嘗見全牛也。”○元按:全牛者一體也,目無全牛,是利而非義,失其一體矣。顧一體雖失,而亦非世俗所謂不義也,此亦天道之一境。莊之與佛可以相通者在是,與孟子義利之辨亦可以相發。(義利之辨,可參拙作《孟子章句講疏》卷一,第一章。)

《象》曰:解,險以動,動而免乎險,解。“解,利西、南”,往得眾也。“其來復吉”,乃得中也。“有攸往夙吉”,往有功也。天地解而雷雨作,雷雨作而百果草木皆甲坼。解之時大矣哉!

【義解】解卦上震下坎,故卦德險以動,即有謀而動,動而免乎險之義也,既免乎險,是難已解矣。“解利西、南”者,元氣既復,西、南陰方,眾陰順從也,故言往得眾。六五剛中,故一陽來復而能解,所謂來復吉;九二以剛居柔中,故往有功,是有所往夙吉也。以一物言,處塞之時,固欲解釋險難,復其元氣;以萬物言,天地有解之德,故雷雨作,雷雨作則百果草木之萌芽皆破甲而出,[1]萬物之生可見矣,解之時豈不大哉! 參豫卦。

【疏證】[1]《說文》:“坼,裂也。”《廣雅》:“坼,分也。”孔穎達云:“‘雷雨作而百果草木皆甲坼’者,此因震坎有雷雨之象,以廣明解義。天地解緩,雷雨乃作,雷雨既作,百果草木皆孚甲開坼,莫不解散也。”

《象》曰:雷雨作,解。君子以赦過宥罪。

【義解】雷雨大作，則萬物之固結者皆融而解之矣，故曰解。君子法天之能解，以扶陽好生為務，雖小人亦赦其過而宥其罪也。[1]卦既以有謀而動為德，凡陽爻則剛健有謀，故能解；凡陰爻則柔順無謀，故未解。

【疏證】[1] 孔穎達云："過輕則赦，罪重則宥，皆解緩之義也。"程頤云："君子觀雷雨作解之象，體其發育，則施恩仁；體其解散，則行寬釋也。"

初六，无咎。

《象》曰：剛柔之際，義"无咎"也。

【義解】以陰居潛，陰故未解，潛則固執，當解之時，或欲解而未解也，或不解之解也，[1]故云剛柔之際，義无咎也。

【疏證】[1]《管子·白心篇》："事有適，而無適若有適；觸解，不可解而後解。"《呂氏春秋·君守》："魯鄙人遺宋元王閉，元王號令於國，有巧者皆來解閉。人莫之能解。兒說之弟子請往解之，乃能解其一，不能解其一，且曰：'非可解而我不能解也，固不可解也。'問之魯鄙人。鄙人曰：'然，固不可解也。我為之而知其不可解也。今不為而知其不可解也，是巧於我。'故如兒說之弟子者，以不解解之也。"〇元按：郭沫若《管子集校》引王引之云："言事之有適也，必無適而後適；觸之有解也，必不可解而後解。"王說是也。"能解其一，不能解其一"，陳奇猷引陶鴻慶云："兩'能'字皆涉上下文而衍，本作'乃解其一，不解其一'。"

九二，田獲三狐，得黃矢，貞吉。

《象》曰："九二貞吉"，得中道也。

【義解】以陽居柔中，陽故能解，柔則柔順，中則所行得宜，當解之時，不可過剛，必以柔道行之，則不惟解其僵節，且能存陽也。此如庖丁解牛，怡然而理順，且有悟道之喜。九二剛柔相濟，居中合道，所謂得中道也；定於此必獲其吉，[1]往必有功也。其象如田獵而獲三狐，[2]當解狐之時，於其身中復析得黃矢也。蓋金矢入狐，倘解之不當，或有毀傷也。

【疏證】[1] 孔穎達云：“九二位既不當，所以得貞吉者，由處於中，得乎理中之道故也。”何楷云：“二居中位而得中道，此其所以可貞而獲吉也。”○元按：孔氏言中之義則是，言貞則非。[2] 虞翻曰：“二稱田，田獵也。”○元按：二稱田，本書不取，言田獵則是。楚竹書《周易》田作畋，參師六五。

六三，負且乘，致寇至，貞吝。

《象》曰：“負且乘”，亦可醜也。自我致戎，又誰咎也？

【義解】以陰居躁，陰故未解，躁則不安其位，難既未解，不可有動，今如躁動，必致悔矣。如庶人無位，非可以乘者也，其乘之也，必非其分，則人咎之矣，是所謂難；今既乘也，不惟無君子雍容之態，且負物而行，[1]尤可醜也，如此而有往，倘致寇至，是自我致戎也，[2]又誰咎也？蓋以小人而乘君子之器，難尚未解，今反負物而乘，則或有他吝也。參《繫辭上》第八章。

【疏證】[1] 虞翻曰：“負，倍也。”李道平疏：“倍即背也。”[2] 孔穎達云：“乘者君子之器也，負者小人之事也。施之於人，即在車騎之上而負於物也。故寇盜知其非己所有，於是競欲奪之。”胡瑗云：“小人在君子之位也，則天下之所不容，斯人之所眾棄，故致寇盜之至，為害於己而奪取之也。”○元按：負且乘非必致寇至也，以或人之負且乘而致寇至為六三之象耳。

九四，解而拇，朋至斯孚。

《象》曰：“解而拇”，未當位也。

【義解】以陽居或，陽故能解，或則謹慎有疑，當解之時，既有其能，然以謹慎，未能自信，反未能解。象如或人握拳，惟解其拇，[1]餘指尚屈。亦如既解既系，反復而無成也。而，及。[2]二義皆通，未知孰是。必待朋來，信心漸起，則能解矣。故云解而拇，朋至斯孚。所云既解既系者，凡握拳或系物，必待拇指乃可，[3]故用為動詞。朋至，即復、蹇所謂朋來。當解之時，而居或位，未能有恆，故云“未當位”。

【疏證】[1] 陸德明云："拇，陸云足大指，王肅云手大指。"〇元按：王肅說是。[2] 王引之云："而猶與也，及也。"（《經傳釋詞》卷七）[3] 黃宗炎云："拇，將指也。人之握物，大指不力則不固。"張沐云："猶言解物以拇也。拇，大指也，凡以手解物者惟拇指為有力。"

六五，君子維有解，吉，有孚于小人。

《象》曰："君子有解"，"小人退"也。

【義解】以陰居剛中，陰故未解，剛則居上有為，中則所行得宜，此蓋雖處未解之時，然以居上行中，人知其必能解也。象如君子居上，赦過宥罪，雖尚未宥，然人知其為君子也，故皆曰"君子必能解吾之難矣"，雖小人亦信之，[1]故退而俟之，不起他意。有孚如此，其吉可知。

【疏證】[1] 史徵云："以君子之道而能解難，即小人雖伏暗昧，亦能信服君子，不敢為非，故曰'有孚于小人'也。"錢澄之云："君子維有解，言一解之外，更無事也。此意為小人所信，則小人退而天下之險阻平矣。不則解而猶有不解，事端復起。"李光地等云："'朋至斯孚'者，君子信之也。'有孚于小人'者，小人亦信之也。君子信，故樂於為善。小人信，故化而不為惡。"

上六，公用射隼于高墉之上，獲之，无不利。

《象》曰："公用射隼"，以解悖也。

【義解】以陰居上，陰故未解，亢則反動，反動者，不欲解而反系之也。當解之時，雖似無理，然亦不解之解也。諺云"快刀斬亂麻"，亦解紛之一法也。其象如城牆之上，有隼來襲，欲避之而無所避，其難似不可解，然如有藏器於身之大人，則以繒繳徑射之可也，以此解悖，[1]獲之而無不利。言公者，公行必以兵器隨之也，以喻藏器（智）於身者。參《繫辭下》第五章。

【疏證】[1] 程頤云："至解終而未解者，悖亂之大者也。射之，所以解之也，解則天下平矣。"〇元按：悖者亂也，不可解之結也。所以悖者，非因處解之終也，乃以此為喻，以見當解之時，自有此解物之一法耳。

卷六 禮

序卦：緩必有所失，故受之以損。

䷨（兌下艮上）

損：有孚，元吉，无咎。可貞，利有攸往。曷之用？二簋可用享。

【義解】聖人之化成天下，必自家道始，然家道既失，則由義而入利，終致蹇難，濟蹇者解也。解之為義，蓋因蹇難之時，萬物僵結，故解其塊然者，使皆蘇息。及既蘇息，亦必疏而浚之，去其壅遏，則復其枝節畢通矣。此之謂緩必有所失，故受之以損。損者，損陰而益陽，損小人而益君子，其損之也，為保其元氣，元氣者，中主也。[1]故雖有所損，而人能信之，此天道之損有餘而補不足也，是則吉而无咎。有中主而人能信之，可謂有孚矣，能定於此孚信之道，則利有所往。蓋孚信者誠也，若有其誠，則雖二簋之薄，可以饗之神明。[2]以天道之生成顯化言之，天道不仁，以萬物為芻狗，能芻狗萬物，使其功成身退者，以天道有損之德也，此所以天行有剝之象。以天時言之，家道既失之於利，起而救之者必以亨，亨者，自人道言之，即禮也。自解卦復其元，損以下皆亨之時。以四德言之，是亨之元也。義之時本亦有禮，蓋禮義本相須為用，惟義之時，人心未失，皆能守禮，是所謂依仁由義也；及孚信漸失，則其禮已壞，故須損而益之，以復其誠。以禮有損益，則人始知其為禮矣。

【疏證】[1]程頤云："損者，損過而就中，損浮末而就本實也。聖人以寧儉為禮之本，故為損發明其義，以享祀言之。"朱震云："凡損之道，損抑其過以就理義，則誠也。"[2]崔憬曰："曷，何也。"王弼云："曷，辭也。曷之用，言何以豐為也。"又云："二簋，質薄之器也，行損以信，雖二簋而

253

可用享。"李道平云："二簋者，舉黍與稷也。"

《彖》曰：損，損下益上，其道上行。損而"有孚，元吉，无咎，可貞，利有攸往。曷之用？二簋可用享。"二簋應有時，損剛益柔有時，損益盈虛，與時偕行。

【義解】損所以扶陽也，陽之不振，由陰之過壅，故酌損之，雖不益陽而陽自益矣，[1]故云損其下而益其上，是謂其道上行。卦德說而能止，所謂說者，損下必以柔也；所謂止者，損之能有節也。柔而有節，則雖損之而人皆信服，故云有孚，故能"元吉，无咎，可貞，利有攸往"。如此則何用豐為？二簋可以享神明也。[2]然二簋之用亦當有時，如物力已豐，雖誠亦不當止二簋也。[3]損柔益剛亦然，若時已過，亦可損剛益柔也。故云損益盈虛，與時偕行。

【疏證】[1]《說苑·敬慎》："孔子讀《易》，至於損益，喟然而嘆。子夏避席，問曰：'何嘆？'孔子曰：'夫自損者益，自益者缺，吾是以嘆。'"[2]王宗傳云："《左氏》曰：'苟有明信，澗溪沼沚之毛，蘋蘩蘊藻之菜，筐筥錡釜之器，潢汙行潦之水，可薦於鬼神，可羞於王公'是也。"[3]王弼云："至約之道不可常也。"

《象》曰：山下有澤，損。君子以懲忿窒欲。

【義解】山下有澤，是損其澤而益形其山之高也，故曰損。[1]君子法天道之損，說之，以去其憂忿；能止，以滅其私欲也。[2]卦既以說而能止為德，凡陽爻則剛健有節，故當損而損；凡陰爻則柔順無節，故不損反益。

【疏證】[1]孔穎達云："澤卑山高，似澤之自損以崇山之象也。"[2]陸德明云："懲，止也。鄭云：'猶清也。'劉懲云清也。窒，鄭、劉作懫。懫，止也。"孔穎達云："君子以法此損道，以懲止忿怒，窒塞情欲。夫人之情也，感物而動，境有順逆，故情有忿欲。懲者息其既往，窒者閉其將來。忿欲皆有往來，懲、窒互文而相足也。"王陽明云："懲窒，禁於未發之象。此正克己心學，如顏子不遷怒，從懲忿工夫來；不貳過，從窒欲工夫來。"

（何楷《古周易訂詁》引）張文江云：“按懲、窒者，猶《老子》四八章所謂‘損之又損’也。”〇元按：徵即懲。懲云，當係云懲之訛。阮元云：“監本徵作懲，‘劉懲云’作‘劉云懲’。”欲者有所求而不當理者也，忿者有所拒而不合於義者也，合忿欲而後所當損者全。諸說皆精，亦不必執也。

初九，已事遄往，无咎。酌損之。

《象》曰：“已事遄往”，尚合志也。

【義解】以陽居潛，陽故能損，潛則固執，是損下而固執者也，與損卦之志相合，故云尚合志。尚，上。李鼎祚本作上。其象如民不知信之時，頻行祭祀之事，[1]以定其誠，此當損之時也，固无咎。然祀事乃損下之道，如太頻亦傷民也，[2]故當酌損之。按此用固執釋潛義者，蓋潛凡消極之事則固執，積極之事則不起也。已，李鼎祚本作祀，當從。

【疏證】[1] 虞翻曰：“遄，速；酌，取也。”陸德明云：“遄，速也。”[2]《國語·楚語下》觀射父曰：“敬不可久，民力不堪，故齊肅以承之。”王引之曰：“此齊字當訓為疾，與肅同意，故以齊肅連文。《爾雅》曰：‘肅、齊，疾也。’”（徐元誥《國語集解》卷十八）

九二，利貞。征凶，弗損，益之。

《象》曰：“九二利貞”，中以為志也。

【義解】以陽居柔中，陽故能損，柔則順守以行，中則所行得宜，與卦德正合，其志在行中，[1]故利於居此而有定也。然行中亦危道也，若有所往，不能順守而行，則必有所偏，是弗損而反益矣，當損之時，必有凶也。

【疏證】[1] 孔穎達云：“中以為志者，言九二所以能居而守貞，不損益之，良由居中，以中為志，故損益得其節適也。”

六三，三人行則損一人，一人行則得其友。

《象》曰：“一人行”，“三”則疑也。

【義解】以陰居躁，陰故不損反益，躁則不恒其益，是或損或益之象也，當損之時而或損或益，是損之益之以求合中也。如男女構精，萬物化生，必二人乃可，故三人行則損一人，一人行則得其友。蓋二人偶合正夫子所謂"致一也"。[1]《詩經·吉日》"或群或友"，三為群而二為友，故得其友即得其偶。三人則無以匹偶，必有疑也。[2]參《繫辭下》第五章。

【疏證】[1] 程頤云："三人則損一人，一人則得其友，蓋天下無不二者，一與二相對待，生生之本也，三則餘而當損矣，此損益之大義也。夫子又於《繫辭》盡其義曰：'天地絪縕，萬物化醇，男女構精，萬物化生。《易》曰：三人行則損一人，一人行則得其友。'絪縕，交密之狀。天地之氣，相交而密，則生萬物之化醇。醇謂醲厚，醲厚猶精一也。男女精氣交構，則化生萬物，惟精醇專一，所以能生也。一陰一陽，豈可三也？故三則當損，言專致乎一也。"蘇濬云："六三一爻，當以《小象》《繫辭》為主，祇是發明致一之意，不必粘著卦體。三而損一，兩也；一而得又，亦兩也。宇宙間無孤立之理，天地以一陰一陽而成造化，男女以一陰一陽而成人道，況吾人同處斯世，有不以兩而合、三而睽者乎?"[2] 郝敬云："凡物二曰友，三曰群，群故生疑。《詩》云'或群或友'。"

六四，損其疾，使遄有喜，无咎。

《象》曰："損其疾"，亦可"喜"也。

【義解】以陰居或，陰故不損反益，或則謹慎有疑，當損之時，能謹慎而反益者，其益正所以為損也。其象如人有疾，[1]能謹慎用藥，以去其疾，亦可喜也，故益之而无咎。遄，速。用藥，益也；去疾，損也。

【疏證】[1] 程頤云："疾謂疾病，不善也。"

六五，或益之十朋之龜，弗克違，元吉。

《象》曰："六五元吉"，自上祐也。

【義解】以陰居剛中，陰故不損反益，剛則顯揚，中則不違其則，當損之時，受大益而得中者，必所益者合於天道也，故云自天佑之也,是則元吉。其象如或益之十朋之龜,[1]而弗能違也。蓋龜值不菲,當損之時似不應受,然其甲可卜,是所受者天道也,則其受之也宜。

【疏證】[1] 陳夢雷云:"按《漢書·食貨志》,兩貝為朋,元龜長尺二寸,大貝十朋,朋直二百一十六,十朋直二千一百六十,大寶也。"李道平云:"《漢書·食貨志》'元龜岠冄長尺二寸,直二千一百六十,為大貝十朋'。蘇林曰:'兩貝為朋,朋直二百一十六。元龜十朋,故二千一百六十也。'是'十朋'者,元龜之直也,義亦可通。"

上九,弗損,益之,无咎,貞吉,利有攸往,得臣无家。

《象》曰:"弗損,益之",大得志也。

【義解】以陽居亢,陽故能損,亢則反動,損之反動者是反益也,故曰弗損,反益之。[1]當損下益上之時,損陰而益陽,能損而反益者,必在上者也,在上者陽也,損卦以扶陽為務,陽之志在由利入義,由齊家而進至治平,今陽既受益,則必得臣而無家矣,[2]所謂大得志也,故无咎,貞吉,利有所往。

【疏證】[1] 王肅曰:"處損之極,損極則益,故曰'弗損益之'。"[2] 王肅曰:"剛陽居上,群下共臣,故曰'得臣'矣。得臣則萬方一軌,故'無家'也。"

序卦:損而不已必益,故受之以益。

䷩(震下巽上)

益:利有攸往。利涉大川。

【義解】物既已傷,復處塞難,雖有解緩,然陽氣微弱。如醫家所為,當此之時必扶陽抑陰而後可,故當用補。惟用補之先,必先去濕,濕者陰也,[1]不去濕則物不受補。以天道觀之,去濕是即損也,陽之不振者,蓋因眾陰熾盛,積聚壅塞,不先疏其壅遏,則安得扶陽,去陰是亦扶陽也。[2]然去陰者抑陰耳,陰者能承,亦生成之不可或缺者，惟期其消長隨時，各安其分。以此而行，損之而亦能有節矣。及其壅塞者既通，則當益之以陽，故損卦必受之以益。益陽與損陰同道，惟各隨其時耳，故可云損而不已必益。當此之時，陽既漸盛，則利有所往，可涉大川矣。以天道之生成顯化言之，陽生之初，能有所待，自益而不已如大畜者，以天道有益之德也。以四德言之，益者元亨之時也。

【疏證】[1]《黃帝内經・素問・太陰陽明論》："陽受風氣，陰受濕氣。"[2]《黃帝内經・素問・陰陽應象大論》："審其陰陽，以別柔剛；陽病治陰，陰病治陽。定其血氣，各守其鄉。"○元按：醫、易之理本通，《素問》同篇黃帝問如何調陰陽，岐伯曰："能知七損八益，則二者可調，不知用此，則早衰之節也。"兹故於損、益二卦略引之以見意。

《象》曰：益，損上益下，民說无疆。自上下下，其道大光。"利有攸往"，中正有慶。"利涉大川"，木道乃行。益動而巽，日進无疆。天施地生，其益無方。凡益之道，與時偕行。

【義解】當益之時，其上者務以德益下，上之施也，有似於損；下之得也，是之謂益，故云損上益下。導民以仁義，則民說无疆，言義而財在乎其中矣。故益之道，是能自上而下下，其道大光也。九五剛中而正，大得民志，所謂有慶也，故利有攸往；利涉大川，言既損上益下而民說，是能仁矣，仁者元也，以方位曰東，以五行曰木，是所謂木道也。仁道既行，何處而不可往？[1]何險而不可涉？卦德動而能巽，能動者剛也，能巽者柔也，剛柔相濟，故日進而无疆。益之德無所不在，天施地生，與時而偕行，是即益也。

【疏證】[1]程頤云："方，所也。有方所則有限量。無方，謂廣大無窮極也。"

《象》曰：風雷，益。君子以見善則遷，有過則改。

【義解】巽風而震雷，雷能動物，而風入之，交相滋益，而化於天下，萬物皆能受益也，故曰益。[1] 君子法風之化物，故見善則遷；法雷之震物，故有過則改，自求有進也。[2] 卦既以動而巽為德，凡陽爻則剛健能動，故求益；凡陰爻則柔順能巽，故不求益，當益之時，不求益而天自益之也。

【疏證】[1] 孔穎達云：“《子夏傳》云：‘雷以動之，風以散之，萬物皆益。’孟僖亦與此同，其意言必須雷動於前，風散於後，然後萬物皆益，如二月啓蟄之後風以長物，八月收聲之後風以殘物，風之為益其在雷後，故曰風雷益也。”〇元按：觀孔氏所引，先儒所言雖於本有欠，然歷世相傳之大義未絕也。後世儒者多以“風雷相益”為言，茲兼取之。[2] 王弼云：“遷善改過，益莫大焉。”李光地云：“雷者動陽氣者也，故人心奮發而勇於善者如之；風者散陰氣者也，故人心蕩滌以消其惡者如之。”〇元按：李氏所見與本文相反，然以風雷對應改過遷善，頗為有見。

初九，利用為大作，元吉，无咎。

《象》曰：“元吉无咎”，下不厚事也。

【義解】以陽居潛，陽故求益，潛則不顯，既不顯，則其所求益者，在厚植本根，不務外求，以國政況之，農者民之本，故云利用為農耕也。大作，耕作。[1] 民既務於農耕，則是在上者不厚勞於下民，不奪農人之時矣，故能元吉而无咎。[2] 事，以下事上。

【疏證】[1] 虞翻曰：“大作謂耕播。”侯果曰：“大作謂耕植也。”[2] 侯果曰：“若能不厚勞於下民，不奪時於農畯，則大吉无咎矣。”

六二，或益之十朋之龜，弗克違。永貞吉。王用享于帝，吉。

《象》曰：“或益之”，自外來也。

【義解】以陰居柔中，陰故不求益，柔則柔順自守，中則所行得宜，當益之時，不求益而人自益，故曰自外來也。[1] 柔順自守則必不顯拒，中則所獲能得其分也。其象如或益之十朋之龜，弗能違，是益之以道也，故永貞吉；十朋之龜乃重寶也，故亦不自留之，以獻於王，王以獻於上帝，得其所矣，故吉。

【疏證】[1] 孔穎達云："自外來者，明益之者從外自來，不召而至也。"

六三，益之用凶事，无咎。有孚中行，告公用圭。

《象》曰："益用凶事"，固有之也。

【義解】以陰居躁，陰故不求益，躁則躁動，雖不欲求益而不得不求之也，[1] 則其所求必是理之所當求也，其象如國遇凶事，王者之使信以行中，持圭告於諸侯，使賑恤凶荒也。[2] 此所謂"有孚中行，告公用圭"，故云益用凶事，固有之也。

【疏證】[1] 王弼云："以陰居陽，求益者也，故曰益之。"史徵云："以陰居陽，以剛健而求於益，故曰益之。不能行謙，而用剛壯求益，即物所不與，若以謙讓責之，理合誅討；若以意測，原本情志在救難，即物皆恃之，是用凶事而得免咎，故曰'用凶事，无咎'也。"○元按：輔嗣未明躁卦之例，然於求益之理則得之矣。[2] 胡瑗云："圭，符瑞也，所以執而為信。"吳澄云："臣之告君，用圭以通信，如禹告治水成功，則以玄圭錫帝也。"朱謀㙔云："告糴鄰國，故曰告公用圭。云用圭者，古禮，國有凶災則使卿大夫以瓄圭告糴於鄰國是也。"王夫之云："圭，諸侯之聘圭，以昭信也。……陰欲求益於陽，……請而求益，非君子之道。惟水火有分災之禮，兵戎有救患之典，死喪有賵襚之儀，則與者非濫，求者非貪，可无咎也。"氏撰《周易稗疏》卷二："《周禮》大宗伯以凶禮哀邦國之憂。凶事者，凶禮之事也。凶禮有五：以喪禮哀死亡，以荒禮哀凶札，以弔禮哀禍裁，以禬禮哀圍敗，以恤禮哀寇亂。凡國有凶事，則上告之天子，下告之友邦，而受其賵襚歸賵之益。《春秋》許不告災，則君子知其先亡。告亦必有將往之儀，如臧文仲以紀磬、于瓾告糴於齊是也。用圭，則尤其重者。"李道平云："案《典瑞》'珍圭以征守，以恤凶荒'，即'益凶事，告公用圭'之事也。或云凶為喪事，引禮'含者執璧將命，贈者執圭將命'，為用圭之證，義亦可通。但喪事小，荒事大，當損上益下之時，莫大於荒政救民，故捨此用彼也。"○元按：船山所言最精。《周禮·春官·典瑞》鄭玄注引杜子春云："珍當為鎮，書亦或為鎮。以征守者，以徵召守國諸侯，若今時征郡守以竹使符也。"李氏所言亦不為無據。

六四，中行，告公從，利用為依遷國。

《象》曰："告公從"，以益志也。

【義解】以陰居或，陰故不求益，或則謹慎自省，當益之時，是不求自益而能益人者也。夫人能不求益而自省，是能忠矣；不惟己能自省，且能以此益人，是能恕矣；忠恕違道不遠，故曰中行。[1]忠即有孚，有其中主之謂也。其象如人不惟己能自省益道，且告公亦當從之，是能益人之志也。有德如此，國家有事當遷，亦可依以為屏，如"周之東遷，晋鄭焉依"是也。[2]

【疏證】[1]《中庸》："子曰：忠恕違道不遠，施諸己而不願，亦勿施於人。"[2]孔穎達云："遷國，國之大事，明以中行，雖有大事，而无不利。如'周之東遷，晋鄭焉依'之義也。"〇元按：此隱公六年《左傳》語，崔憬已引及。

九五，有孚惠心，勿問元吉。有孚惠我德。

《象》曰："有孚惠心"，勿問之矣。"惠我德"，大得志也。

【義解】以陽居剛中，陽故求益，剛則有為，中則所行得宜，當益之時，既能求益，且能剛健有為，所行合乎中道，是自益而能益人之象也。既能行中，則其所求益者乃德也，非一己之私也，故其自益，是能以德益己之心也，是謂"有孚惠心"，勿問而知其元吉；其能益人者，是能以德惠人矣，則"投之以木桃，報之以瓊瑤"，人必以其孚信報我也，故曰"有孚惠我德"，[1]大得民心也，是所謂"大得志"。[2]當益之時，有孚惠心，所謂正也。

【疏證】[1]崔憬曰："為下所信而懷己德，故曰'有孚惠我德'。"王弼云："以誠惠物，物亦應之，故曰'有孚惠我德'也。"王引之云："《爾雅》曰：'惠，順也。''有孚惠我德'者，言民信於我，順我之德也。"[2]孔穎達云："天下皆以信惠歸我，則可以得志於天下，故曰'大得志也'。"

上九，莫益之，或擊之，立心勿恒，凶。

《象》曰："莫益之"，偏辭也。"或擊之"，自外來也。

【義解】以陽居亢，陽故求益，亢則自大不遜，求益而不能得中，則其所求者必一己之私耳，此所謂立心無恒，失其中主者也，必有凶也。故言雖求益，而莫有益之者，且有人反擊之也。[1]偏辭，是言莫乃涵蓋一切之語辭，全包含也。偏，李鼎祚本作"徧"，當從。[2]參《繫辭下》第五章。

【疏證】[1]虞翻曰："莫，無也。"王弼云："處益之極，過盈者也。求益無已，心無恒者也。無厭之求，人弗與也。獨唱莫和，是偏辭也。人道惡盈，怨者非一，故曰或擊之也。"○元按：偏辭之說無理。[2]陸德明云："偏，孟作徧，云周匝也。"鄒德溥云："偏辭，虞、孟作徧，晁本從之，最是。莫益之，謂無一人益之者，以言乎眾心之皆疾也。故曰徧辭。自外來，謂不知其所從來也。"

序卦：益而不已必決，故受之以夬。夬者，決也。

䷪（乾下兌上）

夬：揚于王庭，孚號有厲，告自邑，不利即戎，利有攸往。

【義解】當益之時，陽氣漸盛，益之不止，則必熾盛，陽既盛於陰，則可決而去之，以復乾體之精剛矣。如水過溢，則決其堤壩，故曰"益而不已必決"，[1]故受之以夬，夬者，決去之義。以天道之生成顯化言之，陽長而陰消，陽能退陰而至於泰者，蓋以天道固有夬之德也。以人道言之，小人揚威於王庭，其大夫卿等誓告於邑，言孚號有危，當清君側也。按孚號即王命也，王命乃眾所憑信之號令，[2]王命有危，是小人竊君之柄也。當此之時，亦不利即刻興兵，以防小人挾天子以令諸侯也，然亦不可無為，當益長其陽，則其陰自消，蓋小人如失根基，則決之甚易也，故云"不利即戎，利有攸往"。[3]以四德言之，夬亦居亨之時也。

【疏證】[1]韓康伯云："益而不已則盈，故必決也。"[2]孔穎達云："號，號令也。"[3]荀爽曰："不利即尚兵戎。"李道平云："言君子之去小人，當以陽德漸散其民眾，則去之決。不當尚兵戎，與之爭也。"

《彖》曰：夬，決也，剛決柔也。健而說，決而和。"揚于王庭"，柔乘五剛也。"孚號有厲"，其危乃光也。"告自邑，不利即戎"，所尚乃窮也。"利有攸往"，剛長乃終也。

【義解】夬，五剛浸長，欲決去其上六之柔也。卦德健而說，健故能決，說則決之而不失其和。[1]小人揚威於王庭者，言上六以柔居上而凌駕五剛也。[2]"孚號有厲"，言王命有危，其危甚大也。[3]"告自邑，不利即戎"，[4]言小人之志，必有終窮也。"利有攸往"，言剛長則陰終也。

【疏證】[1]何楷云："君子以天下萬物為一體，如陽德之無所不及，其於小人，未嘗仇視而物畜之也，惟獨恐其剝陽以為世道累，則不容於不去耳。而矜惜之意未嘗不存，此和意也。"[2]《國語·周語中》："乘人不義。"韋昭注："乘，陵也。"程頤云："柔雖消矣，然居五剛之上，猶為乘陵之象。陰而乘陽，非禮之甚。"鄧夢文云："柔乘五剛，自本卦論之，為一柔五剛。非君子止於五，而小人止有一也。乘剛者，此時君子雖明揚於王庭，若似乎濟濟多士，可以寧國家矣，而不知盛陽之日，未嘗無小人乘之。是以君子貴於同心同德，日夕冰兢，以慎小人之防也。"〇元按：諸儒皆惑於乘剛之例，且以《夬·彖》之文為鐵證，非也。參屯六二。倘依此說，則但可云六乘九五之剛，則言乘剛即可，不必云五剛也。以此為例，亦猶夫艮卦之言敵應，皆望文生義者也。惟潛溪鄧氏此論為不惑，然其釋"揚于王庭"似亦未達，蓋揚威者乃指小人也。[3]王引之云："其危乃光也，言惟其危厲，是以廣大也。"〇元按：王氏以廣大訓光，良是，然於爻辭尚未能了然也。[4]干寶曰："應天順民，以發號令，故曰'孚號'。以剛決柔，以臣伐君，君子危之，故曰'有厲'。"又曰："殷民告周以紂無道也。"〇元按：干氏以在上被決者為無道之君，故以殷周革命言之。此論似是而非。蓋《易》於殷周之事本以革卦象之，且武王伐紂亦是兵戎相見，安得云"不利

263

即戎"？

《象》曰：澤上于天，夬。君子以施祿及下，居德則忌。

【義解】澤上於天，言其堤甚高也，五陽如水，一陰似堤，水浸長而不止，則其堤決矣，故有夬之象。君子鑒水之決堤，故施祿及下，以固其本；不居其德，以防遭忌。[1] 蓋既施祿且居德，則有竊柄之疑，或有起而決之者矣。當決之時而不居所決，則何咎之有？卦既以健而能說為德，凡陽爻則剛健，故能決；凡陰爻則柔說，不欲決也。

【疏證】[1] 程頤云："澤，水之聚也，而上於天至高之處，故為夬象。君子觀澤決於上而注溉於下之象，則以施祿及下，謂其祿澤以及於下也；觀其決潰之象，則以居德則忌。"

初九，壯于前趾，往不勝，為咎。

《象》曰："不勝而往"，"咎"也。

【義解】以陽居潛，陽故能決，潛則不用，當決之時，是不用其決而蓄勢待發者也。蓄勢待發本無所咎，然當蓄勢欲奔之時，必一足在前，一足在後，其勢在後足者，則所發必猛，其決之也有力；其勢在前足者，則所發甚緩，其決之也無力，故往而不勝，是為咎矣。[1] 聖人析理之精有如此者。

【疏證】[1] 程頤云："夬之時而往，往決也，故以勝負言。"唐鶴徵云："人之欲行，則足有前後，大壯之初曰'壯於趾'，猶未行也。此曰'壯於前趾'，則行而有前後矣。然無位之人，安能決君側之惡，其力亦焉能越四五而及上，其為不勝，不待往而知者。"○元按：唐說稍似，諸說多直以此爻為不勝而往，失潛之義矣。《老子》云："跂者不立，跨者不行。"所謂跨者，即因壯於前足，故反不能長行也。

九二，惕號，莫夜有戎，勿恤。

《象》曰："有戎勿恤"，得中道也。

【義解】以陽居柔中，陽故能決，柔則以柔道行之，中則所行得宜,此即能決而不利即戎,利有所往者也,正合卦德。故其象如有人惕懼號呼,云“暮夜當有戎事”,亦不必理會,蓋已得中道矣。[1]

【疏證】[1] 虞翻曰:“惕,懼也。”王弼云:“居健履中,以斯決事,能審己度而不疑者也。故雖有惕懼號呼莫夜有戎,不憂不惑,故勿恤也。”孔疏:“雖復有人惕懼號呼,語之云‘莫夜必有戎寇來害己’,能審己度,不惑不憂,故勿恤也。”○元按:王氏語尚渾淪,至孔氏以“莫夜必有戎寇來害己”釋“莫夜有戎”,則顯誤。勿恤即“不恤人言”之義。

九三,壯于頄,有凶。君子夬夬,獨行遇雨,若濡有慍,无咎。

《象》曰:“君子夬夬”,終“无咎”也。

【義解】以陽居躁,陽故能決,躁則躁動,當決之時,有決之能而不安躁動者,亦有二象:一曰能決而輕動,此失其時者也,故有碰壁之象,頄骨凸起,[1]有似於壯,實則為人所傷也,故凶。壯之有傷義,蓋亦由此喻引申者也;[2]一曰必欲除之而後快,故決之又決,[3]乾乾而不已,雖因躁而致小失,稍有悔吝,然終无咎也。故其象如人決決獨行,遇雨遭淋而稍有慍也,然終无咎。

【疏證】[1] 王弼云:“頄,面權也。”陸德明云:“頄,顴也。翟云:‘面顴,頰間骨也。’鄭作頯,頯,頰面也。”[2] 于省吾云:“按壯均應讀如‘從或戕之’之戕,壯、戕並諧爿聲,故相通借。……《易》凡言戕均謂兌,兌為毀折,故為傷也。”○元按:于氏固不信十翼者也,其說似通,實則非也。蓋倘真如此,則大壯之卦亦維可釋為大戕,不知上雷下天,其所欲戕者為誰耶?且假道於《說卦》之“兌為毀折”,反不如《象傳》所謂“大者壯也”為簡易直截。夫壯之為傷,凡有二義:一則因傷而腫,有似於壯;一則物既壯盛,則傷即蘊涵其中,如所謂福禍相倚、樂極生悲者是也。後一義乃《周易》固有思維,亦天道所以生生之動力所在。考據家所見,鮮有及此者。[3] 王弼云:“君子處之,必能棄夫情累,決之不疑,故曰夬夬也。”程頤云:“夬夬,尚剛健之時。三居下體之上,又處健體之極,剛果於決者也。”

〇元按：程說不必泥，然大義已得。

九四，臀无膚，其行次且。牽羊悔亡，聞言不信。

《象》曰："其行次且"，位不當也。"聞言不信"，聰不明也。

【義解】以陽居或，陽故能決，或則謹慎有疑，此當決而不決者也，如小人竊柄，其名公鉅卿在其位者，遊移不定，怯懦愚朽而不明也。[1] 故其象如臀無肉，趦趄而行，[2] 蓋曾為小人所傷，懼之而不敢；亦如人告之以"牽羊悔亡"，聞之而不能信，是愚鈍之人也。"牽羊悔亡"，言牽羊當防其亡也，此不可易之至理，人告之而不能信，豈非聰不明哉！臀無膚，參姤卦。

【疏證】[1] 程頤云："九處陰位，不當也；以陽居柔，失其剛決，故不能強進。"〇元按：不當乃因居或位而有疑，當決而不決，非因其以陽居陰也。[2] 孔穎達云："次且，行不前進也。"陸德明云："王肅云：'趦趄，行止之礙也。'"

九五，莧陸夬夬，中行无咎。

《象》曰："中行无咎"，中未光也。

【義解】以陽居剛中，陽故能決，剛則有為，中則所行得宜，當決之時，能有如此之德而居上，又豈能有小人揚於王庭之患？知其必不在上也。蓋當此之時，其君昏庸不明，不足以當九五之位，故雖中而未光也。[1] 惟賴在下諸君子如九二者，調護維持之，是亦難矣。如不在上，則其所決者必為小物，故其象如人採摘莧陸，決之又決，其道甚易，[2] 雖中行无咎，然固小道也。

【疏證】[1] 〇元按："中行"、"中未光"之"中"，孔穎達釋為"居中"，得之。[2] 陸德明云："鄭云：'莧陸，商陸也。'宋衷云：'莧，莧菜也；陸，當陸也。'"王弼云："莧陸，草之柔脆者也，決之至易，故曰夬夬也。"

上六，无號，終有凶。

《象》曰："无號之凶"，終不可長也。

【義解】以陰居六，陰故不欲決，亢則自大不遜，當決而不欲決者,即在上揚威之小人也,故誡以勿復矯令發號矣,小人居上之道終不可長也。[1]

【疏證】[1] 王弼云:"處夬之極,小人在上,君子道長,眾所共棄,故非號咷所能言也。"鄭剛中云:"曰無號,猶言悔之莫及,諭之使勿號耳。《易》欲小人先事早悔,如此豈不仁哉!"○元按:鄭說引王弼注,其釋號字似亦承其說,然大義近是。

序卦:決必有遇,故受之以姤。姤者,遇也。

☰(巽下乾上)

姤:女壯,勿用取女。

【義解】陰陽消長,天道往還,剛既勝柔,必欲決之,乾剛之復似有望矣,不期夏至一陰生。蓋天道不可無陽,亦不可無陰也,孤陰不生,孤陽不長,陰陽合和,乃成天道。如君子欲決去小人,小人知不能勝,故反卑辭下之,以希苟容。君子知無陰不可以承陽之義,故亦容之矣。此之謂"決必有遇,故受之以姤,姤者,遇也",陰來而遇陽也。一陰來遇五陽,是女壯而求男,非禮也,故此女不可娶。[1] 以天道之生成顯化言之,物之所以能卑弱自持、出門同人者,蓋因天道有姤之德也。以四德言之,亦亨之時也。

【疏證】[1] 鄭玄曰:"姤,遇也。一陰承五陽,一女當五男,苟相遇耳,非禮之正,故謂之'姤'。女壯如是,壯健以淫,故不可娶,婦人以婉娩為其德也。"

《彖》曰:姤,遇也,柔遇剛也。"勿用取女",不可與長也。天地相遇,品物咸章也。剛遇中正,天下大行也。姤之時義大矣哉!

【義解】姤者,柔來遇剛也。"勿用取女",言其自來求遇,人盡可夫,非能守貞者也。[1] 卦德巽而能健,巽則能為人所容,健則能敏以求人,天地有此德,以相容相求,故交媾而生萬物,使之品類章明。自人道視之，以陰求陽似不足道；自天道視之，則惟此方可成就大易生生之德。君子法乎人道，以自守其身；法乎天道，而泯其人我相求之定見也。[2]姤道因時之義豈不大哉！參豫卦。九五以陽居剛中，剛則有恆，所謂正也，故云"剛遇中正"。當此之時，天下無姤，惟陽得行也。陽稱大，故曰"天下大行"。[3]言"剛遇乎中正"者，即當姤之時，以剛居中正之義，姤者遇也，變換其辭耳，無甚深意。猶當巽之時，而云"剛巽乎中正"也。

【疏證】[1]王肅曰："女不可取，以其不正，不可與長久也。"[2]孔穎達云："遇辭非美，就卦而取，遂言遇不可用，是'勿用取女'也。故孔子更就天地歎美遇之為義不可廢也。天地若各亢所處，不相交遇，則萬品庶物無由彰顯，必須二氣相遇乃得化生，故曰'天地相遇，品物咸章也'。"[3]翟玄曰："剛謂九五，遇中處正，教化大行於天下也。"

《象》曰：天下有風，姤。后以施命誥四方。

【義解】風者散也，入也，風行天下，而能入乎萬物，[1]使皆為風所化，萬物不來求風，而風自來，是能遇者也，故用以象姤。后者，君也，末也；民者，天也，[2]本也。民者君之所天，天視自我民視，天聽自我民聽，[3]君能遇民，是遇天也，始足以稱后矣。后之所以為后，乃因其必當取悅萬民，不可從一而終，說乎一人也。故后能法天地之相遇，施其誥命以說於四方。卦既以巽而能健為德，凡陽爻則剛健有守，不欲其遇；凡陰爻則柔順無恆，故能求遇。蓋小人來求，君子雖說之以色，涵容待之，然中心有主，不可失則也。

【疏證】[1]翟玄曰："天下有風，風無不周布，故君以施號令，告化四方之民矣。"王宗傳云："天為尊矣，其所以與萬物相遇者，以有風也。故風一披拂，而萬物為之鼓舞而感動焉。"○元按：王說是。翟氏以風為號令，非令行禁止之令也，乃諄諄告語之誥命也。蓋風之入人以柔，與震不同。自昔厥商，以析、因、彝（夷）、鳧名東南西北四方之風，皆傳達天帝令旨者也，巫者采之入《山海經》。及《尚書·堯典》出，乃惟取四方風之自然義,而神格之說漸隱。(自昔以下,參胡厚宣、胡振宇《殷商史》第十四章,《宗教思想‧求年四方之祭祀》。)大《易》所云風之義,略同《堯典》,此本書所以有震、巽分為剛動、柔動之說也。參《繫辭上》首章義解。[2]《說苑‧建本》:"齊桓公問管仲曰:'王者何貴?'曰:'貴天。'桓公仰而視天。管仲曰:'所謂天者,非蒼蒼莽莽之天也;君人者以百姓為天,百姓與之則安,輔之則強,非之則危,背之則亡。'"[3]《尚書‧皋陶謨》:"天聰明,自我民聰明;天明畏,自我民明威。"《尚書‧泰誓》:"天視自我民視,天聽自我民聽。"○元按:《泰誓》雖今文無,然此言《孟子》固已引之,參蠱卦《大象》。《皋陶謨》今古文皆有,明此乃古訓也。畏,皮錫瑞《今文尚書考證》引鄭注《周禮》,云"今古文皆當作威"。

初六,繫于金柅,貞吉。有攸往,見凶。羸豕孚蹢躅。

《象》曰:"繫于金柅",柔道牽也。

【義解】以陰居潛,陰故求遇,潛則固執不起,既求遇而不起者,必為外物所牽也,故有縲豕淫躁,雖繫於金柅,而往來不安之象。羸,縲。蓋豕性淫躁,故以為喻。言孚者,其淫躁定於胸中,不可遏止,故雖為外物所繫,而猶自蹢躅也。[1]所謂柔道牽者,言此柔欲起而遇人之道為金柅所牽。金柅以喻其固,蓋初六求遇之心,非金柅不足以束之。陰既不起,定於此道則吉,若有所往,則凶矣。金柅,蓋木橛包之以銅。[2]孚,信,定。蹢躅,往來不安貌。[3]

【疏證】[1] 王弼云:"羸豕謂牝豕也,群豕之中,猳強而牝弱,故謂之羸豕也。孚猶務躁也。夫陰質而淫恣者羸豕特甚焉,言以不貞之陰失其所牽,其為淫醜若羸豕之孚務蹢躅也。"○元按:王氏解羸為弱,蓋因以"羸豕孚蹢躅"一句與"有攸往,見凶"聯讀,故云"以不貞之陰失其所牽"。倘依爻義,其旨自明。陸德明云:"羸,陸讀為累。"大壯九三"羸其角",《經典釋文》云:"王肅作縲,蜀才作累。"是累即縲也。宋衷曰:"羸,大索,所以系豕者也。"[2]孔穎達云:"柅之為物,眾說不同。王肅之徒皆為織績之器,婦人所用,惟馬云'柅者在車之下,所以止輪令不動者也'。王注云'柅,制動之主',蓋與馬同。"[3] 陸德明云:"蹢躅,不靜也。"

九二，包有魚，无咎，不利賓。

《象》曰："包有魚"，義不及"賓"也。

【義解】以陽居柔中，陽故不欲其遇，柔則以柔道行之，中則不違其則，蓋小人來遇，如欲為門客，且欲食有魚，君子虛與委蛇，以柔道卻之，言庖雖有魚，[1]非以待子者也，另有賓也，明其不以來遇者為賓也，其待小人似柔而實剛。君子小人皆无咎，然不利為賓也。

【疏證】[1]虞翻曰："或以包為庖廚也。"陸德明云："本亦作庖。"孔穎達疏："庖有魚。"

九三，臀无膚，其行次且，厲，无大咎。

《象》曰："其行次且"，行未牽也。

【義解】以陽居躁，陽故不欲其遇，躁則躁動，其象如小人來遇，君子卻之甚堅，不惟卻之，且以棍棒逐之，小人致為所傷也。故小人臀無膚，其行趑趄，[1]君子而如此，必為小人所恨，危道也，然以素無瓜葛，故亦無大咎。行未牽蓋即素無瓜葛之義。

【疏證】[1]郭雍云："九三不能安其位者也。當遇之時無遇之位可以止矣，當止不止，是以至於'臀无膚，其行次且'也。"楊簡云："九三乃有爭取之義，故為九二所傷。臀無膚，有所傷也。"○元按：合郭、楊之說則稍得之。

九四，包无魚，起凶。

《象》曰："无魚之凶"，遠民也。

【義解】以陽居或，陽故不欲其遇，或則有疑，當小人來遇，是則不堅其卻而終容小人者也。然容小人，實則引狼入室也，故其象為庖無魚，蓋其魚已為小人所食矣。君者，所以養民者也，養民非言下之奉上，乃謂其定制作禮，使民皆有所養，故君庖之魚，當以養民，非可以養小人也。庖既無魚，則是遠民也，故起則有凶矣。[1]蓋此所謂君，非君矣，寇仇也。

【疏證】[1] 鄭剛中云：“民心無常，四遠之也。民遠則凶作矣。《五子之歌》曰：‘民可近，不可下。’盤庚之登進厥民，知此道也。”

九五，以杞包瓜，含章，有隕自天。

《象》曰：“九五含章”，中正也。“有隕自天”，志不舍命也。

【義解】以陽居剛中，陽故不欲其遇，剛則有為，中則所行不違其則，當姤之時，蓋欲以己之大有為，使天下無姤者也。其德如杞柳包瓜，[1]內含章美；其志亦不捨天命，[2]欲大有為；然其行則終如有隕自天，倏忽即滅，蓋絕陰之道，終不可成也。[3]按杞柳不可食也，瓜則甜美可食，以杞包瓜，是外雖不近人情，內實有其赤心，其行雖不可法，其志實可嘉也。有為而不欲其遇，是所謂正。言不近人情者，以其欲絕陰也。

【疏證】[1] 王弼云：“杞之為物，生於肥地者也。”孔穎達云：“先儒說杞亦有不同。馬云：‘杞，大木也。’《左傳》云：‘杞梓皮革自楚往。’則為杞梓之杞。《子夏傳》曰：‘作杞匏瓜。’薛虞記云：‘杞，杞柳也。’杞性柔刃，宜屈橈似匏瓜，又為杞柳之杞。案王氏云‘生於肥地’，蓋以杞為今之枸杞也。”陸德明云：“杞，鄭云柳也。薛云：‘柳，柔脆木也。’”鄭剛中云：“為瓜則易潰，宜有以堅之。以杞包瓜，謂以堅良之物防其外也。”王夫之云：“杞，櫃柳，其條可編為器以貯物。瓜，易潰之物，包之密則不潰。”○元按：鄭說近是。蓋杞柳柔韌，可以包瓜，使保其章美，是保其陽也；然瓜之為物，終將潰爛，亦如陰之不可絕也。[2] 程頤云：“命，天理也。舍，違也。”[3] 惠士奇云：“陰不可無陽，陽亦不可無陰，故剝必有復，夬必有姤。陽明曰見，陰暗曰含，復則天地之心見於初，姤則天地之章含於五，《象傳》曰‘天地相遇，品物咸章，剛遇中正，天下大行’，指九五也。”○元按：惠氏所言陰不可無陽，是也。以剛遇中正指九五亦是，言天地相遇則非。蓋天地相遇，品物章明，是所謂成章之義。含章，則有美在中，未能章明者也。

上九，姤其角，吝，无咎。

《象》曰："姤其角"，上窮"吝"也。

【義解】以陽居亢，陽故不欲其遇，亢則不遜，當姤之時，不惟不欲其遇，且堅欲反之也，如牛以角拒人之象，故曰姤其角。[1] 有上九之志者，如反之得法，則是九五；如待人來遇而堅反之，則是九三。今不辨驪黃即堅欲反之，且不得其法，必有所失而致吝矣。然以其志不惡，故亦无咎。[2] 上窮吝者，言居亢位，本有窮極之義也。

【疏證】[1] 蘇軾云："姤其角，以是為姤也。以角為姤，物之所不樂遇也。"[2] 李中正云："上九以陽剛處卦之極，不與物遇而動與物觸，故上窮而吝，然猶勝於為柔道牽者多矣，故雖吝而无咎。"楊簡云："上九剛而上窮，有角之象，失其所以與人姤遇者如角然。剛固之過，枯槁而不和洽，吝道也。狷者之疵為吝，然嚴勁剛介，異乎輕肆放逸者矣，故无咎。"陳琛云："當遇之時，獨亢而不與物合，孤立於世，一無所助。"魏濬云："角未有可與人遇者。孤子不與眾諧，如以角待人來者，祇遇其角耳。阮浮謂卞壼曰：'卿常無閑泰，如含木石，不亦勞乎？'陳氏曰：'姤其角，不問當遇不當遇，皆不與之遇。不遇其所當遇，故吝；不遇其所當不遇，故无咎。'愚謂祇為見得自家是處，得自己高舉，世無當其意者故爾。"

序卦：物相遇而後聚，故受之以萃。萃者，聚也。

䷬（坤下兌上）

萃：亨，王假有廟。利見大人，亨，利貞。用大牲吉，利有攸往。

【義解】當姤之時，小人亦震於君子之威，故來求遇，則是陽德鼎盛，聲威大著，萬民歸服之時也。[1] 是所謂物相遇而後聚，故受之以萃，萃者，聚也。萬民既服，遠人亦來，則當正其名分，明其等級，別其衣服，使知上下，是所謂禮也。成禮之所必以宗廟，故王至有廟，[2] 利以大人示現，當此之時，既以威服人，則利昭來者之孚信，故殺牛而盟之，則人不起異志，雖有所往亦無不利，故曰用大牲吉,利有攸往。大牲者,牛也。^[3]以四德言之,萃時但能來物,故不居其元;其王者能聚萬民,至於有廟,故四時居亨;^[4]萬民既聚,則其性情必皆包容於萃卦之中,否則無以萃之也,故四時居亨利貞。以天道之生成顯化言之,萬物相比而成師,以天道有萃之德也。

【疏證】[1]史徵云:"萃,聚也。其猶王者有德,懷來萬邦,人皆歸之,故曰萃也。"[2]鄭玄、虞翻曰:"假,至也。"[3]鄭玄曰:"大牲,牛也。言大人有嘉會,時可幹事,必殺牛而盟,既盟則可以往,故曰'利往'。"[4]程頤云:"萃下有亨字,羨文也。亨字自在下,與渙不同。渙則先言卦才,萃乃先言卦義,彖辭甚明。"項安世云:"萃亨,按《釋文》,馬、鄭、陸、虞本並無亨字,獨王肅本有之,王弼遂用其說,而孔子彖辭初不及此字也。"○元按:'萃,亨'之亨,彖辭固未言,後一亨字亦未言也,則以彖辭疑經文,並非確據。《帛書周易》亦無亨字。然《帛易》與通行本異同多有,尚不足為經文定本。王夫之云:"萃亨,程子以亨為羨文。然上言'亨'者,通萃之德而言之;下言'利見大人,亨'者,則就見大人而言其亨之繇也。"

《彖》曰:萃,聚也。順以說,剛中而應,故聚也。"王假有廟",致孝享也。"利見大人,亨",聚以正也。"用大牲吉,利有攸往",順天命也。觀其所聚,而天地萬物之情可見矣。

【義解】萃,聚也。王者萃人,雖威德並施,要在能順乎人情,則人既來而復能說矣。故卦德順而說,所謂順者,順道而行也;所謂說者,使人皆說也。九五剛中而應物,是能聚也。^[1]既萬民來朝,則當治定作禮,告成功於祖廟,以致其孝思,故云"王假有廟"。^[2]萬民既聚,而己能正之,故利以大人示現也。正者,貞也。聚者,萃也。萬民來萃,是各得其利矣,故"聚以正"者,乃釋利貞也。"用大牲吉,利有攸往",言雖以威服人,既能盟眾,是亦能順承天命矣。觀王者所以萃聚萬民,使各定其分,不失其則者,則天地萬物之性情可見矣。

【疏證】[1]荀爽曰:"謂五以剛居中,群陰順說而從之,故能聚眾也。"[2]陸績曰："王者聚百物以祭其先，諸侯助祭於廟中。"虞翻曰："享，享祀也。"

《象》曰：澤上於地，萃。君子以除戎器，戒不虞。

【義解】澤上於地，是聚之者必以堤也，故以之象萃。王者用威，乃能萃人，如澤上於地者，必以堤壩萃之也。君子法天道之有萃，故修其戎器，[1]以戒不虞，[2]是知治政用威者也。卦既以順而能說為德，凡陽爻則剛健順道之君子也，故欲萃；凡陰爻則柔順能巽之小人也，故不得不萃。

【疏證】[1]陸德明云："除，又作治。王肅、姚、陸云：'除，猶修治。'"虞翻曰："除，脩；戎，兵也。"[2]陸績《易述》："凡聚眾必慎防閑。假陽為主，成萃之義，伏戎必豫備，眾聚去疑心。"王弼云："聚而無防則眾心生。"程頤云："凡物之萃，則有不虞度之事，故眾聚則有爭，物聚則有奪。大率既聚則多故矣，故觀萃象而戒也。"王申子云："澤上有地，臨，則聚澤者地岸也；澤上於地，萃，則聚澤者隄防也。以地岸而聚澤，則無隄防之勞；以隄防而聚澤，則有潰決之憂。故君子觀此象，為治世之防，除治其戎器，以為不虞之戒。"

初六，有孚不終，乃亂乃萃，若號，一握為笑，勿恤，往无咎。

《象》曰："乃亂乃萃"，其志亂也。

【義解】以陰居潛，陰故巽順，不得不萃，潛則不起，不得不萃，而又不起者，是不終其萃而有反復者也，故云"乃亂乃萃"。蓋小人之來萃，乃懼君子之威耳，非因有其恒心也，故稍有孚則來，有孚不終則亂，是其志亂也。[1]當萃之時，君子戒其不虞，正為防小人之亂也，小人既已聽命，則不必憂，與之一握為笑可也。[2]雖有所往，亦无咎矣。若，順；號，令；恤，憂。

【疏證】[1]楊萬里云："《詩》曰'士也罔極，二三其德'，其萃之初六乎？"[2]胡瑗云："一握，謂掌握之間，至淺末者也。"楊萬里云："九四察爾初心之孚,固將捨舊而開新,與爾一笑而釋然相聚矣。"○元按:楊氏以初四相應為言,本書不取。

六二,引吉,无咎,孚乃利用禴。

《象》曰:"引吉无咎",中未變也。

【義解】以陰居柔中,陰故巽順,不得不萃,柔則溫順,中則不違其則,此小人而能馴順者也,故當其來則引入之,[1]必无咎也。六二得中而言无咎者,以其雖溫順,然尚無中主,未能有孚,故云未變也。若能定其孚信,是能變其中,則已由小人進至君子矣,有如是之德,則可以與於禴祭矣。蓋禴祭乃薄祭,[2]尤當孚信,否則神不來享之矣。此爻漢後諸儒多以六二當位不變釋之,並以此為卦變之根據,此望文生義者也。

【疏證】[1]程頤云:"引者,相牽也。"[2]王弼云:"禴,殷春祭之名,四時祭之省者也。"陸德明云:"禴,殷春祭名,馬、王肅同。鄭云夏祭名。"虞翻曰:"禴,夏祭也。"程頤云:"孚,信之在中,誠之謂也;禴,祭之簡薄者也。菲薄而祭,不尚備物,直以誠意交於神明也。"

六三,萃如嗟如,无攸利,往无咎,小吝。

《象》曰:"往无咎",上巽也。

【義解】以陰居躁,陰故巽順,不得不萃,躁則不安其巽,巽而不安其巽,非謂其不欲巽而躁也,此上六當之;乃謂其巽而益巽也,是所謂尚巽。上,尚。如當萃之時,小人嗟嗟而來求遇,其來實無所利,然既小心翼翼,以巽順為尚,雖有所往亦无咎,[1]但小吝耳。蓋當萃而能來,且動容周旋皆能中禮,所謂无咎也;然既尚巽,以求遇為心,失其中主,非能有孚,是乃小吝。[2]此革面而未能洗心者也,參革卦。

【疏證】[1]郝敬云:"處萃而能悅以入,何咎之有。"張沐云:"四為萃之臣,不往從則得咎,故雖無利,但往則亦可以補過也。"[2]《孟子·離婁下》:"雖有惡人,齋戒沐浴,則可以祀上帝。"趙岐云:"惡人,醜類者

275

也。"〇元按：夫人貌醜而見惡於人，然能潔其心，故可祀神。小人雖無大惡，然固未能洗心也，故雖萃於人而未能近於神，是則吝也。

九四，大吉，无咎。

《象》曰："大吉无咎"，位不當也。

【義解】以陽居或，陽故剛健欲萃，或則謹慎自省，能主動萃聚，而復能謹慎自省，則知其必與祭矣，故大吉。然雖與祭，以過於謹慎，或致拘礙，不能流暢，故惟言无咎，蓋四本或位，位不當也。[1]

【疏證】[1] 郭雍云："九四之言'大吉无咎'，道之至美者也。至注釋之家皆反其意，未以為美。故伊川亦以《象》言'位不當'，疑其所為未能盡善，故云'必得大吉然後无咎也'。且以卦爻觀之，萃之六爻獨有二陽，下皆有應，四又上比於君，得其所聚，莫吉於斯。"〇元按：郭氏言大吉是也，言其所以大吉則非。

九五，萃有位，无咎。匪孚，元永貞，悔亡。

《象》曰："萃有位"，志未光也。

【義解】以陽居剛中，陽故剛健欲萃，剛則有為，中則所行得宜，當萃之時，正合卦德，能萃聚眾人者也。然當萃之時，惟知以威聚人，有威者，有專殺之位是也，故有位則人來，無位則人散，是謂萃有位，其能得中，亦惟无咎而已，故云志未光也。其何以至此者，蓋因中心無主，非以孚信之道聚人耳，如能秉其乾元，擴充己仁，且永定於此，則悔亡矣。[1] 此歷代霸主之象。九五、六三，皆困卦伏筆。

【疏證】[1] 王宗傳云："五，萃之主也。夫當萃之時，為萃之主，莫大於有其位，又莫大於有其道。蓋位也者，所以一天下之聚者也；而道也者，又所以久天下之聚者也。九五曰'萃有位'，則所以一天下之聚者謂有是位也。又曰'元永貞'，則所以久天下之聚者，又必有其道也。夫當萃之時，有是位而無是道，則九五之志豈得謂之光大矣乎？雖能无咎，而天下不我信者亦眾矣,故曰'匪孚'。謂天下之人,容有言曰,上之人但以位而萃我也,而其道則未至也。此豈能無未光之悔乎？故必'元永貞'而後'悔亡'。"《朱子語類・易八・萃》:"此言有位而無德,則雖萃而不能使人信,故人有不信,當修其'元永貞'之德,而後'悔亡'也。"

上六,齎咨涕洟,无咎。

《象》曰:"齎咨涕洟",未安上也。

【義解】以陰居亢,陰故能巽,不得不萃,亢則不遯,雖不遯而不得不來也,蓋其所來,亦無奈之舉耳。故雖來且使之與祭、觀禮,而仍號泣涕洟,[1]未安其位也。然既能來,則亦无咎。此歷代亡國諸君得繼絕世之象。[2]齎咨,李鼎祚本作齎資。

【疏證】[1] 王弼云:"齎咨,嗟歎之辭也。"陸德明云:"鄭同。馬云:'悲聲怨聲。'鄭云:'自目曰涕,自鼻曰洟。'"[2] 荀爽曰:"此本否卦。上九陽爻,見滅遷移,以喻夏桀殷紂。以上六陰爻代之,若之後封東婁公於杞,殷之後封微子於宋,去其骨肉,臣服異姓,受人封土,未安居位,故曰'齎咨涕洟,未安上也'。"〇元按:此本卦變為言,本書不取,然大義固得之矣。

序卦:聚而上者謂之升,故受之以升。

䷭(巽下坤上)

升:元亨。用見大人,勿恤。南征吉。

【義解】陽德既盛,眾陰求遇,求遇者眾,是則萃矣,既萃而皆仰其主之者,是則為升。以人道言之,王者萃人,欲以定其名分,昭其孚信,人既來萃,殺牛以盟,眾人因進之而為天子,使之主天下之祭以登薦於神,如此方居其位而不疑,則是順承天命矣,是所謂升。故曰"聚而上者謂之升,故受之以升"也。[1]蓋升有二義,由大人進而為天子,是其位之升也;居天子方可主天下之祭以登薦於神,是其職之升也。必兩者兼備,乃成升之義。故象辭以升位言,爻辭則以登薦言，[2]雖似有異，實則無別。當萃之時，雖曰王而實非王也；當升之時，乃真王矣。蓋升、萃乃一體之兩面，自王者萃人言之曰萃，自登天子位言之曰升，亦不必別也。人既來萃，是則亨矣；由萃而升，已昭其孚信，是則元矣，故升於四德居元亨。以天子之事言之，[3]既承天命，則可名正而言順，制禮而作樂矣。樂者仁也，禮者義也，禮者別其異，故統萬物之性情，此所以萃於四德居亨利貞也；樂以統其同，使萬物皆知一體之義，故升於四德居於元亨。王者制定作禮，功成作樂，當萃之時，其制已定，故作禮以別之；當升之時，其功已成，故作樂以和之。[4]禮故用威，仁故務德，雖萃、升本同時所為，其間自有禮樂之別，不可不知也。王者既升，故以大人示現，此大喜之事，亦不必憂。以此德而行，雖南征亦可獲吉也。以天道之生成顯化言之，得乎其大，巍巍然而有臨象者，以天道有升之德也。按周本農耕民族，習於陸戰，不習渡水，故征東不覺其難，蓋皆陸地也。至南方則江漢水濱，甚覺其險，故於大川、南征等皆視為畏途。昭王南征而不復，尤成後世周人之隱痛。

【疏證】[1]鄭玄曰："升，上也。坤地巽木，木生地中，日長而上，猶聖人在諸侯之中，明德日益高大也，故謂之升。升，進益之象矣。"崔憬曰："用大牲而致孝享，故順天子而升為王矣。故言'聚而上者謂之升'也。"[2]○元按：帛書本《周易》升即名登，蓋其初本名登，以爻義為主；及聖人序卦，為言明其義，乃以象辭之義，定名為升，學者不察，乃徑以二者義通言之，非也，蓋此等處即所謂作述之別。[3]○元按：前言其位、職，此則言事，同而異也。[4]《禮記·樂記》："樂統同，禮辨異。"又云："王者功成作樂，制定作禮。"（參拙作《孟子章句講疏》卷三，第二章）

《彖》曰：柔以時升，巽而順，剛中而應，是以大亨。"用見大人，勿恤"，有慶也。"南征吉"，志行也。

【義解】升卦卦德巽而能順，巽者柔也，順者順時也，故云"柔以時升"。六五雖柔也，而居剛中，得志而上下應之，是以大亨。以大人現而勿憂者,升本吉慶也;如能順此德而行,可以南征矣。[1]
王弼本象誤作象。

【疏證】[1] 孔穎達云:"其志得行也。"程頤云:"得行其志,是以吉也。"

《象》曰:地中生木,升。君子以慎德積小,以成高大。

【義解】地中生木,木本在地中,與地同高,然木性能長,故有漸升之象。[1]君子法木之能升,故不遺細德,積小成高也,陸象山所謂"涓滴積至滄溟水,拳石崇成泰華岑"。此即孟子擴充之義所本。卦既以巽而能順為德,凡陰爻則柔順,故能巽;凡陽爻則剛健,自有所主。

【疏證】[1] 荀爽曰:"地中生木,以微至著,升之象也。"孔穎達云:"地中生木,始於細微,以至高大。"

初六,允升,大吉。

《象》曰:"允升大吉",上合志也。

【義解】以陰居潛,陰故柔順能巽,潛則不起意,當登薦之時,能一力承順者也,故為允升,允其升也。[1]卦德為升,初能允之,故曰與上合志。升固大吉,允升亦大吉也。

【疏證】[1] 荀爽曰:"謂一體相隨,允然俱升也。"胡瑗云:"允,信也,率從之稱也。"

九二,孚乃利用禴,无咎。

《象》曰:"九二之孚",有喜也。

【義解】以陽居柔中,陽故剛健自主,柔則順以行之,中則所行得宜,當登薦之時,以順承為貴,雖有主見,而能順以行中,則其主見必是有孚之誠也,故无咎;有此孚信,雖與於禴祭可也;神必來格,故云有喜也。[1]

【疏證】[1] 程頤云:"凡象言有慶者,如是則有福慶及於物也;言有喜者,事既善而又有可喜也。"

九三,升虛邑。

《象》曰:"升虛邑",无所疑也。

【義解】以陽居躁,陽故剛健自主,躁則不安其位,當登薦之時,不能順承,反四處活動,是自主而升者也,故以升虛邑象之。虛邑者,乃神之所居,非真邑也,[1]然亦無所疑,何哉?蓋古人降神,必先之以巫,先之者,引之也。巫者可以通神,故其靈必先升於神所居之虛邑,其靈方隨之而下,[2]神既下則史序其位,始可以獻祭矣。[3]諸爻皆言登薦之禮,巫者降神,此不可或缺者也,故能升虛邑則無所疑,若不能升虛邑,則反當有疑,蓋其巫必不靈矣。

【疏證】[1] 孔穎達:"升空虛之邑。"李杞云:"虛邑者,猶'虛室生白'之類也。君子之於道也,以虛進,以實礙。虛則無所不通,實則有所窒而不能行矣。內景虛明,八窗玲瓏,以是而進,如入虛無之境,豈復有可疑者哉!……此顏子心齋之妙也。"黃宗羲云:"虛邑者,名山之邑。如《春秋》郱者鄭伯之所受命,而祭泰山之邑是也。將享岐山,先宿其邑而後升也。"(《易學象數論》卷三)沈紹勳云:"荀氏謂五虛無君,即祀神之所,故為虛邑,魂氣之所升也。"○元按:李說出《莊子·人間世》,此擬議而稍似者。沈說稍得其旨,其附會荀爽之說則非。陸德明云:"虛,如字,空也。馬云丘也。"丘、虛古通。《說文·丘部》:"虛,大丘也。崐崘丘謂之崐崘虛。"《山海經·西山經》:"西南四百里,曰昆侖之丘,是實惟帝之下都,神陸吾司之。"《海內西經》:"海內昆侖之虛,在西北,帝之下都。昆侖之虛,方八百里,高萬仞。上有木禾,長五尋,大五圍。面有九井,以玉為檻。面有九門,門有開明獸守之,百神之所在。在八隅之巖,赤水之際,非仁羿莫能上岡之巖。"此等處殆即所謂虛邑也。郭璞云:"羿一或作聖。"袁珂以一為衍文,是也。此所云仁聖,即下文《國語》所言"其聖能光遠宣朗"之巫覡也。[2]《國語·楚語下》:"古者民神不雜,民之精爽不攜貳者,而又能齊肅衷正,其智能上下比義,其聖能光遠宣朗,其明能光照之,其聰能聽徹之,如是則明神降之,在男曰覡,在女曰巫。"○元按:所謂"降之"者,對升言也。殷墟卜辭及傳世文獻中此類多有。《山海經·海外西經》：“巫咸國，在女丑北，右手操青蛇，左手操赤蛇，在登葆山，群巫所從上下也。”《大荒西經》：“有靈山，巫咸、巫即、巫肦、巫彭、巫姑、巫真、巫禮、巫抵、巫謝、巫羅十巫，從此升降，百藥爰在。”即其顯例。另如《楚辭·雲中君》所謂“靈皇皇兮既降，猋遠舉兮雲中”者，蓋亦《易》所謂虛邑也。先儒解此爻，多云升無人之邑，惟既云入無人之境，又何必以升言？此皆不解易象，望文生義者也。[3]《國語·楚語下》：“夫人作享，家為巫史。”韋昭注：“巫主接神，史次位序。”

六四，王用亨于岐山，吉，无咎。

《象》曰：“王用亨于岐山”，順事也。

【義解】以陰居或，陰故能巽，或則謹慎自省，當登薦之時，能謹慎自省，順事其上者也。其象如周王獻祭於岐山，能齋戒自省，順事其神也。亨，享。能順事其上故吉，於順事者而言，則分所當為，故亦无咎。

【疏證】[1] 孔穎達云：“事同文王岐山之會，故曰王用亨於岐山也。”○元按：此與隨上六“王用亨於西山”句同，亨皆當釋為享。李道平疏荀爽之語曰：“巽居坤上體觀，享祀之象”，荀氏亦讀亨為享也。所云王者，昔儒頗聚訟。倘以文王為言，與周公作爻辭雖合，然岐山之會於史無徵。顧頡剛云：“我們現在既知道古諸侯稱王並不是一件大不了的事（靜安先生曾於金文中尋出夨王、錄之釐王、羌之幾王等名。按《國語》中有楚王、吳王、越王，《史記》中有戎王、亳王、豐王，可見祇要國力充足，儘可稱王自娛），那麼便不必對於周的稱王作種種的解釋而將《周易》中的‘王’專歸於文王了。”惟既云西山、岐山，則仍當即周而言。今既斷經文成於東周，則所云王者指周王即可，不必指實也。

六五，貞吉，升階。

《象》曰：“貞吉升階”，大得志也。

【義解】以陰居剛中，陰故能巽，剛則有為，中則所行得宜，當登薦之時，是即天子升階而奠之象，[1]當此之時，已正其位，是天子大得志之時也。

【疏證】[1] 王弼云："升得尊位，體柔而應，納而不距，任而不專，故得貞吉，升階而尊也。"孔疏："六五以柔居尊位，納於九二，不自專權，故得貞吉升階，保是尊貴而踐祚矣。"○元按：王、孔皆以二、五相應為言，予所不取，然以踐祚釋升階，則於爻義有合也。此卦爻義，先儒多以人事言之，宋耿南仲所論最為典型。其釋九三，曰"此湯武之升也"；六四，曰"此文王之升也"；六五，曰"舜禹之事"。其說雖似，然依《序卦》，升、萃同時，皆用威之候也，與文王、舜、禹之事不類，故本書不從。以登薦言，與《繫辭》所謂"知鬼神之情狀"相合。

上六，冥升，利于不息之貞。

《象》曰："冥升在上"，消不富也。

【義解】以陰居亢，陰故能巽，亢則反動，陰本巽而承之，今既反動，是不巽承矣，不承則送，當登薦之時，送神之儀也，送神歸於冥冥之中，[1]故曰冥升，神升退之象。神既升退，則人不知懼，故勉其敬神之心當永不止息也，此之謂利於不息之貞。人知冥冥之中自有天意，所謂冥升在上也；故當為善去惡，奮發有為，消其自得苟安，"不富以其鄰"之心也。"不富以其鄰"參泰卦、謙卦。

【疏證】[1] 陸德明云："冥，闇昧之義也。"黃宗羲云："冥升者，感格於冥冥也。"(《易學象數論》卷三)

序卦：升而不已必困，故受之以困。

䷮(坎下兑上)

困：亨，貞，大人吉。无咎，有言不信。

【義解】當萃之時，王者威服天下，天下所以歸往之者，蓋懼之也。為使人能知敬，故自升於神前，明天命之攸歸，實則亦懼之而已，故人之心服者神也，非其人也，其服之以威者未嘗變。然則天子欲人之能服，亦惟知以禮束人，祀事遄往，屢降其明神耳。及其道漸久，則禮愈繁數，人愈不信，為其上者反為禮所陷，坐困愁城。[1] 故云“升而不已必困，故受之以困”。當困之時，上雖欲以禮格下，人亦不信，不信是不能來矣，因其禮不足以遂其性情也。以禮格下，故能通；人之不來，是不能利之也，故四德居亨而不居利。蓋當此之時，雖大人在上，亦如夏日之日，人皆遠之也；因素用其威，失其愛人之仁矣。然失仁亦非無仁也，其仁為威所掩之而已，其掩之有如冬藏之狀，故四德居貞而不居元。當此之時，如小人在上，其凶可知，因小人亦不善用其威也。蓋為政之道，寬猛相濟，用威亦無不可，然亦惟大人乃知威之義，不致擅作威福也，故大人吉。言无咎者，大人雖能用威，然無以心服其眾，故有言而不信，人亦僅能從之而已。以天道之生成顯化言之，春生而秋殺，然秋殺之後必有冬藏，乾元亦坎陷其中者，以天道有困之德也。

【疏證】[1] 陸德明云：“困，窮也，窮悴掩蔽之義。”

《彖》曰：困，剛掩也。險以說，困而不失其所亨，其惟君子乎？“貞，大人吉”，以剛中也。“有言不信”，尚口乃窮也。

【義解】困卦上兌下坎，坎剛為兌柔所掩也，[1] 如治政用威，自其上者言之，是其仁為威所掩；自其下者言之，是其信為說所掩。上既用威而失其仁，民雖柔說而不能信也。夫子所謂“道之以政，齊之以刑，民免而無恥”是也。不能信即不知恥。卦德險以說，險者有謀，說者柔說而順道，能有此德，則困而不失其所亨矣，其惟君子乎？“貞，大人吉”，蓋言大人之仁惟為威所掩而已，實未失也，此於九五剛中能正可見。[2] 當困之時，有言而人不能信，雖以言許之，人亦不來。蓋口惠而實不至，終窮之道也，此誠困之時當務行仁。

【疏證】[1] 孔穎達云：“兌陰卦為柔，坎陽卦為剛，坎在兌下，是剛見掩於柔也。”[2] 荀爽曰：“體剛得中，正居五位。”

《象》曰：澤无水，困。君子以致命遂志。

【義解】澤无水,是其水為澤底之地所掩也,因以象困。[1]君子法天之濟困,亦惟居易俟命,盡其性分之所固有,自為其天命之所當為,以自遂己志而已。[2]此亦有謀而能說,“盡人事,聽天命”之義。卦既以險而能說為德,凡陽爻則剛健有知,故能有謀;凡陰爻則柔順無知,故皆暗昧無謀。

【疏證】[1]王弼云:“澤无水,則水在澤下。水在澤下,困之象也。”李道平云:“水在澤下,則澤上枯槁,萬物皆困。”[2]程頤云:“君子當困窮之時,既盡其防慮之道,而不得免,則命也,當推致其命,以遂其志。知命之當然也,則窮塞禍患不以動其心,行吾義而已。”張浚云:“致在天之命,遂在我之志。致云者,委之於無可奈何也。道之不行,豈人力哉!”趙彥肅云:“於困之時,求所以不困者。”〇元按:此義《孟子·盡心上》言之備矣。

初六,臀困于株木,入于幽谷,三歲不覿。

《象》曰:“入于幽谷”,幽不明也。

【義解】以陰居潛,陰故暗昧,潛則固執,當困之時,暗昧不明,而又固執其愚,必難脫困,故其象如人身困幽谷,系於株木,三歲而不得見。[1]覿,見。[2]

【疏證】[1]胡瑗云:“最初居下,如困於幽暗深谷之中,無所明顯也。”程頤云:“株木,無枝葉之木也。”郝敬云:“株木,樸樕短木也,猶侏儒之侏。”李光地等云:“《詩》云:‘出於幽谷,遷於喬木。’初不能自遷於喬木,而惟坐困株木之下,則有愈入於幽谷而已。陰柔處困之最下,故其象如此。”高亨云:“‘臀困于株木’者,蓋謂臀部受刑杖也。杖以木株為之,故謂之株木。”〇元按:此爻大義甚明,諸說皆似可通,故並存之,學者勿泥可也。[2]陸德明云:“覿,見也。”〇元按:《九家易》同。

九二,困于酒食。朱紱方來,利用享祀,征凶。无咎。

《象》曰:“困于酒食”,中有慶也。

【義解】以陽居柔中,陽故有謀,柔則未能致遠,中則所行得宜,當困之時,雖行中猶不免其困者也,如人有慶,大宴賓客,飲食稍過而致小失,是即困也,[1]然終无咎也,故曰困於酒食。亦如朱紱將來,利以之享祀,當齋戒自省,是亦困也,有所往則凶也。然以得中,故終无咎。朱紱,宗廟之服。[2]方來,將至未至也,[3]故知為齋戒之時。

【疏證】[1] 朱子云:"酒食,人之所欲,然醉飽過宜,則是反為所困矣。"高亨云:"困於酒食者,飲過量,食過飽,為酒食所困也。《論語·子罕篇》'不為酒困'意同,特《論語》未及食耳。"[2] 孔穎達云:"紱,祭服也。"李鼎祚曰:"朱紱,宗廟之服。"[3] 胡瑗云:"方,將也。"程頤云:"方來,方且來也。"

六三,困于石,據于蒺藜,入于其宮,不見其妻,凶。

《象》曰:"據于蒺藜",乘剛也。"入于其宮,不見其妻",不祥也。

【義解】以陰居躁,陰故暗昧無謀,躁則躁動,當困之時所行如此,其凶可知。故其象如人被困於石室,據於蒺藜之上,入其居室,而不見家人,方知為石牢,永不得出矣。故云不祥。[1]陰本柔順不剛,躁則輕動,以暗昧而輕動,是堅執其躁也,故曰乘剛。參《繫辭下》第五章。

【疏證】[1]《左傳》襄公二十五年:"武子筮之,遇困䷜之大過䷛。史皆曰吉。示陳文子,文子曰:'夫從風,風隕妻,不可娶也。且其繇曰"困于石,據於蒺藜,入于其宮,不見其妻,凶。"困於石,往不濟也;據於蒺藜,所恃傷也;入于其宮,不見其妻,凶,無所歸也。'崔子曰:'嫠也,何害?先夫當之矣。'"項安世云:"按《繫辭》謂六三將死,故不得見其妻,非謂妻死而不見也。《小象》所以謂之不祥。諸儒以崔杼一時之占,遂誤其說,特未考《繫辭》爾。"○元按:項說是也。"據於蒺藜"之義頗費解,《左傳》陳文子以"所恃"釋之,與《繫辭》"非所據而據焉,身必危"有合,蓋既困於石,防其據物以出,故置蒺藜於地。《韓詩外傳》卷六:"《易》曰:'困于石,據于蒺藜，入于其宮，不見其妻，凶。'此言困而不見據賢人者也。昔者秦繆公困於殽，疾據五羖大夫、蹇叔、公孫支而小霸。"此釋據之義甚明。

九四，來徐徐，困于金車，吝，有終。

《象》曰："來徐徐"，志在下也。雖不當位，有與也。

【義解】以陽居或，陽故有謀，或則謹慎自省，當困之時，剛陽在上，有言不信，有謀則能自下於人，故云志在下；自省則有孚，人亦信之矣，故有與。與，助。[1]此正合卦德者也。其象如在上者舒遲而來，[2]務以說人，說人者吝道也，然以此而人亦悅之，故雖困於檻車，而人樂援之，終能得脫也。說、悅稍有別，說雖順道而為，然有取媚之意，故有吝；悅則歡喜之也。徐徐，李鼎祚本作荼荼，舒遲貌。金車，李鼎祚本作金輿，蓋以金屬為之者也，形其檻車之固。

【疏證】[1]崔憬曰："位雖不當，故吝也。有與於援，故有終也。"程頤云："惟力不足故困，亨困之道，必由援助。"[2]陸德明云："徐徐，馬云：'安行皃。'"虞翻曰："荼荼，舒遲也。"

九五，劓刖，困于赤紱，乃徐有說，利用祭祀。

《象》曰："劓刖"，志未得也。"乃徐有說"，以中直也。"利用祭祀"，受福也。

【義解】以陽居剛中，陽故有謀，剛則有為，中則所為不失其則，有謀有為而能處困者，豈非上文所言在上君子用威之困乎？所謂劓刖者，言其多行猛政，故以刑人為務，[1]是"齊之以刑"者也。人既無恥，下失其教，所謂"志未得也"；乃思道之以德，齊之以禮，故云"困于赤紱"，赤紱猶朱紱也。[2]既道之以禮，其民乃徐有說，漸復其孚，此祭祀所以為受福也，故利之。[3]然持之如未有恆，民稍說而猶復其刑，則其困終不可解，此所以為大困也。中直，猶言中正。[4]當困之時，能有謀且有為，是所謂正也。

【疏證】[1]王弼云："以陽居陽，任其壯者也，不能以謙致物，物則不附，忿物不附，而用其壯猛，行其威刑，異方愈乖，遐邇愈叛，刑之欲得，

乃益所以失也,故曰'劓刖,困于赤紱'也。"[2] 王弼云:"朱紱,南方之物
也。"孔疏:"赤紱,南方之物。"崔憬曰:"赤紱,天子祭服之飾。"陸績曰:
"二言朱紱,五言赤紱,二言享祀,此言祭祀,傳互言耳,無他義也。"○元
按:李道平引《說文》"天子朱紱,諸侯赤紱"及《乾鑿度》"天子之朝朱紱,
諸侯之朝赤紱"之說以駁陸氏,非也。《乾鑿度》所言蓋指朝服,非祭服
也,且二說晚出,未詳所本。《朱子語類·易九·困》:"朱紱,赤紱。若如
伊川說,使書傳中說臣下皆是赤紱則可。《詩》中卻有'朱紱斯皇'一句,
是說方叔。"[3] 王弼云:"二以謙得之,五以剛失之,體在中直,能不遂迷,
困而徐能用其道者也。"孔疏:"此言九五剛猛,不能感異方之物也。若但
用其中正之德,招致於物,不在速暴而徐徐,則物歸之而有說矣。"[4] 楊
時喬云:"中直即中正,以叶福韻。"王引之云:"中直亦中正也。變正言
直,以與'得'、'福'為韻耳。"○元按:觀孔疏,固已解中直為中正矣。

　　上六,困于葛藟,于臲卼,曰動悔有悔,征吉。

　　《象》曰:"困于葛藟",未當也。"動悔有悔",吉行也。

　　【義解】以陰居亢,陰故暗昧無謀,亢則反動,反動者,不必用
謀也,蓋倘不用謀,則為初六,故知此為不必用謀。當困之時,雖無
謀而不必用謀者也。其象如人困於叢棘之中,[1] 處固不安,往亦
不安,故動亦悔,不動亦悔,[2] 當此之時,無可用謀者也,惟徑直而
往,必能脫困,如不往則永困矣,故征吉。于,往。臲卼,不安貌。

　　【疏證】[1] 孔穎達云:"葛藟,引蔓纏繞之草。臲卼,動搖不安之
貌。"李道平云:"臲卼,荀、陸、王肅皆云:'不安也。'"[2] 陸德明云:"動
悔,向云:'言其無不然。'"王引之云:"曰之言聿,語助也。有亦當又。上
六處困之極,動輒得咎,故已悔又悔。"

　　序卦:困乎上者必反下,故受之以井。

　　䷯(巽下坎上)

　　井:改邑不改井,无喪无得。往來井井。汔至,亦未繘

井，羸其瓶，凶。

【義解】困卦之所以困，以在上者惟用其威，而掩蔽其仁也。如欲脫困，必當返之本源，定其孚信，出之以仁，由之以義，則如冬日之日，人皆親之矣。故云"困乎上者必反下，故受之以井"。[1] 蓋澤既無水，則闢地及泉，水終復出矣。故朱子詩："問渠那得清如許，為有源頭活水來。"既源泉混混，則盈科而後進，可以必期也。故井於四德，當居其元亨。然以澤之大，而惟井以通之，是其源之未弘，通之未廣也，故不言元亨。雖然，此元終乾元也，萬物因之以生，無時而可或缺者。如邑之立也，必當有井，無井則無水以飲，不成其邑矣。故邑雖有改，而井不可無也。[2] 井之水也在地，天下眾水同源，如乾元性海，[3] 本無分別，增之而不見其多，減之而不見其少，无得无喪，[4] 无首无終，其往其來，皆此乾元一氣耳，故"往來井井"。天地者，井井也；萬物者，一井也。一井通，則地水以顯其同源有在；一物生，則天道以彰其大本相通。然乾坤雖必大有，而一物或有不成，以其秉陽而不繼；此如地水雖必周流，而一井或有汔至，以其浚井而不終。汔之為言涸也。至，窒。[5] 故欲使物物皆成，井井相通，則必即物而窮理，井井而用功也。[6] 蓋吾人心體雖本光明瑩徹，然倘不加拂拭，則亦或惹塵埃也。此即涸至而不浚井，[7] 則井泥過多，或有纍其瓶之凶。[8] 以天道之生成顯化言之，乾坤雖大過，而能養頤以通者，以其有井之德也。

【疏證】[1] 崔憬曰："困極於剝削，則反下以求安，故言'困乎上，必反下'也。"易祓云："井卦繼於困卦之後，澤無水，困，命也；澤無水而井則有水，是有性存焉。"又云："致命者聽其自至，而盡性者當求其在我。"〇元按：崔說稍得之，易說是，詳下。[2] 干寶曰："水，殷德也。木，周德也。夫井，德之地也，所以養民性命，而清絜之主者也。自震化行至於五世，改殷紂比屋之亂俗，而不易成湯昭假之法度也，故曰'改邑不改井'。"陸希聲《易傳》："邑之有井，猶國之有法，國可變而法不可易。"〇元按：陸說是也。干說雖不必井卦本義，然理甚清通。[3]鄭汝諧云："永嘉鄭景望曰：'得之何希深，有蜀君子謂之曰，《易》有性、命二卦。"又云："井言'改邑不改井，无喪无得'，蓋言性也。考之於象，澤無水為困，此命也；澤雖無水而井則有水焉，此性也。"智旭云："知井無得喪，則知性德六而常即；知人有得喪，則知修德即而常六。"[4]孔穎達云："井用有常德，終日引汲未嘗言損，終日泉注未嘗言益，故曰'无喪无得'也。"[5]干寶曰："當殷之末，井道之窮，故曰'汔至'。周德雖然興，未及革正，故曰'亦未繘井'。"《經典釋文・周易・未濟》引《說文》云："汔，水涸也。"錢一本云："井汔至，《踐阼篇》武王《井銘》：'原泉滑滑，連旱則絕；取事有常，賦斂有節。'井上六'勿幕，有孚'，則常不至汔而絕矣。故元吉。"（《像抄》卷下）吳桂森云："《孟子》曰：'掘井而不及泉，猶為棄井。'……汔，乾也。水雖無改，卻有時乾（音幹），……井其心學之淵源乎！境有變遷，地有移易，而一源者自如也。不以聖而增，不以愚而亡，叩之則通，取之則盡，可為井井不竭矣。第恐義理有一時之未達，必無以汔而生畏；功夫雖一線未到，必無以繘而自止。"黃宗炎云："汔，水涸也。"高亨云："《說文》：'汔，水涸也。'《廣雅・釋詁》：'汔，盡也。'至借為窒。《說文》：'窒，塞也。'井涸窒者，謂井水涸竭而泥塞其中也。"〇元按：干氏當已讀汔為涸矣。今《說文》："汽，水涸也，或曰泣下。從水，氣聲。《詩》曰：'汽可小康。'"《詩・大雅・民勞》："民亦勞止，汔可小康。"則《說文》汽或作汔，宋《集韻・迄韻》亦引作"汔，《說文》：'水涸也。'"可證。朱駿聲《說文通訓定聲》徑作汔。觀錢一本所言，是已讀汔為涸也。同書卷下既濟條云"井汔至，不勝內涸"，尤可證。吳桂森從學錢氏，故本其說。又，錢氏另撰《像象管見》、《四聖一心錄》以論《易》，二書論井卦"汔至"之義皆同成說，惟此書為異。《像抄》成書晚於《管見》約十年，《一心錄》亦當在《像抄》前。今《四庫總目》並列三書，而以《一心錄》殿後，蓋未暇深考也。[6]張根云："井以渫而美，性以修而成。"[7]荀爽曰："繘者，綆汲之具也。"陸德明云："繘，鄭云：'綆也。'《方言》云：'關西謂綆為繘。'郭璞云：'汲水索也。'"〇元按：此用為動詞，疏浚之義。荀爽曰："繘者，所以出水通井道也。"[8]陸德明云:"赢,蜀才作累。"

《彖》曰:巽乎水而上水,井。井養而不窮也。"改邑不改井",乃以剛中也。"汔至,亦未繘井",未有功也。"羸其瓶",是以凶也。

【義解】井卦上水下木,如以桔槹下於水而上水之狀,故曰井也。卦德入乎險中,巽而有謀,巽者入也,有謀者汲也。故井通水之本源,能養物而不窮。[1]"改邑不改井"者,以九五居剛而能得中也。[2]"汔至,亦未繘井",言未加疏浚之功也。"羸其瓶",言是以有凶也。此皆以初六言也。

【疏證】[1] 鄭玄曰:"坎,水也;巽,木,桔槹也。互體離、兌,離外堅中虛,瓶也。兌為暗澤,泉口也。言桔槹引瓶下入泉口,汲水而出,井之象也。井以汲人水無空竭,猶人君以政教養天下,惠澤無窮也。"○元按:互體之說蛇足耳,然大義已得。[2] 耿南仲云:"井之為卦,甃之潔之以養其源,則汲之而不窮;人之性知所以養之,則動而愈出,亦猶井而已矣,故'井養而不窮也'。養源於內而用之不窮,則眾共資之以為生,利之以為說,故邑可改也,遷都改邑重事也。邑可改而井不可改者,立本之有地也。剛中者,天德之盛也。天命之謂性,則剛中之德固其所性之中矣。以是立本,故不可改,亦猶天之不可變也。傳曰:'聖人外化而內不化。'改邑,所謂外化也;不改井,所謂內不化也。外化所以趨時,內不化所以立本也。"○元按:耿氏釋剛中雖不合《象》例,然理甚精。參上文引鄭汝諧諸人之言。

《象》曰:木上有水,井。君子以勞民勸相。

【義解】木上有水即以桔槹入地取水之狀,井之象也。[1]君子法井道之不可涸,故勞民以時,使民有度,勸之相之,養之不窮。[2]蓋勞民法其巽入,勸相法其有謀。卦既以巽而有謀為德,當井之時,謀即所謂疏浚之功也。凡陽爻則剛健有謀,故得井之用;凡陰爻則柔順無謀,故失井之用。

【疏證】[1]程頤云:"木承水而上之,乃器汲水而出井之象。君子觀井之象,法井之德,以勞徠其民,而勸勉以相助之道也。勞徠其民,法井之用也;勸民使相助,法井之施也。"[2]虞翻曰:"相,助也。"王弼云:"相猶助也。"張浚云:"《孟子》載帝堯憂民,自'勞之來之'下皆'勞民勸相'義也。"李道平云:"掘井出水,即因井制田,皆養民不窮之事。故鄭注《井·象》云:'井,法也。君子取法乎井,以恆產勞民,使之勸勉相助。以君養民,即以陽養陰之義也。'"○元按:《孟子·滕文公章句上》:"放勳曰:'勞之來之,匡之直之,輔之翼之,使自得之,又從而振德之。'"鄭汝諧亦有此論。

初六,井泥不食。舊井无禽。

《象》曰:"井泥不食",下也。"舊井无禽",時舍也。

【義解】以陰居潛,陰故失井之用,潛則固執不用,蓋不可用之井,廢井也。故其象或為井有泥,不可食;或已乾涸,故禽亦不至。下言未得其用,時舍言為時所棄。[1]

【疏證】[1]王弼云:"井泥而不可食,則是久井不見淶治者也。久井不見淶治,禽所不向,而況人乎? 一時所共棄捨也。"程頤云:"見其不能濟物,為時所捨置不用也。"

九二,井谷射鮒,甕敝漏。

《象》曰:"井谷射鮒",无與也。

【義解】以陽居柔中,陽故得井之用,柔則未能致遠,中則不違其則,所謂未能致遠,蓋言其用未宏,雖用而未盡其用也,故其象如井雖深可射鮒,[1]是可用矣,然尚未能用,以其盛水之甕敝漏,[2]故言無與也。與,助。

【疏證】[1]虞翻曰:"鮒,小鮮也。"孔穎達引《子夏傳》云:"井中蝦蟆呼為鮒魚也。"王引之云:"(《莊子·秋水篇》)又曰:'井魚不可以語於海者,拘於虛也。'(自注:俗本改魚為蛙,辨見《讀書雜誌》。)《呂氏春秋·諭大篇》曰:'井中之無大魚也,新林之無長木也。'井中無大魚,故鄭注曰：‘所生魚無大魚，但多鮒魚耳。’言微小也。射，謂以弓矢射之也。
《易》凡言射隼、射雉皆然，射鮒不應獨異。《呂氏春秋·知度篇》曰：‘非
其人而欲有功，譬之若射魚，指天而欲發之當也。’《淮南·時則篇》曰：
‘命漁師始漁，天子親往射漁。’《說苑·正諫篇》曰：‘昔白龍下清泠之淵，
化為魚，漁者豫且射中其目，白龍上訴天帝，天帝曰：魚固人之所射也。’
是古有射魚之法也。”○元按：虞、王說是。[2]陸德明云：“甕，鄭作甕，
云：‘亭水器也。’《說文》作罋，汲缾也。”司馬光云：“甕者所以汲也。甕敝
而漏，水不可得也。”

九三，井渫不食，為我心惻。可用汲，王明並受其福。

《象》曰：“井渫不食”，行“惻”也。求“王明”，“受福”也。

【義解】以陽居躁，陽故得井之用，躁則不安其用，所謂不安其
用者，汲而又汲也，故其象如井濁而不可食，行者心中惻然，故汲之
又汲也。[1]但求王明，則皆受其福矣。[2]蓋古有浚井改火之制，[3]
此為君者之責也。求者，希求，非乞求也。

【疏證】[1]荀爽曰：“渫去穢濁，清絜之意也。”陸德明云：“渫，黃
云：‘治也。’”王弼云：“渫，不停汙之謂也。”干寶曰：“惻，傷悼也。”朱子
云：“行惻者，行道之人，皆以為惻也。”[2]王引之云：“並之言普也，徧也，
謂天下普受其福也。古聲並普相近，故《說文》普字以並為聲。”[3]《後漢
書·禮儀志中》：“立秋如故事，是日浚井改水。日冬至，鑽燧改火云。”

六四，井甃，无咎。

《象》曰：“井甃无咎”，修井也。

【義解】以陰居或，陰故失井之用，或則謹慎有疑，此則因謹慎
之故而不可用也，蓋井壞而欲甃之，故有修井之象，[1]无咎。

【疏證】[1]孔穎達云：“案《子夏傳》云：‘甃亦治也，以塼壘井，脩井
之壞，謂之為甃。’”陸德明云：“甃，馬云：‘為瓦裏下達上也。’”

九五，井洌，寒泉食。

《象》曰：“寒泉之食”，中正也。

【義解】以陽居剛中，陽故得井之用，剛則其用已宏，中則能得其宜，故為井水清洌可食之象。[1]井已得其大用，是所謂正。

【疏證】[1]《說文·水部》：“洌，水清也。从水，列聲。《易》曰：‘井洌，寒泉食。’”王弼云：“洌，潔也。”

上六，井收勿幕，有孚元吉。

《象》曰：“元吉”在上，大成也。

【義解】以陰居亢，陰故失井之用，亢則反動，汲水之反動者，不汲之矣，蓋汲水已畢，所謂成也，故有井收之象。然亦誡其不可以幕罩之，蓋倘幕之則人以為不欲後來者用汲也。勿幕則人信之矣，故云“有孚元吉”。[1]言大成者，孟子云：“孔子之謂集大成。集大成也者，金聲而玉振之也。金聲也者，始條理也。玉振也者，終條理也。”井洌寒泉，猶金聲也；井收勿幕，猶玉振也。是之謂集大成。

【疏證】[1]虞翻曰：“幕，蓋也。收，謂以轆轤收繘也。”王弼云：“幕猶覆也，不擅其有，不私其利，則物歸之，往無窮矣，故曰‘勿幕有孚元吉’也。”耿南仲云：“井道大成，宜以不窮之用應無方之求，故曰‘勿幕’。”

卷七　仁

序卦：井道不可不革，故受之以革。

☲（離下兌上）

革：已日乃孚。元，亨，利，貞，悔亡。

【義解】井道雖得其元，而能有通，然既須時時疏浚，亦小道也。何如長江大河，澎湃萬里，而終無以塞之耶？此如欲建小邑，固可圍井而成聚，然倘成大都，則必臨寬江大澤、水源豐贍之所。以心體言之，時時拂拭以復其本固佳，終不如執其道樞，不起塵埃為愈。故“井道不可不革也，故受之以革”。[1]自損之井，禮之時也，禮之失必文，濟文必以質，濟禮則以仁也。故自革以下，仁之時也。以四德言之，革之時乃欲復其乾體精剛，故革亦居元亨利貞也。惟仁之革禮，亦稍有說，蓋當禮之時，雖治政以猛，然未嘗不有其澤惠及人，故其後即稍失道，或亦有思之者，不可徑革也；必至惡貫滿盈，出禮入刑，則人之望革，如大旱之望雲霓矣，乃有仁者起而革之，而天下皆服，故云已日乃孚。已當作己。[2]所謂己日者，天行以十干為一周，自甲之時已當革之矣，此時雖革，人未能盡信；如必欲革，則或起干戈也，起干戈則必有生靈塗炭；仁者之所以為仁，行一不義，殺一不辜，得天下而不為也。當己之時，已過其半，則人盡孚矣，此可見聖人慎重之至。此如文王三分天下有其二，其力足以革紂而終不親革，蓋天命雖至，仍慎而待其時也。如不待時，則雖革亦必有悔；如能元亨利貞以待時，則其悔乃亡。[3]以天道之生成顯化言之，天道之所以有時節變易，萬物履之，如影隨形者，以其有革之德也。

【疏證】[1]陸德明云：“革，馬、鄭云：‘改也。’”韓康伯曰：“井久則濁穢，宜革易其故也。"張獻翼云："聞之《後漢書·禮儀志》引古禮云立秋浚井改水，冬至鑽燧改火，改火改水即井道之革也。"李道平云："《淮南子》言'八方風至，浚井取新泉，四時皆服之'。《後漢書·禮儀志》引古禮'立秋浚井改水'，此皆井受以革之義也。"〇元按：張、李二氏所言非也。浚井改水非改井也，仍當為"王明並受其福"一爻之義所涵。至革，則所改者井矣。[2]干寶曰："天命已至之日也。乃孚，大信著也。武王陳兵孟津之上，諸侯不期而會者八百國，皆曰'紂可伐矣'，武王曰'爾未知天命，未可也'，還歸。二年，紂殺比干，囚箕子，周乃伐之，所謂'己日乃孚，革而信'也。"宋衷《易注》："人性習常，不悅改易，及變之後，樂其所成，故即日不孚，已日乃孚矣。故曰'已日乃孚'也。已，竟也。"王弼云："夫民可與習常，難與適變；可與樂成，難與慮始。故革之為道，即日不孚，已日乃孚也。"魏濬云："己日如甲日、庚日之例，自甲至戊，生數；自己至癸，成數。許慎云：'己，言萬物合成其性。'劉熙云：'己，紀也，萬物有定形可紀識也。'"顧炎武云："革'已日乃孚'、'六二，已日乃革之'，朱子發讀為'戊己'之己。天地之化，過中則變，日中則昃，月盈則食，故《易》之所貴者中，十干則戊己為中，至於己則過中，而將變之時矣，故受之以庚。庚者，更也，天下之事當過中而將變之時，然後革而人信之矣。古人有以已為變改之義者，《儀禮·少牢饋食禮》'日用丁巳'注：'內事用柔，日必丁巳者，取其令名，自丁寧，自變改，皆為謹敬。'而《漢書·律曆志》亦謂'理紀於己，斂更於庚'是也。"（《日知錄·己日》）〇元按：魏、顧之說是也。宋、王讀已為已，止也。蓋云革命已成之日，始能為民所信也。然六二云"己日乃革之"，明與彖辭互釋，倘如王氏所言，則革命已成之前皆不得謂之革矣。[3]蔡子木云："元亨利貞，乾道也。隨者，隨物；革者，改物。物不可妄隨，故必元亨利貞乃得无咎；亦不可以妄改，故必元亨利貞乃得悔亡。"（逯中立《周易劄記》引）

《彖》曰：革，水火相息，二女同居，其志不相得曰革。"已日乃孚"，革而信之。文明以說，大亨以正。革而當，其悔乃亡。天地革而四時成，湯武革命，順乎天而應乎人。革之時大矣哉！

【義解】革卦上澤下火，澤者大水，足以滅火；燥萬物者莫熯乎火，水如不足，亦為火所熯，故云"水火相息"。[1]此如二女同居，互不相得，故曰革也。"己日乃孚"，言六二革而人皆信之。卦德文明以說，四德大亨而正。如六四革而當，其悔乃亡，可不慎哉！天地有革而四時變易，天命有革而湯武遞興。王者不惟順天，所謂明也；且能應人，所謂說也。[2]九五剛中，當革而革，文明以說，正合卦德，故革而悔亡。以卦義言，革之時水火相滅，不合大《易》生生之義；以卦德言，則其相滅乃適所以為生生也。革之時所以"大哉"者以此。[3]參豫卦。

【疏證】[1]陸德明云："息，馬云：'滅也。'李斐注《漢書》同。《說文》作熄。"程頤云："革，變革也。水火，相息之物，水滅火，火涸水，相變革也。"李光地等云："更改之義，有取於革者，革，鳥獸之皮也。鳥獸更四時則皮毛改換，《堯典》'希革'、'毛毨'之類是也。"○元按：今本《說文》無此句。[2]程頤云："離為文明，兌為說。文明則理無不盡，事無不察；說則人心和順。"胡炳文云："離明則灼義而非妄革，兌說則隨時勢而非強革，此所謂革之貞也。"[3]吳桂森云："其實革中原有不革者在，祇看水與火本相息滅，然火能乾水，水何曾滅，蒸而上者，注之還是水也。水能滅火，火何曾滅，息於此者，燃之還是火也。故滅息中有生息之妙，但見一番變化耳。"○元按：以是知虞翻所云"息，長也"，以生生之義釋之者皆誤。錢鍾書云："《漢書·藝文志》論諸子十家曰：'辟猶水火，相滅亦相生也。……相反而皆相成'，正《易》語之詁。……僅知生息、止息兩意之歧出分訓，而未覯《易》此語之以生息、滅息兩意之同時合訓也。"此說稍似，然革卦之所以有生息之義非因訓息為生也，乃因其卦德有合於天道之生生也。與蒙之字可以蒙、萌二訓不同。蓋革之本義為獸皮，皮可革而不可無，故蘊生義。錢氏徒知易卦當蘊正反二義，未能求其大者，惜哉！

《象》曰：澤中有火，革。君子以治曆明時。

【義解】澤中有火，必將熄滅也，故以象革。君子法天道之有革,故治曆明時,以知天命之因革。蓋所謂天命者,《論語》"天之曆數在爾躬",《孟子》"五百年必有王者興"是也,故漢人有通三統之說。[1] 卦既以明而能說為德,凡陽爻則剛健能明,固欲革之;凡陰爻則柔順能說,而欲順守。

【疏證】[1] 程頤云:"君子觀變革之象,推日月星辰之遷易,以治曆數,明四時之序也。"郝敬云:"治曆以明時,革之首務也。堯禪舜,曰'曆數在爾躬',夏商周三正代變,夫子作《春秋》首王正月,顏子為邦先行夏時,帝王繼世改元頒朔,革道莫大乎是。"○元按:《論》《孟》之說當與革卦《大象》本義相通,然實囿於並時天運諸說,此天道之歷史性耳。(參拙撰《孟子章句講疏》卷四。)郝氏得之。若小程子之論,雖與本義稍異,然固有合於革卦大義者也。

初九,鞏用黃牛之革。

《象》曰:"鞏用黃牛",不可以有為也。

【義解】以陽居潛,陽故欲革,潛則固執不起,當革之時,是尚未可革者也,故云"不可以有為也"。其象如固之以黃牛之革,黃牛言其健也。[1]

【疏證】[1] 王弼云:"鞏,固也。黃,中也。牛之革堅仞不可變也。"干寶曰:"此喻文王雖有聖德,天下歸周,三分有二而服事殷,其義也。"

六二,已日乃革之,征吉,无咎。

《象》曰:"已日革之",行有嘉也。

【義解】以陰居柔中,陰故順守,柔則以柔道行之,中則所行得宜,當革之時,是順守以行者也,正合卦德,故云"已日乃革之",行將有慶,故云往則有吉而无咎也。[1]

【疏證】[1] 俞琰云:"必往於己日當革之時,則其行有嘉美之功。行釋'征'字,嘉釋'吉无咎'。"張根云:"周公革商頑民,信而後革故。"

九三,征凶。貞厲。革言三就,有孚。

《象》曰:"革言三就",又何之矣。

【義解】以陽居躁，陽故欲革，躁則輕動，未及其時即欲革之也，故往有凶，定於此必有危矣。革言三就，言革之又革，多次方就，[1]人始信之也。[2]革而不俟天命，又何之矣？之，往。[3]

【疏證】[1]趙汝楳云："革言，猶《詩》之‘駕言’。……就，成也。《周官·典瑞》‘公侯伯繅皆三采三就’，注：‘成也。一匝為一就。’"蔡淵云："就，成也。"○元按：孫詒讓云："云‘就，成也’者，《爾雅·釋詁》文，《巾車》《弁師》《大行人》注並同。《典絲》注云：‘采色一成曰就。’案：成者猶備也。謂眾采等列相間全備，是謂一就。"即此觀之，成、就初皆實有所指，引申之，則與後世所云成就之義無別。《周易》此文，蓋用其引申義也。[2]解蒙云："事莫難於改作，故聖人恐其躁動以為革之害，而戒其重慎，以審革之宜。"楊爵云："九三居離之極，過剛不中，離極則過察，剛極則過動，一是而革，則征凶。雖事為當革，而處之不善，亦危矣。必三令五申以明己之志，則可以有孚矣。九三德之衰也，固不能無言而使人自信也，盤庚遷都，心本為民而民不從，至勤三篇誥命，始能有濟。革言三就，有孚之謂也。大凡忠信不足而尚辭命，衰世之意也。"○元按：楊氏大義已得，惟言離極過察云云，本書不取。[3]程頤云："又何之矣，乃俗語‘更何往也’。"

九四，悔亡。有孚改命，吉。

《象》曰："改命之吉"，信志也。

【義解】以陽居或，陽故欲革，或則謹慎自省，當革之時，初欲革而人未能信，故悔；因能自省，故待人之有孚，能定其志，乃革天命，[1]故悔亡而得吉。信者，定也。

【疏證】[1]程頤云："改命，改為也，謂革之也。"胡炳文云："自三至五，皆言‘有孚’，三議革而後孚，四有孚而後改，深淺之序也。五未占而有孚，積孚之素也。"

九五，大人虎變，未占有孚。

《象》曰："大人虎變"，其文炳也。

【義解】以陽居剛中，陽故欲革，剛則有為，中則所行得宜，當革之時，能順天應人，當革而革之也。大人虎變者，言大人一革，如虎之毛毨，文彩燦然，是所謂文炳。[1]而群賢畢從，如風從虎也，[2]未占即知其有孚而人信之矣。

【疏證】[1]京房《易章句》：“虎文疏而著。”王弼云：“九五居中處尊，以大人之德為革之主，損益前王，創制立法，有文章之美，煥然可觀，有似虎變，其文彪炳。”張載云：“虎變文章大，故明；豹變文章小，故蔚。”朱子云：“虎，大人之象。變，謂希革而毛毨也。在大人則自新新民之極，順天應人之時也。”李士鉁云：“虎變者，希革而毛毨也。虎本有文彩，至兌秋之際，毛落更生，其文煥然一新，猶焚餘之山色尤佳，雨後之光明倍朗也。”[2]吳桂森云：“乾五大人稱龍虎，革五大人祇稱虎，其聖作物睹無異也，特以兌秋肅殺之氣便有威可畏，所以與神武不殺者稍不同。”○元按：吳氏知以虎變與乾卦相參，是也，然未免過鑿矣。

上六，君子豹變，小人革面，征凶，居貞吉。

《象》曰：“君子豹變”，其文蔚也。“小人革面”，順以從君也。

【義解】以陰居亢，陰故順守，亢則反動，順守本不欲變，故反動者，大變也，此言當革之時面貌煥然一新。於君子而言，乃是揚眉吐氣，未革之時，天下無道，故安貧而樂道，窮則獨善其身；當革之時，則雲龍而風虎，達則兼善天下。豹之革也，有文蔚然，[1]故以形容君子之變。於小人而言，則是順以從君，洗心革面也。[2]當此之時，利居此而有定也，不可復變，故有往則凶而居貞則吉。

【疏證】[1]陸德明云：“蔚，《廣雅》云：‘茂也，數也。’《說文》作斐。”《說文》：“斐，分別文也。从文，非聲。《易》曰：‘君子豹變，其文斐也。’”陸績曰：“豹，虎類而小者。君子小於大人，故曰‘豹變，其文蔚也’。”呂大臨云：“虎之文脩大而有理，豹之文密茂而成斑。其文炳然，如火之照而易辨也；其文蔚然，如草之暢茂而叢聚也。”（《周易折中》引）[2]程頤云：

“小人，昏愚難遷者，雖未能心化，亦革其面以從上之教令也。”俞琰云：“小人居革之終，幡然向道，以順從九五之君，無不心悅而誠服。故曰‘小人革面，順以從君也。’或者乃謂面革而心不革，非也。”〇元按：俞說是也。

序卦：革物者莫若鼎，故受之以鼎。

䷱（巽下離上）

鼎：元吉，亨。

【義解】天命已革，當告廟而定鼎，以改其元，所以用鼎者，蓋民以食為天，鼎之烹也，當調和鹽梅；國之定也，當陰陽和濟。定鼎而改元，言天命已革，其調劑和齊之法亦當有變也。[1]鼎定則新元已出，名分已立，是天子之事也。鼎既改元，故於四德居元；既應天命，其吉無疑；有元而必能通，故亦居亨。以天道之生成顯化言之，四德之以元為首者，以天道有鼎之德也。

【疏證】[1] 韓康伯曰：“革去故，鼎取新。以去故，則宜制器立法以治新也。鼎所以和齊生物，成新之器也，故取象也。”何妥《周易講疏》：“古者鑄金為此器，能調五味，變故取新，以成烹飪之用，以供宗廟，次給聖賢。天子以天下為鼎，諸侯以國為鼎，變故成新，尤須當理。”方大鎮《易意》云：“古鼎多作雲雷縮綽之象，藏經綸也。”（方孔炤《周易時論合編·屯·象》引）

《彖》曰：鼎，象也。以木巽火，亨飪也。聖人亨以享上帝，而大亨以養聖賢。巽而耳目聰明，柔進而上行，得中而應乎剛，是以元亨。

【義解】鼎者，即形以言其象也。以木而入火，如烹飪之象。言聖王以鼎烹物以享上帝，以政烹德以養聖賢。[1]祭祀薦享之時以鼎烹物，饈之神明，故但言烹；燮理陰陽之際，三公坐而論道，惟須聖賢乃可，故言大烹以別之。蓋鼎之用曰烹，其要在入物而能明,故卦德巽而能明,所謂入者,入其實也;所謂明者,耳聰目明也。即鼎而言,能入其實而得鼎之用,是可謂巽。入而能明,故得烹飪之所宜。離之六五以柔居剛中,故曰柔進而上行,[2]得中而應乎剛。有如是之德,故可為改元之象,以通神明之德矣,是為元亨。

【疏證】[1]鄭玄曰:"鼎烹飪以養人,猶聖君興仁義之道,以教天下也。"[2]虞翻曰:"柔謂五,得上中。"

《象》曰:木上有火,鼎。君子以正位凝命。

【義解】木上有火,鼎之象也。君子法鼎之能定天命,正其名分,而敬遵天命。[1]卦既以入而能明為德,凡陽爻則剛健有為,故能入;凡陰爻則柔順無為,故不入。凡定鼎之序,在出否、入實、正位、薦享。[2]

【疏證】[1]陸德明云:"凝,嚴兒。鄭云:'成也。'"王弼云:"凝者,嚴整之貌也。鼎者,取新成變者也,革去故而鼎成新。正位者,明尊卑之序也;凝命者,以成教命之嚴也。"惠士奇云:"天命靡常,惟德是輔。凝命者,修德以凝道也。故曰:'苟不至德,至道不凝焉。'王者位乎天位,憑權藉勢,能兼而有之,不能有而凝之。《荀子》曰:'兼併易能也,惟堅凝之難焉。'……正位凝命,古帝王長有天下數百年者,惟能凝者而已。"〇元按:惠說甚辯,然僅以帝王言則非,蓋象固明言君子矣,否則何不徑云先王乎?[2]干寶曰:"凡烹飪之事,自鑊升於鼎,載於俎,自俎入於口,馨香上達。"李道平疏《震·象》曰:"祭儀先烹牢於鑊,既納於鼎而加冪。祭乃啓冪,而以匕出之,升於俎上。"

初六,鼎顛趾,利出否。得妾以其子,无咎。

《象》曰:"鼎顛趾",未悖也。"利出否",以從貴也。

【義解】以陰居潛,陰故不能入,潛則固執不用,蓋鼎未可用也,故不可入實,其象如顛鼎之足,以利出其不合宜之實,[1]當此之時,雖不入,亦不為悖禮,故无咎。內實更換之道有如妾以子貴,其優劣本無分別,所以有出入者,惟視鼎之所宜也,其合宜者入之,似貴矣。[2]

【疏證】[1] 虞翻曰：“趾，足也。”陸德明云：“否，悲已反，惡也。”朱子云：“鼎未有實，而舊有否惡之積焉。因其顛而出之，則為利矣。”[2] 陸希聲《易傳》：“趾當承鼎，顛而覆之，悖也。於是出其惡，故雖覆未悖。猶妾至賤，不當貴，以其子故得貴焉。《春秋》之義，‘母以子貴’是也。”錢澄之云：“去否則不必貴顯，誕子則豈可卑妾，捨其舊以薦其新，上帝歆焉，聖賢享焉，猶有以凤昔為嫌者乎？故曰以從貴也。所貴者，新潔也。”〇元按：陸說亦通。

九二，鼎有實，我仇有疾，不我能即，吉。

《象》曰：“鼎有實”，慎所之也。“我仇有疾”，終无尤也。

【義解】以陽居柔中，陽故能入，柔則順守以行，中則不違其則，能入實，謹慎以正其位者也。蓋鼎既有實，當慎重所之，正位之際，戰戰兢兢，如防寇仇，及其居位，心乃釋然，如我仇有疾，不我能即也，故吉。即，就。[1]

【疏證】[1] 李道平引《說文》曰：“即，就也。”王弼云：“我仇謂九也，困於乘剛之疾，不能就我，則我不溢，得全其吉也。”阮元校：“案九當作五。《正義》云‘六五我之仇匹’是也。毛本是五字。”〇元按：輔嗣大義已得，惟二五相應、乘剛云云，本書不取。

九三，鼎耳革，其行塞，雉膏不食，方雨，虧悔，終吉。

《象》曰：“鼎耳革”，失其義也。

【義解】以陽居躁，陽故能入，躁則躁動，其象如入實過多，以至失中，鼎耳為實所沒，故曰“鼎耳革”；鼎耳既革，無以移動正位，故曰“其行塞”；如是則鼎失其所用，故曰“失其義”，雖雉膏之美亦不可食矣。[1] 當此之際，雖已有悔，尚非大過，如雨將降而未降也，[2] 如能稍虧其實，以出其耳，則終吉也。

【疏證】[1] 陸德明云：“鄭云：‘雉膏，食之美也。’”虞翻曰：“鼎以耳行，耳革行塞，故失其義也。”孔穎達云：“失其義也者，失其虛中納受之義也。"[2] 程頤云："方雨，且將雨也。"陳瓘云："方雨者，由'方來'也，來斯雨矣。"○元按：困九二："朱紱方來。"

六四，鼎折足，覆公餗，其形渥，凶。

《象》曰："覆公餗"，信如何也。

【義解】以陽居或，陽故能入，或則有疑，實既入而不知所措之象，蓋鼎折其足，而覆公之美食，且濕其身，故凶。[1] 信如何，言不知當如何也。[2] 參《繫辭下》第五章。

【疏證】[1] 陸德明云："餗，虞云：'八珍之具也。'"孔疏："餗，糝也，八珍之膳。"王弼云："渥，沾濡之貌也。既覆公餗，體為渥沾，知小謀大，不堪其任，受其至辱，災及其身，故曰'其形渥，凶'。"程頤云："不勝其任，可羞愧之甚也。其形渥，謂赧汗也，其凶可知。"丁易東云："鼎覆則膏潘緣其外邊而下，故其形渥，凶。"李光地等云："其形渥，從王氏說為是。《詩》曰'渥赭'、'渥丹'，皆以顏貌言之，愧生於中，則顏發赤也。"○元按：依丁氏之意，其形渥當指鼎而言，亦可通。朱子《本義》引晁氏曰："形渥，諸本作'刑剭'，謂重刑也。"可備一說，然無關此爻之大義也。[2]《九家易》曰："無可如何也。"

六五，鼎黃耳金鉉，利貞。

《象》曰："鼎黃耳"，中以為實也。

【義解】以陰居剛中，陰故不入，剛則有為，中則所行得宜，雖未入實，而能得其大用，居中正位者，蓋惟其鼎黃耳，貫以金鉉，[1] 為祭祀正位之象徵者，雖其中無實，而如有實，以居中故也，是謂"中以為實"。[2] 蓋"黍稷非馨，明德惟馨"，神明必來享矣，故利居此而有定。此鼎蓋即改元定鼎之時所用者也。按此鼎雖以象烹，當改元大祭之時，非真用以烹也，蓋惟置鼎於位，以薦於神主之前耳。[3]

【疏證】[1] 陸德明云："馬云：'鉉，扛鼎而舉之也。'"孔穎達云："鉉，所以貫鼎而舉之也。"[2] 陸績曰："得中承陽，故曰'中以為實'。"程頤云："六五以得中為善，是以中為實德也。"潘士藻云："蔡汝柟曰：中者虛也，虛則能受，故曰'中以為實'。"何楷云："中以為實者，九二居中，而鼎有實也。"○元按：承陽之說，本書不取。諸說皆不甚確，稍引之以存大意。[3]鄧夢文釋鼎上九云："玉自是貴重之物，而施於烹飪之鼎以為鉉，亦似非宜，然則所謂'鼎玉鉉'者，或廟中之鼎，以為重器，非尋常日用之鼎也。《春秋》納郜鼎於太廟，意此類也。"○元按：此疑甚是。

上九，鼎玉鉉，大吉，无不利。

《象》曰："玉鉉"在上，剛柔節也。

【義解】以陽居亢，陽故能入，亢則反動，反動者不入也，當鼎之時，能入而不以入者，蓋薦享已畢，不必入矣。鉉，《帛書周易·二三子》引作鼏，覆鼎者也。[1]其象為鼎玉鼏，蓋六五金鉉以象金聲，始條理也，剛也，上九玉鼏以象玉振，終條理也，柔也，用喻王道之始終耳，故云"剛柔節也"，得此必"大吉无不利"。[2]

【疏證】[1]惠士奇云："鉉者鼎之蓋也。蓋為尚溫，或謂之扃，或謂之鼏。扃貫以舉鼎，長者三尺，短者二尺，木為之；鼏覆以避塵，尊鼏以布，鼎鼏以編茅為之，皆非鉉也。鉉飾以金玉而在耳上，非蓋何也？"李道平云："古鼎無蓋，鼏即蓋也。"《說文·鼎部》："鼏，以木橫貫耳而舉之。從鼎，冖聲。《周禮》'廟門容大鼏七個'，即《易》'玉鉉大吉'也。"紐樹玉云："按《士冠禮》《聘禮》並云'設扃鼏'，《士喪禮》'抽扃取鼏'，是扃與鼏乃二物，《說文》合為一。據《玉篇》鼏注'覆樽巾也，又鼎蓋也'，亦為一物，則《儀禮》之鼏當是幂。鄭箋《詩·絲衣》云'舉鼎鼏告挈，禮之文也'。《禮器》'犧尊疏布幂'，《釋文》作幦，注云'本又作幂，又作鼏'，並其證。幂與幦同，《玉篇》訓為'簾也，覆也'，蓋同聲假借。《公食大夫禮》曰'鼏若束若編'，鄭注：'凡鼎鼏蓋取茅為之，長則束本，短則編其中。'與《玉篇》幦義合。"（《段氏說文注訂》卷三）《帛書周易·二三子》："鼎玉䁖，大[吉]，無不利。"廖名春云："《二三子》所謂䁖即璧，通幣，幣、鼏通用。'鼎玉䁖'即云鼎有玉鼏，有玉做的鼎蓋。"（《帛書周易論集·帛書易傳引〈易〉考》）○元按：覆井作幂，覆鼎作鼏，覆尊作幦，皆覆蓋之義。惠說不為無見，然必以布為之始稱鼏，似亦過拘。此無傷大義者也。[2]張根云：“是之謂大成。”龔原云：“……剛柔節者也，制中之謂也，故為玉鉉，鉉者溫潤粹美，剛而不變者也。孟子所謂聖人之事也。智以應變，故隆殺如金；聖則立本，故不變如玉。”李過云：“上，鼎玉鉉；玉，和物也。鼎道貴和，得玉鉉則陰陽和也，而鼎之功成矣。鉉一也，五取金鉉，上取玉鉉，金以剛為義，玉以和為義，……鼎之功成則享帝養賢而鼎道亨矣，故大吉無不利。《象》曰‘剛柔節也’，言陰陽和而得剛柔之節也。”李杞云：“鼎之上九與井上六同，二者皆以上出為功者也。‘金聲也者，始條理也；玉振也者，終條理也。’九（二）為金鉉，猶有偏乎剛之弊；上九為玉鉉，則剛柔得其節矣。”〇元按：《孟子》云：“始條理者，智之事也；終條理者，聖之事也。”龔氏不為無見，惟以隆殺、不變釋之，蛇足耳。李杞於六五爻云：“六五為黃耳，則九二為金鉉矣。”以二五相應為言，乃本孔穎達、程伊川之說，其說非也。取其言剛柔得其節耳。

序卦：主器者莫若長子，故受之以震。震者，動也。

䷲（震下震上）

震：亨。震來虩虩，笑言啞啞，震驚百里，不喪匕鬯。

【義解】王者告廟定鼎，新元既立，名分已定，故當封藩建國而守之，以諸侯臨於萬民，亦當設官分職，以冢宰統其百僚。主其剛維者，謂之監國，如天以雷行，譴告四方。所謂長子，即四方諸侯之伯者，伯者，長也。如文王姬昌為商之西伯是也。故長子有雷之象，是所謂“主器者莫若長子，故受之以震，震者，動也。”當震之時，制定作禮之時也，以四德言之則居亨。王政之威，煊赫臨上，君子遇之，如人之遇雷，當修省以懼，故震來則虩虩以知警，倘不違其天則，知其非為己來也，故自省而不咎，惟“笑言啞啞”耳。[1] 蓋雷聲雖威，震驚百里，[2] 倘心中無愧，當嘉會合禮，為之祭主之時，亦當不喪匕鬯也。[3] 以天地之生成顯化言之，四時有常，而物皆无妄者，以天道有震之德也。

【疏證】[1]陸德明云:"虩虩,馬云:'恐懼之貌。'鄭同。荀作愬愬。啞啞,馬云:'笑聲。'鄭云:'樂也。'"《說文·虎部》:"虩,一曰蠅虎也。"陸希聲《易傳》:"虩,蠅虎始在穴中,跳躍而出,象人心之恐動也。"張次仲云:"虩本壁虎之名,以其善於捕蠅,故曰蠅虎。虩捕蠅周環壁間,不自安寧而驚顧,此用虩字之意。"[2]鄭玄曰:"雷,動物之氣也。雷之發聲,猶人君出政教,以動中國之人也,故謂之震。"李道平引王肅曰:"有靈而尊者,莫若於天;有靈而貴者,莫若於王;有聲而威者,莫若於雷;有政而嚴者,莫若於侯。是以天子當乾,諸侯用震。"孔穎達云:"先儒皆云雷之發聲聞乎百里,故古帝王制國,公侯地方百里,故以象焉。竊謂天之震雷不應止聞百里,蓋以古之啓土百里為極,文王作繇在殷時,明長子威震於一國,故以百里言之也。"[3]王弼云:"匕所以載鼎實也。鬯,香酒,奉宗廟之盛也。"孔疏:"陸績云:'匕者棘匕,橈鼎之器。'先儒皆云匕形似畢,但不兩歧耳。以棘木為之,長三尺,刊柄與末。《詩》云'有捄棘匕'是也。用棘者,取其赤心之義。祭祀之禮,先烹牢於鑊,既納諸鼎而加冪焉,將薦乃舉冪而以匕出之,升於俎上。故曰'匕所以載鼎實也'。鬯者,鄭玄之義則為秬黍之酒,其氣調暢,故(為)[謂]之鬯。《詩傳》則謂鬯是香草。案《王度記》云'天子鬯,諸侯薰,大夫蘭',以例而言之,則鬯是草,明矣。今特言匕鬯者,鄭玄云:'人君於祭祀之禮,尚牲薦鬯而已,其餘不足觀也。'"○元按:鄭玄所云"不足觀",李鼎祚引作"不親",當從。

《彖》曰:震,亨。"震來虩虩",恐致福也。"笑言啞啞",後有則也。"震驚百里",驚遠而懼邇也。"不喪匕鬯",出可以守宗廟社稷,以為祭主也。

【義解】震能動物,卦德動而能動,萬物皆通,亨道也。初九"震來虩虩",言因懼而自求多福也,當震之時,无咎即福矣;"笑言啞啞",言知雷行有則,順而行之可无咎矣;"震驚百里,不喪匕鬯",為監國者當有如是之德,[1]則出可以守其宗廟社稷,入可以為祭之主,聲威如雷,驚遠而懼邇;鎮定自若,持匕鬯而不虞其失也。此以六五言也。"震來虩虩"、"震驚百里",即震行知懼言;"笑言啞啞”、“不喪匕鬯”，即自我省察言。與卦德密合。

【疏證】[1] 李光云：“虩虩，懼也。震來而知懼，則可以不懼矣。故‘笑言啞啞’也。”蔡清云：“‘震來虩虩’之懼，以心言；‘震驚百里’之懼，以事言。‘不喪匕鬯’，不懼也，不懼由於能懼。”

《象》曰：洊雷，震。君子以恐懼修省。

【義解】洊，再也。雷聲不絕，使人驚悚，故有震之象也。[1]君子知天之有震，故恐懼修省，以自求无咎。卦既以動之又動為德，前一動以雷行言之，是見震而驚，使皆知懼也；後一動以萬物言之，是心思速動，自我省察也。[2]凡陽爻則剛健有知，故知懼；凡陰爻則柔順無知，故不知懼。按諸爻言雷來擊人，皆以當時習以為常之觀念為喻，以人道言之，即在上者以威行令也。學者必心知其意乃可讀之，否則膠執於雷神諸觀念，或以無神論之見衡之以為大失，或以自然觀念曲為隱諱，皆失作《易》聖人之本旨矣。

【疏證】[1] 孔穎達云：“洊者重也，因仍也。雷相因仍，乃為威震也。”[2] 楊萬里云：“恐懼以先之，修省以繼之，修省者恐懼之功用也。修其身，省其過，則恐無恐、懼無懼矣。”王宗傳云：“恐懼云者，作於其心，此一恐懼也；修省云者，見於行事，此又一恐懼也。”俞琰云：“君子以恐懼而又修省，體此兩震之象也。恐懼者，心之敬畏也；修者，修敕其善而進之也；省者，省察其不善而改之也。恐懼取內震之象，修省取外震之象。”○元按：見震知懼，所謂作於其心；隨事省察，所謂見於行事。

初九，震來虩虩，後笑言啞啞，吉。

《象》曰：“震來虩虩”，恐致福也。“笑言啞啞”，後有則也。

【義解】以陽居潛，陽故知懼，潛則固執，正合卦德者也，故吉。蓋雷行有則，君子自反而縮，初雖虩虩，後則自若，見其則矣。[1]

【疏證】[1] 程頤云：“初九，成震之主，致震者也。知震之來，當震之始，若能以為恐懼而周旋顧慮，虩虩然不敢寧止，則終必保其安吉，故後‘笑言啞啞’也。”

六二,震來厲,億喪貝,躋於九陵,勿逐,七日得。

《象》曰:"震來厲",乘剛也。

【義解】以陰居柔中,陰故不知懼,柔則無大能為,中則不違其則,當雷來時,以不知懼,尚欲有為,故震來甚急,以危之也。然以居柔,故不能致遠,無大能為,見雷之危而終懼,雖非自省,然能有退。以得中之故,終亦無所失也。故其象如人當雷來時,不知恐懼遠避,惜其喪貝,欲登九陵以尋。億,惜辭也。[1]當震之時,居其高者尤危也,必欲登之,[2]見雷來甚危,故不逐而退,終亦无咎。待雷已去,復出以尋,七日乃得。其能復得者,蓋以得中之故也。乘剛,言堅欲有為。言七日者,隱"七日來復"之義,[3]七日非實指。七日得,猶云不久復得也。

【疏證】[1]虞翻曰:"億,惜辭也。"王弼云:"億,辭也。"干寶曰:"億,歎辭也。"陸德明云:"億,本又作噫,辭也。"[2]陸德明云:"躋,本又作隮,升也。"[3]胡居仁云:"'勿逐,七日得',與'七日來復'俱一脈。"

六三,震蘇蘇,震行无眚。

《象》曰:"震蘇蘇",位不當也。

【義解】以陰居躁,陰故不知懼,躁則躁動,當雷來時,既不知警,且攖其鋒,必為雷所擊也,故有"震蘇蘇"之象。雖遭雷擊,其咎在己,以居躁位,所行不當也,雷之所行固無錯失也。蘇蘇,疑懼不安之貌。[1]眚,錯失。

【疏證】[1]陸德明云:"蘇蘇,疑懼兒。王肅云:'躁動兒。'鄭云:'不安也。'"虞翻曰:"死而復生稱'蘇'。"孔穎達云:"蘇蘇,畏懼不安之貌。"

九四,震遂泥。

《象》曰:"震遂泥",未光也。

【義解】以陽居或,陽故知懼,或則謹慎有疑,或之慎在有疑於知懼,不如初九固執其戒懼之心,蓋已多一轉手,是其誠稍欠,故云"未光也"。其象如人見雷來甚危,雖能知懼,未免恐慌,故跌入泥途也。雷行多有雨，故言泥。遂，墜。[1]

【疏證】[1] 陸德明云："荀本遂作隊。"何楷云："遂泥者，猶言竟陷於泥也。"朱駿聲云："遂當作隊，古墜字。"○元按：荀爽《易言》本條，黃奭按："古墜字。"諸說多訓泥為"致遠恐泥"之泥，非。

六五，震往來，厲，意无喪有事。

《象》曰："震往來厲"，危行也。其事在中，大"无喪"也。

【義解】以陰居剛中，陰故不知懼，剛則剛健，中則所行不違其則，如雷往來雖危，自以無過，則雷又其奈我何？意其必不使己祭祀有失也。故云"意无喪有事"，[1]此所謂有恃而無恐者也。然以行中，故亦能不違其則。有事在中，祭祀而行中也。大無喪者，雷聲雖大而無喪匕鬯也。有此德，故出可以守宗廟社稷，為祭之主矣。意，李鼎祚本作億。

【疏證】[1] 虞翻曰："事謂祭祀之事，……可以守宗廟為祭主，故'无喪有事'也。"俞琰云："有事，謂有事於宗廟社稷，以為祭主也。"李光地等云："《春秋》凡祭祀皆曰有事，故此有事謂祭也。"

上六，震索索，視矍矍，征凶。震不于其躬，于其鄰，无咎。婚媾有言。

《象》曰："震索索"，中未得也。"雖凶无咎"，畏"鄰"戒也。

【義解】以陰居亢，陰故不知懼，亢則反動，反動者，知懼也，使不知懼者能懼，必親見雷行擊人之狀矣，故云'震不于其躬，于其鄰'也。既見而知懼，故雷來即瑟瑟發抖，二目無光，此之謂"震索索，視矍矍"。[1]以雷來擊人，故往有凶；以擊其鄰，故己无咎，蓋已畏鄰之所遇而知戒懼矣。瑟瑟發抖，故云"中未得也"。婚媾者遇此爻則不吉，蓋其鄰或有波折也。[2]

【疏證】[1] 陸德明云："索索，懼也。馬云：'內不安兒。'鄭云：'猶縮縮，足不正也。'矍矍，馬云：'中未得之兒。'鄭云：'目不正。'孔穎達云："索索，心不安之貌；矍矍，視不專之容。"○元按：當從鄭氏。[2] 司馬光云:"'震不于其躬,于其鄰'者,禍在彼而思在此也。楚人滅江,秦穆公為之降服。"

序卦:物不可以終動,止之,故受之以艮。艮者,止也。

䷳(艮下艮上)

艮其背,不獲其身,行其庭,不見其人,无咎。

【義解】當震之時,在上者以剛斷臨下,在下者恐懼修省,然既知其則,亦自省无咎,是所謂知其止矣。故云"物不可以終動,止之,故受之以艮。艮者,止也"。然止者無他,惟止於禮而已,非禮勿視,非禮勿聽,非禮勿言,非禮勿動,禮之所在,止之所在,如是而已。蓋在上者設官分職,在下者奉公守法,法亦禮也。物既守禮,則惟知素位而行,不起他念,雖自其大者言之,固統體為一;然自其小者視之,則各不相屬。此即官各有職,不可相侵是也。[1]故其居中在內而統之者,震也;其散殊在外而為中所統者,艮也。艮如耳目口鼻之互不相通,震則乃令四者有以相通之心官也。故以四德言之,則震居亨而艮居利,既"不可終止",則不當居貞也。參漸卦。蓋居貞則亦器耳,終無以成其大矣。夫子云:"君子不器。"艮既以不出其位為義,則如人之背不知其身,蓋背本為身所統,今背不知其身,是不出其位矣。故云"不獲其身";[2]亦如人所關注惟在自身,雖行人之庭而未見其人也。[3]既能自守其分,故亦无咎。以天道之生成顯化言之,乾陽既出,萬物止而能豫,自得其樂者,以天道有艮之德也。

【疏證】[1]鄭玄曰:"山立峙各於其所,無相順之時,猶君在上,臣在下,恩敬不相與通,故謂之艮也。"惠士奇云:"《呂氏春秋》曰:'耳目口鼻,不得擅行,必有所制,譬之若官職,不得擅為,必有所制',制者禮也。非禮則勿言勿動勿視勿聽,此'艮其背不獲其身'之義也。"○元按:鄭氏於不相與通之義已得,然以君臣為喻則失之矣。[2]蘇軾云:"背止於身,身與之動而背不知也。"《朱子語類·易九·艮》:"艮其背,背祇是言止也。人之四體皆能動,惟背不動,取止之義。"鄒德溥云:"背,體之止也。學固有攝心於不動者,則艮背之象也。今夫人棲心於背則念自息,當其時視身若遺也。雖人行其庭,弗之見矣。"[3]胡瑗云:"夫庭者,指淺近之處而言之也。行於淺近而猶不見其人者,蓋止得其道,各守其所而有定分,不相揉雜故也。古之聖人之治天下也,其在建官分職,各有所責,若習禮者專掌於禮,習樂者專掌於樂,習兵者專掌於兵,習刑者專掌於刑,各守其職,而不相干也。"○元按:《荀子·解蔽》:"曾子曰:'是其庭可以搏鼠,惡能與我歌矣!'"先儒多聚訟而未得的解。曾子本深於艮者也,以此義通之,蓋曰其庭雖亂如搏鼠,焉能擾我之詠歌乎?亦"行其庭,不見其人"之義也。

《彖》曰:艮,止也。時止則止,時行則行,動靜不失其時,其道光明。艮其止,止其所也。上下敵應,不相與也。是以"不獲其身,行其庭不見其人,无咎"也。

【義解】艮者止也,卦德止而又止,是時止時行,動靜不失其時,故其道光明。[1]上九敦艮當之矣。九三之"艮其止"者,止其所當止也。[2]內外兩卦互相對待,各不相謀,是以其背"不獲其身,行其庭不見其人"。敵應,對應。相與,猶言相合。昔儒誤解敵應之義,故以此為據,而有所謂應之例也。[3]按,彖辭之意惟在"思不出其位",不求有功,但求無過,人道也;《彖傳》則以時止時行為言,是進乎天德矣。參豫卦。

【疏證】[1]《朱子語類》:"問:'艮之象,何以為光明?'曰:'定則明。凡人胸次煩擾,則愈見昏昧;中有定止,則自然光明。莊子所謂"泰宇定而天光發"是也。'"○元按:《莊子·庚桑楚》:"宇泰定則發乎天光。"《大學》:"知止而後有定。"[2]王弼云:"易背曰止,以明背即止也。"項安世云:"卦辭為'艮其背',《彖》為'艮其止'。晁說之氏曰,'《彖》亦當為艮背,自王弼以前,無艮其止之說'。今按古文背字為北,有訛為'止'字之理。"○元按:項說是也。《帛書周易》此背字即作北,可證。[3]虞翻曰:

311

“艮其背,背也,兩象相背,故不相與也。”孔穎達云:“凡應者一陰一陽二體不敵,今上下之位雖復相當,而爻皆峙敵,不相交與,故曰‘上下敵應,不相與也’。”程頤云:“上下二體,以敵相應,無相與之義。”項安世云:“上下敵應,八純卦皆然,而獨於艮用為卦義者,他卦象雖相敵,情自相與,惟艮則上下二卦陰陽各正其性,而無外求之情,故有不相與之義。”沈一貫云:“凡重卦皆上下敵應,而獨於艮發之,何也?諸天地水火風雷澤之類,皆有流動因仍之勢,尚非敵比,惟重山交抗而不相下,故曰敵應。”鄒德溥云:“道本無方所也,若所謂艮其背者,則止其所也。止其所則一於止而已矣,惡能動靜不失其時哉!彼其心一於背,即視身與背若不相涉,視人與己滋若不相涉,則上下敵應之象也。”○元按:孔氏泥於兩爻相應之例,故云然。當從虞氏。後世駁爻應者甚罕,惟宋儒徐總幹有云:“自《乾鑿度易緯》以兩其三才而言爻應之說,專言初應四、二應五、三應上,謂之爻應,以剛應柔、柔應剛為得應,剛剛、柔柔為不得應。其說臆度誤人,雖前輩諸解猶守其說。”(《易傳燈》卷四,《兼三為兩》)其說甚是。

《象》曰:兼山,艮。君子以思不出其位。

【義解】兩山相對,各不相與,有艮之象。君子法天道之有艮,故敬奉己職,其思不出其位。[1]卦既以“艮其止”為德,凡陽爻則剛健有知,故知止;凡陰爻則柔順無知,故不欲止。

【疏證】[1]張載云:“位,所安之分也。”程頤云:“位者,所處之分也。”朱震云:“兩山相兼而峙,然各止其所焉。位者,所處之分。君子據正循分,亦各止其所而已。”○元按:孔子云:“不在其位,不謀其政。”曾子云:“君子思不出其位。”觀《論語》引曾子之言而不云本於《易象》,則《易象》之成當與曾子同時或稍晚,然其精神固與孔、曾之學一脈相承也。

初六,艮其趾,无咎。利永貞。

《象》曰:“艮其趾”,未失正也。

【義解】以陰居潛,陰故不欲止,潛則固執不起,雖不欲止而能堅決以禮自守,故云未失正也,[1]是故无咎而利永定於此也。[2]其象如人能止,不惟其身不動,其足亦不動,其止可謂堅矣。言未失,則心未免有動矣。[3]

【疏證】[1]蔡淵云：“初六居艮之初，知以止為事，故能止於无咎之地。……不動，故未失正。”[2]程頤云：“陰柔患其不能常也，不能固也，故方止之初，戒以利在常永貞固，則不失止之道也。”[3]李贄云：“艮趾者，步亦步之學也。”○元按：卓吾所言，象未必是，義則可思。其後曹學佺亦襲其說。

六二，艮其腓，不拯其隨，其心不快。

《象》曰：“不拯其隨”，未退聽也。

【義解】以陰居柔中，陰故不欲止，柔則以柔道行之，中則不違其則，蓋雖不欲止，而亦未大動，且未失其則者也。其象如人能止其小腿不動，故云“艮其腓”；然自股以上則有動也，故云“不拯其隨”，[1]股者足之隨。此扭動身體以視聽之象，故云“未違聽也”，言聽則視在其中矣。退聽，李鼎祚本作違聽，可從。蓋非禮勿視聽言動，此則但能勿言勿動而已。既欲視聽而不得，故“其心不快”。王弼本《周易》原作“未退聽”，亦通。[2]

【疏證】[1]拯，《經典釋文》作承，云：“音拯救之拯，馬云：‘舉也。’”王弼云：“隨謂趾也。止其腓，故其趾不拯也。”孔穎達云：“拯，舉也。”李光云：“腓之從足，猶股之隨腓，觀乎咸卦則可見矣。”蔡淵云：“拯者，救也。腓者躁動之體也，又近乎九三之爻，不拯則動而隨之矣。居中故可拯之〔義〕[矣]。”○元按：明夷六二“用拯馬壯”之拯，義為拯救，此處似亦當讀為拯救之拯，言惟“艮其腓”，而未能救其動隨之失，故“其心不快”也。[2]蔡淵云：“知止而好動，交戰於中，故不快。……退聽則知止矣。”

九三，艮其限，裂其夤，厲，熏心。

《象》曰：“艮其限”，“危熏心”也。

【義解】以陽居躁，陽故知止，躁則躁動，躁動乃為益其止也，既知止而欲益其止，則是求止已過之象。如人意守丹田，且使意念自脊背以上行之象。限，腰間；夤，脊肉。此爻即《象傳》所云艮背，乃修煉家所為也。[1]當守禮之時，冥然兀坐，如人自錮其心，設閽以守之，是危道也。李鼎祚本《周易》熏作閽。[2]修煉家所意守之腰間當即丹田。此道教通小周天之象。即此可覘儒、道之別。[3]

【疏證】[1]陸德明云：“馬云：‘限，要也。’鄭、荀、虞同。夤，馬云：‘夾脊肉也。’荀作腎，云：‘互體有坎，坎為腎。’”王弼云：“限，身之中也。”又云：“夤，當中脊之肉也。”薛甲云：“陽氣行於限，而後百體得所止，百體之安者，限之為也。”李贄云：“艮限者，艮於動地而強欲其不動，告子強制其心之學也。”郝敬云：“人身脊膂上下，養生家謂之督脈，非可斷列者也。背後自股上夾脊兩旁，前當臍，謂之腰眼，即限也。此兩腎所在，呼吸之根，上與心通，水火升降之會，故列夤當限處則危屬熏心也。”程玉潤云：“限者，內外之限。心自內而欲馳於外，必用力以止之，如有隄防，排列於心膂間者。……此爻正當心象，一陽止二陰，為艮之主，故詳言艮背之功，內卦與外卦相交之限，如內心與外物相持之限。人心一念惺寂，正天地一點真陽，前胸後背，存主其間，內不出，外不入，中不搖，如列宿定躔，列兵蕭伍，此止境也。薰，涵育薰陶也；屬，憂勤惕屬。兢兢業業，執玉捧盤，溫溫煦煦，涵醇毓粹，堅持腔子，片念不弛，鍛煉元神，常惕惕若，此一中允執之心精，千聖共守之心法也。……今修真家有艮背法，及調火候，亦是止心習靜，但養氣，非心學耳。蓋艮者，大中本體之澄寂也；屬者，常惺主宰之兢惕也；薰者，太和元氣之充盈也。此止心之真光景，聖學之真工夫也。”〇元按：限者止也，人之身以腰背為止，腰而言限者，如門之有限所以止人，欲人有所定止也。李卓吾所言蓋本朱子釋《孟子·公孫丑上》“不動心”章，亦有未諦（參拙作《孟子章句講疏》卷三）。至郝氏言督脈是也，惟以裂夤為裂其督脈則非，蓋裂其夤者即督脈也。郝氏惟以意守為言，止而未通之候也。另，程氏所言屬、薰心之義本書不從，然其說實精，大旨已得，學者意會之可也。[2]虞翻曰：“閽，守門人。”李道平疏：“古閽、勳假借字，熏、勳又通也。”程玉潤云：“凡《易》言貞屬，與悔吝不同，此用《易》者下手用力以趨吉避凶者，在有守曰貞，在有為曰屬；專心致志為貞，危心竦志為屬，故以正訓貞，以危訓屬。蓋貞乃寧靜，秉正以守經；厲乃傾危，通變以達權也。事有經權互用，故卦有貞厲並言，'《易》之辭危'，曰'危者使平'，又曰'危者安其位者也'，君子安而不忘危，《易》有憂患，則厲之得力尤多矣。"○元按：艮背固危道也，然危者非必凶也，程說甚是。《荀子·解蔽》："空石之中有人焉，其名曰觙，其為人也，善射以好思。耳目之欲接則敗其思，蚊蝱之聲聞則挫其精，是以闢耳目之欲，而遠蚊蝱之聲，閒居靜思則通。思仁若是，可謂微乎？……闢耳目之欲，可謂能自彊矣，未及思也。蚊蝱之聲聞則挫其精，可謂危矣，未可謂微也。……聖人縱其欲，兼其情，而制焉者，理矣。"郭沫若以為此觙蓋指子思，甚是，並云其乃"禁欲主義者"（《十批判書·儒家八派的批判》），此則皮相之論。子思蓋以靜坐為修行者也，與顏子之心齋、孟子之養氣，皆同出一源。荀子所言，頗可與此交相發，蓋言其設閒則欲不能縱，是危而未能至於微，內外有隔矣。[3]周敦頤《通書》云："艮其背，背非見也；靜則止，止非為也。為，不止矣。其道也深乎！"程頤云："人之所以不能安其止者，動於欲也。欲牽於前而求其止，不可得也。故艮之道，當艮其背。……在背，則雖至近不見，謂不交於物也。外物不接，內欲不萌，如是而止，乃得止之道，於止為无咎也。"《朱子語類·易九·艮》："艮其背，看伊川說，衹是非禮勿視聽言動。今人又說得深，少間便恐走作，如釋老之說屏去外物也。"顧炎武云："告子不動心之學，至於'不得於言，勿求於心'，而孟子以為其弊必將如蹶趨者之反動其心，此'艮其限，列其夤'之說也。君子之學不然，廓然而大公，物來而順應，故聞一善言，見一善行，若決江河，沛然莫之能禦，而無熏心之厲矣。"又引黃震《日鈔》云："孟子不幸當人欲橫流之時，始單出而為'求放心'之說，然其言曰：'君子以仁存心，以禮存心'，則心有所主，非虛空以治之也。至於齋心服形之老莊，一變而為坐脫立忘之禪學，乃始瞑目靜坐，日夜仇視其心而禁治之。及治之愈急而心愈亂，則曰：'易伏猛獸，難降寸心。'嗚呼！人之有心，猶家之有主也，反禁切之，使不得有為，其不能無擾者，勢也，而患心之難降歟？"（《日知錄·艮其限》）○元按：諸家頗以艮背為存養之術，惟朱子力反其說，非也。蓋象彖辭固是非禮勿視聽言動之意，然此義正可由艮背而不知其身見之也。二者原不相妨。

六四，艮其身，无咎。

《象》曰："艮其身"，止諸躬也。

【義解】以陰居或，陰故不欲止，或則謹慎自省，本不欲止，能自反其道，故終能艮其身，所謂非禮勿動也，然心亦未免動矣。以終能止，故亦无咎。[1]

【疏證】[1] 陳瑓云："艮其身，止諸躬也。惟精惟一，可以出位而思乎？"鄒德溥云："艮身者，棲其身於端凝之所，不為物遷，不為欲奪，斯亦足褆躬而範世矣。故无咎。然僅曰无咎者，以其非大止也。大止者，止於無所止；止於無所止，則時行時止，斯乃所為亨也。"李贄云："艮其身，飭躬者也。"曹學佺《周易可說》："心不可見，故曰艮其身。身者，心之表也。此无咎即卦辭之无咎。"馬振彪云："非禮勿動，即是止諸躬。"○元按：鄒氏議論甚好，然所云无咎之義尚有未諦。《繫辭》云"无咎，善補過也"，倘如鄒氏所論，則非所謂過矣。

六五，艮其輔，言有序，悔亡。

《象》曰："艮其輔"，以中正也。

【義解】以陰居剛中，陰故不欲止，剛則有為，中則所行得宜，當艮之時，有為是能止也。不欲止而能行中者，如人以非禮相擾，不得不應，故發言以拒之，此之謂艮其輔，然以得中，故出言有序。輔之義，參咸卦。[1] 當止而不能止，似有悔也，[2] 出言既正，故悔亡矣。當止而終有止，是謂正也。序，李鼎祚本作孚。

【疏證】[1] 虞翻曰："輔，面頰骨，上頰車者也。"王弼云："以處於中，故口無擇言，能亡其悔也。"孔穎達疏："言有倫序，能亡其悔。"何楷云："言有序者，時然後言之謂，非其時則不輕言也。"[2] 蘇軾云："口欲止，言欲寡。"

上九，敦艮，吉。

《象》曰："敦艮之吉"，以厚終也。

【義解】以陽居亢，陽故知止，亢則反動，止之反動是能行也，知止而能行，是時止而時行，能知止之大義者也，是厚於止者也，故云"敦艮"。敦，厚。[1]

【疏證】[1]李道平疏虞義，引鄭注《樂記》曰："敦，厚也。"吳澄云："敦厚於止，故曰'敦艮'，此爻一卦之主也。……上以剛居柔，止而不過者也，止於其所當止，故吉。六爻惟此最善。"

序卦：物不可以終止，故受之以漸。漸者，進也。

☶（艮下巽上）

漸：女歸吉，利貞。

【義解】王道既興，首以設官分職爲務，蓋官者公也，職者事也，其居官者統其大，其執事者行其小，此命官分職之本旨。然則當艮之時，君子思不出其位，是亦艮之小者耳，厚於艮者，當知時止而時行，是"物不可以終止"之義也。所謂賢者識其大，不賢者識其小，君子之思倘終不出其位，則其統而合之者皆非位乎？故知位亦有小大，能居其大位者，當以賢人也。惟賢人者安所出，曰：亦出之於君子中耳。蓋君子學而優則仕，仕者事也，君子既仕，積功閱閱，漸而進之，固亦君子之一道；然亦有君子，安貧樂道，視富貴如浮雲；或有君子，家尚未貧，親尚未老；故皆不欲仕也。然此皆賢人也，蓋王者之懼也，惟在野有遺賢而德政不修，故必以親賢爲先務。[1]惟求賢必以道，此如男之求女，必當納彩親迎，六禮具備，乃成妃匹，是求賢當以漸也。故"物不可以終止，故受之以漸，漸者，進也"。君既求賢，男既求女，是"女歸吉"也。[2]君子之賢也，可以正邦；女子之賢也，可以承家。邦家既興，則是人道各遂其性情矣，故漸卦於四德居利貞。以天道之生成顯化言之，凡萬物之欲大欲成，需待以自養者，皆因天道有漸之德也。

【疏證】[1]《孟子·公孫丑上》："仁則榮，不仁則辱，今惡辱而居不仁，是猶惡濕而居下也。如惡之，莫如貴德而尊士，賢者在位，能者在職。"《孟子·盡心上》："知者無不知也，當務之為急；仁者無不愛也，急親賢之為務。堯舜之知而不遍物，急先務也；堯舜之仁不遍愛人，急親賢也。"[2]虞翻曰："歸，嫁也。"胡瑗云："其為女者，必須男子之家，問名納彩請期以至於親迎，其禮畢備，然後乃成其禮，而正夫婦之道，所以獲吉也。然女者臣之象也，事君之道也。夫君子之人，處窮賤不可以干時邀君，急於求進；處於下位者，不可諂諛佞媚以希高位。"程頤云："天下之事，進必以漸者，莫如女歸。臣之進於朝，人之進於事，固當有序，不以其序，則陵節犯義，凶咎隨之。然以義之輕重，廉恥之道，女之從人，最為大也，故以女歸為義。"

《彖》曰：漸之進也，"女歸吉"也。進得位，往有功也。進以正，可以正邦也，其位剛得中也。止而巽，動不窮也。

【義解】能以漸進，是守禮也，故"女歸吉"。[1]六二以陰居柔中，進而當位，是往能有功也。九五剛中，進而能正，則可以正邦也。卦德止而能巽，止者守貞，巽者能入，如此則漸動而不致終窮。[2]

【疏證】[1] 孔穎達云："凡物有變移，徐而不速謂之漸也。女歸吉者，歸，嫁也，女人生有外成之義，以夫為家，故謂嫁曰歸也。婦人之嫁，備禮乃動，故漸之所施，吉在女嫁，故曰女歸吉也。"[2]王夫之云："以二體之卦德言之，有艮止之德，而後巽以入焉，居安資深而左右逢源也，漸之所以利也。世之為學者不知此義，滅裂躐等，而鄙盈科之進為不足學。"

《象》曰：山上有木，漸。君子以居賢德善俗。

【義解】山上有木，生長緩慢，惟自進而不息，雖不速，然亦不止，有漸之象。君子觀天道之有漸，法山能為百物依止，故居則以賢人之德自勵；法風之入物以柔，故善世而化俗。[1]卦既以止而能巽為德，凡陽爻則剛健，故進；凡陰爻則柔順，故止。諸爻以鴻雁南飛喻漸之德。

【疏證】[1]陸德明云：“王肅作‘善風俗’。”程頤云：“人之進於賢德，必有其漸，習而後能安，非可陵節而遽至也。”

初六，鴻漸于干。小子厲，有言，无咎。

《象》曰：“小子之厲”，義“无咎”也。

【義解】以陰居潛，陰故止，潛則不起，蓋鴻雁南飛，飲水於溪畔之象也，故云“鴻漸于干”。[1]鴻之南飛，道途多艱，其附從者易失群也，故小子危。有言者，不利也。凡附從者曰小子。以止而未行，故雖落其後，義則无咎。

【疏證】[1]虞翻曰：“鴻，大雁也。”孔穎達云：“鴻，水鳥也；干，水涯也。”陸德明云：“鄭云：‘干，水傍故停水處。’陸云：‘水畔稱干。’毛傳《詩》云：‘涯也。’又云：‘澗也。’王肅云：‘山間澗水也。’翟云：‘涯也。’”

六二，鴻漸于磐，飲食衎衎，吉。

《象》曰：“飲食衎衎”，不素飽也。

【義解】以陰居柔中，陰故止，柔則順守以行，中則所行得宜，雖未行，然能不失則且小有所為者也，如鴻漸於河中磐石，飲食而和樂，[1]以其得中，知非止欲求飽而不進也，蓋為續飛耳。素飽，猶言素餐。[2]

【疏證】[1]虞翻曰：“艮為山石，坎為聚，聚石稱磐。”王弼云：“磐，山石之安者。”孔穎達云：“衎衎，樂也。”晁說之云：“磐，《漢志》作般，孟康云‘水涯堆也’。”何楷云：“《史·漢武紀》引作般，裴龍駒注云：‘水涯堆也。’楊用修云：‘水涯堆之訓為是，鴻固不棲石也，因磐字從石而誤其說耳。經書所以貴古文也。’”王引之云：“古文《周易》作般，不作磐。”又云：“遍考西漢以前之書，言磐石者，皆連石字為文，無單稱磐者。今案《史記·封禪書》《漢書·郊祀志》並載武帝詔曰‘鴻漸于般’，孟康注曰：‘般，水涯堆也。’其義為長。”〇元按：二說皆可通，姑兩存之。[2]虞翻曰：“素，空也。”胡瑗云：“《伐檀》之詩曰：‘彼君子兮，不素餐兮’，此之謂也。”

九三,鴻漸于陸。夫征不復,婦孕不育,凶。利禦寇。

《象》曰:"夫征不復",離群醜也。"婦孕不育",失其道也。"利用禦寇",順相保也。

【義解】以陽居躁,陽故進,躁則躁動,當鴻漸之時,有躁進者飛行過速,乃至失群之象,故云"鴻漸于陸"。蓋鴻漸以至於陸為的,[1]然此陸非所當止之所也。其象如男子出征,失群未返;亦如婦人失守貞之道,雖孕而終不育也,皆有凶。蓋漸卦之德,止而能巽,九三則動而且躁,故云"失其道也"。醜,類。[2]按,先儒頗以夫婦對言,[3]非。小象則分釋之,當從。利禦寇者,言如係有寇來犯而致失群,則無所咎,蓋從權以相保也。[4]

【疏證】[1]《子夏易傳》:"陸者,高之頂也。"虞翻曰:"高平稱陸。"陸德明云:"陸,高之頂也。馬云:'山上高平曰陸。'"[2]虞翻曰:"坤三爻為醜,物三稱群也。"李道平疏:"三變為坤,故云'坤三爻'。《詩·小雅》'執訊獲醜',鄭箋:'醜,眾也。'"陳夢雷云:"醜,程傳以為離群可醜。竊按:醜,類。"[3]王弼云:"夫征不復,樂於邪配,則婦亦不能執其貞矣。"[4]熊良輔云:"順相保,順慎通用,祇是謹慎以相保守也。"

六四,鴻漸于木,或得其桷,无咎。

《象》曰:"或得其桷",順以巽也。

【義解】以陰居或,陰故止,或則謹慎有疑,此則雖止而能慎,蓋中途休息之時也。故有"鴻漸于木,或得其桷"之象,[1]无咎者,以其順而能巽也。

【疏證】[1]陸德明云:"翟云:'方曰桷,桷,椽也。'馬、陸云:'桷,榱也。'《說文》云:'秦曰榱,周謂之椽,齊魯謂之桷。'"王弼云:"鳥而之木,得其宜也。或得其桷,遇安棲也。"孔疏:"桷,榱也。之木而遇堪為桷之枝,取其易值可安也。"程頤云:"鴻趾連,不能握枝,故不木棲。桷,橫平之柯,惟平柯之上,乃能安處。"錢澄之云:"或得其桷,亦暫得所安而已。夫木豈鴻久棲之所哉?"

九五,鴻漸于陵,婦三歲不孕,終莫之勝,吉。

《象》曰:"終莫之勝吉",得所願也。

【義解】以陽居剛中,陽故進,剛則有為,中則所行得宜,蓋鴻雁高飛之象也,故云"鴻漸于陵"。[1]鴻能振翮高舉,則其堅忍之心,終莫之勝也,故又有夫雖未歸,婦多年守貞而不孕之象。漸卦之德即在既進且能堅忍不息,所謂進以正也,求之而得之,是得所願也。當漸之時,進而有為,是所謂正。

【疏證】[1]虞翻曰:"陵,丘。"胡瑗云:"大阜曰陵,是岡阜最高者,又高於木。"

上九,鴻漸于陸,其羽可用為儀,吉。

《象》曰:"其羽可用為儀,吉",不可亂也。

【義解】以陽居亢,陽故進,亢則反動而止,能動而不動者,蓋已至其所期之陸矣,故曰"鴻漸于陸",若其羽鮮潔,可以為儀則吉。[1]不可亂者,蓋鴻漸於陸,如羽毛淩亂,則或是九三避寇至此,然則此陸必非上九所期之陸矣。

【疏證】[1]李道平云:"隱五年'初獻六羽',何休注:'羽,鴻羽也。所以象文德之風化疾也。''其羽可用為儀'者,謂羽舞也。"又曰:"儀,容也。《保氏》'教六儀,一曰祭祀之容'是也。蔡邕《月令章句》曰:'舞者,樂之容也。'"

序卦:進必有所歸,故受之以歸妹。

☳(兌下震上)

歸妹:征凶,无攸利。

【義解】君之親賢,當求之以漸,然則賢之從君,亦當守之以禮,斷之以義,不可輕出也。蓋賢者之進也,如女子之有歸,[1]故曰"進必有所歸,故受之以歸妹"。歸妹者,借女子之所歸,言君子出處之義。以不當輕出,故往則有凶,無所利也。[2]漸於四德居利貞,歸妹若有往,則不利亦不可貞,故不言四德,實則與漸無別。以天道之生成顯化言之,天地相交有時,待陽來求而陰能順承如坤者,以天道有歸妹之德也。

【疏證】[1] 王弼云:"妹者少女之稱也。"孔穎達云:"婦人謂嫁曰歸,歸妹猶言嫁妹也。"項安世云:"歸妹不必曲說,但嫁皆女之少時,故古之言嫁者,例曰歸妹。《易》'帝乙歸妹'、《詩》'俔天之妹'是也。男三十而娶,女二十而嫁,男常長,女常少,故曰'所歸妹也'。"顧頡剛云:"歸妹,商代嫁女之稱。甲骨卜辭中亦有之。"[2] 楊萬里云:"不待兄以己歸於人而自往焉,是淫奔也。淫,惡之大;奔,行之醜。聘則妻,奔則妾,非凶乎?又何利之有?"李光地等云:"尊賢育才者,人君之盛節也;自媒自薦者,士女之醜行也。"○元按:楊氏以兄妹之妹釋歸妹之義,本書不取。

《彖》曰:歸妹,天地之大義也。天地不交而萬物不興。歸妹,人之終始也。說以動,所歸妹也。"征凶",位不當也。"无攸利",柔乘剛也。

【義解】歸妹者,陰起而承陽,陰陽相交,乃天地之大義也,天地不交則萬物不通。以人道言之,歸妹乃人之終始也,蓋歸妹則夫妻禮成,是人倫之始也;婚姻既成,則子婦代翁姑而持家,是人倫之終。[1] 卦德說而動,故可歸妹也。[2] 所謂說者,言待陽趨說來求也;所謂動者,言往歸也。既須來求,則尤當自重,故歸妹之禮不可不慎,如六三之位未當,故往而有凶;上六堅執其不遜,故無所利。[3] 彖辭惟以人道言,欲其有以自守;《彖傳》則以天德言,故云"天地之大義"。參豫卦。

【疏證】[1] 朱震云:"夫婦,始終之際也。父命子而醮之,代父之道,終之也;婿受女於主人,人道之始,始之也。"[2] 馬其昶云:"《經傳釋詞》云:'所,猶可也。'此當從可訓。《釋文》一作'所以歸妹',所以者,可以也。"[3] ○元按:依先儒乘剛之例,惟六三、六五有合,然諸爻言"無攸利"者惟上六,亦可證乘剛說之非矣。

《象》曰：澤上有雷，歸妹。君子以永終知敝。

【義解】雷擊（龍游）於澤上，終將潛隱，蓋經綸已畢，萬物得所，如物之有歸也，故以象歸妹。君子法天道之有歸妹，故當慎其所守，雖於安身立命之所歸，亦知其有弊而當謹也。[1]永，長；終，止，歸宿。蓋說則與物無忤，故長守而不失；動則知敝而能變。卦既以說而動為德，即待陽而歸也，故凡陰爻則柔順，故有待始歸；凡陽爻則健動，故不待徑歸。依古禮，男子於妻則親迎，其為姪娣者則自行往送。[2]故凡陰爻則為正妻，凡陽爻則為姪娣。

【疏證】[1]干寶曰：“君子象之，故不敢恃當今之虞，而慮將來之禍也。”李道平疏：“虞，安也。”[2]《白虎通・嫁娶・論天子嫡媵》：“所以不聘妾何？人有子孫，欲尊之，義不可求人為賤也。《春秋傳》曰‘二國來媵’，可求人為士，不可求人為妾何？士即尊之漸，妾雖賢，不得為嫡。”陳立《疏證》：“《公羊》莊十九年注：‘言往媵之者，禮，君不求媵，二國自往媵夫人。’”

初九，歸妹以娣。跛能履，征吉。

《象》曰：“歸妹以娣”，以恒也。“跛能履吉”，相承也。

【義解】以陽居潛，陽故為娣，潛則不變，此姪娣而自往歸者也。潛則不變，故曰以恒。跛能履者，如跛足之人勉強而行也。女子之有歸，或妻或娣，如人之行道，或健或跛。娣之能歸，如跛亦能履也。以其禮成，故曰往吉。[1]言相承者，夫妻齊體，姪娣則欲其順承也。

【疏證】[1]孔穎達云：“歸妹以娣者，少女謂之妹，從姊而行謂之歸。初九以兌適震，非夫婦匹敵，是從姊之義也，故曰歸妹以娣也。跛能履者，妹而繼姊為娣，雖非正配，不失常道，譬猶跛人之足然，雖不正不廢能履，故曰‘跛能履’也。征吉者，少長非偶，為妻而行則凶焉，為娣而行則吉，故曰征吉也。”李光地等云：“凡女之歸，不待六禮備者為失禮。惟娣可以從歸，而不嫌於失禮。”○元按：孔氏所言初九以兌適震云云，非是,然大義已得。其釋為妻則凶、為娣則吉,亦以成禮與否釋"征吉"也。蓋欲為妻,則必有待,其禮或不成矣。

九二,眇能視,利幽人之貞。

《象》曰:"利幽人之貞",未變常也。

【義解】以陽居柔中,陽故為娣,柔則順守,中則所行不違其則,亦歸妹以娣也。眇能視,猶言跛能履。[1]以其順守行中,故云"未變常也"。利幽人居此而有定。[2]凡德為大人而居下位者曰幽人。參履卦。[3]蓋小臣之於君,亦猶姪娣之於夫也。

【疏證】[1] 孔穎達疏:"九二雖失其位,不廢居內處中,以言歸妹,雖非正配,不失交合之道,猶如眇目之人,視雖不正,不廢能視耳,故曰'眇能視'也。"○元按:失位之說,本書不取。[2] 孔穎達云:"貞正者人之常也,九二失位,嫌其變常不貞也。能以履中不偏,故云'未變常也'。"[3] 朱子云:"幽人,亦抱道守正而不偶者也。"

六三,歸妹以須,反歸以娣。

《象》曰:"歸妹以須",未當也。

【義解】以陰居躁,陰故為妻,躁則躁動,所謂躁者,不待親迎,即往歸之也。既待親迎,是歸之以須也。須,待。[1]今不以須而反徑往歸,是"反歸以娣"也。所以如此者,蓋以陰居躁,位不當也。[2]

【疏證】[1] 虞翻曰:"須,需也。"王弼云:"室主猶存而求進焉,進未值時,故有須也。不可以進,故反歸待時,以娣乃行。"陸德明云:"須,待也。"[2] 程頤云:"須,待也。待者,未有所適也。六居三,不當位,德不正也。柔而尚剛,行不順也。為說之主,以說求歸,動非禮也。上無應,無受者也。無所適故須也。女子之處如是,人誰取之? 不可以為人配矣。當反歸而求為娣媵則可也,以不正而失其所也。"李中正云:"以說求進,動而非禮,上無正應,無所適從,必待正嫡之歸,然後反歸於嫡而以娣姪從。《象》言歸妹以須者,以德未當其位也。"盧翰云:"須,待也。三本非賤者,無應而須,固自是常,而卻急於從人,不得為人配而反歸為娣,是自賤也。全是他陰柔不中正，故如此。"魏濬云："媵待年於其國，必俟嫡行而後從之。其歸必有所須，不能須而反以媵先嫡，為失其正，故曰'位未當'。"○元按：輔嗣所謂室主當指正妻言，其說雖似可通，然依昏禮親迎之義，進非求而得也。且陰陽爻之義無別，不如《義解》一貫。程、盧之說大義已得，然"為說之主"、"無應"之說，本書不取。魏說惟釋位未當不確，蓋位之當否乃爻例也，餘則可從。

九四，歸妹愆期，遲歸有時。

象曰："愆期"之志，有待而行也。

【義解】以陽居或，陽故為娣，或則謹慎有疑，蓋至歸妹之時，不欲遽自往歸，故推遲婚期，[1]此蓋中心有待，欲其以妻來迎也。[2]或因女子尚幼，遲歸以待年。[3]二說皆可通。

【疏證】[1] 虞翻曰："愆，過也。"陸德明云："遲，晚也，緩也。陸云：'待也。'"[2] 程頤云："愆期乃為有時，蓋自有待，非不售也，待得佳配而後行也。"盧翰云："遲歸之歸，須知是歸妹之歸。此爻似孟光。"王引之引王念孫云："時，當讀為待。……待、時俱以寺為聲，故二字通用。"[3]《白虎通·嫁娶·論天子嫡媵》："姪娣年雖少，猶從適人者，明人君無再娶之義也。還待年於父母之國者，未任答君子也。"陳立《疏證》："《穀梁注》引《異義》云：'謹案：姪娣年十五以上，能共事君子，可以往，二十而御。《易》曰："歸妹愆期，遲歸有時。"'"毛錫齡、毛奇齡云："遲回不前，則從媵雖有期而不無愆之，所謂待年之娣也。"

六五，帝乙歸妹，其君之袂不如其娣之袂良。月幾望，吉。

《象》曰："帝乙歸妹，不如其娣之袂良"也。其位在中，以貴行也。

【義解】以陰居剛中，陰故為妻，剛則顯揚，中則所行得宜，此則歸之以正妻，而復能以德行中者也。故以帝乙歸妹象之。蓋帝乙之妹（女）雖貴，然能自謙抑，成禮之時，其袂尚不如其娣之袂良。[1]夫依禮雖有尊卑，然人情惻怛之心不可無也。能行此德，知月盈則虧之理，故深自撙節，以定月於幾望之境，[2]惟大人能之。

【疏證】[1]程頤云："尚禮不尚飾，故其袂不如其娣之袂良也。良，美好也。"魏濬云："君，小君也。五以幽閑貞靜為德，不與娣妾爭妍，葛絺可服，薄澣可衣，以是正位中宮，后德之盛也。貴行以中為貴，自有貴於文繡者。"于省吾云："自來說者，皆讀袂如字，失之。觀於近世安陽所出古玉之多，可證古人無不佩玉也。君與娣並以玦言，固易象之所取，《易》雖取象無定，以君娣之衣袖相較，甚無謂也。焦循謂歸妹兩袂字亦玦也。……按焦氏以袂為玦，是也，而不知玦之即玦。"○元按：于說雖亦可通，然無關經義者也。必以此而改經，亦無甚據。蓋言袂者，以衣服代禮制耳，伊川得之。[2]虞翻曰："幾，其也。"

上六，女承筐无實，士刲羊无血，无攸利。

《象》曰："上六无實"，"承虛筐"也。

【義解】以陰居亢，陰故為妻，亢則不遜，雖成禮而倨傲，不終其歸者也，故無攸利。蓋"女之適人，實筐以贄於舅姑；士之妻女，刲羊以告於祠廟。[1]筐無實，羊無血，約婚不終者也，曰女曰士，未成夫婦之辭，先女後士，咎在女矣。"[2]

【疏證】[1]虞翻、陸德明云："刲，刺也。"蘇軾云："士刲羊無血，用已死之牲也。"[2]○元按：此李道平語。孔穎達云："承虛筐者，筐本盛幣，以幣為實。今之无實，正是承捧虛筐，空无所有也。"李中正云："不足為夫婦，故不言夫婦而言士女。"胡炳文云："程傳以為女歸之無終，《本義》以為約婚而無終，蓋曰士曰女，未成夫婦也。先女而後士，罪在女也。"觀此，則李道平氏亦讀宋元人之書者也，然不一提及，何哉？

序卦：得其所歸者必大，故受之以豐。豐者，大也。

䷶（離下震上）

豐：亨，王假之。勿憂，宜日中。

【義解】大君有命，開國承家。天命既革，先定鼎禮，封邦建侯,設官分職。既漸求以親賢,上下各得所歸,王道之大端備矣。大端既備,則豐隆可期,[1]故曰"得其所歸者必大,故受之以豐,豐者,大也"。王道既豐,則如日方中,萬象畢照,萬物各得其大通,故豐於四德居亨。王者宜照天下,故雖至此而不必憂也。假,至。[2]以天道之生成顯化言之,元亨利貞有時,天道之所以能亨者,以其有豐之德也。

【疏證】[1]陸德明云:"案豐是腆厚光大之義,鄭云:'豐之言腆,充滿意也。'"[2]虞翻、陸德明云:"假,至也。"干寶曰:"'勿憂'者,勸勉之言也。"

《彖》曰:豐,大也。明以動,故豐。"王假之",尚大也。"勿憂,宜日中",宜照天下也。日中則昃,月盈則食,天地盈虛,與時消息,而況於人乎,況於鬼神乎?

【義解】豐者,大也。卦德明而能動物,故萬物各得其所通,是謂大。[1]"王假之,勿憂,宜日中",言王者本當以大通為尚,照臨天下也。然豐之時亦當知懼,蓋日中則昃,月盈則食,[2]天地之盈虛,尚各隨其時而消息,而況於人乎?況於鬼神乎?[3]

【疏證】[1]崔憬曰:"離下震上,'明以動'之象。明則見微,動則成務,故能大矣。"[2]《逸周書·周祝解》:"日之中也昃,月之望也食。"李道平引唐傅仁均《三大三小曆》曰:"日食常在朔,月食常在望。"[3]孔穎達云:"此孔子因豐設戒,以上言王者以豐大之德照臨天下,同於日中,然盛必有衰,自然常理。"

《象》曰:雷電皆至,豐。君子以折獄致刑。

【義解】雷電皆至,萬物各得其照,各得其動,是大通之象也,故曰豐。君子法天道之有豐,故以其明察秋毫而折獄,以其剛動迅捷而用刑。[1]卦既以明而能動為德,凡陽爻則剛健有知,故能明;凡陰爻則柔順無知,故不明。

【疏證】[1]陸德明云:"折,斷也。"孔穎達云:"君子法象天威而用刑罰,亦當文明以動,折獄斷決也。"程頤云:"離,明也,照察之象;震,動也,威斷之象。"

初九,遇其配主,雖旬无咎,往有尚。

《象》曰:"雖旬无咎",過旬災也。

【義解】以陽居潛,陽故能明,潛則不用,是有明而不用者也,蓋潛龍勿用,在下之明也。當豐之時,王者大中居上,故雖有聖者,亦自甘處下,不欲用明也。然既同為聖者,則差堪敵體,故曰"遇其配主"。[1]惟天道之盈虛有時,月盈則虧,故當在上之聖人其明不足以臨世,則在下之聖人當因時而繼明矣。月處中曰望,過旬則其明欲息,[2]新月當出矣,故"往有尚";[3]過旬不出,則成既死魄,[4]是之謂災。配,李鼎祚本作妃,義同。

【疏證】[1]孟喜《易章句》:"嘉耦曰妃。"[2]胡瑗云:"旬者,十日也。謂數之盈滿也。"魏濬云:"旬,十日也。《周禮》'旬歲',師古云:'滿歲若十日之一旬。'"毛奇齡云:"旬者十日之名,鄭康成所謂'十日者,朝聘之禮'是也。自荀慈明本作均字,而王輔嗣遂注旬為均,致程傳、《本義》俱以均字為旬字釋。(按:下駁荀、王乃本康成《周禮·均人注》之誤,不具引。)"(《易小帖》卷二)〇元按:虞翻言"坤數十",是亦以十日釋'旬'也。胡氏所言盈滿則非。[3]于省吾云:"豐初九'往有尚',即往有當。"(《雙劍誃易經新證》卷二,《匪其彭无咎》)〇元按:于說非是。尚,上。言以往為上也。小畜、大壯皆言"尚往",是也。[4]王國維云:"既死霸,謂自二十三日以後至於晦也。"(《觀堂集林》卷一,《生霸死霸考》)

六二,豐其蔀,日中見斗,往得疑疾,有孚發若,吉。

《象》曰:"有孚發若",信以發志也。

【義解】以陰居柔中,陰故不明,柔則順守,中則所行不違其則,雖不明而能順道而行,終能不違其則,必得外力之助者也。故曰"豐其蔀",即當豐之時而有小蔽也。蔀,本義為小席,引申為小蔽。[1]象如日中見斗,天色甚暗,以為不吉也,故云"往得疑疾"。[2]當豐之時,能信天道大明以自定其心,所謂"有孚發若",故終不疑

而獲其吉矣。若，語辭。^[3]

【疏證】[1] 陸德明云："《略例》云：'大暗之謂蔀。'馬云：'蔀，小也。'鄭、薛作菩，云小席。"虞翻曰："日蔽雲中曰蔀。"王弼云："蔀，覆曖障光明之物。"[2] 虞翻曰："斗，七星也。"鄭剛中云："見非時之斗，以疑病矣。"郭雍云："日中無見斗之理，是之謂疑疾，猶睽之'載鬼一車'也。"易祓云："往則疑而致疾。"吳澄云："疑疾如樂廣之客見杯中蛇影，遂致疾，蓋因疑而得疾也。"○元按：諸說而外，先儒多從孔疏作"往則得見疑之疾"，非。[3] 王弼云："履中當位，處闇不邪，有孚者也。若，辭也。有孚可以發其志，不困於闇，故獲吉也。"

九三，豐其沛，日中見沬，折其右肱，无咎。

《象》曰："豐其沛"，不可大事也。"折其右肱"，終不可用也。

【義解】以陽居躁，陽故能明，躁則躁動，雖用明而躁動，則是其明不足而有失也，故曰"豐其沛"，太陽為雲翳所蔽之象。象如日中而見小星，天色尤暗於見斗，然能明其故，知其非可疑也，故躁動而出，反折其右肱，雖無甚咎，然終不可用矣。既有明而不足，則不可大事也。沛，幡幔，亦蔽也。^[1]

【疏證】[1] 王弼云："沛，幡幔，所以禦盛光也。沬，微昧之明也。"陸德明云："沛，本或作斾，幡幔也。子夏作芾，云：'小也。'鄭、干作帶，云祭祀之蔽膝。沬，微昧之光也。《字林》作昧，云斗杓後星。服虔云：'日中而昏也。'《子夏傳》云：'昧，星之小者。'馬同。薛云：'輔星也。'"虞翻曰："日在雲下曰沛，沛，不明也。沬，小星也。"《九家易》曰："大暗謂之沛。沬，斗杓後小星也。"李光地等云："《易》中所取者雖虛象，然必天地間有此實事，非憑虛造設也。日中見斗，甚而至於見沬，所取喻者，固謂至昏伏於至明之中，然以實象求之，則如太陽食時是也。食限多則大星見，食限少則小星亦見矣。"

九四，豐其蔀，日中見斗，遇其夷主，吉。

《象》曰：“豐其蔀”，位不當也。“日中見斗”，幽不明也。“遇其夷主”，“吉”行也。

【義解】以陽居或，陽故能明，或則謹慎有疑，能明而疑，是其明雖小失，蔽亦不大，故曰“豐其蔀”。如日中見斗而疑有禍，倘遇受傷之人，以為其應在是，狐疑盡消，則獲吉也。夷，傷。[1]夷主即當九三也。九四明而能慎，當豐之時，卦德明而能動，過慎則有欠矣，必是有疑而慎者也，故云“位不當”。

【疏證】[1]李鼎祚曰：“夷者，傷也。”毛錫齡、毛奇齡云：“夷主者，傷主也，彼傷則我吉矣。彼傷而往有疾，則我不傷而行得吉矣。”

六五，來章，有慶譽，吉。

《象》曰：“六五之吉”，“有慶”也。

【義解】以陰居剛中，陰故不明，剛則有為，中則所行得宜，當豐之時，不明而能大有為且得其中者，必初雖不明，後能大明者也。如在上者漸失其明，在下聖人雖處不明之地，人以為不明矣，然天道往還，即須此在下聖人能上繼其明也，而其亦實能有為行中而任其責，故由不明之地而來，來而愈明，故曰“來章”，章者，彰明也。[1]來而居中則必得慶譽，故吉也。此即初九能來，新月已生之象。以卦時言，是所謂“日中”也。[2]

【疏證】[1]虞翻曰：“章，顯也。”李道平引荀氏曰：“章，明也。”[2]郝敬云：“晴宵霽宇，日始著天，故為來章。……此所謂‘王假之，宜照天下’者。”○元按：言日言月者，非可膠執，滿則為豐也。

上六，豐其屋，蔀其家，窺其戶，闃其无人，三歲不覿，凶。

《象》曰：“豐其屋”，天際翔也。“窺其戶，闃其无人”，自藏也。

【義解】以陰居亢，陰故不明，亢則反動，不明之反動者，明也，不明而自居於明者也。象如人知家道當豐，然不知何以豐，故惟建大屋以居之，大屋高聳入雲，故云“天際翔也”。[1]及大屋建成，自深其居，反致內外相隔，故曰“豐其屋蔀其家”。屋於家為私，此因私而敗公者也。[2]屋既大而主人皆自藏其身，故自戶窺之，闃靜而無人，[3]多年而不見居者，故知其凶矣。

【疏證】[1]李光云：“豐其屋，謂壯大其所居也；蔀其家，謂遮罩其所藏也。”《朱子語類・易九・豐》：“豐其屋，天際翔也，似說‘如翬斯飛’樣，言其屋高大，到於天際。”[2]《左傳》宣公六年：“鄭公子曼滿與王子伯廖語，欲為卿。伯廖告人曰：‘無德而貪，其在《周易》豐☲之離☲。’”[3]虞翻曰：“闃，空也。”陸德明云：“闃，馬、鄭云：‘無火皃。’《字林》云：‘靜也。’”朱子云：“以陰柔居豐極，處動終，明極而反暗者也，故為豐大其屋而反以自蔽之象。”王夫之云：“蔽人者先以自蔽，陽剛方‘明以動’，安能蔽之？徒重屋厚障，不能見遠而已。明之所不照，處於幽暗之室，有人若無，而人亦終無欲見之者，見絕於有道而凶矣。”又云：“豐滿盈溢，亢而自驕，高居而絕物，明者不施以照，終於自藏而已。其愚若此，不足以為日中之憂。”

序卦：窮大者必失其居，故受之以旅。

☶（艮下離上）

旅：小亨。旅貞吉。

【義解】當豐之時，王道得其大通，然日中則昃，月盈則虧，終有豐道窮竭之時。豐道既窮，在下者各失其所，在上者成孤家寡人，眾叛親離矣，故云“窮大者必失其居，故受之以旅”，[1]旅者，羈旅在外，漂泊無依也。故旅卦實王者自大不明，因而失國之象。若夫天道隨時，各有不同，壯盛之後，皆有失也，而所失之狀各異。大壯之後，義有失矣，以天下本大利也，故王政雖覆，而有家可返；夬之後禮有失矣，以本行猛政也，故在上者雖困，尚有威可恃；惟豐之後乃仁之失也，其政本自天下之歸往而來，無威可束，無利可誘，仁德一失，則人不來矣，故王者遂失其所，而成羈旅之人。當此之時，漂泊多患，無元亨利貞可言，惟因時而不失其明，防患於未然，則或有一線生機之可存，故四德惟小亨耳。能定而不失其明，是旅道之吉也。[2]以天道之生成顯化言之，能使天道動乎險中而屯難者，以其有旅之德也。

【疏證】[1]崔憬曰："諺云'作者不居，況窮大甚，而能久處乎'。故必獲罪於邦，羈旅於外矣。"李道平云："諺語本《北史·斛律金傳》。"解蒙云："盛之極者衰之始，此窮大之所以失其居也。"（《易精蘊大義·豐·上六》)[2]王弼云："不足全夫貞吉之道，惟足以為旅之貞吉，故特重曰'旅貞吉'也。"

《彖》曰："旅，小亨"，柔得中乎外，而順乎剛，止而麗乎明，是以"小亨旅貞吉"也。旅之時義大矣哉！

【義解】旅卦內艮外離，旅之得以小亨者，以六五居其剛中也。順，應。卦德止而麗乎明，是因時而能用明也，蓋羈旅多患，能因時而慮其患，故亨。以柔爻不明，故稍有失，止小亨耳，是所謂小亨。當旅之時，定於此則吉也。以人道言，固止小亨；以天時言，因時而用明，有合其天德矣。即此觀之，旅卦隨時之義豈不大哉！[1]參豫卦。

【疏證】[1]王弼云："旅者大散，物皆失其所居之時也。物失其居，則咸願有附，豈非智者有為之時。"俞琰云："旅之時最難處，旅之義不可不知。蓋其亨雖小，其時義則大。"

《象》曰：山上有火，旅。君子以明慎用刑而不留獄。

【義解】山上有火，居無定所，故有旅之象。[1]君子哀旅道之多艱，以其明察之智，慎其刑罰，大赦獄囚。蓋因之在獄，亦如人之羈旅，煢煢而無告者也。卦既以止而能明為德，凡陽爻則剛健有知，故能明；凡陰爻則柔順無知，故不明。羈旅在外，乃危道也，所謂能明者，明於防患也。

【疏證】[1] 孔穎達云:"火在山上,逐草而行,勢不久留,故為旅象。"章潢云:"火之於山,縱野燒延緣,亦不能久留也。旅之於途次,非久寓之所。"王夫之云:"火在山上,野燒也,前燄後燄,相踵競進而不留,若行者之在途,相躡而遄征。"

初六,旅瑣瑣,斯其所取災。

《象》曰:"旅瑣瑣",志窮"災"也。

【義解】以陰居潛,陰故不明,潛則固執,當旅之時危道也,不明而且固執,狷狷於小事且不能明,故有"旅瑣瑣"之象。人無遠慮,必有近憂,故云"志窮災也"。瑣,小。[1]

【疏證】[1] 陸德明云:"鄭云:'瑣瑣,小也。'王肅云:'細小兒。'"程頤云:"志卑之人,既處旅困,鄙猥瑣細,無所不至,乃其所以致悔辱,取災咎也。瑣瑣,猥細之狀。"李杞云:"瑣瑣,言細碎也。以陰柔居下,不能遠圖,而志在於瑣細之末,志窮而災隨之,自取之也。《旄邱》之詩,黎侯寓於衛也,其卒章曰:'瑣兮尾兮,流離之子。'所云'旅瑣瑣',其斯之謂歟?"

六二,旅即次,懷其資,得童僕貞。

《象》曰:"得童僕貞",終无尤也。

【義解】以陰居柔中,陰故不明,柔則順守,中則所行得宜,當旅之時,陰既不明而能行中者,必有輔助之人也。柔之為道不利遠者,故雖處中而未能大得,是順守之義也。其象如人居於旅次,應慎於防患,資財不可外露,六二不明,故不知此義;然雖懷其資而無虞者,[1]以童僕貞信,能為之守,故"終无尤也"。

【疏證】[1] 荀爽曰:"即,就;次,舍;資,財也。"王弼云:"次者,可以安行旅之地也。"

九三,旅焚其次,喪其童僕,貞厲。

《象》曰:"旅焚其次",亦以傷矣。以旅與下,其義"喪"也。

【義解】以陽居躁,陽故能明,躁則躁動,羈旅之人,當務於防患,故和說以待人,雖明察秋毫而能容物也。九三雖明,性情暴躁,是不能容人之象。故次舍不合其意，則焚之；童僕不合其意，則逐之，是之謂“旅焚其次，喪其童僕”，定於此道必有危也。“亦以傷矣”，言已困傷矣；“以旅與下，其義喪也”，言當旅之時，以此待下，其喪也宜。以，已。義，宜。與，待。[1]

【疏證】[1] 程頤云：“旅焚失其次舍，亦以困傷矣。以旅之時，而與下之道如此，義當喪也。在旅而以過剛自高待下，必喪其忠貞，謂失其心也。在旅而失其童僕之心，為可危也。”〇元按：程解“喪其童僕”稍異，皆可通。此無關大旨者也。

九四，旅于處，得其資斧，我心不快。

《象》曰：“旅于處”，未得位也。“得其資斧”，“心未快”也。

【義解】以陽居或，陽故能明，或則謹慎有疑，明故知防患，謹慎有疑則防患稍過，其象如人居於次舍，四處查看，故云“旅于處”，蓋九四不當位，故有此象；見有利斧在旁，心甚不快，以為人將害己也，故云“得其資斧，我心不快”。資斧，或作齊斧，利斧也。[1]

【疏證】[1] 王弼云：“斧所以斫除荊棘，以安其舍者也。”陸德明云：“《子夏傳》及眾家並作齊斧，張軌云：‘齊斧，蓋黃鉞斧也。’張宴云：‘整齊也。’應劭云：‘齊，利也。’”李道平云：“得其齊斧，謂得利斧也。”王樹柟云：“齊、資同字。《考工記》‘或通四方之珍異以資之’，鄭司農云：‘故書資作齊。’”

六五，射雉，一矢亡，終以譽命。

《象》曰：“終以譽命”，上逮也。

【義解】以陰居剛中，陰故不明，剛則有為，中則所行得宜，雖不明而能有為得宜者，其不明必不足道者也。其象如王臣出使在外，亦羈旅之人也，見雉而射之，雉未中而一矢亡。不知己之不能射，是不明也，然是所謂不明亦不足道矣，蓋矢雖亡，而其所為之大事能得其宜，則必上逮君之寵遇，所謂終以譽命也。逮，及。[1] 亦如射雉，本甚難也，如當旅之時，惟一線之明可通耳。今射之而中，是止而能明矣，合旅之道，故終獲譽命；[2]然雉雖獲而一矢亡，是其明小失也。上逮，即射之而中之意。莊子所謂"得魚而忘荃，得意而忘言"者本此。二說皆可通，後說差勝。

【疏證】[1]虞翻曰："逮，及也。"朱子云："得此爻者，為射雉之象。雖不無亡矢之費，而所喪不多，終有譽命也。"[2]程頤云："射雉一矢而亡之，發無不中，則終能致譽命也。"○元按：亡當指矢言，非亡雉也。《朱子語類·易九·旅》："《易》中凡言'終吉'者，皆是初不甚好也。"倘以亡雉言，則其不甚好者安在哉？

上九，鳥，焚其巢，旅人先笑後號咷。喪牛于易，凶。

《象》曰：以旅在上，其義"焚"也。"喪牛于易"，終莫之聞也。

【義解】以陽居亢，陽故能明，亢則反動，雖似明於防患而實不明也。其象如當旅之時，人居次舍，見簷下鳥巢，欲防矢墜汙人，乃焚其巢，不知巢雖焚而舍亦焚矣，故"先笑後號咷"。亦如殷之王亥賓於有易而淫，有易殺之而取其僕牛，[1]賓者，亦旅也，當旅之時，不知防患而惟務行淫，是旅人先笑也；牛喪而身亡，且終莫之聞，是後號咷也。是皆有凶者也。旅道以明於防患為尚，當旅之時而居上爻，物極必反，是不明於防患者也，故旅人有焚巢之舉也宜。此之謂"以旅在上，其義焚也"。[2]

【疏證】[1]王國維云："《山海經·大荒東經》：'王亥託于有易、河伯僕牛，有易殺王亥，取僕牛。'郭璞注引《竹書》曰：'殷王子亥賓于有易而淫焉，有易之君綿臣殺而放之。是故殷主甲微假師於河伯以伐有易，克之，遂殺其君綿臣也。'今本《竹書紀年》：'帝泄十二年，殷侯子亥賓于有易，有易殺而放之。十六年，殷侯微以河伯之師伐有易，殺其君綿臣。'……蓋商之先自冥治河，王亥遷殷，已由商邱越大河而北，故遊牧於有易高爽之地。服牛之利即發見於此。有易之人乃殺王亥，取服牛，所謂'胡終弊于有扈，牧夫牛羊'（元按：語出《楚辭·天問》）者也。"（《觀堂集林》卷三,《殷卜辭中所見先公先王考》)顧頡剛云:"既經明白了這件事情的大概,再來看大壯和旅的爻辭,就很清楚了。這裏所說的'易',便是有易。這裏所說的'旅人',便是托於有易的王亥。這裏所說的'喪羊'和'喪牛',便是'胡終斃于有扈,牧夫牛羊',也即是'有易殺王亥,取僕牛'。"○元按:明儒郝敬已釋此爻之牛為服牛:"《周書》云'肇牽車牛遠服賈',《大傳》云'服牛引重致遠',皆旅人所必資也。喪,亡也。易,猶忽也。……'喪牛于易'者,客死於外,靡室靡家,終莫之聞也。"雖未知與王亥之事合觀之,然大義終有得也。清儒汪師韓《觀象居易傳箋》、劉邵攽《周易詳說》等亦本此為說。至於顧氏所言,於此爻甚合,於大壯之"喪羊于易"則未免望文生義。與易象不合故也。[2]陸德明云:"馬云:'義,宜也。'一本作'宜其焚也'。"

序卦:旅而无所容,故受之以巽。巽者,入也。

☰☰(巽下巽上)

巽:小亨。利有攸往。利見大人。

【義解】當旅之時,備極艱險,君子處此,雖守身以正,亦當巽而說人,以求苟容。或有不知,如九三者,則傷外而喪内,其道危矣。如王者失國,雖有部曲,以聽其命,然懼其離心,縱得其正,亦不敢自專而用強,惟叮嚀反復,以希其言之入。故言"旅無所容,故受之以巽,巽者,入也"。[1]當旅之時,君子惟能小亨,其所以小亨者,以能巽耳,[2]巽之時即旅也,故四德亦居小亨。以小亨,故利有所往;然巽者以上而求入乎下,此吝道也,君子守經過剛,或反不能,惟大人可行權而巽,故利以大人示現。《繫辭》三陳九德,所以言巽者本此。以天道之生成顯化言之,風行地上,而能入四方之物,以成天道之大觀者,以天道有巽之德也。

【疏證】[1]韓康伯曰:"旅而無所容,以巽則得所入也。"胡瑗云:"蓋言凡人之為羈旅,託身於外,比己者寡,若不巽順,則無所入。"俞琰云："旅者親寡之時，非巽順無所容。苟能巽順，則雖在羈旅之中，何往而不能入？故旅後繼以巽。"[2]王弼云："全以巽為德，是以小亨也。"蔡清云："順字解巽字不盡，依理而做，而做又做得潛心懇到方為巽也。程傳祇說順，然孔子不曰順，而每仍卦名曰巽，是必巽字與順字有辨矣。"（《易經蒙引·益》）

《彖》曰：重巽以申命。剛巽乎中正而志行，柔皆順乎剛，是以"小亨，利有攸往，利見大人"。

【義解】卦德巽而又巽，巽者入也；巽而能巽者，入而能順其道也。故曰重巽。重巽以申命者，言惟以叮嚀反復之道出令也，申即三令五申之申。[1]九五以剛居中正，而能巽順以命，故其志皆能得遂，所謂"剛巽乎中正而志行"。在下者皆順而聽之，此所以"小亨，[2]利有攸往，利見大人"也。"柔皆順乎剛"，非專指二、四兩爻也。蓋"順乎剛"之剛即"剛巽乎中正"之剛，當巽之時，即在上出令之人也。在上曰剛，在下曰柔也。言"剛巽乎中正"者，即當巽之時，以剛爻居中正之義，猶姤言"剛遇"，無甚深意。

【疏證】[1]陸績曰："巽為命令，重命令者，欲丁寧也。"程頤云："重為重復之義，君子體重巽之義，以申復其命令。申，重復也，丁寧之謂也。"《朱子語類·易九·巽》："問：申字是兩番降命令否？曰：非也。祇是丁寧反復說，便是申命。巽，風也。風之吹物，無處不入，無物不鼓動，詔令之入人，淪肌浹髓，亦如風之動物也。"○元按：陸氏"巽為命令"之說本書不取，其言丁寧之義則不誤，蓋巽之又巽，即是丁寧也。[2]項安世云："以卦體言之，重巽以申命，是小亨。事必待於申命而後行，豈大亨之規模哉？"

《象》曰：隨風，巽。君子以申命行事。

【義解】兩風相並，如相隨而行，故曰巽。[1]君子法風之入物以微，故行事之際，反復叮嚀以申其命也。[2]卦既以巽而又巽為德，雖陰陽皆巽，然凡陽爻則剛健，故以象出令；凡陰爻則柔順，以象從命。

【疏證】[1]孔穎達云:"兩風相隨,故曰隨風。"王宗傳云:"隨云者,前之風既播,後之風繼之,相隨逐而不已之謂也。"[2]李光云:"天之有風,如國之有號令,必相繼而至,乃能振動萬物。風至弱也,而善入物,君子體此象柔巽之道,申復其命,至再至三,雖頑獷難化者,無不說隨矣。"

初六,進退,利武人之貞。

《象》曰:"進退",志疑也。"利武人之貞",志治也。

【義解】以陰居潛,陰故從命,潛則固執,完全服從而失自我之象,此吝道也,故勉其不可固執,當小有進退更革也,然武士則利居此爻而有定,蓋從命本武士之天職也。志疑,言作《易》者以"進退"一語系此爻,乃志其疑也,以其固執從命而失自我;志治,言武士之志在軍紀嚴整也。[1]

【疏證】[1]○元按:《孫子·軍爭》"以治待亂",治乃秩序嚴整之義。武人之志在軍紀嚴整,此即武人之貞也。

九二,巽在牀下,用史巫紛若,吉,无咎。

《象》曰:"紛若之吉",得中也。

【義解】以陽居柔中,陽故出令,柔則以柔道行之,中則所行得宜,此則雖出令而不自專,而能行之以中,使人不得不從也。其象如出令時立牀下,一秉史巫之天道,故人皆不疑,終獲其吉而所行亦无咎。紛若,紛紛。[1]巽,命。在牀下,言小心翼翼,不敢坐於牀上發令也。[2]

【疏證】[1]孔穎達云:"史謂祝史,巫謂巫覡,並是接事鬼神之人也。紛若者盛多之貌。"陸德明引《廣雅》云:"紛,眾也。"王宗傳云:"紛紛乎其多矣,故曰'用史巫紛若'。"王夫之云:"用史巫紛若,則疑於太屈。而剛固得中,雖求陰而不自失。"○元按:船山大義已得,言求陰則非是。[2]陸希聲《易傳》:"以陽居陰,巽之太過。入於牀下,失安身之所,而非所處之正。"趙汝楳云:"今欲巽柔,以卑自處,故有牀下之象。"

九三,頻巽,吝。

《象》曰:"頻巽之吝",志窮也。

【義解】以陽居躁,陽故出令,躁則躁動,是出令過頻之象也,故曰頻巽。[1]所以有此者,蓋出令而人不從,不得不反復申之也,是其志已窮,必有悔吝矣。[2]

【疏證】[1]程頤云:"頻失而頻巽,是可吝也。"趙汝楳云:"頻者,既巽復巽,猶頻復也。"[2]張根云:"行權之道,安可常哉?"李光云:"巽以行權,可也,豈可數乎?"

六四,悔亡,田獲三品。

《象》曰:"田獲三品",有功也。

【義解】以陰居或,陰故從命,或則謹慎有疑,雖從命而不似初六無我,能謹慎而權衡其利弊,故悔亡。蓋初亦從命而已,故悔;及自省從正,其悔乃亡。其象如田獵而大有獲,故云"有功也"。蓋田獵之時,亦將在外君命有所不受之時也,其田獵之初,當設陣布局,否則盲目而行,必無大獲,此即命;然及其在狩,亦當知因地制宜,不可膠執其命,否則亦必有失。三品言大有斬獲,蓋春蒐夏苗秋獮冬狩,其所獲之禽,上品以享神明,中品以薦賓客,下品充君之庖。[1]三品皆備,是大有斬獲也。當巽之時,惟小亨耳,難以有為,故但以田獵為喻,而不言侵伐也。

【疏證】[1]王弼云:"田獲三品,一曰乾豆,二曰賓客,三曰充君之庖。"史徵云:"一曰乾豆,為豆實以奉宗廟;二曰賓客,以助君明目達聰;三曰充君之庖廚,供君之費也。"

九五,貞吉,悔亡,无不利,无初有終。先庚三日,後庚三日,吉。

《象》曰:"九五之吉",位正中也。

【義解】以陽居剛中,陽故出令,剛則有為,中則所行得宜,當巽之時,但求无咎而已,出令欲有為,未免有悔,以能得中,故悔亡而無不利，故定於中則吉也。以初悔後吉，故云"无初有終"。出令而有為，故正。"先庚三日"者丁也，"後庚三日"者癸也，庚者更也，癸者揆也，叮嚀反復且揆度之則能獲吉也。[1]先庚、後庚云云，文字遊戲也。

【疏證】[1]朱子云："庚，更也，事之變也。先庚三日，丁也；後庚三日，癸也。丁，所以丁寧於其變之前；癸，所以揆度於其變之後。"

上九，巽在牀下，喪其資斧，貞凶。

《象》曰："巽在牀下"，上窮也。"喪其資斧"，"正乎凶"也。

【義解】以陽居亢，陽故出令，亢則不遜，當巽之時，出令而不遜，故為受命者奪其利斧，利斧者，權柄也。資斧，李鼎祚本作"齊斧"，利斧也。[1]故定於此必有凶。正，定。利斧既奪，故成傀儡，雖發令亦不得不巽在牀下矣。

【疏證】[1]王弼云："極巽過甚，故曰'巽在牀下'也。斧所以斷者也，過巽失正，喪其所斷，故曰'喪其資斧'。"李杞云："斧所以割斷之物，權之所在，'喪其資斧'則失其權矣。有陽剛之德而不能用，卑巽太過，以失其權，自窮於上，雖正其能免於凶乎？周之衰也，下堂而見諸侯，此'巽在牀下'之象也。"

序卦：入而後說之，故受之以兌。兌者，說也。

☱（兌下兌上）

兌：亨，利貞。

【義解】當旅之時，既行巽道，則其所入者必說之矣。如王者失政，以能巽於人，故民皆說而來也。故曰"入而後說之，故受之以兌，兌者，說也"。[1]人既來，如能守此不失，是王政復通，而人得遂其性情矣，故兌於四德居亨利貞。以天道之生成顯化言之，萬物所以能相親相比，各從其類，以天道有兌之德也。

【疏證】[1]林栗云："子曰：'巽與之言，能無說乎？'人情所至，雖君子有所不免，而況於下民乎？受之以兌，斯其義矣。”

《彖》曰：兌，說也。剛中而柔外，說以利貞，是以順乎天而應乎人。說以先民，民忘其勞。說以犯難，民忘其死。說之大，民勸矣哉！

【義解】兌，說也。兌三畫卦以剛居中，以柔居外，[1]如陽屈己以說陰之象。卦德說而能說，說者說也；說而能說者，說而能正也，故云“說以利貞”。[2]貞，正。正可以順天，說可以應人，是以順乎天而應乎人。以說之道導民，則民忘其勞而不怨；既說而使之犯難，民忘其死而不辭。知說之大義，則民可勸矣。

【疏證】[1] 孔穎達云：“此就二、五以剛居中，上六、六三以柔處外釋‘兌，亨利貞’之義也。”[2] 王弼云：“說而違剛則諂，剛而違說則暴，剛中而柔外，所以說以利貞也。剛中故利貞，柔外故說亨。”

《象》曰：麗澤，兌。君子以朋友講習。

【義解】水既卑己而附地成澤，是水說地矣。兩澤附麗，[1]說而又說，故以之象兌。君子法天道之有兌，故說而能正，切磋琢磨，與朋友講習大道。[2]夫子云：“學而時習之，不亦說乎？有朋自遠方來，不亦樂乎？”蓋君子相說以道，朋來則可交相勸勉，學而時習之也。[3]卦既以說而能正為德，凡陽爻則剛健，其說人也有其中主，所謂有孚；凡陰爻則柔順，其說人也無主。蓋有主者自重，不欲苟說於人，無主者但知說人而已。

【疏證】[1] 王弼云：“麗猶連也。”陸德明云：“麗，連也。鄭作離，云：‘猶並也。’”[2] 孔穎達云：“同門曰朋，同志曰友。朋友聚居，講習道義，相說之盛，莫過於此也。”程頤云：“麗澤，二澤相附麗也。兩澤相麗，交相浸潤，互有滋益之象。故君子觀其象，而以朋友講習。朋友講習，互相益也。先儒謂天下之可說，莫若朋友講習。朋友講習，固可說之大者，然當明相益之象。”蘇軾云：“取其樂而不流者也。”〇元按：孔、程之說固是，蘇說尤精，說而能說，即所謂說而能正，不流即所謂正也。《繫辭上》

所謂"旁行而不流"是也。[3] 俞琰云："若獨學無友,則孤陋而寡聞,故《論語》以'學之不講'為憂,以'學而時習'為說,以'有朋自遠方來'為樂。"

初九,和兌,吉。

《象》曰:"和兌之吉",行未疑也。

【義解】以陽居潛,陽故有孚,不苟說於人,潛則不起,當兌之時,泯其人我之見而與人和說者也,有和光同塵之象,故曰"和兌"。[1] 以能有孚,雖說人而行無所疑。[2]

【疏證】[1] 蘇軾云："和而不同,謂之和兌。"胡炳文云："君子和而不同,同與和異。"[2] 程頤云："其行未有可疑,謂未見其有失也。若得中正,則無是言也。"李過云："處下而說,易於同流而合汙,不同之謂和。有柳下惠之志然後可以言和兌。《象》曰'行未疑也',所謂'夷逸而不怨,阨窮而不憫',皆行未疑之事也。"

九二,孚兌,吉,悔亡。

《象》曰:"孚兌之吉",信志也。

【義解】以陽居柔中,陽故有孚,柔則行之以柔,中則所行得宜,有孚則不欲苟說於人,故云"孚兌"。[1] 當兌之時,柔以行權,或有悔也;既能得中,則其悔亡而獲吉。孚,信。信志即能定其志,當兌之時而有孚,是所謂"信志"。[2]

【疏證】[1] 王弼云："說不失中,有孚者也。"程頤云："二,剛中之德孚信內充,雖比小人,自守不失。君子和而不同,說而不失剛中,故吉而悔亡。"[2] 王弼云："其志信也。"

六三,來兌,凶。

《象》曰:"來兌之凶",位不當也。

【義解】以陰居躁,陰故無主而務說,躁則躁動,是小人諂媚之象也,故曰"來兌"。[1] 小人來說,必有凶也。陰居躁位,故曰"位不當"。

【疏證】[1] 王弼云："以陰柔之質履非其位,來求說者也。非正而求說,邪佞者也。"

九四,商兌未寧,介疾有喜。

《象》曰:"九四之喜",有慶也。

【義解】以陽居或,陽故有孚,或則謹慎有疑,有孚故不務說人,不欲說人而能有疑者,蓋遇當說之事矣。其象如不欲苟說於人,然遇人之喜慶,此當說者也,遂心中疑惑其當說與否,故曰"商兌未寧"。[1]此人之所為,似耿介過甚而不通人情,故曰"介疾"。[2]

【疏證】[1] 王弼云:"商,商量裁制之謂也。"陸德明云:"商,商量也。鄭云:'隱度也。'"程頤云:"商度未寧,謂擬議所從而未決,未能有定也。"[2] 程頤云:"兩間謂之介,分限也。地之界則加田,義乃同也。故人有節守謂之介。"

九五,孚于剝,有厲。

《象》曰:"孚于剝",位正當也。

【義解】以陽居剛中,陽故有孚,剛則有為,中則所行得宜,當兌之時,所為如此,是人來趨說者也,此必信孚於眾矣。然當此之時亦危道也,蓋既能說人,則君子信之而來,小人亦因媚投機而來,[1]故爻雖有孚,亦如剝之上九,命懸一線而已,故曰"孚於剝",[2]有危。以陽居剛中,所謂當位。有孚而有為,故正。為渙卦伏筆。

【疏證】[1] 程頤云:"雖聖賢在上,天下未嘗無小人,然不敢肆其惡也。聖人亦說其能勉而革而已。彼小人者未嘗不知聖賢之可說也,如四凶處堯朝,隱惡而順命,是也。聖人非不知其終惡也,取其畏罪而強仁耳。五若誠心信小人之假善為實善,而不知其包藏,則危道也。"[2] 虞翻曰:"孚謂五也,二四變,體剝象,故孚於剝。"程頤云:"剝者,消陽之名,陰消陽者也。"陳瓘云:"剝、復皆天行也,獨孚於剝者,泯其說也。"○元按:諸說皆讀剝為剝卦之剝也。

上六,引兌。

《象》曰:"上六引兌",未光也。

【義解】以陰居亢，陰故無主而務說人，亢則反動而不說，此柔媚者引而未發之時也，故曰"引兌"；人皆莫測其所以，故曰"未光也"。[1]

【疏證】[1] 蘇軾云："上六超然於外，不累於物，此小人之託於無求以為兌者也，故曰'引兌'。言九五引之而後至也。其心難知，其為害深。"〇元按：東坡釋"引兌"為"九五引之而後至"，本文不取，然大義已得。

序卦：說而後散之，故受之以渙。渙者，離也。

☴☵（坎下巽上）

渙：亨，王假有廟。利涉大川，利貞。

【義解】當兌之時，人皆趨說，其君子固來，然小人之柔媚者亦來矣。王者當此，必至於有廟，[1]告於神明，以散小人之機心，[2]故曰"說而後散之，故受之以渙，渙者，離也"。能散其機心，是上下復通矣，故四德居亨；能散其妄念，則必知萬物之性情矣，故四德居利貞。能知萬物之性情，則利涉大川。以天道之生成顯化言之，天道隨時而能幹蠱者，以其有渙之德也。

【疏證】[1] 虞翻曰："假，至也。"胡瑗云："先王因此渙散之義，思欲萃聚其親之神靈，故假立其廟，以狀先祖之容貌。"〇元按：萃聚親靈之說，後儒多承之，本書不取，此非渙時之事也。詳下文。言假立廟者，參家人卦。[2] 李士鉁云："王者立廟，聚天下之心而系於一，即所以散天下之私而成大公。……萃言假廟，萃於公也；渙言假廟，渙其私也。卦相反而義相通，故其象同也。"

《彖》曰："渙，亨"，剛來而不窮，柔得位乎外而上同。"王假有廟"，王乃在中也。"利涉大川"，乘木有功也。

【義解】妄念既渙則亨矣，九二在內居中，渙其機心而有孚，是既渙則孚來而不窮，坎者剛也，故云"剛來而不窮"。六四柔得位於外而能與卦德上同。[1]王至有廟，言九五剛中，王既居中而能渙也；利涉大川，言渙卦之象如舟行水上，隨處皆通，故漂流四方而皆能有功也。[2]卦德險而能巽，所謂險者，有謀之謂也，有謀方通萬物之情；所謂巽者，入也，順也，能巽故怡然而理順。

【疏證】[1]王弼云：“二以剛來居內而不窮於險，四以柔得位乎外而與上同。”○元按：王氏亦以二、四釋內外，與本文同。然云‘不窮於險’，且上同指五而言，則異矣。[2]王又樸云：“歷來先儒皆以合渙為說，似《彖》《象》各有其義者，然則夫子所謂觀《象》而思過半，何謂耶？竊以一卦一義，即一卦之六爻，亦一爻一義，不應以萃為聚，而渙又為聚。況合渙為後，聖人亦不應以歜後為正義也。……仲誠張氏曰：‘剛柔各得其類而得通，上下各離其類而得通，所以為渙，而渙所以亨。’……按此說最得亨字之旨。夫亨為嘉之會，假廟則合子孫臣庶而皆在，所以渙分形異體之歧情也；涉川則任夷險平陂而皆通，所以渙此疆彼界之殊軌也。……萃之義為聚，有廟以聚祖考之精神，故曰‘致孝享’；渙之義為散，有廟以化形骸之畛域，故曰‘王乃在中’。”

《象》曰：風行水上，渙。先王以享于帝，立廟。

【義解】風行水上，浮萍皆散，是渙之象。[1]先王所以祭享上帝，且立宗廟者，蓋法天道之有渙，欲以散人心之不誠也。[2]卦既以險而能巽為德，凡陽爻則剛健，故有謀而能渙人；凡陰爻則柔順，故能巽而自渙。然此有謀，非必卦德之有謀，蓋卦德之有謀乃有孚也，陽爻之有謀，或操作計度之機心而已，當渙之時，必去其機心乃能怡然而理順。

【疏證】[1]史徵云：“風行水上，激揚波濤，散釋之象。”[2]程頤云：“風行水上，有渙散之象。先王觀是象，救天下之渙散，至於享帝立廟也。收合人心，無如宗廟。祭祀之報，出於其心。故享帝立廟，人心之所歸也。系人心，合離散之道，無大於此。”○元按：諸儒多以立廟為合離之義，不知此萃時之事也。立廟固可收合人心，或聚其誠，或散其不誠，損益之道也。

初六,用拯馬壯,吉。

《象》曰:"初六之吉",順也。

【義解】以陰居潛,陰故能巽而自渙,潛則固執,固執其巽,是能順者也。當渙之時而務順,可以散其剛躁之欲也。故云"用拯馬壯,吉"。蓋馬壯則不遜,初六能固執其順,故可救馬壯之失也。[1]用,以。

【疏證】[1] 陸德明云:"拯,拯救之拯。伏曼容云:'濟也。'王肅云:'拔也。'"

九二,渙奔其机,悔亡。

《象》曰:"渙奔其机",得願也。

【義解】以陽居柔中,陽故有謀而能渙人,柔則柔順,中則所行得宜,當渙之時,有謀而須柔之者,必渙之稍急,故有悔也;能行之以柔,且得其中,必知幾者也,[1]是則悔亡矣。其柔之之象,如奔者得机而息,故云"奔其机"。机,或作杭。[2]既終能渙,則得其所願矣。

【疏證】[1]《帛書周易·繆和》:"繆和問於先生曰:'請問《易》渙之九二"渙賁(奔)其階(机),每(悔)亡",此辭吾甚疑焉。'子曰:'渙者,散也。賁階,幾也,時也。古之君子時福至則進取,時亡則以讓。夫時至而能既焉,散走亓(其)時,惟恐失之。'"○元按:奔机,知時者也,非言奔机即時也。[2]王弼云:"机,承物者也,……奔得其所安,故悔亡也。"程頤云:"奔,急往也。"王夫之云:"杭,程傳作《春秋傳》'投之以机'之机,亦通,謂所憑以安也。舊音兀者,伐木而留其本也。在險中而可以止奔,於義尤合。……若奔者之過杭而息焉。"

六三,渙其躬,无悔。

《象》曰:"渙其躬",志在外也。

【義解】以陰居躁,陰故能巽而自渙,躁則躁動,能巽故欲渙其機心,躁則欲益其渙,其象如人不惟欲渙機心,且並其身之欲亦去之,故云"渙其躬"。[1]渙其心本當內省,今渙其身,是志稍在外也,然亦無所悔。

【疏證】[1] 朱子云:"陰柔而不中正,有私於己之象。然居得陽位,志在濟時,能散其私以得無悔。"林栗云:"躬者身也,渙者離也。"趙以夫云:"去其有己之私,渙其躬也。"龍仁夫云:"渙其躬,乃散其己私之義。夫人血氣之私最難渙散,故自知為明,自勝為剛,古人貴之。"解蒙云:"欲極天下之渙,先散一己之私。"郝敬云:"老氏謂身為大患,遂欲墮肢體,黜聰明,槁形灰心,謂吾喪我,即此爻義也。"

六四,渙其群,元吉。渙有丘,匪夷所思。

《象》曰:"渙其群元吉",光大也。

【義解】以陰居或,陰故能巽而自渙,或則謹慎自省,陰本能巽,且知自省,當渙之時,正合卦德者也,故一眾皆渙,而獲元吉,故曰"渙其群,元吉"。當此之時,怡然理順,如庖丁解牛,迎刃而解;而其大如冰山者亦能礐然而散,是則"渙有丘"也;[1]真乃"匪夷所思",[2]令人歎為觀止,渙之道至六四可謂光大矣。

【疏證】[1] 程頤云:"丘,聚之大也。方渙散而能致其大聚,其功甚大,其事甚難,其用至妙。"《朱子語類·易九·渙》:"老蘇云:'渙之九四曰"渙其群,元吉",夫群者,聖人欲以混一天下者也。'此說雖程傳有所不及,如程傳之說則是群其渙,非渙其群也。蓋當人心渙散之時,各相朋黨,不能混一。惟六四能渙小人之私群,成天下之公道,此所以元吉也。"[2] 虞翻曰:"匪,非也。"程頤云:"夷,平常也。非平常之見所能思及也。"

九五,渙汗,其大號;渙王居,无咎。

《象》曰:"王居无咎",正位也。

【義解】以陽居剛中,陽故有謀而能渙人,剛則有為,中則所行得宜,此渙外物而得中之象。其象如人感冒,以被發汗,故曰"渙汗";雖將大號,然以去病也,故无咎。亦如王者正位,渙其弊政,一聲令下,四海清平也。[1]

【疏證】[1] 孔穎達云：「人遇險厄，驚怖而勞，則汗從體出，故以汗喻險厄也。」胡瑗云：「汗者膚腠之所出，出則宣人之壅滯，愈人之疾。然且一出而不可反，猶上有教令，釋天下之難，使天下各得其所者。今此九五居至尊之位，為渙散之主，居得其正，履得其中，能出其號令，布其德澤，宣天下壅滯，發天下湮鬱，使一令之出而不復反，一號之施而不復更，善者賞之，惡之罰之，使天下之人，皆信於上，咸有所歸，是如汗之不反者也。」

上九，渙其血去逖出，无咎。

《象》曰：「渙其血」，遠害也。

【義解】以陽居亢，陽故有謀而能渙人，亢則不逖，當渙之時，是強渙之也，如人為蛇所噬，以針刺其指，故血去而毒出。此為遠害也，故強之而无咎。逖，同惕，憂，病。[1]參小畜卦。

【疏證】[1] 虞翻曰：「逖，憂也。」項安世云：「散其汗以去滯鬱，散其血以遠傷害。」程玉潤云：「血氣凝結，多生疾病，必渙之以去其害。去害治者以保治，去亂治者以行法也。」晏斯盛云：「汗則汗之而已，血則針灸也，亦去疾之事。語曰『去疾莫如盡』，渙血則疾之根可拔也。」許伯政云：「渙汗是發表法，渙血是針石法。」沈紹勳云：「如癰疽之類，醫者治此，必渙其血，然後肌肉復生，若不散血則養癰成患。」

序卦：物不可以終離，故受之以節。

䷻（兌下坎上）

節：亨。苦節不可貞。

【義解】王假有廟，以渙民之機心，然非欲渙之而已也，乃欲其孚來而不窮，故其渙也必有度，否則並其孚亦去之，是則離散而不通矣。故「物不可以終離，故受之以節」。節者，度也。[1]是渙之後有節，乃欲其止於亨通也，故於四德居亨。惟天道尚往，雖有節而能亨，亦不可遽定於此，蓋亨而無利，失生生之義矣，是謂苦節，「苦節不可貞”。[2] 蓋天之行也，無時相同，而無時不同，能使其有時節同異之分者，必依天行之規矩准度以別之，是之謂節，乃天道所本有。故以天道之生成顯化言之，離明之時，萬物之所以現文理性情之別者，以其有節之德也。

【疏證】[1] 崔憬曰：“離散之道，不可終行，當宜節止之，故言‘物不可以終離，受之以節。”孔穎達云：“《雜卦》云：‘節，止也。’然則節者制度之名，節止之義。”陸德明云：“節，止也，明禮有制度之名。”[2] 孔穎達云：“節須得中，為節過苦，傷於刻薄，物所不堪。”陸希聲《易傳》：“失性情之中正，故不可以為貞。”

《彖》曰：“節，亨”，剛柔分而剛得中。“苦節不可貞”，其道窮也。說以行險，當位以節，中正以通。天地節而四時成，節以制度，不傷財，不害民。

【義解】節所以能亨者，坎剛在上，兌柔居下，九五以剛居中，是所謂剛柔相分而剛能得中也。“苦節不可貞”，以其失生生之義，其道終窮也。卦德說以行險，所謂說者，能柔說以順其天行；所謂險者，順天行而不過其則，則者規矩准度也。規矩易失，是即險也。能有此德，故六四當位而有節，六五中正而能通。[1] 節者，天地之大道也，天地有節，而有四時之別；人道能節，則不傷民財，不害民用，各遂其生矣。[2] 是所謂“天生烝民，有物有則”也。

【疏證】[1] 虞翻曰：“中正謂五。”[2] 孔穎達云：“王者以制度為節，使用之有道，役之有時，則不傷財，不害民。”

《象》曰：澤上有水，節。君子以制數度，議德行。

【義解】天下之水也，本源無別，大歸無異，然所以有江河湖泊之別者，以各隨地形高下之勢，而有以節之也。澤上有水，是水之居澤也有度，故能不濫不溢，故以象節。[1] 君子法天行之有節，故制其數度以觀天道，議其德行以別人倫。卦既以說以行險為德，凡陽爻則剛健不欲說人，故不知守節；凡陰爻則柔順能說，故能守節。

【疏證】[1] 侯果曰："澤上有水，以隄防為節。"孔穎達云："水在澤中，乃得其節。"程頤云："澤之容水有限，過則盈溢，是有節，故為節也。君子觀節之象，以制立度數。凡物之大小、輕重、高下、文質，皆有數度，所以為節也。"

初九，不出戶庭，无咎。

《象》曰："不出戶庭"，知通塞也。

【義解】以陽居潛，陽故不知守節，潛則不起意，當節之時，是能抑其不知守節之心者也。象如君臣議政，機密之言不出戶庭，是知通塞也。[1]慎密而不漏言，乃分所當為者也，故但言无咎。此智者之象。[2]參《繫辭上》第八章。

【疏證】[1] 孔穎達云："知通塞者，識時通塞，所以不出也。"[2] 趙汝楳云："深居密處，不與外接，斯固隱約之士居位之節也。"陳應潤云："如呂望釣渭，知商紂之惡而不出戶，知文王之賢而應聘，此知通塞之明者也。"馬振彪云："老子云：'不出戶，知天下；不窺牖，見天道。'韓非子解之云：'空竅者，神明之戶牖。此言神明之不離其實也。'《淮南子》解之云：'人主深居隱處，天下之物無不通者，其灌輸者大，而斟酌之者眾也。'老子知治人事天莫如嗇，常自節嗇其精神，不使外淫，是能以塞為通，得節卦初爻之義矣。孔子有雌雄時哉之歎，亦守不出之義，即是知通塞。"○元按：本書初版，亦惑於老子"不出戶，知天下"之說。反復審之，不必混為一談。

九二，不出門庭，凶。

《象》曰："不出門庭凶"，失時極也。

【義解】以陽居柔中，陽故不知節，柔則不能致遠，中則所行不違其則，此言人既不能節，而又未見大失。蓋其所為但在門庭之內，[1]而人不知也，以為能有節矣，實則失時極矣。[2]此縱欲於內，而外示恬淡有節之象。

【疏證】[1] 程頤云："戶庭，戶外之庭；門庭，門內之庭。"[2] 陸希聲《易傳》："以剛居中，失位在內，是不能行節制之令，失時之極。"

六三，不節若，則嗟若，无咎。

《象》曰："不節之嗟"，又誰咎也。

【義解】以陰居躁，陰故能守節，躁則不安其位，能守節而不安於位者，必以外力之故，守節而不終者也，如女子遭外力而失其貞節，雖不節矣，然人亦但嗟其命運之乖，而不咎其人也。若，語辭。[1]

【疏證】[1] 王弼云："若，辭也。"季本云："无咎，言人不歸咎，非謂三之過不可免而無所歸咎也。"王夫之云："二陽已積，則有堅剛太過之憂。三當其上，急欲節之，而柔失其位，力有未逮，故不能節也，而憂之急。其迫切欲節之心，雖若已甚，而實不容已也。故无咎，謂誰得之而咎也。"○元按：季氏、船山之說是也。自王弼以下，儒先皆以不節乃六三自取，故無所咎於人，非也。此皆望文生義，見象辭"又誰咎也"之文，故以"勿咎"釋"无咎"。无咎乃《周易》核心大義，諸爻皆作"無過咎"解，作"勿咎"者，可謂自亂其例矣。蓋爻辭明言无咎，不節安得无咎？不節而无咎，惟其失節因外力者也，此於六三之象已明示之矣。沈一貫云："程沙隨、王介甫謂不節者能嗟怨自治，亦无咎。"此雖不確，亦不欲苟同者也。惟船山悟諸說之非，以為力有未逮而失節，故不必咎之。然理據似亦未達。考諸《易·象》本文，"又誰咎也"另凡二見。同人初九："出門同人，又誰咎也。"言出門即與人無忤，則誰咎之矣。此釋爻辭"无咎"。解六三："自我致戎，又誰咎也。"言寇乃自招，不得咎他人也。此釋爻辭"貞吝"。本爻之解，當從同人，此至顯明者也。

六四，安節，亨。

《象》曰："安節之亨"，承上道也。

【義解】以陰居或，陰故能守節，或則謹慎自省，是能自安其分而守節者也，故曰"安節"。[1]如為臣者守其忠節，為婦者守其貞節，此在下者承上之道也。[2]

【疏證】[1] 程頤云："如四之義，非強節之，安於節者也，故能致亨。"[2] 孔穎達云："承上道者，以能承於上，故不失其道也。"

九五，甘節，吉，往有尚。

《象》曰：“甘節之吉”，居位中也。

【義解】以陽居剛中，陽故不知節，剛則有為，中則所行得宜，不知節而能有為行中者，是其所行天然合度，如孔子七十，從心所欲而不逾矩是也。此得節之美者也，故云“甘節”。[1]能有此德，無可無不可，故往有尚。所以得此者，以居位而得中也。[2]此聖人之節。[3]

【疏證】[1]《說文》：“甘，美也，從口含一。”丁易東云：“甘者對苦之稱，‘理義之說我心，如芻豢之說我口’，故心所說者，謂之甘心；心甘於節，謂之甘節。”龍仁夫云：“甘者，不奢不褊，從容中道之謂。此節之最善者。”郝敬云：“聖人從心不踰矩，矩者節也。仕止久速，無可無不可，仁敬孝慈，於止知所止，聖人之節也。”曹學佺云：“甘者適中之謂也，味調和則甘。”張汝霖云：“《莊子·斲輪篇》所說甘苦疾徐，彼亦是以苦為過，甘為中。可證五為節主，而有中正之德。”[2]程頤云：“九五剛中正，居尊位，為節之主，所謂當位以節，中正以通者也。在己則安行，天下則說從，節之甘美者也，其吉可知。以此而行，其功大矣。故往則有可嘉尚也。”章潢云：“天下之道中而已矣，以剛中之德居中正之位，中則甘而不苦，吉在是矣。即《中庸》所謂‘發皆中節謂之和’、‘和也者天下之達道也’是也。”○元按：程子尚囿於以九五為君位也，故有天下說從之說。[3]《左傳》成公十五年：“前志有之曰：聖達節，次守節，下失節。”

上六，苦節，貞凶，悔亡。

《象》曰：“苦節貞凶”，其道窮也。

【義解】以陰居亢，陰故能守節，亢則反動，蓋守節而不知度，有似於不節矣，是謂苦節。苦節道窮，不可貞也，故凶。然此節或其素志也，雖守之甚苦而無悔，故悔亡。[1]

【疏證】[1]王弼云：“以斯修身，行在无妄，故得悔亡。”李道平云：“此爻與大過上六‘過涉滅頂，凶，无咎’同義。蓋仗節死義之臣，所守甚正，所遇則凶，然義實无咎，如比干諫而死之類是也。”

卷八 信

序卦：節而信之，故受之以中孚。

䷼（兌下巽上）

中孚：豚魚吉。利涉大川，利貞。

【義解】自鼎以降，王者務行仁道，中雖有失而旅，然能益以和柔，故人來趨附，乃得復王。當此之時，能渙民之機心而有節，使復其孚信，則可貞於此矣，其吉無疑。是所謂“節而信之，故受之以中孚”。自其常德言之，君子之行仁道，則老者安之，少者懷之，朋友信之，信亦孚也。以天地自然言之，萬物隨時而各守其節，如豚魚性能候風而不失其時者，[1]是即中孚也。萬物既各隨其時，而盡性致命，故中孚於四德居利貞，有此則無往而不利，可以涉大川矣。自中孚以降，人道之四德已由元返貞。貞下可以起元，是故卦氣起乎中孚。以天道之生成顯化言之，萬物所以剝極能復者，以其有中孚之德也。[2]

【疏證】[1] 王肅《賀瑞應表》：“臣聞《易·中孚·象》曰‘信及豚魚’，言中和誠信之德下及豚魚，則無所不及。”（楊樹達《周易古義》引《藝文類聚》）俞琰云：“豚魚即江豚也，出則澤上必有風，未嘗失信。許渾詩謂‘江豚吹浪夜還風’是也。”丁易東云：“豚魚，今之江豚是也。豚魚知風，豚魚之出則澤上有風之兆也。所謂‘石燕飛而雨至，江豚出而風生’也。江豚，東南之所常見，惟西北則多不之聞，故先儒或析豚魚為二物，非也。江豚澤將有風則出，無風則不出，最信者也。故中孚取象焉。”趙采云：“今江河間所謂豚魚者是也。天欲風則此魚作隊而出，舟人艤舟而避，風即隨起。”[2]《易緯稽覽圖》：“甲子卦氣起中孚。”孟喜云：“自冬至初，中孚用事。”○元按：卦氣之說，先秦已有之，晚周秦漢諸儒以六十四卦與曆家七十二候相配，今大略尚存孟氏易中。此皆一時新說，並非大《易》本旨。惟其以卦氣起於冬至初候之中孚,中孚之後次復卦,與大《易》貞下起元、生成顯化二義相合,蓋先秦易說之孑遺。惜漢儒已不詳其本義矣。

《彖》曰:中孚,柔在內而剛得中,說而巽,孚乃化邦也。"豚魚吉",信及豚魚也。"利涉大川",乘木舟虛也。中孚以"利貞",乃應乎天也。

【義解】中孚者,其中主已定也,[1]卦體以兌柔居內,而九二剛中,說而能巽,合於卦德,說而能巽,故人皆信之,推而廣之,則可化及萬邦也。卦德說而能巽,所謂說者,能柔說以順乎其節;說而能巽者,因其節而能定於順也。能因其節,故云中也;能定於順,故云孚也。是中孚之義也。"豚魚吉",言天地萬物之大信可由豚魚見之,此九五當之矣。"利涉大川",言卦象上木下澤,如虛舟飄於水上,[2]故無往而不利。中孚四德居利貞,言萬物各隨其時,乃應乎天也。蓋天行有節,則萬物應之以中孚之信,誠者天之道也,是之謂乃應乎天。[3]

【疏證】[1]陸希聲《易傳》曰:"中孚者,中有誠信,若鳥卵之有孵實。"[2]王肅曰:"中孚之象,外實內虛,有似可乘,虛木之舟也。"○元按:"外實內虛"云云,本書不取。[3]馬其昶云:"誠者,天道也。誠之者,人道也。中孚所謂誠之者,盡人以合天,故曰乃應乎天。"

《象》曰:澤上有風,中孚。君子以議獄緩死。

【義解】澤本無波,風至而起瀾,此起而彼應之,信如影響。故澤上有風,中孚之象也。[1]君子法天道能起中孚,故體天地生殺之節,復議獄囚,而緩其死。君子守節行仁,則小人說信之矣。卦既以說而能巽為德,凡陽爻則剛健有其中主,故能信;凡陰爻則柔順而無主,故不能信。

【疏證】[1]俞琰云:"澤上有風,則澤中之水隨動,天下之孚蓋無有速於此者。"

初九,虞吉,有它不燕。

《象》曰：“初九虞吉”，志未變也。

【義解】以陽居潛，陽故能信，潛則固執，當中孚之時，能固執其信，是守志不變者也，如微生之信，此吝道也。然虞人處此則吉，[1] 蓋虞人之守山林，使斧斤之入也以時，倘能如初九所為，是能固守其責者也，故吉。惟亦有它不安者，[2] 微生之信固是；另如虞雖守志，在上者欲強入以求，如齊景公招虞人以旌，不往則欲殺之者，[3] 則其守道雖吉，反以害身也。

【疏證】[1] 丁易東云：“初九之虞，如‘即鹿無虞’之虞，乃山虞，防守山林，護鳥獸於方孳者也。”龍仁夫云：“虞，田獵官，屯三所謂‘即鹿无虞’者。”○元按：虞之義，先儒多釋為憂虞，丁氏得之。[2] 孔穎達云：“燕，安也。”○元按：荀爽同。[3]《左傳》昭二十年：“十二月，齊侯田於沛，招虞人以弓，不進。公使執之。辭曰：‘昔我先君之田也，旃以招大夫，弓以招士，皮冠以招虞人。臣不見皮冠，故不敢進。’乃舍之。仲尼曰：‘守道不如守官。’”《孟子·滕文公章句下》：“昔齊景公田，招虞人以旌，不至，將殺之。”○元按：此爻爻辭當為孔子所定。

九二，鳴鶴在陰，其子和之。我有好爵，吾與爾靡之。

《象》曰：“其子和之”，中心願也。

【義解】以陽居柔中，陽故能信，柔則未能致遠，中則所行得宜，是雖能信及於人，而尚未大宏也。[1] 其象如“鳴鶴在陰，其子和之”；亦如人有好爵，與友共之。靡，共。[2] 爵，酒爵。[3] 信已及於親友，故心皆厚愛之，然或未至於國人也。陰，或云樹陰，或云沼澤之地。以居中，故既信而人能愛之，是所謂“中心願”。參《繫辭上》第八章。

【疏證】[1]《淮南子·泰族訓》云：“寒暑燥濕以類相從，聲響疾徐以類相應也。故《易》曰：‘鳴鶴在陰，其子和之。’”[2] 虞翻曰：“靡，共也。”孔穎達云：“靡，散也。”又云：“若我有好爵，吾願與爾賢者分散而共之。”陸德明云：“《韓詩》云：‘共也。’孟同。”[3]《帛書周易·二三子》：“好爵者，言耆酒也。”王夫之云：“爵所以行獻酬者。好，去聲。好爵，相好之爵。燕禮請安於賓,徹俎而薦羞,無算爵,以盡歡者也。"(《周易稗疏》卷二)張敉云:"好爵,旨酒也。"彭申甫云:"《說文》:'爵,禮器也。宗廟之禮,貴者獻以爵。'則好爵者,即詩人康爵之謂。靡,虞氏亦訓共,即旨酒宴樂之意。"(馬其昶《重定周易費氏學》引)○元按:先儒多以官爵之爵釋之,非也。《帛書周易》所謂"者酒",疑亦當為旨酒之訛,倘釋為嗜好之嗜,於義未協。

六三,得敵,或鼓或罷,或泣或歌。

《象》曰:"或鼓或罷",位不當也。

【義解】以陰居躁,陰故不能信,躁則益不能信,是不惟不能信,且反成敵者也,故云"得敵"。[1]敵之象也,如此鼓則彼罷,此泣則彼歌,俗所謂"唱對臺戲"是也。以陰居躁,位不當也。

【疏證】[1]荀爽曰:"三四俱陰,故稱敵也。"王弼云:"三居少陰之上,四居長陰之下,對而不相比,敵之謂也。"程頤云:"敵,對敵也。"林栗云:"《春秋傳》云:'嘉耦曰妃,怨耦曰仇。'仇,敵也。"○元按:諸家釋所以為敵者,本書皆不取。

六四,月幾望,馬匹亡,无咎。

《象》曰:"馬匹亡",絕類上也。

【義解】以陰居或,陰故不能信,或則謹慎有疑,將信而將疑之象也。當中孚之時,既謹慎有疑,則終能信,故无咎。如月幾望,將滿而未滿也;[1]亦如馬匹奔散,雖馬能識途,然將歸而未歸也。卦對爻曰上,絕類上,言馬能識途,與卦德豚魚有信絕類。

【疏證】[1]郭雍云:"月幾望,居盛位而不盈也。"魏濬云:"月至望皆為可危,幾望猶未望也。"

九五,有孚攣如,无咎。

《象》曰:"有孚攣如",位正當也。

【義解】以陽居剛中,陽故能信,剛則足以致遠,中則所行得宜,當中孚之時,是能以拳拳之心報其上者也。如豚魚候風,得天地之大信者也。孚道皆見於內，未發乎外，故不言利，但言无咎。"有孚攣如"即拳拳之心，[1] 參小畜卦。信而致遠，所謂正也。

【疏證】[1] 陸德明云："攣，《廣雅》云：'拳也。'"石介云："攣如，充實之貌。"（李衡《周易義海撮要》引）丁易東云："中孚以孚字取象，如卵化之物方拳然之時，已有天理之孚也。"又云："'有孚攣如'之辭與小畜同。"

上九，翰音登于天，貞凶。

《象》曰："翰音登于天"，何可長也？

【義解】以陽居亢，陽故能信，亢則反動而不信者是也，如人外雖示人以大信，而實則不信，是聲聞過情者也。翰音，雞。[1] 其象如雞飛於天，雞雖能飛，然不能久也，故定於此則有凶。[2]

【疏證】[1] 虞翻曰："《禮》薦牲，雞稱'翰音'也。"朱震云："翰，羽翮也。……雞振其羽翮而後出於聲口，'翰音'也。"[2] 侯果曰："有聲無實，中實內喪，虛華外揚，是'翰音登天'也。"張根云："此信不足而急人之知者。"王應麟云："'翰音登於天'，無實之名也。"唐鶴徵云："表暴太過，中藏易竭，猶之雞飛易墜，雞鳴易絕，夫豈可久長哉！蓋以虛聲求孚於天下，暫猶或為所動，久而不為人所覷破者無之矣。《中庸》之所謂'的然日亡'也。以此為貞而固守之，以為得計，安得不凶！"魏濬云："人之實不副聲，能言而不能行者，類此。過情之聲聞，其涸也可立而待，是以君子恥之。"李道平云："夫豚魚知風，鶴知夜半，雞知旦，皆物之有信者，故《周禮》雞人亦取孚義。然雞能鳴不能上飛，叫旦雖不失時，欲使羽翰之音，登聞於天，豈能久乎？《孟子》所謂'聲聞過情'者也。"

序卦：有其信者必行之，故受之以小過。

䷽（艮下震上）

小過：亨，利貞。可小事，不可大事。飛鳥遺之音，不宜上，宜下，大吉。

【義解】中孚之時，上既以誠化下，下則以信報上，拳拳之心，不能自已，是復其人人君子，比屋可封之時矣。然當此之時，固未皆大人也，大人之信也，言不必信，行不必果，因時而守節，而自有其大信；及士君子之信也，言有信而行有恆，雖大端不失，或未免小過也。[1]故曰"有其信者必行之，故受之以小過"。[2]即此觀之，當小過之時，其大者尚在，惟為保其大者，雖有小過之失，亦不得不為。故小過乃言其事之小者，而其大者固無過，是所謂"可小事，不可大事"。惟當此之時，既已有過，其利在於事濟，否則既已小過，而所求之大者亦失，則凶道也。此如飛鳥兇悍，不得不射，然能如后羿之技者固鮮，公乃令人於彼在穴之時而弋取之。后羿可以喻大人也。夫射彼在穴，乃違禮之舉也，[3]然亦不得不射，故成小過。當此之時，惟期一矢中的，則飛鳥墜地，遺音在下；若不在下而反在上，是未能中的，反遠翔高舉，則終難射之矣。故飛鳥遺音在下則大吉。以四德言之，節、中孚皆分言之，蓋節言在上者渙下有節，是上能通下，故居亨；中孚則言下能因此以信報上，故利貞；故合其上下而觀之，則上能通下，下能利貞。當小過之時，雖小有失措，然固為保其大之亨也，而下之利貞者未變，故於四德當居亨利貞。以天道之生成顯化言之，乾道變化，欲萬物各遂其性，互不相爭，然萬物初生，為保其自性不失，必以爭訟為能者，以天道有小過之德也。

【疏證】[1]韓康伯曰："守其信者，則失貞而不諒之道，而以信為過也，故曰小過。"李道平疏："所謂言必信，行必果，守硜硜之節而不知大體，以信為過者也。"[2]張獻翼云："有其信，猶《書》所謂'有其善'。言以此自負而居有之也。自恃其信者，其行必果，而過於中。過者，行動而逾越之也。"〇元按：張說是也。《論語・子路》："子貢問曰：'何如斯可謂之士矣？'子曰：'行己有恥，使於四方，不辱君命，可謂士矣。'曰：'敢問其次？'曰：'宗族稱孝焉，鄉黨稱弟焉。'曰：'敢問其次？'曰：'言必信，行必果，硜硜然小人哉，抑亦可以為士矣。'"[3]《左傳》隱公五年："鳥獸之肉不登於俎，皮革齒牙骨角毛羽不登於器，則公不射，古之制也。"《論語・

述而》：“子釣而不網，弋不射宿。”《大戴禮記·易本命》：“帝王好壞巢破卵，則鳳凰不翔焉。”

《象》曰：小過，小者過而亨也。過以利貞，與時行也。柔得中，是以小事吉也。剛失位而不中，是以“不可大事”也。有飛鳥之象焉，“飛鳥遺之音，不宜上，宜下，大吉”，上逆而下順也。

【義解】小過，大端未失，其小者過以求通也。[1]卦德止而能動，所謂止者，時止而止也；所謂動者，為能有止，乃不得不稍過而動也。故雖有過而能不違其性，守此而不失，亦天道隨時不得不然也。[2]六五以柔居中，[3]言“密雲不雨”，言“弋取在穴”，皆過在小事，故吉也；九三居躁，九四居或，皆失位而不中，是以不可為大事也。[4]小過有弋取在穴飛鳥之象焉，所謂“飛鳥遺之音，不宜上，宜下，大吉”者，言上飛則逆於所求之大者，而下落則順也。[5]

【疏證】[1] 荀爽曰：“陰稱小。”程頤云：“事固有待過而後能亨者，過之所以能亨也。”洪朂云：“小過者，陰柔者有餘，而陽剛者不足，是則小者過之時也。”程玉潤云：“小者，硜硜自守，瑣瑣自矜，過而不失正者。”〇元按：洪、程皆微得其義，硜硜之義，參《說卦》“艮為小石”章。小者過所以為小過者，“乾道變化，各正性命”，乾道言其大，陽也；各正言其小，陰也。是大小皆無過者也。今小者逾越其常，是小者過矣；而大端亦未有失，過亦不大，故小者過即所謂小過也。學者必心通其意乃可。[2] 程頤云：“過而利於貞，謂與時行也。時當過而過，乃非過也，時之宜也，乃所謂正也。”[3] 虞翻曰：“謂五也。”[4] 程頤云：“三不中，四失位，是以‘不可大事’。”[5] 〇元按：下上皆以飛言，《詩·邶風·雄雉》：“雄雉之飛，下上其音。”又，《邶風·燕燕》：“燕燕于飛，下上其音。”

《象》曰：山上有雷，小過。君子以行過乎恭，喪過乎哀，用過乎儉。

【義解】雷能動物，山則萬物養頤之所。當春之時，雷出地上則萬物皆豫，惟隱於山者不聞，故雷直擊其山，雖似小過，[1]乃所以震萬物使皆復蘇也。君子法天道之有小過,當季世之時,為矯世礪俗,故"行過乎恭,喪過乎哀,用過乎儉"。卦既以止而能動為德,凡陽爻則剛健,故不止;凡陰爻則柔順,故能止。當小過之時,能止,是得其所獲也。

【疏證】[1] 孔穎達云:"雷之所出,本出於地,今出山上,過其本所,故曰小過。"王申子云:"雷在地中為復,在天上為大壯,此震動萬物之常也。今震於山上,是小過其常。"

初六,飛鳥以凶。

《象》曰:"飛鳥以凶",不可如何也。

【義解】以陰居潛,陰故能止,潛則固執,是止而不起者也。當弋射飛鳥之時,能止,是擅射也,既擅射,則飛鳥凶矣。[1]此或非於穴中弋射所得,當小過之時而無過者也,故言"不可如何"。

【疏證】[1] 張沐云:"飛鳥於此亦不能免於凶,言必遭網羅捕獲之患。"

六二,過其祖,遇其妣。不及其君,遇其臣。无咎。

《象》曰:"不及其君","臣"不可過也。

【義解】以陰居柔中,陰故能止,柔則不能致遠,中則所行不違其則,能止是能射也,如人弋射飛鳥之穴,中有數鳥,其健者高飛,其弱者得中也,既得中,則无咎。祖、君喻其健者,妣、臣喻其弱者,[1]遇其弱者,是稍有不及;然其弱者不可過,否則一無所獲,吝道也。

【疏證】[1] 顧炎武云:"《爾雅》:'父曰考,母曰妣。'愚考古人自祖母以上通謂之妣,經文多以妣對祖而並言之。"(《日知錄·妣》)

九三,弗過防之,從或戕之,凶。

《象》曰:"從或戕之","凶"如何也?

【義解】以陽居躁,陽故剛健不止,躁則躁動,處小過當止之時,剛健不止是已過矣,尚應防之使不得過,故云過防之;[1]躁動則益健，變本而加厲，是從或戕之也，故其過尤大，必有凶矣。

【疏證】[1] 程汝繼云：“雖過防猶懼不免，況乎防之不至，至小者或過，而一肆害於陽，凶將如之何？”王引之云：“防，當也，（自注：《秦風·黃鳥篇》箋：‘防，猶當也。’）禦也。（自注：《黃鳥篇》‘百夫之防’、‘百夫之禦’，防猶禦也。）”

九四，无咎。弗過遇之，往厲必戒，勿用永貞。

《象》曰：“弗過遇之”，位不當也。“往厲必戒”，終不可長也。

【義解】以陽居或，陽故剛健不止，或則謹慎有疑，不止而有疑，是亦能止也，故无咎。當小過應止之時，而能有止，象如射鳥，雖不擅射，而或能偶中也，故言弗過其祖、君而能遇之。[1] 然既非本能止也，如定於此道而往，必有危厲。以陽居或，其位不當，故不能恒其止也。

【疏證】[1] 王引之云：“不與相失，而與相逢，故曰‘弗過遇之’也。”

六五，密雲不雨，自我西郊。公弋取彼在穴。

《象》曰：“密雲不雨”，已上也。

【義解】以陰居剛中，陰故能止，剛則有為，中則所為不失其則，是則止而能動，不失其中者也，正合小過卦德。故其象如天雖未雨，然有微雲自西郊而來，若以晴為無過，雨為大過，則密雲在天庶幾小過矣；[1] 另如公之弋取彼在穴，亦小過也，[2] 釋已如上。已上，猶言庶幾也。

【疏證】[1] 虞翻曰：“密，小也。”陸德明云：“已上也，鄭作尚，云：‘庶幾也。’”金誠云：“夫密雲不雨，乃正所謂小過之象，如交而雨，則雲疏陽進，陽得位而陰退之矣。”○元按：金氏識密雲乃小過之象，先儒中實不多見，然論何以為小過則非。[2] 虞翻曰：“弋，繳繳射也。”金誠云：“公弋取彼在穴，蓋所謂因時之宜，而即小過以治小過之道也歟。……其亦人臣身當小過而出於不得已之舉乎！”

上六，弗遇過之，飛鳥離之，凶，是謂災眚。

《象》曰："弗遇過之"，已亢也。

【義解】以陰居亢，陰故能止，亢則反動，當弋射飛鳥之時，反動是既不能射，反受其殃也，象如未遇其君，反而過之，則是並其臣亦未遇；亦如弋射飛鳥不中，飛鳥離巢，遺音在上，或反來撲之，[1] 是謂災眚，其凶可知。

【疏證】[1] 虞翻曰："飛下稱亢。"李道平疏："《說文》'頏，人頸也，本作亢'，是頏、亢古字通也。《邶風》'頡之頏之'，毛傳：'飛而上曰頡，飛而下曰頏'，故曰'飛下稱亢'。"○元按：孔疏訓離為遭，是也，然大義則非。

序卦：有過物者必濟，故受之以既濟。

䷾（離下坎上）

既濟：亨小，利貞。初吉終亂。

【義解】當小過之時，君子行雖小過，而求其大者能通也。大者既通，是事終有濟矣，[1] 故曰"有過物者必濟，故受之以既濟"。惟自其小過之君子言之，是終能通也，故居於亨；然自其所濟之事言之，是雖通而有憾，故曰亨小。雖然，其事既濟，則萬物之遂性與小過之時無異，故四德除亨小外，仍居利貞。既得其濟，是初能吉矣；然既以小過而得濟，其時漸久，則人視其所以過者了不為異，遂以為不過矣，於是在穴者可射，權可以為經，是則亂之萌也，故曰終亂。[2] 以天道之生成顯化言之，萬物至賁而成，亦自賁而毀者，以天道有既濟之德也。

【疏證】[1] 陸德明云："鄭云：'既，已也，盡也。濟，度也。'"韓康伯曰："行過乎恭，禮過乎儉，可以矯世厲俗，有所濟也。"[2] 孔穎達云："人皆不能居安思危，慎終如始，故戒以今日既濟之初雖皆獲吉，若不進德修業，至於終極則危亂及之。"

《象》曰："既濟，亨"，小者亨也。"利貞"，剛柔正而位當也。"初吉"，柔得中也。"終止則亂"，其道窮也。

【義解】既濟是事已濟也，故亨。然所以亨者，以柔卦離明居內而能通也。小者，離柔也。卦德明以濟險，險者有謀也。明言“臨事而懼”，謀者“好謀而成”。[1]二、三、四、五皆“剛柔正而位當”，故各得其性，各遂其情，是所謂“利貞”。初吉，因六二以柔而得中，故能明；[2]終止則亂，言既濟之道必將終窮，[3]上六當之矣。

【疏證】[1]《論語·述而》：“子謂顏淵曰：‘用之則行，舍之則藏，惟我與爾有是夫！’子路曰：‘子行三軍則誰與？’子曰：‘暴虎馮河，死而無悔者，吾不與也。必也臨事而懼，好謀而成者也。’”[2]虞翻曰：“中謂二。”[3]張清子云：“非終之能亂也，於其終而有止心，此亂之所由生也。”（《周易折中》引）俞琰云：“人之常情，處無事則止心生，止則怠，怠則有患而不為之防，此所以亂也。當知終止則亂，不止則不亂。是故‘君子有終身之憂，而無一朝之患。’”

《象》曰：水在火上，既濟。君子以思患而豫防之。

【義解】水在火上，是水已燒開之象，如事已濟；[1]然燒之既久，則水乾而鑊敗，是既濟之象也。君子觀既濟之初吉而終亂，故思患而豫防之。[2]卦既以明以濟險為德，凡陽爻則剛健，故能用謀；凡陰爻則柔順，故不知用謀。

【疏證】[1]崔銑云：“度水已竟曰濟，二物相資成用曰濟。水在上以金盛之，則不滅火；火在下以木傅之，則能熱水。烹飪之功，萬民以濟。”[2]荀爽曰：“六爻既正，必當復亂，故君子象之，思患而豫防之，治不忘亂也。”○元按：既濟定之說本書不取。

初九，曳其輪，濡其尾，无咎。

《象》曰：“曳其輪”，義无咎也。

【義解】以陽居潛，陽故能用謀，潛則不起，當既濟之時，是不必用謀而能濟事者也。象如有畜曳輪而渡小河，水濡其尾。[1]既言曳其輪，則必大牲無疑，以大牲而濟小河，“義无咎也”。

【疏證】[1]郭雍云：“曳輪所以出難也，濡尾，以曳輪而濡也。曳輪而濡尾,則身出而難在後矣,是以知其既濟也。既濟故義无咎。”

六二,婦喪其茀,勿逐,七日得。

《象》曰:“七日得”,以中道也。

【義解】以陰居柔中,陰故不知用謀,柔則順守,中則所行不違其則。蓋不能用謀者亦無所失也,故知亦小事耳。象如婦人失茀,[1]以女主中饋,其失亦必不遠,雖不逐,而不久即復得矣。言“七日”者,隱“七日來復”之義,七日非實指。“七日得”,猶云不久復得也,[2]參震卦。

【疏證】[1]王弼云:“茀,首飾也。”陸德明云:“茀,首飾也,馬同。”[2]蔡清云:“七如言不久,十則終辭,三則尤近。”

九三,高宗伐鬼方,三年克之,小人勿用。

《象》曰:“三年克之”,憊也。

【義解】以陽居躁,陽故能用謀,躁則益用其謀,是謀之既久,而其事方濟者也。顧此亦惟用君子乃可,蓋小人未必真能有恒也。象如殷之高宗征伐鬼方,[1]雖小人勿用,尚經三年始能克之,未免筋疲而力盡。是則雖濟而有咎者也。

【疏證】[1]虞翻曰:“高宗,殷王武丁。鬼方,國名。”王應麟云:“高宗伐鬼方,《後漢·西羌傳》‘武丁征西伐鬼方,三年乃克’。《竹書紀年》:‘武丁三十五年,周王季伐西落鬼戎。’然則鬼方即鬼戎與?《詩·殷武》‘奮伐荆楚’,朱子《集傳》云:‘《易》曰“高宗伐鬼方,三年克之”,蓋謂此。’愚按:《大戴禮·帝繫篇》:‘陸終氏娶於鬼方氏。’《楚世家》:‘陸終生子六人,六曰季連,芈姓,楚其後也。’可以證《集傳》之說。”李學勤云:“在殷墟甲骨文中,鬼方共三見,係同時卜辭,惟卜人不同,時代正好是武丁。……確係方國。”(《周易溯源》第一章,“西周、春秋的《易》”)○元按:鬼方與荆楚之關係,李氏亦云不可混為一談,然尚無實證。朱子以荆楚當鬼方,蓋泛言之。今本《竹書紀年》:“(武丁)三十二年,伐鬼方,次於荆。”即便其說無誤,後世楚國亦為周人所封,不可徑同於商代之荆楚。且陸終為楚人之祖，而娶於鬼方，則鬼方固與楚不同也。雖然，此無關經學之大旨也。

六四，繻有衣袽，終日戒。

《象》曰："終日戒"，有所疑也。

【義解】以陰居或，陰故不知用謀，或則謹慎有疑，雖不能以謀濟險，以能謹慎，故終日戒懼，如人雖有采繒之衣，而但衣敝敗之袽也，[1] 其无咎可知。

【疏證】[1] 虞翻曰："袽，敗衣也。"李道平引《說文》曰："采繒為繻，敝衣為袽。"陸希聲《易傳》："繻亦作襦，飾之盛也。袽者，衣之弊也。"郭雍云："既濟思患豫防，而六四又為多懼之地，近君居險，是以有'繻有衣袽'之戒。袽，敝衣也。《說文》謂繻為繪采，蓋其意以謂勿以新繪而忘敝袽，亦猶勿以既濟而遂忘未濟之難也。"朱子云："以柔居柔，能預備而戒懼者也。"○元按：郭氏"近君居險"云云，本書不取。

九五，東鄰殺牛，不如西鄰之禴祭，實受其福。

《象》曰："東鄰殺牛"，不如西鄰之時也。"實受其福"，吉大來也。

【義解】以陽居剛中，陽故能用其謀，剛則有為，中則所行得宜，象如祭祀之時，不惟能祭，且知其因時之宜，如當夏之時本當禴祭，禴祭者薄祭也，然東鄰不知，雖殺牛以祭，[1] 而神不來享；西鄰知時，故能奉其時享，而實受神之福焉。[2]

【疏證】[1] 虞翻曰："禴，夏祭也。"王弼云："牛，祭之盛者也；禴，祭之薄者也。"[2] 盧氏曰："明鬼享德不享味也。故德厚者，吉大來也。"蘇軾云："東西者，彼我之辭也。"潘士藻云："夫祭，時為大。時苟得矣，則明德馨而黍稷可薦，明信昭而沼毛可羞。是以'東鄰殺牛，不如西鄰之禴祭，實受其福'，在於合時，不在物豐也。"

上六，濡其首，厲。

《象》曰："濡其首厲"，何可久也？

【義解】以陰居亢，陰故不知用謀，亢則反動而不遜，是無謀而輕動者也,其象如人臨河,不知深淺而徑渡,故致濡首之危也。其首既濡而不能喘息,豈可久也? 危之甚也。[1]

【疏證】[1] 林栗云:"濡首之義,與大過上六'過涉滅頂'同。滅頂則已成於凶,濡首則猶可救也,故系之屬而已。"郭雍云:"既濟之極,難之始而未深也,故但濡首而已。惟聖人通其變而不至於極,則無是危矣。"楊簡云:"何可久也,言其行沒溺也。"

序卦:物不可窮也,故受之以未濟,終焉。

䷿(坎下離上)

未濟:亨。小狐汔濟,濡其尾,无攸利。

【義解】既濟之時,萬物循理,皆得其利,是其事已成也。然始成而終毀,初吉而終亂,此雖有濟,而彼難方殷,天道以之生生而不已,人道以之乾乾而有為,無有定時。故云"物不可窮也,故受之以未濟終焉"。[1]當此未濟,自其小者觀之,亦如小狐臨河,其尾雖濡,而尚未能濟,[2]未得所利之時也。雖然,知未濟之理者必大人也,君子雖能濟事,及其有成,乃或止也而自耽其樂;小人雖或有濟,及其有得,乃遂憂其失也而常戚戚。蓋已自有得,而前途無利,雖君子之有止,小人之戚戚也亦宜。小人自不必言,其君子之所為,如莊生所言"吾生也有涯,而知也無涯,以有涯隨無涯,殆矣";亦如小乘覺者,得阿羅漢果,即自利清淨,灰身滅智而無餘。然大人必不處此,蓋自其天道觀之,乾始以美利利天下,而不言所利;自其人道觀之,士不可以不弘毅,任重而道遠。所謂"物不可窮"者,即此而言也。惟大人之未濟也,亦稍有辨。其有大人,己自已濟,憫後之人也尚處苦海之中,乃自退於未濟,欲接而引之,是其自視於既濟,已為圓成;亦有大人,先天而天弗違,後天而奉天時,瞻之似在前,忽焉則在後,居既濟也,則知其已成而終亂;居未濟也,則知其所本也未嘗不是已成。何為未濟,何為已濟? 何為煩惱,何為菩提? 是並其名而未之知也。以四德言之，當未濟之時，既無所利，則物性未顯，故不居利貞；大人君子處此，亦惟以虛中應其萬物而已，故居亨也。以天道之生成顯化言之，乾坤生生不息，永不得終成，故必有後天而奉天時，如隨之德者，以天道有未濟之德也。

【疏證】[1] 李道平疏《既濟·象傳》引鄭玄曰：“夫物不可窮，理不可極，故王者亦常則天而行，與時消息。不可安而忘危，存而忘亡，未濟亦無窮極之謂者也。”崔憬曰：“夫易之為道，窮則變，變則通，而‘以未濟終’者，亦‘物不可窮’也。”[2] 陸德明云：“汔，鄭云：‘幾也。’”《詩·大雅·民勞》：“民亦勞止，汔可小康。”鄭箋：“汔，幾也。”虞翻曰：“汔，幾也。”朱子云：“汔，幾也。幾濟而濡尾，猶未濟也。”

《象》曰：“未濟，亨”，柔得中也。“小狐汔濟”，未出中也。“濡其尾，无攸利”，不續終也。雖不當位，剛柔應也。

【義解】未濟卦德有謀而能明，故其所以得亨者，以離明柔卦居上而得中也。“小狐汔濟”，言未發而尚得其中也；“濡其尾，无攸利”，言發而未明，不續其終也。[1] 九四雖不當位，然其剛爻能明，柔位能慎，合於卦德，是所謂剛柔應也。[2] 按：卦辭惟言初六而不及九四，即此可知立卦之義惟在見險能明，所謂知幾也，此莊生之旨也，於文王困於羑里之心態亦合。及《象傳》補出九四，則未濟之德乃由小乘之自保，一變而為大乘之不可終成。故知彖辭尚為君子之境，惟至《序》《象》則其大人境界方顯。然則文王易與孔子易之別，豈不一目了然矣乎？以是知夫子十翼，非止承傳古聖之學，守先待後而已也，亦所以成之也。此夫子所以為集大成者乎！彖辭與傳之異尚不止此卦，而其大旨則於茲見矣。參豫卦。

【疏證】[1] 黃歇說頃襄王云：“《易》曰狐濡其尾，此言始之易終之難也。”（楊樹達《周易古義》引《戰國策·秦策》）李過云：“‘濡其尾，无攸利’，皆指初六。”又釋初六云：“極，終也。濡尾不往，莫知所終，即《象》所謂‘不續終也’。”洪鼒云：“不知極即不續終之謂。極，窮也；窮，終也。不知終不可濟也。"[2]荀爽曰："雖剛柔相應而不以正,由未能濟也。"○元按:諸家皆以六爻雖不當位而能相應釋之,非是。

《象》曰:火在水上,未濟。君子以慎辨物居方。

【義解】火在水上,是水尚未燒之時也,故曰未濟。[1]君子知天道之終於未濟,故自處有恆,以應萬物。蓋方以類聚,物以群分,能慎其所守而應物處事,是君子之知類也。[2]卦既以見險能明為德,凡陽爻則剛健有謀,故能明;凡陰爻則柔順無謀,故不能明。能明,是知懼也。

【疏證】[1]崔銑云："火上水下,未能烹飪,故曰未濟。"[2]王弼云:"辨物居方,令物各當其所也。"侯果曰:"火性炎上,水性潤下,雖復同體,功不相成,所以未濟也。故君子慎辨物宜,居之以道,令其功用相得,則物咸濟矣。"

初六,濡其尾,吝。

《象》曰:"濡其尾",亦不知極也。

【義解】以陰居潛,陰故不明,潛則固執,當未濟之時,不明而固執,其象如小狐不知險而徑欲渡也,以未濟,故但濡其尾,若已渡,則必有濡首之凶也。故云"亦不知極也",此吝道也。[1]極,止。[2]

【疏證】[1]張振淵云:"卦詞所謂小狐,正指此爻。新進喜事,不度勢,不量力,急於求濟,而反不能濟,可吝孰甚焉。"[2]孔穎達云:"言無休已也。"李光云:"極,終也。"

九二,曳其輪,貞吉。

《象》曰:"九二貞吉",中以行正也。

【義解】以陽居柔中,陽故能明,柔則未能致遠,中則所行得宜,所謂未能致遠者,當未濟之時,言其亦未能濟也,然能明而行中,如大牲曳輪而行於道,終將濟之也,[1]定於此道亦吉。貞,定,正。中以行正者,言居中且能定於此也。

【疏證】[1]郭雍云:"既濟初九,曳輪而已濟者也;未濟九二,曳輪而將濟者也。”楊簡云：“曳其輪，未濟也。勢未可濟，不敢欲速。《易》之道也，貞正之道也。不出於正，以怠而不濟，以私意而不濟，則凶道也。中者無過不及之謂，九二之曳輪，雖無過亦無不及，中以行正，與時偕行，故吉。”

六三，未濟，征凶。利涉大川。

《象》曰：“未濟征凶”，位不當也。

【義解】以陰居躁，陰故不明，躁則躁動，不明而躁，未渡河尚可，若有往則凶也。[1]“利涉大川”者，朱子言“或疑利字上當有不字”，可從。

【疏證】[1] 楊簡云：“六三其才柔弱，其時未可，強欲往焉，凶之道也。”

九四，貞吉，悔亡，震用伐鬼方，三年，有賞於大邦。

《象》曰：“貞吉悔亡”，志行也。

【義解】以陽居或，陽故能明，或則謹慎自省，當未濟之時，是知其險而能明慎有謀，如能定於此道，則合乎卦德而能通矣，所謂“志行也”，故貞吉。言悔者，當未濟之時，其君子如九二者，以濟無所利，故不犯難行；其起而濟難者，倘不能定於卦德而得濟，則必陷於“以有涯隨無涯”之殆，是則悔矣。故惟貞，乃可得吉而悔亡也。其象如高宗伐鬼方，以震為前鋒，震能謹慎執守，行之三年而終克之，為大邦所賞，是既濟矣。震或為方國之名，或云即周，[1] 蓋周為殷之西伯，諸侯之長也。

【疏證】[1] 李道平云：“既濟稱‘高宗伐鬼方’，此不言高宗，高宗，殷主也，又何大邦有賞焉。考《後漢書·西羌傳》曰‘高宗征西戎鬼方，三年乃克’，此即既濟‘高宗伐鬼方’是也。又曰‘武乙暴虐，犬戎寇邊，周古公踰梁山而避於岐下，及子季歷，遂伐下落鬼戎’，章懷引《竹書》注之曰：‘武乙三十五年，周王季歷伐西落鬼戎，俘二十翟王。’據此則‘震用伐鬼方’，當指季歷無疑。”

六五，貞吉，无悔。君子之光，有孚吉。

《象》曰："君子之光"，其暉吉也。

【義解】以陰居剛中，陰故不明，剛則剛健有為，中則所行得宜，當未濟之時，不明是始料未及也，剛中有為則可以濟矣，知必為人所助。參離卦六五。然人之所以助之者，以其素行有光，輝耀在人，[1]故人能有孚而助之也，定於此，必獲吉而無悔。如高宗伐鬼方，雖本用謀不善，然終得震之竭誠相助，是其例也。

【疏證】[1] 程頤云："光盛則有暉。暉，光之散也。君子積充而光盛，至於有暉，善之至也，故重云吉。"

上九，有孚于飲酒，无咎。濡其首，有孚失是。

《象》曰："飲酒濡首"，亦不知節也。

【義解】以陽居亢，陽故能明，亢則反動而不明，是自恃其明而實則不明者也。夫君子大人皆能有其中主，當未濟之時，或如君子，知其無所利也，退處而自守素志；或如大人，知其終當濟也，故自畜己德，乾乾以有為。小人不知此義，以為不必濟也，故自安於酒食；其尤下之者，則自恃其明，起而往濟，終致濡首之失，是皆不知節者也。[1]自安於酒食者，以未濟也，故无咎；其未濟似有孚矣，然其定亦惟在飲酒而已。孚，信，定。[2]若"濡其首"者，則飲酒之孚亦無也。所謂是者，即飲酒言之也。按，即此可知未濟之卦本義在知濟之無所利也，能見幾而不起。自天行之態勢言之，此君子道也，固自无咎；自天道之渾淪言之，於大人之道，則未免有欠。故大《易》諸卦，必依聖人所定卦序以統之，始見其統體之全，是則《易》之所以為《易》也。

【疏證】[1] 虞翻曰："節，止也。"[2] 虞翻曰："孚，信。"程頤云："有孚，自信於中也。"郭雍云："有孚於飲酒，適足自養而已，安能有濟哉！然自養者獨善其身，雖無大咎，至於難將及己，濡首而不變，是不知進退存亡之節者也。向之謂有孚，今則失是矣。上九剛明之才，可用而不知變，故聖人之辭戒之如此。"○元按：郭說大義已得。

外　篇

卷一　繫辭上

【義解】《繫辭傳》，[1]漢以來皆以為孔子作而無異辭，宋歐陽修《易童子問》始疑之，後之人或從或否。今考《繫辭》本文，皆與經文及《彖》《象》相應，渾淪一體，可謂有本。[2]其中"子曰"字樣，明示後人乃引用孔子原文，則全文非孔子親撰可知。故先儒斷之以孔子所傳而為弟子門人筆之成書者，去事實當不甚遠。既為孔子所傳，且思路一貫，則即曰孔子撰，亦未嘗不可。學者貴心通其意，以意逆志，不必津津於詞句瑣屑之間也。

【疏證】[1]陸德明云："王肅本皆作'繫辭上傳'，迄於《雜卦》，皆有傳字。本亦有無上字者。"○元按：朱子《本義》"繫辭上"後有傳字，王弼本無。[2]歐陽修云："余之所以知《繫辭》而下非聖人之作者，以其言繁衍叢脞而乖戾也。"○元按："乖戾"云云，未通其義也。繁衍則誠然，蓋門人筆記之薈萃也，與《論語》類。

天尊地卑，乾坤定矣。卑高以陳，貴賤位矣。動靜有常，剛柔斷矣。方以類聚，物以群分，吉凶生矣。在天成象，在地成形，變化見矣。是故剛柔相摩，八卦相蕩。鼓之以雷霆，潤之以風雨；日月運行，一寒一暑。

【義解】天道渾淪，宇宙一體，形名不分，惟乾元一氣周流無際，無始無終，無内無外，是謂玄同。故以天道觀之，本無所謂尊卑、高下、動靜、吉凶、變化。惟自人道視之，形名有分，萬物有別，故見乾坤有定、貴賤有位、剛柔有斷，[1]有方所、事類、形象之可求，故吉凶變化生焉。方，事。[2]在天成象，如青龍、白虎、朱雀、玄武所謂四象者是也。[3]進此以求，則見剛柔相推、八卦交錯，震以雷霆，潤以風雨,[4]日月盈昃,寒暑易節,是自然之變易也。故微人道,則乾坤無定,易道無以開顯,亦老子所謂"失道而後德"之義也。[5]○此節明易道因人而顯。

【疏證】[1]虞翻曰:"斷,分也。"蔡清云:"定者,有尊卑各安其分之意;位者,有卑高以序而列之意;斷者,有判然不相混淆之意。"○元按:乾主坤從,是有定也;上貴下賤,是有位也;分剛分柔,是有斷也。[2]朱子云:"方謂事情所向,言事物善惡,各以類分。"[3]馬融《易傳》:"象者日月星。"○元按:參下文"天垂象"句。[4]虞翻曰:"旋轉稱摩,薄也。"陸德明云:"摩,京云:'相磑切也。'馬云:'摩,切也。'"韓康伯云:"摩,相切摩也,言陰陽之交感也。"又云:"蕩,相推蕩也,言運化之推移。"虞翻曰:"鼓,動;潤,澤也。"○元按:相摩相蕩皆交錯義,陰陽交錯如互相推摩,八卦交錯如相互激蕩。震、巽皆狀事象之動,震言陽剛之動,巽言陰柔之動,陽動如雷霆震物,陰動如風雨潤物。參《說卦》義解。[5]○元按:《老子》一本首《德經》而次《道經》,《繫辭上》猶《繫辭》之《德經》也。

乾道成男,坤道成女。乾知大始,坤作成物。乾以易知,坤以簡能。易則易知,簡則易從。易知則有親,易從則有功。有親則可久,有功則可大。可久則賢人之德,可大則賢人之業。易簡而天下之理得矣。天下之理得,而成位乎其中矣。

右第一章。

【義解】乾陽而坤陰,乾生而坤成,乾主而坤從。知,如知縣之知,主也。[1]惟乾之主物也以易,坤之成物者以簡,蓋成物是即坤之能也,易者和易,簡者直截。[2]乾之生物,各依物之所命,孟子所謂"物之不齊,物之情也",故變;坤之成物,皆承陽而無曲,故直。能得物情則與物無忤,故有親而易為主;[3]直截則物來順應,故有功而易為從。仁者宇宙之生機,有親是能仁也。能生者乾德也,故為萬物原始,生生不息,悠久不已;能成者坤德也,與乾合德而成天地之博大。以人道視之，乾之悠久可以配賢人之德，坤之博大可以配賢人之業。[4]言始成、主從、親功、久大、德業者，皆寓內外本末之別也。乾易坤簡，則天下之理盡在於是，而天下之成亦盡在其中矣。○此節明易簡之理。

【疏證】[1]《左傳》襄公二十六年：“子產其將知政矣。”朱子云：“知猶主也，乾主始物，而坤作成之。”《朱子語類·易十·繫上》：“知，主之意也，如知縣、知州。”陸德明云：“能，姚云：‘能當為從。’”○元按：《荀子·正名》：“能有所合謂之能。”與《繫辭》此義可通。[2]李道平云：“《老子》曰‘天得一以清’，故‘乾以易知’；又曰‘地得一以寧’，故‘坤以簡能’。又《樂記》曰‘大樂必易，大禮必簡’；又曰‘樂著大始，而禮居成物’；又曰‘樂由天作，禮由地制’。蓋樂出於自然，故象乾之易知，而曰必易；禮起於微渺，故象坤之簡能，而曰必簡。”○元按：李說是也。樂、禮之關係，可參拙作《孟子章句講疏》卷二，《公孫丑章句上》第二章。[3]韓康伯云：“順萬物之情，故曰有親。”[4]朱子云：“德謂得於己者，業謂成於事者。”○元按：“可久則賢人之德”，猶《中庸》所謂大德“必得其壽”，非言其必壽考也，言其德之悠久也。

聖人設卦觀象，繫辭焉而明吉凶，剛柔相推而生變化。是故吉凶者，失得之象也。悔吝者，憂虞之象也。變化者，進退之象也。剛柔者，晝夜之象也。六爻之動，三極之道也。是故君子所居而安者，《易》之序也。所樂而玩者，爻之辭也。是故君子居則觀其象而玩其辭，動則觀其變而玩其占。是以自天祐之，吉无不利。

右第二章。

【義解】聖人設卦所以觀象，繫辭所以明吉凶，由剛柔時位之推移，以觀天道之變化。卦爻所言吉凶，視乎時位之失得，蓋天道本無吉凶，人道有失得，斯有吉凶；[1]所言悔吝，視乎憂虞之有無，

《易》所謂變化,言陰陽之進退;所謂剛柔,如晝夜之迭運。六爻之動,則因乎時位剛柔,是即三才之道也,蓋三才者天地人,天時而地空,人秉剛柔。[2]此三才之道,乃大《易》所以包籠宇宙之根本。依《序卦》義解,卦序所以明天道之常,爻辭所以明事為之變,故君子“居則觀其象而玩其辭,動則觀其變而玩其占”,如此則能與時偕行,吉無不利矣。○此章言吉凶、悔吝、變化、剛柔之大義。[3]另言及《易》序,[4]為《序卦》張本,可知卦序實有意為之。

【疏證】[1]韓康伯云:“由有失得,故吉凶生。”[2]陸德明云:“三極,鄭、韓云:‘三才也。’王肅云:‘陰陽、剛柔、仁義為三極。’”○元按:韓康伯云:“三極,三材也。”材通才。三才之義,參《說卦》第二章義解。[3]孔穎達云:“前章言天地成象成形簡易之德,明乾坤之大旨;本章明聖人設卦觀象、爻辭吉凶悔吝之細別。”[4]陸德明云:“陸云:‘序,象也。’京云:‘次也。’虞本作象。”郝敬云:“易者變也,象爻象辭無往非變,其大者莫如《序卦》。上下凡六十四轉,造化人事之理天然妙合,文王所以‘不識不知,順帝之則’,孔子所以五十學《易》,從心不踰之矩,此也。故曰‘君子所居而安者,《易》之序也’。”(《周易正解·讀易》)錢澄之云:“序即文王之卦序,剝極必復,泰極則否,窮上則反下,自然之序,不可違也。君子安之,故無入而不自得。邵子得環中之趣,亦安其序而已。”○元按:陸績蓋因下文“居則觀其象而玩其辭”,故而云然。然象雖可觀,其可安則非象而必於其序者,蓋惟依此序,始能同乎天德也,是所謂與時偕行。

象者,言乎象者也。爻者,言乎變者也。吉凶者,言乎其失得也。悔吝者,言乎其小疵也。无咎者,善補過也。是故列貴賤者存乎位,齊小大者存乎卦,辩吉凶者存乎辭,憂悔吝者存乎介,震无咎者存乎悔。是故卦有小大,辭有險易。辭也者,各指其所之。

右第三章。

【義解】彖辭總斷一卦之象，爻辭分言一卦之變。[1]當某一爻位，其時位如有失得，則卦爻辭占以吉凶；如有小疵，則占以悔吝；其雖有小失而善補過者則云无咎。[2]爻位自下至上曰潛、現、惕、躍、飛、亢，六爻已分，則貴賤有別。卦時如乾坤坎離，時有否泰，是即所謂小大，蓋《易》以陰稱小而以陽稱大也。無論否泰，皆統合於卦，是所謂齊小大者存乎卦。[3]凡卦爻所系之辭，皆因時位吉凶而言，故有險有易，所謂險辭者，危言也。故君子以爻位明其貴賤，以卦時別其否泰，以爻辭辨其吉凶，[4]由纖介之微而觀其悔吝，因能否悔悟而論其无咎。介，纖。[5]○此章言占辭如吉凶悔吝之凡例。[6]

【疏證】[1]韓康伯云：“彖總一卦之義也。爻各言其變也。”[2]孔穎達云：“案《略例》，无咎有二：一者，善能補過，故无咎；二者，其禍自己招，無所怨咎。故節之六三‘不節之嗟，又誰咎’。但如此者少，此據多者言之，故云‘善補過也’。”○元按：无咎即無甚過咎之謂。王弼、孔穎達所釋節六三頗有未諦，參節卦義解。[3]王肅曰：“齊猶正也。”朱子云：“齊猶定也。”陳夢雷云：“小陰大陽，小大不可齊，猶辨別而定之也。如泰大否小之類。”[4]陸德明云：“辯，京云：‘明也。’虞、董、姚、顧、蜀才並云：‘別也。’”[5]《易乾鑿度》云：“善雖微細，必見吉端。惡雖纖芥，必有悔吝。所以極天地之變，盡萬物之情。”虞翻曰：“介，纖也。”陸德明云：“介，王肅、干、韓云：‘纖介也。’震，馬云：‘震，驚也。’鄭云：‘懼也。’王肅、韓云：‘動也。’周云：‘威也。’”○元按：震之義當從馬融、鄭玄。即震卦所謂“恐懼修省”也。[6]朱子云：“此章釋卦爻辭之通例。”○元按：依孔疏，第三章至下文“故知死生之說”止。今從朱子《本義》。後文分章皆從朱子。

《易》與天地準，故能彌綸天地之道。仰以觀於天文，俯以察於地理，是故知幽明之故；原始反終，故知死生之說；精氣為物，遊魂為變，是故知鬼神之情狀。與天地相似，故不違;知周乎萬物而道濟天下,故不過;旁行而不流,樂天知命,故不憂;安土敦乎仁,故能愛。範圍天地之化而不過,曲成萬物而不遺,通乎晝夜之道而知,故神无方而易无體。

右第四章。

【義解】《周易》上經言天道之生成,下經言天道所以生成之故,以六十四象隱括宇宙時空諸態勢,是所謂與天地準,故能包絡天地之道。[1]蓋《易傳》所言天地,有有形之天地,以狀易道之廣大者是也,亦為易道所包;有無形之天地,即宇宙也,與易道準。此所言,無形之天地也。若夫天道之隱微者,莫大乎幽明之故、死生之說、鬼神之情狀。聖人通乎易道,則知日月代明、萬物顯形之故,可由仰觀俯察而得;又知死生一體,不過易道之原始反終,[2]剝極而復;至於鬼神,亦本於元氣之周流,聚則為精氣,散則為遊魂。[3]不違,言與天地合其德;[4]智周,言能通天下之志;不過,言能遂萬物之情;周,遍也。所謂流,指流蕩縱溢而不知所止,失其中主故也。蓋乾元一氣貫通上下,渾淪無際,雖旁行小道亦皆秉元而行,故不至流蕩不已也。[5]然自天道言之,旁行即中行,非真有一物曰乾元為之主也。不憂者,聖人法天,如乾以美利利天下而不言所利,既不言所利,是能泯其小己之私而廓然大公者也,惟樂其天命而已,又何所憂! 安土敦仁者,時位有別,君子素其位而行,不願乎外,雖不當位,亦能泛愛眾而親仁。[6]曲成萬物者,萬物各有委曲,天道能順其委曲而成之,[7]非乾坤之易簡,其孰能之。由範圍天地以見易道之大,由曲成萬物以見易道之廣,由通乎晝夜之道以見易道之明。晝夜之道者時也,天地者空也,萬物者生命也,時空即宇宙,時空、生命相合而成三才。參《說卦》義解。易道與此相準而周遍渾淪,不見有物,豈非“神无方而易无體”哉! 蓋天行本無方體可求也。[8]○此章總論易道。[9]

【疏證】[1]陸德明云:“彌綸,京云:‘彌,遍也。’王肅云:‘綸,纏裹也.'"虞翻曰:"準,同也.彌,大.綸,絡."[2] 韓康伯云:"幽明者,有形無形之象;死生者,終始之數也."[3] 韓康伯云:"精氣煙熅,聚而成物,聚極則散,而遊魂為變也.游魂,言其遊散也."[4] 韓康伯云:"德合天地,故曰相似."[5] 侯果曰:"應變旁行,周被萬物而不流淫也."朱子云:"旁行者,權行之知也;不流者,守正之仁也."王引之云:"旁之言溥也,遍也.《說文》:'旁,溥也.'旁行者,'變動不居,周流六虛'之謂也."〇元按:王說雖亦可通,然當以朱子為正.蓋前文言"智周乎萬物",使之各得其所,且皆無過物,過物是有所不及也.下文言"旁行而不流",流則氾濫不止,正與過相對.則"旁行"亦當與"智周"相對,方為熨貼.[6]《朱子語類·易十·上繫上》:"安,是隨所居而安,在在處處皆安.若自家不安,何以能愛?敦,衹是篤厚.去盡己私,全是天理,更無夾雜,充足盈滿,方有個敦厚之意,衹是仁而又仁.敦厚於仁,故能愛."[7] 侯果曰:"言陰陽二氣,委曲成物,不遺微細也."孔穎達云:"言聖人隨變而應,屈曲委細,成就萬物,而不有遺棄細小而不成也."[8] 韓康伯云:"方體者皆係於形器者也,神則陰陽不測,易則惟變所適,不可以一方一體明."[9] 朱子云:"此章言易道之大,聖人用之如此."

一陰一陽之謂道,繼之者善也,成之者性也.仁者見之謂之仁,知者見之謂之知,百姓日用而不知,故君子之道鮮矣!顯諸仁,藏諸用,鼓萬物而不與聖人同憂,盛德大業至矣哉!富有之謂大業,日新之謂盛德,生生之謂易,成象之謂乾,效法之謂坤,極數知來之謂占,通變之謂事,陰陽不測之謂神.

右第五章.

【義解】易道無體,惟即其用以見之.乾知大始,坤作成物,是即一陰一陽也.之謂與謂之不同,甲謂之乙者,言乙乃甲之名也;甲之謂乙者,言甲乃乙之顯現也.故之謂者,言後一名詞與前一句子有主謂關係,前者為後者之一德,然非其界說也。[1]天地之大德曰生,萬物皆本乾元而生,元者善之長也,故曰"繼之者善";[2]天命之謂性,萬物可倚之以上達,微此則物無以成,故曰"成之者性"。[3]易道如撞鐘,大叩則大鳴,小叩則小鳴;亦如大圓寶鏡,物來而纖悉畢照。[4]故仁者見之謂之仁,智者見之謂之智,百姓日用而不知,各隨其量而顯也。易道至微者也,雖天地之仁根亦得以開顯,是為"顯諸仁";易道至妙者也,雖萬物之幽杪亦因之曲成,是為"藏諸用"。仁者,體也;用者,末也。體用不二,本末一體,故仁可以言顯,而用可以言藏。後世立體用之名相,實本諸此。另參睽卦。[5]以無心應物,故不與聖人同憂,[6]富有日新,生生不已,豈非至矣哉!鼓,動。乾坤者,非真有此物,乃所以象一陰一陽之態勢,為天地生成之總根。乾之德曰成象,作主也;坤之德曰效法,為從也。極數知來者,陰陽爻之事也;通變者,陰陽之事也;陰陽不測者,神之事也。〇此章論陰陽。

【疏證】[1]〇元按:德者得也,德乃分有於天而顯相於人者,一德即顯相之一。譚戒甫云:"章炳麟謂'堅與白,其德也'。(《國故論衡下·辨性下》)……吾人五官所感覺之物,皆屬形色性等之物德。"(《公孫龍子形名發微·指物論》)依章說,"有一石焉,扪之即得堅,視之即得白,堅與白其德也,而終不曰堅白,必與之石之名者,其念局於有實也。"力破所謂實體之義。龐俊疏證乃以相釋德,頗為得之。之謂、謂之之別,清儒戴震已發其端,惜所論不確。(參拙撰《孟子章句講疏》卷五,《滕文公章句上》第一章。)[2]蘇軾云:"一陰一陽者,陰陽未交,而物未生之謂也。喻道之似,莫密於此者矣。……陰陽之未交,廓然無一物,而不可謂之無有,此真道之似也。陰陽交而生物,道與物接而生善。物生而陰陽隱,善立而道不見矣。故曰'繼之者善,成之者性'也。仁者見道而謂之仁,智者見道而謂之智,夫仁智,聖人之所謂善也。善者,道之繼,而指以為道則不可。……孟子以善為性,以為至矣,讀《易》而後知其非也。孟子之於性,蓋見其繼者而已。”〇元按：此說蓋為告子無善無惡之說張本，有明王學會通一脈亦本此立論。其致誤之由，在以善惡為相對待之物，不知善惡未形之先，即是善也。此如陰陽未形之先，此渾淪一體者即是陽也。故有太極之乾，有兩儀之乾，乃至四象、八卦以至於天下萬物之乾也。宋儒所謂“理一分殊”是也。[3]孔穎達云：“成之者性也者，若能成就此道者，是人之本性。”[4]《禮記・學記》：“善待問者如撞鐘，叩之以小者則小鳴，叩之以大者則大鳴，待其從容，然後盡其聲。”《朱子語類・易三・綱領下・三聖易》：“《易》如一箇鏡相似，看甚物來，都能照得。”[5]錢鍾書云：“王應麟《困學紀聞》卷一引晁說之謂‘體用事理’之辨本諸佛典，‘今學者迷於釋氏而不自知’；……夫體用相待之諦，思辯所需；釋典先拈，無庸諱說，既濟吾乏，何必土產？當從李斯之諫逐客，不須采慶鄭之諫小駟也。《全晋文》卷一六五釋僧衛《十住經合注序》‘然能要有資，用必有本。……斯蓋目體用為萬法。……夫體用無方，則用實異本’，殊參資解；‘資’與‘能’即‘本’與‘用’，亦即‘體’與‘用’。他如范縝《神滅論》之‘質’、‘用’；智者《法華玄義》卷一上之‘力’、‘用’，《文心雕龍・論說》舉‘般若’以折裴頠、王衍曰：‘滯有者全繫於形用’；《北齊書・杜弼傳》詔答所上《老子》注：‘理事兼申，能用俱表。’與‘用’對稱者曰‘質’、曰‘形’、曰‘能’、曰‘力’，亦即謂‘體’；異名同義，所貴得意忘言。”〇元按：錢說非也。所云體用之體，其別有二。一者形體義，乾卦象辭孔穎達注所謂“法天之用，不法天之體”是也；一者本體義。所言形、質云云皆形體之義也。故上文云“滯有者全系於形用”，明以形為有也。若形為本體義，安得謂之為有？錢氏蓋亦未嘗深考也。本體一義雖係晚出，然其要未嘗無本，本章以仁用對言是也。《繫辭下》第五章“精義入神，以致用也；利用安身，以崇德也”，所云神、德皆與用相對者也。蓋語言有變遷，有遞嬗，固為常態；言仁言神言德言體，各隨其時耳，若大義所涉，此域早有，何勞“釋典先拈”？“既濟吾乏”云云，非所敢承。[6]侯果曰：“聖人成務，不能無心，故有憂；神道鼓物，寂然無情，故無憂也。”張載云：“老子言‘天地不仁，以萬物為芻狗’，此是也；‘聖人不仁，以百姓為芻狗’，此則異矣。聖人豈有不仁？所患者不仁也。天地則何意於仁？鼓萬物而已。聖人則仁爾，此其為能弘道也。"又云："聖人所以有憂者，聖人之仁也；不可以憂言者，天也。"○元按：聖人雖有憂，然非成心憂之也，故亦可云無心。

夫《易》廣矣大矣！以言乎遠則不禦，以言乎邇則靜而正，以言乎天地之間則備矣。夫乾，其靜也專，其動也直，是以大生焉。夫坤，其靜也翕，其動也闢，是以廣生焉。廣大配天地，變通配四時，陰陽之義配日月，易簡之善配至德。

右第六章。

【義解】禦，止。[1] 專，專一。乾之靜也，渾然仁體，搏擥為一，故"其靜也專"；正者止於一也，是所謂專。及其動也，乾道變化，各正性命，故"其動也直"。[2] 乾德始物，萬物因之以生，故大。坤德承乾，待陽而動，故其靜也如門之合，其動也如門之闢。[3] 萬物因之以成，故廣。以自然況之，其廣大有如天地，其變通有如四時，其一陰一陽有如日月代明，其易簡之善有如聖人之至德。夫聖人畫為八卦，以通神明之德，以類萬物之情，故八卦可以象天地；然則四時者，四象也；日月者，兩儀也；聖人之至德者，太極也。一以貫之者，即乾坤也。參恒卦義解。○此章論乾坤之德。

【疏證】[1] 虞翻曰："禦，止也。"韓康伯云："窮極幽深，無所止也。"朱子云："不禦，言無盡。"[2] 韓康伯云："專，專一也；直，剛正也。"陸德明云："專，陸作搏。"宋衷曰："乾靜不用事，則清淨專一，含養萬物矣。動而用事，則直道而行，導出萬物矣。一專一直，動靜有時，而物無夭瘁，是以大生也。"○元按：專、搏古通。《史記·秦始皇本紀》"普天之下，搏心壹志"，司馬貞索隱："搏，古專字。"故學者多以專釋搏，予頗疑搏乃專之本義，而《繫辭》此文亦因之成義。《說文·寸部》："一曰專，紡專。"甲文作 ，徐中舒等云："甲骨文'專'字象用手轉動'紡專'紡線形。"蓋紡專即搏之使一也。專一之義當由此引申。《繫辭》言"其靜也專"，專似有收斂意,極具動勢,以搏攣釋之,於義尤協也。下文坤德翕、辟與此相類。《文子·自然》:"夫天地專而為一,分而為二,反而合之,上下不失。專而為一,分而為五,反而合之,必中規矩。"專與分相對,亦當以搏釋,可為旁證。[3]陸德明云:"翕,斂也;闢,開也。"宋衷曰:"'翕'猶閉也。坤靜不用事,閉藏微伏,應育萬物矣。動而用事,則開闢群蟄,敬導沈滯矣。一翕一辟,動靜不失時,而物無災害,是以廣生也。"熊十力云:"夫本體流行,惟是陽明剛健、開發無息之闢而已。其翕而成物者,所以為闢作工具也。闢待翕以成化。"(《體用論》第一章,《明變》))○元按:熊氏言"翕而成物""闢待翕以成化",實則以闢為物化之被闢分,翕聚之被打破。其"翕闢成變"之說自有哲學意義,然與《繫辭》本章義實相反。參拙作《易象與時間:關於易象學的論綱》。

　　子曰:"《易》其至矣乎! 夫《易》,聖人所以崇德而廣業也。知崇禮卑,崇效天,卑法地。天地設位而易行乎其中矣! 成性存存,道義之門。"

　　右第七章。

　　【義解】崇德者,擴充其德,使進至於高明也。廣業者,篤行其事,使終及於廣大也。高明可以配天,廣大可以配地。[1]德言其體,業言其用。易道與天地準,故聖人可因之崇德而廣業也。易道之四德曰元亨利貞,於五常則為仁禮義信,而綜之者智也,其德以智為主,故崇德而曰智崇,[2]其崇乃所以效天之健;禮者履也,自卑而尊人,故篤行踐履欲其法地之順。內德而外禮,內知而外行。是所謂"知崇禮卑,崇效天,卑法地"。易道其至矣乎! 天道運行,渾淪無際,無有形象,無有名位,有人生焉,則形名始出,象位始設,使天地雖設位而能復返其一體之渾淪者,非易道其孰能之! 是所謂天地設位而易行乎其中矣! 成性者,盡性以至於命;存存者,存之又存,維天之命,於穆不已。故曰"成性存存,道義之門"。○此章論易道所以法天。

【疏證】[1]○元按：崇德之義可參豫卦義解。[2]陸德明云：“知，音智。”

聖人有以見天下之賾，而擬諸其形容，象其物宜，是故謂之象。聖人有以見天下之動，而觀其會通，以行其典禮，繫辭焉以斷其吉凶，是故謂之爻。言天下之至賾而不可惡也，言天下之至動而不可亂也。擬之而後言，議之而後動，擬議以成其變化。

【義解】賾，雜。李鼎祚本作嘖。[1]宜，義，性情也。惡，厭。天地萬物本皆一體，以人之故，始生分別，聖人即萬物之雜，各因其性情而擬其形貌，象其物類，是故謂之象。形見而名生焉，是所謂擬之而後言。萬物各依其情而動，惟聖人能知一體之義，知其皆有以上通於天，故即其動而觀其會通，[2]行其典禮，各系之辭，以明其吉凶，是故謂之爻。因其吉凶而行，是所謂議之而後動。象者，分也，天道之下遂，利之道也；爻者，合也，萬物之上達，亨之道也。[3]萬物皆可擬其形容，象其物宜，故雖至雜而非無章，觀物而不可厭也；[4]諸事皆可觀其會通，行其典禮，故雖至變而能守常，有條而不可紊也。典，常。天地變化無端，人為天地之靈，聖人者出乎其類，拔乎其萃，故擬其卦象而後言，議其爻辭而後動，所以助成天地之變化，是所謂參天地之化育。○此節明觀象系辭之義。

【疏證】[1]孔穎達云：“賾，謂幽深難見。”蘇軾云：“賾，喧錯也。古作嘖，從口、從臦，一也。《春秋傳》曰‘嘖有煩言’。”《朱子語類·易十一·上繫下》：“賾字在《說文》曰：‘雜亂也。’古無此字，祇是‘嘖’字，今從賾，亦是口之義。”又云：“‘天下之至賾’，與《左傳》‘嘖有繁言’之‘嘖’同。那個從口，是個口裏說話多、雜亂底意思。所以下面說‘不可惡’。若喚作好字，不應說個‘可惡’字也。”[2]朱子云：“會，謂理之所聚而不可遺處；通，謂理之可行而無所礙處。如庖丁解牛，會則其族，而通則其虛也。"[3]　〇元按：以卦言，則卦象為合而爻辭為分；以天道言，則天道為合而象為分；以萬物言，則爻為合而萬物為分。不可膠執也。[4]朱子云："惡猶厭也。"

"鳴鶴在陰，其子和之；我有好爵，吾與爾靡之。"子曰："君子居其室，出其言善，則千里之外應之，況其邇者乎？居其室，出其言不善，則千里之外違之，況其邇者乎？言出乎身，加乎民；行發乎邇，見乎遠。言行，君子之樞機，樞機之發，榮辱之主也。言行，君子之所以動天地也，可不慎乎？"

【義解】此釋中孚九二爻辭。此爻言雖信能及人，而尚未大宏，故但及其邇者如子弟與友朋。孔子於此爻，不惟明釋其義，所謂"況其邇者乎"；且進之以君子之道，真所謂善學《易》者也。前人於此等處多有未達，蓋未明爻義也。甚者言《繫辭》諸論與卦爻辭本義無關，皆孔子自為發揮，經傳本不相應，則尤非篤論。下所言諸卦爻義皆當與經文義解相參，斯可了然於心，而知經傳一體之義矣。〇此節專言言行，與上節所謂"擬之而後言，議之而後動"相應，故首言之。下文諸爻，雜引孔子之論，以見擬議之道當以謙慎為本，不可亢慢。[1]

【疏證】[1]　〇元按：此義可稍參孔疏，然不必膠執也。

"同人，先號咷而後笑。"子曰："君子之道，或出或處，或默或語。二人同心，其利斷金，同心之言，其臭如蘭。"

【義解】此釋同人九五爻辭。此爻言君子之道同中有異，當其異也，互不相能；知其同也，則相視莫逆。故孔子釋之，言或出或處，或默或語，此君子之異也；言其利斷金，其臭如蘭，此君子之同也。蓋君子其行雖異，然皆有不失其為君子之道，時位不同也。

“初六,藉用白茅,无咎。”子曰:“苟錯諸地而可矣,藉之用茅,何咎之有? 慎之至也。夫茅之為物薄,而用可重也,慎斯術也以往,其无所失矣!”

【義解】此釋大過初六爻辭。此爻言大過之時,其剛者易斷,不可力敵,大人保身亦所以存道也,故和光同塵而自居下賤,如祭用白茅,雖置之於地,[1]猶可縮酒敬神也。明哲保身所以為慎,故孔子所釋皆於此言之。

【疏證】[1] 陸德明云:“錯,本亦作措。”虞翻曰:“錯,置也。”

“勞謙君子,有終吉。”子曰:“勞而不伐,有功而不德,厚之至也。語以其功下人者也。德言盛,禮言恭;謙也者,致恭以存其位者也。”

【義解】此釋謙九三爻辭。此爻言博施濟眾而忘我者也,故萬民服之。孔子釋此爻,亦言其有功不居,謙以下人。德愈盛而禮愈恭,[1]盡其恭而存其位。言,語辭。[2]

【疏證】[1] 楊萬里云:“人之謙與矜,系其德之厚與薄。德厚者無盈色,德薄者無卑詞。如鐘磬焉,愈厚者聲愈緩,薄者反是,故有勞有功而不伐不德,惟至厚者能之,其德愈厚則其禮愈恭矣。”[2] 王引之云:“謂君子勞謙,德盛禮恭也。言,語辭。”(《經傳釋詞》卷五,《言》)

“亢龍有悔。”子曰:“貴而无位,高而无民,賢人在下位而无輔,是以動而有悔也。”

【義解】此釋乾上九爻辭,參《文言》義解。

“不出戶庭,无咎。”子曰:“亂之所生也,則言語以為階。君不密則失臣,臣不密則失身,幾事不密則害成。是以君子慎密而不出也。”

【義解】此釋節初九爻辭。此爻言當節之時，能抑其不知節之心，人之所失，首在言語，孔子憂之，故戒之以慎密不出。[1]

【疏證】[1]《穀梁傳》文公五年譏晉襄公漏言：“君漏言也。上泄則下闇，下闇則上聾，且闇且聾，無以相通。”鍾文烝亦引《易》此節證之。（《春秋穀梁經傳補注》卷十三）

　　子曰：“作《易》者其知盜乎？《易》曰：‘負且乘，致寇至。’負也者，小人之事也。乘也者，君子之器也。小人而乘君子之器，盜思奪之矣；上慢下暴，盜思伐之矣。慢藏誨盜，冶容誨淫。《易》曰：‘負且乘，致寇至。’盜之招也。”

　　右第八章。

【義解】此釋解六三爻辭。此爻言當解之時，難尚未解而輕率躁動，必遭悔吝也。如以小人而乘君子之器，尚遭責難，今反負物而乘，則或有寇至之吝。孔子所言正釋爻義。

　　天一，地二，天三，地四，天五，地六，天七，地八，天九，地十。

【義解】此句本在十章之首，朱子《本義》據程子之說移置於此，今從之。易道一陰一陽。天數者奇數也，為陽；地數者偶數也，為陰。

　　天數五，地數五，五位相得，而各有合。天數二十有五，地數三十，凡天地之數五十有五，此所以成變化而行鬼神也。

【義解】此句本在“大衍之數”一節後，“乾之策”前，從朱子《本義》改。十數中奇偶各五，故云天數五，地數五。五位相得，而各有合者,朱子以為即邵雍等所傳河圖,其位一六居下,二七居上,三八居左,四九居右,五十居中。[1]天數之和二十五,地數之和三十,總和五十五。筮占之法惟用此十數以極數知來,故云此所以成變化而行鬼神也。

【疏證】[1]韓康伯云:"天地之數各五,五數相配以合成金木水火土。"孔疏:"若天一與地六相得,合為水;地二與天七相得,合為火;天三與地八相得,合為木;地四與天九相得合為金;天五與地十相得,合為土也。"朱子云:"此簡本在第十章之首。程子曰宜在此,今從之。此言天地之數陽奇陰耦,即所謂河圖者也。其位一六居下,二七居上,三八居左,四九居右,五十居中。就此章而言之,則中五為衍母,次十為衍子,次一二三四為四象之位,次六七八九為四象之數,二老位於西、北,二少位於東、南,其數則各以其類交錯於外也。"

大衍之數五十,其用四十有九。分而為二以象兩,掛一以象三,揲之以四以象四時,歸奇於扐以象閏;五歲再閏,故再扐而後掛。乾之策,二百一十有六;坤之策,百四十有四。凡三百有六十,當期之日。二篇之策,萬有一千五百二十,當萬物之數也。是故四營而成易,十有八變而成卦,八卦而小成。引而伸之,觸類而長之,天下之能事畢矣。顯道神德行,是故可與酬酢,可與祐神矣。子曰:"知變化之道者,其知神之所為乎?"

右第九章。

【義解】衍者,演也。揲蓍以演天道之生生,所謂大衍也。[1]占筮之法,自古相沿,以其巧也,後人多讚歎而莫名其故。於是競相推之,以為神妙不測。實則其法甚簡,而其理甚易。蓋揲蓍之法,所用四十九之數,[2]其起作用者不過四十八耳。[3]若不計二營之掛一象三,則所謂四營者,[4]實三營也。其法中分四十八數,各以四揲之，而求其餘數，其中分為第一營；右手揲其左半，左手揲其右半，為第二營；合併其餘策為第三營。其餘數非四則必八也。此第一變。復以過揲之數中分揲之，餘數亦非四則八，此第二變。第三變如之，亦非四即八。如此三變，其餘數惟四種：若三變皆餘四，一四為奇，二四為偶，三奇為老陽，其畫為□，曰重。其總數十二，以四十八數減之，則過揲之數四九三十六；若二變餘四，一變餘八，二奇一偶為少陰，其畫為--，曰拆。其總數十六，以四十八數減之，則過揲之數四八三十二；若一變餘四，二變餘八，兩偶一奇為少陽，其畫為━，曰單。其總數二十，以四十八數減之，則過揲之數四七二十八；若三變皆餘八，三偶為老陰，其畫為×，曰交。其總數二十四，以四十八數減之，則過揲之數四六二十四。如此重複六次，則自下而上生成一卦，所謂十有八變而成卦。《周易》占法，以過揲之數象爻位之數，以變為占，故陽用九，陰用六，蓋其變者幾率偏小，乃所以能極數而知來也。[5]

　　然則過揲之數何以象爻位之數？蓋古人之數以萬為備，所謂天下萬物也。易既與天地準，則其信息必與此萬物相應。既用九六為占，乾卦純陽，是則過揲之數二百一十六；坤卦純陰，是則過揲之數百四十有四。其和則三百六十，約當一年之日數。六十四卦，其陰陽二爻各一百九十二，其和則萬有一千五百二十，惟此可以象萬物之數。[6]

　　《周易》揲蓍之法既明，為神其說，且欲以象徵之法與天道相應，故創為掛一之法，蓋分二所以象兩儀，則掛一所以象三才也。然此掛一之數乃多出者，不影響揲蓍之數，故由四十八數一變而為四十九。及其餘數，第二、三變雖亦掛一，而所餘非三即七，和其掛一之數以計餘數，亦非四則八也。其第一變則餘數通掛一之數非五即九，然計算奇偶則仍以五奇而九偶，則知掛一本不影響過揲餘數之計算，特為求象徵而加入之者。即此以觀，則揲蓍之數可與天運一年之周期暗合。其掛扐之法亦可附會，所謂歸奇於扐以象閏，再扐以象再閏也。

四十九數所以與萬物相準者也，惟易道乃所以進萬物於一體，則虛一不用，以象兩儀之歸本太極，不亦宜乎？此五十之數所由生也。五十者，既可傅會以日辰星宿之合數，又可視為一至十之和數減去五行，亦河圖中數自乘之積也，[7]由此亦可以見易數之巧矣。

惟易筮既以四十八數為用，則過揲之倍數必九八七六。實則若以四十四數為用，則為八七六五，依次類推至二十八數，則為四三二一。其用九八七六者，蓋惟此方可使諸數與前所象徵者妙合無間，非有他故也。今觀出土之數字卦，頗有用八七六五者，[8]或為大衍易筮未興之前，占筮家摸索之實態。或即歸藏筮法，亦未可知，蓋八九之別，其坤乾之異歟？[9]然由此亦可傅會以五行與四三二一諸數之相加，而愈形其巧。觀歷代諸家之解，則不難了然。

然則易筮何故揲之以四？蓋易道之核心在於元亨利貞之四德，四德亦四時也。[10]若以他數揲之，雖亦可求得諸卦，然非易筮之本旨矣。其稍有義理可言者，則揚雄之《太玄》、司馬光之《潛虛》，皆擬《易》而別有懷抱者也。後世筮占之法甚眾，多數字遊戲而已。

易筮之法既明，若能精誠以臨之，實與天道相通，則知變化之道與神之所為，所謂"可與酬酢，可與佑神"，[11]亦或然者也。然如此似亦不必占矣，荀子所謂"善為《易》者不占"，[12]信夫！〇此章言《易》本乎數。

【疏證】[1] 陸德明云："鄭云：'衍，演也。'揲猶數也。"徐在漢云："《老子》曰：'一生二，二生三，三生萬物。'生生之謂衍。"[2] 韓康伯云："王弼曰：'演天地之數，所賴者五十也。'"孔疏："京房云：'五十者謂十日、十二辰、二十八宿也，凡五十。其一不用者，天之生氣將欲以虛來實，故用四十九焉。'馬季長云：'《易》有太極，謂北辰也；太極生兩儀，兩儀生日月，日月生四時，四時生五行，五行生十二月，十二月生二十四氣。北辰居位不動,其餘四十九轉運而用也。'荀爽云:'卦各有六爻,六八四十八,加乾坤二用,凡有五十。乾初九潛龍勿用,故用四十九也。'鄭康成云:'天地之數五十有五,以五行氣通,凡五行減五,大衍又減一,故四十九也。'姚信、董遇云:'天地之數五十有五者,其六以象六畫之數,故減之而用四十九,但五十之數義有多家,各有其說,未知孰是。'今案:王弼云:'演天地之數所賴者五十。'據王弼此說,其意皆與諸儒不同。萬物之策凡有一千五百二十,其用此策推演天地之數,惟用五十策也。一謂自然所須策者,惟用五十,就五十策中,其所用揲蓍者,惟用四十有九。其一不用,以其虛無,非所用也,故不數之。顧懽同王弼此說,故顧懽云:'立此五十數以數神,神雖非數,因數而顯,故虛其一數以明不可言之義。祇如此意,則別無所以,自然而有此五十也。'今依用之。"○元按:王弼說是,詳下文。[3] 季本云:"九當作八,蓋於五十之中虛二為陰陽之母,而用其四十八策以揲也。用四十八策則左一右二,左二右一,左三右四,左四右三,合乎四象,三揲皆同,而所得之數陰陽老少不偏,此卦爻對待自然之理也。舊說用四十九策,……當定爻之時皆去初揲五九之一,以歸於四八之數,不若直用四十八策耳。"○元按:季氏改九作八,非。蓋惟四十九策乃與象徵之數合也。然季氏已知實起作用者惟四十八數耳(參氏著《易學四同別錄·辨蓍用四十九策之誤》)。[4] 陸績曰:"'分而為二以象兩',一營也。'掛一以象三',二營也。'揲之以四以象四時',三營也。'歸奇於扐以象閏',四營也。謂四度營為,方成《易》之一爻者也。"[5] 潘雨廷云:"1/16 的概率得 6,3/16 的概率得 9,5/16 的概率得 7,7/16 的概率得 8。得不變的陰畫可能性最大,得陽畫次之,得陽爻又次之,得陰爻的可能性最小,此相應於陽善變、陰不善變的事實。"(《易老與養生》第三章,《論老子》)○元按:余和群《"過揲法"的概率研究》,對過揲概率之計算,結論略同。[6]《朱子語類·易十一·上繫下》:"二篇之策,當萬物之數。不是萬物盡於此數,祇是取象自一而萬,以萬數來當萬物之數耳。"季本云:"上言當期之日,此言當萬物之數,理亦可通。歐陽氏不信《繫辭》,而以此言為皆非,則近於惡而不知其美矣。"[7] 孔穎達引京房云:

"五十者謂十日、十二辰、二十八宿也。"引鄭玄云："天地之數五十有五，以五行氣通，凡五行減五。"朱子云："大衍之數五十，蓋以河圖中宮，天五乘地十而得之。"○元按：今人彭涵梅遍考諸說，別為十三種，可參。

[8] 張政烺云："以上共三十二條考古材料，……共有 168 個數字，……計一至八字出現的次數如下：一（36）、二（0）、三（0）、四（0）、五（11）、六（64）、七（33）、八（24）。……把奇數出現的次數加起來：36＋0＋11＋33＝80，把偶數出現的次數加起來：0＋0＋64＋24＝88，兩個得數卻差不多，可見二、三、四這三個數字雖不見，它實際上還是存在的，衹是不曾正式列出來，而把它寄存在其他數字之中。按照簡單的推想是：二、四併入六，三併入一。什麼原因使它如此呢？我的解釋是這樣：古漢字的數字，從一到四都是積橫畫為之，一、二、三、三，自上而下書寫起來容易彼此摻和，極難區分，因此把二、三、四從字面上去掉，歸併到相鄰的偶數或奇數之中，所以我們看到六字和一字出現偏多，而六字尤占絕對多數的現象。占卦實際使用的是八個數字，而記錄出來的衹有五個數字，說明當時觀象重視陰陽，那些具體數目並不重要。"（《張政烺論易叢稿·試釋周初青銅器銘文中的易卦》）○元按：遍考諸數字卦材料，無論六爻抑或三爻，其一卦之中，似最多僅用四個數字，疑一、七可以互用，《乾鑿度》所謂"易變而為一，一變而為七，七變而為九。九者，氣變之究也，乃復變而為一。"則所用亦惟五六七八而已。倘亦揲之以四，則所用蓍數當為四十四或四十五。然其具體占法尚難得知，闕疑可矣。[9] 張政烺云："古代中國東方人'數以八為紀'，而西方人'數以九為紀'，應是地方的風俗習慣如此，呂不韋採集到，也許是從古代文獻歸納得來的。我們根據這類記載，可以說，筮法本來是東方人開創的，故筮數止於八，傳到西方，周人使用了一段時間，逐漸修正，使它成為合乎西方人風俗習慣的東西，筮數中遂出現了九字。……把百十來個古筮資料排排隊，可以看出九是在西周中期以後開始出現的。"（《張政烺論易叢稿·帛書〈六十四卦〉跋》）○元按：殷周分居東西，以三《易》言，亦有《歸藏》《周易》之異，其筮法疑即因此而有別也。另據肖南《安陽殷墟發現易卦卜甲》著錄，商代晚期已見數字卦中出

現九字，如“六七一六七九”、“六七六九六八”之例。（濮茅左《楚竹書周易研究·考古易的發現》）[10] 邵雍云：“乾用九，故其策九也。四之者，以應四時。”（《觀物外篇·上之下》）[11] 陸德明云：“祐，馬云：‘配也。’荀作侑。”[12]《荀子·大略》：“善為《詩》者不說，善為《易》者不占，善為禮者不相，其心同也。”

《易》有聖人之道四焉：以言者尚其辭，以動者尚其變，以制器者尚其象，以卜筮者尚其占。是以君子將有為也，將有行也，問焉而以言，其受命也如響。无有遠近幽深，遂知來物。非天下之至精，其孰能與於此？參伍以變，錯綜其數，通其變，遂成天地之文；極其數，遂定天下之象。非天下之至變，其孰能與於此？《易》无思也，无為也，寂然不動，感而遂通天下之故。非天下之至神，其孰能與於此？夫《易》，聖人之所以極深而研幾也。惟深也，故能通天下之志；惟幾也，故能成天下之務；惟神也，故不疾而速，不行而至。子曰“《易》有聖人之道四焉”者，此之謂也。

右第十章。

【義解】制器尚象參《繫辭下》庖犧氏一章。受命如響即前撞鐘之喻，大叩大鳴，小叩小鳴，故無有遠近幽深，遂知來物。[1]“參伍以變，錯綜其數”，前人多聚訟而莫得的解。[2] 蓋參言其分也，兩物相分以相參；伍言其合也，兩物相合以為伍。[3] 惟揲蓍之參伍以變是能與乾坤之翕辟成變相應，故能成天地之文。錯綜其數，言揲蓍之時，分之合之以盡其數，故能定天下之象。前人以錯卦、綜卦言者，皆曲說也。[4] 易道虛中應外，物來而順應，故能“感而遂通天下之故”。綜核言之，易有聖人之道者三：即其本言，則精一執中，見幾而作，故能成天下之務，所謂天下之至精；即其末言，則深微幽眇,萬物遂情,故能通天下之志,所謂"天下之至變";即其本末兼賅而言,則不疾而速,不行而至,"感而遂通天下之故",所謂"天下之至神"。[5]幾者,微也,孟子所謂端也。研幾,即於心體端微處用功,[6]使終能感而遂通也。然此所謂心非止一人之心,實天地萬物一體之心也。所謂"不疾而速,不行而至"者,能與時偕行,與道無間,故無遲速之分、動靜之別也。○此章言易道之能。

【疏證】[1]張載云:"有不知則有知,無不知則無知,是以鄙夫有問,仲尼竭兩端而空空,《易》無思無為,受命乃如響。"[2]崔憬曰:"參天者,謂從三始,順數而至五七九,不取於一也。兩地者,謂從二起,逆數而至十八六,不取於四也。此因天地數上以配八卦而取其數也。"孔穎達云:"參,三也;伍,五也。或三或五,以相參合,以相改變。略舉三、五,諸數皆然也。"李道平云:"參,三也。一卦兩揲兩扐為'五歲在閏'。掛當為卦。'再扐而後卦',凡三變而成一爻,是三其五以成一爻之變,故曰'參五以變'。"[3]《荀子·成相》:"參伍明謹施賞刑。"楊倞注:"參伍,猶錯雜也。"朱子云:"參伍、錯綜皆古語,而參伍尤難曉。按《荀子》云'窺敵制變,欲伍以參';韓非曰'省同異之言,以知朋黨之分,偶參伍之驗,以責陳言之實';又曰'參之以(此)比物,伍之以合參';《史記》曰'必參而伍之';又曰'參伍不失';《漢書》曰'參伍其賈'。以類相准,此足以相發明矣。"《朱子語類·易十一·上繫上》:"參伍以變,參字音'曹參'之參,猶言參互底意思。"俞琰云:"揲著本無三數五數之法,祇是交互參考。錯者交而互之,一左一右,有迭相為用之意;綜者總而挈之,一低一昂,如織者之綜索也。愚謂著無三數五數之法,則參非謂數之三,伍非謂數之五也。參伍以變,錯綜其數,不過以分掛揲扐之餘數驗過揲之正數,一出一入,更相考核,以審其多寡之實,究九六七八,以定卦爻之動靜耳。參,雜也;伍猶行之成列也。"王夫之云:"參者,以彼參此;伍者,相與為耦也。"(《周易稗疏》卷三)○元按:俞說大意已得。顧參者三也,伍者五也,何以有分合之義?蓋事物一分為二,合二與一為三,故三必由事物之分始見。故左右思量曰再思,反復思量則曰三思,由此引申為參考、參驗。古人治民,

五家為伍,治兵,五人為伍,伍者為五人之合也。故参伍有分合之義。韓
非所謂"参之以比物",比當為排比、羅列之義,是所謂分也;"伍之以合
参",則所謂合也。[4]孔穎達云:"錯謂交錯,綜謂總聚。交錯總聚其陰
陽之數也。"來之德《周易集注·卷首上·易經字義》云:"錯者,陰與陽相
對也。父與母錯,長男與長女錯,中男與中女錯,少男與少女錯,八卦相
錯,六十四卦皆不外此錯也。"又云:"綜字之義,即織布帛之綜,或上或
下,顛之倒之者也。如乾坤坎離四正之卦,則或上或下;巽兌震艮四隅之
卦,則巽即為兌,艮即為震,其卦名則不同。如屯蒙相綜。"[5]張載云:
"一故神,譬之人身,四體皆一物,故觸之而無不覺,不待心使至此而後覺
也。此所謂'感而遂通,不行而至,不疾而速'也。"[6]鄭玄云:"機當作
幾。幾,微也。"朱子云:"研猶審也。幾,微也。所以極深者,至精也;所
以研幾者,至變也。"

子曰:"夫《易》何為者也?夫《易》開物成務,冒天下之道,
如斯而已者也。"是故聖人以通天下之志,以定天下之業,以
斷天下之疑。是故蓍之德圓而神,卦之德方以知,六爻之義
易以貢。聖人以此洗心,退藏於密,吉凶與民同患。神以知
來,知以藏往,其孰能與於此哉?古之聰明叡知,神武而不殺
者夫。是以明於天之道,而察於民之故,是興神物以前民用。
聖人以此齋戒,以神明其德夫。

【義解】開物者,物本渾淪,乾元開闢而生萬物,使各遂其情,
故可以"通天下之志",如蓍之德也圓而神;成務者,萬物各因其情,
使皆知性原於天,大本則同,故可以"定天下之業",如卦之德也方
以智;冒天下之道者,易與天地準,天下之道皆為所覆,故可以"斷
天下之疑",[1]如爻之德也易以貢。蓍之德乾德也,故圓而神;卦之
德坤德也,故方以智;爻之德則乾坤因時之變,故因時而告。貢,
告。[2]神則無轍跡可尋,神妙莫測,故圓;智則有理路可求,有物有

則，故方。[3]聖人觀其既往，有以見其天則，是所謂智以藏往；問焉而以言，其受命也如響，是所謂神以知來。聖人以此澄澈其心，居則觀象玩辭，衆理具備；動則觀變玩占，察其吉凶。其心湛然，衆理皆備，是即所謂"退藏於密"也。[4]天視自我民視，天聽自我民聽，聖人與天地合其德，體生生之仁矣，故"吉凶與民同患"。[5]古來能達此境者，惟聰明睿智、神武而不殺者也。聰明睿智者，智也；不殺者，仁也；[6]神武，勇也。智仁勇三德兼備，此所以為大人也。故能明於天道，察於民情，知蓍龜之神，使為民所用。聖人以此齋戒絜誠，以神明其德，是即所謂洗心也。[7]〇此節言易道之效。

【疏證】[1]《鶡冠子·能天》："道者，開物者也，非齊物者也。"又云："道者，通物者也。"俞琰云："以，用也。《易》能開物，故聖人用以通天下之志；《易》能成務，故聖人用以定天下之業；《易》能冒天下之道，故聖人用以斷天下之疑。"[2]韓康伯："冒，覆也。"又云："貢，告也。六爻之變易，以告吉凶也。"張載云："圓神故能通天下之志，方知故能定天下之業，爻貢故能斷天下之疑。"朱子云："圓神，謂變化無方；方知，謂事有定理；易以貢，謂變易以告人。聖人體具三者之德，而無一塵之累，無事則其心寂然，人莫能窺；有事則神知之用，隨感而應，所謂無卜筮而知吉凶也。"[3]韓康伯云："圓者運而不窮，方者止而有分。言蓍以圓象神，卦以方象知也。惟變所適，無數不周，故曰圓；卦列爻分，各有其體，故曰方也。"[4]胡居仁云："退藏於密，衹是其心湛然無事，而衆理具在也。"（《居業錄》卷八）王引之云："'聖人以此洗心'，韓伯注曰：'洗濯萬物之心。'《釋文》：'洗，王肅、韓悉禮反，京、荀、虞、董、張、蜀才作先，石經同。'《集解》載虞注以先心為知來。引之謹案：作先之義為長。蓋先猶導也，此謂蓍卦六爻也。聖人以此先心者，心所欲至而卜筮先知，若為之前導然。猶言'是興神物，以前民用'也。"潘雨廷云："以蓍先心，知來也；以卦退密，藏往也；以貢斷疑，前民用也。"〇元按：韓、王（引之）二氏皆可備一說。然此心似當為聖人之心，蓋惟聖人真能退藏於密也。《老子》已云"滌除玄覽，能無疵乎"，蓋即所謂洗心也。《左傳》襄公二十一年，臧武仲

曰："紇也聞之,在上位者洒濯其心,壹以待人。"《文子·上義》:"老子曰:
'凡學者能明於天人之分,通於治亂之本,澄心清意以存之,見其終始,反
其虛无,可謂達矣。'"所云"澄心清意",亦"洗心"之謂也。按"老子",依
李定生、徐慧君《文子校釋》當作"文子"。[5]章潢云:"'聖人以此洗心,
退藏於密',若與佛氏之虛寂同;'吉凶與民同患',則與佛氏異。"(《讀易
雜記》卷一)○元按:斯言似不足以服佛氏,蓋修大乘菩薩行者亦可云與
民同患也。然佛儒終有異處,蓋一教之以出離返本,一教之以盡性致命,
歸宿不殊,而途轍固異。章氏又云:"洗心退藏於密,非淪於無也;吉凶與
民同患,非滯於有也。聖學體用一原,自不相離。"(《讀易雜記》卷二)[6]
虞翻曰:"乾坤坎離,反復不衰,故'而不殺者夫'。"李道平疏:"殺讀為衰。
《士冠禮》曰:'以官爵人,德之殺也。'鄭彼注云:'殺猶衰也。'"孔穎達云:
"古之聰明睿智神武之君,謂伏犧等,用此易道,能威服天下,而不用刑殺而
威服之也。"○元按:虞說亦通,然孔說義長。[7]韓康伯曰:"洗心曰齋,防
患曰戒。"

　　是故闔戶謂之坤,辟戶謂之乾;一闔一辟謂之變,往來不
窮謂之通;見乃謂之象,形乃謂之器;制而用之謂之法,利用
出入、民咸用之謂之神。

　　【義解】天道渾淪無際,本無差別可見;人道失其一體,則見性
情之分。其能盡性致命,通天下之志者,則《易》之開物也。物既有
分,即其開之者言,猶門之辟,謂之乾焉;即其閉之者言,猶門之闔,
是則坤也。乾坤往來,一闔一辟,則變化生矣。[1]其生生不息,往來
不窮者,故謂之通。其通而能復,現其態勢者,是所謂象;其物化流
形,得其穩態者,則謂之器。聖人尚象制器,以為民用,皆法天而
行,故謂之法;所以本末內外,民不可須臾離者,則謂之神。[2]既得
其用,是《易》之成務也。見,現。出入即上文所謂"明於天之道,而
察於民之故"。民咸用之,即上文"是興神物以前民用"。[3]○此節

釋《易》開物成務。

【疏證】[1] 虞翻曰：“闔，閉翕也。辟，開也。”又云：“陽變闔陰，陰變辟陽，‘剛柔相推，而生變化’也。”[2] 陸績曰：“聖人制器以周民用，用之不遺，故曰‘利用出入’也。民皆用之而不知所由來，故‘謂之神’也。”朱子云：“闔辟，動靜之機也；先言坤者，由靜而動也。乾坤變通者，化育之功也；見象形器者，生物之序也。法者，聖人修道之所為；而神者，百姓自然之日用也。”[3] 朱震云：“知闔辟變通者，‘明於天之道’；知‘利用出入，民咸用之’者，‘察於民之故’。”○元按：朱說與本書稍異，然所見略同。

是故《易》有太極，是生兩儀，兩儀生四象，四象生八卦，八卦定吉凶，吉凶生大業。

【義解】《易》者冒天下之道，易道所以與天地準者，蓋以八卦生六十四卦，三百八十四爻，可以象天下之至動，定天下之吉凶也。惟八卦之生於四象，四象生於兩儀，兩儀生於太極，歷來未得之解。如邵雍之加一倍法，巧則巧矣，且以見易道之無所不包，然非其本旨。[1] 蓋加一倍法惟出之以形式之自然，而未明易道所以象萬物之理。所謂太極者，“有物渾成，先天地生，無以名之。強而名之，則字之曰道”。[2] 雖無所表暴，以其有生生之能也，謂有陽氣胎息其中，是所謂乾元也。其生生之質，則坤元也。乾坤未分，是名渾沌。陰陽已具，是名兩儀。及乾元漸顯，與生生之質漸別，反似身陷其中，故有坎象，坎者，陷也。此乾元與生生之質相摩相蕩，自然而生裂變，故二陽生。二陽不並生，蓋並生則為一陽，其間必有所隔，如附麗於此生生之質，故有離象，離者，麗也。乾坤坎離，即所謂四象。惟四象之時，離卦惟有其象，而坎卦已具其體，坎體既成，則震艮之象已現。及乾陽再形裂變，則二陽可並，離卦之體生，離體既生，則兌巽之象已現。是所謂四象生八卦也。[3] 八卦成，則六十四卦已寓其中，吉凶定而大業生矣。○此節言八卦生成之理，釋《易》冒天下之道。参坎、離二卦義解。

【疏證】[1] 胡居仁云：“太極者，在天地之先而不為先，在天地之後而不為後，終天地而未嘗終，始天地而未嘗始。與天地萬物圓融和會，而未嘗有先後始終者也。有太極，則兩儀、四象、八卦以至於天地萬物固已備矣。非謂今日有太極而明日方有兩儀、後日乃有四象八卦也，雖謂之曰太極生兩儀、兩儀生四象、四象生八卦，其實一時具足，如有形則有影，有一則有二有三，以至於無窮皆然。”（《易像鈔》卷一）王夫之云：“生者，非所生者為子，生之者為父之謂。使然，則有有太極無兩儀，有兩儀無四象，有四象無八卦之日矣。生者，於上發生也，如人面生耳目口鼻，自然賅具，分而言之，謂之生耳。邵子執加一倍之小數，立一二畫之象，一純陽，一純陰，一陽上陰下，一陰上陽下，謂之四象；更加一畫，而其數倍為八卦；遂畫四畫之象十六，五畫之象三十二，無名無義，但以八生十六，十六生三十二，三十二生六十四，教童稚知相乘之法則可，而於天人之理數毫無足取。使以加一畫即加一倍言之，則又何不可加為七畫以倍之為一百二十八，漸加漸倍，億萬無窮，無所底止，又何不可哉！不知《易》但言四象生八卦，定吉凶，生大業，初不可相損而為二爻，益而為四爻五爻，此乃天地法象之自然，事物變通之定理，不可以算博士銖積寸累有放無收之小術，以亂天地之紀也。”（《周易稗疏》卷三）[2] 韓康伯云：“夫有必始於無，故太極生兩儀也。太極者，無稱之稱，不可得而名，取有之所極況之太極者也。”○元按：此與老氏似同而實異者也。[3] 徐在漢云：“同一乾坤也，以其一神則謂之太極，以其兩化則謂之兩儀。奇參偶中，乾體而有坎象；偶參奇中，坤體而有離象，故謂之四象。四象生八卦，即形乃謂之器也。乾體而有坎象，則震艮之形成矣；坤體而有離象，則巽兑之形成矣，故謂之八卦。”○元按：徐氏此言，發《易》學千載之覆。予讀《易》至徐氏，乃有吾道不孤之歎。

是故法象莫大乎天地，變通莫大乎四時，懸象著明莫大乎日月，崇高莫大乎富貴。備物致用，立成器以為天下利，莫大乎聖人。探賾索隱，鉤深致遠，以定天下之吉凶，成天下之亹亹者，莫大乎蓍龜。

【義解】法象者，下文所謂"仰則觀象於天，俯則觀法於地"。所謂富貴者，君人之大位也。賾言其至雜，隱言其至微。亹亹猶勉勉，蓍龜既能定天下之吉凶，天下故勉勉以之決疑也。[1]○此節言易道之大，通乎天地四時以至聖人蓍龜。

【疏證】[1] 侯果曰："亹，勉也。"孔穎達云："案：《釋詁》云：'亹亹，勉也。'言天下萬事悉動而好生，皆勉勉營為。此蓍龜知其好惡得失，人則棄其惡而取其好，背其失而求其得，是成天下之亹亹也。"

是故天生神物，聖人則之；天地變化，聖人效之；天垂象，見吉凶，聖人象之。河出圖，洛出書，聖人則之。《易》有四象，所以示也；繫辭焉，所以告也；定之以吉凶，所以斷也。

右第十一章。

【義解】神物，如蓍龜。[1]天垂象，如天官之變化，古人以為可主人間之禍福，故云見吉凶。聖人象之者，擬之也。[2]龍馬負圖、洛龜獻瑞，皆春秋前相沿以為伏羲、大禹作聖之兆，後人以十數圖為河圖，九宮圖為洛書，漢以來即有此說，至宋以後其論大張。所謂天生神物、天地變化、天垂象、河出圖、洛出書，皆古人所證悟之具體天道，孔子推之，欲以贊易道之偉大。今人所證或有變化，於古人之論不無非議，然即今人之見亦終為大《易》所包，是亦所謂冒天下之道也。是古人具體之見或可反駁，而易道尚不容輕議也。《易》有四象者，以四象隱括六十四卦也，觀卦所以示天時。[3]卦爻皆系之以辭，所以告卦德，斷吉凶也。○此節乃夫子以時人所推為天道者贊《易》。

【疏證】[1] 孔穎達云："謂天生蓍龜，聖人法則之，以為卜筮也。"[2] 宋衷曰："天垂陰陽之象，以見吉凶，謂日月薄蝕，五星亂行。聖人象

之,亦著九六爻位,得失示人,所以有吉凶之占也。"[3] 孔穎達云:"象之
與辭相對之物,辭既爻卦之下辭,則象謂爻卦之象也,則上兩儀生四象、
七八九六之謂也。"

《易》曰:"自天祐之,吉无不利。"子曰:"祐者,助也,天之
所助者順也,人之所助者信也,履信思乎順,又以尚賢也。是
以'自天祐之,吉无不利'也。"

【義解】此釋大有上九爻辭,朱子以為錯簡,當在第八章,或
然。此爻言當大有之時,萬物皆為乾元所通,雖其亢者,亦得遂其
自性,可見天道之廣大,無所不包。象如聖王虛己,而能尊師、敬
賓、養賢也。所謂順者,順乎天道也。能順乎天道,故得遂自性,而
為天所助。然亢而得助者,因乎大有之時與其人之賢也,賢故雖亢
而能為人所信。賢人履信而思順乎天道,當大有尚賢之時,必能
"自天祐之,吉无不利"也。

子曰:"'書不盡言,言不盡意。'然則聖人之意,其不可見
乎?"子曰:"聖人立象以盡意,設卦以盡情偽,繫辭焉以盡其
言,變而通之以盡利,鼓之舞之以盡神。"

【義解】心之所發,剎那生滅,了無轍跡,而與萬有之渾淪相
準,是所謂意;聖人因物而定名,因名以制義,事理寓乎其中,是所
謂言;文以表物名,字以申其義,文法行乎其間,是所謂書。書即
"書同文"之書。文法不足以括事理之變化,是所謂"書不盡言";事
理不足以盡萬有之渾淪,是所謂"言不盡意"。然則聖人之意,其不
可見乎? 是曰不然。蓋《易》之作也,聖人所以盡性而至於命,即萬
有之名相以見其渾淪之樸。故其言不足,則立象而補之,以盡
意;[1] 其名不足,則設卦以象之,以盡萬物之情實;其理不明,則系
之辭焉以盡其言;因爻之所告,變而通之,使萬物各率其性,各得其

利；因易之變動不居，而或剛或柔，以合天道之神妙不測。言鼓之舞之者，蓋動有二義，陽之動物也剛，如震之以雷霆，陰之動物也柔，如潤之以風雨。雷之震物如擊鼓，故云鼓之；風之入物如輕舞，故云舞之。[2] 故鼓之舞之，乃言其動能因易道之變，而或剛或柔也。此節總述聖人作《易》以盡天道。

【疏證】[1] ○元按：如天圓君父，其名各異，若遍言之則甚難，然皆可象之以乾，或因其渾淪，或因其剛健也。是乾之一象，可以補言之不足也。餘類推。參《說卦》義解。[2] 李道平引揚雄曰：“鼓舞萬物者，其風雷乎？”

乾坤，其易之縕邪？乾坤成列，而易立乎其中矣。乾坤毀，則无以見易。易不可見，則乾坤或幾乎息矣。是故形而上者謂之道，形而下者謂之器，化而裁之謂之變，推而行之謂之通，舉而措之天下之民謂之事業。是故夫象，聖人有以見天下之賾，而擬諸其形容，象其物宜，是故謂之象。聖人有以見天下之動，而觀其會通，以行其典禮，繫辭焉以斷其吉凶，是故謂之爻。極天下之賾者存乎卦，鼓天下之動者存乎辭，化而裁之存乎變，推而行之存乎通，神而明之存乎其人，默而成之，不言而信，存乎德行。

右第十二章。

【義解】蘊者，藏也。[1] 易因乾坤見，蓋乾坤所以括宇宙之生成，生生之謂易。乾坤括六十四卦，卦象成列，則易立乎其中矣。微易卦，則易道無以開顯，所謂無以見；易道無以見，則宇宙或幾乎息矣。言幾乎者，宇宙不可止息，無以顯現，是有近乎止也。“形而上者謂之道”，言道乃大《易》為形而上者所立之名，則形而上者，道之界說也。下言謂之者準此。蓋天道渾淪，萬物未能顯形，所謂形而上；形質既分，萬物失其一體，所謂形而下。“形而下謂之器”，言器者,形質已分,名實已定之謂也。道器判分,天人斯隔,於是或執有以滅無,或見素而抱樸,道術將為天下裂矣。惟大《易》執其道樞,即器存道,因其器之雜也,而擬諸形容,象其物宜;因其物之動也,而觀其會通,明其條理,故卦象、爻辭生焉。是則《易》之為物,乃所以溝通天人上下,所謂形而中也。[2]惟此形非物理之圖形,乃生命之形容,而擬諸此形容者即象也。[3]故易之為道,為有無之樞紐,下學而上達者也。此《易》之所以為《易》也。

　　《說文》:"變,更也",亦有化義。如此處所言,則二者微有不同,蓋"狀變而實無別而為異者,謂之化。"[4]所謂化而裁之,非言質變與否,乃言變化之主從。[5]蓋裁即裁斷之義,其能即其化而有以裁之者,即是變。是則乾變而坤化,乾主而坤從之義也。其無所裁斷,而為人所化者,即陰之有待於陽也。"通"與"事業"二名其義甚明,象爻則如上釋。存乎卦,言卦象;存乎辭,言爻辭;其人者,聖人也。末句復言象爻變通諸義之效,而歸本於聖人,蓋微聖人,則易占之法雖存,而其義終難明也。○此節綜釋易道乃所以通天人之隔。

　　【疏證】[1]虞翻曰:"縕,藏也。"韓康伯云:"緼,淵奧也。"[2]《易乾鑿度》:"易者以言其德也。通情無門,藏神無內也。"孔穎達云:"形雖處道、器兩畔之際,形在器,不在道也。……陰陽之化,自然相裁,聖人亦法此而裁節也。"張載云:"釋氏之言性不識易,識易然後盡性,蓋易則有無動靜可以兼而不偏舉也。"徐在漢云:"形而上者謂之道,形而下者謂之器,通乎道器之間者象也,言其上下察也。"(《易或·說卦》"廣八卦章")○元按:神無而情有,易則有無之間。釋老之學蔽於天而不知人,墨法則蔽於人而不知天,各得其一偏。得其中道者必大儒也,俗儒不與焉。[3]王宗傳云:"形之未著者謂之象,象之既著者謂之形。"(《童溪王先生易傳·繫辭上》首章"在天成象")[4]○元按:語出《荀子·正名》。如今化學中所謂物理變化。[5]○元按:乾主坤從,乾坤非即物之質言也,乃言其態勢。參乾卦義解。

卷二　繫辭下

八卦成列，象在其中矣；因而重之，爻在其中矣。剛柔相推，變在其中矣；繫辭焉而命之，動在其中矣。吉凶悔吝者，生乎動者也。剛柔者，立本者也；變通者，趣時者也。吉凶者，貞勝者也；天地之道，貞觀者也；日月之道，貞明者也；天下之動，貞夫一者也。

【義解】物之生也，體用不二，即用以見體，即體以賅用。以八卦為體，則六十四象之用在其中矣；以六十四卦為體，則三百八十四爻之用在其中矣；以乾剛坤柔之相推為體，則萬有變化之用在其中矣；以卦爻辭之吉凶悔吝為體，則大《易》變動之理在其中矣。命之者，斷之以吉凶悔吝也。聖人有以見天下之至動，繫辭焉以斷其吉凶，故云吉凶悔吝，生乎動者也。言剛柔，所以立其本根之體；言變通，所以見其隨時之用。貞，定。勝者，陰陽消長，否泰剝復，其當令者為勝也。時位吉則為吉勝，時位凶則為凶勝。繫辭吉凶之斷，所以定時位之勝。[1] 貞觀、貞明，言易準天地之道，百物豐贍，可以定天下之觀；易本日月之道，通乎幽明，可以定天下之明。參觀、離二卦義解。天下之物，雖變動綦繁，而其根則有定，是所謂貞夫一也。[2] 老子云"靜為躁根"即同此義。○此節言即體賅用。

【疏證】[1] 范升云："天下之事所以異者，以不一本也。《易》曰：'天下之動，貞夫一也。'"（楊樹達《周易古義》引《後漢書・范升傳》）虞翻曰："一謂乾元。萬物之動，各資天一陽氣以生，故'天下之動，貞夫一者也'。"韓康伯云："貞者，正也，一也。夫有動則未免乎累，殉吉則未離乎凶，盡會通之變而不累於吉凶者，其惟貞者乎？老子曰：'王侯得一以為天下貞'，萬變雖殊，可以執一御也。"張根云："貞者固也。天地以貞而能

404

明天下之動，以一而能勝。一於善則吉，一於惡則凶，惟其所貞而已矣。”〇元按：張說稍異，然可相發。[2] 徐鼒云：“虞注云：‘貞，正也。勝，滅也。陽生則吉，陰消則凶者也。’張惠言曰：‘陰生滅陽，陽動貞之。’其義是矣。勝即陰勝陽、陽勝陰之義。虞云‘滅’者，引申字義，謂陰勝則陽滅也。古訓詁簡直，多類是，凡滅國稱勝國，亦此義也。”（《讀書雜釋》卷一）

夫乾，確然示人易矣；夫坤，隤然示人簡矣。爻也者，效此者也；象也者，像此者也。爻象動乎內，吉凶見乎外，功業見乎變，聖人之情見乎辭。天地之大德曰生，聖人之大寶曰位。何以守位？曰仁。何以聚人？曰財。理財正辭，禁民為非，曰義。

右第一章。

【義解】確者堅確，健貌；隤然，順貌。[1] 乾以易知，坤以簡能，易簡則天下之理得矣。爻所以表天下之至動，是效此理者也；象所以擬天下之至賾，是像此理者也。萬物因其時位，其理皆見於爻象，故云“爻象動乎內”；其動皆有吉凶應之，是為“吉凶見乎外”。由易道之變，可以見天地之功業；由卦爻之辭，可以覘聖人之志情。易道生生，所以準天地之大德；時位汙隆，所以顯聖人之大寶。蓋惟位，可以見聖人之所立也。聖人者無可無不可，因時而行天道，其居位也，同天地之生生，此即仁道也。仁則天下歸往之，是足以王矣，故財散而民聚，皆樂得其所天。財既散則民富矣，故先富後教，理財使之崇禮，正辭使敦名實，禁民為非使知戒懼，[2] 是來之以仁而教之以義也。〇此節贊《易》而歸本於仁義。

【疏證】[1] 陸德明云：“馬、韓云：‘確，剛貌也；隤，柔貌也。’”虞翻曰：“隤，安。”朱子云：“確然，健貌；隤然，順貌。”[2] 崔憬曰：“夫財貨，人所貪愛，不以理之，則必有敗也。言辭，人之樞要，不以義正之，則必有辱也。百姓有非，不以義禁之，則必不改也。”

古者包犧氏之王天下也,仰則觀象於天,俯則觀法於地,觀鳥獸之文,與地之宜。近取諸身,遠取諸物。於是始作八卦,以通神明之德,以類萬物之情。

【義解】法,度也。象之於天,天文也;法之於地,地理也。山川丘陵,各有其度,是即地之理也。包犧即庖犧,此言庖犧氏仰觀俯察,始作八卦,上以通神明之德,下以類萬物之情。[1]以四德況之,神明之德者,貞元也;萬物之情者,亨利也。鳥獸之文者,天下之至雜也;地之宜者,物宜也。[2]"聖人有以見天下之賾,而擬諸其形容,象其物宜,是故謂之象。""八卦成列,象在其中矣。"此皆《繫辭》諸文之前後相應者也。○此節言庖犧畫卦,明作《易》之始。

【疏證】[1]司馬光云:"情雖萬端,而聚之不過健順、動入、麗陷、止說。"○元按:參《說卦》義解。[2]孔穎達云:"云'仰則觀象於天,俯則觀法於地'者,言取象大也;'觀鳥獸之文與地之宜'者,言取象細也。大之與細,則无所不包也。地之宜者,若《周禮》五土,動物、植物各有所宜是也。"

作結繩而為罔罟,以佃以漁,蓋取諸離。

【義解】結繩、網罟皆器也,作結繩而為網罟,即所謂制器。以佃以漁,則"利用出入、民咸用之"之謂也,是所謂神。取諸者,得諸也,此"以制器者尚其象"之義,聖人之道也。按所謂"取諸"非言聖人先有其象,依其象而制器;蓋聖人之所為也,先天而天弗違,後天而奉天時,故其所制之器皆有以合諸易象,此亦"易者,冒天下之道"之義。下言耒耜、舟楫、宮室者皆仿此。[1]惟尚象之理,前人異說紛呈,茲依本文義解試通之。作結繩為網罟以佃以漁,所以象離者,蓋離者麗也,兩陽而附一陰,故有附麗之義;佃者田獵,佃漁皆所以使物來附,故有離象,是所謂取諸離。[2]此漁獵時代之象也。

【疏證】[1]胡瑗云:"謂之蓋者,即疑之辭也。言聖人創立其事,不必觀此卦而成之,蓋聖人作事立器,自然符合於此之卦象也,非准擬此卦然後成之,故曰'蓋取諸離'。"劉安世云:"《易》'取諸益'、'取諸睽'之類,非謂當時已有此卦也。伏羲造書契,取其義耳。"(《宋元學案·元城學案》引)《朱子語類·易一·綱領上之上》:"十三卦所謂'蓋取諸離,蓋取諸罟'者,言結繩而為網罟,有離之象,非觀離始有此也。"○元按:蓋取之說,宋人所論甚精,及近代疑古之學興,乃衍為觀象制器之說,以曲合《繫辭》制器尚象之旨,甚者乃反疑《易傳》為偽造史實,其謬已極,實不足置辯。存此以待無深湛之思,而徒以考辯欺世者。[2]韓康伯云:"離,麗也,罔罟之用必審物之所麗是也。魚麗於水、獸麗於山也。"李光地等云:"古者網羅所致曰離。《詩》曰'魚網之設,鴻則離之',又曰'有兔爰爰,雉離於羅'。"

包犧氏沒,神農氏作。斲木為耜,揉木為耒,耒耨之利以教天下,蓋取諸益。

【義解】庖犧、神農或以為三皇之末,或以為五帝之始,蓋處道德之間,所以為文明之始祖。[1]漁獵時代,文化初興,亦制器之始也。及文明漸盛,則制器之事日繁,終由漁獵而進至農耕,於是神農氏興。耒耨之利所以象益者,蓋損陰益陽為益,農人之大作,去其莠稗,而育禾苗,亦扶陰而益陽也,故以象益。[2]

【疏證】[1]陸德明云:"包犧氏太皞,三皇之最先。"《尚書中候》:"皇道,帝德,為內外優劣。"周予同云:"《尚書中候》文,見《詩·大雅·泂酌》正義引,馬國翰《玉函山房輯佚書》以為係《中候勑省圖》文。"(《緯讖中的"皇"與"帝"》注一)[2]韓康伯云:"制器致豐,以益萬物。"

日中為市,致天下之民,聚天下之貨,交易而退,各得其所,蓋取諸噬嗑。

【義解】農耕與漁獵相分,是有分工焉,故有交易之事,而商業興。日中為市，致天下之民，聚四方之貨，使之有合，所以通功易事，損有餘而補不足。[1]噬嗑者，神以精明處上，察所薦之百物，於己有合則食之，故噬嗑有合之義。是則交易可以象噬嗑也。

【疏證】[1]韓康伯云："噬嗑，合也。市人之所聚，異方之所合，設法以合物，噬嗑之義也。"

神農氏沒，黃帝、堯、舜氏作。通其變，使民不倦；神而化之，使民宜之。《易》，窮則變，變則通，通則久。是以"自天祐之，吉无不利"。黃帝、堯、舜垂衣裳而天下治，蓋取諸乾、坤。

【義解】黃帝至於堯舜，五帝之世也。三皇之時，渾樸未開，故有其事而無其治；五帝之時，渾樸初鑿而未染澆風，故宮室雖具而茅茨不剪，百官雖備而猶敦象教，[1]順自然而無為，垂衣裳而天下治。三皇之時，民不知倦，五帝則通其變，使民不倦；三皇之時，民不知利，五帝則利用出入，使民宜之。神而化之，亦"利用出入，民咸用之"之義也。是五帝之道，即聖人之道，實易道之理想也。[2]易道與天地准，生生不已，悠久无疆。其所以悠久者，因其通也；其所以能通者，因其窮則能變。是以"自天祐之，吉无不利"。惟黃帝、堯舜之無為而治，[3]乃本於乾坤之象，是亦有說。蓋易道不主尊君而卑民，而以"群龍无首"為致治之極則，是則有合於乾元用九者也；其居位者能深自謙抑，美不外見，故坤六五言"黃裳元吉"，以其"文在中也"；其不居位者反能率性修道，立己立人，是以"見龍在田，天下文明"。君處六五而師居九二，無為而無不為，豈不美哉！

【疏證】[1]《春秋繁露·王道》："畫衣裳而民不犯。"蘇輿《義證》："《虞書》：'象以典刑。'《御覽·刑法部》引《慎子》：'斷其肢體，鑿其肌膚，謂之刑。畫衣冠，異章服，謂之戮。上世用戮而民不犯，中世用刑而民不從。'《周禮·司圜》疏引《孝經緯》云：'三皇無文，五帝畫象，三王肉刑。'所謂畫象，即畫衣裳也。"[2]○元按：《漢志》云："儒家者流，祖述堯舜，憲章文武,宗師仲尼",蓋雖處小康而心儀大同,可謂不忘本始矣。及其末世,以霸政而文之以儒名,甚則以儒術兼縱橫,其孔子"小人儒"之謂乎? 其非本於孔子,而强加以儒名,則非愚即誣,如今人所謂別有用心者,尤不必論矣。[3] 韓康伯云:"垂衣裳以辨貴賤,乾尊坤卑之義也。"孔疏:"以前衣皮,其制短小;今衣絲麻布帛,所作衣裳其制長大,故云垂衣裳也。取諸乾坤者,衣裳辨貴賤,乾坤則上下殊體,故云取諸乾坤也。"郭雍云:"'垂衣裳而天下治',謂無為而治也。能無為而治者無他焉,法乾坤易簡而已。"〇元按: 依韓、孔二氏之義,則垂衣裳乃寓尊卑之義。實則人行則衣服飄動,衣裳下垂,則不動可知,故言無為也。無為而無不為,與五帝之道合。《論語·衛靈公》:"子曰: 無為而治者,其舜也與? 夫何為哉? 恭己正南面而已矣。"

剡木為舟,剡木為楫,舟楫之利以濟不通,致遠以利天下,蓋取諸渙。

【義解】剡,剖。剡,削。[1] 渙者,散也。渙所以散萬物之壅塞,使知大本相通,如舟楫之利以濟不通;故能遂萬物之性情,而各得其利,是"致遠以利天下"。此《渙·彖傳》所謂"利涉大川,乘木有功也"。按,渙卦義解言"散萬物之機心",機心者,本心之茅塞也,故此以壅塞易之,非有異也。又,《渙·彖傳》所謂"乘木有功",義解以舟行水上釋之,非言上巽為木,下坎為水,乃舟楫之象也。一如前揭益卦,不言上入以象耒,下動有如耕也。[2] 蓋此種解釋雖可偶通,然未能一以貫之,故不取。前人解《易》多穿鑿,其未能一貫者,常以"變動不居"自神其說,遂日淪於汗漫而不知,不知孔子本即以正名、一貫之道相尚,必不爾也。

【疏證】[1] 孔穎達云:"舟必用大木剡鑿其中,故云剡木也。剡木為楫者,楫必須纖長,理當剡削,故曰剡木也。"[2] 朱子云:"二體皆木,上入下動,天下之益,莫大於此。"吳澄云:"益之二三四互坤地也。上巽二陽,象末之自地上而入;下震一陽,象耜之在地下而動也。"

服牛乘馬,引重致遠,以利天下,蓋取諸隨。

【義解】隨之卦德,動而能說。說者取悅,能取悅人則必當隨人之所欲乃可。動而能隨人之所欲,故可以象服牛乘馬、引重致遠之行商也。[1]

【疏證】[1]韓康伯云:"隨,隨宜也。服牛乘馬,隨物所之,各得其宜也。"

重門擊柝,以待暴客,蓋取諸豫。

【義解】"雷出地奮,豫。"二月驚蟄之時,萬物隨雷出地,各自佚豫,其能泯庶物之小己,使於佚豫之時而知自警,其惟驚雷之音聲乎? 重門之居,人易自佚,使於佚豫之時而知自警,則擊柝以待暴客者也。[1]

【疏證】[1]陸德明云:"柝,馬云:'兩木相擊以行夜。'"韓康伯云:"取其豫備。"

斷木為杵,掘地為臼,臼杵之利,萬民以濟,蓋取諸小過。

【義解】小過者,為求大端不失,而小節有差者也。木生於地,所以顯天地生生之德;斷木為杵,掘地為臼,則無以見生生之意。惟一物之生機雖泯,而萬民因之以濟,是所謂小過者也。

弦木為弧,剡木為矢,弧矢之利,以威天下,蓋取諸睽。

【義解】當睽之時,萬物自守其分限而相睽違,亦天道應有之一義。所謂威天下者,懼之耳,非攻之也,引而不發之象。弦木為弧,剡木為矢,威天下以自衛,使人不相犯,是有合於睽道者也。

　　上古穴居而野處，後世聖人易之以宮室。上棟下宇，以待風雨，蓋取諸大壯。

　　【義解】大壯，陽氣壯盛，一往無前，物雖尚通，而前途有危也。自穴居野處進至宮室棟宇，[1] 是文明之有進也。然及其壯盛，則不致美侖美奐、山節藻梲而不止，是危道也。

　　【疏證】[1] 韓康伯云：“宮室壯大於穴居，故制為宮室取諸大壯也。”

　　古之葬者，厚衣之以薪，葬之中野，不封不樹，喪期无數；後世聖人易之以棺槨，蓋取諸大過。

　　【義解】大過之時，萬物滅頂，是死象也。然藉用白茅，枯楊生稊，天地尚留一線生機。古之葬者所為，是無禮也；聖人為之棺槨封樹，[1] 而送死之禮備。棺槨關乎喪，所謂慎終；封樹關乎祭，所謂追遠。慎終追遠，民德歸厚矣。是人雖死，而其精神可因喪祭與後人相通，故雖死如生也。《禮》云：“事死如事生。”

　　【疏證】[1] 孔穎達云：“不積土為墳，是不封也；不種樹以標其處，是不樹也。”

　　上古結繩而治，後世聖人易之以書契，百官以治，萬民以察，蓋取諸夬。

　　右第二章。

　　【義解】夬，剛決柔也。書契之興，名之始也。名之興也起於分，如乾之辟；結繩者渾樸未開，如坤之合。聖人以書契易結繩，文明日進，如乾之易坤，剛之決柔，故象之以夬。

　　是故《易》者象也，象也者像也，象者材也，爻也者效天下之動者也。是故吉凶生而悔吝著也。

右第三章。

【義解】材者，裁也。彖者，斷也，亦裁斷之義。蓋彖之裁物，各依其才性而斷，才通材，故徑以材言之。○此章乃象、彖、爻諸義之重出者。[1]

【疏證】[1] 韓康伯云："材，才，德也。彖言成卦之材以統卦義也。"司馬光云："'象也者像也'，擬諸其形容；'彖者材也'，各言其本質。"

陽卦多陰，陰卦多陽，其故何也？陽卦奇，陰卦耦。其德行何也？陽一君而二民，君子之道也。陰二君而一民，小人之道也。

右第四章。

【義解】陽卦如乾、震、坎、艮，除乾外皆一陽二陰；陰卦如坤、巽、離、兌，除坤外皆一陰二陽，皆指三畫卦而言。[1]陽奇而陰偶，二陽則雖奇而為偶。故卦亦可分陰陽，以奇偶言也。凡陽主而陰從，即卦德而言，陽卦則一主二從，陰卦則二主一從，以君民況之，陽卦一君二民，陰卦一民二君。[2]一君二民則民堪命，此君子之道也；一民二君則民無所適從，此小人之道也。○此章以陰陽之道通之於八卦。

【疏證】[1]崔憬曰："陽卦多陰，謂震、坎、艮，一陽而二陰；陰卦多陽，謂巽、離、兌，一陰而二陽也。"[2]朱子云："君，謂陽；民，謂陰。"

《易》曰："憧憧往來，朋從爾思。"子曰："天下何思何慮？天下同歸而殊塗，一致而百慮，天下何思何慮？日往則月來，月往則日來，日月相推而明生焉。寒往則暑來，暑往則寒來，寒暑相推而歲成焉。往者屈也，來者信也，屈信相感而利生焉。尺蠖之屈，以求信也；龍蛇之蟄，以存身也；精義入神，以致用也；利用安身，以崇德也。過此以往，未之或知也。窮神知化，德之盛也。"

【義解】此論咸卦九四。處感之時，君子虛以受人，故當思慮不起。九四以自省為務，是思慮紛紜，往來於中也，故曰"憧憧往來，朋從爾思"。夫子之論此爻，即其不足而正之以卦德，諭之以大人君子之道，凡下傳所論諸爻，皆著眼於此，是亦解《易》之一法也。後人不明夫子本意，徑以其言當爻義，不惟爻義日晦，夫子之本旨亦失矣。自來解《易》者，爻義未明，輒以己意為之發揮，其高者雖常有新奇可喜之見，然穿鑿者正復不少，易道因之以日湮，皆不明夫子論《易》之法故也。即以此爻論，其"朋從爾思"者，言未能虛其中也，安能廓然大公，物來順應？故夫子進之以天道，乃云天下同歸而殊途，百慮而終致一，此皆無思無為，寂然不動，感而遂通天下之故，又何可以思慮屢雜其間！[1] 蓋日月往來，寒暑易節，不過剛柔之相摩，屈伸之相感。以此觀物，則知尺蠖之屈，所以求伸也；龍蛇之蟄，所以求生也；義理精一，達神妙之境者，體也，所以致其大用；隨遇而安其身，末也，所以擴充其本體之德。屈伸、死（蟄）生、體用、本末，是亦一靜一動，一寂一感，相待而成者也。[2] 易者，執簡御繁之道也，聖人以此冒天下而應萬物，是所謂道樞。過此以往，聖人亦有所未知，亦不必豫知也。然即此已盡乾之神，達坤之化，乾坤易簡而天下之理得矣，謂之盛德，不亦宜乎？利用者，利，順；用，以。○此下諸節，雜引孔子之論，以明安身崇德之義。[3]

【疏證】[1] 聶豹云："或問：'思為靜乎？'蓋思者心之運，既曰運，則動矣。然思敬、思誠、儼若思、思無邪之類，則動而無動，而常主夫靜也。故凡用功，似屬乎動，而用功的主腦，卻是靜根。'然則何思何慮、無思無為，又何謂也？'此主感應言也。感應者，神化也。才涉思議，便是憧憧。如憧憧，則入於私矣。其去未發之中，何啻千里！"（《雙江聶先生文集·雜著·辨中》）[2] 韓康伯云："精義，物理之微者也。神寂然不動，感而遂

通，故能乘天下之微，會而通其用也。"陸德明云："信，本又作伸，韋昭《漢
書音義》云：'古伸字。'"《朱子語類》："精義入神，用力於內，乃所以致用
乎外；利用安身，求利乎外，乃所以崇德乎內。"[3]　〇元按：參孔疏，李鼎
祚《集解》已引及。

《易》曰："困於石，據於蒺藜；入於其宮，不見其妻，凶。"子
曰："非所困而困焉，名必辱；非所據而據焉，身必危。既辱且
危，死期將至，妻其可得見邪？"

【義解】此論困卦六三。當困之時，居亨居貞，無利可圖，有言
不信，九三暗昧而輕動，故反受挫辱，是凶道也。如人困於石牢，死
期將至，故入其宮室，而不見其妻。困於石牢，是已由困入於坎陷，
非困之所也，故云"非所困而困焉"，其名必辱；蒺藜有刺，非可據之
於身，其身必危。故孔子論之如上。

《易》曰："公用射隼於高墉之上，獲之，无不利。"子曰："隼
者，禽也；弓矢者，器也；射之者，人也。君子藏器於身，待時
而動，何不利之有？動而不括，是以出而有獲，語成器而動
者也。"

【義解】此論解卦上九。上九之解，不解之解也，所謂以攻為
守，快刀斬亂麻。如王公遇隼於高牆之上，不避之，反射之，故獲之
而無不利。避即所謂解也。所以言王公者，王公必有侍衛隨身，故
夫子以喻君子之藏器於身。蓋惟未雨綢繆者，方可待時而動，是能
轉危為機者也。動而不括，言動而無礙也。[1]是不惟能藏，且所藏
必利，斯所謂成器也。

【疏證】[1] 韓康伯云："括，結也。君子待時而動，故無結閡之患
也。"孔疏："言射隼之人既持弓矢，待隼可射之動而射之，則不括結而有
礙也。"阮元云："待隼可射之動而射之，盧文弨云：'上之字下當有時字。'

嚴傑云：'動，疑時字之誤。'"

子曰："小人不恥不仁，不畏不義，不見利不勸，不威不懲。小懲而大誡，此小人之福也。《易》曰：'屨校滅趾，无咎。'此之謂也。"

【義解】此論噬嗑初九。當噬嗑之時，初九是雖嗑而未噬者也，象如人雖校其屨，以致覆沒其足，然實未傷也，故曰"无咎"。雖未傷，然既屨校，是已懲之矣。故夫子論此，以為懲誡小人之道，且小懲而大誡，此小人之福也。滅趾，前人多以刖刑釋之，不確，蓋既刖則是大懲矣。

"善不積不足以成名，惡不積不足以滅身。小人以小善為无益而弗為也，以小惡為无傷而弗去也。故惡積而不可掩，罪大而不可解。《易》曰：'何校滅耳，凶。'"

【義解】此論噬嗑上九。當噬嗑之時，上九是所嗑過當，故以荷校過度，以致沒耳失聰象之，蓋受刑已重矣。夫子論此，言小人所以致刑之由，蓋以惡小而為之，善小而不為，積惡以至於滅身也。其君子亦當積善，不積不足以成名也。

子曰："危者，安其位者也；亡者，保其存者也；亂者，有其治者也。是故君子安而不忘危，存而不忘亡，治而不忘亂。是以身安而國家可保也。《易》曰：'其亡其亡，繫於苞桑。'"

【義解】此論否卦九五。"其亡其亡，繫於苞桑"，言命懸一線，危之甚矣。九五言惟大人方能獨幹乾坤，挽狂瀾於既倒，扶大廈於將傾也。夫子論此，但言處危之常道，蓋有危所以安位，有亡所以保存，有亂所以致治，此亦"一陰一陽之謂道"之義。《老子》所謂

"脩短相形，高下相傾"是也。孟子云"生於憂患，死於安樂"，信夫！

子曰："德薄而位尊，知小而謀大，力小而任重，鮮不及矣。《易》曰：'鼎折足，覆公餗，其形渥，凶。'言不勝其任也。"

【義解】此論鼎卦九四。九四言定鼎之時，其實既覆而不知所措之象，[1] 蓋鼎折其足，而覆公之美食，且濕其身，故凶。夫子論此，言所以致此者，蓋所擇之鼎非其所任，所謂"德薄而位尊，知小而謀大，力小而任重"，故鮮不及矣。不及，言不及於敗也。

【疏證】[1] ○元按：當九四之時，所謂實即公之食也。

子曰："知幾其神乎！君子上交不諂，下交不瀆，其知幾乎！幾者，動之微，吉之先見者也。君子見幾而作，不俟終日。《易》曰：'介於石，不終日，貞吉。'介如石焉，寧用終日，斷可識矣！君子知微知彰，知柔知剛，萬夫之望。"

【義解】此論豫卦六二。當豫之時，人皆逸豫，六二言人耿介如石，當逸豫之時，能見幾而作，不俟終日，自復其有為也，定於此道則吉。夫子論此，純以知幾為言，則不惟豫之時而已也。蓋知幾則神妙不測，[1] 知微知彰，知柔知剛，可以為萬民之望，此大人之道也。及君子所為，亦能上交而不諂，慮其狎也；下交而不瀆，懼其辱也。是亦知幾者也。彰，顯。瀆，侮。

【疏證】[1] 韓康伯云："幾者，去無入有，理而無形，不可以名尋，不可以形睹者也。惟神也，不疾而速，感而遂通，故能朗然玄昭，鑒於未形也。"項安世云："諂者本以求福，而禍常基於諂，梁、竇之客是也；瀆者本以交驩，而怨常起於瀆，竇、灌之交是也。《易》言知幾，而孔子以不諂不瀆明之，此真所謂知幾者矣。欲進此道，惟存察之密，疆界素明者能之，此所以必歸之於'介如石'者歟。"

416

子曰：“顔氏之子，其殆庶幾乎！有不善未嘗不知，知之未嘗復行也。《易》曰：‘不遠復，无祇悔，元吉。’”

【義解】此論復卦初九。當復之時，乾元已返，惟執德未宏，未達乾體精剛之境耳。初九有不遠於復之象，如君子雖有所爲，亦不過修身耳，是亦復也，故能元吉而無大悔也。顔子簞笥瓢飲，安貧樂道，不違如愚，有不善未嘗不知，知之未嘗復行，於孔門是有夫子之德而未大，所謂具體而微者也，故夫子以不遠復許之。[1]

【疏證】[1]《孟子·公孫丑上》：“（公孫丑曰：）昔者竊聞之，子夏、子游、子張皆有聖人之一體，冉牛、閔子、顔淵則具體而微。”

“天地絪緼，萬物化醇；男女構精，萬物化生。《易》曰：‘三人行，則損一人；一人行，則得其友。’言致一也。”

【義解】此論損卦六三。當損之時而或損或益，是損之益之以求合中也。如男女構精，萬物化生，必陰陽耦合乃可，故“三人行則損一人，一人行則得其友”。蓋二人耦合正夫子所謂“致一也”。[1]

【疏證】[1]孔穎達云：“構，合也。”朱子云：“絪緼，交密之狀。醇，謂厚而凝也。”張根云：“一陰一陽之謂道。名乾以配坤，名男以配女，天地之義盡於此矣。三人行失其配，一人行則一遇其偶，乾坤之道無非致一而已。”盧翰云：“天地與男女皆是以兩，絪緼與構精則與之專也，正是致一處。‘三人而損一人，一人而得其友’，正合兩相與之義，故曰‘言致一也’。介夫（按：指蔡清）謂‘致一’如《孟子》‘專心致志’之致同。”

子曰：“君子安其身而後動，易其心而後語，定其交而後求，君子修此三者，故全也。危以動，則民不與也；懼以語，則民不應也；无交而求，則民不與也；莫之與，則傷之者至矣。《易》曰：‘莫益之，或擊之，立心勿恒，凶。’”

右第五章。

【義解】此論益卦上九。益之上九言求益而不能得中,則其所求者必一己之私耳,此所謂立心無恒,失其中主者也,必有凶也。故言雖求益,而莫有益之者,且有人反擊之也。夫子論此,即其有無中主者言之,己有主則人來從,所謂立己而立人也。故君子安其身而動,則民來從;和其心而後語,則民來應;定其交而後求,則民來與。[1]安其身、和其心、定其交,皆中主已立者也。中無所守而莫之助、莫之從,所謂"莫益之"也;但行其一己之私,則傷之者至矣。此章夫子論《易》,皆斷章取義者也,然與各爻之義皆相應。

【疏證】[1]郭京云:"危以動則民不輔也。……謹按:輔字誤作與字。輔,輔助之義。"項安世云:"'危以動則民不與',黨與之與也;'無交而求則民不與',取與之與也。"

子曰:"乾、坤,其《易》之門邪?"乾,陽物也;坤,陰物也;陰陽合德而剛柔有體,以體天地之撰,以通神明之德。

【義解】易簡而天下之理得,故乾坤可以為易之蘊;剛柔而變化之本立,故乾坤可以為易之門。蘊,言其以元統天;門,言其首出庶物。乾主而坤從,言乾而坤在其中矣。乾坤為易之門,陰陽合德,為萬物立體,故外可以體天地之道,內可以通神明之德。撰,猶事也。[1]

【疏證】[1]《九家易》、韓康伯云:"撰,數也。"陸德明云:"撰,《廣雅》云:'定也。'"朱子云:"撰,猶事也。"盧翰云:"撰是陰陽之跡,形而下者也;德是陰陽之理,形而上者也。"

其稱名也,雜而不越,於稽其類,其衰世之意邪?夫易,彰往而察來,而微顯闡幽,開而當名辨物,正言斷辭,則備矣!其稱名也小,其取類也大,其旨遠,其辭文,其言曲而中,其事肆而隱。因貳以濟民行,以明失得之報。

右第六章。

【義解】名者卦名，《易》有六十四卦，其名自乾、坤、坎、離以至既濟、未濟，可謂雜矣；然各隨其態勢，各有其分位，是雜而不越其分。《易》者，聖人所以通神明之德，類萬物之情，其情見之於爻，以形天下之變。惟《易》以變為尚，而期之以通久，是必因窮而思變，其衰世之意邪？夫易之為道也，統言之，則可以彰其往而察其來，微其顯而闡其幽，析言之，則當其名可以辨其物，正其言可以斷其辭。以是而言《易》，則備矣！開，辟，分。彰往者，智以藏往，卦之德也；察來者，神以知來，蓍之德也；微顯闡幽即推見至隱、由隱之顯之義，[1]爻之德也。當名，言值卦之時也；辨物，言別爻之義也；正言，言稽象之辭也；斷辭，言定爻之占也。[2]正，定。辭，占辭，如吉凶悔吝。是即卦之名，可以分別爻義；稽考象辭，可以定爻之占。故《易》之為書，雖取象甚少，所謂稱名也小，惟六十四卦；而足以類物之情，所謂取類也大。其象辭，旨意深遠，文辭華贍；其爻辭，語言婉曲，妙達物情，鋪陳其事，而隱約其義。吉凶者失得之象也，故因占辭之吉凶以濟民行。[3]前言正言斷辭，後言辭文言曲，前之言指象、辭指爻，後之言指爻、辭指象，蓋互文也。○此章亦廣言乾坤之德與《易》之用。

【疏證】[1] 韓康伯云：“《易》無往不彰，無來不察，而微以之顯，幽以之闡。闡，明也。”張載云：“顯者則微之使求其原，幽者則闡之使見其用，故曰‘其事肆而隱’。”金景芳、呂紹綱云：“韓康伯注‘微以之顯，幽以之闡’，不見得對。‘微顯闡幽’，意思是說，對顯的微，對幽的闡。這與《史記·司馬相如列傳》所說的‘《春秋》推見至隱，《易》本隱以之顯’，表達的大概是同樣的意思。”○元按：張、金、呂之說義長。[2] 郭雍云：“當名，謂卦也。辨物，謂象也。正言，爻象之辭也。斷辭，系之以吉凶者也。”○元按：象，當指爻象言。下文云“爻有等，故曰物”，可證。[3] 韓康伯云：“貳，則失、得也。”

《易》之興也，其於中古乎？作《易》者，其有憂患乎？

【義解】中古即當今之前世。夫子春秋時人，當以五帝之前為上古，三王之世為中古，故有大同、小康之別也。[1]

易者聖人之道，聖人以無心應萬物，"感而遂通天下之故"，豈有憂患哉？[2]雖然，易之為道也，"鼓萬物而不與聖人同憂"，是聖人亦有憂患也。惟聖人之憂，亦同聖人之樂，其憂樂皆以道，而非其一己之憂樂。聖人與天地萬物為一體，故廓然大公，順萬物之情以為心，而無所謂一己之心也，是謂無心。然則無心而可以有憂樂，亦審矣。惟憂樂亦有辨。蓋聖人之憂也，夙夜在公，一沐三握髮，憂其所為也未能與天地合其德，是"丘之禱也久矣"；聖人之樂也，以物觀物，魚躍而鳶飛，樂其所觀也皆能與乾坤同其元，故子云"吾與點也"。得聖人之憂也，故收攝保聚，主敬而有禮；得聖人之樂也，則自然流行，博愛而生仁。聖人之憂樂豈不大哉！

【疏證】[1]虞翻曰："《繫》以黃帝、堯、舜為後世聖人，庖犧為中古，則庖犧以前為上古。"李道平云："《漢書·藝文志》曰：'易道深矣。人更三聖，世歷三古。'孟康云：'伏羲為上古，文王為中古，孔子為下古。'《下傳》云：'《易》之興也，其當殷之末世，周之盛德邪？當文王與紂之事邪？'《明夷·彖傳》曰：'內文明而外柔順，以蒙大難，文王以之。'《傳》謂'作《易》者，其有憂患乎'，正謂文王。庖犧之世，時樸風淳，安有憂患。馬氏、荀氏、鄭氏皆以文王為中古，與虞異說，義亦可從。"[2]王襞云："樂者心之體也，憂者心之障也。欲識其樂，而先之憂，是欲全其體而故障之也。問：然則何以曰憂道？何以曰君子有終身之憂乎？曰：所謂憂者，非如之膠膠役役然，以外物為戚戚者也。所憂者道也。其憂道者，憂其不得乎學也。舜自耕稼漁陶，以至為帝，無往不樂，而吾獨否也。是故君子終身憂之也。是其憂也，乃所以為樂其樂也，則自無庸於憂耳。"（《王東崖先生遺集》卷二，《先兄東壩公合葬墓誌銘》）

是故履,德之基也;謙,德之柄也;復,德之本也;恒,德之固也;損,德之修也;益,德之裕也;困,德之辨也;井,德之地也;巽,德之制也。履和而至,謙尊而光,復小而辨於物,恒雜而不厭,損先難而後易,益長裕而不設,困窮而通,井居其所而遷,巽稱而隱。履以和行,謙以制禮,復以自知,恒以一德,損以遠害,益以興利,困以寡怨,井以辯義,巽以行權。

右第七章。

【義解】聖人既憂德之不修,故諸卦所言皆進德之事,見諸《大象》者備矣。夫子憂人不得其方,故即其易入者,三陳九德以諭之。其第一陳言九德之所以為入德之方,第二陳言九德之效,第三陳言九德之用。方言其體,效言其相,用言其用,此三陳所以括體相用也。效言其顯現,故可以相言。[1]

聖人法天,故其進德以乾德為準。不徑言乾,所以見聖人之謙抑,亦以為人道立本也。九卦皆有其德。履卦以說而應乎乾為德,如影隨形,動止皆宜。既與乾合德,故可為德之基。[2]謙卦以止而能順為德,止言能自謙抑,順言不逾其分,以期返本,而保其亨通,此天道所恃以生生者也,故可為德之柄。柄者可持,如今人所言把柄。[3]復卦以動而能順為德,一陽雖動而未至於健,此乾德之具體而微者也,如其根已生而枝幹未出,故可為德之本。本,根也。恒卦以入而能動為德,剛柔交感,通體皆應,是可久之道也。此天道所恃以不息者也,故可為德之固。損卦以說而能止為德,說言其損陰益柔,止言其損下有節,損陰如益陽也,德行因之以日進,故可為德之修。益卦以動而能入為德,剛柔相濟,故日進无疆,德行因之以日豐,故可為德之裕。[4]困卦險而能說,險者有謀,說者柔說而順道,能有此德,則困而不失其所亨。惟說而順道與否,則君子小人之所分,故可為德之辨。[5]井卦以入乎險中為德,入而有謀,故能養而不窮,所謂不入虎穴,焉得虎子,故可為德之地。[6]巽卦以入而又入為德,重巽以申命。有德而為人所制,故可為德之制也。制,節制。

九卦之德皆有其效。履卦說以隨乾,能說則與物無忤,故和;能隨乾是能順道,故至。謙尊而光,見謙卦象辭,蓋有謙則人來歸之,故益光大。復卦一陽初來,得乾之動而未得其健,是所謂小;陽至如種子已生,故與它物有別,是所謂辨於物。恒卦則與天地同其久,故有以見天下之賾,是所謂雜;恒者有常,雜而能常,是所謂不厭。損卦損陰益陽,損小人益君子,此消彼漲,陰愈損則陽愈形其勝,故愈損則愈易。益卦君子之道日進无疆,故雖豐裕而不虛華也。設,撰造之義。[7]困卦困而能不失所亨,是窮而通。井卦以通困,其水所以喻乾元,萬物因之以生,無時而可或缺者。如邑之立也,必當有井,無井則無水以飲,不成其邑矣。故邑雖有改,而井不可無也,必隨其所居而鑿井,是即居其所而遷。巽卦之時為人所制,故重巽以申命,雖有所命,亦用史巫紛若,是稱天道而隱己志也,此之謂稱而隱。

九卦皆有其用。履卦和而至於道,聖人法之,以和其行。[8]謙卦卑己,聖人以之制禮,蓋禮者,自卑而尊人也。復卦一陽復返,所以見天地之心,聖人法之,以自明明德,是所謂自知。恒卦者有常,聖人法之,以一其德。損陰益陽,故一以遠害,一以興利。困之德所以濟困者也,當困之時,有言不信,是人怨之也。聖人法困之有謀能說,所謂寡怨也。井卦所以通困,然地水雖必周流,而一井或有涸至,以其浚井而不終。故欲使物物皆成,井井相通,則必即物而窮理,井井而用功也。即物窮理者,辨其物宜也,是所謂"井以辨義"。辯一本作辨。當巽之時,為人所制,稱天道而隱己志,聖人法之,以行其權變也,此之謂"巽以行權"。○此章三陳九德,皆與諸卦相應,當參義解以明之。

【疏證】[1] 胡一桂《周易發明啓蒙翼傳上篇·文王九卦處憂患圖》:"一陳卦德,二陳卦材,三陳聖人用卦,皆有次第。"李道平云:"孔子指撮九卦解之,始陳德,中言性,終敘用,合三復之道。"《馬一浮集·語錄類編·六藝篇》:"德有體、相、用則可,以體、相、用為三德則不可。九卦相望說為體、用亦可,但不可立體德、相德、用德之目。"[2] 韓康伯云:"基,所蹈也。"[3] 干寶曰:"柄所以持物,謙所以持禮者也。"[4] 李道平云:"《說文》:'裕,衣物饒也。'是'裕'主乎增益其德。"[5] 鄭玄曰:"辨,別也。遭困之時,君子固窮,小人窮則濫,德於是別也。"[6] 姚信曰:"井養而不窮,德之地也。"盧翰云:"井是人之德性常存,而本體不動,其應變不窮之地頭。此地字與半分地之地字同意。"[7] 程頤云:"益長裕而不設,謂固有此理而就上充長之。設是撰造也,撰造則為偽也。"(董楷《周易傳義附錄》引)[8] 陸九淵云:"行有不和,以不由禮故也。能由禮則和矣。"(《陸九淵集·語錄上》)

《易》之為書也不可遠,為道也屢遷。變動不居,周流六虛,上下无常,剛柔相易,不可為典要,惟變所適。

【義解】《易》者冒天下之道,君子居則觀其象而玩其辭,動則觀其變而玩其占,是已得天道之常也,故其為書也不可遠;一陰一陽之謂道,剛柔相推,而生變化,是已得天道之變也,故為道也屢遷。

六虛,六位。[1] 典,常。適,從。"變動不居",言因時而變;"周流六虛"、上下無常,言因位而變;"剛柔相易",言因人而變。此對應三才之變。惟三才變易以定爻義,其時、位、人單一之變皆不足以為典要,[2] 惟變是從。此句對應"為道也屢遷",言易道之變易。

【疏證】[1] 虞翻、韓康伯云:"六虛,六位。"朱震云:"位謂之虛者,虛其位以待變動也。故《太玄》九位,亦曰九虛。"[2] "不可為典要",韓康伯云:"不可立定準也。"

其出入以度,外內使知懼。又明於憂患與故,无有師保,如臨父母。初率其辭而揆其方，既有典常，苟非其人，道不虛行。

右第八章。

【義解】爻有六位，自上而初曰入，自初而上曰出。出入言卦位之周而復始，猶往來也。以度，言各有節度，如潛、見、躍、或、飛、亢之各有義理，是也。外言躍位，下中之外也；內言或位，上中之內也。知躍或之別，則知過猶不及之理，使常戒懼。故者，因果之理也。[1]孟子所謂“天下之言性者故而已也，皆利之也”。憂患謂悔吝。《周易》明乎吉凶悔吝，問焉而以言，其受命也如響，其諄諄之狀，即非師保，亦如父母也。[2]故循其辭而揆其理，則得其常矣。惟《易》為君子謀，非為小人謀，小人雖知吉凶而未明悔咎，不能順受其正，是苟非其人，[3]道不虛行也。此節對應“《易》之為書也不可遠”，言易道之常。漢儒明《易》有三義：變易、不易、易簡，蓋亦有合於此章者也。參乾《彖》義解。

【疏證】[1]韓康伯云：“出入，猶行藏；外內，猶隱顯。”盧翰云：“出入二字，祇是動靜二字，出作入息之意。”○元按：出入之義稍費解，韓說似亦可通。然與上文合觀，則此節亦當承“《易》之為書”而言。故釋如上。[2]虞翻曰：“臨，見也。”朱震云：“又此書明於己之所當憂患，與所以致憂患之故。安不忘危，存不忘亡，治不忘亂，無有師保教訓而嚴憚之，明失得之報也；如有父母親臨而愛敬之，見聖人之情也。”趙振芳云：“不特使人知懼，又明於憂患，與所以致憂患之故，諄諄然與民同患，與民同憂，不止如師保之提命，且直如父母之儼臨行，故不虛行也。”（《周易折中》引）李光地等云：“朱氏、趙氏之說甚善，蓋上文言‘出入以度’，則人知畏懼，嚴憚之如師保。及觀其示人憂患之故，懇切周盡，使聞之者，不知嚴憚而但感其慈愛，此聖人之情，所以為至也。”[3]虞翻曰：“苟，誠也。”

《易》之為書也，原始要終以為質也。

【義解】質，體。[1]《周易》上經言天道，下經言人道。上經自乾坤至坎離，由元而亨而利而貞，為天道生成完滿之示現；下經自咸、恒至未濟，由義（利）而禮（亨）而仁（元）而信（貞），為人事構造完整之擬議。上經順生，下經反成，如太極之有兩儀，兩儀相合，而成天道之渾淪。《易》以元始而以貞終，生生不已，是為原始要終。參《序卦》義解。

【疏證】[1] 韓康伯云：“質，體也。”虞翻曰：“質，本也。”

六爻相雜，惟其時物也。

【義解】爻有等，故曰物，見第十章。爻有義理之別，上下中、過、不及之異，是所謂等也。其等隨卦時而相錯，是即六爻相雜。

其初難知，其上易知，本末也。

【義解】初指初爻，上指上五爻。初者未發，本也，故難知；餘者已發，末也，故易知。參乾卦上九義解。[1]

【疏證】[1] 侯果曰：“本末，初上也。初則事微，故難知；上則事彰，故易知。”吳沆云：“其初難知，……非謂無陰陽定位，謂其禍福未形，特不可預料而知耳。”（《易璿璣》卷上，《初上定位篇第四》）

初辭擬之，卒成之終。若夫雜物撰德，辯是與非，則非其中爻不備。噫！亦要存亡吉凶，則居可知矣。

【義解】終指上爻。爻等錯雜，故曰文，見第十章。以一卦言，卦分六位，初爻以辭擬之，至上爻而一卦成。然初上二爻，非言一卦之備。至於爻等錯雜而成文，以表一卦因爻位不同而所具之德，[1]辨各爻之是非，則非中四爻不備。[2]撰德之德即所謂爻義。蓋有因中而是，因過、不及而非者；有因戒懼而是，因躁進而非者；亦有因奇而是，因正而非者。[3]知卦之時位剛柔，以定其存亡吉凶，是居可以觀其象而玩其辭，所謂“居可知矣”。

【疏證】[1] 陸德明云：“撰，鄭作算，數也。”[2] 崔憬曰：“上既具論初上二爻，此又以明其四爻也。言中四爻雜合所主之事，撰集所陳之德，能辨其是非，備在卦中四爻也。”又曰：“孔疏扶王弼義，以此中爻為二五之爻，居中無偏，能統一卦之義，事必不然矣。何則？ 上文云‘六爻相雜，惟其時物’，言雖錯雜而各獨會於時，獨主於物。豈可以二五之爻，而兼其雜物撰德、是非存亡吉凶之事乎？”[3] ○元按：所謂奇、正者，指位而言。如處中爻，有似於正矣，然實未得其中庸；亦有未處中爻，似有偏矣，而反得其正。此皆有經權之義存乎其間也。

知者觀其象辭則思過半矣。

【義解】象斷一卦之卦時、卦德。卦言其總相，為體；爻言其別相，即卦之因爻位與剛柔而不同者，為用。卦爻體同而用別，智者觀象而明其體，是思過半矣。[1]

【疏證】[1] 韓康伯云：“夫象者舉立象之統，論中爻之義，約以存博，簡以兼眾，雜物撰德，而一以貫之。形之所宗者道，眾之所歸者一。其事彌繁，則愈滯乎形；其理彌約，則轉近乎道。象之為義，存乎一也。一之為用，同乎道矣。形而上者，可以觀道。過半之益，不亦宜乎？”

二與四同功而異位，其善不同，二多譽，四多懼，近也。柔之為道，不利遠者，其要无咎，其用柔中也。

【義解】二四皆柔位，其用同。蓋剛之為用健動進取，故可以及遠；柔之為用順行不違，難以致遠。[1] 故柔之為道，不利遠者。二四雖同功，其位不同，一居中、一居或，故善否不同。二以行中，故多譽；[2] 四則因或生疑，其多戒懼者，中心不足，未能致遠也。[3] 柔之為道，難以及遠，故雖失亦不大，其居四者能戒慎恐懼故大要无咎，其大用則常於居二柔中者見之。

【疏證】[1]《論語・子張》："子夏曰：雖小道，必有可觀者焉，致遠恐泥。"○元按：《易》以陰陽對應小大，小者，陰也，柔也。言難於致遠則知非全然不能，亦視其卦時與爻之陰陽，如乾卦純陽而居柔位，其得中者可以及遠，故可天下文明也。[2]韓康伯云："二處中和，故多譽也。"[3]韓康伯云："四之多懼，以近君也。"○元按：帛書本此句後有"近，嗛之謂也。"嗛通歉，不足也。此義固是，然與正文文氣不類，疑乃傳抄者所加。倘如是，則帛書本《繫辭》當在通行本之後。

　　三與五同功而異位，三多凶，五多功，貴賤之等也。其柔危，其剛勝邪？

　　右第九章。

【義解】三五同功見上。三居躁位，因躁而失，故多凶；五居剛行中，故多功。[1]中與不中，貴賤有別。其柔爻處剛位，難擔進取之任，故常危；其剛爻處剛位，則正當其任，故差勝。當位不當位之義本此。○此章言爻位義例，予之得以作義解者，全恃此章。

【疏證】[1]孔穎達云："居中處尊，故多功也。"

　　《易》之為書也，廣大悉備。有天道焉，有人道焉，有地道焉。兼三才而兩之，故六。六者，非它也，三才之道也。道有變動，故曰爻。爻有等，故曰物。物相雜，故曰文。文不當，故吉凶生焉。

　　右第十章。

【義解】大指天，廣指地，廣大配天地。三才者，天道、地道、人道也。於《易》，本指卦時、爻位、爻之陰陽，相應於（天）時、（地）空與人。於卦而言，則三畫卦自上而下象天、人、地，三才具而八卦生，然必兩之而始成者，[1]卦分內外，如生命體之有生克，始成其穩態也，是為卦象之所本，故易六畫而成卦。參《說卦》義解。道有變動以下釋第九章之義。爻，效也。道有變動，以六畫相雜效之，是則爻也。爻有等，如物之有類，故曰物。物相雜而成文理，故曰文。文而不當事理，故吉凶生。文而在中，則元吉矣。[2]

【疏證】[1] 司馬光云：“三才各有陰陽。”[2] 孔穎達云：“若相與聚居，間雜成文，不相妨害，則吉凶不生也。由文之不當，相與聚居，不當於理，故吉凶生也。”○元按：坤六五《象》：“黃裳元吉，文在中也。”

《易》之興也，其當殷之末世，周之盛德邪？當文王與紂之事邪？是故其辭危。危者使平，易者使傾。其道甚大，百物不廢。懼以終始，其要无咎。此之謂《易》之道也。

右第十一章。

【義解】此章言《易》當文王與紂之事，蓋文王拘而演《周易》，為之演卦繫辭，是《易》本憂患之書，聖人發憤之所為作也。然則所謂興者，盛也，非其始且成也。夫《易》之始也，在以三才之道與天地準，陰陽判分，故兩之而為六。其源不知誰氏，故相傳以為伏羲。何則？三皇為文明之始，而伏羲又三皇之首也。至其成，則經文王及歷世相沿之太史，至吾夫子終焉。所謂“世歷三古，人更三聖”者，此也。[1]憂患，故危其言以警眾，[2]使知窮變通久，合於大《易》生生之道。惟易，可使高岸為谷，深谷為陵，是危者使平，安者使傾，[3]一陰一陽之謂道，屈伸可以相感也。故日月因之代明，殷周以之革命。其道甚大，百物以成。聖人作《易》法乾，終始戒懼，故先天而天弗違，後天而奉天時，惟乾以美利利天下而不言所利，聖人亦但言无咎而已。蓋法乾乃隨卦之德也，故隨亦元亨利貞四德備具而无咎，參隨卦義解。本章言周之盛德乃作《易》之由。此巫史易也，參《序卦上》義解。

【疏證】[1] 孔穎達《論重卦之人》云：“重卦之人，諸儒不同，凡有四：王輔嗣等以為伏犧畫卦，鄭玄之徒以為神農重卦，孫盛以為夏禹重

428

卦,史遷等文王重卦。其言夏禹及文王重卦者,案《繫辭》,神農之時已有,蓋取益與噬嗑,以此論之,不攻自破。其言神農重卦亦未為得。今以諸文驗之,案《說卦》云'昔者聖人之作《易》也,幽贊於神明而生蓍'。凡言作者,創造之謂也。神農以後便是述修,不可謂之作也,則幽贊用蓍謂伏犧矣。"○元按:孔氏所引《繫辭》之說,不足為據,然以文王重卦亦未必然。河南安陽出土商代晚期(康丁)甲骨,中有"七八七六七六、八六六五八七、七五七六六六"字樣,今人以為亦數字卦,皆六畫也。(有關數字卦資料,可參濮茅左《楚竹書周易研究》,第三章。)然則太史公所謂"文王拘而演《周易》",推演卦德而為之繫辭也。由此則《易》由卜筮之具一變而為著作,雖亦用為卜筮,而其與天道之相應乃日趨於自覺,此文王《易》所以有別於伏羲《易》者也。惟文王雖繫辭而辭猶未備,後儒因以文王作卦辭,周公作爻辭。孔穎達《論卦辭爻辭誰作》:"其《周易》繫辭凡有二說。一說所以卦辭、爻辭並是文王所作知者,案《繫辭》云:'《易》之興也,其於中古乎?作《易》者其有憂患乎?'又曰:'《易》之興也,其當殷之末世、周之盛德邪?當文王與紂之事邪?'又,《乾鑿度》云:'垂皇策者犧,卦道演德者文,成命者孔。'《通卦驗》又云:'蒼牙通靈昌之成,孔演命明道經準。'此諸文伏犧制卦、文王繫辭、孔子作十翼,《易》歷三聖,祇謂此也。故史遷云'文王囚而演《易》',即是'作《易》者其有憂患乎',鄭學之徒並從此說也。二以為驗爻辭多是文王後事。案升卦六四'王用亨於岐山',武王克殷之後始追號文王為王,若爻辭是文王所制,不應云'王用亨於岐山';又,明夷六五'箕子之明夷',武王觀兵之後,箕子始被囚奴,文王不宜豫言'箕子之明夷'。又,既濟九五'東鄰殺牛,不如西鄰之禴祭',說者皆云西鄰謂文王,東鄰謂紂,文王之時紂尚南面,豈容自言己德受福勝殷,又欲抗君之國,遂演東西相鄰而已。又,《左傳》韓宣子適魯見《易象》,云'吾乃知周公之德',周公被流言之謗,亦得為憂患也。驗此諸說,以為卦辭文王、爻辭周公,馬融、陸績等並同此說,今依而用之。所以祇言三聖,不數周公者,以父統子業故也。"此因昔儒皆囿於大《易》必為聖人所作,倘非文王、孔子,則必為周公無疑。不知卦爻辭多周代史官所作，至孔子始終成也。參本書卷首。[2] 韓康伯云："文王與紂之事，危其辭也。"孔疏："周氏云：'謂當紂時，不敢指斥紂惡，故其辭（微）［徵］危而不正也。'今案康伯之注云'文王與紂之事，危其辭也'，則似周釋為得也。"○元按：危即"危言危行"之危，當從韓說。[3] 陸績曰："易，平易也。"

夫乾，天下之至健也，德行恒易以知險；夫坤，天下之至順也，德行恒簡以知阻。能說諸心，能研諸侯之慮，定天下之吉凶，成天下之亹亹者。是故變化云為，吉事有祥；象事知器，占事知來。

【義解】乾坤易簡已如上釋。先儒以侯之二字為衍文，可從。[1] 知險知阻皆言乾健坤順之恰如其分，與物無忤，遂萬物之性情，所謂直也。乾、坤皆有直之德，參《繫辭上》第六章，"其動也直"句義解。所謂說諸心者，遂萬物之情也，聖人以此極深，故能通天下之志，定天下之吉凶；所謂研諸慮者，達萬物之性也，聖人以此研幾，故能成天下之務，即天下之亹亹者也。幾者，吉之先動者也。研幾，故知吉事有祥，所以能占事知來。極深，故因其變化而云為，所以能象事知器。云為，即言動。知器，言知其既往所用之物，與知來相對。象事知器，即因其事之象，而知成事之器，此惟通天下之志者能之。

【疏證】[1] 司馬光云："王輔嗣《略例》曰'能研諸慮'，則'侯之'衍字也。"

天地設位，聖人成能；人謀鬼謀，百姓與能。八卦以象告，爻象以情言，剛柔雜居而吉凶可見矣。

【義解】天地設位，而易行乎其間矣，聖人所以成易之能，是所謂聖人成能也；人謀鬼謀，而道得乎其間矣，百姓雖不知而能日用，是所謂"百姓與能"也。人謀者,思慮計度,智之事;鬼謀者,龜卜易占,神之事。[1]智以藏往,神以知來也。八卦所以定萬物之象,爻象所以表萬物之情,剛柔雜錯,文不當理,故吉凶生,參第十章。

【疏證】[1] 韓康伯云:"人謀況議於眾以定失得也,鬼謀況寄卜筮以考吉凶也。"朱仰之曰:"人謀,謀及卿士。鬼謀,謀及卜筮也。"

變動以利言,吉凶以情遷。是故愛惡相攻而吉凶生,遠近相取而悔吝生,情偽相感而利害生。凡《易》之情,近而不相得則凶,或害之,悔且吝。

【義解】萬物之動各因其情,所謂利之也,是所謂變動以利言。萬物皆欲利,而其情有得有不得,是所謂吉凶以情遷。愛惡,情之相反者也,愛惡相攻則或得或失,故吉凶生。遠近即上文"柔之為道不利遠者"與"四多懼,近也"之遠近,[1]剛則能致遠,柔則否也。故其情或同而有剛柔之別。其情不同而相攻,則生吉凶;其情相同而有剛柔之別,則相互違異而生悔吝。悔吝者,小疵也。攻、取義近,變文也。[2]情偽指虛實。[3]萬物各有其情,各謀其利;若不能依乎天理,明其大分,則利而失義,此利而彼害,是所謂利害生。凡《易》之理,萬物之情相互接近而不相得,如愛惡相反,則凶;[4]即有損之者,亦不無小疵,悔且吝矣。

【疏證】[1] ○元按:遠近,韓康伯以此釋爻位之比應。[2] 焦循云:"取,猶求也。"[3] 虞翻曰:"情陽偽陰也。情感偽生利,偽感情生害。"李道平疏:"情謂實情,陽實,故云情陽;偽謂虛偽,陰虛,故云偽陰也。"焦循云:"情,實也。偽,反乎情者也。"[4] 朱子云:"不相得,謂相惡也。"

將叛者其辭慚,中心疑者其辭枝。吉人之辭寡,躁人之辭多。誣善之人其辭游,失其守者其辭屈。

右第十二章。

【義解】將叛未叛,不忠矣,故其辭慚。忠者,中心有主之謂也。中主不定而疑,則言辭枝蔓,蓋不能確指也。[1]吉人者,行中而有守者也,不煩辭費。躁人則過中而未失守者也,故辭多。誣善之人雖無中主而"妄稱己善",故"浮游不實"。[2]失其守者,無中主而為人所攻,故理屈而詞窮也。此六者皆所以觀人,然卦爻之繫辭亦猶是也。[3]以此而觀繫辭,則萬物之情見矣。此章首言乾坤可以見天下之情,次言吉凶悔吝生成之理,終之以由辭以見乎情,則所以為繫辭之傳者備矣。

【疏證】[1] 侯果曰:"中心疑貳,則失得無從,故枝分不一也。"[2] 崔憬曰:"妄稱有善,故自敍其美,而辭必浮游不實。"[3] 朱子云:"卦爻之辭亦猶是也。"

卷三　說　卦

【義解】說卦者，八卦之論說也。[1]《周易》之六十四卦與天道準，而其本則在八卦。首言卦生於數，次言卦本於三才，次言八卦之序以見其結構，次言八卦之性情，終言八卦所以象萬物。其理絜淨精微，與上下經及《象》《繫》諸篇義旨一貫，必出孔子一系無疑。[2]

【疏證】[1] 孔穎達云：“《說卦》者，陳說八卦之德業、變化及法象所為也。”[2] 歐陽修云：“童子問曰：‘《繫辭》非聖人之作乎？’曰：‘何獨《繫辭》焉，《文言》《說卦》而下，皆非聖人之作，而眾說淆亂，亦非一人之言也。’”又云：“孔子之文章，《易》《春秋》是已。其言愈簡，其義愈深，吾不知聖人之作繁衍叢脞之如此也。”又云：“《說卦》《雜卦》者，筮人之占書也。”胡一桂云：“（《說卦》）其象多是夫子所自取，不盡同於先聖，漢儒以來千五百餘年未能勘破此義，以為夫子祇是隱括前聖所取之象，求之於經又不合，是以言象多牽合傅會而不得其說。愚嘗謂數聖取象各有不同。”季本云：“按《隋書·經籍志序》，《易》失《說卦》三篇，河內女子得之。今之《說卦》乃止一篇，蓋析其二以為《序卦》《雜卦》矣。”〇元按：歐陽、胡氏皆非。引之以存舊說耳。季說亦無以證實，學者不必膠執也。《說卦》後得，而取之以合十翼，其時諸大師皆未見異辭，《史記·孔子世家》亦明言《說卦》《文言》，知必先秦以來相沿如是也。昔人解《說卦》多以巫史為言，詳讀本書，自可辨之。

昔者聖人之作《易》也，幽贊於神明而生蓍，參天兩地而倚數，觀變於陰陽而立卦，發揮於剛柔而生爻，和順於道德而理於義，窮理盡性以至於命。

右第一章。

【義解】幽，隱；贊，助。[1]易與天道準，蓍之德圓而神，可以通神明之德，類萬物之情，故揲蓍之法，必幽贊於神明。[2]參天兩地而倚數，[3]即《繫辭》所謂"參伍以變，錯綜其數"。參者，兩物相分以相參；兩者，兩物相合以為伍。錯綜即分合。蓋分天分地即左右二分也，參天兩地則揲之以四也。夫卦之生也本乎數，此即四營成易，十八變而成卦。卦既成，惟六畫耳，觀其陰陽之消長而見其六十四卦之不同，與夫八卦之相錯，是所謂立卦；觀其初、二、三、四、五、上之剛柔相推，[4]以見卦位之異，是所謂生爻。聖人作《易》，倚數以通乎神明，六畫先成，而卦爻即顯現其間，非言三爻生一卦，八卦生六十四也。蓋由爻生卦，由八卦生六十四卦，此先天之序耳，此章所言則後天之序也，故能顯現於時位變化之中。先、後天之別，端在前者為邏輯上之先後，而後者為時間上之先後耳。此理自數字卦出，則其義尤明。

"和順於道德而理於義"，順生也；"窮理盡性以至於命"，反成也。[5]天道下濟，物象開顯，自其天道而命之則曰道，自其人道而性之則曰德，自其各正性命而理之則曰義。[6]理者，言其合義之條理也。易者冒天下之道，宇宙之消息無不顯現其中，故云"和順於道德而理於義"。惟《易》之作也，非止明天道之當然而已矣，蓋聖人者，參天地之化育，先天而天弗違，後天而奉天時，故必以人合天，窮理盡性以至於命也。

【疏證】[1]荀爽曰："幽，隱也。"韓康伯云："幽，深也；贊，明也。"孔疏："幽者，隱而難見，故訓為深也；贊者，佐而助成，而令微者得著，故訓為明也。"李道平云："幽謂賾也，隱也，贊，謂探賾索隱也。幽贊於神明，謂通神明之德也。"〇元按：諸說雖小異，大旨不殊。[2]孔穎達云："以此聖知，深明神明之道，而生用蓍求卦之法，故曰'幽贊於神明而生蓍'也。"[3]陸德明云："倚，王肅云：'立也。'"李道平云："參兩之說，先儒不一。馬融、王肅云：'五位相合，以陰從陽。天得三，合謂一三與五也。地得兩,合謂二與四也。'王弼云:'參,奇也。兩,耦也。七九陽數,六八陰數。'鄭氏云:'天地之數備於十,乃三之以天,兩之以地,而倚託大衍之數五十也。'必三之以天,兩之以地者,天三覆,地二載,欲極於數,庶得吉凶之審也。孔疏又引張氏云:'以三中含兩,有一以包兩之義,明天有包地之德,陽有包陰之道,故天舉其多,地言其少也。'故錄以備考云。"[4] 陸德明云:"揮,鄭云:'揚也。'王廙、韓云:'散也。'"虞翻曰:"發,動。揮,變。"[5] 項安世云:"道即天之命,德即人之性,義即地之理,'和順於道德而理於義','窮理盡性以至於命',此兩句反覆互言也。《易》之奇耦,在天之命,則為陰陽之道;在人之性,則為仁義之德;在地之宜,則為剛柔之理。'和順於道德而理於義',言《易》之所能也,故自幽而言以至於顯,此所謂'顯道'也;'窮理盡性以至於命',言《易》之所知也,故自顯而言以至於幽,此所謂'神德行'也。"龔煥云:"上句是自源而流,下句是自末而本。蓋必和順於道德,而後能理於義;必窮理盡性,而後能至於命也。"(《周易折中》引)[6] 邵雍云:"天使我有是之謂命,命之在我之謂性,性之在物之謂理。"(《觀物外篇》下之下)

昔者聖人之作《易》也,將以順性命之理。是以立天之道曰陰與陽,立地之道曰柔與剛,立人之道曰仁與義。兼三才而兩之,故易六畫而成卦。分陰分陽,迭用柔剛,故易六位而成章。

右第二章。

【義解】上章言易卦自然生成之序,予所謂後天序也;本章言立卦之本在乎三才,[1] 是則先天序也。天命之謂性,故所謂順性命之理,乃合天人一體而言之。此天非"天尊地卑"、"彼蒼者天"之自然天,乃合天地人三才為一體之義理天也。言三才者,以天、地、人三者為時、位、生命之象。時位猶今言時空。言生命而曰人者,天生萬物,以人為貴,惟人可以盡性致命,上通天道也。蓋"維天之命,於穆不已",則時間相現;日月運行,一寒一暑,則陰陽相現,故云“立天之道曰陰與陽”。“高岸為谷,深谷為陵”,則空間相現;雷以動之,風以散之,則剛柔相現,所謂“立地之道曰柔與剛”。春生夏長,秋收冬藏,則生命相現;乾道變化,各正性命,則仁義相現,是則“立人之道曰仁與義”。[2]三才具而八卦生,然必兩之而始成者,卦分内外,如生命體之有生克,始成其穩態也。[3]蓋内卦為生,陽也;外卦為克,陰也。故以内卦為本,外卦為末,卦所以自下而上以數之者,以此。是為卦象之所本,故易六畫而成卦。[4]卦既成則天時定,諸爻因其所處而分陰陽,因其性情而分剛柔,故“分陰分陽,迭用柔剛”,六位既明,則斐然成章。

申言之,八卦為一系統,故可與萬物生成之周期相準,亦猶夫太極、兩儀、四象、六十四卦皆可冒天地之道也。蓋宇宙之為物,就其無可名言者觀之,則曰無極、曰無,強而名之,則字之曰道;就其可名而無形者言,則曰一體,曰太極;就其有形而無象者言,則曰兩儀,曰陰陽,曰生克;若夫有象而後,其開而為四者曰四象,其開而為八者曰八卦,其開而為六十四者曰六十四卦。《易》所以用六十四者,蓋既三才而兩之,則萬物之性情畢顯,已可與生命之最小周期相准,是即與天地準也。

【疏證】[1] 虞翻曰:“(‘兼三才而兩之’,)謂參天兩地,乾坤各三爻而成六畫之數也。”《繫辭上》第二章“三極之道”,陸績曰:“此三才極至之道也。初四下極,二五中極,三上上極也。”《周易集解·繫辭下》第十章引崔憬曰:“言重卦六爻,亦兼天地人道。兩爻為一才,六爻為三才,則是‘兼三才而兩之,故六’。六者,即三才之道也。”○元按:陸說是,虞、崔皆未達。立卦六畫,非必指乾坤各三爻也。且既云兼三才,兼者並也,非交錯之義,則所以兩之者即重之也。故三才當以上下卦分言之。以兩爻為一才,合為一大三才者,蓋蘊互卦之義於其間,雖似可通,然六爻本有之陰陽生克隱而不見,卦爻結構平面化,是漢儒之失也。另如後天卦,漢以後諸儒惟以平面之空間觀念解之,其立體性亦失。詳下。至於何以必須三才者,昔儒惟錢一本氏稍得其義:"八卦者三畫卦之名,重之則六畫卦之名。然原初衹有兩畫,一畫象天,一畫象地,並不曾再有一畫象人,以明兩畫即天地即人,天地之外無人,人之外無天地也。今指三畫卦而曰上畫天、下畫地、中畫人,指六畫卦而曰上兩畫天、下兩畫地、中兩畫人(元按:此句誤),此但就卦位以明三才之義,若曰:人參天地為才,上不參天,下不兩地,無以為人云爾。其實易者象,象也者像,參天兩地乃人之才,上天下地皆人之像。聖人作《易》立卦生爻,凡天地雷風水火山澤,卦卦爻爻之象,無有不從人分,以發揮立人之道。故不惟曰象,而又特謂之像也。"[2]季本云:"陰陽者剛柔之象,剛柔者陰陽之德,仁義者剛柔之善,其實一也。三者互文以相備則可,若以陰陽為象,剛柔為質,仁義為德,而分屬天地人則不可。"○元按:季說可以破執於名相而膠柱鼓瑟者也。[3]《易緯乾坤鑿度》:"物有始,有壯,有究,故三畫而成乾,乾坤相並俱生。物有陰陽,因而重之,故六畫而成卦。"司馬光云:"三才之中復有陰陽焉,故因而重之,以為六爻。"林栗云:"《易》之中有太極焉,則卦之全體是也;有兩儀焉,則卦之重像是也。兩儀自太極而判,故曰太極生兩儀也。"《朱子語類・易三・綱領下・論後世易象》:"林黃中(栗)來見,論'易有太極,是生兩儀,兩儀生四象,四象生八卦':就一卦言之,全體為太極,內外為兩儀。"董光璧云:"可以數學地證明,以生克兩種循環構成的五行系統,是最簡單的穩定系統。"(《易學與科技》第一章,《易學中的科學原理》)[4]孔穎達云:"八卦小成,但有三畫,於三才之道,陰陽未備,所以重三為六,然後周盡。"

　　天地定位,山澤通氣,雷風相薄,水火不相射,八卦相錯。數往者順,知來者逆,是故易逆數也。

　　右第三章。

　　【義解】本章借八卦之本象言先天卦序,所謂邵氏先天圖也,惟邵氏言出於伏羲,則想當然耳。[1]薄,迫。射,厭。[2]不相射,猶言相逮。按此圖所象,為陽消陰長自然之勢,[3]所謂乾一、兌二、離三、震四、巽五、坎六、艮七、坤八。此自然之勢無以現於時空,然且為宇宙時空所有態勢之根本，是為先天之學也。反之則為陽長陰消，陽長為順，陰長為逆，故云逆數。[4]何以必須逆數？蓋凡已成之物皆由陽長而成，故與順數相應，若未成之物則當逆數也。逆，有迎之義。此與占法相通。[5]

【疏證】[1]朱子云："邵子曰：'此伏羲八卦之位，乾南坤北，離東坎西，兌居東南，震居東北，巽居西南，艮居西北，於是八卦相交而成六十四卦，所謂先天之學也。'"杭心齋云："乾一兌二一圖，祇能正其名曰先天卦，震東兌西者祇能正其名曰後天卦，不必系之曰伏羲、文王，名斯當矣。"（《學易筆談二集》卷二，《先後天卦平議》）[2]陸德明云："薄，陸云：'相附薄也。'射，虞、陸、董、姚、王肅音亦，云：'厭也。'"[3]盧翰云："蓋此章在天氣流行上說，消之始者陽之始也。陽沖一分，則陰便長一分矣。祇據陽說，則陰在其中。"[4]朱子云："起震而歷離、兌，以至於乾，數已生之卦；自巽而歷坎、艮，以至於坤，推未生之卦也。《易》之生卦，則以乾、兌、離、震、巽、坎、艮、坤為次，故皆逆數也。"李光地等云："此節順逆之義，朱子之意如此，然與邵子本意，各成一說。蓋邵子本意，以三陰三陽追數至一陰一陽處為順，自一陰一陽漸推至三陰三陽處為逆。朱子則謂左方四卦數已生者為順，右方四卦數未生者為逆，兩說可並存。"〇元按：二說皆非確論，並存以俟識者。[5]顧炎武引劉汝佳云："天地間一理也，聖人因其理而畫為卦以象之，因其象而著為變以占之。象者體也，象其已然者也；占者用也，占其未然者也。已然者為往，往則有順之之義焉；未然者為來，來則有逆之之義焉。"（《日知錄·易逆數也》）

雷以動之，風以散之，雨以潤之，日以烜之，艮以止之，兌以說之，乾以君之，坤以藏之。

右第四章。

【義解】本章以八卦之本象略明其作用。散者，入之使散也。潤亦陷也。烜者，燥之也，所以離其已潤之水也，有離之義。震巽坎離以象言，艮兌乾坤直言其名，不云山澤天地者，錯文以互見也。[1]君者，主也，乃健之本；藏者，歸也，為順之源。乾辟而坤翕，辟者分也，翕者合也，合亦藏也。按動、止、說為震、艮、兌諸三畫卦之卦德，餘卦則與卦德稍異，亦所謂卦勢也。參《雜卦傳》。

【疏證】[1]陸德明云："烜，京云：'乾也。'"孔穎達云："此一節總明八卦養物之功。烜，乾也。上四舉象，下四舉卦者，王肅云：'互相備也。明雷風與震巽同用，乾坤與天地同功也。'"

　　帝出乎震，齊乎巽，相見乎離，致役乎坤，說言乎兌，戰乎乾，勞乎坎，成言乎艮。萬物出乎震，震東方也。齊乎巽，巽東南也；齊也者，言萬物之絜齊也。離也者，明也，萬物皆相見，南方之卦也，聖人南面而聽天下，嚮明而治，蓋取諸此也。坤也者，地也，萬物皆致養焉，故曰致役乎坤。兌，正秋也，萬物之所說也，故曰說言乎兌。戰乎乾，乾西北之卦也，言陰陽相薄也。坎者水也，正北方之卦也，勞卦也，萬物之所歸也，故曰勞乎坎。艮，東北之卦也，萬物之所成終而成始也，故曰成言乎艮。

　　右第五章。

【義解】本章借八卦之位言後天卦序，所謂邵氏後天圖也。惟邵氏以為出於文王，亦想當然也。[1]乾一、坎二、艮三、震四、巽五、離六、坤七、兌八，時序也；乾西北至於兌正西，位序也。乾坎艮震四陽居下，巽離坤兌四陰居上，合既濟交泰之理，以象宇宙之大通，生生之不已。此圖既顯，則固已處於時位之中，所謂後天之學也。

　　帝者，萬物之所本。[2]故首言"帝出乎震"，次言"萬物出乎震"者，互文也。以主從言之者，有二本之嫌。[3]"出乎震"者，一陽微動於東方，如種子萌芽，於四時屬春，於五行屬木，於四德屬元，元者仁也。故首出庶物，為眾卦之首。"齊乎巽"者，《說文》："齊，禾麥吐穗上平也，象形。"如植物初生，整潔齊一，而無以分別也。[4]巽者入也，雖動而尚柔也，巽亦屬木，元而未至於亨也。“相見乎離”者，離者明也，固有見義，如萬物已亨，各從其類，既現分別相，如人我之相見也。離明於南方，於四時屬夏，於五行屬火，於四德屬亨，亨者禮也，眾嘉之會，會亦見也。“致役乎坤”者，坤者地也，於五行屬土，於四時屬夏，於四德屬貞，貞者信也，誠也。《中庸》“不誠無物”，故誠之於物之生，無時不與，如萬物之生成，無時不當致其滋養，今既以八卦象之，坤、艮皆土也，故一系於季夏，一系於季冬，然土王四季之理蘊涵其間，是所當知。[5] “說言乎兌”者，兌者說也，萬物各得其所，是所謂說也。兌說於西方，於五行屬金，於四時屬秋，於四德屬利，利者，義之和也。“戰乎乾”者，萬物既各得其成，各得其利，然春生秋殺，亦自然之理也。《序卦》：“致飾然後亨則盡矣，故受之以剝”，是所謂陰陽之相迫也。乾居西北，於五行屬金，於四德居利貞之交。西北低於正東震卦，雖皆陽也，而乾德不可為首故也。“勞乎坎”者，勞者勤也，[6] 精進不已之義。坎者陷也，陽陷於陰，處險自守之象。蓋陰陽相薄，剝極而復，亦當精進不已，謀而後動，始能為萬物之所歸也。故坎居正北，於五行屬水，於四時為冬，於五常為智，智者，有謀之謂也。“成言乎艮”者，艮者止也，萬物之所終，於方位居東北，於四德為貞，於四時為季冬，冬亦終也。蓋萬物剝極而復，亦當貞定自養，以待大過之來也。大過既亨，則坎離相濟而乾坤生，是則萬物之所始也，故云“萬物之所成終而成始也”。

申言之，本章既以八卦與四時之生物相準，其序則純用生序，木火土金水是也。其“成言乎艮”者，亦可視為萬物之相成。蓋五行者萬物之生機，而艮則其成也，亦“乾知太始，坤作成物”之義。

又，本章以八卦與天地準，而上經卦序亦天地之準也，故此八卦之序亦可與上經卦序相配。略言之，則乾、坤、屯三卦配震，萬物始生也；蒙、需二卦配巽，巽順以行也；訟、師、比、小畜、履、泰、否、同人、大有九卦配離，相見以明也；謙、豫、隨、蠱四卦配坤，致養以從也；臨、觀、噬嗑、賁四卦配兌，大器已成也；剥、復二卦配乾，陰陽相薄也；无妄、大畜二卦配坎，有謀而勞也；頤、大過、坎、離四卦配艮，成終而成始也。諸卦之配，倘詳味之，頗有深意存焉，姑略示其例，學者玩之可矣。

　　按，後天圖卦序尚有《說卦》聖人未發之蘊存焉，此《八卦五行圖》之所為作也。何者？蓋《易》者冒天下之道，此道統言之曰太極，開而為二曰陰陽，開而為四為八則為四象、八卦，惟所謂陰陽、四象、八卦皆就其顯現者言耳。一陰一陽之謂道，然道非止一陰一陽也，當其顯現於陰陽，其所謂太極者固在。大《易》即此而言變易、不易，名家所以言雞三足，皆有見於此者也。[7] 及開而為四象、八卦，其統之者亦太極也。太極與四象合，即五行也；五行之相生相克，即所謂陰陽也。故四象為五行之坎陷，八卦為五行生克之坎陷也。此如春夏秋冬，合之乃始成歲。故天道有所謂五常，而人道則但言四端、四德，蓋四可見而五不可見也。[8] 其不可見者如陽之陷於陰，是坎陷之義所本。[9] 由是言之，本章所言八卦乃此相生相克之五行之顯現於人者，故以人道言，則為八卦；以天道言，固十卦也。蓋八卦以五行配，則震、巽為木，坎水離火，艮、坤為土，乾、兌為金，除水火外，諸卦皆二，故知所坎陷於中之卦亦坎、離也。依八卦五行圖，則上下二儀分以坎、離為中心。上儀為生，始於巽，經離經坤至乾，次則中心之坎也。下儀為克，故由艮，經震經乾至中心之離，次則至於坎、艮。所以上坎下離者，蓋依人道，則水火既濟；倘依天道，固見上離下坎，所謂未濟，蓋天道不可終成也。至於金木土諸卦各二而以乾、艮、震居下而以兌、坤、巽居上，亦因上柔下剛，可見天地之交泰也。明乎此，則作《易》聖人之微意見矣。[10]

【疏證】[1] 朱子云：“帝者天之主宰。邵子曰：‘此卦位乃文王所定，所謂後天之學也。’”[2] 孔穎達云：“輔嗣之意，以此帝為天帝也。”崔憬曰：“帝者，天之王氣也。”[3] 朱子云：“上言帝，此言萬物之隨帝以出入也。”〇元按：二本之義見孟子之教墨者夷之。[4] 鄭玄云：“齊於巽，……風搖動以齊之也。絜，猶新也。”吳澄云：“絜，謂新而鮮潔也。”俞琰云：“物之長短不齊者至此畢達，而無不潔齊，故曰‘齊乎巽’。”[5] 項安世云：“後天之序，據太極既分之後，播五行於四時也。震、巽二木主春，故震在東方，巽東南次之；離火主夏，故為南方之卦；兌、乾二金主秋，故兌為正秋，乾西北次之；坎水主冬，故為北方之卦；土王四季，故坤土在夏秋之交，為西南方之卦；艮土在冬春之交，為東北方之卦。”[6]《爾雅・釋詁》：“勞，勤也。”孔穎達云：“受納萬物勤勞，則在乎坎。”[7]《莊子・齊物論》：“天地與我並生，而萬物與我為一。既已為一矣，且得有言乎？既已謂之一矣，且得無言乎？一與言為二，二與一為三。”《公孫龍子・通變論》：“雞足一，數足二，二而一，故三。”程大昌云：“一生二，二生三，三生萬物，其語雖始老氏，而其理本《易》出也。一之為太極，予固數言，不待申復矣。二及三，夫子固嘗極言其總，而曰‘天地絪縕，萬物化醇。男女搆精，萬物化生’也。夫其天也，地也，是為兩矣。兩之合也，別有絪縕者出焉，既不可分以屬（其）[天]，亦不可別而為地，又不可斥諸數外，則安得不參乎二而成其三也？凡《易》之從二出三者，其象皆總乎此也。”（《易原》卷四，《一生二，二生三，三生萬物》）[8] 朱震云：“太極者，陰陽之本也。兩儀者，陰陽之分也。四象者，金木水火土也。八卦者，陰陽五行布於四時而生萬物也。”《郭店楚簡・五行》：“德之行五和謂之德，四行和謂之善。善，人道也；德，天道也。”〇元按：五常與四端之關係，可參拙作《孟子章句講疏》卷三，《公孫丑章句上》第六章。[9] 〇元按：坎陷之義甚深，惟近儒牟宗三良知坎陷之說稍發其旨，惜以中學之頭，嫁接西學之身，未暢斯理，不知中西之學各有其坎陷，而坎陷之途轍互異也。其立說之得失，容後另述。牟名宗三，蓋宗三才之乾也；字離中，離卦中畫即乾體之坎陷也。時輩立說紛紛，言兩層存有論者眾矣，其有及此者乎？[10] 胡炳文云：“坤於方獨不言西南，坤土之用不止西南也。蓋春屬木，夏屬火，夏而秋火克金者也，火金之交有坤土焉，則火生（木）[土]，（木）

[土]生金，克者有順以相生。秋屬金，冬屬水，冬而春水生木者也，水土之交有艮土焉，木克土，土克水，生者又逆以相克。土金順以相生，所以為秋之克；木土逆以相克，所以為春之生。生生克克，變化無窮，孰主宰之？曰帝是也。"○元按：胡氏所言非是，然能思及後天卦內蘊涵一生克系統，則其功亦偉矣。予悟此圖於漢城，今歲書既殺青，忽於互聯網《百度百科·五行八卦》中得見一圖，其兩儀之耦合與此圖略同而未言其義，前代諸家論《說卦》似亦未見有及此者。易圖萬千，未暇詳考其出處，不知係偶合否。存此以待識者，兼示不敢掠美之意。

神也者，妙萬物而為言者也。動萬物者莫疾乎雷，橈萬物者莫疾乎風，燥萬物者莫熯乎火，說萬物者莫說乎澤，潤萬物者莫潤乎水，終萬物、始萬物者莫盛乎艮。故水火相逮，雷風不相悖，山澤通氣，然後能變化，既成萬物也。

右第六章。

【義解】本章言八卦本象取象之故。乾坤者，易之門也，易之蘊也，是即所謂"妙萬物而為言"之神也。[1]艮者，山也。終萬物莫盛乎山者，頤卦之象也，上山下雷，生命潛藏之象。始萬物莫盛乎山者，山乃百物之所依止，[2]故為仁者之所樂。山所以象艮者，以此。餘卦思之可曉。[3]

又按，言"相逮"、"不相悖"、"通氣"而與上文言"天地定位"者參觀，乃以八卦象人類所直觀之生活宇宙，元氣氤氳其間，變化而成萬物也。

【疏證】[1]吳澄云："此承上章文王卦位之後，而言六卦之用。不言乾坤者，乾坤主宰萬物之帝，行乎六子之中，所謂'神也者，妙萬物而為言者也'。"[2]聶豹云："又不見山之為物乎？凝然而峙，居其所而不遷，然草木興而禽獸居，寶藏興焉。"（《雙江聶先生文集·記·艮齋記》）[3]崔憬曰："風能鼓橈萬物，春則發散草木枝葉，秋則摧殘草木枝條，莫急於風者也。"李道平云："《方言》、《博雅》皆云'橀謂之橈。'《釋名》'橀撥木舟行捷疾也。'巽為木,故言橈。橈能撥物,故言'風能鼓橈萬物'也。"

乾,健也。坤,順也。震,動也。巽,入也。坎,陷也。
離,麗也。艮,止也。兌,說也。

右第七章。

【義解】本章言三畫八卦之性情,[1]即三畫卦之卦德也。所謂
"觀變於陰陽而立卦",此六畫卦也,由六十四而悟八八,故八卦形
焉。觀其陰陽相薄之勢,則其卦德明矣。蓋陽動而陰承,有剛柔之
異。[2]凡二物相迫,其勢惟三,相侵(遇)、相陷(麗)、相說(止),亦有
剛柔之別。

震、巽言陰陽之相侵,陽侵陰者剛動如雷、龍,故其義為動:自
其陽言,則為震動;自其陰言,則為震驚。分震動、震驚者,蓋依易
道,諸卦之義皆含二義,相反相成,亦"一陰一陽之謂道"之義也。
巽卦以下,皆準知。震為雷者,雷能震物,如天之發號施令。震為
龍者,龍雷同體,龍言其形,雷言其聲。[3]陰侵陽者巽入如風、木,故
其義為入:自其陽言,則為巽入,自其陰言,則為求遇,遇者侵之
反。巽為風者,如風化、風乾、傷風之風,此皆巽而能入之象也。夫
子云:"諷字從風,其入也微。"巽為木者,如根苗破土,亦柔能克剛
之象也。[4]

坎、離言陰陽之相陷,其陽陷於陰者為坎如水,故其義為陷:
自其陽言,為坎險;自其陰言,為坎陷。坎為水者,河流也,河岸為
陰,水為內陽,亦水之象形字。其陰陷於陽者明麗如日,故其義為
麗:自其陽言,為分離;自其陰言,為附麗,麗者陷之反。離為日
者,事物之分別本於光,是所謂明也。

艮、兌言陰陽之相說,其陽說於陰者為兌如澤,故其義為說:
自其陽言,為取說;自其陰言,為喜悅。兌為澤者,水聚而成澤,如
水趣說於此地也。其陰說於陽者為艮如山,故其義為止:自其陽
言,為依止;自其陰言,為限止,止者說之反。艮為山者,山形可以

為阻隘,亦為百物所依止,皆止之象也。

乾、坤為純陽純陰,其陽之精者剛健如天,圓滿日新之象;其陰之純者順承如地,篤實直方之象。

【疏證】[1] 朱子云:"此言八卦之性情。"[2]《朱子語類·易十三·說卦》云:"'立天之道,曰陰與陽',是以氣言;'立地之道,曰柔與剛',是以質言;'立人之道,曰仁與義',是以理言。"○元按:健順猶剛柔也。[3]《山海經·海內東經》:"雷澤中有雷神,龍身而人頭,鼓其腹。在吳西。"《史記·五帝本紀》"舜耕歷山,漁雷澤",張守節《正義》引《山海經》:"雷澤有雷神,龍首人頰,鼓其腹,則雷。"屈大均《廣東新語》卷六《神語》:"雷與龍同體,其從龍而伏也則在山,從龍而起也則在田。雷者龍之聲也,電者龍之光也。龍本卵生,故雷神亦卵生。"[4] 蔡清《易經蒙引·益》:"物之善入者莫如木,根到九泉,以柔而剛,故巽為木象也。"林希元《易經存疑·小畜》:"巽者順勢漸入之謂也。氣之善入者莫如風,物之善入者莫如木,故其象為風為木。"

乾為馬,坤為牛,震為龍,巽為雞,坎為豕,離為雉,艮為狗,兌為羊。

右第八章。

【義解】此以八卦象禽獸,所謂"遠取諸物"也。乾為馬,取其剛健;坤為牛,取其篤厚;震為龍,取其靈動,所謂神龍見首不見尾是也;巽為雞,取其司晨;坎為豕,取其溷濁;離為雉,取其毛羽明麗;艮為狗,取其守夜;兌為羊,取其悅口。[1]此皆就其一端以言之,稍見大意而已,不可膠執也。[2]

【疏證】[1] 孔穎達云:"此一節說八卦畜獸之象,略明遠取諸物也。乾象天,天行健,故為馬也;坤為牛,坤象地,任重而順,故為牛也;震為龍,震動象龍動物,故為龍也;巽為雞,巽主號令,雞能知時,故為雞也;坎為豕,坎主水瀆,豕處污濕,故為豕也;離為雉,離為文明,雉有文章,故為雉也;艮為狗,艮為靜止,狗能善守,禁止外人,故為狗也;兌為羊,兌,說也,王廙云:'羊者順從之畜',故為羊也。"〇元按:兌為羊稍異,存異說可也。下仿此。[2] 王安石云:"此祇以一物象一卦,至廣八卦則天地間物物可以取象。以此悟聖人無所謂卦畫,有有無無之間,皆屬寓言。"(徐在漢《易或》引)程廷祚云:"八卦之取象於天地雷風水火山澤也,舉成象成形之大者爾。上古聖人蓋觀於陰陽之闔辟,而得健順動入陷麗止說八者之用,於是畫卦,即天地雷風水火山澤亦八者之所為,而八者不盡於天地雷風水火山澤。故有謂八卦為取象於彼者誤也。且八卦之象,《說卦》所稱至為繁賾,其曰乾健以至兌說,則明以一義盡一卦,而若不復有他說者,其故亦可思矣。夫八卦者,具於天地雷風水火山澤未有之先,而行於天地雷風水火山澤既有之後,聖人假於數以別其用,理莫精焉,道莫大焉,是豈有形之物可得而盡者哉!"(《易通·易學要論·論八卦之義盡於健順動入陷麗止說》)

乾為首,坤為腹,震為足,巽為股,坎為耳,離為目,艮為手,兌為口。

右第九章。

【義解】此以八卦象人身,所謂"近取諸身"也。乾以君之,故為首;坤以藏之,故為腹,腹者,指臟腑言也。足動而股隨之,故為震、巽。坎為耳,取其聲之陷也;離為目,取其視而明也。手能持,物之止也;口能食,身之說也。[1] 此亦就一端言之,尚無深意可言。

此義或可以醫理通之。依《內經》,人身十二經脈,自手太陰肺經始,依次經手陽明大腸經、足陽明胃經、足太陰脾經、手少陰心經、手太陽小腸經、足太陽膀胱經、足少陰腎經、手厥陰心包經、手少陽三焦經、足少陽膽經、足厥陰肝經,復返於手太陰肺經。手足各統三陰三陽,三陽交於頭面,三陰匯於五臟。乾為眾陽之宗,坤為諸陰之母,故"乾為首,坤為腹"。眼耳為心火、腎水發竅,故"坎為耳,離為目"。臟腑之中,脾"開竅於口",脾胃"其華在唇四白",主滋養一身,故"兌為口"。[2] 顧十二經皆依後天之序運行,倘依天道，"真人之息以踵"，[3]起足底湧泉，經足少陰腎經，逆行至手厥陰心包經止，是"震為足"、"艮為手"之義。巽者順也，所謂"巽為股"，即是少陰腎經之自足走股也。

【疏證】[1]孔穎達云："此一節說八卦人身之象，略明近取諸身也。乾尊而在上，故為首也；坤為腹，坤能包藏含容，故為腹也；震為足，足能動用，故為足也；巽為股，股隨於足，則巽順之謂，故為股也；坎為耳，坎北方之卦，主聽，故為耳也；離為目，南方之卦，主視，故為目也。艮為手，艮既為止，手亦能止持其物，故為手也；兌為口，兌西方之卦，主言語，故為口也。"○元按：兌主言語一義本書不取。[2]王應麟云："乾為首，首會諸陽屬乾；坤為腹，腹藏眾陰為坤；震為足，巽為股，足動股隨，雷風相與；坎為耳，離為目，耳目通竅，水火相逮；艮為手，兌為口，口與鼻通，山澤通氣。"（《小學紺珠》卷三《八體》）○元按：由乾坤二象，可知王氏實本《內經》立論，就中坎耳離目乃中醫常識，餘卦似亦未能盡其底蘊。[3]《莊子‧大宗師》："真人之息以踵，眾人之息以喉。"○元按：眾人之息自手太陰肺經始。

　　乾，天也，故稱乎父。坤，地也，故稱乎母。震一索而得男，故謂之長男。巽一索而得女，故謂之長女。坎再索而得男，故謂之中男。離再索而得女，故謂之中女。艮三索而得男，故謂之少男。兌三索而得女，故謂之少女。

　　右第十章。

【義解】此以八卦象家庭，[1]倘以陽爻為三，陰爻為二，則乾坤之數為九六，震坎艮為七，故為陽為男；巽離兌為八，故為陰為女。其長幼之序皆自下至上而言。

【疏證】[1]陸德明云："索，王肅云：'求也。'"孔穎達云："此一節說乾坤六子，明父子之道。王氏云：'索，求也，以乾坤為父母，而求其子也。'得父氣者為男，得母氣者為女。坤初求得乾氣為震，故曰長男；坤二求得乾氣為坎，故曰中男；坤三求得乾氣為艮，故曰少男；乾初求得坤氣為巽，故曰長女；乾二求得坤氣為離，故曰中女；乾三求得坤氣為兌，故曰少女。"

乾為天,為圜,為君,為父,為玉,為金,為寒,為冰,為大赤,為良馬,為老馬,為瘠馬,為駁馬,為木果。

【義解】此以八卦象萬物,為占卜取象之例,其取象之法除六子卦外,皆本於卦義,然不可膠執也。若荀爽、虞翻之徒所傳逸象,合乎卦義者固多,其穿鑿附會者亦眾,非《說卦》之本旨矣。

乾卦剛健能生,可象本源、剛健、周遍、為首、為主等義,天能兼之。凡取象,於諸義或有兼之者,舉其尤要者而已,如盜之象可以根於險難,亦可以本於通是也。下準知。良馬、駁馬皆取其健,引申為堅。所謂駁馬,《山海經·海外北經》云"其名曰駁,狀如白馬,鋸牙,食虎豹。"瘠馬者,瘦骨嶙峋,亦取其堅。冰者水之堅,其所以堅者,以其寒也,故以此象之。君為國之首,金為眾金之首,大赤為五色之首,老馬識途,為眾馬之首;[1]圜者周遍,[2]玉性溫潤,為石之首。父為一家之本,木果乃木之實,亦能生者也。[3]

【疏證】[1]孔穎達云:"為良馬,取其行健之善也;為老馬,取其行健之久也;為瘠馬,取其行健之甚,瘠馬骨多也;為駁馬,言此馬有牙如倨,能食虎豹。《爾雅》云'倨牙食虎豹',此之謂也。王廙云:'駁馬能食虎豹,取其至健。'"[2]宋衷曰:"動作轉運,非圜不能,故為圜。"[3]邵雍曰:"木結實而種之,又成是木而結是實,木非舊木也,此木之神不二也,此實生生之理也。"(《周易折中》引)郭雍曰:"果者木之始也,木以果為始,亦猶物以乾為始也。"

坤為地,為母,為布,為釜,為吝嗇,為均,為子母牛,為大輿,為文,為眾,為柄,其於地也為黑。

【義解】坤卦順而成物,可象順承、篤厚、成物、藏物等義,地能兼之。成物者,長養之也。故為母、為布、為釜,為子母牛。布者財貨之名,釜可煮食,[1]皆養人者也。順承,故為均、為文、為眾、為柄。地能承天,眾能承君。均者,平等,取坤德之直也;[2]文者,乾辟坤翕,自然成文;柄者所以持物,是亦能承也。篤厚,引申為均平,故為均、為大輿。^[3]能藏，故為吝嗇、於地也為黑，蓋黑者，所以藏明也。

【疏證】[1] 李道平疏：“‘子母牛’者，牝牛也。”孔穎達云：“釜取其化生成熟也。……為子母牛，取其多蕃育而順之也。”俞琰云：“古者以泉貨為布，蓋取廣布流行之義。”歸有光云：“《九家》有‘為帛’，則布為泉貨。”[2] 崔憬曰：“取地生萬物，不擇善惡，故為均也。”俞琰云：“均者，土之均也。坤之氣動而闢，至而廣，無有遠近高深，悉皆含育而成就之，故為均。陶人制物之形者謂之均，亦此義也。”[3] 孔穎達云：“為大輿，取其能載萬物也。”

震為雷，為龍，為玄黃，為旉，為大途，為長子，為決躁，為蒼筤竹，為萑葦。其於馬也，為善鳴，為馵足，為作足，為的顙。其於稼也，為反生。其究為健，為蕃鮮。

【義解】震卦一陽初動，萬物始生，尚未穩健，可象始生、靈動、躁動諸義，雷、龍能兼之，雷為龍之聲。雷所以象始生者，以二月雷行驚蟄故也。躁動，故為玄黃、為決躁，其於馬也為善鳴、為馵足、為作足、的顙。天玄而地黃，玄黃者，雜也，陽初動陰，如天地初交尚未成文，亦躁之所致也。決躁者，果決而躁。馬之躁者，奔踶嘶鳴，故見其善鳴、左後白蹄、前足揚舉、白額。此極形象之語，不可膠執也。^[1]靈動，故為龍、為萑葦。龍已如上釋，萑葦搖曳不定，亦有此象。始生，故為旉、為大塗、為長子、為蒼筤竹，其於稼也，為反生。旉通敷，布也，孔穎達云：“取其春時氣至，草木皆吐，敷布而生也。”李鼎祚本作專。^[2]大途者通途也，為萬物所共由，震卦一陽初動，亦萬物始生必經之途也。^[3]長子，始生子。蒼筤竹者，小竹也，竹之始生者。反生者，禾稼始生，根芽始復也。反者，返也，反生對歸藏言。震卦始生躁動，萬物生長，不可止於此也，故其究必至剛健之境，以達乾道變化之亨通。孔穎達云：“蕃鮮，鮮明也，取其春時草木蕃育而鮮明”，則已由元至乎亨矣。

【疏證】[1] 虞翻曰：“的，白；顙，額也。”孔穎達云：“馬後足白為馵，取其動而見也。”又云：“白額為的顙，亦取動而見也。”[2] 虞翻曰：“陽在

449

初隱靜，未出觸坤，故專，則'乾靜也專'。延叔堅說，以專為冪，大布，非也。"○元按：虞說亦通。[3]崔憬曰："萬物所出在春，故為大塗，取其通生性也。"孔穎達云："為大塗，取其萬物之所生出也。"

巽為木，為風，為長女，為繩直，為工，為白，為長，為高，為進退，為不果，為臭。其於人也，為寡髮，為廣顙，為多白眼，為近利市三倍，其究為躁卦。

【義解】巽卦一陰初動，雖入而柔，可象入物、巽順、求遇、猶豫不決諸義，風、木能兼之。一陰初動，以六子卦言，為長女。入物，故為木、為風、為臭。臭之音嗅，氣味也，能入人鼻。[1]巽順，故為繩直、為工、為長、為高，其於人也為宣發、為廣額。繩直者，以繩量物，繩本柔物，依物形屈曲以度之，猶陰之求遇於陽，可知巽順之義亦由求遇引申而來也。工者，順萬物之理而成器者也。[2]長、高皆動詞，順物勢而生長、升高也。宣髮猶靡草，萎順在頭者也。[3]廣額者，眉頭舒展之象，順理而為者也。求遇，故為白，其於人也為多白眼、為近利市三倍。白者素也，上可以布彩，待彩之入也，[4]有求遇之象。多白眼者，不敢正視也，求遇者類多有之。近利市三倍者，生意人也，因求利而媚人，亦求遇之類。猶豫不決，故為進退、為不果。進退即或進或退，不果即不果決。巽卦以陰先陽，萬物之生亦不可止於此也，故其究則陽來動陰，是則震也，故稱躁卦。躁之究則為健矣。三國虞翻言震、巽特變，蓋取義於此，而不知所本。

【疏證】[1]孔穎達云："為臭，王肅作'為香臭'，取其風所發也。"[2]張栻云："能屈能伸，故為繩直。制器不專於一方，而用其隱，故為工。"[3]張載云："為繩直，順以達也。為工，巧且順也。"鄭玄曰："頭髮顥落曰宣。取四月靡草死，髮在人體，猶靡草在地。"[4]張載云："為白，因所遇而從也。"張栻云："白受采而無不入也，故為白。"

坎為水，為溝瀆，為隱伏，為矯輮，為弓輪。其於人也，為加憂，爲心病，爲耳痛，爲血卦，爲赤。其於馬也，爲美脊，爲亟心，爲下首，爲薄蹄，爲曳。其於輿也，爲多眚，爲通，爲月，爲盜。其於木也，爲堅多心。

【義解】坎卦陽陷於陰，故可象險難，引申爲隱伏；陰本不通，陽既入之使通，故可象通，通其險難者殫精竭慮，引申爲憂勤、勞瘁諸義，其本義水能兼之。陽陷於陰，故爲水、於馬也爲美脊、於木也爲堅多心，象形也。險難，故爲溝瀆、爲隱伏，其於輿也爲多眚、爲盜。隱伏，故爲矯輮、爲弓輪、爲赤、爲盜。矯輮者，矯曲爲直，輮直爲曲，[1]所以能此者，物可以被矯輮者固有此能矯輮之性隱伏其間，如杞柳可以爲桮棬，竹木可以爲弓輪也，孟子所以言性善者本此。《白虎通》“十一月之時，陽氣始養根株，黃泉之下，萬物皆赤”，[2]赤亦隱伏者也，盜則固有隱伏之義。通，故爲溝瀆、爲血卦，[3]爲通、爲月、爲盜。人身之有血流，亦如地之有溝瀆也，故爲血卦。月本無光，可以通太陽之光也。爲盜者，亦所以通被盜者之財也。憂勤，故於人也爲加憂、爲心病、爲耳痛。勞瘁，故於馬也爲亟心、爲下首、爲薄蹄、爲曳，其於輿也爲多眚。如馬身處泥塗，竭其心力，低首躬身，蹄甲迫地，拖曳車輿之象也。此亦極形象之語，不可膠執。車輿用之既久，則多病矣。薄，迫。眚，病。[4]

【疏證】[1] 虞翻曰：“陽藏坤中，故爲隱伏也。”陸德明云：“輮，宋衷、王廙作揉，宋云：‘使曲者直、直者曲，爲揉。’”虞翻曰：“可矯揉，故爲弓輪。”[2] 李鼎祚曰：“十一月一陽交生在坎，陽氣初生於黃泉，其色赤也。”○元按：此亦本之《白虎通》者也，參李道平疏。《太玄·養》：“陰弸於野，陽蕰萬物，赤之下。”陸績注：“蕰，讀與漚營之漚同，言陽氣漚萬物之根，使皆赤也。”司馬光注：“弸者，滿也。”可爲《白虎通》之説旁證。[3] 虞翻曰：“以陽辟坤，水性流通，故爲溝瀆也。”孔穎達云：“爲溝瀆，取其水行無所不通也。”又云：“爲血卦，取其人之有血，猶地有水也。”[4] 陸德明云:"眚,王廙云:'病也。'"虞翻曰:"眚,敗也。"李光地等云:"坎以習險取'勞'義,故'加憂'、'心病'、'耳痛'者,人之勞也;'亟心'、'下首'、'薄蹄'、'曳'者,馬之勞也;'多眚'者,車之勞也。凡馬勞極,則心亟而屢下其首,蹄薄而足曳,皆歷險之甚所致也。"

離為火,為日,為電,為中女,為甲冑,為戈兵。其於人也,為大腹。為乾卦,為鱉,為蟹,為蠃,為蚌,為龜。其於木也,為科上槁。

【義解】離卦二陽麗陰,故可象附麗、分離之義,由分離則光明、乾燥之義蘊涵其中矣,日能兼之。一陰居中,以六子卦言,為中女。光明,故為火、為日、為電。[1] 附麗,故為甲冑,其於人也為大腹、為鱉、為蟹、為蠃、為蚌、為龜。[2] 甲冑、鱉等其象甚明,若大腹便便,則贅肉附身者也。倘以有娠釋大腹亦合,亦內柔外剛之象也,與甲冑、鱉等略同。分離,故為日、為戈兵。戈兵,使人身分離者也。乾燥,故為乾卦、其於木也為科上槁。乾讀為乾燥之乾。科亦"科頭軍"之科,光也。

【疏證】[1] 鄭玄曰:"取火明也。久明似日,暫明似電也。"[2] 孔穎達云:"為甲冑,取其剛在外也;為戈兵,取其剛在於外,以剛自捍也。"又云:"為鱉,為蟹,為蠃,為蚌,為龜,皆取剛在外也。"○元按:戈兵之象,可備一說。

艮為山,為徑路,為小石,為門闕,為果蓏,為閽寺,為指,為狗,為鼠,為黔喙之屬。其於木也,為堅多節。

【義解】艮卦以陽止陰,可象限止、依止二義,山能兼之。徑路者,大路之限止也;小石難以剖分,物形之限止也;[1] 門闕者,內外之限止也;果蓏為瓜果之實,[2] 秋收冬藏,剝極不食,食之限止也;閽寺,掌禁止者也;[3] 指所以別物,物象之限止也;狗所以守夜,亦禁止也;鼠依止坎穴、晝伏夜出,取其時有所止、處有所止也;黔喙者,肉食之獸,取其食有所止也;[4] 其於木也為堅多節,是木為節所依止也。

【疏證】[1]《釋名·釋山》：“石，格也，堅捍格也。”張載云：“艮為小石，堅難入也。”錢一本《四聖一心錄》：“徑路、小石，聖人所云硜硜信果之人，狹隘而不廣，堅確而不移，抑亦可以為士者也。”〇元按：錢說甚精。聖人云云，乃本《論語·子路》：“子貢問曰：‘何如斯可謂之士矣？’子曰：‘行己有恥，使於四方，不辱君命，可謂士矣。’曰：‘敢問其次？’曰：‘宗族稱孝焉，鄉黨稱弟焉。’曰：‘敢問其次？’曰：‘言必信，行必果，硜硜然小人哉，抑亦可以為士矣。’”徑路言其狹，小石言其堅也。狹而堅，合之乃為硜硜也。另參拙作《孟子章句講疏》卷四，《公孫丑章句下》第十二章。[2]陸德明云：“馬云：‘果，桃李之屬；蓏，瓜瓠之屬。’應劭云：‘木食為果，草食為蓏。’《說文》云：‘在木曰果，在地曰蓏。’張晏云：‘有核曰果，無核曰蓏。’”〇元按：諸說略同。[3]宋衷曰：“閽人主門，寺人主巷，艮為止，此職皆掌禁止者也。”[4]孔穎達云：“為閽寺，取其禁止人也；為指，取其執指物也；為狗、為鼠，取其皆止人家也；為黔喙之屬，取其山居之獸也。”馬融曰：“黔喙，肉食之獸，謂豺狼之屬。黔，黑也。”陸德明云：“黔，鄭作黚，謂虎豹之屬、貪冒之類。”

兌為澤，為少女，為巫，為口舌，為毀折，為附決。其於地也，為剛鹵。為妾，為羊。

右第十一章。

【義解】兌卦陽來說陰，可象取說、喜悅諸義，澤能兼之。諸象皆就取說一義發之。一陰居上，以六子卦言，為少女。巫能說神；[1]口舌為說身、說人之具；毀折者，屈曲自身，以說人也，折猶“折節下交”之折；附決者，附和而決；剛鹵之地，水不易入，易於成澤也；妾所以說夫；羊所以說人。[2]李鼎祚本作“羔”。

【疏證】[1]虞翻曰：“乾為神，兌為通，與神通氣。”[2]虞翻曰：“羔，女使。”李道平引鄭玄曰：“羊，女使。”又曰：“鄭本作‘陽’，云‘此陽讀若養’，無家女，行賃炊爨，今時有之，賤於妾也。”〇元按：作羊解亦通，悅口也。

卷四　序　卦

【義解】諸本《序卦》皆在《說卦》之後，不足以見大《易》之結構，今仿李鼎祚《周易集解》例，分置於諸卦之首。茲所言者，欲以見夫子《序卦》引而未發之旨。蓋經分上下，先儒但以天人有別示後，然自漢以來，既經秦火之劫，學統有失，儒者多未明其義。言人人殊，迄今未已。

然則經何以有上下之分？《下經》之首言之備矣。蓋以天道之生成顯化言之，則上經言其生成，下經言其顯化，顯化乃生成之本。然何以上、下經卦數有三十、三十四之別？前修多以象數解之，[1]巧則巧矣，而其理未備。以予之意，上下經之分原本《周易》之六十八德，析之為二以成。蓋《易》與天道準，六十四卦既成，各應天之一德，而統此六十四卦之元亨利貞未與焉。顧四德亦不可缺，否則無以稱四德矣。且四德可由天道之生成見，故系之上經，既合之後，則上下各三十四。參卷首《生成顯化圖》。[2]

或問，然則《周易》何以不為太極、陰陽立德以明之？應之曰：四德本之五行，五行乃宇宙時空之最小構造，《說卦》已備言之。太極、陰陽皆蘊於五行之中，五行立，則不必單言陰陽矣。以經文言之，上下經合觀，是已有陰陽蘊於其中矣，參《八卦五行圖》。上下經分言，則各有其“二二相耦，非覆即變”，[3]是亦“一陰一陽之謂道”之意也。至若太極，合觀之，則《周易》全體一太極也；分言之，則統天之乾元已足當之矣。

顯化所以為生成之本，參下經諸卦義解。顧生成既二二相耦，其顯化者豈無關乎？是曰不然。如乾、坤二卦乃本咸、歸妹而來，屯、蒙自旅、明夷而來，澤山咸、雷澤歸妹二卦以澤相通；火山旅、地火明夷二卦以火相通。下經三十四卦皆同此例，必非偶然也。其相通之卦凡十七，計乾一、兌五、離四、震二、艮二、坎二、巽一，而坤弗與焉。殆以其無陽歟？生成自顯化而來，顯化之卦亦可相通，後世不明此義，乃有卦變之說、飛伏之義。然則象數之學亦未嘗無本，惟微言既絕，則大義遂乖矣。茲依二二相耦之序，各言其生成顯化之卦，凡經傳可互證處，則於疏證明之。

【疏證】[1] 李道平引《乾鑿度》曰：“孔子曰：‘陽三陰四，位之正也。故《易》卦六十四，分為上下，象陰陽也。夫陽道純而奇，故上編三十，所以象陽也。陰道不純而耦，故下篇三十四，所以法陰也。’”邵雍云：“重卦之象，不易者八，反易者二十八，以三十六變而成六十四也。”(《觀物外篇·上之上》)《朱子語類·易三·綱領下·邵子易》：“康節祇說六卦，乾、坤、坎、離四卦，震、巽含艮、兌。又說八卦，乾、坤、坎、離、大過、頤、中孚、小過。其餘反對者二十八卦。”《朱子語類·易三·綱領下·卦體卦變》：“楊至之云：‘上經反對凡十八卦，下經反對亦十八卦。’先生曰：‘林黃中算上下經陰陽爻適相等，某算來誠然。’”李光地等引《朱子語類》曰：“卦有正對，有反對，乾坤、坎離、頤大過、中孚小過八卦，正對也，正對不變，故反覆觀之，止成八卦；其餘五十六卦，反對也，反對者皆變，故反覆觀之，共二十八卦。以正對卦合反對卦觀之，總而為三十六卦。其在上經，不變卦凡六，乾坤、坎離、頤大過是也。自屯蒙而下二十四卦，反之則為十二，以十二而加六，則十八也；其在下經，不變卦凡二，中孚、小過是也。自咸、恒而下三十二卦，反之則為十六，以十六加二，亦十八也。其多寡之數，則未嘗不均也。”潘雨廷云：“今以卦數論，六十四卦之以方陣分天人，似當對分成各三十二卦為是。……然編《序卦》之次者，深知天人之蘊決不平均，方可啟發天人之氣，宜由四四而改為‘參伍以變’，參伍者當三與五。……上篇三十卦、下篇三十四卦之次序，完全有象數變化的原則，不可任意變易。”(《周易表解·序卦下章》)〇元按：所謂四四者，分六十四卦為貞悔相乘，貞悔皆八，八者四加四，是謂四四；四四而變為三五者，貞悔各變為三加五，亦八也，展開相乘，則得九、十五、十五、二十五之和,亦為六十四,其中間二項相加得三十,首尾相加得三十四,正符上下經之數。然其數雖巧,尚無甚理據可言。另如合正對、反對言,上下經各十八,邵康節所謂"三十六宮皆是春"是也,亦極巧者也。然必由此而生"卦有六十四而用止乎三十六"(《觀物外篇・上之中》)之論,乃聖人有意為之,則非也。蓋此皆《易》之蘊耳,惟其甚巧,斯可見易道本天然合轍,非刻意比擬之作也。否則如象數、圖書派學者所言,作《易》聖人但以若干小術構畫其間,以待後之人猜謎射覆,則一部《易經》真可廢矣,於天道何與哉!近世以來,頗有承此以言科學易者。雖然,倘假《易》以求現代科學之義理基礎,以補兩希學術之不足,則尚無可厚非。蓋《易》如大圓寶鏡,物來而纖悉畢照,科學易但其餘事耳。其下者乃欲假此另立一套新科學,或僅務於孤虛王相、天干地支之加減乘除;或以科學之所得穿鑿傅會,以證作《易》者早具先見之明。焦神極勞,智盡能索,其志似可嘉,其行誠可憫也。[2] 來集之云:"上經始乾坤而終坎離,今觀此圖(按指氏作《序卦大圓圖》),乾坤坎離如環之無端也。下經始咸恒而終既濟未濟,今觀此圖,咸、恒、既濟、未濟如環之無端也。易之在天地間,豈有絲毫之間斷哉!"(《易圖親見・序卦大圓圖說》)〇元按:來氏悟及上下經諸卦各"如環之無端",是也。惟尚未明生成顯化之義耳。[3] 孔穎達云:"今驗六十四卦,二二相耦,非覆即變。覆者表裏視之遂成兩卦,屯蒙、需訟、師比之類是也;變者反覆惟成一卦,則變以對之,乾坤、坎離、大過頤、中孚小過之類是也。"〇元按:覆卦猶朱子所謂反對卦、來知德氏所謂綜卦。變卦猶朱子所謂正對卦、來知德氏所謂錯卦。

有天地,然後萬物生焉。

【義解】《易》以元統天,故首言之。元自鼎來。[1] 乾自咸來,[2] 坤自歸妹來,[3] 咸、歸妹以兌通。

【疏證】[1] "鼎,元吉,亨。"改元必先定鼎。[2] 咸:"天地感而萬物化生";《序卦》:"有天地,然後萬物生焉";乾:"首出庶物,萬國咸寧。"乾能生物,生之前提在於交感。按此乾乃六十四卦中之乾,非八卦之乾、乾坤兩儀之乾,亦非為宇宙本體之乾元也。惟太極、兩儀、四象、八卦之乾皆可自此乾見耳。否則,一部大《易》悉為餘事。[3]歸妹:"征凶";坤:"先迷,後得主,利。"歸妹:"天地不交而萬物不興";坤:"萬物資生,乃順承天。"歸妹:"人之終始也"、"君子以永終知敝";坤:"無成有終"、"以大終也"。歸妹者嫁女也,坤者妻道也,嫁女始成為妻。

盈天地之間者惟萬物,故受之以屯。屯者,盈也。屯者,物之始生也。物生必蒙,故受之以蒙。蒙者,蒙也,物之稚也。

【義解】屯自旅來,[1]蒙自明夷來,[2]旅、明夷以離通。亨居屯、蒙之間,亨自豐來。[3]鼎、豐以離通。

【疏證】[1]旅:"小亨";屯:"不利有攸往。"旅:"窮大者必失其居,故受之以旅";屯:"動乎險中。"失其居者,失其本矣,屯難之時,難在固本也。[2]明夷:"以蒙大難";"蒙者,蒙也。"皆蒙昧之時也。人心本明,其所以蒙昧者,以明傷也。[3]"豐,大也。"亨者通也,亦大也。

物稚不可不養也,故受之以需。需者,飲食之道也。飲食必有訟,故受之以訟。

【義解】需自漸來,[1]訟自小過來,[2]漸、小過以艮通。

【疏證】[1]漸者漸進;"需,須也。"需則有待,是亦漸也。[2]訟:"中吉,終凶";天道倘無小過,何以訟為?

訟必有眾起,故受之以師。師者,眾也。眾必有所比,故受之以比。比者,比也。

【義解】師自萃來,[1]比自兌來,[2]萃、兌以兌通。

【疏證】[1]"萃,聚也";"師,眾也"。物必先聚而後眾。[2]"兌,說也";"比,比也"。物必先說而後比。

比必有所畜,故受之以小畜。物畜然後有禮,故受之以履。履者,禮也。

【義解】小畜自晉來,[1]履自革來,[2]晉、革以離通。

【疏證】[1]"晋，進也"，雖進而柔；小畜，"健而巽"，所以能止健，即因其柔也。[2]革："天地革而四時成"；"履者，禮也。"禮以時為大。

履而泰，然後安，故受之以泰。泰者，通也。物不可以終通，故受之以否。

【義解】泰自夬來，[1]否自暌來，[2]夬、暌以兑通。利居泰、否之間，利自解來。[3]

【疏證】[1]"夬，決也，剛決柔也"；"泰，小往大來"，"君子道長，小人道消也"。惟剛能決柔，故小往大來。[2]"暌者，乖也"；否："天地不交而萬物不通。"天地所以不交，因其相互乖違也。[3]解："天地解而雷雨作，雷雨作而百果草木皆甲坼"；僵結既解，萬物復蘇，而失其一體，是各得其利也。

物不可以終否，故受之以同人。與人同者，物必歸焉，故受之以大有。

【義解】同人自姤來，[1]大有自大壯來，[2]姤、大壯以乾通。

【疏證】[1]"姤，遇也，柔遇剛也"；"同人，柔得位得中而應乎乾。"遇者求遇，有求遇之心，始能"出門同人"也。[2]"大壯，大者壯也"，剛陽壯盛；"大有，元亨。"剛陽壯盛，是以能成其元亨也。

有大者，不可以盈，故受之以謙。有大而能謙必豫，故受之以豫。

【義解】謙自遯來，[1]豫自艮來，[2]遯、艮以艮通。

【疏證】[1]"遯者，退也"；"有大者，不可以盈，故受之以謙。"惟能退，始可以稱謙。[2]"艮者，止也"；豫者安也，樂也。仁者樂，因其有止也。

豫必有隨，故受之以隨。以喜隨人者必有事，故受之以蠱。蠱者，事也。

【義解】隨自未濟來，[1]蠱自渙來，[2]未濟、渙以坎通。

【疏證】[1]《序卦》："物不可窮也，故受之以未濟，終焉"；"隨時之義大矣哉!"物不可窮,是其事未濟;其事未濟,故有先後之隨,是所謂時也。[2]"渙者,離也",散也;"蠱者,事也",散其毒也。

有事而後可大,故受之以臨。臨者,大也。物大然後可觀,故受之以觀。

【義解】臨自升來,[1]觀自巽來,[2]升、巽以巽通。

【疏證】[1]"地中生木,升。君子以慎德積小,以成高大";"臨者,大也。"升為大之本。[2]"巽者,入也";觀:"下觀而化也。"風化天下,其要在於入物。

可觀而後有所合,故受之以噬嗑。嗑者,合也。物不可以苟合而已,故受之以賁。賁者,飾也。

【義解】噬嗑自家人來,[1]賁自既濟來,[2]家人、既濟以離通。

【疏證】[1]"傷於外者必反於家,故受之以家人",家人雖利,尚有合於義;"噬嗑,合也。"神不歆非類,必於其與己有合,如家人者也。[2]既濟,"初吉終亂";"賁者,飾也。"《序卦》:"致飾然後亨則盡矣。"賁而後剝,是初吉終亂也。

致飾然後亨則盡矣,故受之以剝。剝者,剝也。物不可以終盡,剝窮上反下,故受之以復。

【義解】剝自損來,[1]復自中孚來,[2]損、中孚以兌通。貞居剝、復之間,貞自恒來。[3]解、恒以震通。

【疏證】[1]"緩必有所失,故受之以損";"剝者,剝也。"天道有損,故萬物能剝。[2]中孚,"信及豚魚",孚,信;"復,其見天地之心乎?"信者,誠也,天道所貞之陽也。一陽來復,是"剛反"也。[3]"恒者,久也";貞者,定也。能久,故云有定。

復則不妄矣,故受之以无妄。有无妄,物然後可畜,故受之以大畜。

【義解】无妄自震來,[1]大畜自益來,[2]震、益以震通。

【疏證】[1]"震,君子以恐懼修省";"天下雷行,物與无妄。"修省為无妄之本。[2]"益動而巽,日進无疆";"大畜,剛健篤實,輝光日新。"能日進,是能日新也。

物畜然後可養,故受之以頤。頤者,養也。不養則不可動,故受之以大過。

【義解】頤自井來,[1]大過自蹇來,[2]井、蹇以坎通。

【疏證】[1]"井養而不窮也";"頤者,養也。"養頤所以膺大過之窮,天道有井,故可不窮也。[2]"蹇者,難也";"大過,棟橈。"大過,天下最難之時也。屯亦難也,乃萬物初生;大過之難,實萬物滅頂。天道不可終滅,故易道有蹇而無亡也。

物不可以終過,故受之以坎。坎者,陷也。陷必有所麗,故受之以離。離者,麗也。

【義解】坎自困來,[1]離自節來,[2]困、節以兌通。

【疏證】[1]"困,剛掩也";"坎者,陷也"。天道本無坎,以剛陽為陰所掩,故名之為陷為坎耳。[2]"節,亨,剛柔分而剛得中";"離者,麗也"。萬物相麗,乃因其相分;萬物既分,其見者為明,其隱者為暗,是即離明也。

有天地然後有萬物,有萬物然後有男女,有男女然後有夫婦,有夫婦然後有父子,有父子然後有君臣,有君臣然後有上下,有上下然後禮義有所錯。夫婦之道不可以不久也,故受之以恒。恒者,久也。

【義解】咸生乾,恒生貞。[1]

【疏證】[1]言生者,可由之以生耳。

物不可以久居其所,故受之以遯。遯者,退也。物不可以終遯,故受之以大壯。

【義解】遯生謙,大壯生大有。

物不可以終壯,故受之以晉。晉者,進也。進必有所傷,故受之以明夷。夷者,傷也。

【義解】晋生小畜，明夷生蒙。

傷於外者必反於家，故受之以家人。家道窮必乖，故受之以睽。睽者，乖也。

【義解】家人生噬嗑，睽生否。

乖必有難，故受之以蹇。蹇者，難也。物不可以終難，故受之以解。解者，緩也。

【義解】蹇生大過，解生利。

緩必有所失，故受之以損。損而不已必益，故受之以益。

【義解】損生剥，益生大畜。

益而不已必決，故受之以夬。夬者，決也。決必有所遇，故受之以姤。姤者，遇也。

【義解】夬生泰，姤生同人。

物相遇而後聚，故受之以萃。萃者，聚也。聚而上者謂之升，故受之以升。

【義解】萃生師，升生臨。

升而不已必困，故受之以困。困乎上者必反下，故受之以井。

【義解】困生坎，井生頤。

井道不可不革，故受之以革。革物者莫若鼎，故受之以鼎。

【義解】革生履，鼎生元。

主器者莫若長子，故受之以震。震者，動也。物不可以終動，止之，故受之以艮。艮者，止也。

【義解】震生无妄，艮生豫。

物不可以終止，故受之以漸。漸者，進也。進必有所歸，故受之以歸妹。

【義解】漸生需，歸妹生坤。

得其所歸者必大，故受之以豐。豐者，大也。窮大者必失其居，故受之以旅。

【義解】豐生亨，旅生屯。

旅而无所容，故受之以巽。巽者，入也。入而後說之，故受之以兌。兌者，說也。

【義解】巽生觀，兌生比。

說而後散之，故受之以渙。渙者，離也。物不可以終離，故受之以節。

【義解】渙生蠱，節生離。

節而信之，故受之以中孚。有其信者必行之，故受之以小過。

【義解】中孚生復，小過生訟。

有過物者必濟，故受之以既濟。物不可窮也，故受之以未濟，終焉。

【義解】既濟生賁，未濟生隨。

卷五　雜　卦

【義解】十翼各有所明，其關乎卦者，《序卦》言卦序，《彖傳》言卦德，《象傳》言卦象，《說卦》言卦理，《雜卦》則言卦勢者也。雜者，五彩相會、[1]交錯成文之義。何以言雜卦？或以不依《序卦》，錯雜其序釋之，[2]非也。蓋《象傳》所言卦德，為一卦本義，言天道生成顯化之態勢，因其態勢而象之，是為卦象；此象既成，另有態勢顯現其間，而不足以成穩態者，與此卦象相雜，是即所謂卦勢。如乾坤以健順為德，有健順則現剛柔相，然剛柔不足以代健順，若震、巽以動入為德，亦可以剛柔言也。故聖人即此卦勢，擇其要者表而出之，使知卦勢氤氳於宇宙之間，不可以一端名也。[3]後人所云半象，可以此為本，然不可膠執也。其以乾坤、比師為序，亦有合於"二二相耦，非覆即變"之例，而以覆變反對之義寓於其間。[4]至其末尾八卦，則並此例亦棄之。蓋《序》《象》言其常，《說》《雜》言其變，亦有合於大《易》不易、變易之理也。作《易》聖人不欲學者執其成說，膠柱鼓瑟，其旨微矣。[5]

【疏證】[1]《說文》："雜，五彩相會，从衣，集聲。"[2]韓康伯云："雜卦者，雜糅眾卦，錯綜其義，或以同相類，或以異相明也。"李道平云："蓋《序卦》者，明相依之次。《雜卦》者，詳對舉之義。《雜卦》者，廣《序卦》所未備者也。"[3]龍仁夫云："按《春秋傳》釋《繫辭》，所謂'屯固比入'、'坤安震殺'之屬，以一字斷卦義，往往古筮書多有之，《雜卦》此類是也。夫子存之為經羽翼，非創作也。"（《周易折中》引）○元按：龍氏所引見《左傳》閔公元年。[4]程廷祚云："陰陽剛柔皆以相反而成用，故聖人之《序卦》取其反對，各有實義存焉。其端見於《雜卦傳》。反對之實義不明，而求卦之真解，不可得也。故今既略闡其義於《象傳》之下，又為斯篇以明

463

著之云（下略）。"（《易通·易學要論·論求卦之真解當先明反對之實義》）[5] 干寶曰："凡《易》既分為六十四卦以為上下經，天人之事，各有始終。夫子又為《序卦》，以名其承受之義。然則文王、周公所遭遇之運，武王、成王所先後之政，蒼精受命短長之期，備於此矣。而夫子又重為《雜卦》，以易其次第，《雜卦》之末，又該其例，不以兩卦反覆相酬者，以示來聖後王，明道非常道、事非常事也。"俞琰云："雜卦者，孔子釋六十四卦名義，而前後雜糅，不依上下經次序之舊也。然乾坤居首，而咸恒亦居三十卦之後，則雜之中又有不雜者存焉。"李光地等云："王氏通《中說》贊《易》，至《序卦》，曰：'大哉時之相生也，達者可與幾矣。'至《雜卦》，曰：'旁行而不流，守者可與存義矣。'"

乾剛坤柔。

【義解】乾健，有剛之勢；坤順，有柔之勢。

比樂師憂。

【義解】當比之時，眾陰來歸，而成一體之樂；當師之時，行險而順，毒天下而民從之，惟丈人能吉，其勢堪憂。[1]

【疏證】[1] 虞翻曰："比五得位，建萬國，故樂。"韓康伯云："親比則眾，動眾則憂。"

臨觀之義，或與或求。

【義解】臨者大也，物既已大，則可巍巍然臨於人矣，故有與之勢；大觀既成，無論觀示、觀仰，皆求與所臨者相合也，故有求之勢。[1]

【疏證】[1] 荀爽曰："臨者'教思無窮'，故為與。觀者'觀民設教'，故為求也。"韓康伯云："以我臨物，故曰與；物來觀我，故曰求。"○元按：觀之為求，當合二氏。

屯見而不失其居，蒙雜而著。

【義解】見，顯現；居，所處。屯者，萬物始生而難也。當屯之時，萬物已見其端，而未離混沌之中，是謂見而不失其處。雜，不齊；著，明。蒙者，萌也。當屯之時，萬物雖見其端，而無以分別，至蒙則見其不齊，孟子云："物之不齊，物之情也。"萌芽既生，不齊既顯，則混沌之幽暗已破，是所謂明也。

震，起也；艮，止也。

【義解】震以動為德，有起之勢；艮以止為德，合止之義。此以卦德言卦勢，參《序卦傳》，下仿此。

損、益，盛衰之始也。

【義解】損者，損陰所以益陽，盛之始也；益者，陽來不止，不期夏至一陰生，衰之始也。

大畜，時也；无妄，災也。

【義解】大畜者，健而能止，能隨其時也；无妄者，惟存於無所望之一線，有所望則災矣，其勢甚險，故重言之。[1]

【疏證】[1] 韓康伯云："因時而畜，故能大也；无妄之世，妄則災也。"○元按：王引之云："時，當讀為待。古字時與待通。"可備一說。

萃聚，而升不來也。

【義解】當萃、升之時，在上者以威服人，萬民雖不得不聚，而非心悅誠服，自來歸往，故其勢不至於困而不止。是所謂萃聚而升不來也。

謙輕，而豫怠也。

【義解】輕，易；怠，懈怠。謙者自卑以尊人，是所謂輕之；[1]豫者倘自佚其豫，是則怠矣。[2]此反言卦勢。

【疏證】[1] 韓康伯云："謙者不自重大。"[2] ○元按：陸德明云："怠，虞作怡。"亦通。

噬嗑，食也；賁，无色也。

【義解】頤中有物曰噬嗑，物成而期於食也；賁者，飾也，賁極則期於不賁也。無色即賁上六所云"白賁"。

兌見，而巽伏也。

【義解】見，顯現；伏，隱伏。陽本臨陰者也，當兌之時，陽屈己而來說陰，其勢易見；陰本承陽者也，當巽之時，陰來說陽，其勢甚順，人反不以為異，是所謂伏。

隨，无故也；蠱，則飭也。

【義解】故者，有此而必之於彼者也。孟子云："故者以利為本。"隨者，隨其能豫之乾元也，乾以美利利天下而不言所利，隨亦如之，故云"無故"。[1] 飭，整飭。[2] 當蠱之時，陽如有弊，端賴隨德整而飭之。

【疏證】[1] 陸九淵云："'天下之言性者，則故而已矣。'此段人多不明首尾文義。中間'所惡於智者'至'智亦大矣'，文義亦自明，不失孟子本旨。據某所見，當以《莊子》'去故與智'解之。觀《莊子》中有此'故'字，則知古人言語文字必常有此字。《易・雜卦》中'隨無故也'，即是此'故'字。"（《陸九淵集・語錄上》）李光地等云："無故，猶《莊子》言去故，人心有舊見，則不能隨人，故堯舜捨己從人者，無故也。"李道平云："'隨無故'者，捨己從人也。……又，《荀子》曰'持之有故'，《莊子》曰'去智與故'，《淮南子》曰'不設智故'，故者，一成之意見也。隨時則無一成之意見，故'無故也'。"[2] 韓康伯云："飭，整治也。蠱所以整治其事也。"

剝，爛也；復，反也。

【義解】致飾然後亨則盡矣，故受之以剝。剝，言其所以為飾者腐爛而剝除也。[1] 飾可剝，陽不可無，故剝極而一陽來復，故云返也。[2]

【疏證】[1] 韓康伯云："物熟則剝落也。"虞翻曰："剛反初。"[2] 項安世曰："剝，爛盡；復，反生也。凡果爛而仁生，物爛而蠱生，木葉爛而根生，糞壤爛而苗生，皆剝、復之理也。"

晉，晝也；明夷，誅也。

【義解】誅，傷也。[1] 明自地出，其勢為晝；明在地下，其明傷矣。

【疏證】[1] 虞翻、韓康伯云："誅，傷也。"

井通，而困相遇也。

【義解】澤無水，是陰陽不相遇，而眾陰相遇也，故困。有井通之，則陰陽相遇矣。[1]

【疏證】[1] 項安世曰："自乾坤至此三十卦，正與上經之數相當。"又云："閩人鄭東卿少梅曰：'上經起乾、坤至坎、離三十卦，下經起咸、恒至既、未濟三十四卦，此《序卦》所述以為二章也。《雜卦》雖合為一章，無上下經之分，然自乾、坤至困亦三十卦，自咸、恒至夬亦三十四卦，由是推之，則其雜之也，豈無說而苟然者哉？是必有如卦氣先天之說，而《易》師失其傳矣。'"

咸，速也；恒，久也。

【義解】咸者，感也。"感而遂通天下之故，非天下之至神，其孰能與於此。"惟神也，故不疾而速。[1]恒者，久也，參《序卦傳》。[2]

【疏證】[1] 虞翻曰："相感者，'不行而至'，故'速也'。'日月久照'，'四時久成'，故久也。"韓康伯云："物之相應，莫速乎咸。"[2] 胡炳文云："自乾坤至困三十卦，與上經之數相當，而雜下經十二卦於其中；自咸至夬三十四卦，與下經之數相當，而雜上經十二卦於其中，此交易之義也。"

渙，離也；節，止也。

【義解】渙者離也，散也，所以散小人之機心也。節者，度也，散必有度，否則離散而不可通矣。有度，是有所止。

解，緩也；蹇，難也。

【義解】參《序卦傳》。

睽，外也；家人，內也。

【義解】天道至明夷，固已由義入利矣，萬物失其大通，當家人之時，尚有家可返，至睽則家道亦乖，無以齊家矣。既有家可返，是所謂內也；家道既乖，則其所內者不存，相疏外矣。[1]

【疏證】[1] 睽，外也，韓康伯云："相疏外也。"

否、泰，反其類也。

【義解】當泰之時，君子道長，小人道消；當否之時，小人道長，君子道消。否、泰各從小人、君子之類，是所謂返其類也。

大壯則止，遯則退也。

【義解】大壯則無以為繼，其勢漸止；遯者，退也，參《序卦傳》。

大有，眾也；同人，親也。

【義解】當同人之時，萬物一體，天之所以同人者，以其於穆不已之仁也。孟子曰"親親，仁也"，仁固有親之勢；同人既仁而能通，萬物因各得其利，各遂其情，故亦能樂而歸之，故同人必受之以大有。大有是物來歸往，故有眾之勢。

革，去故也；鼎，取新也。

【義解】鼎、革之時，天道復元，此元乃新元也。新舊更替，是所謂革。天行日新，在在皆去故取新也，故去故、取新不足以言革、鼎。言革、鼎，則去故、取新在其中矣。

小過，過也；中孚，信也。

【義解】小過，過而小者也，有過之勢；中孚，信之自內者也，有信之勢。

豐，多故也；親寡，旅也。

【義解】故，舊，猶上"去故"之故。豐承艮、漸、歸妹之後，王者為眾所歸，皆所謂故舊也，故云多故。當旅之時，在下者各失其所，在上者成孤家寡人，是所謂親寡。[1]

【疏證】[1] 韓康伯云："親寡，故寄旅也。"

離上，而坎下也。

【義解】當離之時，二陽附麗內陰，所謂上也；當坎之時，一陽陷於外陰，所謂下也。如地為天所包，而云天上地下、天尊地卑是也。

小畜，寡也；履，不處也。

【義解】小畜之時，所畜尚寡也。[1]履者，說而應乎乾，時止時行，是所謂不處。不處，即不定於一處。[2]

【疏證】[1]韓康伯云："不足以兼濟也。"[2]韓康伯引王弼云："履非陽爻，皆以不處其位為吉也。"〇元按：是王、韓亦以靜處訓處之字也。參咸卦。

需，不進也；訟，不親也。

【義解】需者，須也，有待而行，有不進之勢；訟者，爭也，有孚窒惕，有不親之勢。

大過，顛也；姤，遇也，柔遇剛也。漸，女歸待男行也。頤，養正也；既濟，定也。歸妹，女之終也；未濟，男之窮也。夬，決也，剛決柔也，君子道長，小人道憂也。

【義解】顛，蹶。大過之時，萬物滅頂，雖棟亦蹶，所謂顛也；止一為正，頤者養也，貞定於一，使不至於顛也。漸卦言君之求賢、男之求女，皆當以漸，所謂女歸待男行也；歸妹則夫婦禮成，是則女之終也。[1]既濟卦德明而有謀，言隨時而定於明也，故有定之勢；未濟者言天道不可止極，惟可止於未濟也，陽為天道之本，男屬陽，故云"男之窮也"。窮者，極也，止也。姤、夬二卦參《序卦傳》。終之以夬，或有深意存焉。[2]依《序卦》，夬為泰之本，剛既決柔，故君子道長，小人道消，是則泰矣。道憂，李鼎祚本作"道消"。始於乾坤，終於交泰，天玄而地黃，亦所謂雜也。

【疏證】[1]韓康伯云："女終於出嫁也。"[2]俞琰云："深居馮氏曰：'始言乾剛坤柔，比遂以剛決柔終焉，復其始也。夬決則乾矣，以明六十四卦之本於乾也。'平庵項氏曰：'自咸、恒至此三十四卦，正與下經之數相當。'"胡炳文云："上三十卦終之以困，柔掩剛也；下三十四卦終之以夬，剛決柔也。"〇元按：《雜卦》之末，李光地以為寓環互之例，云："互卦者不止中四爻而已，雖循環互之，以一卦變為六卦，然互六十四卦之所得仍是十六卦也。今以大過見例，則初至四為姤，自上至三為漸，自五至

二為頤，自四至初為歸妹，自三至上為夬，二至五則復為乾矣。其法自初
卻行互之，以終於中四爻，凡卦皆然，獨舉大過者，大過中爻互乾，其位最
得者也。循環互之，而始於姤終於乾，其義最精者也。故大過者主卦也，
姤、漸、頤、歸妹、夬者所互之卦也。既、未濟者以義附之，為《雜卦》終篇，
同乎《序卦》者也。不終於乾者，乾居篇首，夬盡則乾矣，首尾相生之義
也。"(《周易通論》卷四，《論環互之例》)其說甚巧，亦或然者也。昔儒言
互卦者可本此立說，惟刻舟求劍，故大旨反失。易道甚微，一卦之時而有
數卦之勢紛綸其間，是亦所謂雜也。君子體天道好生之德，扶陽抑陰，知
幾自守，庶幾得聖人之遺意歟！

徵 引 文 獻

（依四部分類，各部內略依時序排列）

經部・《易》類

《易緯乾鑿度》，黃奭《漢學堂經解》本，廣陵書社影印，2004 年。

《易緯稽覽圖》，《漢學堂經解》本。

京房《易章句》，《漢學堂經解》本。

馬融《易傳》，《漢學堂經解》本。

鄭玄《增補鄭氏周易》，宋王應麟編，清惠棟輯考，四庫全書本。

荀爽《易言》，《漢學堂經解》本。

王弼《周易注》，四庫全書本。

王弼、韓康伯注，孔穎達疏《周易注疏》，日本足利學校藏南宋初刊本，中
　　國方明易經學院複製，2011 年。

王弼、韓康伯注，孔穎達疏《周易正義》，阮元校《十三經注疏》本，中華書
　　局影印，1979 年。

陸績《陸氏易解》，明姚士粦輯，四庫全書本。

陸績《易述》，《漢學堂經解》本。

陸希聲《易傳》，《漢學堂經解》本。

莊氏《易義》，《漢學堂經解》本。

劉瓛《乾坤義》，《漢學堂經解》本。

何妥《周易講疏》，《漢學堂經解》本。

陸德明《經典釋文・周易》，阮元校《十三經注疏》本《周易正義》附。

史徵《周易口訣義》，四庫全書本。

（題）郭京《周易舉正》，四庫全書本。

李鼎祚《周易集解》，四庫全書本。

胡瑗《周易口義》，宋倪天隱執筆，四庫全書本。

歐陽修《易童子問》，收入《歐陽修全集》，中國書店據世界書局本影印，
　　1986 年。

司馬光《溫公易說》,四庫全書本。

張載《橫渠易說》,收入《張載集》,章錫琛點校,中華書局,1978 年。

程頤《伊川易傳》,收入《二程集》,王孝魚點校,中華書局,1978 年。

蘇軾《東坡易傳》,四庫全書本。

張根《吳園易解》,四庫全書本。

陳瓘《了齋易說》,四庫全書本。

耿南仲《周易新講義》,四庫全書本。

朱長文《易經解》,續修四庫全書本。

龔原《周易新講義》,續修四庫全書本。

張浚《紫巖居士易傳》,《通志堂經解》本,江蘇廣陵古籍刻印社 1996 年影
　　印清同治刻本。

李光《讀易詳說》,四庫全書本。

朱震《漢上易傳》,《通志堂經解》本。

朱震《周易叢說》,《通志堂經解》本。

郭雍《郭氏傳家易說》,四庫全書本。

李衡《周易義海撮要》,《通志堂經解》本。

沈該《易小傳》,《通志堂經解》本。

鄭剛中《周易窺餘》,四庫全書本。

吳沆《易璿璣》,四庫全書本。

都絜《易變體義》,四庫全書本。

林栗《周易經傳集解》,四庫全書本。

程大昌《易原》,四庫全書本。

朱熹《周易本義》,北京古籍出版社影印本《四書五經》,1996 年。

朱熹《朱子語類》,黎德靖編,王星賢點校,中華書局,1999 年。

張栻《南軒易說》,四庫全書本。

李中正《泰軒易傳》,續修四庫全書本。

楊簡《楊氏易說》,四庫全書本。

項安世《周易玩辭》,四庫全書本。

楊萬里《誠齋易傳》,上海古籍出版社影印四庫全書本,1990 年。

王宗傳《童溪王先生易傳》,《通志堂經解》本。

趙善譽《趙氏易說》,四庫全書本。

方聞一編《大易粹言》,四庫全書本。

熊禾《易經訓解》,續修四庫全書本。

馮椅《厚齋易學》,四庫全書本。

徐總幹《易傳燈》,四庫全書本。

易祓《周易總義》,四庫全書本。

李過《西溪易說》,四庫全書本。

趙以夫《易通》,四庫全書本。

蔡淵《周易卦爻經傳訓解》,四庫全書本。

魏了翁《周易要義》,四庫全書本。

李杞《周易詳解》,四庫全書本。

方實孫《淙山讀周易記》,四庫全書本。

董楷《周易傳義附錄》,四庫全書本。

鄭汝諧《東谷鄭先生易翼傳》,《通志堂經解》本。

李心傳《丙子學易編》,俞琰抄節本,《通志堂經解》本。

王申子《大易輯說》,《通志堂經解》本。

趙汝楳《周易輯聞》,《通志堂經解》本。

李簡《學易記》,《通志堂經解》本。

俞琰《俞氏易集說》,《通志堂經解》本。

俞琰《讀易舉要》,四庫全書本。

丁易東《周易象義》,四庫全書本。

吳澄《易纂言》,四庫全書本。

吳澄《易纂言外翼》,四庫全書本。

保巴《周易原旨》,四庫全書本。

趙采《周易程朱傳義折衷》,四庫全書本。

胡一桂《周易發明啓蒙翼傳》,《通志堂經解》本。

胡炳文《周易本義通釋》,《通志堂經解》本。

熊良輔《周易本義集成》,四庫全書本。

龍仁夫《周易集傳》,四庫全書本。

蕭漢中《讀易考原》,四庫全書本。

解蒙《易精蘊大義》,四庫全書本。

陳應潤《周易爻變易蘊》,四庫全書本。

梁寅《周易參義》,《通志堂經解》本。

朱升《周易旁注》,續修四庫全書本。

鄧夢文《八卦餘生》,四庫全書存目叢書本。

蔡清《易經蒙引》,四庫全書本。

崔銑《讀易餘言》,四庫全書本。

林希元《易經存疑》,四庫全書本。

楊爵《周易辨錄》,四庫全書本。

胡居仁《易像鈔》,四庫全書本。

呂柟《涇野先生周易說翼》,四庫全書存目叢書本。

洪鼐《蓮谷先生讀易索隱》,四庫全書存目叢書本。

馬理《周易贊義》,四庫全書存目叢書本。

熊過《周易象旨決錄》,四庫全書本。

舒芬《易箋問》,四庫全書存目叢書本。

季本《易學四同》,四庫全書存目叢書本。

陳琛《陳紫峰先生周易淺說》,四庫全書存目叢書本。

葉良佩《周易義叢》,四庫全書存目叢書本。

豐坊《古易世學》,四庫全書存目叢書本。

薛甲《易象大旨》,四庫全書存目叢書本。

盧翰《易經中說》,四庫全書存目叢書本。

來知德《周易集注》,張萬彬點校,九州出版社,2004 年。

李贄《九正易因》,四庫全書存目叢書本。

姜寶《周易傳義補疑》,四庫全書存目叢書本。

張獻翼《讀易紀聞》,四庫全書本。

葉山《葉八白易傳》,四庫全書本。

潘士藻《讀易述》,四庫全書本。

歸有光《易經淵旨》,四庫全書存目叢書本。

楊時喬《周易古今文全書》,四庫全書存目叢書本。

陳言《易疑》,四庫全書存目叢書本。

沈一貫《易學》,四庫全書存目叢書本。

唐鶴徵《周易象義》,四庫全書存目叢書本。

黃正憲《易學管窺》,四庫全書存目叢書本。

傅文兆《羲經》,四庫全書存目叢書本。

朱謀㙔《周易象通》,四庫全書存目叢書本。

姚舜牧《重訂易經疑問》,四庫全書存目叢書本。

曾朝節《新刻易測》,四庫全書存目叢書本。

蘇濬《生生篇》,四庫全書存目叢書本。

鄒德溥《易會》,四庫全書存目叢書本。

錢一本《像象管見》,四庫全書本。

錢一本《像抄》,四庫全書存目叢書本。

錢一本《四聖一心錄》,四庫全書存目叢書本。

焦竑《易筌》,四庫全書存目叢書本。

郝敬《周易正解》,四庫全書存目叢書本。

曹學佺《易經通論》,四庫全書存目叢書本。

曹學佺《周易可說》,四庫全書存目叢書本。

魏濬《周易古象通》,四庫全書本。

逯中立《周易劄記》,四庫全書本。

高攀龍《周易易簡說》,四庫全書本。

吳桂森《周易像象述》,四庫全書存目叢書本。

陳祖念《易用》,四庫全書存目叢書本。

智旭《周易禪解》,方向東、謝秉洪校注,廣陵書社,2006 年。

倪元璐《兒易內儀以》,四庫全書存目叢書本。

何楷《古周易訂詁》,四庫全書本。

張次仲《周易玩辭困學記》,四庫全書本。

張汝霖《易經澹窩因指》,四庫全書存目叢書本。

程汝繼《周易宗義》,四庫全書存目叢書本。

章潢《周易象義》,四庫全書存目叢書本。

章潢《讀易雜記》,四庫全書存目叢書本。

陸振奇《易芥》,四庫全書存目叢書本。

程玉潤《易窺》，四庫全書存目叢書本。

洪啟初《易學管見》，四庫全書存目叢書本。

錢士升《易揆》，四庫全書存目叢書本。

方孔炤《周易時論合編》，四庫全書存目叢書本。

馬權奇《尺木堂學易誌》，四庫全書存目叢書本。

喬中和《說易》，續修四庫全書本。

來集之《易圖親見》，續修四庫全書本。

孫奇逢《讀易大旨》，四庫全書本。

刁包《易酌》，四庫全書本。

黃宗羲《易學象數論》，四庫全書本。

黃宗炎《周易象辭》，四庫全書本。

王夫之《周易內傳》，《船山全書》本，嶽麓書社，1996 年。

王夫之《周易稗疏》，同上。

張沐《周易疏略》，續修四庫全書本。

徐在漢《易或》，四庫全書存目叢書本。

浦龍淵《周易通》，四庫全書存目叢書本。

錢澄之《田間易學》，吳懷祺校點，黃山書社，1998 年。

毛奇齡《仲氏易》，四庫全書本。

毛奇齡《易小帖》，四庫全書本。

陳夢雷《周易淺述》，九州出版社，2004 年。

李光地等編纂《周易折中》，劉大鈞整理，巴蜀書社，2006 年。

李光地《周易通論》，四庫全書本。

李光地《周易觀象》，四庫全書本。

楊明時、夏宗瀾《易義隨記》，四庫全書存目叢書本。

李光地《榕村語錄》，陳祖武點校，中華書局，1995 年。

惠士奇《惠氏易說》，四庫全書本。

惠棟《周易述》，中華書局，2007 年。

惠棟《易漢學》，中華書局本《周易述》附。

惠棟《九經古義》，四庫全書本。

惠棟《周易本義辨證》，續修四庫全書本。

晏斯盛《易翼宗》,四庫全書本。

沈起元《周易孔義集說》,四庫全書本。

姜兆錫《周易述蘊》,四庫全書存目叢書本。

程廷祚《易通》,四庫全書存目叢書本。

羅登標《學易闡微》,四庫全書存目叢書本。

張敘《易貫》,四庫全書存目叢書本。

金誠《易經貫一》,四庫全書存目叢書本。

許伯政《易深》,四庫全書存目叢書本。

汪師韓《觀象居易傳箋》,續修四庫全書本。

劉邵邠《周易詳說》,續修四庫全書本。

茹敦和撰、李慈銘訂《重訂周易小義》,續修四庫全書本。

梁錫璵《易經揆》,續修四庫全書本。

葉佩蓀《學易慎餘錄》,續修四庫全書本。

劉沅《周易恒解》,續修四庫全書本。

張惠言《虞氏易禮》,續修四庫全書本。

張惠言《虞氏易言》,續修四庫全書本。

張惠言《虞氏易事》,續修四庫全書本。

李富孫《李氏易解賸義》,續修四庫全書本。

李道平《周易集解纂疏》,潘雨廷點校,中華書局,1994 年。

焦循《易章句》,李一忻點校《易學三書》本,九州出版社,2003 年。

焦循《易話》,續修四庫全書本。

朱駿聲《六十四卦經解》,中華書局,1953 年。

丁晏《周易解故》,續修四庫全書本。

俞樾《艮宧易說》,續修四庫全書本。

俞樾《群經平議》,王先謙編《清經解續編》,上海書店,1988 年。

沈善登《需時眇言》,續修四庫全書本。

何其傑《周易經典證略》,續修四庫全書本。

沈紹勳《周易易解》,續修四庫全書本。

李士鉁《周易注》,續修四庫全書本。

王樹枏《費氏古易訂文》,續修四庫全書本。

吳汝綸《易說》,續修四庫全書本。

皮錫瑞《經學通論》,中華書局,1954 年。

馬其昶《重訂周易費氏學》,續修四庫全書本。

杭辛齋《學易筆談》,天津古籍書店影印本,1988 年。

尚秉和《周易尚氏學》,中華書局,1980 年。

高亨《周易古經新注》,《高亨著作集林》第一卷,清華大學出版社,2004 年。

于省吾《雙劍誃群經新證‧周易新證》,上海書店,1999 年。

楊樹達《周易古義》,上海古籍出版社,2007 年。

馬振彪《周易學說》,張善文整理,花城出版社,2002 年。

李鏡池《周易通義》,曹礎基整理,中華書局,1981 年。

潘雨廷《周易表解》,上海社會科學院出版社,2004 年。

潘雨廷《易老與養生》,復旦大學出版社,2001 年。

黃壽祺、張善文《周易譯注》,上海古籍出版社,2001 年。

金景芳、呂紹綱《周易全解》(修訂本),上海古籍出版社,2005 年。

張政烺《張政烺論易叢稿》,李零整理,中華書局,2010 年。

董光璧《易學與科技》,瀋陽出版社,1997 年。

李學勤《周易溯源》,巴蜀書社,2006 年。

濮茅左《楚竹書周易研究》,上海古籍出版社,2006 年。

張立文《帛書周易注譯》,中州古籍出版社,2008 年。

鄧球柏《帛書周易校釋》(增訂本),湖南出版社,1987 年。

廖名春《馬王堆帛書周易經傳釋文》,續修四庫全書本。

廖名春《帛書周易論集》,上海古籍出版社,2008 年。

附論文

顧頡剛《周易卦爻辭中的故事》,《古史辨》第三冊,海南出版社,2005 年。

陸侃如《論卦爻辭的年代》,《清華周刊》第 37 卷第 9 期,1932 年。收入劉
　　大鈞主編《百年易學菁華集成》初編。

屈萬里《說易散稿》,《文史哲學報》(臺灣地區),1956 年第 7 期。

余和群《"過揲法"的概率研究》,《象數易學研究》第 1 輯,齊魯書社,
　　1996 年。

廖名春《周易乾坤兩卦卦爻辭五考》,《周易研究》,1999 年第 1 期。

連劭名《西周甲骨刻辭與〈周易〉》,《周易研究》,1999 年第 2 期。

彭涵梅《"大衍之數五十"初探》,劉大鈞主編《大易集說》,巴蜀書社,2003 年。

吳辛丑《楚竹書〈周易〉訓詁劄記》,《古文字研究》第 26 輯,中華書局,2006 年。

鄧秉元《易象與時間：關於易象學的論綱》,《中國文化》,2018 年春季號。

經部·其他

孔穎達《尚書正義》,阮元校《十三經注疏》本。

蔡沈《書集傳》,北京古籍出版社影印本《四書五經》,1996 年。

皮錫瑞《今文尚書考證》,盛冬鈴、陳抗點校,中華書局,1989 年。

孔穎達《毛詩正義》,阮元校《十三經注疏》本。

馬瑞辰《毛詩傳箋通釋》,陳金生點校,中華書局,1989 年。

高亨《詩經今注》,上海古籍出版社,1980 年。

屈守元《韓詩外傳箋疏》,巴蜀書社,1996 年。

賈公彥《儀禮注疏》,阮元校《十三經注疏》本。

孫詒讓《周禮正義》,王文錦、陳玉霞點校,中華書局,1987 年。

孔穎達《禮記正義》,阮元校《十三經注疏》本。

陳澔《禮記集說》,北京古籍出版社影印本《四書五經》,1996 年。

王聘珍《大戴禮記解詁》,王文錦點校,中華書局,1983 年。

洪亮吉《春秋左傳詁》,李解民點校,中華書局,1963 年。

鍾文烝《春秋穀梁經傳補注》,駢宇騫、郝淑慧點校,中華書局,1996 年。

朱熹《四書章句集注》,中華書局,1983 年。

程樹德《論語集釋》,程俊英、蔣見元點校,中華書局,1990 年。

焦循《孟子正義》,世界書局諸子集成本,上海書店,1986 年。

鄧秉元《孟子章句講疏》,上海人民出版社,2022 年。

郭璞注、邢昺疏《爾雅注疏》,阮元校《十三經注疏》本。

《孝經援神契》,黃奭《漢學堂經解》本。

段玉裁《說文解字注》,成都古籍書店影印本,1981 年。

王念孫《廣雅疏證》,鍾宇訊點校,中華書局,1983 年。

鈕樹玉《段氏說文注訂》,續修四庫全書本。

王引之《經傳釋詞》,江蘇古籍出版社,2000 年。

王引之《經義述聞》，江蘇古籍出版社，2000 年。

朱駿聲《說文通訓定聲》，中華書局，1984 年。

畢沅、王先謙《釋名疏證補》，祝敏徹、孫玉文點校，中華書局，2008 年。

徐中舒主編《漢語大字典》縮印本，湖北辭書出版社、四川辭書出版社，
　　1992 年。

宗福邦、陳世鐃、蕭海波主編《故訓匯纂》，商務印書館，2003 年。

史部

徐元誥《國語集解》，王樹民、沈長雲點校，中華書局，2002 年。

徐文靖《竹書紀年統箋》，上海古籍出版社縮印浙江書局本《二十二子》，
　　1986 年。

黃懷信、張懋鎔、田旭東《逸周書彙校集注》（修訂本），上海古籍出版社，
　　2007 年。

司馬遷《史記》，中華書局，1959 年。

班固《漢書》，中華書局，1962 年。

王先謙《後漢書集解》，中華書局，1984 年。

黃宗羲《明儒學案》，沈芝盈點校，中華書局，1985 年。

黃宗羲、全祖望《宋元學案》，陳金生、梁運華點校，中華書局，1986 年。

錢穆《先秦諸子繫年》，商務印書館，2001 年。

陳夢家《殷虛卜辭綜述》，中華書局，1988 年。

郭沫若《十批判書》，《郭沫若全集·歷史編》第二卷，人民出版社，1982 年。

朱維錚編《周予同經學史論著選集》（增訂本），上海人民出版社，1996 年。

胡厚宣、胡振宇《殷商史》，上海人民出版社，2003 年。

子部

王先謙《荀子集解》，沈嘯寰、王星賢點校，中華書局，1988 年。

（題）孔鮒《孔叢子》，上海古籍出版社，1990 年。

蘇輿《春秋繁露義證》，鍾哲點校，中華書局，1992 年。

向宗魯《說苑校證》，中華書局，1987 年。

司馬光《太玄集注》，劉韶軍點校，中華書局，2003 年。

汪榮寶《法言義疏》，陳仲夫點校，中華書局，1987 年。

陳立《白虎通疏證》，吳則虞點校，中華書局，1994 年。

胡居仁《居業錄》，四庫全書本。

熊十力《讀經示要》，中國人民大學出版社，2009 年。

熊十力《體用論》，中華書局，1994 年。

王弼《老子注》，上海書店影印《諸子集成》本，1986 年。

黃瑞雲《老子本原》，人民文學出版社，1995 年。

高明《帛書老子校注》，中華書局，1996 年。

郭象《莊子注》，四庫全書本。

王先謙《莊子集解》，《諸子集成》本。

王利器《文子疏義》，中華書局，2000 年。

李定生、徐慧君《文子校釋》，上海古籍出版社，2004 年。

孫詒讓《墨子閒詁》，《諸子集成》本。

譚戒甫《墨辯發微》，中華書局，1964 年。

孫武撰、曹操等注、楊丙安校理《十一家注孫子校理》，中華書局，1999 年。

郭沫若《管子集校》，《郭沫若全集·歷史編》，人民出版社，1984 年。

汪繼培輯《尸子》，上海古籍出版社縮印浙江書局本《二十二子》，1986 年。

黃懷信《鶡冠子彙校集注》，中華書局，2004 年。

譚戒甫《公孫龍子形名發微》，中華書局，1963 年。

王琯《公孫龍子懸解》，中華書局，1992 年。

陳奇猷《呂氏春秋校釋》，學林出版社，1984 年。

陳奇猷《韓非子集釋》，上海人民出版社，1974 年。

陳鼓應《黃帝四經今注今譯》，商務印書館，2007 年。

何寧《淮南子集釋》，中華書局，1998 年。

王明《抱朴子內篇校釋》，中華書局，1985 年。

袁珂《山海經校注》，上海古籍出版社，1980 年。

王應麟《困學紀聞》，孫通海校點，遼寧教育出版社，1998 年。

顧炎武撰、黃汝成集釋《日知錄集釋》，秦克誠點校，嶽麓書社，1994 年。

徐鼒《讀書雜釋》，閭振益、鍾夏點校，中華書局，2006 年。

章太炎撰、龐俊、郭誠永疏證《國故論衡疏證》，中華書局，2008 年。

李零《郭店楚簡校讀記》（增訂本），中國人民大學出版社，2007 年。

康僧鎧譯《佛說無量壽經》，蘇淵雷、高振農選輯《佛藏要籍選刊》本，上海
　　古籍出版社，1994 年。

玄奘譯、韓廷傑校釋《成唯識論校釋》，中華書局，1998 年。

集部

劉向集、王逸章句、洪興祖補注《楚辭》，世界書局，1936 年。

周敦頤《周敦頤集》，陳克明點校，中華書局，1990 年。

邵雍《邵雍集》，郭彧整理，中華書局，2010 年。

陸九淵《陸九淵集》，鍾哲點校，中華書局，1980 年。

王守仁《王陽明全集》，吳光、錢明、董平、姚延福編校，上海古籍出版社，
　　1992 年。

聶豹《聶豹集》，吳可為編校整理，鳳凰出版社，2007 年。

王襞《王東崖先生遺集》，東台袁氏本。

阮元《揅經室集》，鄧經元點校，中華書局，1993 年。

王國維《觀堂集林》，中華書局，1959 年。

馬一浮《馬一浮集》，馬鏡泉、虞萬里等點校，浙江古籍出版社，1996 年。

錢鍾書《管錐編》，中華書局，1986 年。

張文江《管錐編讀解》，上海古籍出版社，2000 年。

跋

《繫辭》云:"《易》者冒天下之道。"《文言》曰:"夫大人者,與天地合其德,與日月合其明,與四時合其序,與鬼神合其吉凶。"《易》統天人,聖賢盡性至命之道也。孔子五十而知天命,了徹往聖所以濟大過之學,遂能作《易》,而為萬世立不易之宗。《易》總六經,有以夫。渺予小子,意未能不惑,心未嘗不動,於夫子造次顛沛之學無一能焉,而徑欲言聖賢分上之事,豈不有僭哉!豈不有僭哉!雖然,亦予之不得已也。

元少時,為一大事因緣所感,無以遣懷,乃湛心於古今道術,頗聞五行陰陽之說。覺與俗學鑿枘難通,雖好之而有疑。時猶以真諦視俗學也。稍長,讀卜筮易,私心不甚喜。以其但明小數,未達天人性道之大本,不足以稱立命之學。因緣所會,偶聞佛家天台宗說,如飲醍醐。年及弱冠,始購得宋元人注四書五經,讀朱子《本義》,苦其義例紛紜,未能一貫,旋棄去。惟卦德一義深中其心,意頗屬之。其後務於中西雜學,未以易道為急。庚辰、辛巳之際,得讀潘雨廷先生《易貫華嚴頌》,爽然若失,始知自李唐來,尚有此一路學問,常存天壤間。夫一物不知,儒者之恥,環顧六藝之學,惟《周易》為六經之首,最稱聚訟,向嘗欲入而未得其門,乃發心習《易》,尤究心於象數、圖書之學及今所云科學易者。間亦留心佛理,稍讀諸經論。甲申、乙酉之間,聞滬上張文江先生居家講學,時往從游,厠聞其莊子、禪宗之學,亦勝緣也。且自癸未以降,往返穗、滬之間,復於中山圖書館讀李鏡池一派之書。初尚震於其說,繼乃識其武斷。然諸說紛綸胸臆,未能強合,以知解論,固各擅勝場;以夫子大義衡之,訖無可當意者。竊以夫子既言一貫,必不我欺,有清以降,學者徒知嚴遵師法,不敢越漢儒雷池一步,斷非契理之談;至若近人之武斷一切,自我作故,尤非合符之論。然亦未能自出机杼,達其微旨。

元早歲尚氣好俠,慕信陵君、張子房之風義。每讀太史公及先秦諸子書,未嘗不瞻顧徘徊,撫膺擊案。繼從本師朱維錚先生治經學史,讀陽明、梨洲及近儒熊、馬、梁、錢、牟諸先生書,想見其為人。惜沐猴而冠,自貽伊奇;葉公好龍,殆非其偶。蓋性本頑愚,內多嗔慢,惟知學由外爍,氣魄承當,智及尚難必期,仁則實未能守。此孟子所謂義襲者也。其初猶可彌縫,而似無破綻;及辛巳以還,遭逢事變,蒿目時艱,昔所承當者,竟爾反噬,時發狂瞽,動生疑情。朋思往來,妄念紛起,不惟斷港絕潢之虞,幾至懸崖撒手之失。至今思之,面為之赤,汗為之下。嗚呼,佛憫沉淪,聖悼幾希,甚矣,予之困也!

孟子曰:"其為氣也,配義與道。無是,餒也。"陸象山云:"這裏是刀鋸鼎鑊底學問。"夫學問之有真偽,端在幾微一念之間,此君子所以貴乎慎獨也。本心既失,無以自反,其弊不至於縱溢橫決而不止。莊生有言:"水之積也不厚,則其負大舟也無力。"古人所謂齊家治國平天下,必以修身正心誠意為本者在是。予既有喪心之痛,不得已,乃求逍遙自放,養疴海東。

乙酉秋,泛海而東,居漢城。身無長物,惟攜奘師《成唯識論》、李道平《周易集解纂疏》、熊十力先生《新唯識論》三書自遣。閉關思過之餘,稍用力於古人身心性命之學。積之半載,狂情遂歇,嚮之散落者漸成條貫,乃知聖賢所以教萬世者,皆如實語。《中庸》所謂"不誠無物",信然。忽於東海西海、心同理同之言,恍若有會,乃思中印兩希諸大哲之說,覺其妙旨冥應,若合符契。雖然,此非欲強合之也,乃見其異而非異,異而有不可異者在。《易》云:"火澤睽,君子以同而異。"又云:"天與火,同人,君子以類族辯物。"是之謂也。其所以同之者,即吾中土殊途同歸之易道。興之所至,遂以所證解其本經，嚮之視為天書者，轉見文從字順，渙然冰釋。至是方敢自信其學，始生注《易》之念。凡一閱月而《義解》成。其何以能如此之速，終莫詳其故也。

上下經《義解》既成，常恐讀書未廣，來無謂之譏，乃藏之篋笥，秘不敢示人。且思世衰道幽，古之微言墜緒得以不絕者，端賴歷代學人善繼善述。以元之不敏，竊有志表而出之，此亦"維天之命，於穆不已"之一事。遂發其故籍，考其舊論，抉其幽隱，略事折衷。每遇一義，值古人孤明先發，未嘗不手之舞之，足之蹈之，會心千載之下。其析理未精，得先賢遺教而終於證成者，亦復不少。《疏證》之作，所以惠我者深矣。

丁亥夏抄，《繫辭義解》成。己丑、庚寅之交，《說卦》、《序卦》、《雜卦義解》一時皆畢。其時外父旴源李公彌留牀榻，予亦分輪守夜，執半子之勞。殘冬將盡，萬戶蕭疏，長夜寂寥，一燈明滅。念人天之永隔，神遊八極；慨古今猶旦暮，性安大化。《說》《雜》之理，絜淨精微，所以能稍得其大義者，根於是也。雖然，是亦悲哉。

辛卯仲夏，《疏證》繕就，凡六易稿以成。遂付之剞劂。昔伊川程子《易傳》既成，歿身而後傳。或有叩之者，乃云："尚覬有少進耳。"以彼例此，寧不愧煞。且康節邵氏不嘗云乎，"知《易》者不必引用講解，始為知《易》。人能用《易》，是為知《易》"。則予之未證說證，強作解人，幾何不為通人所笑矣。元雖至愚，雅不欲此，良以十年精力，略萃於斯，雖不當方家之一哂，或可立此存照，以為他日反躬之一助。且就有道而正之，亦所本懷。讀是書者，倘能鑒其微衷，而恕其狂鄙，則何幸如之。好友童力軍、王純兄知予有是作，不以覆瓿為憂，慨然為之付梓，其情可念；責編李明權先生，為之祛訛正謬，匡我不逮，用力實多。因志於此，並致謝忱。

重光單閼之歲，時在上元，初稿草成。
夏曆五月十九，二稿寫定。渙齋謹識。

×××　　　　×××

　　書即印行，蒙童力軍兄相告，郭彧先生現有日藏南宋刻本《周易注疏》之複製件若干，欲分贈同人，可去函祈請。予與郭先生雖素未謀面，為此書計，乃不揣固陋，冒昧相詢。承其高誼，速遞一部。因將本書所引孔穎達疏讎校一過，頗有是正。然則予撰此書，得力於友朋相助者多矣。

　　辛卯夏六月廿五日，渙齋又識。

修 訂 版 跋

　　本書自辛卯刊行，倏忽已屆一紀。蒙劉海濱兄不棄，惠允重印。遂掇拾積年眉批、筆記若干，稍加理董，大旨一仍其舊，而補苴罅漏，凡七八十條。就中如屯、需、无妄、頤、離、咸、大壯、家人、損、益、升、困、井、震、漸、歸妹、豐、兌、渙、節、中孚、既濟諸卦，或卦象，或爻義，小有更動。於卦變之說亦有確詁。此多曩日既已有疑，而思之未審者也。至《說卦》"近取諸身"、"震為龍"二義，則近年始有定見，惟前者尚未敢必。夫以管窺天，通人所戒，大雅君子，尚祈諒之。

癸卯處暑，渙齋謹識於滬上